CRÉDITOS

Subdirector creativo: Tim Himsel
Redactor ejecutivo: Bryan Trandem
Redactora administrativa: Jennifer Caliandro
Subadministradora del proyecto: Michelle Skudlarek
Redactora superior: Jerri Farris
Redactor principal: Daniel London
Redactores: Rose Brandt, Karl Larson,
Christian Paschke, Philip Schmidt
Redactores técnicos: Timothy Bro, Robert Weaver
Redactora de material publicitario: Janice Cauley
Directora superior de arte: Kari Johnston
Directores de diseño: Gina Seeling, Kevin Walton
Administrador de Ordenadores: Jon Simpson
Diseñadores de Mac: Keith Bruzelius, Arthur Durkee, Patricia Goar,
Lynne Hanauer, Jonathan Hinz, Brad Webster
Ilustradores técnicos: Elroy Balgaard, Patricia Goar
Redactores técnicos de foto: Scott Christensen, Keith Thompson
Adquisición de foto: Angela Spann
Gerente de servicios del estudio: Marcia Chambers
Coordinadora de servicios fotograficos: Carol Osterhus
Jefe del grupo fotografico: Chuck Nields
Fotógrafos: Tate Carlson, Rex Irmen,
Jamey Mauk, Andrea Rugg, Gregory Wallace
Carpinteros de escenería: Troy Johnson,
Gregory Wallace, Dan Widerski
Encargada de producción de servicio: Kim Gerber
Empleadas de producción: Laura Hokkanen, Helga Thielen

Copyright ©1999
Creative Publishing international, Inc.
5900 Green Oak Drive
Minnetonka, MN 55343
1-800-328-3895
www.howtobookstore.com
Reservados todos los derechos

Presindente/Ceo: David D. Murphy
Vicepresidente/Redactorial: Patricia K. Jacobsen
Vicepresidente/Vetas al por menor y comercios: Richard M. Miller

Se imprimio en papel americano por R. R. Donnelley & Sons Co.
10 9 8 7 6 5 4 3 2 1

Creado pro: El Editor de Creative Publishing international, Inc.
En cooperacion de Black & Decker.
Black & Decker® es la marcar Registrada
por Black & Decker y esta usada vajo licencia.

En colobaración con los redactores, directores de arte, constructores de escenas y fotógrafos:

Cy DeCosse, William B. Jones,
Gary Branson, Bernice Maehren,
John Riha, Paul Currie,
Greg Breining, Tom Carpenter,
Jim Huntley, Gary Sandin,
Mark Johanson, Dick Sternberg,
John Whitman, Anne Price-Gordon,
Barbara Lund, Dianne Talmage,
Diane Dreon, Carol Harvatin,
Ron Bygness, Kristen Olson,
Lori Holmberg, Greg Pluth,
Rob Johnstone, Dan Cary,
Tom Heck, Mark Biscan,
Abby Gnagey, Joel Schmarje,
Jon Simpson, Dave Mahoney,
Andrew Sweet, Bill Nelson,
Barbara Falk, Dave Schelitzche,
Brad Springer, Lori Swanson,
John Hermansen, Geoffrey Kinsey,
Phil Juntti, Tom Cooper,
Earl Lindquist, Curtis Lund,
Tom Rosch, Glenn Terry,
Wayne Wendland, Patrick Kartes,
John Nadeau, Mike Shaw,
Mike Peterson, Troy Johnson,
Jon Hegge, Jim Destiche,
Christopher Wilson, Tony Kubat,
Phil Aarrestad, Kim Bailey, Rex Irmen,
John Lauenstein, Bill Lindner,
Mark Macemon, Charles Nields,
Mette Nielsen, Cathleen Shannon,
Hugh Sherwood, Rudy Calin,
Dave Brus, Paul Najlis,
Mike Parker, Mark Scholtes,
Mike Woodside, Rebecca Hawthorne,
Paul Herda, Brad Parker,
Susan Roth, Ned Scubic,
Stewart Block, Mike Hehner,
Doug Deutsche, Paul Markert,
Steve Smith, Mary Firestone.

Library of Congress catalogar en datos publicados

La guia completa con fotos para hacer las reparaciones del hogar:
2000 imagenes instructivos de color
      p.   cm.
Incluyendo. Index:.
ISBN 0-86573-489-5 (IIBRO Encuardemado)
   1. Persistir - Mantener Reparaciones Amateus Manuales.
I. Creative Publishing International.
TH4817.3.C655   1999
643'.7--dc21   99-26355

BLACK & DECKER ®

La guía completa con fotos para hacer las

REPARACIÓNES

DEL HOGAR

2000
Imagenes
Instructivos
de Color

CREATIVE
PUBLISHING
international

MINNETONKA, MINNESOTA

www.howtobookstore.com

INDICE

INTRODUCCIÓN *página 4*

REPARACIONES DE INTERIOR *página 20*

$\mathcal{R}$EPARACIONES DE EXTERIOR *página 180*

$\mathcal{R}$EPARACIONES DE SISTEMAS *página 268*

Guía ilustrada de reparaciones en el hogar

En contra de la opinión de algunas personas, creemos que una casa es mucho más que una simple propiedad. Después de todo, da cobijo a nuestra familia y a la mayoría de nuestras pertenencias, nos hace sentirnos fuertes y seguros y nos ofrece un refugio frente al mundo exterior. No es de extrañar que la mayoría de la gente forje intensos lazos emocionales con su vivienda, el escenario donde se desarrolla la vida familiar.

La tecnología hoy común en los hogares es fruto de largos siglos de esfuerzo creativo, y la propia estructura de las casas surge de miles de horas de trabajo de carpinteros, fontaneros, electricistas y otros expertos artesanos. Hacernos cargo de las tareas de reparación y mantenimiento de la vivienda propia nos proporciona un modo singular y tangible de entenderla, de establecer un vínculo especial con quienes participaron en su evolución.

Con esta *Guía ilustrada de reparaciones en el hogar* podrá prepararse para dar a su vivienda los cuidados que necesita y merece. Aunque su primer objetivo tal vez sólo sea arreglar rápidamente algunos molestos problemas aparecidos en su hogar, poco a poco descubrirá que las prácticas sistemáticas de reparación y mantenimiento le reportarán otras muchas ventajas. En sus labores de bricolaje doméstico podrá:

• Conocer los sistemas y estructuras de su vivienda. Cada casa tiene su personalidad, y los arreglos le desvelarán su carácter más auténtico.

• Ahorrar grandes sumas de dinero. Para la mayoría de la gente, la vivienda es la mayor inversión de su vida, y cuidar de esta inversión supone un buen negocio. En casi todos los mercados inmobiliarios una vivienda en buen estado de mantenimiento se revaloriza constantemente.

• Contribuir a la prosperidad de su comunidad. El buen mantenimiento de las viviendas es contagioso. Cuidar del propio hogar anima a los vecinos a hacer lo propio, lo que redunda en beneficio de todos.

• Desarrollar técnicas y habilidades provechosas en una amplia variedad de proyectos, con la confianza de que, además, podrá realizarlos usted mismo.

La *Guía ilustrada de reparaciones en el hogar* le enseña técnicas profesionales sobre cientos de problemas comunes que surgen en las casas. Para cada proyecto se proporciona información básica, listas de herramientas y materiales e instrucciones paso a paso, acompañadas de fotografías muy detalladas. Este libro se estructura en cuatro partes.

La *Introducción* ofrece una guía sobre seguridad, herramientas y materiales, e incluye consejos muy valiosos acerca de las tareas de mantenimiento y reparación. También contiene sugerencias sobre cómo guardar las herramientas y materiales, y cómo transportar las maderas y otros materiales voluminosos que a menudo se compran en los centros madereros y de bricolaje.

En la segunda parte, titulada *Reparaciones de interior*, se ofrecen soluciones de urgencia y a largo plazo para problemas comunes relacionados con los diversos aspectos de los interiores de las viviendas, desde el sótano al desván.

La parte tercera, *Reparaciones de exterior*, suministra la información necesaria para reparar los distintos elementos exteriores de la casa, desde el camino del jardín, los escalones y la calzada de acceso al garaje hasta el tejado y los ladrillos de la chimenea.

Por último, la sección cuarta, *Reparaciones de sistemas*, se centra en una amplia gama de arreglos de fontanería y electricidad y comprende asimismo técnicas de mantenimiento y reparación del sistema de calefacción y aire acondicionado, incluyendo hogares de caldera, calefactores, acondicionadores de aire y bombas de calor.

Al final del libro encontrará un plan de control que le ayudará a recordar cómodamente las principales tareas de mantenimiento y reparación de su hogar, con referencia a las páginas de los proyectos correspondientes. Utilice este plan para prevenir posibles problemas y resolverlos antes de que causen ningún estrago.

Reparaciones de exterior

Esta sección cubre el diagnóstico y reparación de los problemas más comunes que aparecen en el exterior de una vivienda:

- *Techado*
- *Aleros y sofitos*
- *Canalones*
- *Muros y revestimientos*
- *Pintura exterior*

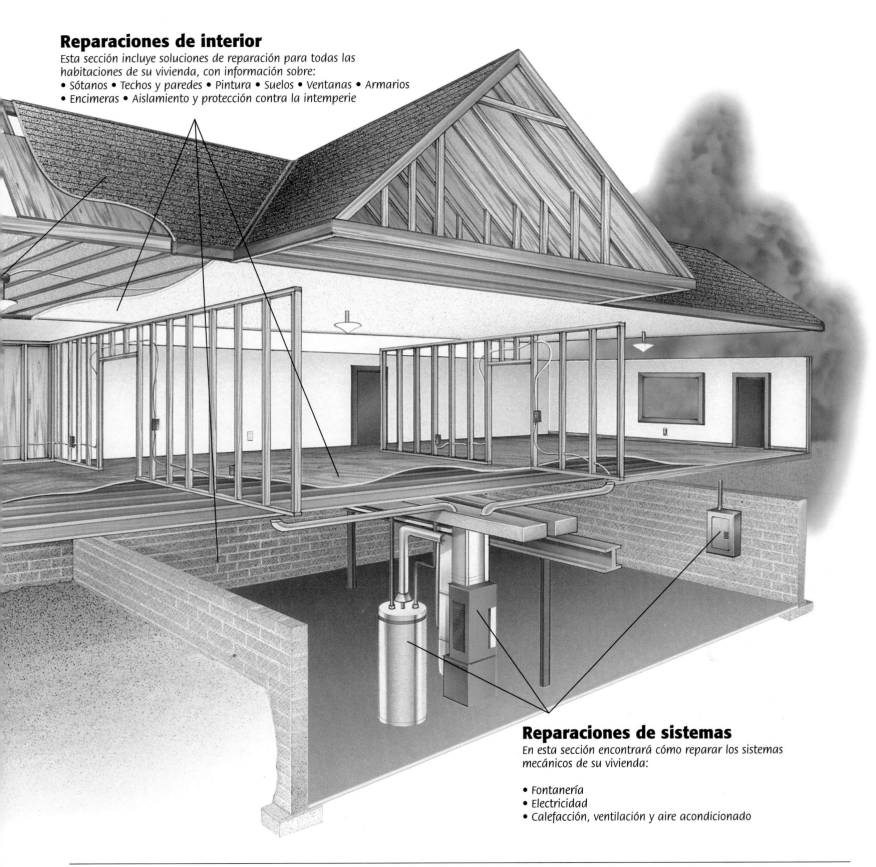

Reparaciones de interior

Esta sección incluye soluciones de reparación para todas las
habitaciones de su vivienda, con información sobre:
• Sótanos • Techos y paredes • Pintura • Suelos • Ventanas • Armarios
• Encimeras • Aislamiento y protección contra la intemperie

Reparaciones de sistemas

En esta sección encontrará cómo reparar los sistemas
mecánicos de su vivienda:

• Fontanería
• Electricidad
• Calefacción, ventilación y aire acondicionado

Trabaje con seguridad

Antes de emprender cualquier arreglo en su hogar, tómese un tiempo para pensar lo que va a hacer y para decidir las precauciones de seguridad apropiadas.

En muchos casos, estas precauciones serán obvias, aunque nunca estará de más pedir consejo en la ferretería o el centro de bricolaje. En este apartado recoge-

Protéjase los pulmones

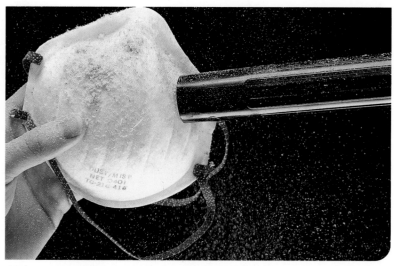

Una mascarilla respiratoria de doble filtro protege de vapores nocivos, como los que desprenden los disolventes, y de partículas tóxicas como el amianto. Use los filtros correctos en los cartuchos de la mascarilla, y cámbielos siguiendo las instrucciones del fabricante.

Limpie con una aspiradora los filtros de partículas de la mascarilla cuando se ensucien, y tírelos si la suciedad es excesiva. Cambie los filtros con frecuencia.

Elementos de seguridad

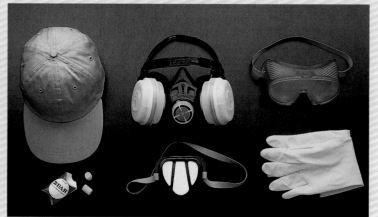

Tenga a mano un botiquín básico de primeros auxilios, guardado en un lugar de fácil acceso. Incluya en él un amplio surtido de vendas, pinzas, pomadas antisépticas, guantes de usar y tirar, esparadrapo y tiritas, gasas estériles y material para lavados de ojos. Además de este botiquín, deberá tener en su área de trabajo un extintor de incendios, un detector de humos y un teléfono.

El equipo de protección necesario para arreglos en la casa incluye una gorra con visera y una mascarilla contra el polvo, para lijar y pintar; una mascarilla respiratoria, gafas de seguridad y guantes protectores resistentes a los productos químicos cáusticos, como decapantes de pinturas, así como orejeras para resguardarse del ruido de las herramientas eléctricas.

mos algunas de las principales cuestiones relacionadas con la seguridad. Si tiene que manejar materiales tóxicos, como pintura o disolventes, haga acopio del equipo de protección necesario antes de empezar y averigüe el modo más seguro de deshacerse del material sobrante.

Guarde su equipo de protección de modo que pueda encontrarlo con facilidad antes de poner manos a la obra. Examine este equipo cuando termine de trabajar y sustitúyalo en cuanto empiece a mostrar signos de desgaste. Asegúrese de que tiene a mano su botiquín de primeros auxilios y de que los detectores de humos y los extintores de incendios funcionan como es debido.

Protéjase las manos

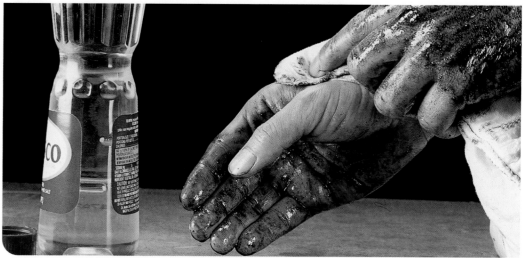

Para limpiarse las manos manchadas con aceite o pintura y tintes con base de aceite puede usar simplemente aceite de ensalada. No emplee nunca queroseno (petróleo de limpieza), alcoholes minerales ni otros disolventes para lavarse la piel; estas peligrosas sustancias son irritantes cutáneos y pueden ser absorbidas por el cuerpo.

Use guantes de goma cuando trabaje con líquidos de base disolvente.

Vertido de sustancias peligrosas

Lea las etiquetas

Repase en las etiquetas las instrucciones adecuadas de vertido, y nunca eche líquidos peligrosos por los desagües. Haga una lista de residuos nocivos como recordatorio y péguela sobre el lavabo. Los productos catalogados como peligrosos llevan una o varias de las advertencias siguientes: *¡Peligro!, Tóxico, Nocivo para personas y animales, Vapores peligrosos, Veneno, Inflamable, Combustible, Corrosivo* o *Explosivo*.

Cómo tirar la pintura

Para deshacerse de una pequeña cantidad de pintura no aprovechable, levante la tapa del envase y coloque éste al aire libre, fuera del alcance de los niños y de los animales domésticos. Deje que la pintura se seque totalmente antes de verterla. La arena y el serrín son buenos absorbentes y aceleran el secado.

Coloque los alcoholes minerales usados en un recipiente hermético hasta que se decanten los sedimentos de pintura sólida. Vierta el disolvente limpio en un envase para almacenarlo con vistas a un uso posterior, y deje el recipiente original al aire fuera del alcance de niños y animales domésticos. Espere a que el residuo esté totalmente seco y tírelo entonces a la basura.

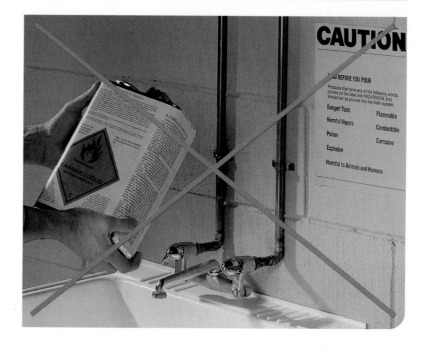

Tomas de corriente e interruptores

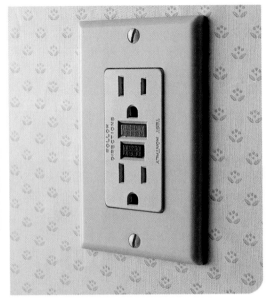

Lea las indicaciones de las tomas de corriente y los interruptores antes de comprar los de repuesto. Elija recambios con los mismos valores de tensión e intensidad.

Compruebe la conexión a tierra de una base de enchufe de doble toma insertando un terminal del buscapolos de neón en una ranura vertical. Toque con el otro terminal el tornillo metálico de la cubierta de la caja. Repita la prueba con la otra ranura vertical. Si el buscapolos se enciende, el enchufe estará puesto a tierra y podrá instalarse una nueva base de doble toma (página 407).

Instale un interruptor automático contra fugas a tierra siempre que cambie cajas de enchufes cercanas a tuberías, al agua o al exterior. Este interruptor detecta cambios en el flujo eléctrico y corta rápidamente la corriente en la toma antes de que pueda producirse electrocución. Instale este tipo de enchufes en lavaderos, baños, cocinas y tomas al aire libre (página 408).

Las clavijas de tres patillas sólo deben usarse en tomas con conexión a tierra. Cuando se emplee un adaptador de triple patilla, deberá comprobarse que tiene toma de tierra. No manipule la clavija para adaptarla a un enchufe de dos ranuras.

Las clavijas polarizadas tienen patillas de diferentes anchuras para garantizar la adecuada continuidad del circuito y como medida de seguridad contra electrocución. Si tiene bases de enchufe que no aceptan tales clavijas, no fuerce éstas para que entren en la toma. Instale una nueva base (página 407) después de comprobar que la caja tiene conexión a tierra.

Evite a los niños una posible descarga eléctrica colocando tapas protectoras en las tomas de enchufe que no estén en uso.

Evite accidentes eléctricos

Cierre la puerta del cuadro de distribución eléctrica y coloque en ella un letrero de aviso para evitar que otras personas activen la corriente mientras está reparando la instalación eléctrica.

Antes de desconectar una base de enchufe o un interruptor viejos, marque los hilos con pequeñas etiquetas de cinta aislante. Use estas marcas como guía para conectar los cables al nuevo interruptor o base.

Séquese las manos antes de enchufar o desenchufar electrodomésticos. El agua conduce la electricidad y aumenta el riesgo de electrocución.

Cómo quitar una bombilla rota

Para retirar una bombilla rota, primero corte la corriente o desenchufe la lámpara, introduzca en la bombilla una pastilla de jabón y gire la pastilla en sentido contrario a las agujas del reloj. Tire luego el jabón. También puede asir el filamento o el casquillo metálico de la bombilla con unos alicates de puntas.

Elija el alargador adecuado

Cuando necesite extender el alcance de una herramienta eléctrica, utilice sólo alargadores de fuerza. Los alargadores se clasifican según el diámetro del cable, la potencia en vatios y la intensidad en amperios. Cuanto menor es el diámetro mayores son los valores de potencia e intensidad. Compruebe que los valores nominales del alargador son iguales o superiores a los de la herramienta. Para alargadores de más de 18 metros, elija el diámetro inmediato superior según la tabla que se ofrece a continuación.

Diámetro de cable	Potencia en vatios	Intensidad en amperios	Uso típico
#18	600	5	Taladradora eléctrica, sierra de calar, lijadora pequeña
#16	840	7	Sierra alternativa, lijadora de banda
#14	1.440	12	Fresadora, sierra circular, sierra de ingletes
#12	1.920	16	Sierra radial, mesa de aserrar

Cómo guardar las herramientas

Las herramientas de calidad deben mantenerse en buen estado para facilitar las tareas de bricolaje. Guárdelas bien para que funcionen durante años.

Los cables alargadores a menudo se enredan y forman nudos complicados. Además de la molestia que supone desenredarlos, los cables anudados pierden

Cómo enrollar los cables largos

Sostenga el extremo del cable en una mano y con la otra forme ochos, moviendo el cable hacia atrás y adelante como indica la figura, hasta que quede recogido en su totalidad.

Tome uno de los lazos del cable y rodee dos veces el centro de los ochos.

Introduzca el lazo por el centro del arrollamiento y tire fuerte de él. Guarde el cable colgado de este lazo.

Cómo guardar los alargadores

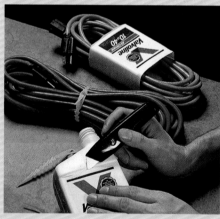

Los alargadores y los cables de las herramientas suelen enredarse y retorcerse. Para guardar uno de estos cables bien enrollado, corte los extremos de un bote de plástico de aceite para motores y rodee el cable con él. También puede asegurar los cables con bridas de cierre para bolsas de basura.

Evite que los alargadores se enreden guardándolos en cubos de plástico de unos 20 litros. Agujeree el cubo cerca de la base y haga pasar la clavija por el agujero desde el interior; después, enrolle el cable dentro del cubo. El alargador seguirá sin enredarse cuando se saque de él.

Cómo guardar las herramientas eléctricas

Utilice grandes ganchos colgantes forrados de plástico para guardar las herramientas eléctricas lejos del suelo, libres de polvo y humedad y fuera del alcance de los niños, evitando así que éstos sientan la tentación de jugar con ellas. Sujete firmemente los ganchos a las viguetas o los bloques del techo.

poder aislante y provocan cortocircuitos. Los consejos aquí recogidos muestran procedimientos para guardar los alargadores sin que se enreden.

Por su parte, las herramientas metálicas eléctricas y manuales no son inmunes al desgaste y la oxidación. Basta seguir algunas indicaciones sencillas para evitar que se oxiden y prolongar su duración.

Los niños pequeños, de mente curiosa y manos rápidas, son otra posible causa de acortamiento de la vida de las herramientas. Para resolver este peligroso problema se han de adoptar ciertas precauciones.

Evite la oxidación

Utilice un deshumidificador para regular la humedad de los lugares donde guarde sus herramientas, por ejemplo el sótano o el garaje. Un alto contenido de humedad puede oxidar la superficie o el interior tanto de las herramientas como de los motores eléctricos.

Guarde las herramientas manuales en un cajón forrado con un trozo de moqueta humedecida con aceite para maquinaria ligera. La moqueta evita arañazos o mellas en las herramientas, y el aceite impide que se oxiden. Sustituya el trozo de moqueta cuando se ensucie con polvo o serrín.

Proteja sus herramientas

Para evitar que los niños puedan usar las herramientas eléctricas inserte aros de llaveros en los pequeños orificios de las patillas de las clavijas. También puede colocar en estos orificios candados de equipaje.

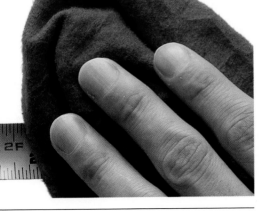

Cubra la hoja de las cintas métricas metálicas con una cera pastosa. Esta cera hace que el mecanismo retráctil de la cinta se deslice con suavidad y evita que se adhiera polvo y grasa a la hoja.

Almacén de materiales

Guardar los materiales de forma organizada garantiza que siempre estarán listos cuando se necesiten. Las herramientas bien almacenadas rendirán años de servicio, y las pinturas, tintes, colas y otros líquidos durarán más si se conservan correctamente.

Ampliando al máximo el espacio de almacenamiento

La pared interior situada sobre la puerta del garaje ofrece un espacio de almacenamiento excelente. Utilice esta superficie para guardar piezas largas de molduras, madera de medidas estándar o tubos de fontanería. Acople escuadras de soporte, de madera o metal, a los pies derechos o el dintel. Las escuadras metálicas, que pueden adquirirse en cualquier ferretería, pueden sujetarse a estos apoyos mediante tornillos hexagonales o de rosca madera. Para que el soporte sea adecuado conviene no separar las escuadras más de 90 cm entre sí.

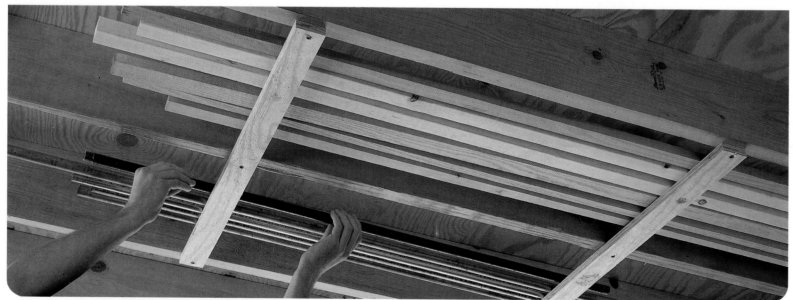

Guarde los materiales en los espacios comprendidos entre las viguetas del techo en las zonas de servicio de su vivienda, como el garaje o el sótano. Coloque listones de madera de 19 mm entre las viguetas, sujetos con tornillos rosca madera o hexagonales de 65 mm. Deje una separación entre listones no superior a 90 cm, para que el soporte sea correcto. Evite los cables eléctricos o los elementos de iluminación. Algunos propietarios colocan tablas entre las viguetas del techo que actúan a modo de estanterías para almacenar de forma discreta pequeñas latas y otros elementos.

Sin una preparación adecuada, las pinturas y las colas se secan e inutilizan. Igualmente, la madera sobrante y las tuberías no usadas pueden llegar a formar un auténtico revoltijo que ocupará un espacio precioso en el taller, y los cajones y el fondo de las cajas de herramientas quedarán atestados de tornillos, clavos y arandelas. Las ideas que aquí se ilustran sirven de ayuda para organizar todos estos elementos, de forma que los materiales sean fáciles de encontrar y se reduzca el desorden.

Cómo guardar la cola y la pintura

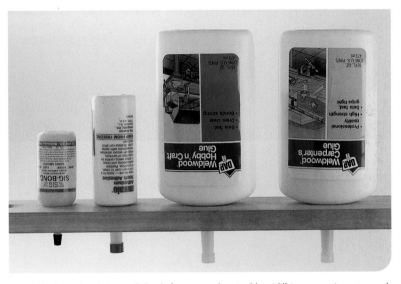

Coloque en los envases de pintura y tintes etiquetas que describan claramente el contenido y la fecha en que se usó el material. Anote también los trabajos especiales para los que se haya usado el producto, de forma que pueda utilizarlos más adelante cuando se necesiten retoques.

Guarde los botes de cola boca abajo, de forma que el contenido esté listo para verterse con rapidez. Fabrique un soporte para estos envases perforando una tabla de 19 x 89 mm y fijándola a la pared.

Organización de la tornillería

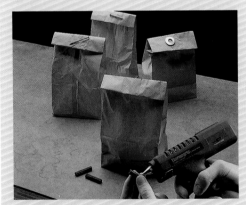

En la mayoría de los talleres existen docenas de pequeños recipientes que contienen tuercas, clavos, tornillos y otros elementos de fijación. Para localizarlos rápida y fácilmente, pegue con una termoencoladora una muestra de su contenido en la parte exterior de cada caja o bolsa.

Los tapones de los envases de colas, masillas y otros productos similares se pierden con facilidad. Estos tapones pueden sustituirse por conectores roscados de cables eléctricos, disponibles en varios tamaños en cualquier ferretería.

Transporte de materiales

El primer paso de muchos trabajos, y uno de los más difíciles, consiste en trasladar los materiales desde el centro de maderas o de bricolaje al taller propio.

La madera en tablas puede atarse al portaequipajes de techo del coche, pero los tableros de contrachapado y los paneles o planchas de pared deben transpor-

Transporte de materiales sin cortar

Si quiere trasladar a pie tableros enteros de contrachapado, paneles o planchas para paredes, consiga una cuerda de unos 6 m de largo y anúdela por los extremos. Enganche los lados opuestos del lazo en las esquinas inferiores del tablero y agarre la cuerda por la mitad con una mano, reservando la otra para equilibrar el peso del tablero.

Corte de materiales

Si conoce las dimensiones del contrachapado, panel u otro tipo de madera, puede facilitar el transporte pidiendo que se lo corten a medida en el propio centro de maderas o de bricolaje. Algunos proveedores no cobran por este servicio.

Ganchos para el techo del vehículo

A

B

Puede utilizar económicos ganchos especiales revestidos de vinilo para atar los materiales al techo de su vehículo. Extienda un trozo de alfombra bajo los materiales para evitar que arañen el techo, y centre bien la carga.

Sujete los ganchos en los bordes del techo, y luego áteles cuerdas o correas de nailon de embalar para asegurar los materiales.

tarse en camión. Es posible que su centro de maderas ofrezca el servicio de entrega a domicilio por un pequeño suplemento de precio.

Si transporta los materiales en el techo del coche, compruebe que la carga está bien sujeta. Cuando sobresalgan por detrás del parachoques trasero del vehículo, deberán señalizarse atándoles un trapo rojo para advertir a los demás automovilistas. Conduzca con cuidado y evite acelerones y frenazos bruscos. Cuando use su vehículo para transportar cargas pesadas, como bolsas de cemento o arena, respete una distancia adicional de frenado.

Cómo transportar la carga en la baca del vehículo

Haga un nudo de cote en un extremo de la barra de la baca y apriételo bien.

Haga un segundo nudo de cote en la cuerda y apriételo. Este nudo tiene gran capacidad de sujeción y es fácil de desatar.

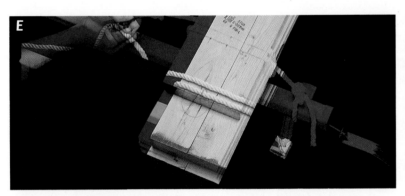

Pase la cuerda por encima de la carga. Si es posible, rodee ésta una vez con la cuerda. Haga un pequeño nudo corredizo.

Tense la cuerda alrededor del lado opuesto de la barra de la baca.

Pase el extremo de la cuerda por el nudo corredizo y tire con fuerza de la cuerda en dirección opuesta al lazo para afirmar la carga sobre la barra.

Termine de atar la cuerda con nudos de cote por debajo del nudo corredizo. Repita estos pasos en la otra barra de la baca.

Uso de herramientas

Disponer de un amplio surtido de herramientas manuales y eléctricas permite realizar la mayoría de las reparaciones descritas en este libro. No obstante, estas herramientas serán de escasa utilidad si no se emplean correctamente. Ya se esté pintando, taladrando o cortando, saber qué herramienta usar y cómo utilizarla será

Empleo de destornilladores

Adquiera varios destornilladores eléctricos a baterías. La mayoría de los modelos tienen hojas intercambiables adecuadas para tornillos de ranura recta o en estrella.

No utilice los destornilladores como formones o palancas. Si se dobla la hoja o se rompe la punta, el destornillador podría resbalar y dañar la pieza o provocar una lesión.

Mantenga afilados los formones y otras herramientas cortantes. Las herramientas romas pueden suponer un peligro por su propensión a resbalar sobre la pieza.

Utilización de brochas

Las brochas de cerdas naturales ofrecen un acabado más suave en muchas capas finales de pintura.

Las brochas de cerdas sintéticas, como las de esta combinación de fibras de nailon y poliéster, son necesarias para pinturas de látex.

Para pintar superficies pequeñas o para retoques pueden usarse brochas de espuma, que son baratas y pueden tirarse una vez concluido el trabajo.

de gran ayuda para trabajar con eficacia. Las indicaciones que figuran a continuación se refieren a algunos usos incorrectos comunes de las herramientas, y ofrecen consejos destinados a evitar desperfectos. También se facilitan algunas sugerencias para el mantenimiento de las herramientas, que permitirán prolongar su vida útil y emplearlas con mayor seguridad. La puesta en práctica de estas recomendaciones garantizará un aprovechamiento óptimo de dichas herramientas.

Uso de taladradoras, sierras y martillos

Antes de taladrar metal, haga una marca con un granete en el punto donde se practicará el taladro. Ello facilitará la guía de la broca.

Utilice una taladradora de velocidad variable para metal, y mantenga bajo el número de revoluciones por minuto para taladrar con suavidad y sin que se embote la broca.

Un juego de sierras y hojas de sierra permite acometer una gran variedad de tareas. La sierra circular es de uso obligado para cortar tablas de madera gruesas, mientras que la de calar permite cortar piezas de formas irregulares.

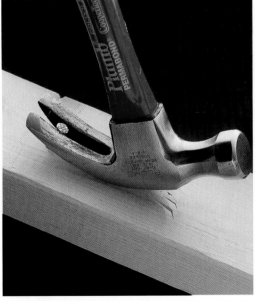

Utilice una termoencoladora para asegurar cartelas o escuadras de refuerzo o para sujetar pequeños objetos que podrían partirse si se clavaran.

No utilice el martillo de orejas para cualquier cosa. Está pensado únicamente para clavar y sacar clavos.

Limpie la superficie de los martillos con papel de lija para eliminar cualquier resto procedente de los revestimientos de los clavos. Con ello reducirá el número de clavos doblados.

Cada tipo de clavo responde a un objetivo específico. Así, por su cabeza ancha, un clavo para techar es ideal para sujetar tejamaniles, pero quedaría feísimo en una moldura o un tapajuntas. Los clavos se distinguen por su longitud, que se expresa normalmente en milímetros. Algunos modelos especiales se identifican también por su diámetro. Otros, como los clavos para planchas de pared, tablas de forro, albañilería y suelos, se identifican por su función.

Los tornillos se clasifican por su longitud, tipo de ranura, forma de cabeza y diámetro. El grosor del tornillo se indica por el número de calibre;

Uso de clavos

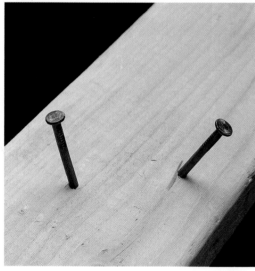

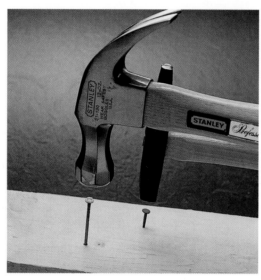

Los clavos introducidos oblicuamente, como los de la imagen, ofrecen mayor sujeción que si se clavan perpendiculares.

Utilice el martillo adecuado para cada tarea. El martillo para tachuelas que se ve detrás está imantado para golpear bien la punta, y pesa poco para no dañar la madera.

Una técnica que permite unir dos piezas de madera cuando no se pueden clavar en perpendicular consiste en clavarlas en oblicuo.

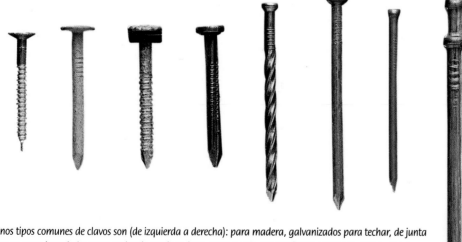

Algunos tipos comunes de clavos son (de izquierda a derecha): para madera, galvanizados para techar, de junta de goma, para hormigón, para suelos de madera dura, para cercos, puntas finas y clavos de doble cabeza.

Para no partir la madera, clave los clavos de forma que no todos sigan la línea de la veta.

cuanto más alto es este número mayor es el tornillo. Los tornillos grandes ofrecen mayor sujeción, mientras que los pequeños es más difícil que rompan la pieza.

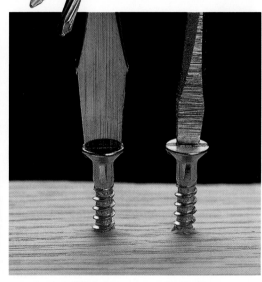

Uso de tornillos

Haga un taladro guía y al mismo tiempo avellánelo para embutir la cabeza del tornillo, con esta broca combinada.

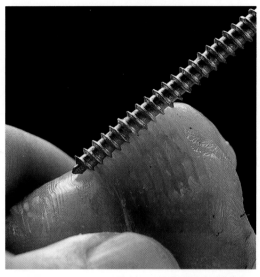

Un tornillo lubricado con cera de abeja entrará más fácilmente tanto si se usa un destornillador manual como uno eléctrico.

Elija el destornillador que mejor se adapte a la ranura de la cabeza del tornillo. La punta del destornillador de la derecha, demasiado estrecha, puede resbalar y dañar la cabeza del tornillo o la propia pieza.

Para hacer un taladro guía eficaz, elija una broca ligeramente menor que el diámetro de la caña del tornillo.

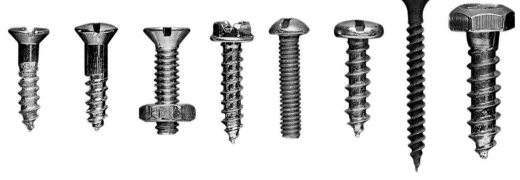

Algunos tipos de tornillos: rosca madera de cabeza plana y ovalada, rosca máquina con tuerca, con arandela para fijar paneles de fibra de vidrio, rosca máquina, rosca chapa, para planchas de pared y tirafondo de cabeza hexagonal.

Reparaciones
DE INTERIOR

*E*l interior de su hogar es el escenario de sus actividades cotidianas. Este capítulo pretende ayudarle a mantener los elementos de este interior en buen estado, para configurar un espacio vital más cómodo, atractivo y económico tanto para usted como para su familia.

Reparaciones de interior

El interior de su vivienda es el lugar donde más arreglos probablemente tendrá que realizar. Ya se trate de pequeñas reparaciones, como parchear un enlucido de yeso o arreglar la bisagra que chirría de un armario de cocina, o de trabajos de envergadura, como cambiar el parquet, estas reparaciones de interior tendrán gran importancia para la comodidad y el atractivo del espacio donde transcurre su vida.

Esta sección le enseñará a mantener, proteger y reparar sótanos, paredes interiores, techos, escaleras, suelos, puertas, ventanas, armarios y encimeras, con apartados dedicados a pintura, enlucido, aislamiento, impermeabilización y un amplio abanico de técnicas a las que tendrá que recurrir una y otra vez.

Utilice los planes y calendarios que se ofrecen al final del libro como ayuda para definir sus prioridades de reparación y mantenimiento. Las tareas más habituales no exigirán grandes presupuestos ni ayuda profesional, sobre todo si el interior de su hogar se halla en buen estado.

Trabaje con seguridad

Cuando emprenda reparaciones de interior aplique el sentido común y observe las precauciones de seguridad elementales. Le recordamos ahora algunas de ellas para que su trabajo sea seguro y cómodo.

Si ha de trabajar cerca de cables eléctricos pelados, aunque sólo sea para pintar alrededor de un interruptor o de una base de enchufe, tómese un tiempo para repasar las reglas básicas de la seguridad eléctrica (página 395). A menudo se olvida que todos los trabajos pueden afectar al cableado eléctrico de paredes y techos. La regla más elemental es no manipular nunca hilos con corriente. Antes de dejar al aire un cable eléctrico en cualquier lámpara, interruptor, toma o enchufe, acuda al cuadro eléctrico principal de la casa y corte la corriente. Una

Antes de trabajar con cables eléctricos al descubierto corte el circuito de corriente de la parte de la casa que corresponda.

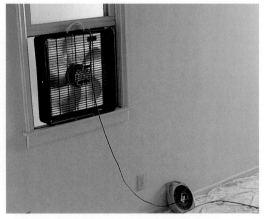

Un extractor de ventana portátil ofrece un modo sencillo de ventilar bien una habitación mientras se lija o se pinta.

vez estén los cables al descubierto, utilice un busca-polos para comprobar que no llega corriente.

Si en su tarea ha de usar herramientas eléctricas, aprenda a manejarlas con seguridad antes de empezar. Cuando tenga dificultades para dominar la herramienta, practique primero en materiales de desecho, y recuerde no acercar nunca los filos a los cables eléctricos.

Mantenga el entorno bien iluminado y ventilado para aumentar la seguridad. Una buena ventilación es particularmente importante cuando se desprenden humos o polvo en trabajos como lijar, pintar o decapar y dar un nuevo acabado a la madera. Como solución ideal conviene instalar un extractor en una

ventana abierta, de manera que expulse de la habitación los humos y partículas en suspensión del aire.

Vístase adecuadamente para el trabajo, sobre todo si maneja herramientas eléctricas. No lleve prendas sueltas, relojes o adornos colgantes; si tiene el pelo largo, recójaselo en la nuca. En muchas obras se requieren guantes, protección para los ojos, mascarilla filtrante, orejeras y botas fuertes no deslizantes.

Los cinturones portaherramientas son siempre una buena inversión. Además de ofrecerle un sitio cómodo para llevar sus herramentas, hace menos probable que deje alguna olvidada en un lugar inconveniente como, por ejemplo, el peldaño de una escalera.

Consejo útil

Antes de empezar un trabajo de envergadura, estudie bien el modo de cortar el suministro eléctrico, el agua y el combustible de su casa.

Ponga etiquetas en las llaves de paso generales del gas y el agua, y anote la función de cada elemento del cuadro de distribución eléctrica (páginas 390 y 391). Con esta simple medida acortará el tiempo requerido para observar las precauciones necesarias al inicio de cada nueva obra.

La ropa de trabajo

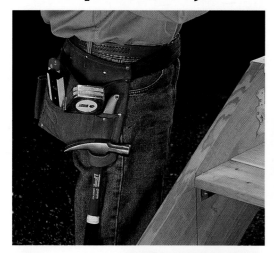

Para la seguridad es importante llevar un cinturón porta-herramientas y botas de trabajo resistentes con suela de goma.

Un equipo de seguridad básico hará sus reparaciones y tareas de mantenimiento más cómodas y seguras. En la imagen, el equipo incluye guantes, orejeras, mascarilla y gafas de seguridad.

Sótanos

Canalones averiados, tuberías rotas o con fugas, condensación y filtraciones son las causas más frecuentes de humedades en los sótanos. Para evitar desperfectos en muros y suelos, busque el origen de la humedad y haga los arreglos necesarios.

La condensación aparece normalmente en los meses de verano. A menudo es consecuencia de la mala ventilación de un área reservada a secar ropa. Compruebe y ajuste el sistema de ventilación o instale un deshumidificador.

Se llama filtración al agua que rezuma desde la tierra circundante a los cimientos del sótano a través de grietas y orificios. La impermeabilización de estas aberturas permite controlar filtraciones menores. El sistema óptimo para sellar superficies depende del tamaño de los orificios y de la frecuencia de la humedad. En sótanos con filtraciones ocasionales, bastará con sellar las aberturas y cubrir las paredes con impermeabilizante y pintura. Si las filtraciones son frecuentes, se sellarán las grietas y se cubrirán de nuevo los muros con revoco de cemento. Si aún así persisten, se instalará un canal de desagüe a la altura del zócalo y un sistema de desagüe para resolver el problema.

Diagnóstico de problemas comunes

El 90% de los problemas de humedades en los sótanos proviene de la presencia de charcos cerca de los cimientos (foto A). El problema obedece, en general, a que hay canalones del tejado y bajantes obstruidos u oxidados o que no desvían el agua para alejarla de la casa. Para evitar estos problemas, repare los canalones y bajantes y dispóngalos de modo que lleven el agua lejos de los cimientos (páginas 214 a 217 y 31). Tras ajustar los canalones y tubos, compruebe el desnivel del suelo en torno a la casa. En caso necesario, corríjalo de forma que el declive se dirija en dirección opuesta a los cimientos (página 30).

Los desconchones de pintura de las paredes del sótano se deben a filtraciones de humedad desde el exterior, la cual queda atrapada entre el muro y la pintura (foto B). Para encontrar el origen de tales humedades, pegue un trozo de papel de aluminio a la pared (foto C). Si se aprecia humedad en la superficie exterior del aluminio, la causa más probable será la condensación. Si no hay humedad visible en el aluminio, se deberá presuntamente a filtraciones.

Diversas manchas pueden afear el suelo de hormigón del sótano (foto D). Elimínelas con un limpiador de cemento o con alguno de los distintos productos químicos que se venden para este fin (página 27). Para prevenir las manchas selle las superficies de mampostería con impermeabilizante (página 26).

Las tuberías congeladas son también un problema común en sótanos convencionales y sótanos de techo bajo sin calefacción. Evite que se hielen con un buen aislamiento. Para descongelar una conducción helada, cierre la llave de paso general del agua y caliente la tubería con un soplete de aire caliente o un secador de pelo (foto E).

En los muros expuestos a una humedad constante aparecen grietas que, con el tiempo, pueden llegar a desmoronarlos (foto F). Para sellar los muros y evitar males mayores, rellene toda grieta y orificio de más de 3 mm (página 28) y proteja los muros con impermeabilizante o revoco de cemento (página 26).

A

La humedad del sótano a menudo procede de averías en los canalones y las bajantes del tejado o de un desnivel del jardín.

B

Cuando queda agua atrapada entre el muro y la pintura, ésta se descascarilla.

C

Para encontrar la causa de la humedad de las paredes del sótano pegue en la pared un cuadrado de papel de aluminio.

D

Las manchas del suelo del sótano pueden eliminarse con un limpiador de cemento y evitarse con impermeabilizante.

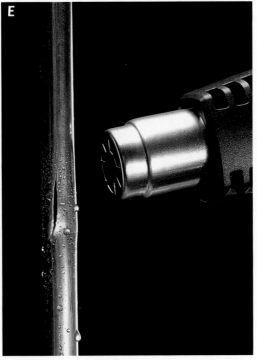

E

Después de cortar el agua, descongele las tuberías heladas con un soplete de aire caliente o un secador de pelo.

F

En los muros constantemente expuestos a humedad, aparecen grietas que pueden provocar su desmoronamiento.

Protección de muros y suelos

Protección con impermeabilizante

Proteja los muros del sótano de la humedad sellándolos con impermeabilizante. Esta sustancia evita las humedades causadas por filtraciones menores.

Los productos de impermeabilización se venden en forma de polvo y contienen cemento. Además, deben mezclarse con agua antes de aplicarse a las paredes húmedas.

Empiece limpiando las paredes con un producto de limpieza doméstico y un cepillo metálico. Frote los muros ya limpios con agua y una esponja. Mezcle el impermeabilizante con agua en un recipiente grande, según las instrucciones del fabricante. Agite la mezcla a conciencia hasta que adquiera una consistencia espesa y pastosa.

Con una brocha de cerdas muy rígidas, aplique el impermeabilizante a los muros húmedos, asegurándo-se de cubrir toda la superficie (incluidas las juntas de mortero de las zonas de bloques o ladrillo) **(foto A)**.

Deje secar el impermeabilizante y aplique una segunda capa sobre la primera. Compruebe que el revestimiento es uniforme y total.

Herramientas:
Cepillo metálico, agitador resistente, brocha de cerdas muy rígidas.

Materiales:
Producto de limpieza doméstico, esponja, recipiente grande, impermeabilizante.

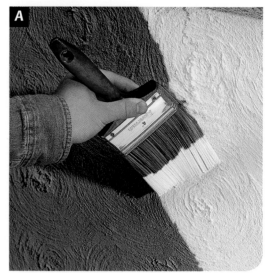

Aplique con brocha el impermeabilizante sobre los muros húmedos.

Protección con revoco

Repase la superficie de los muros de mampostería que presenten grietas y fisuras abundantes, añadiendo una capa de revoco de cemento. Antes de aplicar el revoco deberá rellenar cualquier grieta o agujero mayor de 3 mm (página 28).

Prepare la masa mezclando una parte de cemento con dos partes y media de arena de mortero suelta y húmeda. Añada agua hasta que parezca yeso pastoso. Antes de aplicar el revoco, raspe los muros con un cepillo metálico y lávelos con agua y una esponja. Mientras están todavía húmedos, aplique una capa de 6 mm de la mezcla con una llana **(foto B)**. Deje secar la mezcla y raspe la superficie con un raspador dentado **(foto C)**. A las 24 horas aplique una segunda capa, espere otras 24 horas y rocíe el muro con agua dos veces al día durante tres días.

Herramientas: *Cepillo metálico, esponja, llana, raspador dentado.*

Materiales: *Cemento, arena de mortero.*

Extienda sobre las paredes una capa de 6 mm de mezcla de cemento con una llana de albañil.

Repase la capa de cemento con un raspador dentado.

Protección con pintura

La pintura impermeabilizante ayuda a evitar que rezumen los minerales en las superficies de bloques, ladrillo y hormigón, y formen una película blanca y polvorienta llamada *eflorescencia*. Esta pintura se vende en colores fijos o preparados por encargo mediante mezcla a partir de un tinte base.

Al igual que en cualquier otro trabajo de pintura, antes se ha de preparar bien la superficie y, para lo-grar un buen acabado, se debe usar imprimación de calidad. Para preparar las paredes, limpie las juntas de mortero de los muros de bloques o ladrillo con ayuda de una taladradora provista de un cepillo metálico circular. Restriegue bien toda mancha de pintura suelta, polvo, moho o depósitos minerales con un cepillo metálico **(foto D)**. Lave los muros para garantizar la adherencia de la imprimación y la pintura.

Una vez secos los muros, aplique la capa de imprimación con una brocha de cerdas rígidas **(foto E)**. Deje secar completamente esta capa, mezcle la pintura con un agitador y aplíquela siguiendo las instrucciones del fabricante.

Herramientas:
Taladradora con cepillo metálico circular, cepillo metálico convencional, agitador de pintura, brocha de cerdas rígidas.

Materiales:
Imprimación para paredes, pintura impermeabilizante.

Restriegue los muros con un cepillo metálico.

Aplique la imprimación a las paredes antes de pintar.

Cómo quitar las manchas

La limpieza periódica de los suelos de hormigón ayuda a evitar su deterioro por manchas de aceite o sales descongelantes. Para la limpieza general use un producto especial para quitar cemento. Empape con agua la superficie que va a limpiar antes de aplicar el producto, y siga las instrucciones del fabricante.

Después de la limpieza lave la superficie a conciencia para eliminar cualquier solución residual.

La mayoría de los productos de limpieza de cemento no eliminan las manchas de aceite de los suelos. Para este fin humedezca serrín con diluyente de pintura y aplíquelo sobre la mancha. El dilu-yente descompondrá ésta y permitirá que el aceite sea absorbido por el serrín. Barra el serrín con una escoba y repita la operación cuantas veces sea necesario **(foto F)**.

En el cuadro siguiente se indica cómo limpiar otras manchas comunes.

Disolventes para manchas comunes en ladrillo, bloques y hormigón

- **Eflorescencia:** *Raspe la superficie con una brocha de cerdas rígidas. En superficies muy sucias use una solución de limpieza doméstica.*

- **Manchas de óxido:** *Rocíe o extienda directamente sobre la mancha, con una brocha, una solución de cristales de ácido oxálico disueltos en agua (siguiendo las instrucciones del fabricante).*

- **Manchas de pintura:** *Si la pintura es nueva elimínela con una solución de fosfato trisódico y agua, según las instrucciones de mezcla del fabricante. La pintura vieja suele quitarse bien rascando fuertemente o con chorro de arena.*

- **Manchas de humo:** *Raspe la superficie con un limpiador de uso doméstico que contenga lejía o con una mezcla de amoníaco y agua.*

Elimine las manchas de aceite con serrín y un diluyente de pintura.

Cómo evitar fugas y humedades

Relleno de grietas y agujeros

El método más rápido para sellar pequeños agujeros del cemento consiste en rellenarlos con una masilla de látex gris. Si el agujero tiene una profundidad de más de 2,5 cm, introduzca en él aislante de fibra de vidrio para que actúe como base de la masilla (**foto A**). Para orificios pequeños en las juntas de mortero de los muros de bloques o ladrillo del sótano, reponga el cemento por rejuntado (página 222).

En agujeros de mayor tamaño utilice para la reparación un ligante de látex y un producto de parcheo de cemento. Limpie bien el agujero con un cepillo metálico y elimine la suciedad y los restos con una aspiradora de mano. Recubra los bordes del agujero con el ligante líquido de látex. Mezcle con agua el producto de parcheo, y agítelo en el ligante. Vierta la mezcla en el agujero y alísela con una espátula flexible (**foto B**).

Los materiales y métodos utilizados para tapar grietas del cemento dependen del tamaño de la grieta. Para rajas pequeñas (de anchura inferior a 6 mm) puede usarse como sellador eficaz una masilla de cemento gris. En grietas más anchas es preferible relleno o cemento reforzado, aplicado según el proceso de reparación de grietas en el exterior (página 255).

Para lograr un buen agarre es esencial preparar la superficie a conciencia. Elimine el material suel-to de la grieta con un cincel y un cepillo metálico (**foto C**), y limpie la suciedad y los restos con una aspiradora de mano.

Utilice un aplicador de masilla para extender el sellador de látex sobre la grieta (**foto D**). Alise la masilla con una llana o una espátula hasta rellenar por completo la grieta (**foto E**).

Herramientas:
Aplicador de masilla, espátula o llana, cincel, cepillo metálico, aspiradora de mano.

Materiales:
Masilla de látex, aislante de fibra de vidrio, ligante de látex, producto de parcheo de cemento.

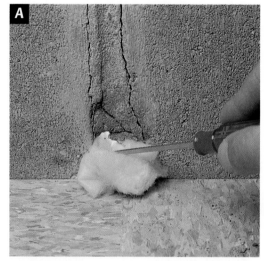
Rellene los agujeros de más de 2,5 cm de profundidad con aislante de fibra de vidrio.

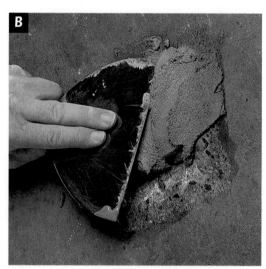
Alise la mezcla de cemento con una espátula flexible.

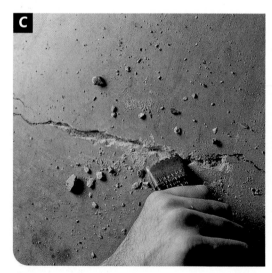
Elimine el material suelto con un cincel y un cepillo metálico.

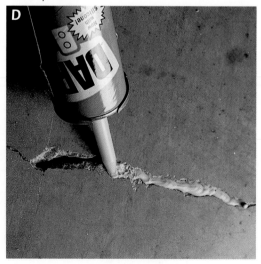
Aplique masilla de látex sobre la grieta.

Alise la masilla con llana o espátula.

Instalación de un canal de desagüe interior

En los sótanos donde es imposible o demasiado complicado evitar la acumulación de humedad, instale un canal de desagüe interior. Estos canales conducen la humedad desde los muros directamente al sumidero del piso. Diseñe el sistema de modo que recorra todo el perímetro de las paredes húmedas, y deje una abertura frente a cada sumidero.

Antes de instalar este sistema tendrá que preparar las paredes, liberando de la presión hidrostática los muros de bloques o ladrillo. Utilizando una taladradora con broca de pared de 12 mm, haga taladros espaciados a intervalos de unos 30 cm para que el agua «rezume» por la base del muro (**foto F**). Si las paredes están pintadas o selladas, como paso siguiente limpie bien una sección de 7,5 cm de ancha entre el muro y el piso, hasta dejar el cemento al desnudo. Utilice para ello una taladradora con un disco para raspar pintura, sin olvidar protegerse los ojos. Limpie los restos de pintura y polvo con un paño húmedo o una esponja.

Coloque una esquinera de tubo premoldeada en cada rincón, señale con un marcador la posición de la base de cada esquinera en el piso, corte y ajuste los tramos de tubo que irán a la altura del zócalo y disponga sus extremos de forma que cubran toda la longitud del muro hasta las marcas de las esquinas. Corte entonces los tramos con una sierra para metales.

Tomando los tramos de uno en uno, aplique un cordón de cola de 1,2 cm de altura sobre la base del tubo, dele a éste la vuelta y hágalo coincidir por el extremo con la marca de las esquinas del suelo. Coloque el tubo de forma que su parte superior

apoye en el muro y la base esté separada de éste unos 6 mm. Presione ligeramente el tubo contra el suelo. Extienda la masilla sobre la unión entre tubo y piso (**foto G**). Instale los tramos restantes separados 7,5 cm entre sí.

Cuando haya instalado todos los tramos de una pared, aplique un cordón de cola a los extremos de cada tramo, excepto en las esquinas. Disponga un conector de unión a tope entre tramo y tramo y selle bien las juntas.

Después de colocar todos los tramos y conectores, añada las esquinas. Aplique cola a los extremos de los tramos en las esquinas, y luego deje caer la esquinera desde arriba, deslizándola hasta que ajuste (**foto H**).

Coloque remates de cierre en todos los extremos abiertos de los tubos, excepto en aquellos que deberán drenar hacia el sumidero del piso (**foto I**).

En las aberturas situadas frente al sumidero, coloque perpendicularmente a los extremos del tubo unos listones de madera de 12 mm de ancho y de una longitud tal que lleguen al sumidero. Estos listones deben ser paralelos entre sí, de forma que conduzcan el agua encauzada desde las aberturas del tubo hasta el desagüe (**foto J**).

Herramientas: *Taladradora con broca de pared de 12 mm, disco metálico para raspar pintura, sierra para metales, aplicador de masilla.*

Materiales: *Cola, tramos de tubo para canal de desagüe, conectores de unión, conectores de esquina, listones de madera de 12 mm de anchura.*

Haga taladros cada 30 cm en la base de las paredes húmedas.

Enmasille la unión entre la base del canal de desagüe y el piso.

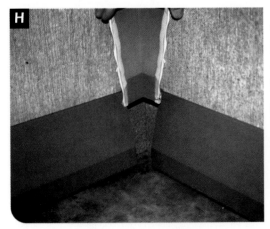

Instale las esquineras desde arriba, deslizándolas hasta que ajusten.

Coloque remates de cierre en los lados abiertos de los canales.

Disponga listones de madera perpendiculares a los canales.

Corregir el desnivel hacia los cimientos

Un desnivel inadecuado puede llevar el agua hacia los cimientos de la casa, en vez de alejarla de ellos, provocando filtraciones en los muros del sótano. Para remediar el problema habrá que renivelar el suelo de forma que tenga un declive gradual hacia el exterior de unos 6 cm por metro horizontal. El proceso implica medir la pendiente y añadir o quitar tierra para corregir el desnivel. Esta tierra puede adquirirse en viveros.

Empiece por clavar un par de estacas en el suelo, una en la base de los cimientos y la otra a 2,5 m como mínimo, hacia el jardín, en línea recta con la primera. Ate una cuerda a ambas estacas y ajústela con ayuda de un nivel. Mida la cuerda y coloque marcas con cinta adhesiva a intervalos de 30 cm.

Mida entonces la altura desde cada cinta de la cuerda al suelo **(foto A)**, y utilice estas medidas como guía para añadir o quitar tierra y lograr un desnivel correcto. Empiece en la base de la casa, y añada tierra en las zonas bajas hasta conseguir la altura deseada. Con un rastrillo de jardinero, reparta la tierra uniformemente en zonas pequeñas **(foto B)**. Repita las medidas desde las cintas de la cuerda hasta comprobar que el desnivel es de 6 cm por metro horizontal. Añada o quite tierra según se requiera, hasta que la pendiente sea uniforme. Una vez terminada una zona, repita el proceso para la siguiente superficie del jardín.

Utilice un pisón para compactar ligeramente la tierra **(foto C)**, sin aplastarla demasiado. Una vez apisonada la tierra, use un rastrillo de nivelación para retirar las piedras y los terrones. Partiendo de los cimientos, arrastre el rastrillo en línea recta siguiendo la pendiente **(foto D)**. Repita el proceso, terminando cada sección antes de empezar la siguiente, hasta lograr el desnivel correcto alrededor de la casa.

Herramientas:
Nivel, cinta métrica, pala, carretilla, rastrillo de jardinero, pisón, rastrillo de nivelación.

Materiales:
Estacas, cuerda, cinta, tierra.

A

Adhiera trozos de cinta a la cuerda a intervalos de 30 cm y mida la distancia de la cinta al suelo.

B

Utilice un rastrillo de jardinero para distribuir la tierra, comprobando y ajustando el nivel mientras tanto.

C

Compacte ligeramente el suelo en la zona nivelada con un pisón.

D

Pase un rastrillo nivelador en línea recta pendiente abajo para retirar piedras, terrones y escombros.

Alargar las bajantes

Los canalones están pensados para encauzar el agua del tejado lejos de la casa. No obstante, algunos sistemas de canalones no alejan suficientemente el agua, por lo que ésta permanece cerca de los cimientos y puede filtrarse hacia el sótano. Tal problema se soluciona prolongando las bajantes. Esta prolongación dispersa el agua por el jardín o patio, lejos de la casa.

Para prolongar los tubos existen varias opciones, cada una de un material diferente. La elegida dependerá del tránsito en el exterior de la casa y de las preferencias estéticas acerca de los tubos.

La opción más corriente para prolongar una bajante consiste en unir un nuevo tramo de conducción al ya existente (**foto E**). Este nuevo tramo, de 2 a 2,5 m de largo, se cortará de un tubo que se acople bien a los existentes, utilizando una sierra para metales (**foto F**).

Empalme el nuevo tramo con un codo especial galvanizado (**foto G**) y coloque en el suelo, bajo el final de la conducción, una placa contra salpicaduras que permita distribuir el agua por el césped (**foto H**).

En caso de que las bajantes estén cerca de caminos, patios u otras zonas de paso, existen tubos prolongadores de diseño específico. Una posibilidad sería instalar un manguito enrollable en el extremo del tubo, que se ajuste perfectamente a éste y se desenrolle sólo cuando circule agua por el canalón. Cuando ya no queda agua, tales manguitos se vuelven a enrollar solos. Otra opción consiste en instalar un codo giratorio en la base de la bajante que permita apartar la tubería hacia arriba cuando se pasa frente a ella.

Herramientas:
Cinta métrica, sierra para metales.

Materiales:
Tubo de bajada, placa contra salpicaduras, tubos prolongadores (si es necesario), codos giratorios (si es necesario).

Alargue los tubos de bajada que desagüen demasiado cerca de la casa.

Mida un trozo de tubo de bajada de 2 a 2,5 m y córtelo con una sierra para metales.

Una el nuevo tubo con la bajante mediante un codo galvanizado.

Coloque en el suelo, debajo del tubo, una placa contra salpicaduras.

Paredes y techos

Las paredes y techos en buen estado crean una atmósfera atrayente, conservan la energía y amortiguan los ruidos entre habitaciones. Pero el desgaste diario pasa también factura a las paredes. Así, suelen aparecer grietas en las esquinas conforme una casa nueva se asienta en el terreno o una antigua envejece; entre tanto, los techos sufren deterioros por humedades, normalmente cuando el agua encuentra una vía y se acumula en las cavidades del techado.

El arreglo de agujeros, grietas estructurales, manchas y daños por agua en las planchas de las paredes es bastante sencillo. Los agujeros pequeños se rellenan, y las zonas amplias deterioradas se sustituyen. Reparar el enlucido es quizá más complicado, pero asequible en cualquier caso. Lo mejor es evaluar el estado general del techo y las paredes antes de emprender cualquier arreglo. Si el conjunto aparece esponjoso o tiene abombamientos o grietas considerables, será mejor recurrir a un profesional para que recubra o sustituya toda la superficie.

Herramientas y materiales

Los centros de bricolaje y las ferreterías ofrecen una amplia gama de productos para tapar, rellenar y camuflar desperfectos en techos y paredes.

De especial utilidad son algunas herramientas como llanas, una sierra de punta para planchas, pistola termoencoladora, soplete de aire caliente, alicates para cortar azulejos, espátula, buscarrastreles, jeringuilla de cola, lezna o punzón, rodillo de empapelar y cúter.

Entre los materiales especiales se incluyen productos ligantes que mejoran la adherencia de los materiales de parcheo y el papel de lija de grano abierto, que no se obtura con el polvillo.

Entre las herramientas para reparaciones en paredes y techos se incluyen: llana dentada (1), sierra de punta (2), soplete de aire caliente (3), termoencoladora (4), alicates para cortar azulejos (5), espátulas (6), brocha para marcos (7), buscarrastreles (8), jeringuilla aplicadora de cola (9), punzón (10), rodillo de empapelar (11), cúter (12) y talocha (llana de madera) (13).

Entre los materiales para reparación de paredes están las masillas de relleno de juntas y grietas, emplastes, colas y ligantes, quitamanchas, anclajes de pared, tapaporos, lechada y papel de lija.

Quitar manchas rebeldes

En la mayoría de las ferreterías y centros de bricolaje pueden encontrarse numerosos productos destinados a limpiar manchas en las paredes pintadas. Antes de usar estos productos, pruébelos en alguna zona poco visible.

Aplique el quitamanchas en un paño seco y limpio, y frote la mancha suavemente con él (foto A).

Si no consigue eliminarla por completo, selle la zona y vuélvala a pintar. Para evitar que la mancha aparezca de nuevo sobre la última pintura, use antes goma laca blanca pigmentada para taparla. Aplique el barniz de goma laca (foto B) y déjelo secar bien. Luego, vuelva a pintar la zona, igualando la nueva pintura con la superficie que la rodea.

A veces pueden quitarse las manchas con productos especiales diseñados para superficies pintadas.

Tape las manchas rebeldes con goma laca pigmentada antes de volver a pintar.

Eliminar el moho

Antes de blanquear una pared, lávela con agua y jabón. Si las manchas se deben a moho, no desaparecerán sólo con jabón y agua.

Para destruir las esporas de moho, lave la pared con lejía (foto C), sin olvidar ponerse guantes de goma y gafas protectoras, así como de proteger las superficies de alrededor.

Limpie la pared con una solución de fosfato trisódico, según las instrucciones del fabricante (foto D). Lave la pared con agua limpia.

NOTA: No combine nunca productos que contengan amoníaco con otros que incluyan lejía.

Lave las manchas de moho con lejía. Hágalo con cuidado, y proteja de la lejía su ropa y toda superficie próxima.

Lave la pared con una solución de fosfato trisódico, y después enjuáguela con agua limpia.

Tapar desconchones de pintura

Si se pinta encima de una pintura descascarillada, lo único seguro es que la superficie se volverá a desconchar. Para resolver definitivamente el problema, empiece por raspar toda la pintura suelta con una espátula o una rasqueta (foto E).

Emplastezca los bordes del desconchón con una espátula (foto F).

Deje que el parche seque completamente y entonces lije la zona con papel de lija de grano 150. Una vez lisa, de forma que no se sientan desniveles en los bordes, iguale éstos con el resto de la superficie.

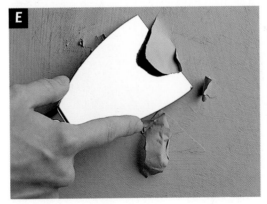

Raspe los desconchones de pintura con una espátula.

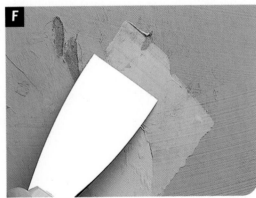

Emplastezca las zonas desconchadas, igualando bien los bordes con la pared circundante.

Arreglos en yeso

Las paredes de yeso se construyen por capas. Como soporte se usan rastreles de madera, metal o piedra que mantienen el yeso en su sitio. Los *agarres*, formados cuando se compacta el yeso sobre los apoyos, sujetan el material en techos y paredes una vez seco.

Antes de iniciar el arreglo compruebe el estado general de la zona. Si los rastreles muestran desperfectos o el yeso se nota blando, será mejor consultar a un profesional.

Con una cola líquida de látex se garantiza un agarre firme que evita que el parche se agriete. Este líquido elimina también la necesidad de humedecer el yeso y el rastrel para evitar su secado prematuro y su contracción, que podría estropear el arreglo. En el mercado existen varias versiones de este producto. Consulte los catálogos, o pida consejo en su ferretería para que le recomienden una buena marca.

Herramientas:
Espátulas, brocha.

Materiales:
Emplaste, masilla, yeso para relleno, cinta de fibra de vidrio, cola líquida de látex, papel de lija, pintura.

Rellenar grietas

Raspe primero la textura de la superficie o el yeso desprendido alrededor de la grieta. Refuerce esta última con cinta adhesiva de fibra de vidrio.

Aplique el emplaste o la masilla (**foto A**) en una capa fina hasta que la cinta quede oculta (si la capa fuera gruesa, volvería a agrietarse pronto).

Añada una segunda capa, si es necesario, para ocultar los bordes de la cinta. Lije ligeramente (**foto B**), aplique la imprimación y reponga la textura de la superficie (página 35).

Cubra la cinta con una fina capa de emplaste o de masilla para planchas.

Lije la zona y tápela. Restaure la textura de la pared si es necesario.

Tapar marcas y agujeros pequeños

Para rellenar correctamente pequeñas marcas y agujeros en el yeso se ha de formar una base sólida. Lije o raspe primero el yeso suelto o la pintura desprendida (**foto C**).

Rellene el agujero con un emplaste ligero (**foto D**), aplicándolo con la espátula más pequeña que sirva para cubrir el desperfecto. Deje secar el emplaste.

Lije la zona suavemente con papel de lija de grano 150 (**foto E**). Quite el polvo con un paño limpio y aplique la imprimación y la pintura, procurando igualar los bordes.

Raspe o lije el yeso suelto o la pintura descascarillada.

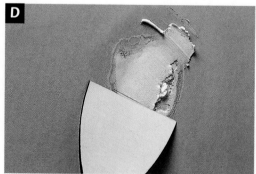

Rellene el agujero con un emplaste ligero.

Lije la zona suavemente y aplique la imprimación y la pintura.

Tapar agujeros grandes en el yeso

Antes de empezar a tapar un agujero grande, compruebe que los rastreles son sólidos. Para crear un borde suave y firme al que pueda adherirse el parche, lije o raspe la textura de la superficie o la pintura suelta de la zona en torno al agujero (**foto F**).

Utilice una espátula para extender el emplaste alrededor de los bordes del área dañada. Raspe todo el yeso suelto o blando que quede (**foto G**).

Aplique abundante cola de látex en los bordes del agujero y sobre la base del rastrel (**foto H**). El líquido mejora la adherencia del yeso y evita que se agriete o se separe al curarse.

Mezcle el yeso para el arreglo siguiendo las instrucciones del fabricante y use una espátula de emplastecer para aplicarlo al hueco (**foto I**). Los agujeros superficiales pueden rellenarse con una sola capa, si bien conviene no aplicar demasiado relleno de una vez, ya que las capas gruesas tienden a agrietarse pese a los efectos de la cola líquida.

Para agujeros más profundos, aplique una primera capa y marque sobre el yeso húmedo un dibujo en forma de cuadrícula (**foto J**). Déjelo secar y aplique una segunda capa de yeso. Una vez seca, lije ligeramente la zona afectada.

Utilice pintura texturada o masilla para recrear la textura de la superficie (**foto K**). Según el relieve que haya que reproducir puede utilizarse un rodillo, una escobilla, una llana, una esponja o una brocha. Haga pruebas en un cartón hasta que obtenga el resultado deseado y sólo entonces aplique la imprimación y la pintura.

Raspe el picado y la pintura desconchada.

Elimine el yeso suelto o blando de los bordes.

Aplique una capa abundante de cola de látex sobre los bordes del agujero y en el soporte de la base.

Rellene el agujero con una sola capa de emplaste.

Llene los agujeros más profundos con una primera capa superficial y marque una trama cruzada en el yeso húmedo. Aplique luego una segunda capa.

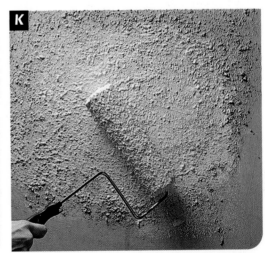

Reproduzca la textura de la superficie, utilizando pintura texturada o masilla. Cubra la zona con una capa de imprimación y pinte encima.

Arreglos en planchas de pared

Tapar agujeros y embutir clavos salientes son algunos de los arreglos frecuentes en las planchas de pared. Los orificios pequeños pueden taparse con masilla, pero los grandes han de sujetarse de algún modo. Existen muchos productos de soporte, pero por su economía y eficacia los más socorridos son la madera como la de la pared y el contrachapado.

Herramientas:
Destornillador eléctrico, martillo, espátula de emplastecer, brocha, sierra de punta.

Materiales:
Tornillos para planchas de pared, masilla para planchas, cinta para planchas, retales de contrachapado, papel de lija, parche de reparación de pintura (si es necesario).

Volver a embutir clavos salientes

Al secarse la madera, algunos clavos pueden salirse y quedar visibles en la pared (**foto A**). Este problema es frecuente cuando no se han sujetado bien las fijaciones de las planchas. Para evitar problemas en el futuro, utilice tornillos especiales para planchas de pared, ya que las cañas roscadas resisten mejor este fenómeno.

Para volver a embutir los clavos salientes, empuje con fuerza la plancha contra el pie derecho o rastrel y, manteniéndola en esta posición, introduzca un nuevo tornillo a unos 5 cm del clavo saliente (**foto B**). Procurando no afectar al pie derecho o rastrel, apriete el tornillo hasta que la cabeza quede ligeramente embutida.

Raspe toda la pintura o pasta suelta y martillee el clavo saliente con cuidado, hasta que quede también embutido (**foto C**). Tape los dos agujeros con la pasta, deje que ésta seque, líjela si es necesario y pinte encima.

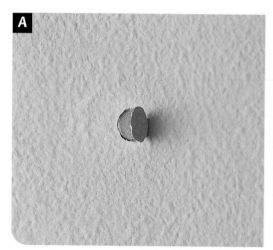

Los elementos de fijación salientes en las planchas de los tabiques, sobre todo clavos, constituyen un problema común.

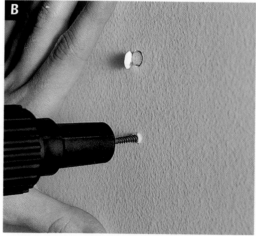

Empuje la plancha contra el rastrel de soporte e introduzca un tornillo a unos 5 cm del clavo saliente.

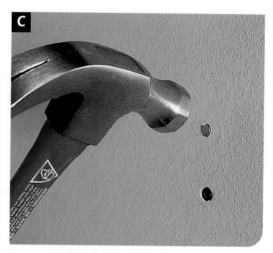

Martillee el clavo, rellene los orificios y retoque la pintura.

Tapar agujeros pequeños

Examine la zona deteriorada. Si no existen grietas alrededor del borde del agujero, limítese a emplastecerlo, déjelo secar y líjelo suavemente **(foto D)**.

Si hay grietas, cubra el agujero con un parche adhesivo provisto de una malla central de refuerzo y cortado con la forma que se precise.

Utilice una espátula para aplicar una fina capa de masilla o emplaste sobre el parche **(foto E)**. Deje que se seque la pasta, añada una segunda capa y espere a que esté casi seca.

Para alisar la zona sin crear demasiado polvo, utilice una esponja mojada o una lija húmeda **(foto F)**.

Una vez seco completamente el arreglo, apliquele una capa de imprimación y píntelo, procurando igualar la pintura de los bordes con el contorno.

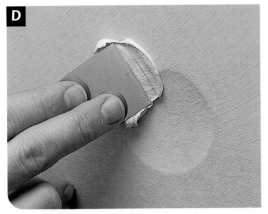
Llene los agujeros con emplaste, líjelos y retoque la pintura.

Cubra los agujeros con un parche y aplique dos capas de emplaste o masilla.

Alise la zona con una esponja mojada o una lija húmeda y dé una capa de imprimación y otra de pintura.

Tapar agujeros grandes

Trace un recuadro alrededor de la zona dañada con una escuadra de carpintero **(foto G)**. Corte esta parte dañada con una sierra de punta o una de calar.

Coloque rastreles de contrachapado o plancha de pared y use un destornillador eléctrico para introducir tornillos rosca madera de 3 cm que sujeten los rastreles **(foto H)**. Si utiliza plancha de pared como soporte, asegúrela con cola.

Recorte un retal de plancha de pared algo más pequeño que el hueco abierto. Deje un espacio de al menos 3 mm alrededor de los bordes del recorte para que la pasta aplicada pueda crear un agarre sólido; si el recorte se ajusta demasiado al hueco, será más difícil igualar los bordes con la superficie de la pared. Coloque cinta de malla sobre las juntas **(foto I)** y aplique después la masilla, completando el arreglo como se ha explicado antes.

Trace líneas alrededor del agujero y corte la zona deteriorada con una sierra de punta.

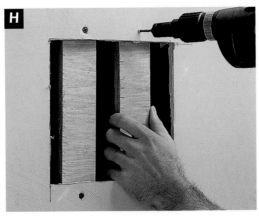
Coloque listones de contrachapado detrás de la abertura y atorníllelos para fijarlos.

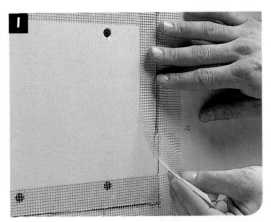
Fije nuevos tornillos por todo el parche y en el soporte. Cubra las juntas con cinta especial y remate el trabajo con masilla.

Restauración de paneles

Se llama panelado a un revestimiento de madera que puede adoptar diversas formas. Aunque en esta técnica es posible utilizar tablas machihembradas, lo más frecuente es usar hojas de contrachapado de 89 × 184 mm y 6 mm de espesor, con la superficie preacabada.

Estos paneles son bastante duraderos, y a menudo no necesitan reparaciones durante décadas. En realidad, el único mantenimiento que precisan es pasarles un paño húmedo con un jabón suave.

Con todo, a veces exigen algunos arreglos sencillos. Muchas rozaduras pueden eliminarse con una ligera capa de cera para madera, y la mayoría de los arañazos se disimulan con un bastoncillo de retoques.

Los fabricantes no recomiendan lijar ni aplicar tratamientos de superficie a los paneles preacabados.

Cómo cambiar los paneles

Los desperfectos importantes más frecuentes en los paneles son las picaduras y humedades. En caso de daño grave la única solución consiste en sustituir los tableros afectados.

Si hace ya algunos años que se hizo la instalación, tal vez resulte difícil encontrar piezas de recambio. Si no las localiza en centros de maderas o de materiales de construcción, recurra a proveedores de madera recuperada. Adquiera los paneles con cierta antelación para poderlos acondicionar antes de instalarlos. Para ello, dispóngalos en la habitación de pie, y con separadores entre ellos para que se aireen. Téngalos en esta posición 24 horas, si ha de instalarlos sobre rasante, y 48 si van bajo el nivel del suelo.

Antes de seguir adelante, examine lo que hay detrás del panelado. Las normas de construcción a menudo exigen que los paneles tengan un soporte de plancha de pared, lo cual sería buena idea aunque no lo exigieran las normas. Este soporte de madera evita que los paneles se comben y ofrece mejor aislamiento contra el ruido. Sin embargo, cuando existe tal soporte con frecuencia es necesario también repararlo, sobre todo si el problema se debe a humedades, y retirar paneles deteriorados pegados a una pared de planchas o de ladrillo puede resultar ciertamente complicado. En cualquier caso, lo mejor es tener una idea clara de la situación antes de empezar a agujerear la pared.

Finalmente, corte la corriente eléctrica en la zona de trabajo y retire todas las bases de enchufe e interruptores de los paneles que hayan de sustituirse.

Para retirar un panel dañado, apalanque con cuidado el rodapié y las molduras (**foto A**). Ayúdese con una espátula para introducir una palanca con que retirar el rodapié o la moldura de la pared. Quite también todos los clavos.

Trace una línea de arriba a abajo en el panel, a 7,5-10 cm de cada borde del mismo. Sosteniendo una escuadra metálica sobre esta línea, haga un corte con una cuchilla de enmoquetar (**foto B**). Aplicando una presión moderada podrá cortar el panel en una o dos pasadas. Si tiene problemas para cortarlo, ayúdese con un martillo y un formón para abrir por las líneas marcadas.

Herramientas: *Cuchilla para planchas de pared, espátula de emplastecer, palanca, escuadra metálica, cuchilla de enmoquetar, martillo, formón, aplicador de masilla, maceta de goma, botador.*

Materiales: *Paneles de recambio, pintura en spray, cola para paneles, clavos de panelado del color que corresponda, cuñas, puntas finas, bastoncillos de masilla y relleno para madera.*

Introduzca la palanca bajo el panel, empezando por abajo (**foto C**). Apalanque para retirar el panel de la pared, quitando al mismo tiempo los clavos. Una vez retirada la parte central, repita la operación con las pequeñas tiras de los bordes. Después de retirar todo el panel, raspe la cola antigua con un cincel o una espátula.

Si queda visible la barrera de vapor, compruebe si tiene desperfectos y necesita reparación. En aplicaciones bajo rasante, verifique que existe una capa de polietileno de 0,1 mm entre los muros exteriores y los paneles.

Si no lo hubiera hecho antes, aplique tinte o pintura en spray sobre las superficies de la pared en los puntos donde se unen los paneles. Al aplicar un color semejante al de los bordes o surcos disimulará las uniones, en particular en caso de contracción o asentamiento del panel después de la instalación.

Haga todos los cortes necesarios, y pruebe el ajuste del nuevo panel, comprobando que las flechas de dirección de la parte posterior están en la posición correcta. Aplique cordones de cola en zigzag de arriba a abajo por todo el panel, cada 40 cm, a unos 5 cm de los bordes y alrededor de cada corte.

Clave el panel por arriba, utilizando puntas del mismo color que la madera. Siguiendo las instrucciones del fabricante de la cola, utilice cuñas para apoyar el panel sobre la pared a una distancia suficiente para que la cola haga su tarea.

Una vez fijada la cola, presione el panel contra el muro y golpee ligeramente en las líneas del soporte con una maceta de goma, para que se produzca un buen agarre (**foto D**).

Mientras seca la cola, sujete el panel por la base con puntas finas. Para preservar el acabado del panel, clave estas puntas hasta 3 mm de la cara, y use un botador para embutirlas.

Vuelva a colocar el rodapié y las molduras, y rellene todos los agujeros de los clavos.

Quite el rodapié y las molduras con una palanca, y retire todos los clavos.

Corte el panel de arriba a abajo, a una distancia de 7,5 a 10 cm de cada borde.

Trabajando desde abajo, haga palanca en la parte central del panel para quitarlo de la pared.

Aplique la cola y golpee ligeramente a lo largo del soporte para lograr un buen agarre.

Restauración de alicatados

Los azulejos son bastante duraderos y apenas exigen mantenimiento, aunque, como sucede con cualquier otro elemento de la casa, pueden estropearse o sufrir problemas. El más frecuente aparece en la lechada de las juntas que, cuando se deteriora, además de ser antiestética ofrece, como riesgo principal, el de ser un punto de entrada para el agua. Si se permite que esto suceda, la entrada de agua en la base de los azulejos puede dar al traste con toda la pared. Por todo ello es importante reponer la lechada de los azulejos tan pronto se detecten signos de deterioro.

Aunque no suele suceder a menos que la base esté deteriorada, un golpe fuerte en el ángulo correcto puede fisurar o romper el azulejo. Sustituirlo no es difícil, pero sí delicado; no obstante, si se usan las herramientas adecuadas es posible cambiar un baldosín roto sin afectar al resto del alicatado.

Para evitar que aparezcan manchas y depósitos minerales en los azulejos, conviene limpiarlos después de usar el baño o la ducha, o rociarlos con un producto especial para eliminar el moho y estos depósitos. Si usa un extractor mientras se ducha o baña favorecerá la protección de las superficies alicatadas frente a la aparición de moho, dado que se extrae el aire húmedo del cuarto de baño.

Herramientas:
Punzón, cúter, talocha (llana), martillo, escoplo, alicates para cortar azulejo, cortavidrio o cortador de azulejos, compás, escofina.

Materiales:
Azulejo de repuesto, cola para azulejos, cinta aislante, lechada, alcohol de frotar, masilla de silicona o látex.

Volver a enlechar los azulejos

Cuando vaya a cambiar la lechada de una pared de azulejos elija un tipo premezclado y resistente a mohos y manchas. Raspe totalmente la lechada antigua, dejando una base para aplicar la nueva **(foto A)**. Para esta labor puede usar un punzón o un cúter. Dedique a ello todo el tiempo necesario, ya que aunque no es una tarea difícil, hacerla bien le ahorrará más tiempo del que se imagina. Una vez quitada toda la lechada, retire y cambie los azulejos rotos (página 41).

Limpie y lave las juntas y extienda lechada sobre toda la superficie, utilizando una talocha o una esponja **(foto B)**. Rellene bien las juntas. Deje secar la lechada ligeramente y trabájela con un objeto redondeado, como un cepillo de dientes. Elimine la lechada sobrante con un paño húmedo **(foto C)**.

Una vez seca, quite los restos y dé brillo a los azulejos. Aplique la masilla (página 42), y no use el baño o la ducha durante 24 horas.

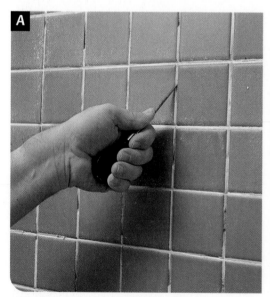
Rasque bien las juntas de los azulejos usando un punzón o un cúter.

Extienda la lechada sobre el azulejo y aplíquela en todas las juntas de la superficie.

Limpie los restos de lechada y dé brillo a los azulejos con un paño seco y suave.

Retirar y cambiar azulejos rotos

Raspe con cuidado la lechada de las juntas de alrededor, utilizando un punzón o un cúter. Rompa el azulejo dañado en trocitos, con un martillo y un escoplo. Retire los fragmentos rotos (**foto D**) y utilice el cúter para raspar los restos o la cola antigua de la zona abierta.

Si va a sustituir un azulejo completo, ya puede probar a ajustarlo en el hueco; si se trata sólo de un pedazo, corte el fragmento que corresponda. El corte de azulejos con un cortador especial se realiza en dos pasos. Primero, se marca la línea de corte, presionando hacia abajo con fuerza; después, se aprieta el mango para romperlo. Si no tiene cortador, raye el azulejo con un cortavidrios, póngalo en un borde y golpee el lado libre. El azulejo debería romperse limpiamente por la línea. Si lo que necesita es un borde curvado, marque la curva con un compás y use alicates de corte de azulejos para ir quitando pequeños trozos hasta alcanzar la línea señalada. Alise los bordes del corte con una escofina.

Coloque provisionalmente el azulejo para comprobar que encaja perfectamente en el hueco del antiguo. Extienda cola por la parte posterior del azulejo y colóquelo en el hueco, dándole un pequeño giro para que quede bien pegado a la pared (**foto E**). Ponga cinta adhesiva para sujetar el azulejo durante 24 horas, hasta que la cola seque completamente.

Retire la cinta y aplique lechada premezclada, con una esponja o una talocha (**foto F**). Deje secar la lechada y trabájela con un objeto redondeado, como el mango de un cepillo de dientes. Elimine la lechada sobrante con un paño húmedo.

Deje secar la lechada durante una hora y abrillante el azulejo con un paño seco y limpio (**foto G**).

Quite la lechada de las juntas de alrededor y, después, rompa y retire el azulejo con ayuda de martillo y escoplo.

Pruebe el nuevo azulejo, aplíquele cola por detrás y presiónelo con fuerza contra la pared. Déjelo secar 24 horas.

Aplique una lechada premezclada con una esponja o una llana.

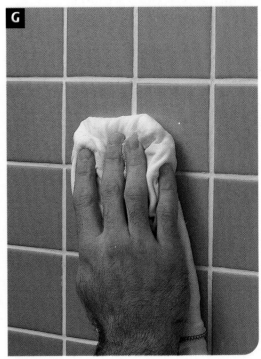

Deje secar la lechada y abrillante el azulejo con un paño seco y limpio.

Renovar la masilla de la bañera o del plato de ducha

En una bañera o un plato de ducha, las juntas entre los azulejos y la bañera se sellan con masilla. Esta masilla puede deteriorarse, dejando un punto abierto para la entrada de agua. Si no se restaura la masilla, el agua filtrada puede llegar a destruir la base de los azulejos y echar a perder la pared.

Para reponer la masilla alrededor de una bañera o un plato de ducha la superficie ha de estar totalmente seca. Si fuera posible, deje secar la bañera o la ducha durante unos días antes de empezar.

Raspe la masilla o la lechada antigua con un punzón o un abrelatas (foto A). Limpie los restos de jabón de la junta con un paño seco mojado en alcohol de frotar.

Llene lentamente la bañera con agua, sin dejar que salpique la pared o las juntas. Al aplicar la masilla cuando la bañera contiene una cantidad suficiente de agua se evitará que se agriete la primera vez que se llene.

Si aprecia que la junta tiende a enmohecerse, límpiela con un fungicida (de venta en ferreterías y centros de bricolaje). Una vez completamente seca la junta, rellénela con una masilla de silicona o látex (foto B).

Mójese la punta de los dedos con agua fría (para que la masilla no se adhiera a la piel), y alise la pasta con los dedos húmedos para darle una ligera pendiente (foto C). Una vez endurecida la masilla, quite el sobrante con un cúter.

El uso de tiras adhesivas para proteger la masilla evita tener que limpiarla. Para usarlas basta quitar el protector de la cara adhesiva de la tira y extender ésta sobre la masilla (foto D).

Raspe la masilla antigua y limpie bien la junta.

Llene de agua la bañera y tape la junta con masilla.

Aplaste la masilla y, una vez endurecida, quite el sobrante.

La colocación de una tira adhesiva sobre la masilla es muy simple.

Sustitución de accesorios de pared

Los toalleros, las jaboneras y otros accesorios de baño pueden desprenderse de las paredes, sobre todo si no se instalaron correctamente o no cuentan con un buen apoyo.

Para limitar la cantidad de pared que es preciso reparar, quite con cuidado todos los accesorios. Para obtener un poder de sujeción máximo, fije los nuevos accesorios a rastreles verticales o al bloque o ladrillo. Si no encuentra estos apoyos en la zona donde desea colgar los accesorios, utilice elementos de fijación especiales (foto E), como tornillos de expansión o basculantes, para colocar los accesorios directamente en la superficie de paredes de planchas o yeso. Para que los tornillos agarren con fuerza a superficies alicatadas, haga agujeros guía e inserte tacos de plástico, que se expanden al introducir el tornillo.

Herramientas: Martillo, escoplo, cúter, llana dentada, destornillador.

Materiales: Accesorios de recambio, elementos de fijación especiales según las necesidades, cola para azulejos en seco, cinta de máscara, lechada.

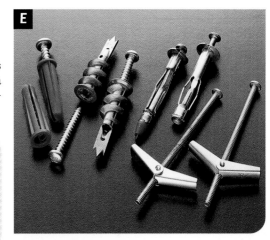

Elementos de fijación especiales para sujetar los accesorios de forma segura.

Cambiar accesorios embutidos

Retire con cuidado el accesorio dañado, con las técnicas descritas para quitar azulejos deteriorados (página 41). Raspe bien todos los restos de cola o lechada de alrededor, con ayuda de una espátula de emplastecer.

Aplique cola para azulejos en seco a la parte posterior del nuevo accesorio (foto F), póngalo en el hueco y apriete con fuerza.

Utilice cinta de máscara para sujetar el accesorio a la pared hasta que seque la cola (foto G). Deje secar el mortero completamente (de 12 a 24 horas), luego aplique lechada y selle la zona (página 40).

Extienda mortero en seco en la parte posterior del accesorio, utilizando una llana dentada.

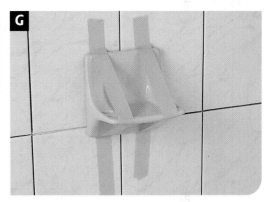

Sujete el accesorio con cinta de máscara hasta que seque el mortero. Aplique lechada y sellante a la zona.

Cambiar accesorios montados en superficie

Para quitar un accesorio montado sobre soporte superficial, tire de él hacia arriba y hacia afuera (foto H). Si los tornillos del soporte están fijados en rastreles o bloques, cuelgue simplemente el nuevo accesorio. Ahora bien, si los soportes no están bien sujetos, tendrá que cambiar los tornillos por elementos de fijación especiales, como tornillos de expansión o basculantes. En superficies de azulejo, use tacos de plástico.

Para impermeabilizar contra humedades y mejorar el poder de sujeción de los tornillos, aplique una gota de silicona sobre los agujeros guía y la punta de los tornillos antes de introducir éstos (foto I). Deje secar la masilla y monte el nuevo accesorio en el soporte.

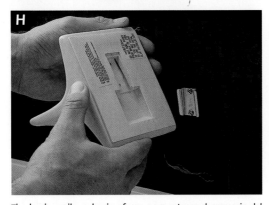

Tire hacia arriba y hacia afuera para extraer el accesorio del soporte de la pared.

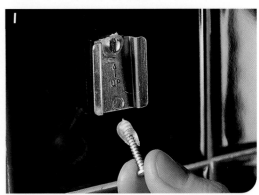

Aplique una gota de silicona a cada orificio guía y a la punta de los tornillos e introduzca éstos, fijando a continuación los soportes a la pared.

Arreglos en empapelados

Hoy día son muy pocos los papeles pintados que están hechos realmente de papel. Los revestimientos de las paredes pueden ser de vinilo, papel o tela vinílicos, hierbas naturales, hoja metálica o milar. Los de vinilo y papeles vinílicos son muy populares, por su facilidad de limpieza y reparación, mientras que otros necesitan cuidados especiales. Así, las telas y los papeles aterciopelados no son lavables, y hay que evitar que se mojen.

Juntas levantadas y ampollas son los problemas más comunes en estos revestimientos, ambos fáciles de resolver, como se explica en este apartado. Las zonas con arañazos, desgarrones o manchas visibles pueden parchearse con tal perfección que sea difícil notar el cambio.

Siempre que empapele las paredes, conserve algunos retales del material para arreglos futuros. También es aconsejable anotar el nombre del fabricante, y los números de referencia de estilo y de lote de fabricación de los revestimientos. Anote esta información en un trozo de cinta de máscara y póngalo detrás del embellecedor de un interruptor en la habitación de que se trate.

Si tiene que tapar una zona y no dispone de papel, quítelo de un área no visible, como el interior de un armario o detrás de una puerta, y disimule este hueco pintándolo de un color parecido al fondo del revestimiento.

Herramientas:
Rodillo para juntas, jeringuilla aplicadora de cola, esponja, cúter.

Materiales:
Pasta para papel pintado, cola, cinta adhesiva removible, retales de revestimientos.

Renovación del empapelado

Antes de limpiar cualquier revestimiento, investigue los métodos más adecuados. Si le quedan retales, lea las instrucciones escritas por detrás para conocer el tipo de limpieza adecuado. Los papeles lavables pueden limpiarse con un jabón suave y una esponja. Las versiones *restregables* son lo bastante resistentes como para que pueda pasarse un cepillo blando sobre ellas.

Algunas manchas de las paredes pueden quitarse con un borrador o una pasta especial (**foto A**), de venta en la mayoría de las tiendas de decoración y pintura.

Las juntas levantadas tienden a doblarse, por lo que conviene repararlas lo antes posible. Levante el borde del papel e introduzca un aplicador de cola por debajo (**foto B**). Extienda la cola en la pared y presione la juntura sobre ella. Si resulta conveniente para el tipo de papel utilizado, pase con fuerza un rodillo sobre la junta y elimine la cola sobrante con una esponja limpia y húmeda. En papeles aterciopelados o con relieve, apriete la junta sólo con los dedos, ya que un rodillo podría estropear el dibujo.

Utilice pasta de papel pintado para quitar las manchas en los revestimientos no lavables.

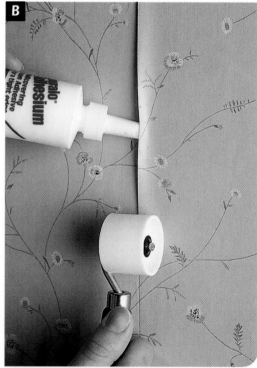

Para arreglar juntas despegadas, aplique cola bajo el borde y vuelva a colocar ésta en su sitio. Pase después un rodillo por encima.

Cómo tapar desperfectos en el papel

Aplicando la técnica llamada de «doble corte» es posible disimular casi por completo un parche. Para empezar, extienda un retal del papel encima de la zona dañada (foto C). Fije el parche con cinta adhesiva removible, de modo que el dibujo case exactamente con el del papel.

Corte ambas capas de papel con un cúter (foto D). Utilice una cuchilla nueva, para que el corte sea preciso, con lo que facilitará un perfecto ajuste del dibujo. Retire el parche y aplique agua a la zona cortada del papel deteriorado. Quite éste de la pared, teniendo cuidado al levantarlo de no dañar la zona de alrededor.

Aplique cola a la parte posterior del parche y coloque éste con cuidado en el hueco, de forma que el dibujo coincida perfectamente. Limpie con suavidad la zona con una esponja húmeda y limpia (foto E).

Sujete con cinta el parche de papel, casando el dibujo con exactitud.

Corte las dos capas a la vez. Retire el parche y quite también la parte dañada.

Vuelva a poner el parche con cuidado y elimine el exceso de cola con una esponja húmeda.

Cómo quitar las ampollas

Bajo cierta luz, las ampollas del empapelado resultan muy visibles y lo afean. Para quitarlas, haga un corte con un cúter afilado a un lado de la ampolla (foto F). Si el empapelado tiene dibujo, procure seguir una línea con el corte para disimularlo.

Introduzca el extremo de una jeringuilla aplicadora de cola debajo del corte y extienda una pequeña cantidad de cola en la pared (foto G). Repita este proceso en la otra parte del corte. Distribuya una pequeña cantidad de cola por debajo de toda la zona deteriorada.

Presione suavemente el papel para volverlo a pegar en la pared. En papeles lavables use una esponja limpia y húmeda. En otros tipos será mejor probablemente usar los dedos limpios. Si los bordes aparecen un poco levantados, elimine con cuidado el exceso de cola.

Haga un corte en la ampolla.

Aplique un poco de cola en la pared, debajo de la ampolla.

Presione el papel contra la pared. Limpie el exceso de cola.

Arreglos en molduras decorativas

No hay ninguna razón para permitir que molduras decorativas deterioradas afeen el aspecto de una habitación bien mantenida. Con las herramientas correctas y cuidando los detalles es posible cambiarlas o repararlas de forma fácil y rápida.

En los centros de maderas y de bricolaje se venden muchas clases de molduras, aunque tal vez no los modelos antiguos de ciertas casas viejas. Si tiene problemas para encontrar réplicas exactas, diríjase a los proveedores especializados de su zona, que en ocasiones conservan materiales que han dejado de comercializarse. También puede combinar varias clases de molduras para obtener la versión más elaborada.

Herramientas:
Palancas (2), segueta, sierra de ingletes, taladradora, martillo, botador.

Materiales:
Recortes de madera, molduras de recambio, puntas finas de 25 a 50 mm, masilla de madera.

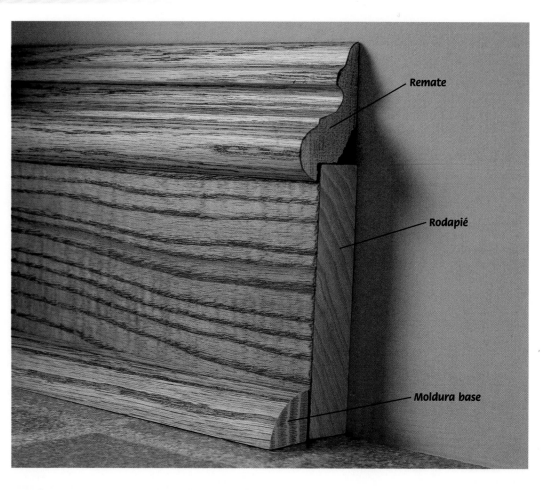

Remate

Rodapié

Moldura base

Quitar un rodapié estropeado

Para retirar un rodapié sin dañar la pared vale más maña que fuerza.

Calce primero la moldura de base con una palanca **(foto A)**. Cuando note que saltan algunos clavos, avance un poco en la moldura y vuelva a hacer palanca.

Los rodapiés suelen estar clavados a la solera del muro y a sus elementos de sujeción. Para quitar el rodapié utilice dos palancas y tacos de madera inservibles dispuestos sobre el suelo y la pared **(foto B)**. Recuerde que la mínima presión realizada con la palanca puede dañar el yeso o la madera de la pared, así que es mejor utilizar recortes de madera grandes y planos para proteger la pared.

Introduzca una palanca por debajo del rodapié, y la otra entre éste y la pared. Para quitar el rodapié, haga fuerza con las palancas en direcciones opuestas.

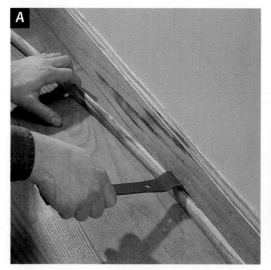

Introduzca una palanca en la moldura de la base y tire hacia arriba de la barra para sacar dicha moldura.

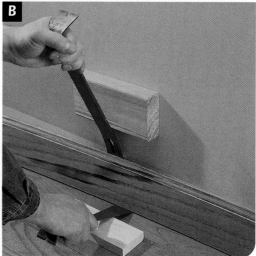

Use tacos de madera como protección cuando apalanque el rodapié.

Cambiar los rodapiés

Para ajustar rodapiés en las esquinas de las paredes, los carpinteros utilizan una técnica conocida como *empalme*. Este método puede aplicarse de distintas formas, si bien lo más común es cortar el extremo de cada pieza del rodapié de manera que se adapte al perfil de la adyacente. No es difícil de hacer, con algo de práctica, aunque se necesita una *segueta*, o pequeña sierra manual con una hoja muy fina y flexible que puede girarse para realizar cortes en curva.

Para colocar un nuevo rodapié, empiece por una superficie que cubra el bajo de la pared y termine en dos rincones. Corte los extremos de la pieza de madera, y ajústelos en los rincones. Practique taladros guía para evitar que se parta la madera y sujete el rodapié con dos puntas finas de 50 mm, alineados verticalmente, en cada rastrel de la pared.

Para preparar el empalme del extremo con la pieza adyacente, corte un sobrante del rodapié con los finales totalmente rectos (**foto C**). Corte también en recto la pieza de trabajo. Coloque el sobrante en la parte posterior de la pieza, de forma que su cara posterior coincida con el final de la pieza. Con un lápiz afilado, marque el perfil del sobrante sobre la parte posterior de la pieza, y corte siguiendo esta línea con la segueta, que ha de mantenerse en perpendicular a la cara del rodapié. Pruebe el ajuste del extremo obtenido, y vuelva a cortarlo en caso necesario (**foto D**).

Para cortar el rodapié de forma que el ajuste sea perfecto en las esquinas exteriores, acople el extremo recortado de dicha esquina y marque el otro extremo para definir el empalme (**foto E**). Corte el extremo en un ángulo de 45°, con ayuda de una sierra de ingletes eléctrica o de una caja de ingletes. Clave todas las uniones de ingletes con puntas finas de 48 mm (página 49).

Instale la moldura base siguiendo la línea inferior del rodapié. Haga empalmes en inglete en los rincones y esquinas, y sujete la base con clavillos de 25 mm.

Siempre que sea posible, complete un tramo de moldura con una sola pieza. Para tramos más largos, empalme los fragmentos de moldura cortando ingletes en los extremos en ángulos paralelos de 45° (**foto F**). Este tipo de empalme, llamado junta *biselada*, tapa bien los huecos producidos por la contracción de la madera.

Embuta todas las cabezas de los clavos bajo la superficie de la madera con ayuda de un botador. Después, rellene los agujeros con masilla de madera.

C

Recorte de rodapié

Trace el perfil del rodapié en la parte posterior de la pieza.

D

Ajuste el extremo biselado con el de la pieza anterior.

E

Haga ingletes opuestos para acoplar la moldura en las esquinas exteriores.

F

Una los fragmentos de moldura a lo largo de la pared mediante juntas biseladas.

Cambiar las molduras de puertas y ventanas

Para retirar las molduras viejas siga la técnica general descrita para quitar rodapiés (página 46). Si trabaja en una puerta o ventana exterior, revise el aislamiento del marco, y rellene con espuma expansible o tiras de fibra de vidrio todo hueco importante que detecte.

En ventanas de guillotina, las molduras suelen ir colocadas al ras del borde de la jamba, pero si cambia la moldura de una puerta o ventana de otro tipo, como las de bisagra, deberá trazar una línea a 3 mm del borde interior de cada jamba (**foto A**). Las molduras se colocarán al ras de estas líneas.

Coloque un tramo de moldura en una jamba y alinéelo con la línea marcada (**foto B**). Si se trata de una ventana de guillotina, haga coincidir la moldura hasta el borde de la jamba. En las molduras superior e inferior marque los puntos donde se cortarán las líneas horizontales y verticales trazadas. En las puertas, marque las molduras sólo en la parte superior.

Corte los extremos de la moldura en ángulo de 45°, con ayuda de una sierra de ingletes eléctrica (**foto C**). Mida y corte el tramo de la otra moldura vertical por el mismo método.

Haga taladros guía en las molduras verticales a intervalos de 30 cm. Para sujetarlas, clave primero puntas finas de 38 mm cerca del borde interior de las molduras y en las jambas (**foto D**). Después, utilice puntas de 50 mm cerca del borde exterior de las molduras y en los elementos del marco.

Mida las líneas marcadas entre las molduras instaladas y corte los tramos superior e inferior, mediante empalmes a inglete en ángulos de 45° (**foto E**). Si la ventana o la puerta no forman ángulos rectos exactos, haga pruebas en recortes de desecho hasta encontrar el ángulo perfecto de empalme.

Practique taladros guía y sujete las molduras con puntas de 38 y 50 mm, tal como se indicó anteriormente.

Sujete las juntas en los extremos mediante un taladro guía y clavillos de 38 mm en cada esquina (**foto F**). Embuta todos los clavos bajo la superficie de las molduras con ayuda de un botador. Rellene los orificios con masilla de madera y aplique un tinte o tapaporos antes de pintar las molduras.

Trace una línea a 3 mm de la cara interior de cada jamba, en las puertas y ventanas que no sean de guillotina.

Marque la unión entre las líneas horizontales y verticales trazadas en cada moldura vertical.

Corte los extremos de las molduras verticales en ángulo de 45°.

Haga taladros guía y clave las molduras verticales en su posición.

Mida la distancia entre los bordes interiores de las molduras verticales para obtener la longitud de las horizontales.

Haga taladros guía y clave las juntas de las esquinas. Embuta todos los clavos con un botador, y rellene los orificios con masilla para madera.

Molduras de techo

Las molduras de techo, también llamadas «cornisas», se utilizan para tapar las uniones de las superficies del techo y las paredes. Los estilos de estas molduras ofrecen dimensiones y diseños variados. Los más elaborados constan de elementos independientes sujetos a un listón cuadrado oculto que actúa como soporte.

Todas las molduras de techo tienen en la parte posterior un borde superior y otro inferior que se acoplan a escuadra al techo y a la pared. Aproveche estos bordes para realizar cortes a inglete precisos. El truco consiste en cortar la moldura en posición invertida. En una sierra de ingletes eléctrica o una caja de ingletes, coloque el borde de la pared de la moldura en la parte del filo y el lado del techo sobre la base de la sierra.

Listón cuadrado de ajuste

Lado de la pared

Lado del techo

Restauración de techos

Los dos grandes enemigos de los techos son la gravedad y el agua. El simple peso de la superficie del techo puede aflojar las fijaciones y provocar el desprendimiento del material. El agua de una fuga del tejado o de una tubería suele recogerse en estas áreas, añadiendo aún más peso a la superficie y debilitando el material. Un signo indudable de la presencia de agua es el cambio de color o la aparición de ampollas en la superficie del techo.

La reparación de un techo de paneles es sencilla. Basta con volver a sujetar los paneles sueltos, cubrir las zonas dañadas con un parche o cambiar paneles enteros. Arreglar el yeso, en cambio, resulta más difícil, y no suele estar al alcance del simple aficionado al bricolaje. Al igual que sucedía en las paredes enlucidas con yeso (páginas 34 a 35), las reparaciones de yeso en el techo han de limitarse a rellenar agujeros o, si se trata de zonas más grandes, a parchearlas con trozos de panel. En ambos tipos de techos, los arreglos pueden disimularse con masillas o escayola y diferentes tratamientos de textura.

Es importante advertir que el yeso es un elemento pesado, de forma que un fallo generalizado del agarre entre el revestimiento de yeso y el armazón de soporte puede ser peligroso. Antes de emprender cualquier arreglo se inspeccionará con atención el estado del techo. Si se aprecian grandes zonas esponjosas o combas importantes, lo mejor es llamar a un profesional preparado para que coloque paneles sobre el techo existente o tire todo el yeso y rehaga el techo por completo.

Un buen mantenimiento del techo es importante para el atractivo visual de cualquier habitación y, también, para la seguridad del hogar.

Levantar un techo combado

Aunque los paneles no pesan tanto como el yeso, también pueden resultar demasiado pesados para los anclajes que los fijan a las vigas, sobre todo si se han usado clavos como elementos de fijación. Aunque no es frecuente que se caigan los paneles, sí lo es que se comben. En otros casos, los anclajes siguen en su sitio, pero no los paneles. La presencia de huecos redondeados de unos 2,5 cm de diámetro es un signo revelador de desprendimiento de los paneles del techo.

Otra causa común de este abombamiento es el agua, que rápidamente se filtra por los puntos hundidos o las uniones de los paneles, produciendo manchas en la superficie en cuestión de minutos. El agua en las juntas resulta especialmente dañina, porque estropea los bordes de los dos paneles a la vez. Si existe un problema con el agua, arréglelo antes de reparar el techo.

La solución para la mayoría de los problemas de abombamiento consiste en apuntalar los paneles combados con un puntal en T y atornillarlos a las vigas del techo. Si los bordes de los paneles están dañados, utilice arandelas anchas y finas para reforzar el soporte del material debilitado.

Tratar de levantar los paneles combados puede hacer que los anclajes atraviesen la superficie de los paneles. En tal caso, saque estos anclajes o vuelva a afianzarlos.

Para construir un puntal en T, corte un tablón de 38 × 89 mm de forma que sea 12 mm más largo que la altura del techo. Después corte otro tablón del mismo tipo y 1,20 m de longitud y clávelo en el extremo del anterior en sentido perpendicular a éste.

Coloque en el suelo un trozo de tablero de contrachapado o de aglomerado, para deslizar y ajustar la viga, y para proteger el suelo. Sitúe el puntal bajo el punto más combado de la zona abombada **(foto A)**. Apoye el extremo inferior del puntal en el tablero y empuje éste ligeramente hasta que los paneles combados se levanten y aprieten contra las vigas del techo.

Puesto que la resistencia de los paneles del techo reside en la lámina que los recubre, como mejor sujetan los tornillos es si hunden ligeramente esta lámina sin romperla. Lo ideal es que la cabeza del tornillo se embuta 1,5 mm bajo la superficie. Si su taladradora tiene embrague de desconexión ajustable haga las pruebas necesarias y seleccione el valor preciso para que se desconecte al alcanzar la profundidad adecuada **(foto B)**.

Elimine la cinta suelta entre las juntas de los paneles. Fije los tornillos provistos de arandelas a las vigas del techo introduciéndolos por el centro de las juntas **(foto C)**. Empiece por el extremo de la zona dañada y trabaje en una sola dirección, a lo largo de la junta, introduciendo un tornillo cada 10 cm, o en cada vigueta del techo.

Para sujetar zonas combadas que no sigan una junta, alinee los tornillos con los anclajes existentes para asegurarse de que trabaja sobre una viga. Coloque los tornillos a 5 cm de cada anclaje existente.

Cuando la zona haya quedado bien sujeta, retire el puntal en T. Repita el proceso para reparar cualquier otra área combada.

Raspe todos los restos de pintura o panel alrededor de las juntas y los tornillos, con ayuda de una espátula. Rellene las juntas y los huecos dejados por las fijaciones con masilla para paneles de techo **(foto D)**.

Cubra las grietas o agujeros grandes con cinta de fibra de vidrio para paneles de techo antes de aplicar la masilla. En caso necesario, dé textura a la zona para igualarla (página 52).

Herramientas:
Taladradora, martillo, espátula.

Materiales:
Madera de 38 × 89 mm, contrachapado, tornillos para paneles, arandelas, cinta de fibra de vidrio para paneles, masilla para paneles.

Coloque el puntal en T sobre la zona combada y enderece el pie derecho para presionar los paneles contra las vigas.

Un embrague de desconexión ajustable en una taladradora a batería puede servir para introducir los tornillos en la madera a la profundidad adecuada.

Coloque los tornillos cada 10 cm cuando las juntas sean paralelas a las vigas. Si no, atorníllelos en las vigas de intersección.

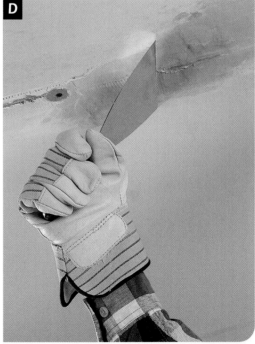

Cubra las zonas reparadas con masilla para paneles de techo. En caso necesario, alise la primera capa con otras capas finas.

Reparar un techo de yeso

Volver a emplastecer zonas deterioradas de un techo es una tarea difícil que exige particular destreza y experiencia en el manejo del yeso. Si el techo está en buenas condiciones, será más fácil reparar la zona dañada con un trozo de panel.

Consejo útil

Con pintura texturada y la herramienta adecuada puede hacer desaparecer totalmente un parche. Este tipo de pintura se adquiere en forma de látex premezclado o como polvo seco que ha de mezclarse para lograr la consistencia precisa. Se usarán pinturas premezcladas para picados ligeros y polvo para acabados de adobe o estuco.

Ensaye estas técnicas de textura en un cartón grueso hasta lograr el relieve que desee. Use para ello algunas de las siguientes herramientas de texturación: rodillo de pintar de pelo largo, escobilla, llana lisa, esponja, brocha.

Empiece por cortar una sección cuadrada o rectangular alrededor del yeso deteriorado. Será más fácil cortar un parche de lados rectos, y el resultado será también mejor que si se tapa el hueco con una pieza de forma irregular.

Con una escuadra metálica para cercos, marque el perfil del corte. Luego, raye la superficie del yeso con un cúter. Así le será más fácil romper la dura capa final, evitando problemas al yeso de alrededor.

Corte el yeso con cuidado usando un martillo y un cincel (**foto A**).

Si el yeso va apoyado sobre malla metálica, realice el corte de modo que se extienda desde el centro de una vigueta del techo hasta el centro de la siguiente, para que el remiendo tenga un soporte adecuado. Si el yeso va montado sobre rastreles de madera, sujete el parche directamente al rastrel.

Mida las dimensiones del corte, así como el grosor del yeso. Corte el parche de un panel de igual espesor que el yeso, pero de un tamaño ligeramente menor que el corte para dejar hueco para la masilla de unión (**foto B**).

Coloque el parche sobre el corte, y fíjelo a las viguetas o los rastreles con tornillos para paneles de techo (**foto C**).

Cubra las juntas con cinta de fibra de vidrio. Aplique varias capas finas de masilla para paneles hasta que el parche quede liso y se iguale con la superficie circundante.

Si el techo tiene textura, reproduzca su efecto en el parche con una fina mezcla de masilla o pintura texturada.

Herramientas:
Escuadra de cercos, cúter, martillo, cincel, taladradora, espátulas.

Materiales:
Paneles de techo, tornillos, cinta para paneles, masilla para paneles.

Haga un corte limpio rayando la superficie con un cúter y cincelando después el yeso.

Corte el parche de un panel de techo plano con ayuda de una escuadra y un cúter.

Atornille el parche en su posición. Coloque los tornillos cada 10 o 15 cm.

Reparar un techo de paneles

Corte la corriente de la zona de la casa en el cuadro eléctrico antes de empezar a horadar el techo.

Utilice una escuadra para trazar un cuadrado alrededor de la sección dañada, y corte este trozo con una sierra de punta (**foto D**).

Corte un fragmento de contrachapado como soporte, suficientemente estrecho para que quepa por el agujero y lo bastante largo para que cubra el hueco y sobresalga por dentro al menos 5 cm por los lados (**foto E**). Introduzca el soporte de contrachapado y céntrelo en la abertura.

Sujete el soporte con tornillos para paneles (**foto F**).

Corte, de un trozo de panel, un parche que ajuste en el hueco y atorníllelo al soporte.

Cubra las juntas con cinta de fibra de vidrio y termine la zona reparada con masilla para paneles.

Herramientas:
Escuadra de cercos, sierra de punta, taladradora, cúter.

Materiales:
Contrachapado, tornillos para paneles, cinta de fibra de vidrio, masilla para paneles.

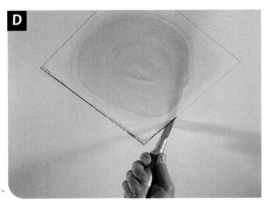

Corte el trozo dañado del techo con una sierra de punta.

Use una pieza de contrachapado como soporte del parche.

Asegure el soporte por detrás con tornillos.

Cambiar una loseta del techo deteriorada

Las losetas de insonorización del techo suelen ir acopladas entre sí mediante bordes machihembrados, y están sujetas a listones de madera clavados a las viguetas.

Corte la sección central de la loseta dañada con un cúter (**foto G**). Luego, deslice los bordes para extraerlos de las losetas de alrededor.

Recorte el borde superior de los lados ranurados de la nueva loseta con ayuda de una regla metálica (**foto H**). Elimine también una de las lengüetas, si fuera necesario.

Aplique cola de construcción a los listones (**foto I**). Instale la nueva loseta, introduciendo primero la lengüeta, y empújela hacia la cola.

Para sostener losetas grandes mientras seca la cola, improvise un puntal con una tabla lisa y un pie derecho de 38 × 89 mm. Disponga la tabla bajo la loseta y coloque el pie derecho entre la tabla y el suelo.

Herramientas: Cúter, regla metálica.

Materiales: Loseta de recambio, cola de construcción, tabla, pie derecho de 38 × 89 mm.

Con un cúter, corte en trozos la loseta dañada.

Elimine (por detrás) el labio de los bordes ranurados.

Aplique cola de construcción y empuje la nueva loseta para colocarla en su sitio.

Insonorización

El mejor momento para insonorizar es durante la construcción, cuando es posible acceder al armazón del edificio e instalar materiales especializados. Aun así, es posible mejorar la insonorización de puertas, paredes y techos con materiales apropiados que amortiguan la transmisión del sonido.

Esta transmisión se mide por un sistema denominado STC. Cuanto mayor es el valor medido, más silenciosa es la casa. Por ejemplo, una conversación ruidosa se escucha a través de un muro con un valor de 40 a 35 STC. Con 42 STC, la charla se reduce a un murmullo, y con 50 STC apenas es audible.

Los métodos de construcción estándar producen un valor de 32 STC. Con los materiales adecuados, este valor puede elevarse a 48 STC.

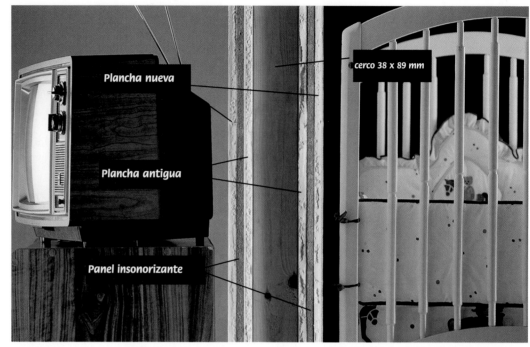

Los tabiques existentes pueden insonorizarse añadiendo paneles fonoabsorbentes y planchas de pared adicionales.

Insonorización de puertas

Las puertas de los talleres y las habitaciones de servicio transmiten mucho ruido al resto de la casa, sobre todo si no son macizas.

Esta transmisión puede reducirse instalando losetas insonorizantes en la cara de la hoja de la puerta donde se produce el ruido (foto A). Corte losetas a medida con ayuda de una regla y un cúter. Para dañar mínimamente la superficie de la puerta, péguelas con gotas de cola caliente o de construcción.

Evite que pase ruido por debajo de la puerta colocando un burlete (foto B). Utilice un serrucho para ajustar la longitud del burlete, y colóquelo de forma que el faldón de vinilo sólo roce el suelo.

Herramientas:
Cúter, regla, pistola aplicadora de cola, serrucho, taladradora.

Materiales:
Losetas de techo insonorizantes, cola de construcción, bastoncillos de cola, burlete para puertas.

Las losetas insonorizantes absorben el sonido de los talleres o de los electrodomésticos de las habitaciones de servicio.

Un burlete evita el paso de ruidos por debajo de la puerta.

Insonorización de paredes y techos

El sonido viaja de una habitación a otra a través de grietas y puentes de aire o por vibración del suelo y los elementos del tabique, produciendo con ello reverberaciones. Es posible reducir este ruido sellando las aberturas de las puertas, ventanas y tomas eléctricas, o aumentar la densidad de los tabiques y techos instalando planchas adicionales para aminorar las vibraciones.

Un tercer método para reducir el ruido consiste en absorberlo. Materiales blandos y porosos, como losetas insonorizantes, aislamiento de fibra de vidrio o un producto consistente en un panel de fibra, son eficaces absorbentes acústicos.

Para un resultado óptimo utilice una combinación de estos métodos de insonorización para sellar, absorber y bloquear la transmisión del sonido en toda la casa.

Selle los huecos de las paredes y el suelo con espuma expansible (**foto C**). Retire las molduras de puertas y ventanas y selle bien los marcos.

Interrumpa la transmisión sonora por las tomas de corriente colocando tiras de neopreno detrás de los embellecedores (**foto D**).

Añadir nuevas capas a la pared y el techo es la forma más eficaz de bloquear la transmisión acústica entre habitaciones. Ello implica instalar nuevas planchas, por lo que si no tiene experiencia en este trabajo, considere la posibilidad de contratar a un profesional.

Para aislar un tabique puede clavar paneles de fibra de 11 mm sobre la superficie existente (**foto E**). Utilice clavos largos para planchas de pared y clave el panel a los soportes del tabique. Luego pegue encima una plancha de 11 mm con cola de construcción. Si efectúa esta operación en ambas caras del tabique, logrará un valor STC de 50.

Insonorice el techo instalando canales de acero resiliente sobre su superficie, en sentido perpendicular a las viguetas de la estructura existente (**foto F**). Coloque los canales a intervalos de 60 cm entre centros y atornille ambos flancos a las viguetas. Fijando planchas de 16 mm a los canales elevará el valor STC hasta 44.

Si está terminando un sótano, aíslelo entre las viguetas del suelo con bloques de fibra de vidrio, e instale planchas de pared de 16 mm sobre los canales de acero.

Retire la moldura de la base y extienda espuma aislante en la junta inferior de los tabiques para sellar los puentes de aire entre habitaciones.

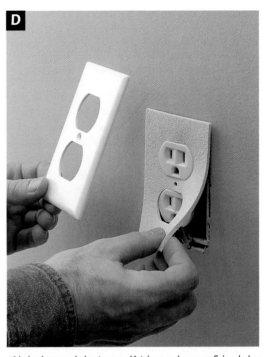

Aísle los huecos de las tomas eléctricas en las superficies de las paredes y vuelva a colocar los embellecedores sobre los sellos de neopreno.

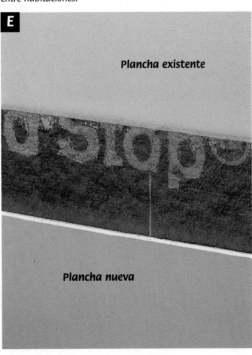

Plancha existente

Plancha nueva

Una capa de panel acústico de 11 mm y una plancha de pared de 11 mm sobre el tabique elevarán el índice STC a un valor de 46 o más.

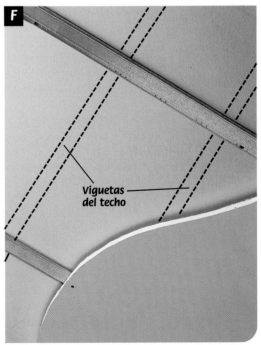

Viguetas del techo

Los canales de acero resiliente y los paneles de 16 mm reducen el paso de las vibraciones sonoras a través del techo desde el piso superior.

Pintura

Un nuevo tono de color puede dar un aire totalmente nuevo a una habitación, y conseguir este cambio no cuesta una fortuna. Es posible transformar una habitación corriente en un espacio vital atractivo sin necesidad de renovar los costosos muebles y alfombras.

La clave del éxito de un trabajo de pintura reside en la atención a los detalles. Primero, se ha de elegir una escalera de tijera que permita llegar cómodamente a las superficies que han de pintarse. Si estas superficies son extensas o muy altas, es mejor usar un andamio. Los andamios permiten trabajar con seguridad y comodidad a alturas considerables durante sesiones prolongadas.

La seguridad es un detalle que no debe pasarse por alto. Lea las etiquetas de uso y vertido de todos los productos químicos, pinturas e imprimaciones.

La calidad de los materiales y herramientas que se utilicen influirá en la calidad de la pintura. Adquiera las mejores herramientas y materiales que pueda permitirse. Si se limpian con cuidado, las brochas y rodillos durarán años. Con una buena planificación, comprará sólo la pintura que necesite.

Seguridad en la escalera

Para pintar la mayoría de las superficies interiores sólo hacen falta dos escaleras de tijera y un buen tablón. Con estos materiales es posible construir un andamio sencillo pero sólido para pintar las partes altas de las paredes y los techos. Elija escaleras largas y un tablón resistente de 38 × 244 mm, de no más de 4 m de largo.

Para formar el andamio, disponga las escaleras con los peldaños interiores enfrentados. Asegúrese de que los tirantes están bloqueados, y luego extienda el tablón entre los peldaños de las dos escaleras (**foto A**). No lo coloque sobre los peldaños superiores, ya que así la parte alta de las escaleras le ayudará a mantener el equilibrio, y evitará que pueda caerse por pisar fuera de los extremos del tablón.

Si en su casa hay una escalera fija, sólo necesitará una móvil de tijera. Apoye un extremo del tablón en la escalera de tijera y el otro en uno de los escalones fijos (**foto B**). Ajuste el andamio de forma que esté cerca de la pared, y compruebe la firmeza de la escalera móvil. Antes de encaramarse a la plataforma, verifique que el andamio está bien nivelado.

Puede adquirir un tablón de prolongación en cualquier centro de bricolaje, o alquilarlo en un concesionario (**foto C**). Cuando compre una escalera, lea siempre la pegatina del fabricante, que normalmente figura en un lateral (**foto D**) y en la que están indicados el peso y las instrucciones de uso. Compruebe que la escalera elegida tiene un límite de peso adaptado al suyo propio, al que habrá de sumar el de las herramientas y materiales que piense usar cuando se suba a ella.

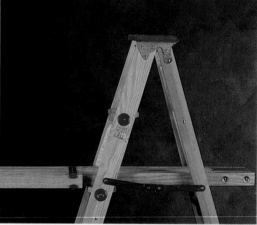

Prepare un andamio para pintar las zonas altas y el techo tendiendo un tablón entre los peldaños de dos escaleras de tijera.

Si ya hay una escalera fija, extienda el tablón desde un peldaño de la escalera móvil a un escalón fijo.

Los tirantes de la escalera son esenciales para su estabilidad. Ábralos del todo y asegúrese de que están bloqueados antes de subirse (**foto E**). También deberá comprobar que las patas de la escalera están niveladas y firmemente apoyadas en el suelo.

Es importante además apretar periódicamente los peldaños. Con el tiempo, los tirantes se aflojan. Apriete con una llave las tuercas de los escalones hasta que estén seguros (**foto F**).

Coloque la escalera siempre entre usted y la zona que va a pintar. De esta forma, podrá apoyar su peso en la escalera para mejorar el equilibrio. Centre su peso en la escalera (**foto G**). No permanezca en pie sobre el escalón o tirante superior, ni en la plataforma superior de la escalera. Cambie ésta a menudo de posición para no tener que inclinarse demasiado, con el riesgo de descompensarla.

Tal vez sea buena inversión adquirir una escalera ajustable, sobre todo si piensa pintar con frecuencia. Estas escaleras se venden en centros de bricolaje, o también pueden alquilarse, y se adaptan a numerosos trabajos diferentes, ya que pueden usarse como escaleras rectas o de tijera o como base para un tablón de andamio (**foto H**). Antes de usarlas, lea las instrucciones relativas al peso y las recomendaciones del fabricante.

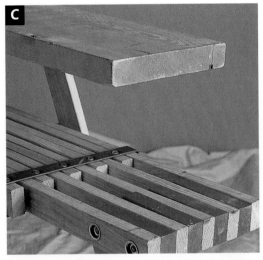

Adquiera los tablones en un centro de bricolaje, o alquílelos en concesionarios de pintura.

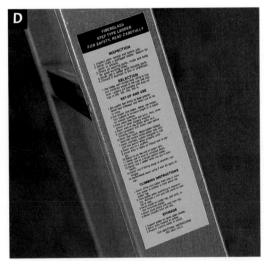

Lea las pegatinas del fabricante para conocer los límites de peso y las instrucciones de uso correcto de la escalera.

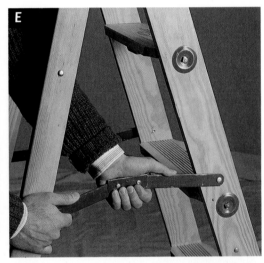

Ajuste los tirantes hacia abajo hasta que se bloqueen completamente.

Mantenga firmes los peldaños comprobándolos periódicamente y apretando los tirantes cuando sea necesario.

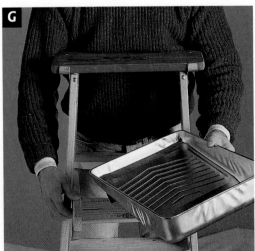

Centre el peso en la escalera, y cambie ésta de sitio a menudo para no tratar de llegar demasiado lejos desde una misma posición.

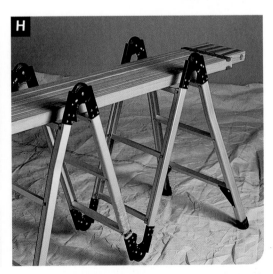

Las escaleras ajustables se usan como escaleras rectas o de tijera o como base de tablones de andamios.

Cuestiones de seguridad

No olvide nunca leer la información de las etiquetas de los envases de pintura y disolvente **(foto A)**. Los productos químicos que entrañan riesgo de incendio se indican con advertencias como *combustible*, *inflamable* y *muy inflamable*. Adopte precauciones al usar estos productos, y recuerde que también los vapores son inflamables. Siga las instrucciones de seguridad de las etiquetas cuando los maneje.

La advertencia «usar con ventilación adecuada» significa que no debería acumularse más vapor que el que correspondería al uso del material al aire libre. Si en un producto se indica que es «peligroso o fatal si se ingiere» ha de presuponerse que la inhalación de los vapores es peligrosa. Abra puertas y ventanas, y use un ventilador **(foto B)**. Emplee una mascarilla respiratoria si no puede ventilar adecuadamente la zona de trabajo **(foto C)**. Si sigue oliendo a vapores de pintura o disolvente es síntoma de que la ventilación no es correcta. Si trabaja con decapantes químicos o productos de limpieza, o pinta por encima de la cabeza, use gafas de seguridad para protegerse los ojos **(foto D)**.

No guarde demasiados productos químicos de pintura, sino sólo los necesarios para el trabajo previsto, y siempre fuera del alcance de los niños. No use ni almacene materiales inflamables, como decapantes de pintura, cerca de una llama abierta o de un electrodoméstico con una luz piloto **(foto E)**.

No vierta nunca el diluyente de pintura por el desagüe. Déjelo en posición vertical hasta que se sedimente el material sólido, y recupere el diluyente limpio para un uso posterior **(foto F)**.

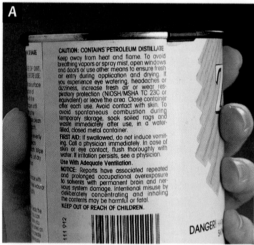

Lea en la información de las etiquetas posibles advertencias e instrucciones para un manejo seguro.

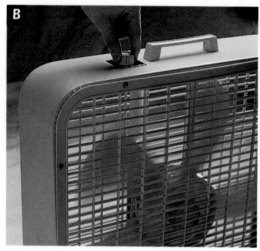

Abra puertas y ventanas y utilice un ventilador para airear la habitación.

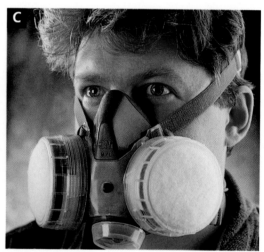

Lleve una mascarilla respiratoria cuando no pueda ventilar la zona.

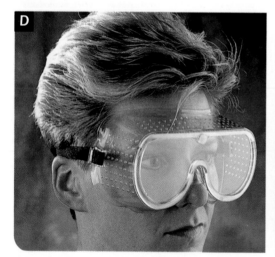

Lleve gafas de seguridad si usa decapantes químicos o productos de limpieza, o si pinta por encima de la cabeza.

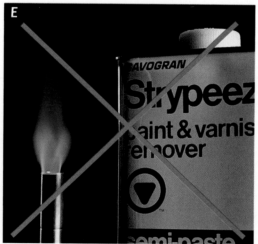

No use ni almacene productos químicos combustibles o inflamables cerca de una llama abierta o de un electrodoméstico con una luz piloto.

Deje que se sedimente el material sólido del diluyente de pintura, y luego vierta éste para recuperar el líquido limpio para un uso posterior.

Herramientas y materiales de preparación

Es posible reducir o eliminar la mayor parte de las labores de limpieza si se adquieren las herramientas de preparación adecuadas. Compre, por ejemplo, cubos desechables de plástico o papel para mezclar el yeso, la masilla o el emplaste. Cuando la pasta se endurezca en el recipiente, simplemente tírelo.

Adquiera también varias herramientas para emplastecer. Necesitará una espátula estrecha para llegar a los espacios pequeños, y una espátula más ancha o una llana que cubra la zona de reparación en agujeros de paredes o techos. Una herramienta que tape ambos extremos del agujero permitirá hacer el arreglo con una sola pasada, produciendo así menos marcas y eliminando la necesidad de lijar. Use una esponja o una lija húmeda para alisar el yeso o la pasta mientras está blanda, en vez de esperar a que se seque, lo que dificultaría el lijado.

Use los productos de preparación necesarios para lograr una superficie lisa y limpia en techos y paredes antes de pintar. Existen productos (foto G) que ayudan a preparar las superficies antes de su pintura o empapelado, y aceleran la limpieza. Los líquidos de preparación (foto H) permiten modificar rápidamente las superficies en caso necesario. Para tapar agujeros y grietas y proteger superficies que no se van a pintar pueden usarse productos de parcheo y protección (foto I). Las capas impermeabilizantes o de imprimación (foto J) proporcionan una buena base que facilita la adherencia de pinturas y barnices.

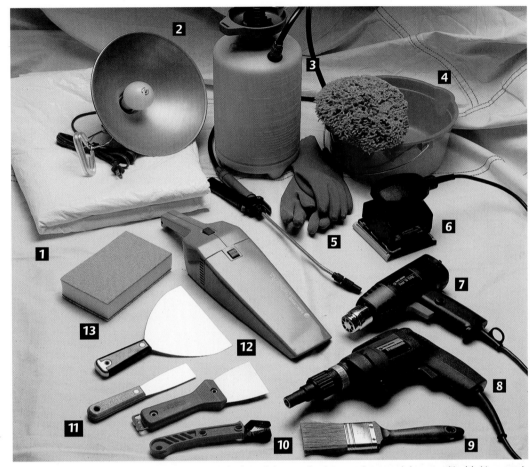

Herramientas y materiales necesarios para preparar las superficies para la pintura: tela o papel de protección (1), lámpara de trabajo (2), pistola a presión (3), esponja natural y cubo (4), guantes de goma (5), lijadora de mano (6), soplete de aire caliente (7), destornillador eléctrico (8), brocha (9), perforadora (10), espátulas (11), aspiradora de mano (12) y lija húmeda (13).

Algunos productos de preparación para pintar: pasta de papel pintado, solución de limpieza, quitapapel pintado y fosfato trisódico.

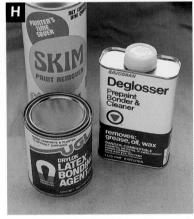

Quitapinturas, desengrasantes y ligantes de látex son algunos de los principales líquidos de preparación.

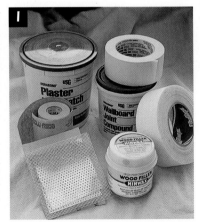

Para tapar agujeros y grietas se usan diversos productos de parcheo y protección.

Algunos productos selladores y de imprimación: sellador para lijado, tapaporos (polivinílico), goma laca e imprimación alquídica.

Elección de pinturas, herramientas y equipos

Las pinturas modernas son de látex al agua o con base alquídica. Las primeras son más fáciles de aplicar y limpiar, y resultan adecuadas para casi cualquier uso. Algunos pintores prefieren las de base alquídica por su acabado más suave, si bien las normas locales pueden limitar su uso.

Existen también varios tipos de brillos de pinturas. Los acabados van desde el mate al satinado brillante. Los esmaltes satinados presentan al secar un acabado luminoso, y se usan en superficies que se lavarán a menudo, como baños, cocinas y madera.

Las pinturas mate carecen de brillo y se utilizan para la mayoría de los techos y paredes.

Invierta el dinero necesario en pinturas de calidad, que son más cubrientes que las de oferta. Compruebe en la etiqueta que el rendimiento previsto se sitúa en torno a 10 metros cuadrados por litro. Las pinturas de oferta obligan a dar varias manos para cubrir una misma superficie. Antes de pintar superficies nuevas aplique primero una buena imprimación, ya que proporciona una base duradera que evita que la capa final se agriete o desconche.

Estimación de la pintura necesaria

Longitud de la pared o techo (metros)	×
Altura del muro o anchura del techo	=
Superficie	÷
Rendimiento por litro de pintura elegida	=
Litros de pintura necesarios	

Elección de pinturas

Las pinturas de oferta (izquierda) pueden obligar a dar dos o tres capas para cubrir la misma superficie que una sola capa de pintura de buena calidad (derecha).

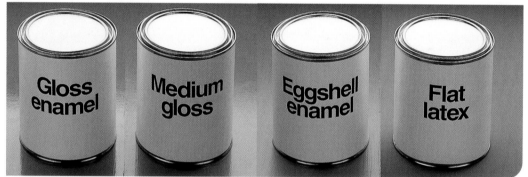

Los esmaltes satinados y semimates son más adecuados para madera y para las paredes del baño y la cocina. Los de acabado mate y fino se usan más en otras paredes y en techos.

Elección de brochas y pinceles

Para perfilar bordes rectos elija una brocha de 7,5 cm, para madera una de 5 cm y para esquinas y marcos de ventanas un pincel biselado. Para pinturas alquídicas compre brochas y pinceles con cerdas de buey o puerco, y para pinturas al agua elija brochas universales con pelo de poliéster, nailon y, en ocasiones, de origen natural.

Adquiera brochas de buena calidad, con una virola resistente y reforzada hecha de un metal no corrosible. Las brochas deberán tener el pelo flexible (hendido), con el extremo en forma de cincel. Las brochas baratas tienen el final romo, el pelo más rígido y un único separador hecho de cartón.

Las tres brochas esenciales para cualquier trabajo de pintura, de izquierda a derecha: brocha recta de 7,5 cm, paletina de 5 cm y pincel biselado.

Las brochas de buena calidad tienen el pelo flexible y un final en ángulo.

Elección de rodillos y otros útiles especializados

Un buen rodillo es una herramienta barata y duradera que le ahorrará tiempo de trabajo. Elija uno normal de 20 cm con soporte metálico y cojinetes de nailon. El rodillo debe estar bien equilibrado, y tener un mango moldeado que se ajuste a la mano. Este mango deberá tener una rosca para acoplarle un alargador que sirva para pintar techos y paredes altas.

Las fundas de los rodillos son de lanilla de longitud muy variable, si bien en la mayoría de los casos se usa pelo de 10 mm. Utilice una funda de pelo de 6 mm para superficies muy planas, y de 25 mm para zonas rugosas. Elija fundas sintéticas de precio medio que puedan reutilizarse varias veces antes de tirarse. Las fundas de oferta pueden dejar pelos en la superficie pintada, y en general no son lavables ni pueden volverse a usar. Lave todas las fundas de los rodillos en disolvente para evitar que se deshilachen.

Para pinturas alquídicas use rodillos más caros de piel de cordero. Las fundas de mohair van bien con pinturas alquídicas satinadas, donde la suavidad es especialmente importante.

Las superficies con ángulos y contornos complicados a veces son difíciles de pintar con rodillos y brochas normales. En este caso, recurrir a útiles especiales simplifica las cosas.

Los rodillos normales tienen longitudes de pelo de 6 mm, 10 mm y 25 mm.

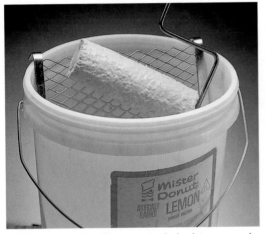

Utilice un envase de 20 litros y un tamiz de pintura para pintar más deprisa grandes superficies.

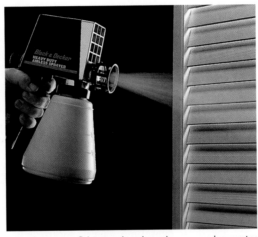

Para pintar superficies grandes o irregulares, como las puertas de persiana de un armario, resultan útiles las pistolas de pintura sin aire.

Para ajustarse a superficies irregulares, como las aletas de los radiadores metálicos o las contraventanas, se usan herramientas especiales.

Utilice un guante de pintor para pintar tuberías y otras superficies semejantes, como las verjas.

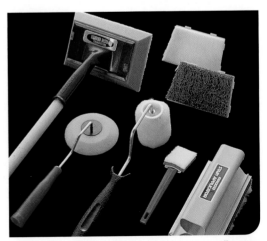

Existen almohadillas y rodillos especiales en una amplia gama de formas y tamaños, adaptados a las diferentes necesidades de la pintura.

Prepararse para pintar

Antes de pintar o repasar una superficie de madera, límpiela, repárela o líjela. Cuando la pintura antigua aparece en capas o desconchada, antes de repintarla ráspela hasta dejar la madera al descubierto.

Si usa un soplete de aire caliente, procure no quemar la madera u otras superficies próximas. No use nunca estos sopletes después de aplicar un decapante químico; el residuo químico podría evaporarse y prender con el calor.

Si emplea un decapante químico de pintura, lleve ropa de protección y equipo de seguridad, como gafas y mascarilla respiratoria. Siga las indicaciones de seguridad de las etiquetas y mantenga el área de trabajo bien ventilada.

Herramientas: *Soplete de aire caliente, rasqueta o espátula, brocha, cubo, guantes de goma, gafas de seguridad.*

Materiales: *Decapante químico, estropajo de acero, alcohol desnaturalizado.*

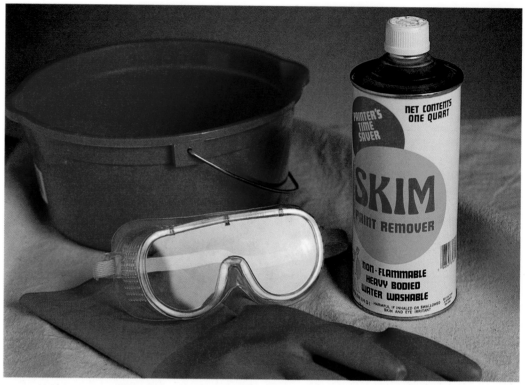

Siga las indicaciones de las etiquetas para un uso seguro de los decapantes químicos. Lleve guantes de goma gruesos y protección para los ojos; use telas de protección y abra puertas y ventanas para ventilar.

Eliminar pintura vieja

Para limpiar la madera con un soplete de aire caliente, mantenga éste cerca de la madera sólo hasta que se ablande la pintura y empiecen a aparecer ampollas **(foto A)**. Si se aplica un calor excesivo, la pintura puede volverse gomosa, y tal vez se queme la madera. Elimine la pintura blanda con rasqueta o espátula **(foto B)** y lije los restos de pintura. Para limpiar con un decapante químico, aplique una capa abundante del mismo sobre la superficie con ayuda de una brocha o un estropajo de acero **(foto C)**. Déjelo actuar hasta que se formen burbujas en la pintura. Raspe ésta con una espátula, una rasqueta o un estropajo de acero **(foto D)**. Frote la madera decapada con alcohol desnaturalizado y estropajo metálico para ayudar a limpiar la veta. Después, pase por la madera una esponja mojada o un trapo humedecido en disolvente, según se indique en la etiqueta del decapante.

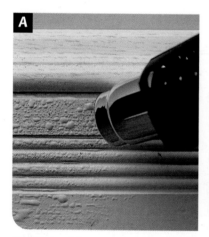

Ablande la pintura con un soplete de aire caliente.

Elimine la pintura reblandecida con una rasqueta.

Extienda decapante químico en la madera.

Raspe la pintura con un estropajo de acero.

Preparación de madera pintada

Para preparar una superficie de madera antes de pintar, lávela con una solución de fosfato trisódico, y luego aclárela con agua y una esponja. Raspe la pintura desconchada o desprendida **(foto E)**, y decape la madera descascarillada (página 62).

Use una espátula para aplicar un emplaste o una masilla de látex para madera en los orificios de clavos, mellas u otras zonas deterioradas **(foto F)**. Deje secar la pasta.

Lije las superficies con papel de lija de 150 hasta que queden suaves al tacto **(foto G)**. Límpielas luego con un trapo antes de dar la imprimación y la pintura.

Herramientas:
Cubo, espátula.

Materiales:
Fosfato trisódico, paño, esponja, emplaste o masilla de látex para madera, papel de lija de 150, trapo.

Use una espátula para raspar la pintura desprendida.

Aplique masilla para madera con una espátula en las zonas deterioradas.

Lije la superficie con papel de lija de 150.

Parches en la madera barnizada

Para restaurar madera barnizada, límpiela con un paño suave y alcohol mineral inodoro **(foto H)**. Con una espátula, aplique una masilla tintada para madera sobre los agujeros y las mellas **(foto I)**. Deje secar la masilla y lije ligeramente la zona con papel de lija de 150. Elimine las partículas de polvo con un trapo y tiña las zonas dañadas con el color del resto de la madera. Cuando el tinte esté totalmente seco, retoque el barniz.

Herramientas:
Espátula, brocha.

Materiales:
Paño, alcohol mineral, masilla para madera tintada de látex, papel de lija de 150, trapo, tinte, barniz.

Limpie la madera con un paño suave y alcohol mineral.

Aplique masilla en los orificios y mellas con una espátula.

Limpiar cemento

La preparación es especialmente importante cuando la superficie que se va a pintar es un suelo de cemento, como el de un taller o un lavadero.

Primero, barra y recoja la suciedad del suelo. Elimine cualquier mancha de grasa, aceite u otros contaminantes con una solución limpiadora. Después, lave bien el suelo para eliminar todo rastro de esta solución.

Vierta sobre el cemento una solución de ácido muriático. Precaución: el ácido muriático es tan fuerte que puede quemar los ojos y la piel. Antes de iniciar el ataque químico, póngase el equipo de seguridad adecuado. Necesitará guantes de goma resistentes a productos químicos, gafas contra salpicaduras y calzado de goma. Si no puede ventilar la zona de trabajo, póngase una mascarilla de doble filtro.

Prepare la solución añadiendo una parte de ácido muriático en tres partes de agua (no lo haga al revés, nunca eche el agua sobre el ácido). Aplique la solución en la proporción de medio litro por metro cuadrado, y restriegue el suelo con un cepillo de cerdas rígidas (foto A). Deje actuar la solución hasta que cese el burbujeo. Luego, lave bien la superficie con agua limpia y pase una mopa de esponja húmeda para secar los charcos. Si el suelo no queda seco en cuatro horas, repita el lavado.

Una vez seco el suelo, pase una aspiradora para recoger los restos de polvo dejados por la solución de ácido muriático. Entonces podrá pintarlo con un esmalte para suelos de látex-uretano o alquídico.

Herramientas:
Escoba, rasqueta, cubo, guantes de goma, gafas de seguridad, botas de goma, mascarilla de doble filtro, cepillo de cerdas rígidas, mopa de esponja, aspiradora.

Materiales:
Solución de limpieza, ácido muriático.

Restriegue el suelo con un cepillo de cerdas rígidas y la solución de ácido muriático.

Cubrir y proteger

Para pintar rápidamente y sin complicaciones, proteja todas las superficies expuestas a sufrir salpicaduras. Retire los muebles ligeros y desplace los pesados al centro de la habitación, cubriéndolos con plástico. Proteja los suelos con una tela gruesa que absorba las salpicaduras.

Si sólo va a pintar el techo, cubra las paredes y la carpintería de madera con película de plástico. Coloque cinta de pintor o de máscara de 5 cm en toda la arista de la pared con el techo, dejando sin pegar la mitad inferior de la cinta (foto B). Cuelgue de esta parte inferior la película de plástico para cubrir paredes y rodapiés (foto C).

Cuando pinte paredes, proteja los rodapiés y los marcos de puertas y ventanas con papel de máscara engomado, cinta de máscara o cinta de pintor. Presione uno de los bordes de la cinta en la unión entre la madera y la pared (foto D). Deje el borde exterior libre y, después de extender la cinta, pase la punta de una espátula por el lado interior de la misma para facilitar el sellado y evitar filtraciones (foto E).

Cuando pinte también las ventanas, en lugar de cinta procure usar en los cristales un protector líquido. Este producto de látex acrílico tiene una fórmula específica que tapa y sella los listones de madera y protege el vidrio de forma rápida y eficaz. Aplique la pasta blanca y espesa sobre los listones, cubriendo también parte de cristal.

El producto, una vez seco, forma una lámina limpia y delgada que se adhiere sólidamente a la madera y se despega bien del vidrio, dejando la superficie impoluta, sin el menor rastro de pintura.

Después de pintar, quite los papeles y cintas de protección tan pronto considere que la pintura está suficientemente seca.

Herramientas:
Espátula, brocha, dispensador de cinta de máscara.

Materiales:
Tela protectora, plástico, cinta de pintor o cinta de máscara de 5 cm, papel protector engomado, protector líquido.

Materiales para tapar y proteger: película de plástico (1); sábanas de tela (2); papeles de protección (3), (4); dispensador de cinta adhesiva (5); cinta de pintor (6), y cinta de máscara (7).

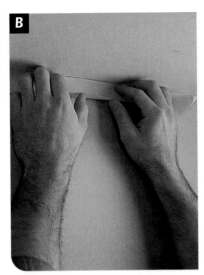

B

Extienda la mitad superior de la cinta de máscara de 5 cm por la parte superior de la pared.

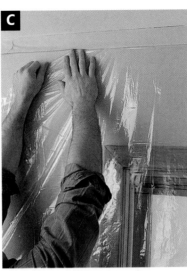

C

Cuelgue el plástico de la cinta adhesiva.

D

Cubra los cantos de todos los listones de madera con papel protector.

E

Pase la punta de una espátula sobre el borde interior del papel protector para sellarlo.

Preparación final

Para obtener resultados profesionales, lije las superficies con papel de lija de 150 y una lijadora de mano (**foto F**). El lijado matea la superficie y la prepara para aceptar nueva pintura. Limpie el polvillo de las superficies lijadas con un trapo. En madera, después de pasar el trapo aplique un desengrasante líquido con un paño limpio (**foto G**).

Aspire el polvo de los marcos y las guías de las ventanas (**foto H**). Antes de pintar, limpie la habitación a conciencia para eliminar el polvo que pudiera depositarse en la pintura húmeda. Apague los calefactores por aire y equipos de aire acondicionado para que no agiten el polvo en la zona que se está pintando.

Herramientas:
Lijadora, guantes de goma, aspiradora de mano o normal.

Materiales:
Papel de lija de 150, paño, trapo, desengrasante líquido.

F

Lije las superficies que se van a pintar, con papel de lija de 150.

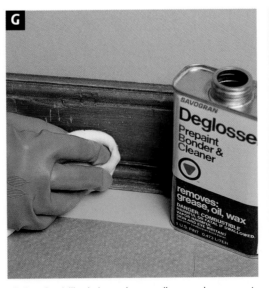

G

Elimine el polvillo de la madera y aplique un desengrasante líquido.

H

Pase una aspiradora por los marcos y guías de las ventanas.

Imprimación y selladores

La imprimación se utiliza para sellar las superficies que se van a pintar. Es un producto de color blanco, si bien puede teñirse según el tinte de la pintura final que se piense utilizar (foto A). Si la superficie es madera, se procederá, según se precise, a su limpieza, retoque y decapado (páginas 62 y 63). En todas las zonas descubiertas de la madera se aplicará una imprimación alquídica o con base de látex (foto B).

En maderas que van a barnizarse, antes se ha de extender un producto sellador transparente. Con frecuencia, la madera presenta fibras blandas y duras, además de una superficie muy absorbente en el extremo. Al aplicar el sellador se cierran estos poros, y el barniz se absorbe más uniformemente en los distintos tipos de fibra de la madera. La madera no sellada puede resecarse y quedar moteada después de barnizar.

Las zonas retocadas y las juntas de planchas de pared que hayan sido tratadas con emplaste o ma-

silla pueden absorber la pintura en un grado diferente que las áreas de alrededor, mostrando «sombras» en el acabado final. Para evitar este problema aplique previamente sobre ellas un tapaporos polivinílico (PVA) (foto C).

Todas las superficies brillantes, como ventanas, molduras y puertas pintadas con productos satinados o semimates, deben limpiarse y tratarse con un sellador antes de pintar. Lije estas zonas con una lijadora de mano y papel de lija de 150 (foto D).

Quite el polvillo con un trapo y aplique una imprimación de buena calidad. Esta imprimación sirve para que «agarre» la nueva capa de pintura y evita que se descascarille.

Selle las superficies texturadas, como los techos, con una imprimación de PVA o alquídica. Los techos y paredes texturados requieren grandes cantidades de pintura, lo que dificulta su aplicación uniforme. Utilice rodillos de pelo largo para aplicar tanto la imprimación como la pintura final (foto E).

Herramientas:
Brocha, rodillo, lijadora de mano.

Materiales:
Imprimación con base alquídica o de PVA, base de color, sellador de madera transparente, papel de lija de 150.

A Tiña la imprimación con un pigmento de color, o solicite la imprimación ya teñida.

B Selle la madera virgen con un tapaporos antes de pintar, o con un sellador transparente antes de barnizar.

C Dé una imprimación de PVA a zonas retocadas con emplaste o masilla.

D Alise las superficies con una lija fina, y aplique luego la imprimación.

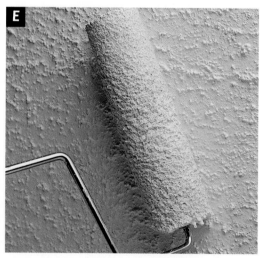

E Selle las superficies texturadas con imprimación de PVA o alquídica.

Preparación de superficies para pintar

Superficies para pintar	Preparación	Tipo de sellador
Madera sin acabado.	• Lije la superficie. • Límpiela con un paño húmedo para quitar el polvillo. • Aplique tapaporos.	Tapaporos de látex o al aceite de secado rápido.
Madera pintada anteriormente.	• Lave y aclare la superficie con agua limpia; déjela secar. • Lije la superficie suavemente, eliminando los fragmentos de pintura suelta. • Límpiela con un paño húmedo para quitar el polvillo. • Aplique tapaporos a todas las zonas descubiertas.	Tapaporos de látex o al aceite de secado rápido, sólo en las zonas de madera descubierta.
Madera barnizada anteriormente.	• Lave y aclare la superficie con agua limpia; déjela secar. • Lije la superficie para quitar el brillo. • Límpiela con un paño húmedo para quitar el polvillo. • Aplique tapaporos.	Tapaporos de látex o al aceite de secado rápido.
Planchas de pared sin acabado.	• Pase una escoba o una aspiradora con un accesorio de cepillo suave. • Aplique tapaporos.	Tapaporos de látex mate.
Planchas de pared pintadas anteriormente.	• Limpie la superficie para eliminar grasas y suciedades.	Tapaporos de látex mate, sólo si se pinta sobre colores intensos y oscuros.
Yeso sin pintar.	• Lije las superficies en la medida necesaria. • Pase una escoba o una aspiradora con un accesorio de cepillo suave. • Aplique imprimación.	Imprimación acrílica polivinílica.
Yeso pintado anteriormente.	• Lave la superficie y aclárela con agua limpia; déjela secar totalmente. • Rellene las grietas con emplaste. • Lije la superficie para quitarle el brillo. • Aplique imprimación si es necesario.	Imprimación acrílica polivinílica, sólo si se pinta sobre colores intensos y oscuros.

Uso de la brocha

Pintar con brocha es un proceso en tres fases: aplicación de la pintura, distribución y alisado. Una aplicación uniforme impide que la pintura gotee o se corra, y evita las marcas de brochazos y la cobertura incompleta que podría derivarse de una pintura precipitada.

Sumerja la brocha directamente en el bote hasta un tercio de la longitud de las cerdas. Con mayor profundidad la brocha se cargaría demasiado. Golpee ligeramente las cerdas contra el borde del bote, sin arrastrarlas sobre él para que no se desgasten.

Use el borde estrecho de la brocha para perfilar las esquinas, apretando lo justo para que se doblen las cerdas (**foto A**). Repase los rincones con el lado ancho de la brocha (**foto B**).

Pinte las zonas no cubiertas entre los bordes de las primeras pasadas antes de que se seque la pintura de la brocha. Extienda la pintura en zonas amplias con dos o tres brochazos en diagonal. Mantenga la brocha en un ángulo de 45º, con una presión suficiente para flexionar las cerdas. Distribuya la pintura con brochazos horizontales (**foto C**). Alise la superficie pasando la brocha en vertical, de arriba a abajo. Aplique brochazos ligeros, levantando la brocha de la superficie al final de cada pasada (**foto D**).

Sumerja la brocha directamente en el bote, cargando con pintura un tercio de la longitud de las cerdas.

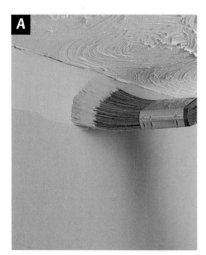

A Perfile las aristas con el lado estrecho de la brocha.

B Cubra los rincones con el lado ancho de la brocha.

C Aplique la pintura en brochazos diagonales, y luego distribúyala con pasadas horizontales.

D Consiga una superficie lisa desplazando la brocha en vertical, de arriba a abajo.

Uso del rodillo

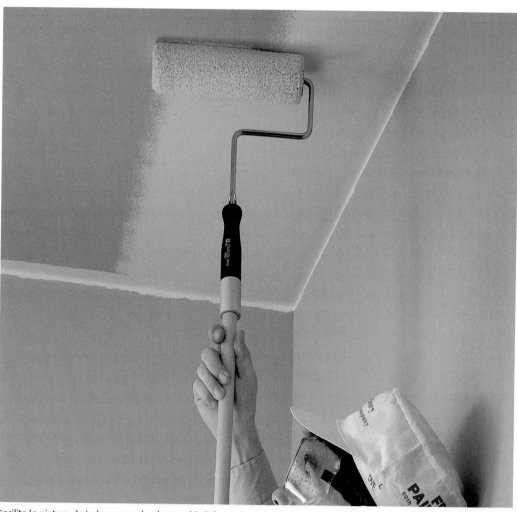

Al igual que con la brocha, pintar con rodillo es un proceso en tres etapas en las que la pintura se aplica, se distribuye y se alisa.

Antes de empezar, retire las fibras de la funda que estén abiertas y deshilachadas, cubriendo el rodillo con agua (si la pintura es de látex) o alcohol mineral (si tiene base alquídica). Deje escurrir el exceso de líquido del rodillo, y luego llene la cubeta con pintura.

Para cargar el rodillo, sumérjalo totalmente en la cubeta. En un movimiento atrás y adelante, pase el rodillo por la rampa estriada para distribuir uniformemente la pintura entre los pelos. El rodillo debe estar totalmente cargado, pero sin gotear.

Haga un barrido ascendente en diagonal de algo más de 1 m de longitud sobre la superficie (foto E). Pase el rodillo despacio, para que no salpique. Luego muévalo en sentido descendente desde la parte superior del trazo diagonal. Desplácelo de nuevo hacia el arranque de la diagonal, hasta que se quede sin pintura (foto F).

Extienda la pintura por la zona con pasadas horizontales atrás y adelante (foto G). Alise la zona pasando con suavidad el rodillo en vertical, de arriba abajo (foto H). Para cada nueva pasada, levante el rodillo y vuelva a la parte superior de la superficie.

Facilite la pintura de techos y paredes sin necesidad de escalera, acoplando un alargador de 1 m al mango del rodillo.

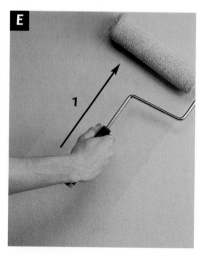

Empiece con una pasada en diagonal de algo más de 1 m de longitud.

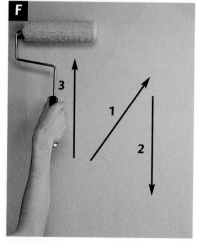

Desplace el rodillo hacia abajo desde el inicio de la primera pasada, y otra vez hacia arriba.

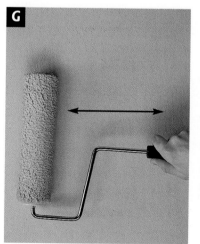

Extienda la pintura con pasadas horizontales, adelante y atrás.

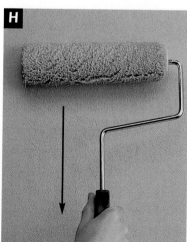

Alise la pintura con ligeras pasadas verticales, moviendo el rodillo de arriba abajo.

Pintar puertas, ventanas y molduras

Cuando vaya a pintar una habitación completa, empiece por las molduras. Parta primero de las zonas «interiores» de la moldura, y avance hacia las paredes. En las ventanas, por ejemplo, pinte los bordes del lado del cristal, y luego el resto del marco.

Los esmaltes alquídicos y de látex pueden requerir dos manos. Lije siempre ligeramente las superficies entre mano y mano, y limpie la superficie con un trapo para eliminar el polvillo de forma que la segunda capa se adhiera bien a la primera.

Herramientas:
Escalera de tijera, borriquetas, clavos de 75 mm, brochas y pinceles (recta de 7,5 cm, para bordes de 5 cm, biselado, de estarcir), espátula, destornillador, martillo, lijadora, protector de plástico o espátula ancha.

Materiales:
Pintura, tela y papel protector, sellador de madera, trapo, papel de lija de 150, paño limpio.

Pintar ventanas

Si es posible, desmonte las ventanas de guillotina de sus marcos antes de pintarlas. Las ventanas montadas sobre resortes pueden sacarse fácilmente sin más que empujar el marco **(foto A)**.

Para improvisar un soporte para pintar, clave un par de puntas de 75 mm en una escalera de tijera de madera a una altura cómoda, y coloque la ventana encima de los clavos **(foto B)**. También puede apoyarla en una mesa plana o sobre borriquetas.

Con un pincel biselado, empiece a pintar en la parte junto al cristal **(foto C)**. Use el borde estrecho del pincel, y cubra el cristal aproximadamente hasta 1 a 2 mm del borde, para que la pintura actúe como protección contra la intemperie. Elimine el sobrante de pintura del cristal con una espátula envuelta en un trapo limpio **(foto D)**.

Pinte luego las partes planas del cerco, las molduras, el marco y el antepecho **(foto E)**. Aplique pinceladas lentas, para que no caiga pintura entre el cerco y el marco. No pinte los laterales ni la parte inferior de los cercos.

Si pinta las ventanas sin desmontarlas, levántelas y bájelas varias veces mientras se secan para evitar que se queden pegadas. Use una espátula para no tocar las superficies pintadas **(foto F)**.

Si es posible, desmonte las ventanas de guillotina antes de pintar.

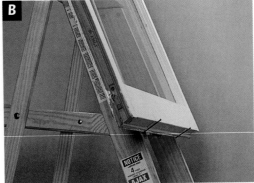

Prepare un soporte con una escalera de tijera y clavos de 75 mm.

Empiece pintando cerca del cristal, con un pincel biselado.

Cubra ligeramente el cristal al pintar, y luego limpie lo que sobre.

Pinte la parte plana del cerco con pinceladas lentas y uniformes.

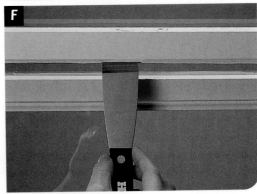

Use una espátula para no tocar las superficies pintadas.

Pintar puertas

Las puertas deben pintarse rápidamente para que todas las superficies queden cubiertas antes de que empiece a secarse la pintura. Para evitar que queden marcas de pinceladas, pinte siempre desde las superficies secas a las húmedas.

Desmonte la puerta quitando el pasador de la bisagra inferior con un destornillador y un martillo.

Haga que alguien le sujete la puerta, y quite la bisagra superior (foto G). Coloque la puerta sobre borriquetas para pintarla.

En puertas de cuarterones, pinte primero los paneles en rebaje, luego los travesaños horizontales y, por último, los largueros verticales (foto H). Deje secar la puerta. Si se necesita una segunda mano,

lije suavemente la puerta y límpiela con un trapo para quitar todos los restos antes de repintar (foto I). Cubra los bordes no pintados de la puerta con un sellador transparente para madera, con lo que evitará que penetre humedad en la madera (foto J).

Desmonte la puerta sacando las bisagras.

Pinte la puerta sobre borriquetas o una mesa plana.

Lije la superficie entre capa y capa, con papel de lija de 150.

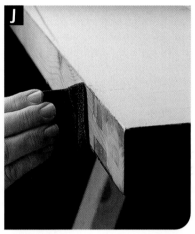
Cubra los bordes no pintados con sellador de madera.

Pintar molduras

Al pintar molduras proteja la pared contigua y las superficies del suelo con una espátula ancha o un protector de plástico. En los rodapiés, pinte primero el borde superior y trabaje hacia abajo, en dirección al suelo (foto K). Para evitar manchas, no olvide limpiar de pintura el protector o la espátula cada vez que los mueva (foto L). En superficies con relieves profundos, use una brocha de cerdas rígidas o un pincel de estarcir para llegar al fondo (foto M). Aplique pequeñas pinceladas circulares, y utilice varios ángulos para cubrir completamente la superficie.

Proteja las superficies de suelos y paredes con una espátula ancha.

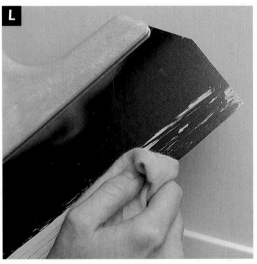
Limpie la espátula para evitar manchas de pintura.

Use un pincel de estarcir para pintar los entrantes de las molduras.

Pintar armarios de cocina

Los armarios de madera, metal y ya pintados pueden repasarse fácilmente, pero los laminados no deben pintarse.

Los armarios tienen bastante uso y sufren frecuentes desperfectos, por lo que han de pintarse con esmalte satinado muy resistente. La pintura de esmalte es más duradera que la pintura mate para paredes, y también más fácil de limpiar. La mayoría de los armarios necesitan dos manos de pintura, entre las cuales se han de lijar suavemente con papel de lija de 150.

Para empezar, vacíe los armarios y retire las baldas. Desmonte las puertas y quite la tornillería (**foto A**). Si estos elementos están pintados, elimine la pintura vieja sumergiéndolos en quitapinturas.

Lave los armarios con un detergente suave, y limpie los restos de jabón con agua limpia y una esponja, raspando después la pintura suelta con una espátula. Utilice la espátula y un tapagrietas para rellenar los arañazos, grietas o agujeros (**foto B**). Deje secar la pasta.

Lije las superficies del armario con una lijadora de mano y papel de lija de 150 (**foto C**). Limpie el polvillo con un trapo y aplique tapaporos a las zonas retocadas y a cualquier zona donde la madera esté al descubierto. Si los armarios están barnizados, limpie las superficies, aplique un desengrasante y luego tapaporos antes de pintar (página 66).

Para lograr un acabado uniforme tendrá que pintar las superficies de los armarios con un cierto método. Empiece por los interiores, en este orden: pared del fondo, arriba, laterales y abajo (**foto D**). Luego, utilice un rodillo de pelo corto para las superficies exteriores. Trabaje de arriba a abajo, aplicando la pintura en pasadas lisas y uniformes (**foto E**).

Pinte las puertas por las dos caras para evitar que se comben. Con una brocha estrecha para bordes, cubra con pintura la primera cara de todas las puertas de una vez, primero las superficies interiores. Empiece por los paneles en realce, luego los travesaños horizontales y, finalmente, los largueros verticales (**foto F**). Una vez seca la pintura, use la misma técnica para la otra cara de las puertas, y luego repase los cantos.

Para terminar, pinte la parte delantera de los cajones con una brocha estrecha (**foto G**). Deje secar puertas y cajones durante varios días, ponga la tornillería y coloque las puertas.

Herramientas:
Destornillador, lijadora de mano, espátula, brochas y pinceles (recta de 7,5 cm, para bordes de 5 cm, biselada), rodillo de pelo corto.

Materiales:
Papel de lija de 150, quitapinturas, detergente, tapagrietas de látex, trapo, tapaporos, paño, desengrasante líquido, pintura de esmalte brillante.

Vacíe los armarios y desmonte las puertas de las bisagras.

Rellene las mellas, arañazos o grietas con tapagrietas para madera.

Lije todas las superficies con papel de lija de 150.

Pinte el interior empezando por la pared del fondo (1), luego la parte superior (2), los laterales (3) y, por fin, la parte inferior (4).

Consejo práctico: barnizar armarios de cocina

Si quiere barnizar sus armarios en vez de pintarlos, tendrá que decapar la madera, rellenar los agujeros o desperfectos con tapagrietas y aplicar un sellador antes del barniz (páginas 62 y 63). Por su volumen, los armarios pueden plantear dificultades. Si no son demasiado grandes, desatorníllelos de la pared y trasládelos a otra parte para trabajar con ellos. Si no le es posible, barnícelos en su sitio, de uno en uno.

Proteja las zonas de alrededor de los armarios y cubra las encimeras y el suelo con sábanas o plásticos durante el proceso de decapado (páginas 64 y 65). Empiece por vaciar los armarios y quitar las puertas y las bisagras. En la mayoría de los casos, será más eficaz usar primero un soplete de aire caliente para quitar la pintura o el barniz viejos que aplicar directamente el decapante químico. Desprenda toda la pintura suelta con una rasqueta antes de empezar a decapar la madera. Si no ha movido el armario de sitio, use un escudo térmico para que la pistola no dañe o produzca ampollas en las superficies cercanas. Utilice una rasqueta especial para quitar la pintura de las ranuras y los contornos. Tenga cuidado y no aplique demasiada presión sobre estas zonas, ya que son más vulnerables y por tanto más propensas a quemarse o marcarse que las superficies planas. Utilice un decapante químico sobre todas las zonas que no hayan quedado limpias (página 62).

Una vez completados los arreglos necesarios con el tapagrietas y lijada la madera, aplique un sellador transparente (página 66). Aplique el barniz con la misma técnica indicada para pintar armarios (página 72).

Pinte con rodillo las superficies exteriores, de arriba a abajo.

Pinte las puertas empezando por los paneles en realce (1), luego los travesaños horizontales (2) y, finalmente, los largueros verticales (3).

Para terminar, pinte los cajones, usando un pincel biselado.

Pintar techos y paredes

Para lograr un buen acabado en techos y paredes, aplique la pintura en superficies pequeñas. Primero use una brocha para perfilar las esquinas, y luego un rodillo para completar la sección antes de pasar a la siguiente. Si se dejan secar las esquinas pintadas con brocha antes de pasar el rodillo por la zona, quedarán visibles las marcas de las pinceladas. Elija pintura y herramientas de buena calidad, y trabaje con brochas y rodillos bien cargados para no dejar marcas y lograr una cobertura completa (páginas 68 y 69). Trabajar con luz natural, si es posible, ayuda a no dejar olvidadas zonas sin cubrir.

Pinte los techos con un rodillo provisto de alargador. Lleve protección ocular y una gorra con visera para no recibir salpicaduras. Empiece por la esquina más alejada de la puerta de entrada. Pinte el techo hasta el final en superficies de 1 m × 1 m, perfilando las esquinas con una brocha antes de pasar el rodillo. Aplique la pintura en sentido diagonal y distribúyala uniformemente con pasadas atrás y adelante (foto A). Para terminar, pase el rodillo en cada sección hacia la pared de entrada, levantándolo después de cada pasada.

Pinte las paredes por secciones aproximadas de 65 × 130 cm. Empiece por un ángulo superior, perfilando las esquinas del techo y las paredes con una brocha. Luego pase el rodillo, primero con una pasada diagonal ascendente para evitar que gotee (foto B). Extienda la pintura uniformemente con pasadas horizontales, y después mueva el rodillo hacia abajo. Luego, perfile la sección inmediata inferior y pásele el rodillo. Continúe con las zonas colindantes, perfilando y pintando primero las secciones superiores. Termine todas las pasadas del rodillo en dirección al suelo, para obtener un acabado liso y uniforme.

Herramientas:
Rodillo de pintar, mango alargador de rodillo, brocha recta de 7,5 cm, gafas de seguridad, gorra con visera.

Materiales:
Pintura.

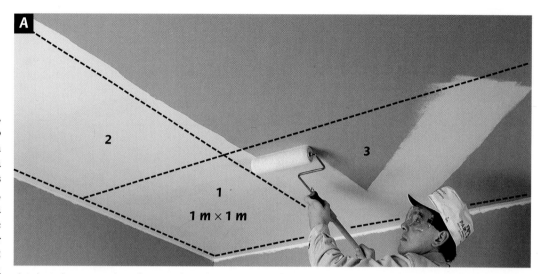

Pinte los techos con un alargador en secciones de 1 m × 1 m, perfilando las esquinas con una brocha antes de pasar el rodillo.

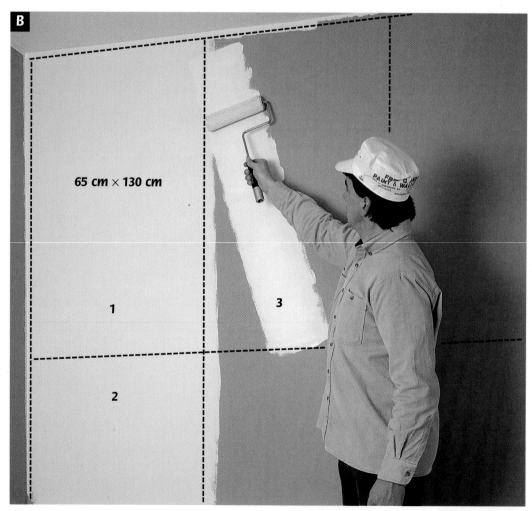

Pinte las paredes con rodillo, en secciones de 60 cm × 80 cm, perfilando antes las aristas del techo y las paredes con una brocha.

Limpieza

Después de pintar, tal vez decida deshacerse de las fundas de los rodillos, pero las cubetas de pintura, los mangos de los rodillos y las brochas pueden limpiarse con vistas a un uso posterior.

Vierta la pintura sobrante desde la cubeta al bote. Lave con agua y un detergente suave las brochas manchadas de pintura de látex. Repase las cerdas con el lado dentado de un limpiarrodillos (foto C), que las alinea y facilita su secado.

Sumerja las brochas y pinceles manchados con pintura alquídica en un pequeño recipiente de alcohol mineral. Una vez posado el sedimento en el fondo del recipiente, extraiga la brocha y déjela secar antes de guardarla. Guarde las brochas en sus envueltas originales o en papel de envolver.

Si decide guardar las fundas de los rodillos para usos futuros, raspe el exceso de pintura con el lado curvo del limpiarrodillos (foto D). Sumerja el rodillo en disolvente, y utilice un centrifugador para eliminar los restos de pintura y disolvente. Sujete la funda del rodillo en el centrifugador, e introduzca éste en una caja de cartón o un cubo de 20 litros para recoger el líquido y evitar que salpique. Accione el mango para sacar el líquido del rodillo (foto E). Guarde las fundas de los rodillos apoyadas en el extremo, para evitar que los pelos se aplasten.

Las salpicaduras de pintura pueden limpiarse cuando todavía están húmedas. Las de pintura de látex se suelen quitar bien con un paño humedecido con jabón de aceite para madera. Las manchas de pintura seca en madera o vidrio pueden quitarse con una espátula o una hoja de afeitar.

Las salpicaduras de pintura rebeldes se quitan de la mayoría de las superficies con un producto químico y un paño limpio. Antes de usar este producto, pruébelo en una zona sin importancia para estar seguro de que no se come el color. Los limpiadores químicos son inflamables, y desprenden vapores de olor muy penetrante, así que se han de usar en zonas bien ventiladas.

Herramientas:
Limpiarrodillos, centrifugador, espátula u hoja de afeitar.

Materiales:
Detergente líquido, alcoholes minerales, caja de cartón o cubo de 20 litros, trapo, jabón de aceite, limpiador químico.

Peine las cerdas con el lado dentado de un limpiarrodillos.

Raspe la pintura del rodillo con el lado curvo del limpiarrodillos.

Utilice un centrifugador para eliminar la pintura y el disolvente del rodillo.

Suelos

Un suelo está compuesto por varias capas que actúan conjuntamente para ofrecer el soporte estructural requerido y el aspecto deseado. En la base se encuentran las *viguetas*, hechas de madera de construcción de 38 × 184 mm o más y colocadas de canto a intervalos de 40 cm. En la planta baja, estas viguetas están sustentadas por los muros de cimentación o por la viga maestra de la casa. Las de la planta siguiente descansan en la parte superior de los muros de carga. Entre las viguetas existen las llamadas crucetas de arriostramiento, que evitan que se comben por el peso y les permiten «compartir» su carga, al transferirse la presión de unas viguetas a otras.

La siguiente capa es la *solera*, que consta de láminas de contrachapado o tableros de 2,5 cm de grosor clavados a la parte superior de las viguetas. La solera refuerza la rigidez de las viguetas, y forma conjuntamente con ellas la plataforma estructural del suelo.

La capa situada sobre la solera depende del tipo de material del pavimento. Los suelos de moqueta y madera suelen colocarse directamente sobre la solera. Otros revestimientos, como la baldosa cerámica y el vinilo, necesitan una superficie más lisa que esta solera, y normalmente se colocan sobre una capa llamada *base de nivelación*. La forma más común de esta base es el contrachapado de 11 o 13 mm de espesor, clavado o atornillado a la solera. Las juntas entre las planchas se rellenan con una pasta para crear una superficie lisa.

La capa superior del suelo es importante no sólo por su valor decorativo, sino también por su capacidad de protección, que evita que la humedad penetre en la estructura de madera subyacente.

Problemas típicos del suelo

Las superficies de solado se desgastan más rápidamente que otras de interior por el continuo uso que se hace de ellas, y este deterioro puede afectar a algo más que a la simple apariencia. Los arañazos en suelos de rollo continuo y las grietas en las juntas de las baldosas transmiten humedad hacia el soporte base. Las superficies de madera dura pierden el acabado y se decoloran, y las tablas sueltas chirrían.

Bajo el revestimiento del suelo, la humedad puede arruinar la base de nivelación de madera y traspasar el daño a la solera. Este problema es particularmente grave en los baños. La solera puede llegar a desprenderse de las viguetas –otra causa de ruidos–, de forma que el suelo se desnivele y se combe en las zonas afectadas.

Los problemas en las viguetas son menos comunes, aunque sus efectos pueden pasar largo tiempo inadvertidos. Una vigueta astillada o debilitada en cualquier otra forma puede combarse, provocando baches en la superficie del suelo y sometiendo a las viguetas próximas a una mayor tensión; por su parte, si la vigueta experimenta un pandeo, empujará la solera hacia arriba, hará que se desprendan las fijaciones y producirá una joroba en la superficie del solado.

Las viguetas defectuosas pueden repararse, aunque la presencia de fallos estructurales graves requiere la atención de un profesional. Tales fallos pueden ser combaduras amplias, vigas maestras sometidas a tensión excesiva, pilares hundidos y deterioro visible de los muros de cimentación.

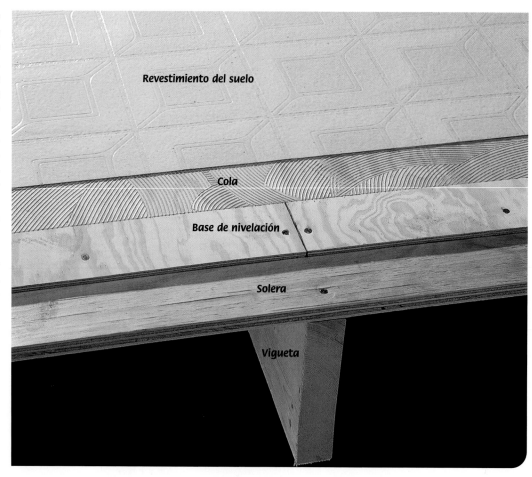

Revestimiento del suelo

Cola

Base de nivelación

Solera

Vigueta

Valorar el estado de un suelo

Un examen detenido del suelo puede ayudar a decidir si es mejor reparar las zonas dañadas o cambiar todo el solado. A menudo es posible instalar un nuevo revestimiento o base de nivelación sobre lo existente, aunque primero ha de comprobarse el número de capas que tiene el suelo. Si son varias, lo mejor es quitarlas todas y empezar desde el principio. Recuerde que el objetivo de cualquier preparación de un suelo nuevo es obtener una superficie estructuralmente sólida, lisa y nivelada.

Inspeccione la cola de las losetas de vinilo con ayuda de una espátula para levantar los bordes despegados (foto A). La presencia de losetas sueltas en zonas muy distintas de la habitación es indicio de un fallo de la cola, y garantía de que ha de levantarse totalmente el solado. Si las losetas están seguras y desea colocar otras nuevas sobre las existentes, prepare la superficie con una pasta de nivelación (página 79).

En un suelo de láminas, las burbujas de aire atrapadas bajo éstas indican un fallo de la cola (foto B). En tal situación, debe levantarse el suelo viejo antes de instalarse el nuevo.

La aparición de grietas en las juntas de lechada de las baldosas cerámicas es signo de movimiento del suelo o deterioro de la capa de cola (foto C). Si están sueltas más de un 10% de las baldosas, levante todo el suelo. Para colocar revestimientos resistentes sobre una superficie de baldosas aplique pasta niveladora para alisar la superficie. Si va a colocar baldosas de cerámica nuevas sobre otras antiguas, utilice un mortero fino con base epóxica para mejorar la adherencia.

Las combaduras en suelos de madera son síntoma de que las tablas se han aflojado de la solera (foto D). Ante este problema, y a no ser que esté colocando un suelo nuevo, no necesitará levantar el existente. Simplemente vuelva a asegurar las tablas sueltas con clavos y tornillos especiales para suelos. Una moqueta nueva puede colocarse sin problemas sobre un suelo de madera bien sujeto. Las nuevas baldosas de cerámica o los revestimientos de vinilo deben instalarse sobre una base de nivelación extendida encima del suelo de madera.

Advertencia: Algunos revestimientos de vinilo o similar producidos antes de 1986 contienen amianto, un compuesto cuya inhalación puede provocar graves problemas pulmonares. Cubra los suelos que contengan amianto con una base de nivelación, o contrate a un especialista en la supresión de estos suelos para levantarlos.

Compruebe el estado de las losetas de vinilo con una espátula.

Las burbujas de aire son síntomas de fallos en la cola del solado.

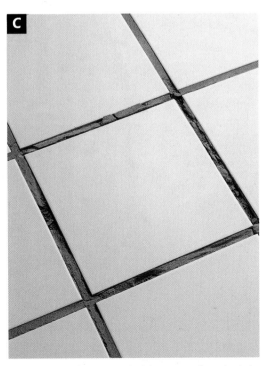

El deterioro de las juntas puede deberse a una base de nivelación inestable o a un fallo de la capa de cola.

Vuelva a sujetar la tarima de madera a la solera antes de colocar un nuevo suelo o base de nivelación.

Herramientas para trabajos en suelos

Probablemente tendrá ya muchas de las herramientas eléctricas y manuales necesarias para la mayoría de las tareas de solado. Las demás, como algunas herramientas manuales especiales para ciertos suelos, suelen ser baratas y fáciles de encontrar. También existen numerosas herramientas de alquiler que pueden servir para realizar el proyecto con más facilidad.

Entre las herramientas eléctricas comunes para proyectos de solado **(foto A)** se incluyen sierras de ingletes, circulares y de calar, todas ellas necesarias para cortar y perfilar los suelos de madera. En casi todos los arreglos resulta útil también la sierra circular. Tendrá que utilizar además una lijadora para repasar pequeñas zonas de la tarima o alisar parches aplicados en la base de nivelación. Una taladradora eléctrica es indispensable para todos estos trabajos, además de para otros muchos. Y un soplete de aire caliente resulta muy valioso cuando se trata de losetas de vinilo. Algunas herramientas eléctricas que pueden alquilarse son las lijadoras de tambor y las canteadoras, para lijar suelos de madera; y las pulidoras, para dar brillo a suelos encerados.

Todos los trabajos de solado exigen prácticamente las mismas herramientas manuales **(foto B)**. La lista de útiles necesarios depende de cada proyecto, pero cualquier colocación bien hecha de un suelo nuevo empieza por una buena preparación; compruebe que no le faltan las herramientas esenciales de marcado y medida, como el cordel de marcar, la escuadra, el nivel, la regla, la cinta métrica y el lápiz. Para colocar suelos de vinilo u otro tipo de baldosa use una llana dentada para extender el mortero o la cola. Los rodillos para suelos se usan para presionar los materiales contra la capa de cola. Y la grapadora resulta práctica para colgar plásticos de las puertas y otros huecos y evitar que se escapen los vapores o el polvo.

El hecho de que los proyectos de solado exijan una proximidad del cuerpo con el trabajo hace particularmente importante respetar las normas de seguridad. Por ejemplo, trabajar con una sierra eléctrica cuando se está de rodillas puede ser no sólo incómodo, sino también peligroso. Tenga cuidado con lo que corta, y piense adónde puede llegar la sierra (o el cincel) si se traba o resbala. Protéjase los ojos y los oídos, y use una mascarilla higiénica cuando proceda. Por último, aunque no menos importante, póngase rodilleras; sin ellas, el trabajo se le hará mucho más largo.

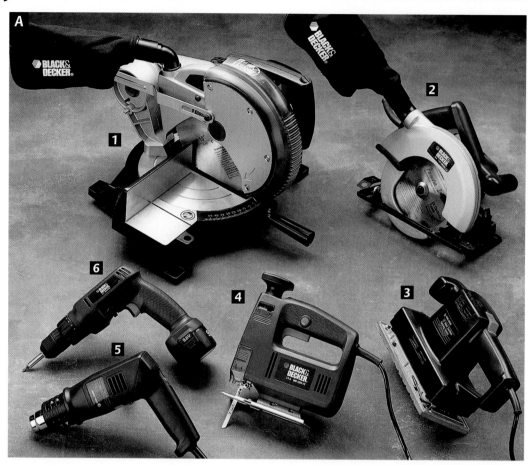

Algunas herramientas eléctricas utilizadas para reparar y cambiar suelos son: *sierra de ingletes eléctrica (1), sierra circular (2), lijadora eléctrica (3), sierra de calar (4), soplete de aire caliente (5) y taladradora sin cable (6).*

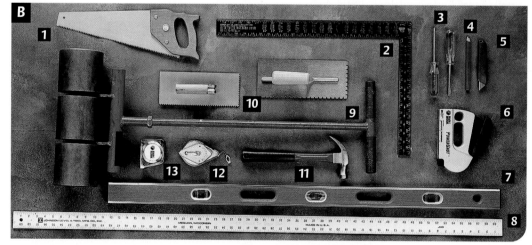

Entre las herramientas manuales básicas para reparar suelos se cuentan las siguientes: *serrucho (1), escuadra de carpintero (2), destornilladores (3), lápiz (4), cúter (5), grapadora (6), nivel (7), regla (8), rodillo para suelos (9), llanas dentadas (10), martillo (11), cordel de marcar (12) y cinta métrica (13).*

Herramientas y materiales de preparación

Los preparativos para colocar un nuevo suelo pueden suponer un pequeño esfuerzo, como rellenar las grietas de un solado existente, o una gran empresa, como sería levantar el suelo y la base de nivelación y arreglar la solera.

Para levantar el suelo antiguo puede ayudarse con varias herramientas especiales (foto C). Utilice un mazo y un cincel para romper las baldosas de cerámica. Una espátula ancha sirve como práctica herramienta de raspado, que puede sustituirse por un raspador de suelos, comprado o alquilado, en trabajos de más envergadura. Las palancas son preferibles a los martillos para sacar clavos y levantar tablones. Use también una sierra alternativa para cortes rápidos que no requieran gran precisión.

Si el suelo tiene suficiente solidez para servir de base de nivelación, aplique una pasta niveladora siguiendo las instrucciones del fabricante (foto D). Este producto, parecido a una lechada, rellena pequeños baches para crear una superficie lisa que prolongará la vida del nuevo solado.

Para preparar la base de nivelación que sostendrá el suelo nuevo, use una masilla de látex para rellenar las grietas y los desconchones y para cubrir las cabezas de clavos y tornillos (foto E). Rellene también las juntas entre las planchas de la nueva base de nivelación.

Corte el bajo de las molduras con un serrucho para dejar espacio para el nuevo suelo, utilizando como guía un retal de la base de nivelación y un fragmento del nuevo revestimiento (foto F). En baldosas de cerámica, reserve también sitio para la cola.

Ventile la habitación de trabajo siempre que haya humos o polvo (foto G). Un extractor colocado en la ventana abierta y dirigido hacia afuera procurará un buen movimiento del aire.

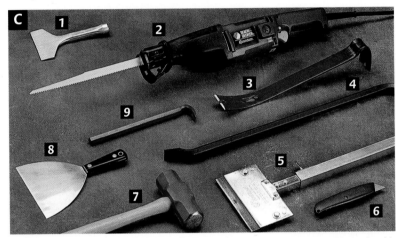

Algunas herramientas para levantar suelos son: cincel de albañil (1), sierra alternativa (2), palanca de pata de cabra (3), palanca normal (4), raspador de suelos de mango largo (5), cúter (6), mazo (7), espátula ancha (8) y rascador (9).

Convierta el suelo existente en una base de nivelación lisa del nuevo, aplicando pasta niveladora con una llana de borde liso.

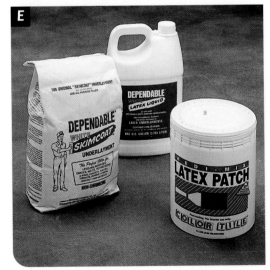

Las masillas de látex sirven para rellenar huecos, agujeros y baches de la base de nivelación. Aplíquelas con una llana o una espátula ancha.

Apile los materiales del nuevo suelo para usarlos como guía, y corte con un serrucho el bajo de la puerta u otras molduras.

Coloque un extractor en una ventana abierta para favorecer la eliminación del polvo y los vapores nocivos de la zona de trabajo.

Evitar que el suelo haga ruido

Los ruidos del suelo se producen por el rozamiento de las tablas entre sí o con los clavos que las sujetan a la solera. También pueden producir ruidos las tuberías de agua que rozan contra las viguetas del suelo. En todo caso, las contracciones y dilataciones normales de la madera hacen inevitables algunos de estos ruidos.

Aunque los suelos ruidosos suelen ser una molestia doméstica común, indican la existencia de graves problemas estructurales. Si una zona del suelo está blanda o suena demasiado, se habrán de examinar la estructura y los cimientos en que se apoya.

La elección de los métodos para silenciar estos ruidos depende del tipo de suelo y de la posibilidad de acceder a las viguetas inferiores.

Siempre que sea posible, actúe sobre los ruidos desde debajo del suelo. Para encontrar zonas ruidosas, pida a alguien que camine por el pavimento mientras usted escucha e intenta identificar las causas. Otro método sería buscar los ruidos desde arriba, observándolos desde los elementos comunes a todos los pisos, como muros exteriores y tuberías del agua o de la calefacción.

Si las viguetas están cubiertas por el techo, busque los ruidos desde la planta superior. Introduzca elementos de fijación en las tablas del suelo y la solera, o lubrique las juntas entre tablas.

Las viguetas de más de 2,5 m de longitud deberían tener crucetas de arriostramiento o bloques sólidos intermedios que faciliten la distribución del peso. Si no existen estos soportes, colóquelos cada 2 m para reforzar el solado y evitar los ruidos que provoca.

Herramientas: *Taladradora, martillo, botador, espátula de emplastecer, cepillo de dientes, aplicador de masilla.*

Materiales: *Tornillos de rosca madera, clavos para suelos, masilla para madera, polvo de grafito, cera abrillantadora, bridas de sujeción para tuberías, cuñas de madera, cola blanca, tablas de 38 × 89 mm, cola de construcción, clavos normales de 90 mm.*

Asegurar las soleras al suelo

Los suelos de madera harán ruido si no se han clavado bien o si los clavos se han aflojado con el tiempo y las tablas se han desprendido de la solera.

Si puede acceder a las viguetas desde abajo, introduzca tornillos rosca madera a través de la solera hasta las tablas del revestimiento, apretando de ese modo entre sí ambos elementos **(foto A)**. Practique taladros guía para no rajar la madera, y asegúrese de que los tornillos, por su longitud, no sobresalgan por encima del revestimiento del suelo.

Determine los grosores de suelo y solera midiéndolos en los cortes para tuberías.

Si no puede llegar al suelo desde abajo, fije el revestimiento a la solera con clavos de ranuras circulares en la caña. Haga taladros guía cerca del borde de la lengüeta de la tabla, e introduzca los clavos ligeramente inclinados para incrementar su poder de sujeción **(foto B)**. Si es posible, introduzca los clavos en elementos de soporte. Embuta los clavos con un botador y rellene los huecos con masilla de madera teñida.

Una forma sencilla de eliminar los ruidos en un suelo de moqueta consiste en usar un dispositivo especial para introducir tornillos a través de la solera hasta las viguetas **(foto C)**. Este dispositivo guía el tornillo y controla su profundidad. El tornillo tiene la caña entallada para que, una vez introducido, pueda romperse la punta por debajo de la superficie de la solera.

Introduzca tornillos a través de la solera hasta las tablas de madera para evitar que hagan ruido.

Atraviese las tablas del suelo con clavos de ranuras circulares. Oculte los clavos rellenando los huecos con masilla.

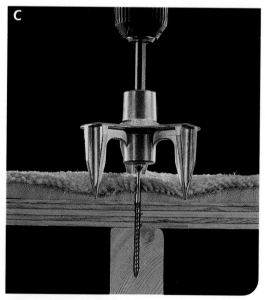

Utilice un sistema de fijación de suelos para asegurar las soleras desde arriba, especialmente en revestimientos de moqueta.

Reducir el ruido del roce

La forma más sencilla de eliminar el ruido del suelo de madera es lubricar las juntas entre las tablas. Con ello no se evitará que rocen entre ellas, pero sí que dejen de sonar durante un tiempo.

Utilice aceite mineral o polvos de talco como lubricantes, o compre grafito en polvo en la ferretería. El grafito, usado normalmente para lubricar cerraduras, se vende en un pequeño tubo de plástico con una boquilla en punta.

Empiece limpiando el polvo y los residuos de las juntas entre las tablas, con ayuda de una espátula o un cepillo de dientes.

Aplique una pequeña cantidad de grafito en polvo o aceite entre las tablas que chirríen. Salte varias veces sobre las tablas para que el lubricante penetre bien en la junta. Limpie el polvo sobrante con un paño húmedo.

La cera abrillantadora, disponible en numerosas tiendas, es un lubricante duradero que puede eliminar los ruidos. Algunos revestimientos de suelos no son compatibles con la cera, por lo que primero tendrá que revisar las instrucciones del fabricante.

Utilice un paño limpio para extender la cera por las juntas ruidosas (**foto D**). Luego, facilite su penetración con ayuda de un cepillo de dientes.

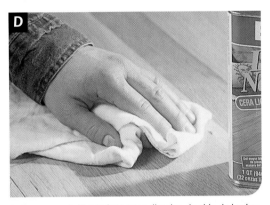

Aplique cera abrillantadora para silenciar el ruido de las juntas, usando un paño y un cepillo de dientes.

Silenciar las tuberías colgantes

En un sótano de acabado basto o un espacio bajo el piso, las tuberías de cobre para el agua suelen colgar de las viguetas del suelo. Al investigar el origen del ruido del suelo, escuche si las tuberías rozan con las viguetas u otros elementos estructurales. Afloje o cambie las sujeciones de las tuberías para eliminar el ruido.

No quite nunca una sujeción de tubería sin colocar una de recambio; una tubería no apoyada puede vibrar o combarse cuando se calienta, y posiblemente terminaría por soltarse alguna conexión.

Para ajustar la sujeción de la tubería, use un martillo y una palanca para sacar de la madera los extremos puntiagudos de la sujeción. Refuerce estos extremos si es necesario. Baje la sujeción hasta que la tubería deje de tocar la vigueta, asegurándose de que esté bien sujeta y no vibre.

Vuelva a clavar la sujeción, introduciendo el extremo puntiagudo en la madera (**foto E**).

Una solución alternativa consiste en cambiar estas sujeciones por bridas de plástico. Estas bridas de sujeción se pueden separar de forma que se ajusten perfectamente a la tubería. Una vez colocadas, se rodean con un aro de plástico que las protege de las viguetas.

Baje las tuberías colgantes para que no rocen con las viguetas.

Cuñas en las viguetas

Al igual que las tablas del suelo pueden soltarse de la solera, ésta también puede separarse de las viguetas, creando huecos. Tales huecos se forman a menudo por una contracción de la vigueta o un agarre insuficiente de la solera. El resultado es un punto ruidoso o esponjoso en el suelo. Si los huecos son extensos o aparecen en varias viguetas contiguas, habrá que reforzar la estructura; por el contrario, si son aislados el problema suele remediarse colocando simples cuñas de madera o un taco de apoyo de la solera.

Rellene los huecos pequeños con cuñas de madera rematadas en punta. Aplique una pequeña cantidad de cola para madera en la cuña y proyecte un chorro de esta cola en el hueco. Con un martillo, golpee ligeramente la cuña para ajustarla bien (**foto F**). Si penetra demasiado en el hueco, más bien lo agrandará. Deje que la cola seque antes de caminar sobre el piso.

Como apoyo de huecos mayores, clave un taco de madera, en vez de la cuña, en el costado de la vigueta. Corte el taco de un listón, a la medida necesaria para que cubra todo el hueco. Introduzca varios clavos normales de 90 mm parcialmente en una cara del taco, y aplique cola de construcción en la otra cara y en el borde superior.

Coloque el taco frente a la cara de la vigueta, con el borde superior contra la solera. Entonces, fuércelo hacia arriba con una mano y clávelo en la vigueta.

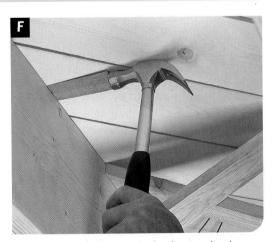

Rellene con cuñas los huecos entre las viguetas y la solera.

Reducir el pandeo de una vigueta

Una vigueta del suelo arqueada o visiblemente combada puede empeorar con el tiempo y deformar el solado dispuesto sobre ella. La corrección de este defecto es una reparación sencilla, ya que basta con aprovechar la fuerza de gravedad para enderezar la vigueta.

Si ve o nota una protuberancia en el suelo, revise la zona con un nivel para encontrar su punto más alto **(foto A)**. Mueva el nivel a diferentes puntos y anote las distancias entre el suelo y los extremos del instrumento.

Marque el punto más alto de la combadura, y mida la distancia desde un elemento que penetre bajo el suelo, como un muro exterior o un tubo de la calefacción. Use esta medida para señalar el punto más alto en la vigueta combada desde debajo del suelo.

Desde el borde inferior y con una sierra alternativa, haga un corte recto en la vigueta problemática justo debajo de la marca del punto más alto **(foto B)**. Continúe el corte hasta 3/4 partes del grosor de la vigueta.

Deje que la vigueta se asiente y enderece durante varias semanas, comprobando periódicamente la altura del suelo con un nivel. No cargue el suelo con un peso excesivo encima de la vigueta.

Una vez asentada ésta, refuércela clavándole un tablón de su mismo tamaño **(foto C)**. La pieza de refuerzo deberá tener una longitud mínima de 2 m; use clavos de 90 mm en pares alternos, separados 30 cm. Clave una fila de tres clavos a cada lado del corte de la vigueta.

Herramientas:
Nivel de 1,2 m, sierra alternativa, martillo.

Materiales:
Madera de construcción, clavos normales de 90 mm.

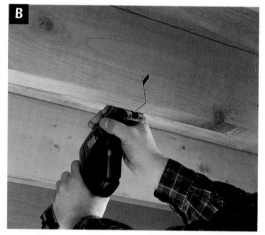

Encuentre el punto más alto del pandeo.

Utilice una sierra alternativa para cortar la vigueta en el pandeo.

Coloque un tablón centrado sobre el corte y clávelo a la vigueta.

Reforzar una vigueta astillada o combada

Cuando una vigueta del suelo aparece debilitada por una gran grieta o porque está combada debido a un proceso de envejecimiento, a menudo la mejor solución es fijar una vigueta nueva a la dañada para repartir la carga. Este proceso de *refuerzo* implica ajustar la nueva vigueta junto a la antigua y elevar ambas mediante dos puntales o gatos hidráulicos y vigas transversales de 38 × 89 mm.

Esta duplicación es un método eficaz si se trata tan sólo de reparar una o dos viguetas del suelo. Sin embargo, cuando los suelos muestran una pendiente o una combadura muy acusadas pueden existir defectos dimensionales de las viguetas u otros problemas de estructura o cimentación, lo que exige un arreglo más costoso.

Una grieta en una vigueta puede deberse a un defecto natural o aparecer cuando los cortes realizados para instalar tuberías han debilitado la madera **(foto D)**.

Coloque un nivel de 1,2 m en la parte inferior de la vigueta para determinar la magnitud de la combadura **(foto E)**. Anote la distancia entre los extremos del nivel y las viguetas.

Para colocar la vigueta de refuerzo elimine cualquier elemento situado en el costado de la primera vigueta donde se unirá la segunda.

Mida la vigueta antigua y corte la segunda a la misma longitud. Esta última puede hacerse también un poco más corta para que quepa en el espacio disponible, aunque como norma conviene darle la máxima longitud posible. La segunda vigueta deberá ser del mismo tipo de madera que la original. Utilice un tablón lo más recto posible. Si la vigueta nueva está arqueada, colóquela con el arco apuntando hacia arriba.

En un suelo combado puede ser difícil colocar la vigueta de refuerzo en su sitio. Este problema se resuelve rebajando los dos extremos del borde inferior de la vigueta de refuerzo, para que se ajuste a la viga o a la cimentación. Con un formón, haga rebajes de 12 cm de profundidad y unos 50 cm de longitud.

Herramientas:
Martillo, formón, nivel de 1,2 m, llave ajustable, llave de carraca.

Materiales:
Vigueta de repuesto, puntales metálicos, madera de construcción de 38 × 89 mm, cuñas de madera, tornillos de cabeza hexagonal con arandelas.

Para colocar en su posición la vigueta de repuesto, manténgala tumbada de plano y apoye los extremos sobre la viga o la solera de cimentación. Luego, ya en su sitio, colóquela de canto golpeando la parte lateral superior con un martillo, si fuera necesario, para que encaje.

Forme las dos vigas transversales clavando entre sí pares de listones de 38 × 89 mm de 2 m de largo.

Coloque un puntal y la viga transversal cerca de uno de los extremos de la vigueta, con la viga perpendicular a las viguetas y el puntal ajustado aproximadamente a su altura final. Utilice un nivel para comprobar la verticalidad del puntal (foto F).

Eleve el puntal girando el eje roscado desde su parte inferior, lo suficiente para que la viga transversal toque las viguetas.

Coloque un segundo conjunto de puntal y viga en el extremo opuesto de las viguetas, y álcelo lentamente. Deténgase cuando la vigueta de refuerzo haga contacto con el suelo.

Coloque cuñas de madera en los extremos de la viga de refuerzo, entre las partes rebajadas y la viga o base de cimentación (foto G). Utilice dos cuñas, si es posible, con los extremos estrechos en direcciones opuestas entre sí, para formar una superficie plana. Con un martillo, golpee con cuidado las cuñas para ajustarlas hasta que queden encajadas.

Una vez unidas las viguetas, libere la presión de los puntales.

Utilice tornillos de cabeza hexagonal de 75 mm con arandelas para unir las viguetas entre sí. Haga un par de taladros cada 30 o 40 cm. Apriete los tornillos con una llave de carraca (foto H).

Corte los tacos o soportes para ajustarlos y colocarlos en su posición original entre las viguetas.

Refuerce las viguetas astilladas antes de que empiecen a causar problemas.

Utilice un nivel para comprobar la combadura.

Compruebe que el puntal está vertical antes de subirlo.

Consejo práctico

Observe las siguientes reglas al rebajar o taladrar una vigueta para instalar tuberías:

No rebaje nunca la parte central de la vigueta más de 1/3 de su longitud. Los rebajes no deben tener una profundidad de más de 1/6 de la anchura de la vigueta. Por ejemplo, en una madera de 38 × 286 mm, que tiene una anchura de 30 cm, los rebajes pueden ser de hasta 5 cm de profundidad.

Centre los orificios entre los bordes superior e inferior de la vigueta. El diámetro de estos orificios no será superior a 1/3 del grosor de la vigueta. Los agujeros para las tuberías serán sólo ligeramente mayores que el diámetro de las mismas.

Con los puntales sujetando las viguetas, calce los extremos de la vigueta de refuerzo.

Fije la vigueta de refuerzo a la antigua con tornillos de cabeza hexagonal con arandelas.

Base de nivelación

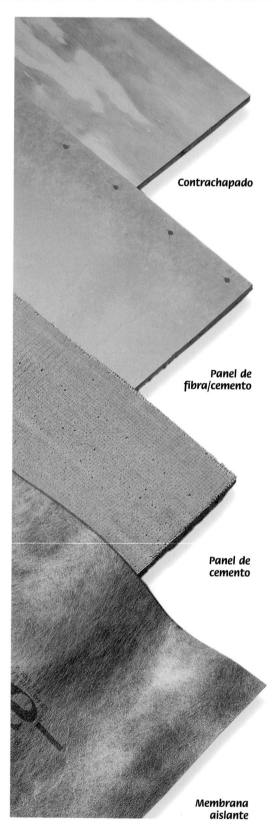

Contrachapado

Panel de fibra/cemento

Panel de cemento

Membrana aislante

La base de nivelación es una capa de planchas atornilladas o clavadas a la solera que proporcionan una base lisa y estable para el revestimiento del suelo. Antes de colocar un nuevo suelo se ha de reparar o cambiar la base de nivelación. Use una masilla de látex para rellenar los agujeros y las juntas en las planchas de esta base.

Cuando cambie la base de nivelación, el tipo elegido dependerá en parte del revestimiento que se va a instalar. Por ejemplo, los suelos de cerámica y piedra natural necesitan una base más rígida que resista el movimiento, como pueda ser el panel de cemento. En suelos de vinilo, es mejor usar un contrachapado de alta calidad, ya que algunos fabricantes no responden de la garantía cuando el suelo se instala en materiales de calidad inferior. Los listones de madera y la moqueta no necesitan base de nivelación, y con frecuencia se colocan directamente sobre solera de contrachapado.

Este material es el más común como base de suelos de vinilo o de baldosas de cerámica. Para vinilo se usa contrachapado de alta calidad de 6 mm, que tiene un lado liso y bien acabado. Los revestimientos de madera, como el parquet, pueden colocarse sobre contrachapado de menor calidad. En baldosas de cerámica, se utiliza contrachapado de buena calidad de 13 mm. Al colocar este contrachapado, se han de dejar juntas de dilatación de 6 mm en las paredes y entre las planchas. El panel de fibra/cemento es una base fina de alta densidad que se usa debajo de baldosas de cerámica y suelos de vinilo cuando ha de limitarse la altura del suelo.

La base de panel de cemento, usada sólo en suelos de baldosas de cerámica, es estable aunque se humedezca, y resulta idónea en zonas que previsiblemente se mojarán a menudo, como los cuartos de baño. El panel de cemento es más caro que el contrachapado, pero si se está pensando en colocar una gran superficie de suelo de baldosas resultará una inversión rentable.

Para evitar que las instalaciones de baldosa de cerámica se muevan en caso de producirse grietas en el suelo de cemento, se usa una membrana aislante.

Levantar la base de nivelación

Antes de empezar a levantar la base de nivelación, arranque una muestra del suelo y examine el tipo de sujeción utilizada para la base. Si los elementos de fijación son tornillos, primero tendrá que levantar el suelo y luego quitar los tornillos, uno a uno, sin dañar la solera. Si la base está clavada, podrá levantarla a la vez que el revestimiento (**foto A**). La técnica consiste en cortar el suelo en fragmentos fácilmente manejables.

Deshágase de los tablones con clavos en cuanto los levante. Si alquila un contenedor para el proyecto se ahorrará tiempo y sorpresas dolorosas.

Si el suelo de cerámica existente se apoya sobre una base de contrachapado, use un mazo y un cincel de albañil para ir marcando las líneas de corte en la baldosa antes de usar la sierra circular.

Advertencia: El método explicado para levantar suelos deja partículas en suspensión en el aire. Asegúrese de que, si se trata de un suelo de vinilo, no contenga amianto (página 77).

Antes de cortar el suelo esté prevenido ante posibles situaciones adversas. No podrá evitar que la sierra tropiece con algún clavo según vaya cortando los fragmentos, por lo que conviene emplear una hoja de sierra usada y llevar gafas de seguridad y guantes. Las hojas de dientes con punta de carbono son las mejores para esta tarea.

Herramientas:
Sierra circular, sierra alternativa, cincel, martillo, palanca, mazo, cincel de albañil.

Ajuste la sierra circular a la profundidad correcta, teniendo en cuenta el grosor total del revestimiento del suelo y la base de nivelación. Corte el suelo en secciones de 1 m², aproximadamente **(foto B)**.

Al final de los cortes, cerca de las paredes y los armarios, llegue hasta donde pueda con la sierra circular, y continúe después con una sierra alternativa **(foto C)**. Incline ligeramente la hoja de la sierra con respecto al suelo, con cuidado de no traspasar la base de nivelación. Para no dañar los armarios ni las paredes con el filo de la sierra, en los últimos centímetros del corte use un cincel.

Una vez terminados los cortes, utilice una palanca y un martillo para separar la base de la solera **(foto D)**. Deshágase inmediatamente de la sección levantada, con cuidado de no herirse con los clavos.

Una vez levantados totalmente el revestimiento y la base, barra el suelo con esmero. Saque los clavos que queden y examine la solera para ver si necesita algún arreglo.

En materiales unidos a la base resulta práctico levantar a la vez la base de nivelación y el revestimiento del suelo.

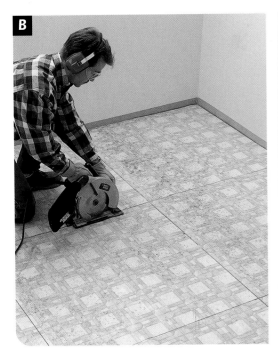

Corte el revestimiento del suelo y la base de nivelación en pequeños cuadrados, con ayuda de una sierra circular ajustada a la profundidad correcta.

Use una sierra alternativa para cortes junto a las paredes y los armarios. Remate los cortes con un cincel.

Levante las secciones de revestimiento y base de nivelación del suelo con una palanca y un martillo. Arranque los clavos sueltos.

Soleras

La solera es la capa estructural de madera situada entre las viguetas y el pavimento del suelo. En su forma más moderna, está compuesta por láminas de contrachapado machihembradas de 3 o 19 mm dispuestas en perpendicular a las viguetas. Las viviendas antiguas pueden tener soleras de tablas de 19 × 89 mm o 19 × 140 mm colocadas en diagonal. La plataforma de la solera está clavada directamente a las viguetas con clavos normales de 64 mm o de ranura circular que aprietan las fibras de madera y les confieren resistencia frente a la extracción.

La solera es un elemento estructural importante de la vivienda, ya que mantiene cohesionados todos los elementos del suelo. No sólo ayuda a que las viguetas permanezcan verticales y firmes, ofreciendo de este modo la máxima resistencia, sino que es la base sobre la que caminamos. Por estas razones, es vital que se encuentre en buen estado.

En todo proyecto de cambio del suelo se ha de invertir el tiempo necesario en examinar y reparar la solera. Si se levantan el revestimiento y la base de nivelación antiguos, se tendrá la oportunidad de asegurar tablas sueltas y de rellenar los pequeños hundimientos de la solera. Si ésta es segura y sólida, el suelo apenas experimentará movimiento, y el nuevo solado será duradero.

El soporte es el papel esencial de una solera. Al sustituir algunas de sus secciones, asegúrese de que instala un soporte de madera robusto para los extremos, y de que las fijaciones son sólidas. No tiene que ser bonito, sino resistente.

Herramientas:
Taladradora, martillo, llana fina, regla, escuadra de carpintero, desclavador, sierra circular, cincel, aplicador de masilla.

Materiales:
Tornillos de 60 mm, pasta niveladora, cubo, madera de construcción de 38 × 89 mm, clavos normales de 90 mm, contrachapado, cola para construcción.

Volver a fijar y nivelar la solera

Después de levantar el suelo y la base de nivelación antiguos, examine la solera para ver si existen juntas sueltas, grietas, agujeros o baches.

Camine una y otra vez sobre el solado, escuchando los ruidos y comprobando si hay zonas blandas que indiquen una posible separación entre la solera y las viguetas. Reafirme la fijación del material de la solera a las viguetas con tornillos de 60 mm (**foto A**). Vuelva a clavar los clavos flojos o sáquelos.

Rellene los hoyos y los defectos con pasta niveladora. Utilice un aditivo acrílico o de látex y mezcle la pasta siguiendo las instrucciones del fabricante.

Extienda la pasta en la solera con una llana fina (**foto B**). Cubra primero las zonas más hundidas, y use la llana para nivelar la pasta en los bordes.

Utilice un nivel o una regla para comprobar que la pasta ha quedado bien nivelada con la zona de alrededor (**foto C**). En caso necesario añada más pasta.

Déjela secar y elimine el sobrante con el canto de la llana, o líjelo con suavidad.

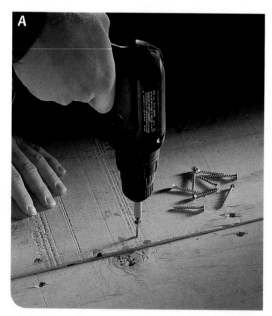

Introduzca tornillos que traspasen la solera hasta las viguetas.

Extienda pasta niveladora sobre las grietas y baches con una llana.

Use un nivel para comprobar que la pasta está nivelada.

Cambiar una parte de la solera

Cuando cambie zonas hundidas o dañadas de una solera, revise las viguetas situadas debajo para asegurarse de que no están afectadas. En áreas húmedas donde, como en los baños, los problemas debidos al agua son más probables, examine las soleras con detenimiento, en especial cuando la pared o la superficie del pavimento muestren signos de decoloración, grietas o desconchones. Encuentre el origen de los problemas como, por ejemplo, tuberías o accesorios con fugas, y corríjalo antes de cambiar o reforzar la madera dañada.

Si la solera está hecha de madera de construcción gruesa, y no de contrachapado, este último material puede usarse en parches para zonas deterioradas. Cuando el parche de contrachapado no alcance la altura de la solera, utilice pasta niveladora para elevar la superficie de ésta hasta la altura correcta.

Para cambiar secciones dañadas de una solera, levante la base de nivelación antigua y corte las zonas deterioradas de la plataforma de la solera, dejando al descubierto parte de la superficie clavada en las viguetas que rodean al corte. En los puntos necesarios coloque un soporte de madera de 38 × 89 mm.

Marque el contorno del corte alrededor del área dañada con una escuadra de carpintero, para que las líneas sean rectas. De esta forma facilitará el corte y la colocación del parche. Compruebe que dos lados del corte estén centrados en las viguetas.

Saque todos los clavos de las líneas de corte o las proximidades, con ayuda de un desclavador y un martillo.

Ajuste la profundidad de la hoja de la sierra circular al grosor exacto de la solera. Póngase gafas de seguridad al cortar el suelo con la sierra circular, ya que puede haber dejado olvidado algún clavo oculto (foto D). Cuando las líneas estén demasiado cerca de la pared, complete los cortes con un cincel ancho.

Levante el fragmento dañado. Corte dos tacos de 38 × 89 mm que se ajusten entre las viguetas a ambos lados del corte.

Clave los tacos entre las viguetas, de forma que los bordes superiores estén centrados bajo los límites del corte de la solera (foto E). Si fuera posible, clave estos tacos en recto con las viguetas, desde la parte de abajo del suelo. En caso contrario, clávelos en oblicuo desde arriba, haciendo antes unos taladros guía en los extremos de la tabla en el ángulo conveniente.

Mida el agujero, y corte el parche a medida, restando 1,5 mm de cada dimensión para que el parche sea algo menor que el hueco. Utilice contrachapado de buena calidad con el mismo grosor (o ligeramente más estrecho) que la solera original.

Aplique una pequeña cantidad de cola de construcción a las viguetas y los tacos. Coloque el parche en su sitio y fíjelo a las viguetas y a los tacos con tornillos de 60 mm, separados entre sí unos 11 cm (foto F).

Si las soleras están podridas por una fuga en un inodoro, corte la zona dañada con cuidado alrededor del reborde del sumidero (foto G). Como soporte adecuado para este parche utilice tacos de 38 × 140 mm o 38 × 184 mm entre las viguetas, y también entre las piezas de madera de ambos lados del sumidero del inodoro.

Corte la zona dañada con una sierra circular.

Clave los tacos a las viguetas como soporte del parche.

Sujete el parche de contrachapado con cola y tornillos largos.

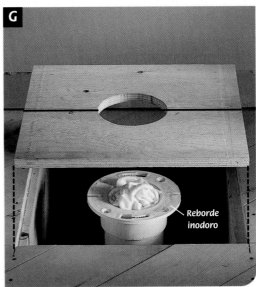

Reborde inodoro

Coloque tacos grandes como soporte del arreglo alrededor del inodoro.

Revestimientos comunes para suelos

Suelos de vinilo

El vinilo es el más barato de los revestimientos para suelos, y también el más sencillo de colocar. Duradero y de fácil limpieza, se usa sobre todo en cocinas y baños.

Este tipo de suelo se vende en *rollo continuo* y en *losetas*, que se pegan normalmente a una base de nivelación.

El vinilo en láminas se vende en rollos continuos de 2 m y 4 m, y se corta a medida para cada suelo. Existe en dos variedades: con cola en toda la superficie del dorsal, que entonces es de fieltro, o sólo en el perímetro, en cuyo caso el dorsal es de PVC y sólo se pegan los bordes de cada lámina.

La loseta de vinilo es muy fácil de colocar o cambiar; muchos modelos son autoadhesivos. No obstante, como el suelo en losetas tiene muchas juntas, entre ellas puede filtrarse humedad que puede destruir el pegamento.

Los suelos de vinilo tienen un grosor comprendido entre 1,6 y 3,2 mm y se venden en losetas o en rollo continuo.

Baldosas de cerámica

La baldosa de cerámica es un material duro, versátil y duradero disponible en una amplia variedad de tamaños, dibujos y colores.

Todas las baldosas de cerámica se crean a partir de arcilla moldeada, cocida en un horno, si bien existen varias categorías. Así, las *baldosas de cerámica vidriada* se cubren con un vidriado de color tras ser horneadas. Después, se vuelven a meter en el horno para endurecer la capa superficial, lo que puede apreciarse claramente en sus cantos. Por su parte, el *gres* es una baldosa porosa y no vidriada, más gruesa y blanda que la anterior y que ha de protegerse periódicamente con un sellador. La *baldosa de mosaico de porcelana* es muy densa y dura y resiste bien el agua. Al igual que el gres, la baldosa de porcelana tiene el mismo color en todo su grosor.

La baldosa de cerámica que se usa normalmente para suelos tiene la superficie en relieve, por lo que no es tan resbaladiza como una baldosa vidriada lisa.

Existen baldosas de cerámica de muchos colores, dibujos, formas y tamaños distintos. Su espesor oscila entre 5 mm y 19 mm.

Madera

Los suelos de madera son cálidos y agradables, y también duraderos y relativamente fáciles de limpiar. Si se tratan periódicamente con un protector fuerte a base de uretano, deberían durar toda la vida.

La forma tradicional de este tipo de suelos es el de tablas de madera dura, aunque hoy existen cada vez más productos a base de madera, tanto para restauraciones como para construcciones de nueva planta. Entre ellos se incluyen los suelos de tarima y de parquet, más baratos que los tradicionales y también más fáciles de colocar uno mismo.

Las rozaduras en los suelos de madera pueden taparse, y es posible lijar la superficie y volverla a barnizar. Si se produce un daño grave en una zona del suelo, puede sustituirse por material nuevo.

El suelo de madera puede ser de losetas de parquet laminadas o de tablas macizas o laminadas.

Moqueta

La moqueta está hecha de fibras naturales o sintéticas sobre un entramado de sostén. Esta forma de revestimiento se usa sobre todo en dormitorios, salas de estar y recibidores.

Las dos formas básicas de moqueta son la de *felpa de rizo*, formada por rizos de hebras sin cortar para transmitir un aspecto de relieve, y la de *pelo cortado*, con fibras recortadas que ofrecen una apariencia más uniforme. A veces se combinan estas dos clases en una misma moqueta.

La mayoría de la gente elige la moqueta por estética y por comodidad, más que por su duración, si bien gracias a los nuevos materiales se está mejorando la resistencia de este revestimiento frente a las manchas y otras formas de deterioro.

El mantenimiento de la moqueta consiste en evitar su desgaste conservándola lo más limpia posible y en reparar los desperfectos menores cuando se producen.

La moqueta, un revestimiento blando y flexible, apenas necesita mantenimiento, aparte de su limpieza regular.

Otros revestimientos

Las baldosas de piedra natural como pavimento son bonitas, pero caras. No sólo es cara la piedra en sí, sino también su instalación y reparación. Los suelos de piedra natural exigen soleras de mortero o panel de cemento, y la instalación o sustitución de estas soleras y de las baldosas es tarea de un instalador experimentado. Sin embargo, una vez colocados, el granito, el mármol y la pizarra son increíblemente duraderos, y rara vez requieren otro mantenimiento que su limpieza cotidiana.

Los revestimientos laminados sintéticos suponen una alternativa económica y duradera a la madera. Al igual que las encimeras laminadas, estos productos están formados por finas capas de laminado plastificado, normalmente de un color y un veteado que se asemejan a los de la madera natural, unidos a un núcleo de panel de fibra. Los laminados sintéticos resisten los arañazos y necesitan muy poco mantenimiento, aparte de su limpieza normal. Sin embargo, para colocarlos hace falta contar con un solera perfectamente lisa, de modo que son muchos los fabricantes que sólo ofrecen garantía a los suelos montados por instaladores profesionales de reconocida solvencia.

Mantenimiento y reparación de suelos de vinilo

Los suelos de vinilo son muy socorridos por su facilidad de limpieza y mantenimiento. Por su alta calidad, los revestimientos actuales de este material no exigen cuidados regulares, aparte del barrido y fregado frecuentes.

El acabado de los suelos de vinilo antiguos y de menor calidad, por el contrario, suele precisar restauración. Trabajando en áreas pequeñas, aplique un limpiador comercial para suelos. Elimine la suciedad incrustada con una mopa de nailon y una pulidora. Friegue el suelo y lávelo dos veces con agua. Una vez seco, tape las grietas y las ranuras con relleno de látex.

Vuelva a cubrir el suelo con un barniz acrílico. En zonas de paso frecuente o que estén muy desgastadas, aplique primero una capa y déjela secar toda la noche antes de extender la segunda. Para un acabado duradero, barra el suelo a menudo, coloque alfombrillas en los umbrales de todas las puertas y ponga protectores bajo las patas de los muebles.

No coloque las alfombrillas directamente encima de los suelos de vinilo, sobre todo en zonas soleadas. Estas alfombrillas a menudo contienen productos derivados del petróleo y pueden dejar manchas indelebles en el vinilo. Y si el suelo de vinilo se mancha con laca de uñas, no intente limpiar la mancha con quitaesmaltes, ya que podría comerse el color. En su lugar, use un polvo desengrasante o un estropajo de acero.

Las manchas de asfalto, un problema común en los suelos de vinilo, pueden limpiarse con alcohol mineral o lejía normal. Humedezca un trapo con el alcohol y póngalo sobre la mancha, colocando encima un trozo de plástico para que se evapore lentamente. Al cabo de una o dos horas, limpie la mancha. Pruebe los disolventes en un área sin importancia antes de utilizarlos en el suelo.

Los métodos de reparación de los suelos de vinilo dependen del tipo de suelo y de la clase de deterioro. En losetas de vinilo, lo mejor es cambiar las piezas afectadas. Si se trata de laminados continuos, las alternativas posibles son reparar la superficie o colocar un parche.

Los cortes y arañazos pequeños pueden disimularse, quedando casi invisibles, con un sellador líquido para juntas, un compuesto transparente que se adquiere en establecimientos de venta de suelos de vinilo. Limpie el área con diluyente de laca y un paño suave. Una vez seca, aplique un cordón fino de sellador en el desperfecto. En caso de quemaduras o desgarrones, corte la zona dañada y pegue un parche (véase más adelante).

Si el suelo de vinilo tiene desperfectos graves o extensos, la única solución es cambiarlo todo. Aunque en algunos casos es posible añadir capas de suelo, lo mejor es evaluar las alternativas con detenimiento.

Parches en láminas de vinilo

Para parchear un laminado continuo de vinilo se necesita un fragmento de suelo del mismo tipo y una técnica llamada de *doble corte*. Si no le quedan retales del suelo, saque un trozo de debajo de un armario o de un electrodoméstico.

Coloque el retal sobre la zona dañada y ajústelo hasta que coincida exactamente. Pegue el parche al suelo con cinta, y emplee una escuadra para trazar su perfil **(foto A)**. Si es posible, siga las líneas del dibujo, para disimular mejor los bordes del parche.

Corte a la vez el parche y el suelo de debajo con un cúter. Utilice cuchilla nueva, y mantenga el filo en vertical mientras corta.

Retire el parche y arranque el trozo dañado. Si el suelo está pegado en los bordes, la pieza se desprenderá con facilidad. Si el pegamento está aplicado en toda la lámina, levante la pieza con una espátula o una cuchilla. Disuelva todo resto de cola de la solera con aceites minerales, y raspe la zona hasta que quede limpia.

Extienda cola sobre la solera. Si el revestimiento está pegado en el perímetro, levante los bordes del corte y aplique mástique por debajo. Presione el parche para colocarlo en su sitio **(foto B)**, de modo que el dibujo case perfectamente. Limpie con suavidad cualquier resto de cola, cubra el parche con papel parafinado y coloque sobre él varios libros pesados. Espere 24 horas a que seque la cola.

Aplique un fino cordón de sellador líquido a todos los bordes del parche. El arreglo quedará casi imperceptible.

Herramientas:
Escuadra de carpintero, cúter, espátula.

Materiales:
Retal del mismo suelo, cinta adhesiva de máscara, marcador, alcohol mineral, cola para pavimentos, papel parafinado, sellador líquido.

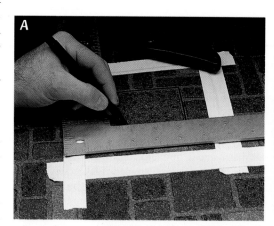
Coloque con cinta un fragmento de suelo en su sitio y marque líneas de corte para el parche.

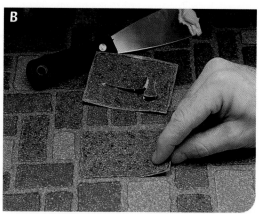
Aplique cola y presione el parche en su sitio. Transcurridas 24 horas, aplique sellado en los bordes.

Cambiar láminas de vinilo

Levantar bien el revestimiento antiguo es esencial para la calidad de la nueva instalación. Esta tarea puede ser muy fácil o llevar mucho tiempo, según el tipo de suelo y el procedimiento original de colocación. En suelos de vinilo pegados por los bordes resulta casi siempre más fácil que si se ha aplicado cola en toda la lámina. En cualquier caso, las herramientas de corte han de estar bien afiladas, y se ha de evitar dañar la base de nivelación.

Corte el suelo antiguo en tiras de 30 cm de ancho, con un cúter. Levante las tiras con la mano (**foto C**). Corte las zonas que se resistan en tiras de unos 15 cm. Empezando en la pared, levante todo el suelo posible. Si aún quedan trozos del soporte dorsal adheridos, rocíe con una solución de agua y lavavajillas líquido bajo la superficie, para separar el vinilo del dorsal. Utilice una espátula para rascar zonas especialmente difíciles.

Levante lo que quede con un raspador (**foto D**). En caso necesario, aplique una solución jabonosa en el soporte para desprenderlo. Barra los restos, llene una aspiradora de limpieza en seco o húmedo con unos 2 cm de agua (para retener el polvo) y aspire el suelo para terminar de limpiarlo.

Valore el estado de la base de nivelación, y levante y sustituya las zonas que considere dañadas o deterioradas (página 84). Tómese su tiempo; los profesionales saben que la fase más importante en la instalación de suelos de vinilo es la formación de una superficie niveladora casi perfecta.

La forma idónea para garantizar un corte correcto del suelo consiste en usar una plantilla. Para confeccionarla, coloque trozos de papel grueso a lo largo de las paredes, dejando una separación de 3 mm (**foto E**). Con un cúter, haga cortes triangulares en el papel y sujete la plantilla al suelo con cinta adhesiva de máscara colocada sobre estos triángulos.

Continúa en la página siguiente

Herramientas: *Raspador de suelos, gafas de seguridad, espátula, bote de aerosol, soplete de aire caliente, aspiradora para limpieza en seco/húmedo, espátula para suelos, compás, cúter, regla.*

Materiales: *Detergente de lavavajillas, cinta adhesiva de máscara, papel grueso, suelo de vinilo, rotulador.*

Corte el suelo en tiras y levante con la mano todo lo que pueda.

Raspe los restos de vinilo y dorsal de soporte. Barra la base de nivelación y pase la aspiradora para eliminar todos los restos.

Para fabricar una plantilla de corte, pegue con cinta pedazos de papel hasta completar el trazado de la habitación.

Marque líneas de corte en la plantilla para las tuberías y otros obstáculos.

Cambiar láminas de vinilo (cont.)

Siga el contorno de la habitación. Solape las piezas contiguas de papel unos 5 cm y péguelas con cinta adhesiva a medida que avanza.

Para ajustar la plantilla alrededor de una tubería, pegue el papel con cinta en los dos lados, mida la distancia desde la pared al centro de la tubería y reste 3 mm. Pase las medidas a otro trozo de papel. Use un compás para trazar el contorno del tubo en el papel, y luego córtelo. Haga un corte desde el borde del papel al agujero, y ajuste éste alrededor de la tubería (**foto F**). Pegue la plantilla con cinta al papel contiguo.

Desenrolle el suelo en una superficie lisa y limpia, con el dibujo hacia arriba. Si tiene que colocar varias láminas, solápelas al menos 5 cm, de forma que las juntas sigan los dibujos (**foto G**). Alinee las láminas de forma que el dibujo case exactamente y luego péguelas provisionalmente con cinta adhesiva para conductos.

Pegue con cinta la plantilla de papel encima del revestimiento, y copie en éste su contorno con un rotulador de tinta no permanente (**foto H**).

Haga los cortes necesarios con una cuchilla o un cúter de filo nuevo (**foto I**). En cortes largos, ayúdese con una regla metálica.

Haga los agujeros para las tuberías y otros obstáculos permanentes. Luego haga un corte desde cada orificio al borde más cercano del pavimento (**foto J**), siguiendo las líneas del dibujo, si fuera posible.

Enrolle el pavimento y trasládelo al lugar de colocación. Desenróllelo y colóquelo con cuidado en la posición correcta, deslizando los bordes bajo los marcos de las puertas.

Corte las juntas si se han de colocar dos o más piezas. Mantenga apretada con fuerza una regla metálica contra el suelo mientras realiza los cortes siguiendo las líneas del dibujo y traspasando las dos piezas (**foto K**).

Retire el sobrante (**foto L**). El vinilo está colocado y sólo queda pegarlo, ya sea en el perímetro o en toda la lámina.

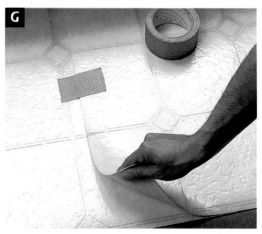

Superponga las láminas unos 5 cm en las uniones, de forma que el dibujo case perfectamente.

Copie en el suelo el perfil de la plantilla.

Corte por las líneas marcadas de la plantilla.

Haga los agujeros para los obstáculos, y luego un corte desde los orificios al borde.

Aplique la técnica de doble corte en las uniones; en cortes largos, ayúdese con una regla metálica.

Retire el sobrante y compruebe que las uniones están bien alineadas.

Colocar láminas de vinilo pegadas en el perímetro

Corte y coloque el vinilo (páginas 91 y 92), y luego doble las láminas. Aplique una banda de 7,5 cm de cola universal para suelos en la base de nivelación debajo de las uniones, utilizando una espátula o una llana dentada de 6 mm (**foto M**).

Coloque los bordes de las láminas sobre la cola, de uno en uno. Apriete las uniones y pase un rodillo sobre ellas (**foto N**). Aplique cola en las tuberías o pies derechos y en todo el perímetro de la habitación (**foto O**). Pase el rodillo por todo el suelo para lograr un buen contacto con la cola.

Sujete los bordes exteriores de las láminas al suelo con grapas de 10 mm colocadas cada 7,5 cm. Corte y coloque las tiras metálicas para el umbral de las puertas, y vuelva a colocar los rodapiés.

Herramientas:
Espátula o llana dentada de 6 mm, rodillo, grapadora resistente, martillo.

Materiales:
Cola universal para suelos, tiras metálicas para umbrales.

Levante los bordes y aplique cola bajo las uniones.

Presione los bordes para que se peguen y pase un rodillo.

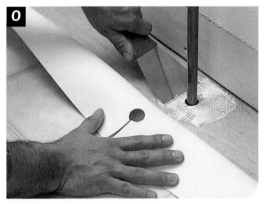
Aplique cola alrededor de los obstáculos y en el perímetro.

Colocar láminas de vinilo que cubran todo el suelo

Corte el vinilo (páginas 91 y 92) y extiéndalo en la habitación (**foto P**).

Levante la mitad del suelo y aplique una capa de cola sobre la base de nivelación, con ayuda de una llana dentada de 6 mm (**foto Q**). Extienda nuevamente el suelo sobre la cola.

Para que agarre mejor y no queden burbujas de aire atrapadas, pase un rodillo (**foto R**). Avance desde el centro de la habitación hacia los bordes. Doble la parte no pegada del suelo, aplique cola y vuélvala a extender; pase el rodillo. Use un trapo húmedo para limpiar la cola que rebose por los bordes del vinilo. Corte las tiras de metal para los umbrales de las puertas, y vuelva a colocar los rodapiés.

Herramientas:
Llana dentada de 6 mm, rodillo para suelos, martillo.

Materiales:
Cola universal para suelos, tiras metálicas para los umbrales.

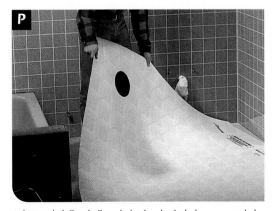
Coloque el vinilo, deslizando los bordes bajo los marcos de las puertas.

Levante la mitad del suelo y aplique cola debajo.

Pase un rodillo para que el suelo se adhiera bien a la capa inferior.

Cambiar losetas de vinilo rotas

Si existen losetas dañadas, cámbielas. Si no tiene recambios, retire algunas de una zona oculta, como el interior de un armario o debajo de un electrodoméstico. Tenga en cuenta que el soporte dorsal de ciertas losetas antiguas hechas de asfalto contiene fibras de amianto; consulte con un profesional para su sustitución.

Utilice un soplete de aire caliente para ablandar la cola (foto A). Mueva el soplete con rapidez, para no fundir la loseta. Cuando se desprenda la cola, levante la loseta con una espátula. Si no tiene soplete de aire caliente, pruebe a colocar una bandeja de cubitos de hielo sobre la loseta. El frío hace que la cola se vuelva quebradiza, y facilita la retirada de la loseta.

Aplique alcohol mineral para disolver los restos de cola. Raspe todo el residuo con una espátula (foto B).

Examine la base de nivelación y repárela en caso necesario. Aplíquele cola con una llana dentada, y coloque la loseta nueva en el hueco (foto C). Pase el rodillo sobre la loseta, presionando para lograr un buen agarre. Elimine el exceso de cola.

Herramientas: *Soplete de aire caliente, espátula, llana dentada, rodillo de mango en J o de cocina.*

Materiales: *Alcohol mineral, cola para suelos, losetas de recambio.*

Levante la loseta utilizando un soplete de aire caliente para ablandar la cola.

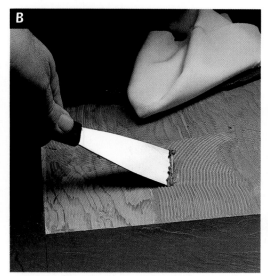

Disuelva la cola con alcohol mineral y ráspelo.

Aplique cola y presione la nueva loseta en su sitio.

Preparación para colocar un suelo de losetas de vinilo

Aunque cambiar losetas individuales es sencillo, según se ha explicado antes, en un momento dado dejará de tener sentido seguir parcheando un suelo con problemas. Y como no es nada difícil colocar un suelo de este tipo, no existe razón para no hacerlo.

Mientras piensa lo que va a hacer, examine el solado existente. Busque juntas sueltas, desgarrones, picaduras, burbujas de aire y otras zonas donde el desprendimiento de losetas pueda ser indicativo de un fallo general de la cola. Utilice una espátula para comprobar el estado de las losetas. Si puede levantarlas con facilidad apalancando en varias zonas distintas de la habitación, hágase a la idea de que habrá que levantar todo el suelo. Los profesionales ofrecen la siguiente recomendación: si falla más del 30% del suelo, es mejor cambiarlo que arreglarlo.

Antes de comprar losetas de vinilo, investigue y compare precios y calidades. La loseta de vinilo puede ser autoadhesiva o sin adhesivo. Las del primer tipo son fáciles de instalar, si bien su adhesivo es menos fiable que en las segundas, donde se aplica la cola personalmente. Además, en losetas autoadhesivas no se puede usar una cola de refuerzo.

También hay que decidir cómo levantar la loseta existente, y pensar en qué se va a encontrar debajo. Las losetas autoadhesivas se quitan fácilmente, en general sin estropear nada en el proceso. Así, si la base de nivelación es firme, lo normal es que pueda limpiarse para colocar sobre ella las nuevas losetas.

Por su parte, las losetas sin adhesivo se fijan con cola en toda su superficie, lo que dificulta su remoción. En este caso a veces es más sencillo quitar la base de nivelación, y con ella el suelo antiguo. Este método tiene sentido sobre todo cuando la base de nivelación está deteriorada o necesita cambiarse por alguna otra razón.

Herramientas:
Espátula para madera, cinta métrica, cordel de marcar, escuadra de carpintero.

Materiales:
Lápiz.

Si puede separar la loseta de la base de nivelación, examine ésta antes de empezar a cambiar el suelo. Una base sólida es esencial para lograr una buena colocación del vinilo. Repare o sustituya la base de nivelación (página 84) o la solera (página 86) si fuera necesario.

Una vez lograda una capa sólida y limpia como base para el solado, el siguiente paso consiste en definir las líneas de referencia. Trace estas líneas con minuciosidad para facilitar la colocación.

Antes de empezar este trazado, coloque provisionalmente las losetas en el suelo para detectar posibles problemas. Compruebe el dibujo, así como las tendencias de dirección más visibles. Las losetas con una textura claramente visible pueden colocarse de forma que dicha textura tenga en todas la misma orientación. También puede usarse el método del cuarto de vuelta, en con el que la textura seguirá un patrón ajedrezado.

Mida los lados opuestos de la habitación y señale el centro de cada uno. Marque una línea de tiza (X) entre las dos señales para que le sirva de referencia (foto D).

Mida y marque el punto central de la línea. A partir de este punto, y con una escuadra de carpintero, trace una segunda línea perpendicular a la anterior. Prolongue esta línea (Y) por toda la habitación (foto E).

Compruebe que las líneas trazadas forman ángulo recto con la regla del «triángulo 3-4-5». Mida y marque una de las líneas de referencia a 30 cm del punto central de X. Mida y marque en la otra línea de referencia un punto a 40 cm del centro (foto F).

Mida la distancia entre las marcas (foto G). Si las líneas de referencia son perpendiculares, esta distancia será exactamente de 50 cm. En caso contrario, ajuste las líneas de referencia hasta que sean exactamente perpendiculares entre sí y estén dispuestas para la instalación.

Marque una línea en el centro de la habitación con un golpe seco de un cordel tenso espolvoreado con tiza.

Busque el punto central de la línea marcada, y trace una segunda línea (Y) exactamente perpendicular a la anterior.

Para estar seguro de que las líneas son perpendiculares, mida y marque puntos situados exactamente a 30 cm del punto central de la línea X y a 40 cm del centro de la línea Y.

Mida la distancia entre las marcas, que debe ser exactamente de 50 cm. Ajuste las líneas de referencia en la medida necesaria para lograr esta perpendicularidad.

Trazar líneas de ajuste

Las líneas de referencia perpendiculares, X e Y, marcadas (página 95) sirven de base para trazar líneas de ajuste, siguiente paso en el proceso de colocación. Coloque provisionalmente las losetas a lo largo de la línea Y (**foto A**). Muévalas en grupo a un lado u otro para lograr simetría visual o para reducir el número de cortes necesarios.

Si ha tenido que desplazar el conjunto de losetas, trace una nueva línea paralela a la de referencia X que pase por una junta entre losetas cercana a la línea original. Esta nueva línea (X') será una de las usadas en el modelo de ajuste durante la colocación. NOTA: Para evitar errores, utilice tiza de otro color para distinguir la línea de referencia original de la nueva línea.

Extienda provisionalmente las losetas según la nueva línea X' (**foto B**). En caso necesario, ajuste de nuevo el conjunto de losetas, tal como se ha explicado.

Si ha sido necesario mover el conjunto en la dirección de la línea X, mida y marque una nueva línea de ajuste (Y') paralela a la referencia (Y) que pase por una de las juntas de las losetas (**foto C**). Esta nueva referencia formará la segunda línea de ajuste que se usará durante la colocación del suelo.

Coloque provisionalmente las losetas en Y y ajuste la línea X, en caso necesario.

Ponga las losetas en X', ajustando la línea Y si fuera necesario.

Para ajustar la disposición, mida y marque una nueva Y'.

Colocar losetas autoadhesivas

Trace las líneas de referencia y ajuste según se ha explicado. Retire el papel dorsal y coloque la primera loseta en una de las esquinas formadas por el corte entre las líneas de ajuste (**foto D**). Coloque tres o más losetas en cada una de estas líneas dentro del cuadrante.

Frote la superficie de cada loseta para fijar la cola a la base de nivelación.

Empiece colocando las losetas del cuadrante de manera que formen juntas muy prietas (**foto E**). Termine de colocar las losetas enteras del primer cuadrante, y siga con el de al lado. Primero coloque las losetas de las líneas de ajuste, y luego llene el interior.

Marque líneas de corte en las losetas (**foto F**). Ponga boca arriba la loseta que va a cortar (A), encima de la última loseta completa. Coloque un se-

Coloque tres losetas en cada línea de ajuste del cuadrante.

Rellene con losetas enteras los dos cuadrantes.

Marque los cortes en las losetas. NOTA: La loseta cortada se muestra invertida para mayor claridad; para marcarlas, las losetas deben estar con la cara del dibujo visible.

parador de 3 mm en la pared y ponga una loseta de referencia (B) sobre la que va a cortar. Trace una línea de corte siguiendo el canto de la loseta de referencia. NOTA: Recuerde que lo que va a colocar es la parte no cubierta de la loseta cortada.

Para marcar los cortes en las losetas que van a rodear esquinas, prepare una plantilla de cartón que se ajuste al espacio disponible, dejando una distancia de separación de 3 mm junto a la pared

(foto G). Corte la plantilla, pruebe que ajusta bien y trace su contorno en una loseta.

Corte la loseta con un cúter y una regla. Mantenga ésta firmemente apretada sobre las líneas para garantizar un corte recto. Si la loseta es gruesa o difícil de cortar, márquela y utilice un cortador de losetas (foto H).

Coloque las losetas cortadas (foto I). Podría cortar previamente todas las losetas, pero entonces

tendría que medir las distancias entre la pared y las losetas colocadas en diversos puntos, para comprobar que la variación no es mayor de 11 mm.

Coloque losetas en los cuadrantes que queden, hasta cubrir completamente la habitación. Repase todo el suelo, apretando las losetas flojas, para mejorar su agarre. Coloque las tiras metálicas en los umbrales de las puertas y vuelva a colocar los rodapiés.

Prepare plantillas para las esquinas.

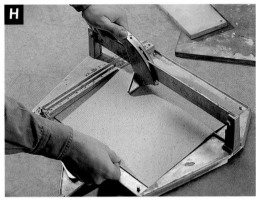
Corte la loseta con un cortador de losetas, si es gruesa.

Coloque las losetas cortadas junto a las paredes.

Colocar losetas no autoadhesivas

Mida y marque las líneas de referencia (página 95) y de ajuste (página 96).

Aplique cola en torno a la intersección de las líneas de ajuste, con una llana de dientes en V de 1,6 mm. Mantenga la llana en un ángulo de 45°, y extienda la cola uniformemente sobre la superficie (foto J).

Cubra de cola tres de los cuadrantes de la superficie. Siga para ello las instrucciones del fabricante,

y luego coloque la loseta, empezando por la intersección de las líneas de ajuste (foto K).

Utilice las técnicas ya explicadas para cortar y ajustar la loseta. Cuando complete los cuadrantes, extienda la cola sobre el cuarto cuadrante y coloque el resto de las losetas.

Herramientas: Llana de dientes en V de 1,6 mm, regla metálica, cúter o cortador de losetas.

Materiales: Loseta de vinilo no autoadhesiva, cola para suelos, tiras metálicas para los umbrales de las puertas.

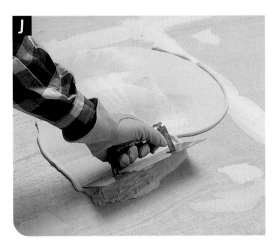
Extienda cola en tres de los cuadrantes marcados.

Coloque losetas en los tres cuadrantes. Luego extienda la cola en el último cuadrante y complete la colocación.

Mantenimiento y reparación de suelos de cerámica

La baldosa de cerámica es uno de los materiales para suelos más duros del mercado. Su colocación es bastante sencilla: primero se coloca la base de nivelación y luego la baldosa sobre una base de cemento adhesivo. Finalmente, se rellenan los espacios entre baldosas con un mortero fino llamado *lechada*. Todos estos elementos desempeñan un papel importante en el mantenimiento de la integridad del suelo.

Uno de los requisitos básicos para conseguir un suelo de baldosas de cerámica duradero es que la base de nivelación sea firme. Otro es que el pavimento sea continuo, ya que baldosas rotas o una le-chada defectuosa pueden exponer la base de nivelación a la humedad, lo que destruiría el suelo.

Aunque existen diferencias notables entre los diversos tipos de baldosas de cerámica, éstas suelen llevar una etiqueta que indica su clase y duración. La baldosa de cerámica no suele necesitar demasiado mantenimiento, pese a lo cual conviene proteger esta inversión con los arreglos y reparaciones necesarios.

Muchas baldosas de cerámica poseen una superficie vidriada que preserva la arcilla, porosa, de las manchas y el agua; la cerámica no vidriada debe protegerse de estas manchas con la aplicación periódica de una capa selladora especial. Evite que quede atrapada suciedad en las juntas, sellándolas una vez al año.

La aparición de grietas notorias en las juntas de lechada indica deterioro de la capa adhesiva situada bajo la baldosa, a causa del movimiento del suelo. En tal caso habrá que cambiar esta capa adhesiva, junto con la lechada, como reparación permanente.

Siempre que levante una baldosa, revise el estado de la base de nivelación. Si ha perdido lisura, solidez u horizontalidad, repárela o cámbiela antes de cambiar la baldosa (página 85).

Volver a enlechar un suelo de baldosas de cerámica

El primer paso puede ser el más delicado: eliminar completamente la lechada antigua sin dañar ninguna baldosa. Para ello se necesita un martillo, un cortafrío y un tacto muy preciso (cuando trabaje con martillo y cortafrío lleve siempre gafas de seguridad). Sostenga el cortafrío en un pequeño ángulo y vaya rompiendo pequeños fragmentos de lechada. Retire toda la lechada desprendida y limpie las juntas con una escoba de cerdas rígidas o una aspiradora. Resuelva los problemas de las capas inferiores que podrían causar la repetición del fallo.

Prepare una pequeña dosis de lechada. Si está trabajando con baldosa porosa, incluya un aditivo con un producto de desmoldeo que evite que la lechada se pegue a la superficie de la baldosa.

Vierta la lechada sobre la baldosa empezando por una esquina **(foto A)**. Use una talocha de goma para extender la lechada alejándose de la esquina, en un ángulo de 60° con el suelo y en un movimiento en forma de ocho. Apriete con fuerza la talocha para cubrir totalmente las juntas.

Elimine el exceso de lechada de la superficie de la baldosa sirviéndose de la talocha **(foto B)**. Limpie en sentido diagonal a las juntas, con la talocha casi vertical. Siga aplicando lechada y eliminando el sobrante hasta que haya cubierto el 25%, aproximadamente, de la superficie del suelo.

Pase una esponja húmeda por encima de la baldosa para retirar el exceso de lechada, cubriendo aproximadamente 0,2 m² entre pasadas **(foto C)**, y lavando la esponja cada vez. Limpie cada zona una sola vez, para no arrastrar lechada de las juntas. Repita la operación hasta rellenar todas las uniones.

Deje secar la lechada unas 4 horas, y luego saque brillo a la superficie con un paño suave y seco.

Herramientas:
Martillo, cortafrío, gafas de seguridad, escoba de cerdas rígidas, cubo, talocha de goma.

Materiales:
Mezcla de enlechar suelos, guantes de goma, esponja, paño suave.

Elimine completamente la lechada antigua y limpie las juntas. Con una talocha de goma, extienda la lechada sobre las baldosas.

Haga que penetre la lechada en las juntas y luego use la talocha para retirar el sobrante.

Limpie las juntas con una esponja húmeda, en sentido diagonal y cubriendo unos 0,2 m² cada vez.

Cambiar baldosas deterioradas

Retire la lechada (página 98). Una vez limpias las juntas, use el martillo y el cortafrío para romper la baldosa dañada (**foto D**). Clave el cortafrío en una fisura cerca del centro de la baldosa, inclinando la pieza hacia afuera. Trabaje del centro hacia los lados, hasta arrancar toda la baldosa.

En los baños y otras habitaciones donde los suelos estén frecuentemente expuestos al agua, la base de nivelación debería ser panel de cemento. En otros tipos de habitaciones suele usarse contrachapado. En cualquier caso, raspe la cola o el mortero de la base, dejando ésta lisa y plana (**foto E**). En caso necesario, tape las grietas y muescas de la base de nivelación con un mortero de base epoxídica para panel de cemento o con pasta niveladora para madera en contrachapado.

Aplique el mortero en el reverso de la baldosa de recambio, con una llana dentada para hacer surcos en la pasta (**foto F**). Si va a cambiar varias baldosas, use separadores de plástico para garantizar una distancia uniforme entre ellas. Coloque las baldosas en su sitio, y presione sobre ellas hasta que queden igualadas con las que las rodean.

Con una maceta de goma, golpee ligeramente la zona central de la baldosa unas cuantas veces hasta que se adhiera uniformemente al mortero. Compruebe el resultado con un nivel. En caso necesario, para nivelar las baldosas extienda sobre ellas un trozo de madera plana de 38 × 89 mm forrada de moqueta, y golpee suavemente sobre él con la maceta (**foto G**).

Extraiga los separadores con ayuda de unos alicates de puntas. Limpie el mortero húmedo de las juntas con un destornillador pequeño, y también el de la superficie de las baldosas (**foto H**). Deje secar el mortero durante 24 horas.

Si iguala la nueva lechada con el color de la existente disimulará el arreglo. Mezcle algunas muestras de lechada con pigmento, compare los colores y ajuste la mezcla según se requiera.

Rellene las juntas con lechada (página 98). Aplique un compuesto sellante con un pincel pequeño.

Herramientas:
Martillo, cortafrío, espátula, llana de dientes cuadrados, maceta de goma, nivel, alicates de puntas, destornillador, talocha de albañil, pincel.

Materiales:
Mortero fino, pasta niveladora (opcional), baldosa de recambio, separadores, madera de 38 × 89 mm, cubo, lechada, pigmento de lechada, esponja de enlechar, sellador de lechada.

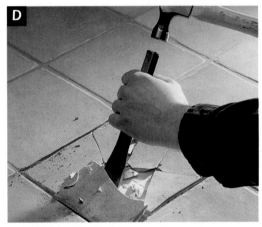

Rompa con cuidado la baldosa dañada y retírela.

Elimine los restos de mortero, raspándolos hasta que la base de nivelación quede lisa y plana.

Aplique mortero fino al dorso de la baldosa de recambio, y colóquela en su sitio.

Use una madera de 38 × 89 mm forrada de moqueta para nivelar la baldosa con las que la rodean.

Elimine el mortero húmedo de las juntas de enlechar con un destornillador. Luego, limpie la baldosa.

Mantenimiento y reparación de suelos de madera

Tal vez la propiedad más valorada de la madera sea que se trata de un producto natural. El veteado es visualmente atractivo, y la combinación de colores da a una habitación un brillo suave y sugerente. La resistencia y flexibilidad de las fibras de madera hace que los suelos de este material sean extraordinariamente duraderos, aunque también proclives a sufrir cambios debido a la humedad y el envejecimiento.

Normalmente, lo primero que se deteriora en un suelo de madera es el acabado. Hasta los más resistentes se degradan con el tiempo, dejando el suelo expuesto a los efectos destructores de la luz, el agua y la suciedad incrustada. Arrastrado en los zapatos, el polvo es como una lija para el suelo, al que araña y raspa en cada paso. Por tanto, la mejor manera de mantener un suelo de madera es limpiarlo a menudo y a conciencia. En vez de una escoba, para qui-

tar el polvo use la aspiradora con un accesorio para barrer.

Si quiere mantener o dar nuevo acabado a su suelo de madera, ha de saber de qué clase es el acabado. Si no está seguro, haga una prueba con un paño o un algodón impregnado en alcohol desnaturalizado y un diluyente de laca. Frote en círculos con el alcohol en una zona limpia y discreta del suelo. Si el acabado empieza a desaparecer, probablemente será goma laca. Si el alcohol no lo consigue pero el diluyente sí, se tratará de una laca. Si ninguno de los dos disolventes funciona, el acabado será barniz, seguramente poliuretano. Tenga presente el tipo de acabado cuando compre los limpiadores y las ceras.

Si tiene un suelo de madera bastante nuevo, o de tipo preacabado, consulte con el fabricante o el instalador antes de aplicar un producto de limpieza o

cera. La mayoría de los suelos preacabados, por ejemplo, no deben encerarse.

Como el lijado elimina la coloración envejecida de la madera, o *pátina*, a menudo es difícil lograr un mismo color en una zona reparada que en el resto de la madera. Si el arreglo tiene cierta envergadura, piense en renovar el acabado de todo el suelo.

Herramientas:
Aspiradora, pulidora, martillo, botador, espátula.

Materiales:
Paños limpios, equipo de limpieza de madera, cera para madera, guantes de goma, ácido oxálico, vinagre, pasta restauradora de madera, papel de lija.

Limpieza y renovación de la madera

A menudo, un suelo de madera oscurecido y deslustrado sólo necesita una buena limpieza que le quite el polvo y la cera acumulada para recuperar todo su atractivo. Use agua y jabón, o un disolvente, para quitar la cera vieja. Luego, encere y pula el suelo para darle nuevo brillo.

Para empezar, pase la aspiradora a todo el suelo para eliminar el polvo, la arena y la suciedad (**foto A**).

En un cubo, mezcle agua caliente y una cantidad moderada de detergente para vajillas que no con-

tenga lejía, fosfato trisódico o amoníaco. Trabajando en zonas de alrededor de 1 m² cada vez, restriegue el suelo con una escoba o una mopa de nailon, y seque el agua y la cera con una toalla antes de pasar a la siguiente zona.

Si el agua y el detergente no logran quitar la cera antigua, pruebe con un equipo de limpieza de suelos de madera (**foto B**). Use sólo limpiadores de tipo disolvente, ya que algunos productos de base acuosa oscurecen la madera. Aplique el

limpiador siguiendo las instrucciones del fabricante.

Una vez limpio y seco el suelo, aplíquele una cera de buena calidad (**foto C**). La cera en pasta es más difícil de usar que la líquida, aunque dura mucho más. Abrillante el suelo con una pulidora alquilada a la que puedan acoplarse discos de pulir sintéticos.

Pase la aspiradora por el suelo para quitar el polvo y la arenilla.

Limpie el suelo con agua caliente y un detergente suave, o use un limpiador para madera adquirido en cualquier comercio.

Proteja y barnice el suelo con cera en pasta. Aplique la cera con la mano. Después, saque brillo al suelo con una pulidora.

Cómo quitar las manchas

El agua y otros líquidos pueden penetrar en la veta de las tablas de madera de los suelos, dejando manchas oscuras que a veces no pueden quitarse lijando. En estos casos pruebe a aclarar la madera con ácido oxálico, que puede adquirir en forma cristalina en centros de bricolaje o en tiendas de pintura.

Primero, quite el acabado del suelo lijando la zona manchada.

En un vaso desechable, disuelva en agua la cantidad recomendada de cristales de ácido oxálico. Póngase guantes de goma para verter la mezcla en la zona manchada, con cuidado de aplicarla sólo en el área oscurecida (foto D).

Deje actuar al líquido durante una hora. Si fuera necesario, repita la aplicación. Lave la zona con vinagre para neutralizar el ácido (foto E). Aclare con agua y seque la madera. Lije suavemente la zona.

Aplique varias capas de pasta restauradora de madera hasta que la zona aclarada tenga un acabado parecido a la superficie de alrededor (foto F).

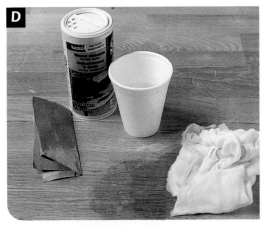
Aplique una solución de ácido oxálico y agua a la zona manchada.

Neutralice el ácido con vinagre, y lave la zona con agua.

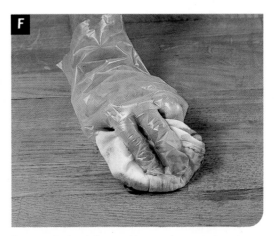
Recupere el color de la zona blanqueada con pasta restauradora de madera.

Parches en grietas y pequeños orificios

Cuando los desperfectos, arañazos y mellas de la madera no sean lo bastante graves como para que merezca la pena cambiar una tabla del suelo, arregle la zona dañada con tapagrietas para madera. Existen masillas de este tipo en diversos tonos, lo que permite elegir la que mejor se adapte al color del suelo.

Antes de rellenar agujeros de clavos, compruebe que éstos están bien sujetos a la madera. Use un martillo y un botador para embutir los clavos salientes bajo la superficie.

Aplique la pasta de madera en la zona dañada, con ayuda de una espátula (foto G). Introduzca la masilla en el agujero empujándola con el filo de la espátula hasta que se nivele con el suelo.

Raspe el exceso de masilla de los bordes, y deje secar la pasta por completo.

Lije el parche para enrasarlo con la superficie que lo rodea (foto H). Use papel de lija de grano fino, y lije la madera en la dirección de la veta.

Aplique pasta restauradora de madera a la zona lijada hasta que se iguale con el resto (foto I).

Apriete el tapagrietas sobre el agujero con una espátula.

Lije el parche suavemente con papel de lija de grano fino.

Cubra el parche con pasta restauradora de madera, para el acabado final.

Sustituir tablas dañadas

Cuando las tablas de un suelo de madera ya no puedan repararse más, se cortarán con cuidado y se cambiarán por otras de su mismo grosor y anchura. Sustituya las tablas enteras, siempre que sea posible. Si una tabla es larga, o no puede acceder a parte de ella, trace una línea de corte en el anverso de la tabla y pegue una cinta detrás de la línea para proteger la sección que se conservará.

Para empezar, haga varios taladros superpuestos en los extremos de la tabla o justo dentro de las líneas de corte, con una broca de pala.

Ajuste la profundidad de la sierra circular para cortar el grosor exacto de las tablas del suelo, y practique varios cortes en mitad de cada tabla (**foto A**). Corte desde el centro hacia afuera, hasta llegar con la sierra a los agujeros.

Aplique un formón desde el centro a los bordes de la tabla (**foto B**). No haga palanca con el formón en las tablas buenas, ni las astille.

Para completar un corte en la mitad de la tabla, cuadre el borde en la línea de corte con ayuda de un formón ancho y afilado (**foto C**).

Corte las tablas de repuesto para ajustarlas y colocarlas, de una en una. Aplique cola de construcción en la cara inferior y en la ranura de la tabla, y póngala en su sitio. Practique taladros guía, y sujétela con clavos para suelos, de caña espiral, en ángulo de 45° atravesando la base de la lengüeta y llegando a la solera. Embuta los clavos con un botador (**foto D**).

Para colocar la última tabla, elimine con el formón el reborde inferior de la ranura de la tabla (**foto E**). Elimine también la lengüeta del extremo de la tabla, en caso necesario. Apliquele cola y póngala en su sitio, primero por el lado de la lengüeta. Sujétela con clavos para suelos que atraviesen la parte superior de la tabla en sus dos extremos y en el lado de la ranura (**foto F**). Rellene los agujeros de los clavos con masilla para madera.

Herramientas:
Taladradora, broca de pala, sierra circular, formón, martillo, aplicador de masilla, botador.

Materiales:
Tablas de repuesto, cinta adhesiva de máscara, cola de construcción, clavos para suelos de caña espiral, masilla para madera.

Haga taladros en los extremos de las tablas. Luego, practique cortes entre los taladros con una sierra circular.

Elimine la parte media de las tablas con un formón, y vaya cortando con cuidado en dirección a los bordes.

Cuadre los cortes finales de las tablas largas a la altura de las líneas de corte, con ayuda de un formón afilado.

Sujete la tabla con clavos para suelos en los bordes delanteros de las tablas de repuesto, y embuta los clavos con un botador.

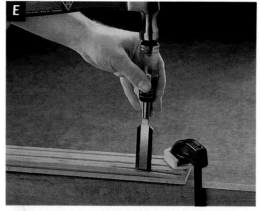

Sujete la última tabla de repuesto en el banco de trabajo, y quítele el labio inferior de la ranura.

Clave los extremos y el lado de la ranura de la tabla de repuesto a través de taladros guía practicados previamente. Luego, embuta los clavos.

Nuevo acabado para suelos de madera

Si lija el suelo con un equipo de lijadora de tambor y canteadora alquiladas logrará que parezca nuevo. Antes de usar estas máquinas, debe practicar con algún trozo de contrachapado, sin olvidar mantener la lijadora en movimiento cuando el tambor o disco esté en contacto con el suelo. Como norma general, use la lija más fina que sirva para el trabajo.

Prepare el suelo clavando las tablas sueltas y embutiendo los clavos con un botador. Retire la moldura de base del rodapié, y proteja los umbrales y las cañerías para que no penetre polvo durante el lijado. Pase la aspiradora por el suelo antes de cada fase del lijado.

Empiece con papel de lija de grano 80, y coloque la lijadora de tambor a unos 15 cm de la pared. Con el tambor elevado sobre el suelo, ponga en marcha la máquina y muévala hacia adelante, bajando len-

tamente el tambor (foto G). Lije en la dirección de las tablas, hasta 30 cm de la pared final, y eleve el tambor con la lijadora en movimiento.

Regrese a la posición de partida y empiece la segunda pasada, superponiéndola a la primera en la mitad de su anchura (foto H).

La primera fase del lijado debe servir para quitar la mayor parte del acabado antiguo (foto I). Cambie el papel de lija por otro de 120, y vuelva a lijar todo el suelo. Repita el proceso de lijado utilizando lija más fina (150 o 180), para eliminar los arañazos dejados por los papeles de grano más grueso.

Lije los bordes con una canteadora, según la misma secuencia de lijas que con la lijadora de tambor (foto J).

Raspe el acabado antiguo en las zonas de difícil acceso. Luego, lije la zona a mano (foto K).

Limpie el suelo con un trapo especial para eliminar el polvo, y aplique la capa de protección que haya elegido (foto L). Un buen producto para un acabado limpio y duradero es el poliuretano.

Herramientas:
Botador, martillo, lijadora de tambor, canteadora, aspiradora, raspador, almohadilla para pintar.

Materiales:
Cintas y discos para lijar, trapo especial para el polvo, acabado de suelos.

Encienda la máquina y empiece a moverla hacia adelante antes de bajar el tambor. Siga una trayectoria recta, en línea con la veta.

Lije la siguiente fila, solapando la mitad de la anterior.

Elimine la mayor parte del acabado antiguo antes de pasar a una lija más fina. Utilice papel cada vez más fino hasta que el suelo sea liso y uniforme.

Lije los bordes con una canteadora. Mantenga la máquina en movimiento y deje que el peso de la máquina aplique la presión necesaria hacia abajo.

Use un raspador afilado para llegar a lugares difíciles. Lije estos lugares a mano hasta que se igualen con el resto del suelo.

Aplique una primera capa con una almohadilla de pintar y un mango prolongador. Dé brillo al suelo con un abrasivo fino.

Decapado químico de un suelo de madera

Decapar un suelo para eliminar el acabado es una buena alternativa al lijado cuando se desea mantener la pátina envejecida del suelo o si las tablas ya han sido lijadas antes y tienen menos de 1 cm de grosor. Averigüe el tipo de acabado que tiene el suelo (página 100), y compre la clase de decapante semipastoso que mejor se adapte al mismo.

Antes de aplicar el decapante, proteja los rodapiés y otras molduras con cinta adhesiva de máscara, selle las puertas interiores y abra las ventanas.

Lleve puesta una mascarilla y guantes de goma, y aplique el decapante con una brocha **(foto A)**. Cubra sólo una zona del tamaño que pueda raspar mientras actúa el decapante.

Raspe el engrudo formado por el decapante y el acabado antiguo con una espátula de decapar de nailon **(foto B)**. Desplace el instrumento siguiendo la veta de la madera, y deposite el engrudo en periódicos viejos.

Después de decapar todo el suelo, frótelo con una almohadilla abrasiva mojada en un disolvente de lavado como, por ejemplo, alcohol mineral, que sea compatible con el decapante. No use agua.

Limpie los restos del engrudo y la suciedad de las juntas entre las tablas, con una espátula o una paleta **(foto C)**.

Elimine las manchas y la decoloración lijando con cuidado sólo la zona afectada **(foto D)**. En las manchas profundas use ácido oxálico (página 101).

Retoque con tinte las zonas lijadas **(foto E)**. Pruebe el tinte antes de aplicarlo.

Herramientas:
Brochas, espátula de decapar de nailon, espátula fina, taco de lijar.

Materiales:
Decapante químico, cinta adhesiva de máscara, mascarilla, guantes de goma, disolvente de lavado, almohadillas abrasivas, papel de lija, tinte para madera.

Extienda el decapante con brocha sobre una zona pequeña.

Una vez disuelto el acabado, ráspelo con una espátula de decapar.

Limpie las juntas entre tablas con una espátula fina.

Elimine las manchas superficiales lijándolas con cuidado.

Disimule las zonas lijadas con tinte para madera.

Corte y ajuste del suelo de madera

La colocación de un suelo de madera tradicional es una tarea difícil que es mejor dejar en manos de profesionales. Sin embargo, hoy existen numerosos productos manufacturados de madera cuya colocación está al alcance del usuario (**foto F**). Algunas opciones conocidas son las tablas de fibra cubiertas con una capa de laminado sintético que imita el veteado de la madera, y planchas de contrachapado rematadas con chapa de madera. También las losetas de parquet, hechas de tiras de madera dura encoladas entre sí formando un motivo decorativo, son fáciles de colocar. Estos productos se ofrecen preacabados de fábrica, y no es necesario lijarlos, teñirlos ni protegerlos.

El suelo de planchas laminadas puede colocarse de dos formas diferentes. Una es la técnica «flotante», donde las planchas se pegan por los bordes y se sustentan en un soporte de espuma. Esta solución es ideal para aplicaciones sobre forjado de hormigón susceptible de recibir humedad, como sucede en los sótanos. El otro método consiste en pegar las planchas a la base de nivelación con cola para suelos, especialmente en zonas de paso. Para colocar suelos de parquet se siguen los mismos métodos explicados para las baldosas de cerámica o el vinilo (páginas 94 a 99).

Como la madera se hincha con la humedad, se ha de dejar siempre un hueco de 1,3 cm entre el suelo y las paredes. Este hueco se tapa con las molduras del rodapié.

Sea cual fuere el suelo elegido, para conseguir un resultado de calidad aplique los siguientes consejos al serrar. Cuando utilice una sierra circular o una de calar, corte siempre por el lado posterior de la pieza, para no astillar la superficie.

Para adaptar la última tabla a la pared, mida la distancia desde la que acaba de colocar y reste 1,3 cm para dejar un hueco de dilatación. Marque el corte con un cordel de marcar (**foto G**).

Si está cortando tablas estrechas con la sierra circular, coloque otra tabla junto a la de trabajo para obtener una superficie de apoyo estable para la sierra (**foto H**). Sujete también una regla metálica que le sirva de guía para el corte.

Los cortes transversales o en ángulo pueden hacerse con una sierra de ingletes (**foto I**). Mantenga la cara superior de la tabla hacia arriba para que no se astille.

Para las curvas y las muescas use una sierra de calar o de marquetería (**foto J**).

Al igual que las tablas de madera maciza, los productos manufacturados para suelos poseen bordes machihembrados que permiten ensamblar bien las piezas.

Use un cordel de marcar para obtener líneas de corte rectas en las tablas largas.

Mantenga la sierra alineada con una regla metálica y un retal de tabla.

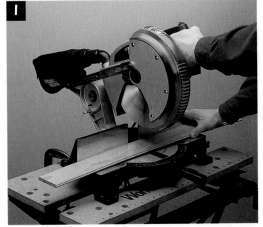

La sierra de ingletes permite realizar cortes precisos en ángulo y en recto.

Haga las muescas y los cortes curvos con una sierra de calar o de marquetería.

Colocar suelos de listones de madera con cola

Una buena colocación de un suelo de listones de madera empieza con una base de nivelación lisa y sólida.

Para colocar la primera fila de suelo, marque una línea recta de referencia. Extienda el cordel de marcar en paralelo a la pared más larga, a unos 75 cm del muro. Trabaje desde la pared a esta línea.

Aplique cola para suelos en el lado opuesto de la línea de referencia con una llana dentada (foto A). Extienda la cola de manera uniforme, y no tape la línea de referencia.

Coloque la primera fila de suelo con el canto de las lengüetas directamente sobre la línea marcada (foto B). Aplique cola blanca en el canto con lengüeta de cada pieza según la va colocando. Compruebe que los empalmes de los extremos están prietos, y retire inmediatamente el exceso de cola. Deje un hueco de 1,3 cm junto a las paredes, para las dilataciones.

Para colocar las filas con buenos resultados, introduzca primero el canto de la lengüeta de cada listón en la ranura del precedente, y extienda el nuevo listón sobre la cola (foto C). Luego, deslice el listón hasta su posición y empalme el extremo con el del siguiente.

Después de colocar algunas filas, golpee ligeramente la última por su borde saliente, valiéndose de un recorte de madera inservible y de un martillo, para apretar las juntas entre filas.

Utilice una plantilla de cartón para adaptar las tablas a las zonas irregulares (foto D). Corte el cartón a medida y traslade su perfil al listón, que cortará luego con una sierra de calar.

Termine cada sección pasando un rodillo pesado para fijar bien el suelo a la cola (foto E). Haga esta tarea mientras la cola sigue aún actuando.

Herramientas:
Cinta métrica, cordel de marcar, llana de dientes en V, sierras eléctricas, martillo, rodillo para suelos (que puede alquilarse en distribuidores de material para suelos).

Materiales:
Suelo de madera, cola para suelos, cola blanca, cartón.

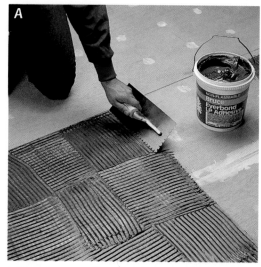
Aplique una capa uniforme de cola con una llana dentada.

Coloque la primera fila de suelo a lo largo de la línea de ajuste.

Coloque primero los bordes con lengüeta, y deslice después el extremo con el de la siguiente tabla.

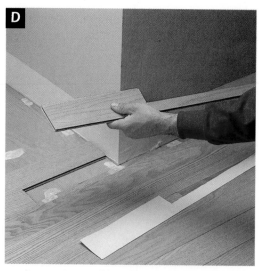
Para hacer cortes a medida, utilice una plantilla de cartón.

Use un rodillo para suelos para que la cola agarre bien.

Colocar un suelo de tarima flotante

La colocación de un suelo de tarima flotante es sencilla, ya que no se necesitan clavos ni cola para sujetar el suelo a la solera. En lugar de ello, las tablas se empalman entre sí para formar una base sólida que descansa en un soporte de espuma. Este soporte puede tener distintos grosores, por lo que se ha de elegir el tipo correcto para cada suelo.

Como no se usan fijaciones, los suelos flotantes resultan particularmente adecuados para forjado de hormigón, que no admite muy bien los clavos. Sin embargo, para esta aplicación debe colocarse una barrera de vapor directamente sobre el hormigón a fin de sellar el suelo frente a cualquier tipo de humedad que pudiera arruinar la madera. Obtenga un rollo ancho de lámina de polietileno (de 0,1 mm de espesor como mínimo) y otro de cinta adhesiva para conductos. Extienda la lámina de plástico sobre el suelo, cubriendo las franjas varios centímetros, y pegue las uniones con cinta. Coloque la capa de espuma encima de la barrera de vapor.

Si está colocando el suelo sobre uno de madera, compruebe que la base de nivelación es plana y lisa.

Desenrolle el soporte de espuma, y córtelo a medida con un cúter **(foto F)**. Pegue las franjas con cinta por los empalmes, pero sin solapar los bordes.

Corte unos separadores de contrachapado de 11 cm, y colóquelos cada 20 cm aproximadamente siguiendo la pared más larga. Extienda la primera fila de tablas del suelo, con los cantos ranurados de las tablas colocados contra los separadores **(foto G)**. Deje éstos en su sitio hasta que termine el trabajo.

Una las tablas aplicando cola blanca en los cantos ranurados **(foto H)**. Empalme cada ranura con la lengüeta de la tabla precedente, y extienda la tabla en el suelo. Después, coloque un taco de madera de al menos 30 cm de largo contra la lengüeta de la pieza en que trabaja, y golpee ligeramente el taco con un martillo para acercar los empalmes entre las tablas. Siga el mismo método para las juntas de los extremos. Elimine el exceso de cola con un paño húmedo.

Corte las piezas de los extremos para adaptarlas (página 105), y recuerde dejar siempre un hueco de unos 11 mm entre el suelo y las paredes para absorber las dilataciones.

Herramientas: Cúter, martillo, sierras eléctricas.

Materiales: Suelo de madera, láminas de plástico, cinta adhesiva para conductos, soporte de espuma, contrachapado de 11 mm de grosor, cola para madera.

Desenrolle el soporte de espuma, y haga los empalmes con cinta adhesiva.

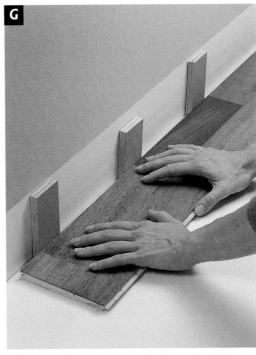

Utilice separadores para apoyar la primera fila de tablas y dejar un hueco.

Aplique cola en los cantos ranurados de cada tabla. Utilice un taco de madera y un martillo para golpear las tablas y juntarlas.

Mantenimiento y reparación de moquetas

La moqueta, una de las formas más comunes y versátiles de revestimiento para suelos, da color y estilo a una habitación. También amortigua los ruidos, proporciona calidez y crea un efecto acogedor.

Lo más importante para prolongar la vida de una moqueta es mantenerla limpia, pasar la aspiradora a menudo y quitar las manchas tan pronto aparezcan. La suciedad incrustada enmaraña el pelo de la moqueta y desgasta sus fibras. Para evitar un daño o desgaste excesivo, coloque un felpudo delante de cada puerta de entrada.

Desconfíe de los métodos de limpieza que expongan la moqueta a una humedad excesiva o dejen restos de jabón, que atraen la suciedad. Los limpiacristales normales sirven para quitar manchas rebeldes de casi cualquier tipo de moqueta. Rocíe abundantemente con ellos la zona dañada, y déjela que se impregne durante 5 o 10 minutos; luego séquela con papel de cocina. En caso necesario, repita el tratamiento. En manchas difíciles, restriegue la zona con un pequeño trozo de moqueta.

Para reducir la electricidad estática en habitaciones enmoquetadas, rocíe la moqueta con una solución de cinco partes de agua y una de suavizante textil líquido. Aplique una pequeña cantidad de la mezcla sobre la moqueta mientras retrocede por la habitación, prestando atención sobre todo a las zonas de paso. Espere cinco minutos antes de volver a pisar la moqueta.

Si se camina descalzo, la grasa de las plantas de los pies deja huellas en la moqueta, que pueden ser un foco de suciedad. Para proteger las moquetas insista con su familia en que todos lleven calcetines o un calzado limpio dentro de casa.

Algunos problemas comunes en las moquetas son las pequeñas manchas o quemaduras y los defectos en las juntas. Todos ellos pueden resolverse con relativa facilidad y las herramientas y materiales adecuados. La clave de muchos arreglos está en tener piezas de repuesto, así que es recomendable guardar los retales cada vez que se coloque una nueva moqueta.

Herramientas:
Sacabocados, estirador de moqueta, cuchilla para madera de 10 cm, cúter, plancha especial para juntas.

Materiales:
Moqueta de recambio, cinta adhesiva de doble cara, cola para juntas, cinta adhesiva termofijable, tablas, pesos.

Quitar una mancha

Las manchas y quemaduras son problemas frecuentes en las moquetas. Las fibras quemadas superficiales pueden cortarse con una tijeras pequeñas. Las más profundas, al igual que las manchas indelebles, obligan a cortar y a sustituir las zonas dañadas.

Utilice un sacabocados para eliminar manchas o desperfectos extensos (**foto A**); adquiera esta herramienta en cualquier tienda de alfombras. Apriete con el instrumento hacia abajo sobre la zona dañada, y gírelo para cortar la moqueta.

Con esta misma herramienta, corte un trozo de recambio de un retal de moqueta. Introduzca cinta adhesiva de doble cara bajo la zona cortada, de forma que la cinta cubra las uniones del parche (**foto B**).

Apriete el parche en su sitio, siguiendo la dirección del pelo o el estampado de la moqueta existente. Para sellar la junta y evitar que se deshilache, aplique cola en los bordes del parche (**foto C**).

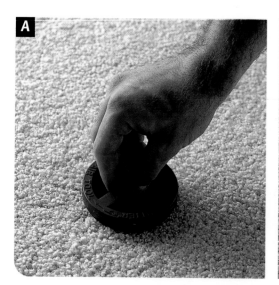
Gire el sacabocados para cortar la zona dañada.

Utilice cinta adhesiva de doble cara para colocar el parche en su sitio.

Aplique cola en las juntas para evitar que el parche se deshilache.

Volver a ajustar una moqueta suelta

Las moquetas no pegadas están sujetas en el perímetro de la habitación por listones de madera con grapas metálicas fijas al soporte de la moqueta. Para reparar moquetas sueltas se usa un aparato para estirar la moqueta, que la tensa hacia los bordes y permite volver a sujetar la moqueta a los listones.

Alquile esta herramienta en un distribuidor de alfombras o similar. Gire el botón de la parte superior de la misma para ajustar la profundidad de los dientes (foto D). Éstos deben extenderse hasta que agarren el soporte de la moqueta sin penetrar en el relleno.

Empiece por una esquina o cerca de un punto donde la moqueta esté bien sujeta, y presione con la cabeza de la herramienta sobre la moqueta, a unos 5 cm de la pared. Apriete con la rodilla en la almohadilla del aparato para empujar la moqueta hacia la pared. Después, remeta el borde de la moqueta en el espacio entre el listón de madera y el rodapié, con una espátula de 10 cm (foto E).

Si la moqueta sigue floja, recorte el borde con un cúter, y vuélvala a tensar.

Ajuste los dientes del estirador de moqueta de tal forma que agarren solamente el soporte de la moqueta.

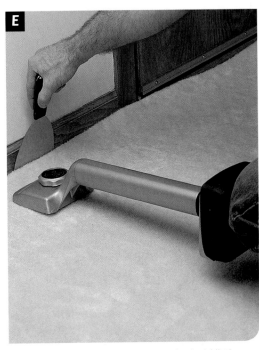

Estire la moqueta y remeta el borde por detrás del listón.

Pegar empalmes desprendidos

La mayoría de las moquetas están empalmadas por los bordes con cinta termoencolada. Esta cinta se vende en rollos, y posee una cola endurecida en una de sus caras. Para reparar una junta desprendida, cambie la cinta y active el pegamento con una plancha especial para juntas.

Para empezar, retire la cinta vieja de la junta de la moqueta.

Corte una tira de cinta nueva y colóquela bajo la moqueta, centrada en la junta y con la cara adhesiva hacia arriba (foto F).

Enchufe la plancha y deje que se caliente. Levante los dos bordes de la moqueta, y coloque la plancha caliente sobre la cinta. Espere unos 30 segundos a que se funda el pegamento, y luego mueva la plancha unos 30 cm a lo largo de la junta (foto G).

Presione rápidamente sobre los bordes de la moqueta a los que acaba de aplicar la plancha. Separe el pelo para que las fibras no se enmarañen y la junta quede bien firme.

Coloque tablas con pesos encima de la junta para mantenerla lisa mientras actúa el pegamento. Recuerde que sólo dispone de 30 segundos para repetir el proceso.

Después de quitar la cinta antigua, introduzca una nueva bajo los bordes de la moqueta, con el lado del pegamento hacia arriba.

Cuando se haya fundido el pegamento, baje la plancha y presione los bordes de la moqueta sobre el pegamento caliente.

Escaleras

Uno de los elementos clave del diseño de un arquitecto y del trabajo de un carpintero es la escalera, que en la construcción moderna obedece a una concepción bastante normalizada. Todavía hoy, las escaleras se diseñan y construyen según códigos y especificaciones rigurosos. Por una buena escalera debe ser fácil subir y bajar, ha de tener peldaños perfectamente uniformes y ocupar el mínimo espacio vital posible. Y, dado que comunica dos plantas, ha de poder soportar el movimiento de ambas, a veces en sentidos opuestos, conforme la vivienda se va asentando con el tiempo.

El continuo uso tanto de los peldaños como de los pasamanos pasa factura incluso en las mejores escaleras y barandillas. Y una escalera inestable es tan insegura como poco atractiva. El arreglo de los problemas asociados a la estructura de la escalera, como una marcada combadura, torsión o inclinación, debe dejarse en manos de un profesional. Pero si se conocen los diferentes elementos de una escalera y su relación recíproca, será fácil acometer muchas de las reparaciones habituales.

Una escalera parte de dos o más sólidos tablones que se extienden en diagonal desde un nivel al siguiente. Estos tablones, llamados *zancas* (o gualderas), están hechos normalmente de madera de construcción de 38 × 286 mm, y en ellos se apoyan los peldaños de la escalera. Las zancas están cortadas en diente de sierra, para sustentar los escalones desde abajo, o poseen ranuras cortadas en su superficie donde se alojan los extremos de los peldaños, en las llamadas zancas «cerradas». Una zanca puede tener un faldón decorativo unido a uno o ambos lados, para ocultar las uniones de construcción.

Cada peldaño de una escalera tiene dos partes: la *huella*, o tabla horizontal sobre la que se apoya el pie, y la *contrahuella*, tabla vertical que une dos huellas. Las huellas y las contrahuellas están unidas entre sí por juntas ranuradas o uniones a tope sencillas. Estos dos elementos van clavados a las zancas o, en el caso de escaleras cerradas, firmemente sujetos en las ranuras de las zancas mediante cuñas introducidas por la parte inferior de la escalera.

El conjunto de barandillas que cierran las escaleras abiertas se llama *balaustrada*, que consta de pasamanos, pilarejos y barrotes. Los pilarejos, o pila-

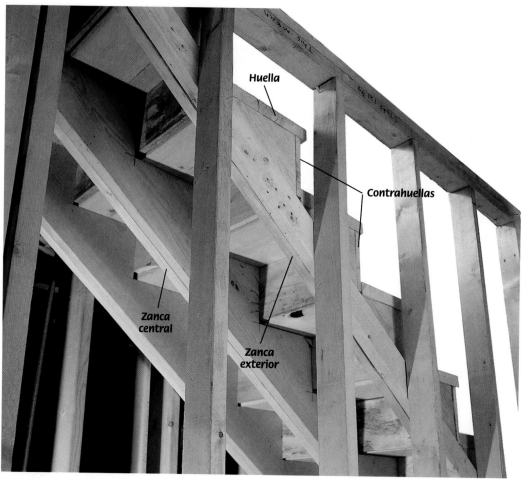

Esta escalera posee zancas centrales como soporte de las huellas. Los tablones de 38 × 89 mm clavados entre las zancas exteriores y los pies derechos de la pared sirven de separadores que dejan espacio para colocar los faldones y otros elementos de acabado de la escalera.

rotes, son columnas anchas, de madera maciza o hueca, sobre las que se apoya el pasamanos en los extremos de la escalera y en el rellano. Entre los pilarejos, los barrotes sirven como soporte del pasamanos en cada huella de la escalera. Los barrotes redondos encajan en los huecos del pasamanos, mientras que los cuadrados se introducen en una ranura continua practicada en la parte inferior del pasamanos. Entre los barrotes cuadrados existen delgadas piezas de madera, llamadas *filetes*, que actúan como elementos de soporte.

Si se conoce el tipo de escalera que se tiene y la estructura de sus elementos básicos, se podrán emprender reparaciones eficaces y de calidad. Cuando se puede acceder a la parte inferior de la escalera, es mejor iniciar el examen en esta zona. Analice la posición y el diseño de las zancas de apoyo, junto con su estado general, y examine las juntas entre huellas y contrahuellas. Desde el lateral superior de la escalera, eche una ojeada bajo la moqueta o levante la moldura para averiguar cómo van ajustados los elementos de la escalera.

Los problemas más comunes de las escaleras son peldaños que crujen y balaustradas sueltas. Los crujidos suelen deberse al movimiento entre las huellas y las contrahuellas, y pueden mitigarse desde debajo o desde encima de la escalera.

Las soluciones para las balaustradas pueden consistir en reforzar o cambiar los barrotes, fijar los pilarejos sueltos y apretar los ensambles del pasamanos. Tenga presente que todos estos elementos están conectados entre sí, y que fijar los barrotes sueltos no servirá de nada si se ignora que están fallando las uniones del pasamanos.

Eliminar los crujidos desde abajo

Si es posible, elimine los ruidos de la escalera desde abajo, donde no será necesario disimular los arreglos.

Pegue tacos de madera en las uniones entre las huellas y las contrahuellas con cola de construcción (foto A). Una vez colocados los tacos, haga taladros guía y sujételos a las huellas y las contrahuellas con tornillos.

Si las contrahuellas cubren los flancos posteriores de las huellas, introduzca tornillos que atraviesen ambos elementos y los mantengan unidos.

Rellene los huecos entre las partes de la escalera con cuñas de madera (foto B). Recubra las cuñas con cola blanca y golpéelas ligeramente para colocarlas en las uniones entre las huellas y las contrahuellas, hasta que queden encajadas.

Herramientas:
Taladradora, martillo, destornillador.

Materiales:
Cola de construcción, tacos de madera, tornillos, cuñas de madera, cola blanca.

Encole tacos de madera a las huellas y las contrahuellas.

Utilice cuñas para evitar que la escalera cruja por la existencia de huecos entre sus elementos.

Eliminar los crujidos desde arriba

Si no puede acceder a la escalera desde abajo, elimine los ruidos con tornillos, cuñas o tacos colocados desde arriba.

Practique taladros guía e introduzca tornillos que atraviesen las huellas y las contrahuellas de la escalera (foto C). Embuta las cabezas de los tornillos y rellene los huecos con tapones de madera o masilla.

Golpee ligeramente las cuñas encoladas bajo las huellas sueltas para evitar su flexión (foto D). Una vez seca la cola, corte las cuñas al ras con un cúter.

Refuerce las uniones entre huellas y contrahuellas con una moldura de cuarto de vuelta (foto E). Use puntas finas y embútalas con un botador.

Herramientas:
Taladradora, destornillador, martillo, cúter, botador.

Materiales:
Tornillos, masilla para madera, cuñas de madera, tapones de madera, cola blanca, moldura de cuarto de vuelta, puntas finas.

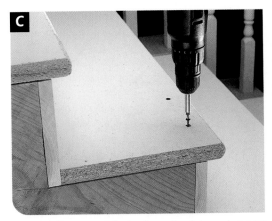

Utilice tornillos para unir las huellas sueltas de la escalera a sus contrahuellas.

Introduzca cuñas bajo las huellas, golpeándolas ligeramente con el martillo y usando un taco para no partirlas.

Refuerce las uniones sueltas con moldura de cuarto de vuelta.

Apretar los barrotes

Los barrotes cuadrados por arriba se fijan a los pasamanos de la escalera con cola y puntas finas, dos clases de elementos que pueden aflojarse con el tiempo. Refuerce los barrotes sueltos con tornillos y cambie los filetes separadores situados entre ellos. Si varios barrotes próximos necesitan reparación, fíjelos todos antes de colocar los nuevos filetes.

Empiece por quitar los filetes entre los barrotes sueltos con un formón, y saque todos los clavos flojos.

Donde cambie los filetes, sostenga la cara inferior del barrote con una mordaza sujeta al pasamanos.

Haga un taladro guía sesgado y avellánelo. Disponga el agujero de forma que la cabeza del tornillo quede disimulada por el nuevo filete.

Asegure el barrote con tornillos rosca madera (**foto A**).

Herramientas:
Formón, martillo, mordaza, taladradora, caja de ingletes, martillo para tachuelas, botador.

Materiales:
Tornillos, filetes, puntas finas.

Corte los nuevos filetes de forma que encajen perfectamente entre los barrotes, usando una caja de ingletes para que los cortes en ángulo sean limpios. Pruebe la colocación de cada filete antes de fijarlo. Aplique cola y ajuste los filetes en su sitio.

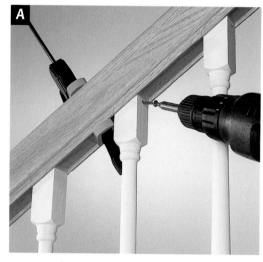

Sujete el barrote con una mordaza, y luego introduzca un tornillo que atraviese el extremo del barrote y el pasamanos.

Haga taladros guía y clave puntas finas con un martillo para tachuelas para sujetar los filetes al pasamanos (**foto B**). Embuta los clavos con un botador.

Corte a medida cada filete y encólelo en la ranura del pasamanos. Luego, clávelo con dos puntas finas.

Cambiar un barrote roto

El primer paso para cambiar un barrote consiste en determinar cómo va unido a la huella de la escalera y al pasamanos, con el fin de enfocar correctamente el trabajo. Si la base del barrote descansa en una sección sólida de la huella, debe poseer un extremo redondeado encolado en un orificio dentro de dicha huella. Por el contrario, si va apoyada en una zona donde una pieza de moldura cubre el final de la huella, probablemente el barrote estará fijado con una espiga cuadrada o con un ensamble de cola de milano. Quite la moldura –llamada *de retorno*– para dejar la unión al descubierto, y golpee con cuidado la espiga para sacarla de la ranura.

Los barrotes con cabeza redonda van encolados en orificios practicados en la parte inferior del pasamanos. En tal caso, quítelos sacando los clavos con ayuda de alicates acanalados, y aplicando un movimiento de torsión en el extremo para sacarlos del orificio. Para quitar los barrotes cuadrados, quite con un formón el filete del lado superior del barrote roto. Si estos barrotes presentan el sistema de ranura y filete en ambos extremos,

quite el filete del lado inferior del barrote para liberarlo.

Siga estas indicaciones básicas para cambiar un barrote de extremo redondeado, y adapte los métodos si se trata de modelos ligeramente distintos del que aquí se muestra.

Con una sierra alternativa, sierre completamente el barrote dañado (**foto C**). Haga el corte en una sección plana, dejando intactos los detalles especiales que necesite para acoplar o reproducir la pieza.

Proteja la huella de la escalera alrededor de la base del barrote con cinta de máscara. Luego, sujete al barrote una llave grifa, lo más cerca posible de la huella (**foto D**). Tire con fuerza de la llave para torcer el barrote y romper la unión encolada de la espiga del extremo.

Si la espiga se rompe dentro del agujero, escaríe éste con una taladradora y una broca de pala del mismo tamaño que el extremo de la espiga del nuevo barrote.

Separe la mitad superior del barrote del pasamanos. Raspe todo resto de cola del hueco de la espiga y el pasamanos.

Llévese el barrote al centro de maderas. Si no encuentra otro igual, pida a un carpintero que le haga un duplicado.

Corte a medida el nuevo barrote. Utilice una escuadra en T o el barrote viejo para encontrar el ángulo adecuado de la parte superior, y haga el corte preciso con una caja de ingletes para que sea recto. Pruebe la colocación del barrote antes de fijarlo.

Aplique cola blanca a las superficies de acoplamiento de ambos extremos, y coloque el nuevo barrote (**foto E**).

Sustituya los filetes (vea apartado anterior). Evite usar el pasamanos hasta que se seque la cola.

Herramientas:
Formón, martillo, alicates acanalados, sierra alternativa, llave grifa, taladradora, broca de pala, escuadra en T, caja de ingletes.

Materiales:
Cinta adhesiva, barrote de recambio, cola blanca.

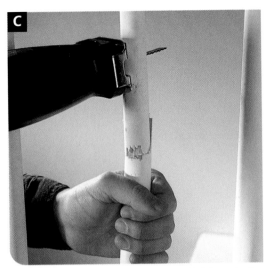

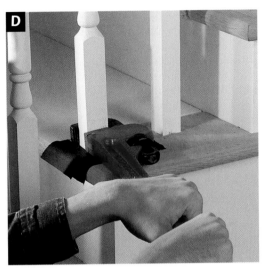

Simplifique la retirada del barrote roto cortándolo en dos trozos con una sierra alternativa.

Proteja la huella de la escalera con cinta de máscara, y retuerza el barrote con una llave grifa para liberar la unión de espiga.

Encole los dos extremos del nuevo barrote. Coloque primero el extremo de la espiga en la huella, y luego ajuste y fije la parte superior.

Reforzar los pasamanos

Cuando los pasamanos están unidos a pilarejos o a otros tramos de pasamanos, las uniones se fijan internamente con pernos especiales y cola **(foto F)**. Estos pernos poseen una caña metálica roscada, la mitad de ella con rosca ancha y la otra mitad con rosca fina (rosca máquina). La parte de rosca más abierta se ajusta a una parte del pasamanos o al pilarejo, mientras que la de rosca fina se inserta en un orificio taladrado en el extremo de la otra parte del pasamanos. Un agujero ancho practicado por la parte inferior del pasamanos permite acceder a la rosca fina, en la que va una tuerca estrellada para apretar las piezas. Este orificio de acceso se disimula con un tapón de madera.

Si alguna de estas uniones se afloja y quedan huecos entre las diferentes piezas del pasamanos, limpie y vuelva a encolar las uniones y apriete los pernos.

Empiece por buscar el tapón del agujero de la parte inferior del pasamanos. Debería estar a una distancia de 2,5 a 5 cm del empalme.

Quite el tapón haciendo varios taladros con una broca de 6 mm, con cuidado de evitar los tornillos **(foto G)**. Saque el tapón con ayuda de un formón pequeño.

Afloje la tuerca golpeándola con un botador o un destornillador y un martillo. No la desenrosque del todo.

Quite los restos de cola y suciedad de las superficies de la unión, con un formón, papel de lija y un trozo de alambre.

Aplique una fina capa de cola blanca en ambas superficies, utilizando una cuerda para extender la cola.

Apriete la tuerca golpeándola ligeramente en sentido contrario al anterior.

Para preparar un tapón de recambio, corte una rodaja fina de una espiga de madera del color del pasamanos y del mismo diámetro que el orificio de acceso. Encole el tapón y póngalo en su sitio; líjelo a la vez que la superficie.

Herramientas:
Taladradora, formón, martillo, botador.

Materiales:
Papel de lija, alambre, cuerda, cola blanca, espiga de madera.

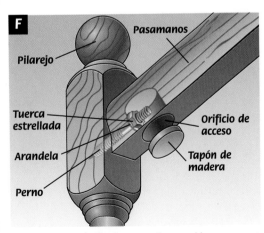

El pasamanos y el pilarejo se mantienen unidos con pernos. Tuercas estrelladas y cola permiten obtener uniones apretadas.

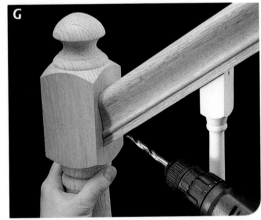

Quite el tapón del orificio de acceso de la parte inferior haciendo taladros y rompiéndolo después con un formón.

Cambiar un peldaño roto

Un peldaño roto es especialmente peligroso, dado lo fácil que es tropezar con él en la oscuridad o que un invitado dé un traspié. Por ello ha de cambiarse lo antes posible. La dificultad de este trabajo depende de la estructura de la escalera y de la posibilidad de acceder a ella desde la parte inferior. En cualquier caso, siempre es mejor cambiar la huella del peldaño antes que repararla, ya que un parche podría crear una superficie irregular que sorprendería a quien no estuviera familiarizado con él.

Si la escalera es de zancas cerradas, donde los extremos de las huellas están sujetos a ranuras practicadas en las zancas, deberá acceder al peldaño dañado desde abajo. Elimine todo el acabado de la pared, si fuera necesario, y retire la huella quitando con un formón las cuñas que la mantienen sujeta a las ranuras. En la mayoría de las escaleras, la huella se cambia desde arriba, aunque al tener acceso a las dos caras es más fácil apalancar la huella vieja y fijar la nueva.

Antes de arrancar la huella rota, retire con cuidado todos los elementos decorativos que contiene. Tire hacia arriba de la moqueta y enróllela para apartarla y quite las molduras de los bordes de la huella.

Retire los barrotes desmontando su parte superior del pasamanos y deshaciendo las uniones con la huella (página 112).

Algunas escaleras parcialmente enmoquetadas tienen un remate de madera decorativo en cada huella. Retire este elemento con una palanca, procurando apalancar desde debajo del remate para no arañar los lados visibles (**foto A**).

El siguiente paso consiste en levantar la huella (**foto B**). Si es posible golpee con el martillo desde abajo para separarla de la contrahuella y de la zanca. En caso contrario, aflójela con el martillo y una palanca, sacando los clavos sobre la marcha.

Una vez quitada la huella, raspe los bordes descubiertos de las zancas para eliminar la cola y los fragmentos de madera.

Mida la longitud necesaria de la nueva huella, y márquela con una escuadra de manera que el extremo del corte sea recto y perpendicular (**foto C**). Si la huella tiene un extremo trabajado para colocar un remate, corte por el lado liso. Corte a medida la nueva huella con una sierra circular, y pruebe su ajuste con la máxima atención.

Aplique un cordón de cola para construcción en los lados expuestos de las zancas (**foto D**). La cola reforzará la unión entre la huella y la zanca, y amortiguará posibles ruidos en la junta.

Coloque la huella en su sitio. Si tiene acceso al peldaño desde abajo, fije la huella a la contrahuella con tornillos que atraviesen estos dos elementos (**foto E**). Para fijarla desde arriba, haga y avellane taladros guía e inserte dos o tres tornillos que atraviesen la huella y lleguen a la parte superior de cada zanca. Introduzca también tornillos a lo largo del borde delantero de la huella, que lleguen hasta la contrahuella situada debajo. Rellene los orificios de los tornillos con masilla de madera o tapones.

Vuelva a colocar los elementos decorativos, utilizando puntas finas (**foto F**). Embuta las cabezas.

Coloque de nuevo los barrotes y cambie los filetes, si fuera necesario.

Herramientas:
Palanca de pata de cabra, martillo, escuadra, sierra circular, taladradora, botador, aplicador de masilla.

Materiales:
Huella de escalera, cola de construcción, tornillos, masilla de madera, puntas finas.

Retire las molduras y otros elementos decorativos de la huella.

Levante la huella y saque los clavos que queden.

Utilice una escuadra para marcar la línea de corte en la huella nueva.

Aplique un cordón de cola de construcción sobre las zancas.

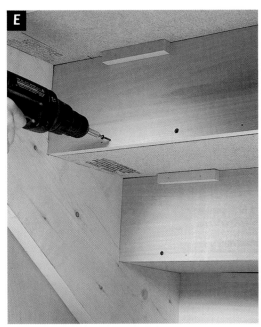

Atornille la contrahuella para fijar la parte posterior de la huella.

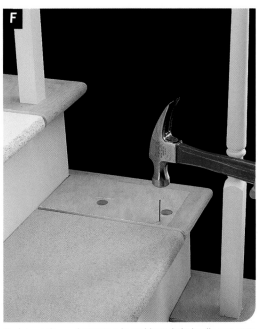

Vuelva a colocar el remate o la moldura de la huella con puntas finas.

Reforzar los pilarejos

Los pilarejos de madera maciza van atornillados o sujetos con pernos al piso, la huella del primer peldaño de la escalera o la zanca. Algunos pilarejos tienen la base sujeta a una vigueta debajo del piso. Cuando no se puede acceder a estas fijaciones, lo mejor es reforzar los pilarejos flojos asegurándolos a la zanca de la escalera con un tornillo de cabeza hexagonal (foto G).

Para encontrar el agujero guía del tornillo, examine la base del pilarejo y busque tapones de madera que disimulen las fijaciones. Busque el orificio cerca de la mitad de la sección de la base.

Utilice una broca de pala de 2 cm para taladrar el pilarejo, hasta una profundidad de unos 2 cm. Asegúrese de que el orificio está dirigido hacia la zanca.

Haga un taladro guía de 5 mm que atraviese el centro del orificio y llegue a la zanca. Luego, ensanche este taladro sólo en el pilarejo, con una broca de 8 mm. Con ello evitará que la caña del tornillo parta la madera.

Acople una arandela de 2 cm a un tornillo hexagonal de 8 mm de diámetro y 10 cm de longitud. Dirija y apriete el tornillo con una llave de carraca (foto H).

Tape el orificio ancho con una espiga de madera de 2 cm de diámetro, del color de la madera del pilarejo. Corte una sección de la espiga de 5 cm, y encole el extremo en el orificio de 2 cm. Una vez seca la cola, recorte la espiga con un serrucho y líjela hasta la superficie del pilarejo. Tiña o pinte la zona para igualar el color.

Herramientas: Taladradora, llave de carraca, serrucho.

Materiales: Tornillos de cabeza hexagonal de 0,8 × 10 cm con arandela de 2 cm, espiga de madera de 2 cm de diámetro, cola blanca.

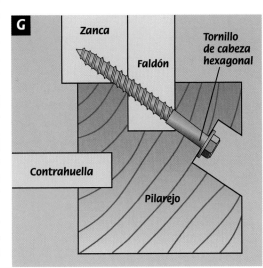

El tornillo de cabeza hexagonal debe atravesar una parte maciza del pilarejo y profundizar bien en la zanca que sostiene la escalera.

Utilice una llave de carraca para introducir el tornillo de cabeza hexagonal. No la apriete demasiado, ya que podría romper la madera.

Puertas

Las puertas son tan visibles y utilizadas en las casas que es fácil no darles la importancia que merecen. No obstante, pocos elementos hay de los que se esperen servicios tan diversos, importantes y exigentes.

Por un lado, una puerta debe permitir un acceso fácil al interior y al exterior de la vivienda; por otro, ha de mantener fuera a los intrusos y las plagas. En el exterior, ha de resistir tormentas, viento, fríos intensos y calores abrasadores. Por dentro, está sometida a condiciones de humedad y temperatura relativamente constantes. Se espera, finalmente, que dure décadas sin perder su atractivo para las visitas.

En su casa tendrá probablemente varios tipos de puertas, que necesitarán cierta atención de vez en cuando. Los arreglos comunes en las puertas incluyen desde los simples ajustes a su sustitución completa. Cada clase de puerta tiene sus problemas característicos, que serán los que más probablemente habrá de afrontar.

Las *puertas de entrada* son las que comunican los espacios interiores con el mundo exterior. Como están expuestas directamente a los elementos, sufren una amplia variedad de problemas. Con el tiempo, será probablemente necesario reparar o cambiar las cerraduras (páginas 120 y 121), ajustar las bisagras y los pestillos (página 122), enderezar maderas combadas (página 123), arreglar problemas de putrefacción (página 124) o sustituir la puerta entera (páginas 129 y 130).

Las corrientes de aire en las puertas de entrada pueden deberse a la falta o el mal funcionamiento de los burletes o a un aislamiento inadecuado alrededor del marco. Lo más sencillo es cambiar o poner burletes (páginas 132 y 133) y ver si mejora la situación. En caso negativo, habrá que retirar las molduras del marco y rellenar todos los huecos con aislante de fibra de vidrio.

Es posible proteger las puertas de entrada con *contrapuertas*, que mejoran el aislamiento y protegen las puertas de la intemperie. Las contrapuertas

Puerta plegable de dos hojas

Puerta de paso

Puerta de entrada

conllevan necesidades de mantenimiento propias (páginas 134 y 135), que incluyen ajustes de bisagras y cierres y arreglos en la guías de las ventanas.

Las *puertas de paso* son interiores y definen los límites de las habitaciones, a las que dan intimidad. En los modelos normales, las reparaciones más frecuentes son los ajustes en los cierres (página 119), alineación de pestillos y cerraderos, apriete de bisagras (página 122) y desbloqueo de puertas atrancadas en los marcos (página 123). Las puertas de paso

han de rebajarse en ocasiones cuando se coloca un nuevo suelo (página 125) o retocarse cuando se cambia la decoración (página 126). Por último, a veces tienen que cambiarse (página 128), ya sea por su deterioro o porque han quedado anticuadas.

Las puertas correderas, que pueden ser de entrada o de paso, plantean relativamente pocos problemas, pero obligan a revisar periódicamente los rieles, limpiar y lubricar las ruedas y ajustar las puertas (página 118).

De forma análoga, las puertas plegables de dos hojas, comunes en armarios y otros espacios accesorios, han de someterse periódicamente a revisión y mantenimiento (página 119).

Herramientas para reparar puertas

En general, las reparaciones en puertas no exigen equipos especializados: todo lo que suele necesitarse es un juego básico de herramientas y accesorios de carpintería.

Un bloque de construcción resulta útil cuando se intenta corregir un bulto o un hundimiento en una puerta dañada por un exceso de humedad.

El sellador transparente de madera se usa habitualmente para evitar que entre humedad en los bordes de la puerta.

El lubricante en aerosol tiene múltiples aplicaciones, y se utiliza para lubricar bisagras chirriantes y cierres atrancados.

Los martillos y los destornilladores de diversos tamaños son necesarios para casi todo tipo de trabajos en una puerta.

También se usan formones de varias anchuras para trabajar la madera, por ejemplo al instalar una cerradura de seguridad, reparar madera dañada o cambiar el umbral de una puerta.

La lija y el cepillo son particularmente útiles para modificar el acabado de una puerta o para rebajarla.

Otras herramientas prácticas son la tiza, que se usa para marcar líneas de corte en una puerta que ha de rebajarse, y el cúter, con sus numerosas aplicaciones, por ejemplo, para hacer incisiones a lo largo de las líneas marcadas antes de cortar.

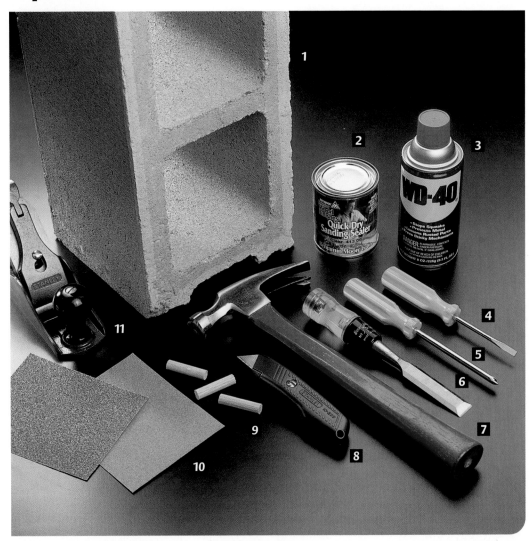

Entre las herramientas y materiales necesarios para reparar puertas se incluyen: bloque de construcción (1), sellador (2), lubricante en aerosol (3), destornillador estándar (4), destornillador de estrella (5), formón (6), martillo (7), cúter (8), tiza (9), papel de lija (10) y cepillo (11).

Mantenimiento y reparación de puertas

Casi todos los problemas en los herrajes de las puertas se deben a falta de lubricación. La mejor forma de desbloquear una puerta consiste en rociar con lubricante sus piezas móviles y limpiarlas bien. A continuación se ofrecen algunos consejos que servirán para resolver fácilmente los problemas con las puertas:

Limpie los rieles de las puertas correderas con una aspiradora de mano y un cepillo de dientes. En los rieles de estas puertas tiende a acumularse la suciedad, que puede entorpecer su funcionamiento.

Limpie los burletes de goma colocados alrededor de una puerta rociándolos con un producto de limpieza y eliminando bien la suciedad.

Lubrique los pestillos y las bisagras una vez al año, desmontándolos y aplicándoles lubricante. Cuando instale un nuevo pestillo, lubríquelo primero.

El polvo de grafito es una buena solución para cualquier cierre bloqueado de una puerta. Si no lo tiene a mano, puede usar el polvillo de afilado de un lápiz blando.

Aplique el grafito a una llave frotándola varias veces con la punta del lápiz. Una vez aplicada a la llave una buena capa de grafito, introdúzcala en la cerradura y muévala adentro y afuera, para después abrir y cerrar la cerradura varias veces. Con esto debería desaparecer el problema del bloqueo.

Para extraer el pasador de una bisagra que se resiste, introduzca la punta de un clavo en el hueco desde abajo. Golpee ligeramente el clavo con un martillo para sacar el pasador de la bisagra.

Mantenimiento de una puerta corredera

Solemos olvidarnos de las puertas correderas hasta que empiezan a atrancarse o a salirse de los rieles. Sin embargo, lo ideal sería revisar estas puertas antes de que surjan los problemas.

Un mantenimiento regular, que incluya pasar la aspiradora y aplicar polvo de grafito o silicona pulverizada, ayuda a que las puertas se deslicen con suavidad.

No obstante, si una puerta empieza a tener problemas, inicie el proceso de mantenimiento comprobando su ajuste: retroceda un poco y observe la puerta. Debería existir una rendija uniforme a lo largo de la parte superior e inferior de la puerta. Si no es así, fíjese en cuál es el lado más alto para ver el modo mejor de ajustarla.

Después, limpie y lubrique las puertas. Elimine la suciedad de los rieles con una aspiradora de mano o un cepillo de dientes y un paño húmedo (**foto A**).

Revise las ruedas. Si encuentra alguna pieza doblada o desgastada, sustitúyala. Aplique lubricante a las ruedas (**foto B**).

Seguidamente, examine el riel metálico del umbral. Si está doblado, enderécelo: coloque un taco de madera fino en el riel, ponga el pie sobre él y dé con el martillo en las abolladuras del umbral, con el taco como tope, hasta aplanarlas.

Por último, si la rendija de encima y debajo de la puerta no es uniforme, corrija el ajuste. Si el lado en que se encuentra el tornillo de ajuste está demasiado

alto, gire el tornillo en sentido contrario a las agujas del reloj. Si está demasiado bajo, use una palanca de pata de cabra para alzar la puerta mientras ajusta el tornillo en el sentido de las agujas del reloj (**foto C**).

> **Herramientas:**
> *Cepillo de dientes o trapo húmedo y aspiradora de mano, palanca de pata de cabra, destornillador, taco de madera.*
>
> **Materiales:**
> *Lubricante en aerosol, piezas de repuesto (en caso necesario).*

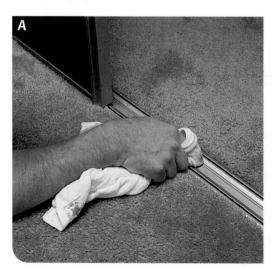
Limpie la suciedad acumulada en los rieles.

Lubrique las ruedas y cambie las piezas defectuosas.

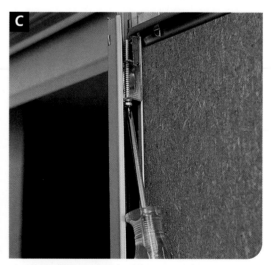
Ajuste el tornillo de montaje, si fuera necesario.

Mantenimiento de una puerta plegable de dos hojas

Para lubricar y ajustar una puerta plegable de dos hojas, empiece cerrando la puerta y comprobando si está bien alineada. La rendija entre las puertas cerradas debe ser uniforme en toda su longitud.

Luego, abra y desmonte las puertas. Limpie los rieles con un trapo limpio para eliminar toda la suciedad acumulada.

Rocíe con lubricante los rieles, las ruedas y los pasadores (foto D).

Si el hueco entre las puertas cerradas no es uniforme, ajuste los pivotes superiores con un destornillador o una llave (foto E). Algunos modelos de puertas poseen también pivotes ajustables en el borde inferior (foto F).

Ajuste los pivotes y vuelva a colocar las puertas, comprobando que quedan bien alineadas. Repita la operación de ajuste y comprobación hasta que la rendija entre las puertas, con éstas cerradas, sea uniforme.

Herramientas:
Trapo limpio, destornillador o llave.

Materiales:
Lubricante en aerosol.

Rocíe con lubricante los rieles, ruedas y pasadores.

Si la puerta no está bien alineada, ajuste el pivote superior.

Ajuste también el pivote inferior, si existiera.

Arreglar un pestillo que se atasca

El bloqueo de un pestillo (foto G) suele deberse a la acumulación de suciedad y a una lubricación deficiente. Para desbloquearlo, limpie y lubrique el cierre (página 120).

Compruebe también que los tornillos del cierre no estén demasiado apretados. Un exceso de presión en estos tornillos puede hacer que el pestillo no corra.

Si existe un problema de alineación entre el pestillo y la chapa de cierre, estos dos elementos no podrán acoplarse (foto H). Mire si se ha aflojado alguna bisagra. Si el problema persiste, vuelva a alinear el pestillo y la chapa de cierre (página 122).

Otra causa de problemas en los pestillos es la combadura de la puerta originada por humedades o filtraciones de agua. Use una regla para ver si la puerta está combada (foto I), y enderécela si fuera necesario (página 123).

Para arreglar un pestillo que se atasca, limpie y lubrique el cierre.

Un pestillo mal alineado no encajará en el hueco de la chapa de cierre.

Use una regla para comprobar si la puerta está combada.

Reparar una cerradura

Las cerraduras modernas funcionan mediante el paso de un pestillo por una placa hasta la chapa de cierre, embutida en el marco de la puerta (foto A). El pestillo se desplaza atrás y adelante por la acción de un vástago o una biela accionados por una palanca, un pomo o un cilindro con llave.

La mayoría de los problemas en las cerraduras son fáciles de resolver; basta con desmontar la cerradura y lubricar su mecanismo interno con un lubricante universal.

Por ejemplo, si la llave o el pomo se bloquean al girarlos, el problema residirá probablemente en el mecanismo del vástago y el pestillo. Para corregirlo bastará lubricar las piezas móviles.

Para limpiar una cerradura antigua (foto B), afloje el tornillo de retención del pomo y quite éste y el vástago al que va unido. Afloje los tornillos de fijación de la placa y apalanque la cerradura para extraerla de la puerta. Quite la placa o cubierta de la cerradura y aplique lubricante a todas las piezas. Limpie el exceso de lubricante y vuelva a armar y montar la cerradura.

Si el pomo de una cerradura antigua se sale continuamente del vástago, gire dicho pomo a una posición diferente y vuelva a apretar el tornillo de retención.

Para limpiar una cerradura moderna (foto C), retire los pomos (que están sujetos con tornillos de unión o un fiador de muelle). Afloje los tornillos de fijación de la placa para desmontar ésta y el eje del pestillo. Aplique lubricante a todas las piezas, limpie el sobrante y vuelva a montar la cerradura.

Para limpiar una cerradura de seguridad (foto D), afloje los tornillos de unión para desmontar los tambores interno y externo. Afloje también los tornillos de fijación para quitar la placa y el pestillo. Rocíe todas las piezas con disolvente/lubricante, limpie el sobrante y vuelva a montar la cerradura.

Si la puerta sigue sin poderse cerrar después de haberse limpiado y lubricado la cerradura, compruebe si el problema está en la madera, las bisagras, la chapa de cierre o el marco de la puerta.

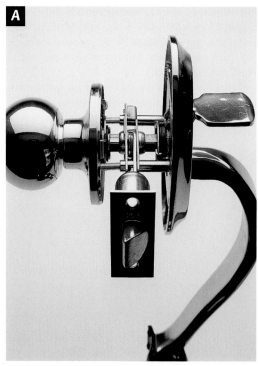

Elementos de una cerradura de palanca accionada con el pulgar.

Elementos de una cerradura antigua.
En muchos hogares aún pueden verse cerraduras antiguas.

Elementos de una cerradura de puerta moderna.

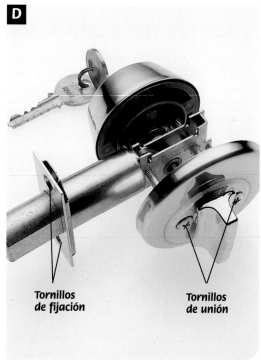

Elementos de una cerradura de seguridad.

Instalar una cerradura de seguridad

Las cerraduras de seguridad poseen pestillos largos, llamados *durmientes*, que penetran en la jamba de la puerta y están accionados por un mecanismo de llave. Como un pestillo durmiente hace más difícil forzar la puerta, su instalación puede permitirle reducir el coste del seguro de su hogar.

Como primer paso en la instalación de una cerradura de seguridad, busque la altura adecuada para la cerradura en la puerta. Luego, pegue sobre ésta la plantilla de cartón (foto E). Con un clavo o una lezna, marque los centros de los taladros para el cilindro y el pestillo.

Haga el orificio para el cilindro con ayuda de una broca de corona y una taladradora (foto F). Para no astillar la puerta, taladre por una cara justo hasta que el piloto de la broca asome por la cara opuesta. Retire la broca y complete el agujero desde el lado contrario de la puerta.

Use una broca de pala y una taladradora para los agujeros del pestillo, que irán desde el canto de la puerta al hueco para el cilindro (foto G). Durante el proceso, mantenga la taladradora perpendicular al canto de la puerta.

Introduzca el pestillo en el orificio del canto. Coloque finalmente la pieza terminal de la cerradura y los tornillos de unión a través del mecanismo de cierre (foto H), y atornille juntos los tambores. Cierre la puerta hasta que el pestillo toque la jamba.

Marque el perfil de la chapa de cierre en la puerta, utilizando un cúter y el herraje como plantilla. Rebaje con el formón este perfil para embutir la pieza (foto I), sosteniendo la herramienta con la parte biselada hacia dentro. Golpee ligeramente el extremo del mango con un mazo hasta que el formón alcance la profundidad adecuada.

En la zona rebajada, haga cortes paralelos cada 6 mm, manteniendo el formón en un ángulo de 45° (foto J). Clave el formón en la madera golpeando ligeramente el extremo del mango con un martillo.

Apalanque para expulsar la madera arrancada, con el formón orientado hacia abajo en un pequeño ángulo y el borde biselado en dirección a la madera (foto K). Hágalo penetrar con una ligera presión de la mano.

Utilice una broca de pala para hacer la caja para el pestillo en el centro de la zona embutida. Fije la chapa de cierre a dicha zona con los tornillos incluidos en el juego de la cerradura (foto L).

Herramientas:
Cinta métrica, juego de brocas para cerraduras (incluida una broca de corona y una de pala), taladradora, formón, cúter, martillo.

Materiales:
Cerradura de seguridad.

Coloque la plantilla de la cerradura en la puerta.

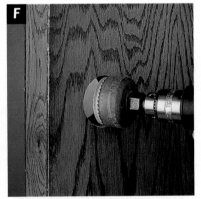
Practique el orificio para el cilindro con una broca de corona.

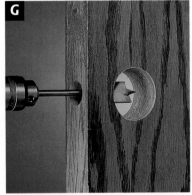
Use una broca de pala para hacer el taladro para el pestillo.

Monte los componentes de la cerradura.

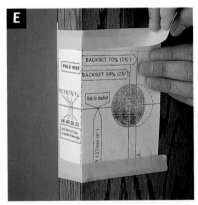
Marque el contorno de la chapa de cierre con el formón.

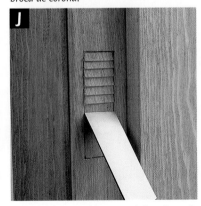
Haga cortes paralelos con el formón cada 6 mm.

Coloque el formón hacia abajo para apalancar y expulsar la madera arrancada.

Fije la chapa de cierre al rebaje.

Alinear el pestillo y la chapa de cierre

Para ajustar la alineación de un pestillo con su chapa de cierre, empiece por apretar las bisagras si están flojas. Después, corrija los problemas menores de alineación lateral limando la chapa de cierre hasta que el pestillo encaje **(foto A)**.

Si éste queda por encima o por debajo de la chapa de cierre, revise la puerta para ver si está a escuadra **(foto B)**. Si observa una marcada inclinación, quite la puerta y calce las bisagras de la parte inferior o superior **(foto C)**.

Para subir el pestillo, introduzca una fina tira de cartón detrás de la bisagra inferior. Para bajarlo, coloque la tira de cartón detrás de la bisagra superior.

Herramientas:
Destornillador, lima para metales, regla.

Materiales:
Tira de cartón.

Para arreglar un problema menor, lime los bordes de la chapa de cierre.

Compruebe que la puerta está bien escuadrada con respecto al marco.

Suba o baje el pestillo colocando una tira de cartón detrás de la bisagra.

Apretar una bisagra suelta

Para apretar una bisagra floja, primero extraiga la puerta de los goznes con ayuda de otra persona. Utilice un destornillador y un martillo para sacar el pasador de la bisagra inferior, y luego el de la superior. Quite la puerta y déjela a un lado.

Apriete todos los tornillos flojos **(foto D)**. Si observa que la madera de soporte de las bisagras no sujeta bien los tornillos, quite las bisagras.

Unte con cola unas espigas de madera o «tees» de golf e introdúzcalas en los taladros desgastados de los tornillos. Deje secar la cola y corte la madera sobrante de la espiga con un cúter **(foto E)**.

Practique taladros guía en la madera nueva de las espigas **(foto F)**. Vuelva a fijar las bisagras, utilizando esta madera nueva como base para los tornillos.

Herramientas:
Destornillador, martillo, cúter, taladradora.

Materiales:
Papel de lija, espigas de madera o «tees» de golf.

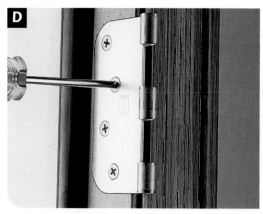

Apriete los tornillos flojos para ver si aún agarran en la madera.

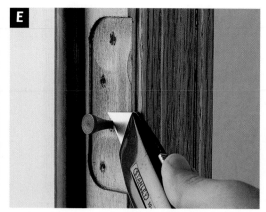

Encole espigas o «tees» en los huecos de los tornillos.

Practique taladros guía en la nueva madera y vuelva a fijar las bisagras.

Arreglar una puerta que se atranca

Para arreglar una puerta que se atranca, lo primero que ha de hacer es apretar las bisagras flojas (página 122). Si el problema persiste, marque las zonas donde roza la puerta con líneas a lápiz, sin apretar demasiado **(foto G)**. Espere a que llegue el tiempo seco y desmonte la puerta de las bisagras. Líjela o cepíllela en los puntos marcados **(foto H)** hasta que encaje perfectamente en el marco.

Selle los cantos y las aristas de la puerta con un barniz sellador transparente para madera. Vuelva a montar la puerta.

Si ésta sólo se atranca en tiempo húmedo, espere a que llegue el tiempo seco para lijarla y sellar los cantos.

Herramientas:
Lápiz, taco de lijar o cepillo, destornillador, brocha.

Materiales:
Papel de lija, sellador de madera transparente.

Marque a lápiz las zonas donde se atranca la puerta.

Lije o cepille las zonas marcadas hasta que la puerta abra y cierre con suavidad.

Enderezar una puerta combada

Para enderezar una puerta combada, empiece por desmontarla de las bisagras (página 125). Apoye la parte superior e inferior de la puerta sobre borriquetas en una superficie nivelada.

Coloque un retal de contrachapado o madera dura de poco espesor sobre la puerta para proteger su acabado, y ponga sobre ésta objetos pesados, como bloques de construcción, centrados en la parte combada de la puerta **(foto I)**.

Deje actuar a estos pesos durante varios días, hasta que la puerta se aplane. Compruebe su estado con una regla para asegurarse de que ha logrado el objetivo.

Aplique un sellador transparente para madera a los cantos y las aristas de la puerta, para evitar que la humedad vuelva a combarla **(foto J)**. Monte la puerta en su sitio.

Herramientas:
Destornillador, regla, brocha.

Materiales:
Borriquetas, tablero delgado de madera dura o contrachapado, bloques de construcción, sellador de madera transparente.

Coloque un objeto pesado como, por ejemplo, un bloque de construcción en la superficie protegida de la puerta, para aplanarla.

Para evitar que se repita el problema, selle todos los cantos y aristas de la puerta con un sellador para madera.

Reparar la madera deteriorada

Conviene examinar periódicamente el estado de la madera en las puertas exteriores, los cercos de las ventanas y otras superficies similares para poder localizar y reparar las zonas podridas o los daños provocados por insectos en una fase en que aún sean fáciles de solucionar. Hasta las maderas más duraderas, como el cedro o la secuoya, pueden sufrir daños, sobre todo si no se protegieron adecuadamente en su día.

Para reparar madera deteriorada utilice madera artificial de relleno; estos productos se moldean fácilmente en la forma deseada, y admiten bien el tinte y la pintura.

Si se trata de una puerta de madera, desmóntela del marco y colóquela en una superficie firme y nivelada. Sin olvidar usar gafas u otra protección ocular, elimine toda la superficie en mal estado con un formón (**foto A**).

Si la zona afectada llega hasta el canto de la puerta, haga un cerco simple de madera que defina los límites del área que va a rellenar (**foto B**). Antes de clavar el cerco a la puerta con puntas finas, cúbralo con cera o aceite vegetal para evitar que se pegue el relleno.

Mezcle y aplique la madera de relleno siguiendo las indicaciones del fabricante. Utilice una llana o una espátula para nivelar la zona rellenada siguiendo la forma original de la madera (**foto C**). Deje que el relleno se endurezca completamente antes de continuar.

Retire el cerco de retención. Lije suavemente el relleno endurecido (**foto D**) sin excederse, ya que cerraría los poros del mismo y no le dejaría absorber bien el tinte.

Tiña o pinte la zona reparada del color de la madera existente (tal vez prefiera lijar toda la madera y volver a pintar o a teñir la superficie total). Finalmente, vuelva a montar la puerta en su marco.

Herramientas:
Gafas de seguridad, formón, espátulas, lijadora, martillo para tachuelas, utensilios de pintura.

Materiales:
Madera de relleno, papel de lija, listones de madera, clavillos, pintura o tinte para madera.

Antes de la reparación, elimine toda la madera deteriorada con un formón.

Construya un sencillo marco que defina los límites de la zona que va a rellenar.

Mezcle y aplique la madera de relleno; use una espátula o una llana para darle la forma adecuada.

Una vez que el relleno se endurezca, lije suavemente la zona restaurada, con cuidado de no excederse.

Rebaje de una puerta de interior

Las puertas de interior premontadas están dimensionadas de forma que quede un hueco de 1 cm en la parte inferior. Este hueco sirve para que la puerta abra y cierre bien sin rozar la moqueta ni el pavimento del suelo. Al colocar un suelo nuevo, una moqueta más gruesa o un umbral de puerta mayor, tal vez sea necesario recortar el bajo de la puerta.

Mida 1 cm desde la parte superior del umbral o el pavimento, y marque la puerta en ese punto.

Desmonte la puerta de las bisagras. Para ello, mientras otra persona la sostiene saque los pasadores de las bisagras con un destornillador y un martillo, primero el de abajo y luego el de arriba (**foto E**).

Apoye la puerta sobre una superficie firme y nivelada. Marque la línea de corte en su parte inferior, rayándola ligeramente con un cúter.

Ponga en el cúter una cuchilla nueva y afilada, y corte todo el enchapado para que no se astille durante la operación (**foto F**).

Coloque la puerta sobre un par de borriquetas, y sujete con mordazas una regla de trazar sobre ella, que sirva de guía de corte (**foto G**).

Sierre el bajo de la puerta (**foto H**). Si con ello queda el alma hueca de la puerta al descubierto, tendrá que montar el armazón interior original en el nuevo bajo, del modo siguiente:

Sujete firmemente el bajo cortado de la puerta. Levante el enchapado de las dos caras con un formón, dejando al descubierto la pieza del armazón interior (**foto I**).

Aplique cola blanca en esta pieza, e introdúzcala en la parte inferior hueca de la puerta (**foto J**). Su-

jétela bien, limpie el exceso de cola y déjela secar durante toda la noche.

Vuelva a sellar el bajo de la puerta para evitar que se combe. Monte la puerta nuevamente en sus bisagras.

Herramientas:
Sierra circular, cinta métrica, martillo, destornillador, cúter, regla, formón, mordazas.

Materiales:
Borriquetas, cola de carpintero, sellador de madera transparente.

Empiece por desmontar la puerta de las bisagras.

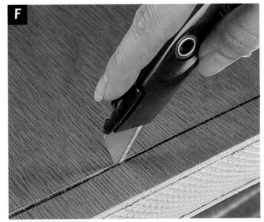
Corte el enchapado para que no se astille.

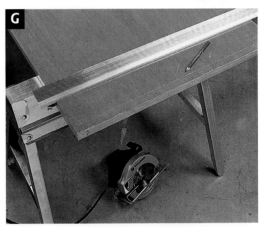
Sujete una regla sobre la puerta, que sirva de guía de corte.

Sierre la parte inferior de la puerta siguiendo la línea marcada.

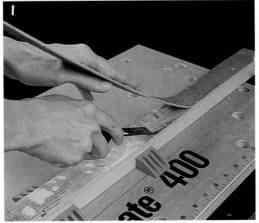
Utilice un formón para levantar el enchapado de la pieza de armazón interior.

Encole la pieza del armazón e introdúzcala en el nuevo bajo de la puerta.

Nuevo acabado para una puerta de interior

Aunque repasar el acabado de puertas y otras superficies de madera pueda parecer una tarea muy difícil, si se aplican las técnicas correctas se simplificará notablemente. La clave para facilitar el trabajo es usar una combinación de calor y decapante químico. Para eliminar la mayor parte de la pintura antigua, use un soplete de aire caliente y una rasqueta, y desprenda el resto con un decapante químico y un raspador especial.

En la carpintería de una casa suelen usarse combinaciones de distintas clases de madera, lo que puede plantear dificultades a la hora de lograr un color uniforme del acabado. Sin embargo, experimentando un poco puede lograrse una mezcla de tintes que permita obtener un color uniforme.

Pruebe a usar un tinte claro para maderas que absorban bien el color, y mézclelo con tonos oscuros en maderas más resistentes. Si la mayoría de las puertas y carpintería de madera son de una misma clase, y sólo algunos elementos están hechos de maderas diferentes, defina primero el color de base del tinte y experimente después con los tonos de las piezas minoritarias.

También es buena idea raspar la madera para ver si la primera capa de acabado es pintura. En tal caso, decapar la madera hasta su color natural resultaría muy difícil, por lo que serían preferibles otras opciones.

Para empezar, desmonte la puerta de las bisagras (página 125) y proteja la zona de trabajo. Coloque plásticos en las jambas de todas las puertas para que el polvo y los vapores no pasen al resto de la casa (**foto A**).

Luego, quite las bisagras y demás herrajes de la puerta, así como los embellecedores de los interruptores y las bases de enchufe que estén próximos a la

Herramientas:
Destornillador, martillo, borriquetas, grapadora, soplete de aire caliente, brocha, rasquetas anchas, raspador especial, lijadora, taladradora.

Materiales:
Plásticos, estropajo abrasivo, alcohol mineral, masilla de madera que pueda teñirse, decapante químico semipastoso, papel de lija de 150 o 220, trapos, tinte para madera, barniz o aceite de palo.

Grape un plástico a las jambas de la puerta para que los humos y el polvo no se extiendan al resto de la casa.

Use un soplete de aire caliente y una rasqueta para eliminar la mayor parte de la pintura de la superficie de la madera.

Con un cepillo, extienda una capa gruesa de decapante químico semipastoso sobre los contornos y las aristas de la madera.

Elimine la pasta química formada y el acabado disuelto de la moldura con un raspador especial.

zona de trabajo. Cuando retire estos embellecedores, proteja los cables de inmediato para evitar riesgos de electrocución.

Elimine la pintura antigua, primero con calor y luego por decapado químico. Antes de aplicar calor, raspe todos los desconchones y la pintura suelta, que podría arder con el soplete de aire caliente.

Elimine así la mayor parte de la pintura antigua de las superficies grandes y lisas de la madera (**foto B**). Preste especial atención cerca de los bordes, para no dañar la madera ni los tabiques próximos.

Un soplete de aire caliente puede quemar con rapidez superficies elaboradas; para evitarlo, en los detalles finos use preferiblemente un decapante químico. Extienda con una brocha una capa gruesa de decapante químico semipastoso sobre los bordes y los contornos de la madera (**foto C**).

Dé tiempo al decapante para que actúe, y luego utilice un raspador especial para quitar el lodillo formado en la moldura (**foto D**).

Una vez eliminada casi toda la pintura, aplique una fina capa de decapante a la madera. Frótela bien con un estropajo abrasivo para suprimir todo resto del acabado antiguo.

Luego, prepare las puertas, quitándoles los herrajes y todas las capas de acabado según la misma secuencia explicada para la carpintería (**foto E**).

A continuación, limpie las puertas y los restantes elementos de madera frotando su superficie con un estropajo abrasivo mojado en alcohol mineral (**foto F**). Con ello eliminará los restos de cera dejados por el decapante químico, así como las trazas del barniz antiguo.

Utilice una masilla de madera que pueda teñirse para rellenar los agujeros y las mellas de las puertas y la carpintería de madera (**foto G**). Lije las superficies restauradas y tiña la masilla con un tinte del color de la madera de alrededor.

Lije las puertas y los restantes elementos de carpintería (**foto H**). Use una lija de grano 150 para alisar las superficies y una de 220 para el acabado final.

Tiña todas las maderas con diferentes tintes, si fuera necesario, a fin de obtener un color general uniforme. Aplique una última mano de barniz o aceite de palo (**foto I**).

Si lo desea, decape químicamente y limpie los herrajes de la puerta. Vuelva a montar las bisagras y coloque las puertas sobre ellas (**foto J**). Coloque de nuevo los embellecedores y las bases de enchufe.

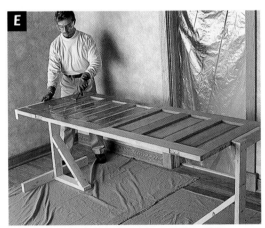

Quite los herrajes de la puerta y decape su superficie.

Frote la madera con un trapo mojado con alcohol mineral.

Rellene los agujeros y las mellas con masilla para madera que pueda teñirse.

Alise las superficies con una lija de 150 o 220.

Tiña la madera y aplique después el acabado superficial.

Limpie los herrajes y vuelva a colocarlos, y después monte la puerta.

Cambiar una puerta interior

Las puertas interiores de paso pueden adquirirse hoy como unidades premontadas, de colocación relativamente fácil.

Para empezar, mida la altura y la anchura de la puerta existente, y adquiera una sustituta de las mismas dimensiones.

Para desmontar la puerta antigua, saque los pasadores de las bisagras con un martillo y un destornillador. Use una palanca de pata de cabra y un martillo para quitar el cerco con precaución (**foto A**). Si se encuentra en buen estado, tal vez desee conservarlo y volverlo a colocar después de instalar la nueva puerta.

Saque la puerta nueva del embalaje y compruebe si tiene algún defecto. La jamba lateral estará ya unida a uno de los cantos (mientras que la otra jamba se embala por separado).

Antes de colocar la unidad, pinte o tiña la puerta y el cerco con el color que desee.

Coloque la puerta premontada en el hueco del marco. Con un nivel, compruebe que está perfectamente vertical (**foto B**).

Para nivelar la puerta, introduzca cuñas de madera entre la jamba y el marco en el lado de las bisagras. Golpee ligeramente las cuñas con un martillo hasta que el nivel demuestre que la jamba está vertical (**foto C**).

Rellene con cuñas los huecos entre jamba y marco en la zona de las bisagras y los cierres. Clave la jamba al marco con puntas finas de 50 mm que traspasen las cuñas (**foto D**).

Corte las cuñas con un serrucho (**foto E**), manteniendo éste vertical para no dañar la jamba ni la pared.

Clave el cerco a las jambas con puntas finas de 38 mm, separadas a intervalos de 40 cm (**foto F**). Utilice un botador para embutir las cabezas de estos clavos. Rellene los huecos con masilla de madera.

Herramientas:
Palanca de pata de cabra, martillo, destornillador, nivel, botador, serrucho, herramientas para pintar o teñir.

Materiales:
Puerta premontada, pintura o tinte, cuñas de madera de cedro, puntas finas (38 y 50 mm), masilla de madera.

Utilice una palanca y un martillo para levantar con cuidado el marco de la puerta existente. Tal vez desee guardarlo para volverlo a colocar más tarde.

Coloque la puerta premontada en el hueco del marco y compruebe que está vertical con un nivel.

Para dejar la puerta perfectamente vertical, introduzca cuñas de madera en el lado de las bisagras, entre la jamba y el marco.

Rellene con cuñas los huecos entre marco y jamba; clave la jamba al marco con puntas finas de 50 mm.

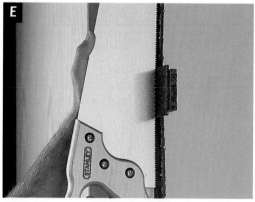

Corte las cuñas con un serrucho, manteniendo éste vertical para no dañar la jamba ni la pared.

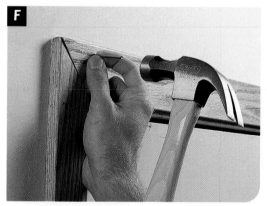

Clave las piezas de las molduras a las jambas con puntas finas de 38 mm, a intervalos de 40 cm.

Cambiar una puerta de entrada

La sustitución de una puerta de entrada alabeada o que no cierra herméticamente puede ser una tarea asequible para cualquiera que se lo proponga. Al igual que en las puertas de paso, se venden puertas de exterior energéticamente eficientes en unidades premontadas con las jambas y todos los herrajes incluidos. Lo único que tendrá que comprar aparte es la cerradura.

Primero, mida la altura y la anchura de la puerta existente, y compre la sustituta con las mismas dimensiones.

Para quitar la puerta antigua, saque los pasadores de las bisagras con un martillo y un destornillador. Use una palanca de pata de cabra y un martillo para retirar con precaución el marco existente del lado interior de la puerta (página 128). Si se encuentra en buen estado, tal vez pueda usarlo en la puerta nueva.

Con un cúter, corte la masilla antigua entre el revestimiento exterior del marco y la albañilería de la puerta existente (foto G).

Apalanque y quite la jamba y el umbral antiguos (foto H). Corte los clavos que se resistan con una sierra alternativa.

Coloque la puerta premontada en el hueco de obra, y compruebe que encaja bien. Asegúrese de que alrededor de la unidad queda un espacio de 1 cm, aproximadamente, tanto en los lados como en la parte superior.

Quite la unidad del hueco y aplique masilla en el nuevo umbral (foto I) (con ello obtendrá impermeabilización contra la intemperie entre el umbral y el piso). Vuelva a colocar la puerta en el hueco de obra.

Continúa en la página siguiente

Herramientas:
Palanca de pata de cabra, cúter, martillo, destornillador, sierra alternativa, pistola de masilla, nivel de carpintero.

Materiales:
Puerta de entrada premontada, masilla de silicona, cuñas de madera de cedro, clavos galvanizados para marcos de 90 mm, puntas finas de 50 mm, juego de cerradura.

Cambiar los cercos de las puertas

Al colocar una puerta premontada en sustitución de una antigua tendrá que cambiar los cercos deteriorados (las molduras de las puertas de interior).

Primero, lleve una muestra del cerco antiguo a la tienda y busque una moldura de la misma forma y tipo de madera.

Para hacer los ingletes de los bordes, corte el cerco en un ángulo de 45°, con la cara plana del cerco colocada sobre la base horizontal inferior de la caja de ingletes.

Después, pinte o tiña el cerco con el color del resto de las molduras de la madera. Tal vez tenga que ir probando varios tintes en retales inservibles de madera (o en la parte posterior de la moldura) hasta que consiga el color buscado.

Utilice un cúter para recortar la masilla antigua entre el revestimiento exterior del marco y la albañilería de la puerta existente.

Apalanque para separar la jamba y el umbral antiguos, cortando los clavos rebeldes con una sierra alternativa.

Aplique dos cordones de masilla al nuevo umbral como sellado contra la intemperie entre el umbral y el piso.

Cambiar una puerta de entrada (cont.)

Golpee ligeramente las cuñas de madera o los listones de relleno para cubrir los huecos entre el marco y las jambas, usando un nivel para asegurarse de que la puerta queda vertical. Coloque las cuñas a la altura de la cerradura y de todas las bisagras (**foto J**).

Clave las jambas atravesando las cuñas hasta los elementos estructurales, con clavos para marcos de 90 mm. Después, utilice un nivel para comprobar que la puerta sigue vertical (**foto K**).

Clave puntas para marcos de 90 mm en las molduras entre el marco y la albañilería de la puerta, atravesando el marco (**foto L**).

Vuelva a colocar el cerco que quitó del lado interior de la jamba (**foto M**), clavándolo con puntas finas de 50 mm.

Si el cerco no estaba en buenas condiciones o se ha dañado al quitarlo, haga los cortes a inglete, dé el acabado a las nuevas piezas del cerco y colóquelas (página 128).

Instale la nueva cerradura de la puerta. Empiece por introducir el mecanismo del pestillo en el hueco correspondiente del canto de la puerta.

Después, inserte las piezas traseras de la cerradura en el pestillo. Atornille los pomos apretando los tornillos de fijación (**foto N**).

Atornille la chapa de cierre en la jamba de la puerta (**foto O**). Ajuste la posición de la misma para que el pestillo encaje bien en ella.

Por último, aplique masilla en las rendijas de los lados y en la nueva moldura de la puerta. Para un resultado óptimo, use una masilla de un color que se confunda con el de los revestimientos o la moldura de la puerta.

Las puertas de las casas viejas

Si tiene que cambiar las puertas de una casa vieja, mídalas con exactitud y esté preparado para cualquier cosa.

Las casas viejas tienen a menudo marcos no estándar y puertas de dimensiones variables.

Si los marcos no son de tamaño estándar, tendrá que encargar puertas a medida o cortarlas hasta que encajen en el hueco.

Al cambiar las puertas de una casa vieja, procure que las nuevas puertas no desentonen con el estilo de la casa.

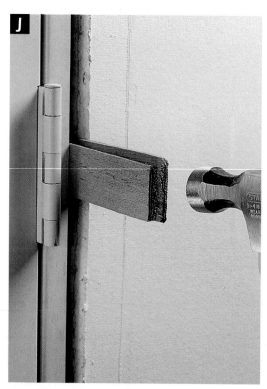

Golpee ligeramente las cuñas para introducirlas en los huecos entre el marco y la jamba, a la altura de la cerradura y de todas las bisagras.

Después de clavar los clavos, use un nivel para confirmar que la puerta sigue perfectamente vertical.

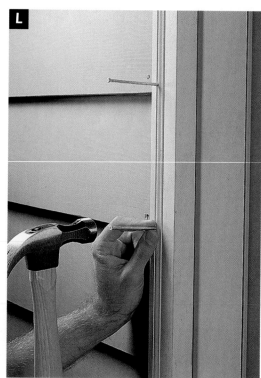

Use clavos galvanizados de 90 mm para marcos y atraviese con ellos el marco y las molduras entre éste y la albañilería.

Vuelva a colocar los cercos por la parte interior de la jamba de la puerta. Use el cerco antiguo o el que viene con la puerta.

Introduzca el pestillo en su hueco. Inserte todas las piezas y apriete los tornillos de fijación.

Atornille la chapa de cierre en la jamba y ajuste su posición para que encaje con el pestillo.

Cómo comprar puertas premontadas

Colocar una puerta a medida es una tarea bastante difícil que es mejor dejar en manos de un profesional provisto de las herramientas y la experiencia necesarias para trabajos muy precisos. No obstante, las puertas premontadas que existen hoy día ponen el cambio o mejora de una puerta al alcance de cualquiera que se lo proponga.

Las puertas premontadas incluyen la puerta en sí, la jamba y el cerco con los cortes a inglete. Las bisagras están ya acopladas y embutidas, y también vienen preparado los huecos para el pestillo y la cerradura.

Una vez hecho el trabajo difícil, el montaje de la puerta se reduce a colocarla en posición vertical y a cuadrarla en el hueco, con las cuñas y los clavos oportunamente dispuestos, y sólo a falta del acabado.

Cuando compre una puerta nueva, recuerde que exigirá de ella un buen aguante, así que no le

conviene escatimar en la calidad. Por otra parte, como la puerta de la entrada principal da a las visitas la primera impresión de la casa, tal vez convenga elegir una puerta de cierto tono que transmita sencillez, elegancia o desenfado.

Antes de comprar la puerta deberá reparar en el lado, o «mano», al que tiene que abrir. Para determinarlo, sitúese frente a ella por el interior. Si la bisagra está a su derecha, la puerta es de mano derecha; en caso contrario, de mano izquierda.

Aparte de estas consideraciones básicas, tenga en cuenta los factores siguientes al elegir las puertas.

Las puertas de entrada de fibra de vidrio resultan caras, pero son resistentes y ofrecen un buen aislamiento. La fibra de vidrio puede preteñirse, y también admite pintura o tinte del color que se desee.

Las puertas de entrada de chapa de acero gruesa y aislante proporcionan un alto grado de

seguridad y protección contra el frío, aunque no son tan cálidas como las de madera. Además, si se tiene un umbral metálico para la puerta, hará falta una «barrera térmica» que mantenga los fríos bordes metálicos de la puerta lejos del umbral.

Las puertas de entrada de madera maciza son atractivas, aunque exigen mayor mantenimiento y no tienen calidad aislante comparable a la de las de fibra de vidrio. Las de alma de bloques son menos propensas a combarse que las de alma maciza, ya que la veta de la madera sigue direcciones alternas.

Otra cualidad que merece la pena tener en cuenta al comprar una puerta es su resistencia a la transmisión del sonido. Los baños y los dormitorios, por ejemplo, serán más confortables con puertas que aíslen bien de los ruidos.

Protección contra la intemperie en las puertas de entrada

Las puertas de entrada son lugares por los que escapa el calor, y protegerlas de la intemperie reportará beneficios inmediatos en la factura de la calefacción.

Lo anterior es cierto incluso si se ha impermeabilizado la puerta con anterioridad, ya que estas protecciones fallan con rapidez, debido al desgaste que conlleva su uso constante. Es importante revisar las puertas exteriores periódicamente y cambiar los elementos de protección contra la intemperie en cuanto muestren signos de desgaste.

Siempre que sea posible, clave burletes metálicos alrededor de las puertas, sobre todo en torno a las jambas, ya que son mucho más duraderos que los autoadhesivos. Cuando necesite un aislante flexible, elija un producto de neopreno, mejor que de espuma, por esta misma razón. Seguidamente se ofrecen algunas ideas para proteger de la intemperie una puerta de entrada.

Ajuste el marco de forma que no queden huecos grandes entre la puerta y la jamba. Quite el cerco interior e introduzca nuevas cuñas entre la jamba y la estructura en el lado de las bisagras de la puerta **(foto A)**. Cierre ésta para probar su ajuste, y modifique su posición en el sentido necesario. Vuelva a colocar el cerco (para mayor seguridad, coloque separadores de contrachapado entre las cuñas).

Corte dos trozos de perfil metálico en V de longitud igual a la altura del hueco de la puerta. Corte otro trozo de la anchura de este hueco. Clave las tiras a la jamba y al cabecero en el renvalso de la parte interior de la puerta. Coloque burlete metálico de arriba a abajo, para que no se tuerza. Use una espátula para moldear las tiras de forma que llenen bien los huecos entre las jambas y la puerta cuando ésta se cierra.

El perímetro de una puerta de entrada suele ser el culpable de las fugas de aire y las pérdidas de energía que disparan el recibo de la luz.

Herramientas:
Espátula, martillo para tachuelas, destornillador, serrucho de costilla, palanca de pata de cabra, cinta métrica, taladradora.

Materiales:
Perfil metálico en V, tiras de fieltro reforzadas, burlete para puertas, clavillos, masilla de madera.

A Coloque nuevas cuñas entre las jambas y el marco de la puerta.

B Abra las tiras con una espátula, para que no queden rendijas.

Añada una tira de fieltro reforzado en el canto de la puerta, en el renvalso de su parte exterior (**foto C**). Con la puerta cerrada, el fieltro debería formar un cierre hermético.

Coloque un nuevo burlete en el extremo inferior de la puerta por la parte interior (**foto D**). Si el piso no es uniforme en esta zona, elija un burlete de fieltro o de cerdas.

Por la cara interior de la puerta, rellene las grietas de los paneles de madera con una masilla teñida (**foto E**). Lije la zona y píntela o tíñala del color adecuado.

Añada una tira de fieltro reforzado en el borde del renvalso exterior de la puerta.

Coloque un nuevo burlete bajo la puerta.

Use masilla de madera teñida como tapagrietas en los paneles de la puerta.

Cambiar el umbral de una puerta

Para lograr la máxima eficiencia energética es importante cambiar el umbral de la puerta y sus fijaciones tan pronto como muestren signos de desgaste.

Antes de quitar el umbral antiguo, fíjese en qué lado es más pronunciado el bisel, para colocar el nuevo umbral en la misma posición. Use un serrucho de costilla para cortar el umbral antiguo en dos. Apalanque las piezas para extraerlas (**foto F**), y limpie los restos desprendidos de la solera de debajo.

Mida el hueco y corte el nuevo umbral para que encaje en él, usando como guía las piezas del que acaba de quitar. Si el perfil del nuevo umbral es diferente del antiguo, márquelo en los listones de renvalso de la puerta y rebaje éstos con un formón (**foto G**).

Aplique masilla en la solera. Coloque el umbral en su sitio, presionándolo sobre la masilla. Introduzca los tornillos suministrados con el umbral en los orificios pretaladrados al efecto, de modo que atraviesen el canal central y la solera (**foto H**).

Coloque el relleno del umbral siguiendo las indicaciones del fabricante.

Herramientas: *Serrucho de costilla, palanca de pata de cabra, sierra de calar, cinta métrica, formón, maceta, pistola de masilla, destornillador eléctrico.*

Materiales: *Umbral y relleno, masilla.*

Inserte tornillos en los orificios pretaladrados y en la solera.

Corte el umbral antiguo en dos trozos y apalanque para extraerlos.

Rebaje los listones de renvalso de la puerta con un formón para colocar el nuevo umbral.

Contrapuertas

Las contrapuertas desempeñan un papel importante a la hora de reducir pérdidas de energía. Siempre se usan en combinación con una puerta interior de entrada, y pueden elevar aproximadamente al doble la capacidad aislante de la entrada, en especial si se protegen bien de la intemperie (páginas 132 y 133).

Si vive en una zona fría, tal vez cuente con una puerta combinada de madera o aluminio que hace el doble papel de contrapuerta y puerta de tela metálica. Si su contrapuerta está vieja y tiene fugas, un modelo nuevo aislante, de bisagra continua y exterior sin juntas, le reportará ahorro y comodidad para su hogar. No obstante, siempre es posible prolongar la vida de las contrapuertas, incluso las de bajo mantenimiento, limpiándolas y cuidándolas regularmente.

Inspeccione las contrapuertas todos los años en otoño para ver si tienen problemas importantes, añadir mejoras y reforzar la impermeabilización. Aproveche también para limpiarlas y retocar pequeños desperfectos. Se indican ahora algunas zonas que conviene limpiar, examinar y reparar:

Limpie con una aspiradora cualquier suciedad de la tela metálica. Si la superficie de aluminio muestra signos de oxidación, límpiela con pulimento para coches.

Revise la masilla de alrededor de los marcos de la puerta combinada. Si observa problemas cambie la masilla.

Busque pequeños orificios en la tela metálica por los que puedan entrar insectos. Arréglelos con una gota de cola epoxídica o con pegamento doméstico de secado rápido.

Si encuentra pequeños desgarrones en la tela metálica, repárelos con alambre fino o un sedal.

Para tapar un orificio grande en la tela, corte una pieza de una tela del mismo tipo que cubra el agujero. Desenrede algunos alambres, coloque el parche en el agujero y doble los alambres de la tela original para asegurarlo.

Un buen mantenimiento de la contrapuerta combinada eleva notablemente su eficiencia energética.

Cambiar la tela metálica

Para cambiar la tela metálica en un marco de madera, quite el marco de la tela de la puerta y corte un trozo de tela nuevo al menos 30 cm más ancho que el marco. Grápelo por la parte superior. Clave la parte inferior a un listón de madera, y use cuñas para tensarlo al máximo. Grape la tela en el borde inferior y, después, en los laterales y el travesaño del centro. Recorte lo que sobre y vuelva a clavar las molduras con puntas pequeñas. Embuta las puntas y cubra los agujeros con madera de relleno.

Para cambiar la tela de un marco de aluminio, quite primero éste de la puerta y apalanque el junquillo. Escuadre el marco, extienda sobre él la nueva tela y córtela por el borde exterior del marco. Use el lado convexo de un rodillo de acanalar para introducir la tela por el canal del marco, y el cóncavo para insertar el junquillo en el canal sobre la tela.

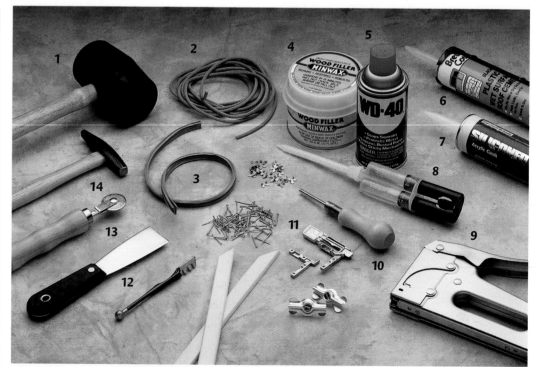

Entre las herramientas y materiales necesarios para reparar contrapuertas combinadas se incluyen los siguientes: maceta de goma (1), junquillo (2), burlete de goma para ventanas (3), madera de relleno bicomponente (4), lubricante con alto poder de penetración (5), pegamento para tejados (6), masilla acrílica de silicona (7), cola epoxídica (8), grapadora (9), empujador de clavillos (10), clavillos (11), espátula (12), rodillo de acanalar (13) y martillo para tachuelas (14).

Mantenimiento de contrapuertas

Si las revisa todos los años y las arregla regularmente sacará el máximo partido de sus contrapuertas. Seguidamente se ofrecen algunos consejos que le ayudarán a mantener las contrapuertas en buen estado:

Asegure los cierres volviendo a apretar los tornillos flojos de la chapa de cierre **(foto A)**.

Si el pestillo no encaja en la chapa de cierre, afloje los tornillos de ésta, introduzca cuñas finas de madera entre la chapa de cierre y la jamba y vuelva a apretar los tornillos.

Si la contrapuerta no tiene cadena de seguridad contra el viento, coloque una **(foto B)**. Esta cadena evitará que la puerta se abra con demasiada fuerza si hay corrientes, lo que podría dañar las bisagras o el cierre automático. Coloque la cadena de forma que la puerta sólo pueda abrirse 90°.

Ajuste el cierre automático de la puerta de forma que tenga la tensión correcta para que no se produzcan portazos **(foto C)**. La mayoría de los cierres automáticos de las puertas tienen un tornillo de ajuste de tensión en el extremo del tubo más alejado de las bisagras. Para prolongar la duración de la puerta, cambie este cierre en cuanto muestre signos de mal funcionamiento.

Si la contrapuerta tiene contraventanas con marco metálico, lubrique las piezas deslizantes una vez al año, utilizando un lubricante en aerosol **(foto D)**.

Herramientas:
Destornillador.

Materiales:
Cuñas de madera delgadas, cadena de seguridad contra el viento, lubricante en aerosol.

Asegure el pestillo apretando los tornillos flojos de la chapa de cierre.

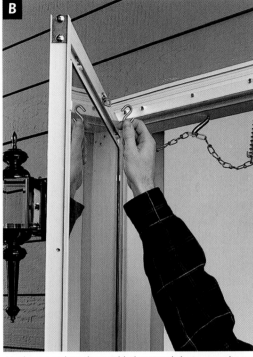

Añada una cadena de seguridad contra el viento que evite que la puerta se abra con demasiada fuerza.

Ajuste el cierre automático de la puerta para que ésta no dé portazo.

Lubrique las piezas deslizantes de la contrapuerta una vez al año.

Ventanas

Las ventanas son los ojos de la casa hacia el mundo exterior. De ellas se espera que aporten luz natural, se abran fácilmente para dejar entrar al aire fresco y sirvan de barrera contra los insectos, los intrusos y los elementos naturales. También se cuentan entre los elementos más caros de la casa, una buena razón para mantenerlas en buen estado. Una ventana bien cuidada puede durar cuarenta años o más.

Existen numerosas formas y tamaños de ventanas, tantas que es casi imposible completar un catálogo. Muchos hogares, en especial los más antiguos que han sido sometidos a mejoras periódicas a lo largo de los años, pueden tener cuatro o cinco estilos diferentes de ventanas. Saber cómo funciona cada tipo es una buena ayuda para diagnosticar problemas y resolverlos con eficacia.

Las ventanas de guillotina de dos hojas son comunes en muchas casas antiguas. Estas ventanas tienen dos hojas que se desplazan en vertical, una por detrás de la otra, sobre guías colocadas en el hueco de la ventana. Las ventanas de guillotina clásicas de dos hojas suelen accionarse mediante dos conjuntos de poleas y contrapesos alojados en cavidades del muro detrás de las molduras del marco. Como tienen una sola hoja de vidrio, estas ventanas suelen estar reforzadas con contraventanas que mejoran la eficiencia energética del sistema.

Las ventanas de guillotina modernas de dos hojas pueden incorporar guías de vinilo y un sistema de accionamiento por muelles. Una o ambas hojas son abatibles hacia delante para facilitar la limpieza. En estos modelos, los marcos suelen ser de madera o están revestidos de vinilo, y a menudo tienen cristales con cámaras herméticas intermedias, que evitan la necesidad de usar contraventanas.

Las ventanas de guillotina de una hoja se parecen a las anteriores, con la salvedad de que la hoja superior está fija y no se desliza.

Las ventanas batientes normales son comunes en muchas casas nuevas. Están sujetas por bisagras en uno de los lados, y se accionan con una manija. Sus marcos suelen ser de madera, sola o revestida con vinilo.

Las ventanas correderas se parecen a las de guillotina, aunque puestas de lado. Cada ventana suele tener dos hojas, que corren en sentido lateral, una sobre otra, sobre guías. Como carecen de piezas mecánicas, estas ventanas no suelen presentar problemas, aunque son difíciles de limpiar.

Las ventanas abatibles son parecidas a las de hoja batiente normales, aunque tumbadas de lado, con las bisagras arriba. Se abren y cierran con una manija montada en la parte inferior, y oscilan arriba y abajo.

Los miradores son conjuntos de varias unidades de ventanas dispuestas formando ángulo entre sí y que sobresalen de la fachada. A menudo son las ventanas laterales, ya sean batientes o de guillotina, las que se abren, mientras que las centrales son fijas.

Las ventanas panorámicas son grandes y fijas, diseñadas para disfrutar de una vista diáfana y luminosa. A no ser que se estropee el cristal, estas ventanas no dan nunca problemas.

Fotos izquierda y central cedidas por Andersen Windows; foto derecha cedida por The H-Window Co.

Algunos ejemplos de tipos y estilos de ventanas (de izquierda a derecha): grupo de dos ventanas de guillotina en un mismo marco con tragaluz fijo arriba, mirador con ventanas individuales de guillotina y ventana normal de hoja batiente.

Revisión de las ventanas y diagnóstico de problemas

Los problemas que suelen presentar las ventanas van desde cercos atascados, que obligan a limpiar las guías, a marcos afectados de podredumbre que exigen cambiar la ventana entera. Revise sus ventanas todos los años y haga los arreglos necesarios cuanto antes para que los problemas menores no terminen por provocarle mayores quebraderos de cabeza.

• Compruebe si hay cristales rotos. Un cristal roto no sólo es peligroso, sino que además reduce la eficiencia energética de la ventana. Cambiar los cristales de una sola hoja (página 141), como los habituales en las ventanas antiguas de guillotina, es bastante fácil, pero cuando la ventana tiene doble o triple cristal lo mejor es recurrir a un profesional. Pegue los cristales rajados con cinta adhesiva para evitar que se hagan añicos antes de que pueda arreglarlos.

• Compruebe que las masillas sellan bien el marco de la ventana. Cámbiela cuando se raje o no selle bien, para evitar que entre humedad y se pudra la madera. Para ello siga el procedimiento descrito para cambiar un cristal (página 141).

• Limpie y lubrique todas las piezas mecánicas y las superficies deslizantes. Para las ventanas correderas de madera use cera de abeja o jabón, y un aerosol sin grasa para las ventanas correderas de vinilo. Utilice un aceite ligero para que las piezas mecánicas funcionen con suavidad (página 143).

• Asegúrese de que las ventanas correderas se deslizan suavemente, y no las pinte puestas. Si no corren, puede que estén selladas con pintura. Para liberarlas, corte la pintura seca y golpee ligeramente el cerco con un taco de madera y un martillo (página 138).

En las ventanas de guillotina es frecuente pintar la ventana superior puesta, un problema tan común que muchos propietarios nunca llegan a saber que también pueden mover esta ventana. Para ventilar el aire caliente de las habitaciones es preferible abrir la ventana superior, por lo que conviene solucionar este problema cuando aparezca.

• Compuebe la hermeticidad de todas las ventanas. Una forma sencilla de hacerlo consiste en colocar un billete de banco bajo la ventana, cerrarla y luego intentar extraer el billete tirando de él. Si entra y sale fácilmente por la rendija, la ventana no ofrece buena protección frente a la intemperie, por lo que habrá que colocar burletes (página 142).

• Compruebe las ventanas de guillotina para ver si funcionan con suavidad. Las antiguas suelen accionarse con un sistema de poleas, contrapesos y cuerdas situados dentro de pequeñas cavidades a ambos lados del marco. Inspeccione y cambie estas cuerdas cuando sea necesario (página 144).

• Limpie y lubrique todos los años las guías, muelles y palancas de las contraventanas. Utilice lubricante de silicona sin grasa en aerosol, en vez de un aceite derivado del petróleo.

Útiles y materiales para reparar ventanas

Entre las herramientas y materiales necesarios para reparar ventanas se cuentan los siguientes: soplete de aire caliente para ablandar la masilla, una espátula para enmasillar ventanas, un raspador para eliminar la película de pintura de alrededor de la ventana, puntas de vidriero para colocar nuevos cristales, rodillo y junquillo para colocar nuevas pantallas de tela.

Además de estos útiles especiales, se precisarán algunas herramientas y materiales comunes en la casa o el taller, como un martillo, destornilladores, tacos de lijar y papel de lija, pinceles y brochas, imprimación y pintura, lubricantes, aplicador de masilla, cúter, aspiradora portátil y palanca de pata de cabra.

Consejo útil

Para cambiar la tela de una contraventana combinada de marco metálico, quite primero la tela. Use un destornillador para extraer el junquillo de las ranuras del marco haciendo palanca. Fije bien en el marco la nueva pantalla, cubriendo ligeramente las ranuras (como recambio, lo mejor es tela de vinilo). Utilice un rodillo para encajar el junquillo y la tela en las ranuras. Corte la tela sobrante con un cúter.

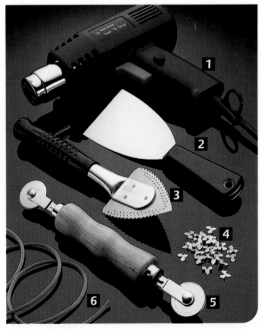

Entre las herramientas utilizadas para reparar ventanas se incluyen: soplete de aire caliente (1), espátula (2), raspador de pintura (3), puntas de vidriero (4), rodillo para junquillos (5) y junquillo (6).

Liberar ventanas atascadas

Las ventanas pueden dejar de correr bien por múltiples razones, aunque lo normal es que los canales o guías necesiten limpieza o que se hayan obturado con pintura. En ventanas de guillotina es bastante común bloquear con pintura la ventana superior.

Para liberar una ventana atascada, empiece limpiando el hueco entre el marco y la ventana con un raspador o un cúter **(foto A)**. Trabaje despacio, para no desconchar la pintura del renvalso y el cerco de la ventana. En algunos casos, también puede haber pintura en la junta horizontal entre la hoja frontal y la posterior de la ventana.

Después, coloque un taco de madera a lo largo del cerco y golpee ligeramente sobre él varias veces con un martillo **(foto B)**. Repita la operación desplazando el taco por el cerco y después intente subir y bajar la ventana.

Si esta técnica no funciona, tal vez la ventana esté combada o hinchada. Una solución a este problema consiste en quitar los listones de renvalso de la ventana y volverla a instalar de forma que quede un intersticio pequeño pero visible entre los renvalsos y los cercos.

Cuando la ventana corra con facilidad, limpie las guías y lubríquelas con cera de abeja o parafina. El mejor modo de hacerlo es sacando la ventana de las ranuras, lo que puede aprovecharse para revisar los cordones del marco y el burlete, reparándolos en caso necesario (páginas 142 y 144).

Al pintar las ventanas utilice las técnicas correctas para prevenir problemas de bloqueo. Cuando sea posible, quite las ventanas para pintarlas. Si tiene que pintarlas puestas, deslícelas sobre las guías arriba y abajo cada cierto tiempo mientras se seca la pintura, para que no queden pegadas.

Utilice un raspador o un cúter para romper el sello de pintura existente entre los cercos de la ventana y sus listones de renvalso.

Utilice un taco de madera y un martillo para golpear ligeramente el marco y liberar la ventana.

Mejorar la seguridad de las ventanas

No cabe duda de que las ventanas constituyen un punto débil en la seguridad del hogar frente a los intrusos. Por suerte, existen varios métodos baratos y sencillos para que sea más difícil romper las ventanas y entrar por ellas.

En ventanas de guillotina es posible unir entre sí las dos hojas haciendo un taladro en la parte superior de la hoja de abajo, y en la inferior de la hoja de arriba, para insertar en él una armella roscada (foto C).

En las ventanas correderas coloque, a modo de tranca, una espiga gruesa de madera en la guía entre el borde de la ventana móvil y la jamba (foto D). En la guía superior, introduzca un tornillo que impida a los intrusos sacar el cerco de la ventana de su guía (foto E).

En las ventanas de la planta baja puede colocar barras o rejas de protección (foto F). Finalmente, puede quitar las manivelas y manijas de las ventanas batientes y abatibles (foto G). De esta forma, un intruso que rompiera la ventana tendría que trepar sobre el cristal roto, en vez de girar sencillamente la manivela.

Una entre sí las hojas de las ventanas de guillotina haciendo un taladro e introduciendo en él una armella roscada.

Es posible mejorar la seguridad de las ventanas correderas colocando una espiga de madera gruesa en la guía inferior, de forma que no pueda abrirse desde fuera la parte móvil.

Introduzca un tornillo en la guía superior de la ventana corredera para evitar que pueda extraerse el cerco de la guía.

Es posible instalar barras o rejas de seguridad en las ventanas de la planta baja para evitar que entren intrusos en la casa.

Quitando la manivela de las ventanas batientes y abatibles se evita que los intrusos puedan romper el cristal y abrir la ventana con ellas.

Limpiar y lubricar las ventanas

Mantenga las guías y las piezas móviles de las ventanas limpias y bien lubricadas para evitarse problemas. Las ventanas correderas y las de guillotina se deslizarán con más suavidad si las guías están limpias, al igual que los mecanismos bien lubricados de las ventanas batientes y abatibles reducirán el esfuerzo de sus bisagras y manivelas, prolongando así la duración de estos componentes.

Empiece por elegir un lubricante apropiado (**foto A**). Los productos derivados del petróleo son adecuados para mecanismos totalmente metálicos, pero para lubricar superficies de madera son preferibles los productos sin petróleo, como el polvo de grafito, la cera o la parafina.

Limpie las guías de todo tipo de ventanas correderas con una aspiradora y un cepillo de dientes (**foto B**). La acumulación de suciedad es un problema común en las ventanas de guillotina y correderas y en las contraventanas combinadas.

Después, limpie las guías de las ventanas y los burletes, con un trapo humedecido en un producto limpiador o un disolvente suave (**foto C**). Si hay pintura seca en las ranuras utilice una rasqueta y un diluyente de pintura para eliminarla, ya que podría atascar la ventana. Cuando los burletes estén desgastados, sustitúyalos, y si no los hay coloque burletes nuevos (página 142). NOTA: No utilice nunca disolventes fuertes para limpiar ventanas con rieles de vinilo.

Una vez limpias las guías, aplique una pequeña cantidad de lubricante para evitar que se vuelvan a bloquear en el futuro. Asegúrese de que utiliza un lubricante no grasiento y sin petróleo.

Limpie y lubrique también los mecanismos de bloqueo de las ventanas, así como las manivelas y bisagras en los modelos de hoja batiente.

Herramientas:
Aspiradora de mano, cepillo de dientes.

Materiales:
Lubricante, trapo, jabón, disolvente de pintura (si fuera necesario).

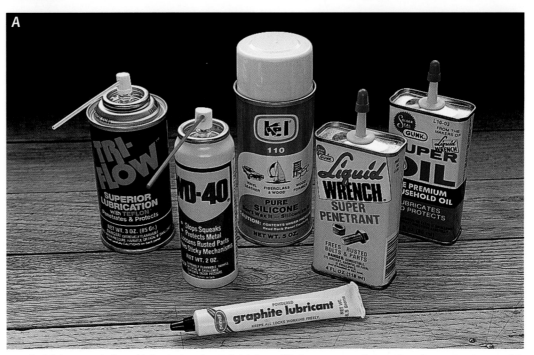

Entre los lubricantes se incluyen (de izquierda a derecha): lubricante/disolvente en aerosol, spray de aceite penetrante, aerosol de silicona, aceites penetrantes y grafito en polvo (delante).

Utilice una aspiradora de mano y un cepillo de dientes para ablandar y eliminar la suciedad y la mugre de las guías de las ventanas correderas.

Utilice un paño humedecido con un limpiador para limpiar los burletes de las ranuras de las ventanas. Cambie estos elementos cuando presenten signos de desgaste.

Cambiar el cristal de una ventana

Para cambiar un cristal roto, primero hay que quitar la masilla de alrededor y las puntas y después, con cuidado, retirar el cristal. Tome medidas exactas del hueco para hacer su pedido en la ferretería o el centro de bricolaje, teniendo en cuenta que el cristal de recambio debe medir 6 mm menos que el hueco en todo el contorno, a fin de reservar 3 mm para dilatación en cada borde.

Colocar un cristal de una sola hoja es un trabajo fácil, lo que no puede decirse de los acristalamientos dobles o triples, que conviene dejar en manos de un profesional.

Empiece por desmontar la ventana de sus jambas, si es posible. Las ventanas de guillotina modernas pueden desmontarse empujando las guías flexibles de vinilo (foto D); en las antiguas hay que quitar los listones de renvalso (página 144).

Después, ablande la masilla con un soplete de aire caliente, con cuidado de no quemar la madera (foto E). Raspe la masilla reblandecida con una espátula.

Quite el cristal roto y las puntas del marco, y lije la madera para eliminar todo resto de pintura o masilla (foto F). Cubra la madera desnuda con un sellador, y déjela secar.

Después, aplique una fina capa de masilla para vidrio en los rebajes del marco, y luego coloque el cristal en su sitio, presionándolo ligeramente para encajarlo bien. Introduzca puntas de vidriero nuevas cada 25 cm, utilizando la punta de la espátula (foto G).

Aplique masilla para vidrio. Algunas de estas masillas se aplican con pistola (foto H), y otras con espátula. Alise la masilla con un paño o con el dedo humedecido.

Una vez colocado el cristal, proceda a pintar el marco. Cubra con pintura aproximadamente 1,5 mm del cristal, para mejorar su capacidad de protección frente al mal tiempo (foto I). Vuelva a colocar la ventana.

Herramientas:
Soplete de aire caliente, espátula, pistola de masilla, taco de lijar, brocha.

Materiales:
Cristal, puntas de vidriero, sellador de madera, pintura.

D

Saque la ventana de sus jambas, si es posible, y colóquela sobre una superficie plana. Si no puede quitarla, cambie el cristal con la ventana puesta.

E

Ablande la masilla del cristal con un soplete de aire caliente, y luego quite la masilla y las puntas de vidriero antes de retirar el cristal roto.

F

Limpie y lije la madera del interior del rebaje en forma de L, y cubra la zona con sellador.

G

Aplique una fina capa de masilla para vidrio en el fondo del rebaje, y luego coloque el nuevo cristal, presionándolo ligeramente para que encaje. Coloque las puntas de vidriero para sujetar el cristal en su sitio.

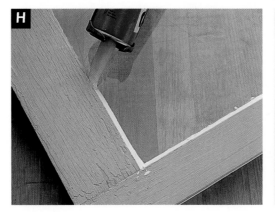

H

Aplique un cordón de masilla alrededor del cristal. Alise este cordón con un trapo o con el dedo humedecido.

I

Después de colocar el cristal, vuelva a pintar la ventana, cubriendo el vidrio aproximadamente 1,5 mm en todos los bordes.

Colocación de burletes en ventanas de guillotina

En la mayoría de los climas, los burletes son esenciales para lograr que las ventanas tengan buena eficiencia energética. Con ellos se evita la pérdida de calor en invierno, se obtiene un buen aislamiento en verano y se levanta una barrera contra la humedad y los insectos.

Para empezar, desmonte la ventana de guillotina (página 144) y quite todos los burletes desgastados. Limpie las guías a conciencia.

Corte burletes metálicos en V a la longitud de las guías de la hoja móvil **(foto A)**, añadiendo al menos 5 cm para cada hoja (sin cubrir el mecanismo de cierre). Fije el burlete al cerco con clavillos introducidos con un martillo para tachuelas. Embuta bien los clavos en la superficie, para que las hojas no tropiecen con ellos.

Abra el burlete metálico con una espátula, para que la ranura quede un poco más ancha que el hueco entre la hoja de la ventana y la guía en que ajusta **(foto B)**. No lo abra demasiado de una vez, ya que es difícil volver a cerrarlo sin que se deforme.

Después, limpie bien la parte inferior de la ventana con un trapo húmedo y déjela secar. Coloque una tira autoadhesiva de espuma o burlete de goma debajo del cerco **(foto C)**.

Selle el hueco entre la hoja superior y la inferior. Levante la hoja inferior y baje la superior para acceder mejor a la zona de trabajo, y luego clave el burlete metálico en V en el peinazo inferior de la hoja de arriba **(foto D)**. El lado abierto de la V debe apuntar hacia abajo, para que no entre humedad en la junta. Abra el burlete con ayuda de una espátula.

Herramientas:
Martillo, espátula.

Materiales:
Burlete metálico en V, burlete autoadhesivo de goma o espuma.

Corte y coloque burlete metálico en V como protección contra la intemperie en las guías laterales de la hoja móvil de la ventana. El lado abierto de la V debe estar orientado al exterior.

Abra el burlete metálico con una espátula para mejorar la capacidad de impermeabilización.

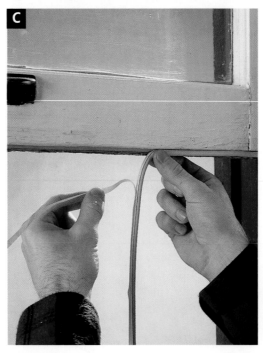

Aplique burlete autoadhesivo de goma o espuma en la parte inferior del cerco de la hoja.

Coloque burlete metálico en el peinazo inferior de la ventana exterior.

Colocación de burletes en ventanas batientes y abatibles

También las ventanas batientes y abatibles tienen burletes que han de inspeccionarse periódicamente y sustituirse cuando se agrieten o desgasten.

Empiece por quitar todos los burletes antiguos, para limpiar toda la mugre y la suciedad de las superficies. Corte a medida burletes autoadhesivos de goma o espuma, para ajustarlos a los bordes de los renvalsos de las ventanas. Quite el papel protector y coloque los burletes en su sitio haciendo presión (foto E).

Herramientas:
Tijeras.

Materiales:
Burlete autoadhesivo de goma o espuma.

Reparación de ventanas batientes

Cuando una ventana batiente no pueda abrirse y cerrarse fácilmente y con suavidad, normalmente se deberá a la presencia de grasa o suciedad que impide el buen funcionamiento de las manivelas y los brazos de articulación.

Empiece abriendo la ventana hasta que el botón de vinilo del brazo extensor pueda extraerse de la guía (foto F).

Saque el brazo extensor de la guía (foto G). En algunas ventanas, tal vez haya que quitar una pinza en forma de C para dejar libre el brazo. Limpie bien la guía con un cepillo de cerdas rígidas.

Utilice un trapo limpio humedecido con alcohol de frotar para quitar la mugre y el exceso de grasa del brazo y de los puntos de articulación (foto H). Limpie también la suciedad y la grasa de los engranajes de la manivela.

Lubrique esta manivela, las articulaciones del brazo extensor y las guías con un aceite en aerosol para maquinaria ligera. Accione la manivela, abriendo y cerrando la ventana hasta que el lubricante haya penetrado suficientemente.

Herramientas:
Trapo, cepillo de cerdas rígidas.

Materiales:
Alcohol de frotar, aceite lubricante para maquinaria ligera.

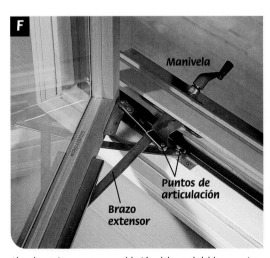

Abra la ventana para que el botón del canal del brazo extensor quede alineado con la ranura de la guía de la ventana.

Extraiga el brazo extensor de la ranura, y limpie la guía con un cepillo de cerdas rígidas.

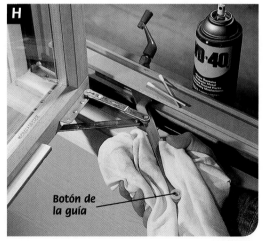

Lubrique la guía, las articulaciones y el brazo extensor con lubricante en aerosol para maquinaria ligera.

Cambiar las cuerdas de los contrapesos

Cuando una ventana de guillotina no funcione bien, no hay por qué resignarse. Cambiar las cuerdas de los contrapesos que permiten subir y bajar la hoja es una tarea sorprendentemente sencilla.

Para empezar, corte con un cúter la película de pintura de los listones de renvalso de la ventana, si están tapados **(foto A)**. Después, use una palanca de pata de cabra para extraer con cuidado los listones que sujetan la hoja inferior de la ventana de dentro **(foto B)**.

Retire la hoja de la ventana interior del hueco **(foto C)** y extraiga las cuerdas anudadas que están alojadas en las cavidades laterales del marco de la ventana.

Saque con la palanca los pequeños listones verticales de madera que separan las dos ventanas. Estos separadores están encajados en la ranura de las jambas laterales, por lo que conviene proceder con cuidado. Si rompe alguno de estos listones, no se preocupe, ya que podrá encontrar recambios en la mayoría de los centros de bricolaje o de maderas.

Una vez retirados los listones separadores, saque del hueco la hoja superior de la ventana exterior. Si no es posible mover la ventana, tal vez sea porque se haya pintado puesta. Corte la pintura de la parte exterior del cerco de la hoja con un cúter, y golpee ligeramente el cerco con un taco de madera y un

Herramientas:
Cúter, palanca de pata de cabra, destornilladores, martillo, espátula.

Materiales:
Cuerda de nailon de 6 mm para ventanas de guillotina, aceite para maquinaria ligera, papel de lija de grano 100.

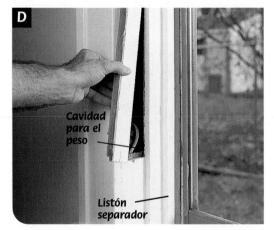

Corte la película de pintura de los listones de renvalso con un cúter.

Quite los listones de renvalso de las ventanas usando una palanca de pata de cabra, si están clavados, o un destornillador si están atornillados.

Saque la hoja interior de abajo del marco de la ventana, y desate las cuerdas de los lados.

Quite la tapa de la cavidad donde se alojan los contrapesos de la hoja de la ventana. Quite el listón separador y luego la ventana de arriba.

Use una cuerda pequeña y un clavillo para enrollar la nueva cuerda del contrapeso alrededor de las poleas e introducirla en las cavidades.

Tire de la nueva cuerda del contrapeso y ate los extremos a los pesos.

martillo hasta liberarlo del marco. Quite todas las cuerdas sujetas a la ventana.

Retire el pequeño listón de acceso de cada jamba lateral (foto D). En la mayoría de los casos, bastará con que quite los clavos o los tornillos que lo sujetan. Acceda a la cavidad del muro y saque los pesos.

Corte o desate las cuerdas de los contrapesos de la hoja, y sáquelas de las cavidades.

Compruebe que las poleas de la parte superior de cada jamba lateral giran bien y no están bloqueadas por suciedad, polvo o pintura. Raspe toda la pintura seca con una espátula, y aplique unas gotas de aceite lubricante para maquinaria ligera en los ejes de las poleas.

Para colocar una nueva cuerda de contrapeso de nailon de 6 mm para la hoja de la ventana, primero ate uno de los extremos de un cordel a un clavo pequeño, y el otro a la cuerda del contrapeso (foto E).

Pase la nueva cuerda del contrapeso alrededor de las poleas e introdúzcala en las cavidades del muro (foto F).

Ate los extremos de la cuerda a los pesos, e introduzca éstos en las cavidades del muro (foto G).

Raspe los restos de pintura seca y de suciedad de las jambas laterales. Quite todos los burletes y lije bien las superficies con papel de lija de grano 100 enrollado en un taco de madera.

Si quiere pintar los cercos de las hojas, hágalo antes de colocarlos en el marco. No pinte los cantos verticales que deben deslizarse sobre las jambas; la pintura podría impedir que se muevan.

Aplique una capa de cera a los cantos de cada cerco. Si observa gotas o manchas de pintura seca en estos cantos, líjelos suavemente.

Corte a medida las cuerdas de contrapeso para la hoja exterior de arriba, guiándose por las antiguas (foto H).

Haga nudos en estas cuerdas, e introdúzcalos en los rebajes en los bordes de los cercos, comprobando que no entorpezcan el movimiento del cerco al abrir o cerrar la ventana. Si fuera necesario, cambie la posición de los nudos o alargue o acorte las cuerdas. Introduzca un clavillo directamente en cada nudo y clávelo al marco de la ventana, para sujetar la cuerda (foto I).

Vuelva a colocar la tapa del listón de acceso. Coloque nuevos burletes en la hoja posterior, si lo desea (página 142). Encaje el cerco de esta hoja en las jambas, y vuelva a colocar el listón separador.

Recorte y ate las cuerdas de la hoja interior de abajo, siguiendo el mismo método.

Vuelva a colocar los listones de renvalso de la ventana interior, que sujetan la hoja de abajo. Los listones deben frenar la hoja para que no caiga de golpe, aunque sin impedir su movimiento. Fíjelos con tornillos de rosca madera o con clavos de cabeza perdida, de forma que atraviesen los listones de renvalso hasta las jambas (si se emplearan elementos de fijación más largos, penetrarían en las cavidades del muro y podrían entorpecer el movimiento de las cuerdas). Compruebe que las hojas corren con suavidad y que cierran herméticamente.

Consejo útil

Algunas ventanas antiguas de guillotina tienen cadenas en vez de cuerdas. En tal caso, es mejor cambiarlas por cuerdas de nailon que instalar nuevas cadenas. Las cuerdas se enredan menos y son también más silenciosas. Las cadenas metálicas siempre hacen ruido cuando se sube o se baja la ventana.

Vuelva a introducir los pesos en las cavidades del muro.

Mida la longitud exacta de las cuerdas de los contrapesos y corte lo que sobre.

Haga nudos en los extremos de las cuerdas y clávelos en los rebajes de los laterales de las ventanas.

Quitar y cambiar ventanas

Si observa que una ventana está demasiado deteriorada para repararla, cámbiela. Por suerte, este trabajo no es tan difícil como parece. Lo principal es conseguir una ventana que encaje bien en el hueco de obra, y esperar a un día seco para realizar la operación.

Empiece por levantar los antepechos, los alféizares y los marcos con una palanca de pata de cabra (**foto A**). Guarde las molduras si piensa volverlas a utilizar, teniendo en cuenta que algunas ventanas nuevas vienen con sus molduras propias.

En los modelos de guillotina con contrapesos, quite los pesos cortando las cuerdas y sacando dichos pesos de sus cavidades (página 144).

Corte los clavos que fijan los marcos de las puertas y ventanas a los elementos estructurales, utilizando una sierra alternativa (**foto B**). Tire de la ventana desde el exterior. Si es demasiado grande, pida ayuda para esta tarea. Aplique cinta adhesiva de máscara en los cristales para que no se rompan si se produce algún contratiempo al quitar la ventana (**foto C**).

NOTA: Si no puede colocar la nueva ventana de inmediato, cubra el hueco provisionalmente atornillando un retal de contrachapado a los elementos estructurales. Grape un plástico por la parte exterior del hueco para evitar problemas de humedad.

Pruebe el ajuste de la nueva ventana, introduciéndola en el hueco de obra (**foto D**). Sujete la ventana con tacos y cuñas de madera bajo la jamba inferior.

Compruebe que está bien nivelada y perfectamente vertical (**foto E**). En caso necesario, ajuste las cuñas de la esquina inferior de la ventana, hasta nivelarla (**foto F**).

Coloque las cuñas por parejas, contrapeadas para formar un calzo plano. Inserte las cuñas des-

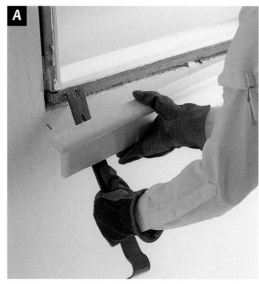

Quite las molduras del antepecho, el alféizar y el marco con una palanca de pata de cabra. Guarde estas molduras si piensa volverlas a usar en la nueva ventana.

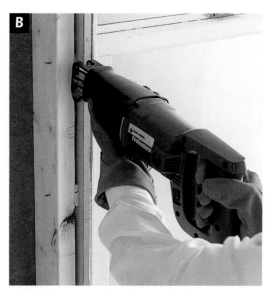

Corte los clavos que sujetan la ventana a la estructura, utilizando una sierra alternativa provista de una hoja para metales.

Con la ayuda de otra persona, quite la ventana del hueco y póngala aparte. Proteja los cristales con cinta de máscara para que no se rompan al mover la ventana.

Herramientas:
Palanca de pata de cabra, cúter, sierra alternativa, martillo, taladradora, botador, serrucho, aplicador de masilla.

Materiales:
Cinta de máscara, tacos de madera, cuñas de madera, clavos para marcos de 64 mm, clavos galvanizados de 76 mm, masilla.

de el interior en los huecos entre las jambas y los elementos estructurales, a intervalos de 30 cm **(foto G)**. Ajuste las cuñas para que encajen bien pero no demasiado apretadas, para que no comben las jambas. Abra y cierre la ventana para asegurarse de que funciona correctamente. Vuelva a comprobar que la ventana está bien nivelada en sentido vertical y horizontal, y ajústela en caso necesario.

En cada posición de las cuñas haga un taladro guía e inserte clavos de 64 mm que atraviesen la jamba y las cuñas y lleguen al elemento estructural **(foto H)**. Embuta la cabeza de los clavos bajo la superficie con un botador.

Rellene los huecos entre las jambas y la estructura con aislante de fibra de vidrio no muy compacto, para reducir la infiltración de aire.

Corte los salientes de las cuñas con un serrucho.

Desde fuera, practique taladros guía cada 30 cm aproximadamente e introduzca en ellos clavos galvanizados de 76 mm, de forma que atraviesen las molduras entre marco y albañilería y lleguen a los elementos estructurales **(foto I)**. Embuta las cabezas de los clavos con un botador.

Aplique masilla de silicona alrededor de toda la ventana. Rellene todos los orificios de los clavos con masilla, y luego pinte las molduras.

Coloque las molduras interiores (página 48).

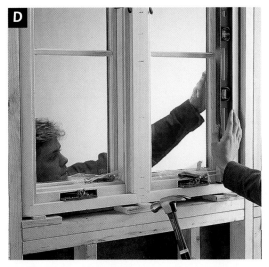
Pruebe el ajuste de la nueva ventana en el hueco de obra.

Compruebe que el borde inferior está bien nivelado.

Ajuste la ventana retocando las cuñas situadas bajo el borde inferior, en caso necesario.

Coloque pares de cuñas en los huecos entre las jambas y los elementos estructurales.

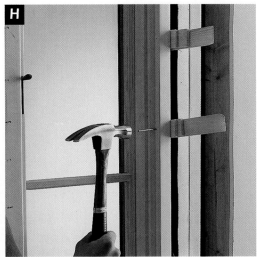
Asegure la ventana con clavos de 64 mm que traspasen la jamba en la posición de cada una de las cuñas.

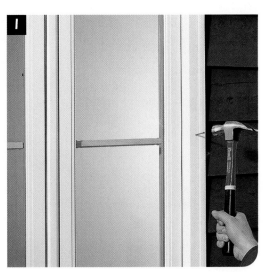
Inserte clavos de 76 mm en la moldura entre el marco y la albañilería.

Reparar contraventanas

La combinación de ventana y contraventana es una solución más cómoda que las ventanas desmontables, ya que no es preciso cambiarla dos veces al año. Esta combinación protege el interior de la casa de los fuertes vientos y crea una zona aislante por el aire atrapado entre la contraventana y la ventana permanente, que puede abrirse para ventilar siempre que se quiera.

Sin embargo, limpiar y mantener esta combinación puede ser más difícil que en el caso de las ventanas desmontables. Para resolver este problema, los modelos nuevos incluyen diseños abatibles que facilitan la ejecución de esta tarea desde dentro de la casa.

Aunque las ventanas y contraventanas desmontables deben cambiarse según la estación, ofrecen un aislamiento excelente en invierno y permiten una buena ventilación en verano. Por estos motivos, muchos propietarios las prefieren a las combinaciones de ventana y contraventana permanentes, aunque exijan mayor esfuerzo.

La sencilla construcción de los cercos de madera de las ventanas desmontables y la ausencia en ellas de piezas móviles facilitan su mantenimiento y reparación. Sus arreglos más frecuentes son cambiar telas y cristales, apretar uniones flojas y renovar la pintura.

Herramientas:
Martillo, destornillador, espátula.

Materiales:
Herrajes para colocar ventanas, armellas roscadas, listones de 38 × 89 mm, masilla de madera o mondadientes y cola epoxídica, aceite penetrante en aerosol, masilla para cristales, puntas de vidriero.

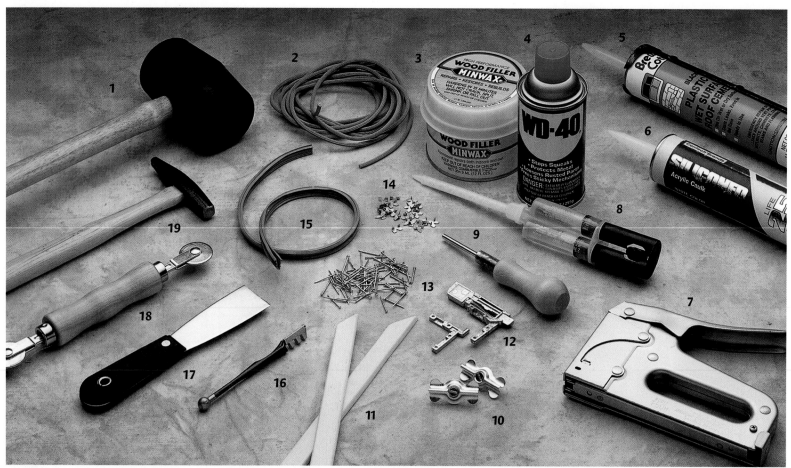

Entre las herramientas y materiales necesarios para reparar contraventanas se incluyen los siguientes: maceta de goma (1), junquillo para cercos metálicos (2), madera de relleno bicomponente (3), aceite penetrante (4), pegamento para tejados (5), masilla acrílica de silicona (6), grapadora (7), cola epoxídica (8), empujador de clavillos (9), palomillas (10), listones de sujeción para cercos de madera (11), herrajes de repuesto para cercos metálicos (12), clavillos (13), puntas de vidriero (14), burletes de goma para cercos metálicos (15), cortavidrios (16), espátula (17), rodillo para junquillos (18), martillo para tachuelas (19).

Mantenimiento de contraventanas

Tanto si tiene contraventanas desmontables o ventanas combinadas fijas, las tareas de mantenimiento se simplificarán enormemente aplicando algunos trucos que prolongarán su duración y mejorarán su rendimiento.

Uno de los métodos idóneos para prolongar la duración de las ventanas y contraventanas desmontables, es preparar unos soportes para guardarlas bien ordenadas en los meses en que no se usen (foto A).

Si estos conjuntos carecen de herrajes de fijación, empiece por fijar unos enganches a los peinazos superiores de las ventanas, a unos 2,5 cm de los extremos.

Después fije un par de listones de 38 × 89 mm al techo del garaje o a las viguetas del techo del sótano. Coloque los listones separados por una distancia acorde con la posición de los enganches fijados a las ventanas.

Finalmente, coloque ganchos roscados en los listones, alineados de forma que permitan colgar de ellos los enganches. Cuelgue de estos ganchos las contraventanas o las pantallas de tela metálica cuando no se usen.

Si las contraventanas se aflojan se deberá probablemente a un defecto de las pinzas o palomillas de sujeción. Para mejorar el agarre de los tornillos, sáquelos y rellene los orificios con masilla de madera o con mondadientes y una cola epoxídica (no use nunca cola blanca normal para trabajos al exterior). Deje secar el relleno y vuelva a colocar los tornillos (foto B).

Para mantener en buen estado las piezas deslizantes de la estructura metálica de las contraventanas, lubríquelas una vez al año con aceite penetrante (foto C).

Quite la masilla deteriorada de los bordes de los cristales en las ventanas con marco de madera, y renuévela con masilla para cristales y una espátula (foto D). Compruebe antes si faltan puntas en la ventana, y cámbielas en caso necesario. Con estas operaciones mejorará la eficiencia energética de las ventanas, y también su aspecto.

Unos soportes adecuados permitirán prolongar la duración de las ventanas desmontables.

Apriete las palomillas de cierre de las contraventanas.

Lubrique las piezas deslizantes de las ventanas metálicas todos los años.

Sustituya la masilla agrietada o deteriorada que aísla el borde del cristal en ventanas de madera.

Colocación de burletes en una contraventana de madera

Las contraventanas evitan pérdidas de calor al mantener una bolsa de aire retenido entre los cristales interior y exterior. Así pues, el aire que escapa por el contorno de los cristales limita el valor aislante de la contraventana y dispara las facturas de consumo de energía.

Para reducir estas fugas selle bien los bordes de los cristales (**foto A**) con un burlete adecuado. Forme un sello en torno al marco exterior, introduciendo tiras de espuma de compresión en los renvalsos exteriores de las contraventanas (**foto B**).

Después de colocar la ventana, extienda un cordón protector sobre la masilla para rellenar los huecos entre las molduras exteriores de la ventana y la contraventana.

Tan importante como limitar al mínimo las fugas es evitar que se condense humedad entre los cristales de la ventana y la contraventana. Si se produce esta circunstancia, habrá que practicar varios orificios, llamados *taladros de drenaje*, para que dejen escapar la humedad que terminaría por pudrir la madera. Practique uno o dos de estos taladros

con un pequeño ángulo de inclinación hacia arriba a través del peinazo inferior de la contraventana (**foto C**).

Herramientas:
Taladradora.

Materiales:
Burletes, tiras de espuma de compresión, cordón protector para masilla.

Las zonas de las ventanas donde más calor se pierde son los bordes de los cristales en contacto con los marcos de la ventana.

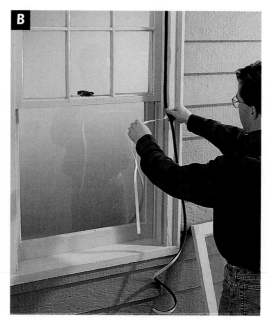

Rellene los huecos entre la contraventana y la ventana permanente con un cordón protector para masilla.

Haga uno o dos taladros pequeños en el peinazo inferior de la contraventana para evitar que se forme humedad entre los cristales.

Cambiar el cristal de una contraventana de madera

Para cambiar el cristal de una contraventana de madera, limpie primero los rebajes del marco para eliminar restos de cristal, masilla y puntas de vidriero. Use un formón viejo para raspar los residuos de los rebajes, y aplique una capa de tapaporos o sellador al marco de la ventana.

Mida la distancia entre los rebajes para determinar la anchura y la altura total del hueco. Reste 3 mm de cada medida, y consiga un nuevo cristal del tamaño resultante. Aplique un fino cordón de masilla sobre el rebaje, que actuará como lecho del nuevo cristal (**foto D**). Presione este cristal sobre la masilla húmeda (**foto E**).

Utilice una espátula o la hoja de un destornillador para clavar las puntas en el marco que, separadas entre 20 y 25 cm, sujetarán el cristal.

Prepare «cordones» de masilla para cristales de 3 mm de diámetro y extiéndalos sobre la unión entre el vidrio y el marco (**foto F**).

Alise la masilla con una espátula sostenida en ángulo de 45°, para conseguir una superficie plana.

Limpie el exceso de masilla cortándolo con el filo de la espátula. Deje secar la masilla durante varios días antes de pintar la ventana.

Herramientas:
Formón viejo, espátula, destornillador, aplicador de masilla.

Materiales:
Masilla, cristal de recambio, puntas de vidriero, masilla para cristales.

Aplique un cordón de masilla de silicona en el rebaje del marco.

Coloque el nuevo cristal sobre la masilla húmeda.

Extienda masilla entre el cristal y el marco.

Cambiar la pantalla de tela de una contraventana de madera

Para cambiar la tela de una contraventana de madera, empiece por eliminar los restos de tela o listones de sujeción de los rebajes. Use un formón viejo para raspar estos residuos, y luego aplique una capa de tapaporos o sellador al marco de madera.

Corte una pieza de tela de fibra de vidrio que sea al menos 7,5 cm más ancha y larga que el hueco del marco (foto G). Esta tela es fácil de manejar y no se oxida ni corroe.

Use una grapadora para clavar la parte superior de la tela en el rebaje (foto H). Estire la tela hasta la parte inferior del marco y clávela en el rebaje.

Luego, clave un lateral de la tela en su rebaje respectivo. Tense bien la tela en el marco y clave el otro lateral.

Coloque listones de sujeción sobre los bordes de la tela. No aproveche los agujeros de los clavos antiguos; practique en su lugar taladros guía de 0,8 mm de diámetro en los listones, y luego introduzca clavillos en estos orificios (foto I). Corte la tela sobrante con un cúter afilado.

Herramientas:
Formón viejo, grapadora, cúter.

Materiales:
Tela de fibra de vidrio, grapas, clavillos.

Corte la tela 7,5 cm más ancha y más larga que el hueco.

Grape primero la parte superior de la tela.

Inserte clavillos en los nuevos agujeros practicados en los listones de sujeción.

Reparar una junta floja en una contraventana de madera

Como las contraventanas desmontables se cambian, transportan y almacenan con tanta frecuencia, suelen requerir labores regulares de mantenimiento y reparación. Uno de los problemas más comunes es el aflojamiento de las juntas. Por suerte, este problema se resuelve fácilmente en la mayoría de las contraventanas de madera, que suelen tener juntas a tope, solapadas o con ensamble de caja y espiga.

Quite el cristal o la tela de la pantalla e inspecciónela. Si observa daños, limpie el rebaje y prepárelo **(foto A)**, y piense en cambiar el cristal o la tela (páginas 150 y 151) después de arreglar la junta.

Separe con cuidado la unión floja, con ayuda de una palanca de pata de cabra, si fuera necesario. Utilice una espátula para raspar las superficies de la junta una vez limpia.

Utilice una jeringuilla desechable para inyectar cola epoxídica en la unión **(foto B)**. Apriete bien el ensamble y sujételo en su posición con una mordaza. Con una escuadra de carpintero, compruebe que el marco está bien escuadrado.

Una vez seca la cola, refuerce el arreglo haciendo dos taladros de 5 mm a través de la junta. Corte dos espigas de este mismo calibre y unos 2,5 cm más largas que el grosor del marco.

Redondee uno de los extremos de ambas espigas con papel de lija. Cubra las espigas con cola epoxídica e introdúzcalas en los agujeros **(foto C)**.

Una vez seca la cola, corte los extremos salientes de las espigas con un serrucho, y líjelos bien hasta que se nivelen con el cerco. Retoque la zona con una capa de pintura.

Herramientas: *Palanca de pata de cabra, espátula, jeringuilla desechable para cola, mordaza de barra, escuadra de carpintero, taladradora, martillo, serrucho, herramientas de lijado y pintura.*

Materiales: *Cola epoxídica, espigas de 5 mm, papel de lija, pintura.*

Cuando quite el cristal de una contraventana de madera, no olvide limpiar y preparar adecuadamente el rebaje (página 150).

Inyecte cola epoxídica en la unión y apriétela bien.

Introduzca espigas en la unión para reforzar el arreglo.

Cambiar el cristal de una contraventana metálica

El arreglo de una contraventana metálica combinada es más complejo que el de un modelo desmontable. Sin embargo, algunas reparaciones pueden ser realizadas por el propio usuario, siempre y cuando pueda encontrar las piezas de repuesto adecuadas.

Cuando busque estas piezas lleve siempre consigo las originales. Acuda a una ferretería que repare ventanas, y pida al dependiente que le ayude a encontrar el recambio correcto. Si no puede encontrarlo, no intente la reparación, y consiga en su lugar un cerco nuevo.

El primer paso consiste en quitar el cerco de la ventana. Alinee los soportes del cerco en los extremos del peinazo superior con las muescas de los canales laterales. Empuje los herrajes que correspondan en el peinazo superior (por ejemplo, las lengüetas que se muestran en la **foto D**) y saque el cerco.

Después, quite el cristal roto, retirando tanto los fragmentos de vidrio como el burlete de goma que lo sujetaba.

Determine las medidas del nuevo cristal midiendo los bordes interiores del hueco abierto, y añada a cada medida el doble del valor del burlete de goma (**foto E**).

Coloque el marco en una superficie plana y desmonte el peinazo superior (**foto F**). Por lo común no será necesario quitar los tornillos de fijación de los laterales del marco, donde se unen al peinazo superior.

Después de aflojar los tornillos de fijación, tire del peinazo superior, suavemente y hacia abajo, para no dañar las piezas en L de las esquinas que unen el peinazo a los montantes de la ventana.

Provisto de guantes, coloque el burlete de goma en uno de los bordes del cristal (**foto G**). En las esquinas, corte una parte del cordón del burlete para curvarlo siguiendo la esquina. Complete la superficie de los cuatro bordes del cristal, y corte lo que sobre del cordón.

Deslice el cristal por los canales de los montantes hasta introducirlo en el peinazo inferior del cerco. Inserte las piezas de esquina en el peinazo superior, e introdúzcalas también en los montantes del marco (**foto H**).

Presione el peinazo superior hacia abajo hasta que se nivelen las esquinas con los montantes. Vuelva a introducir los tornillos de fijación que dan consistencia al marco.

Herramientas:
Cinta métrica, cúter, destornillador, guantes.

Materiales:
Burlete de goma de repuesto, cristal de recambio, herrajes de recambio.

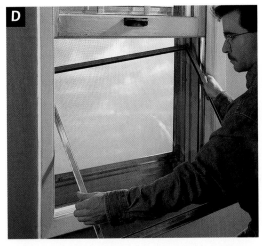
Presione las lengüetas para quitar el cerco de la ventana.

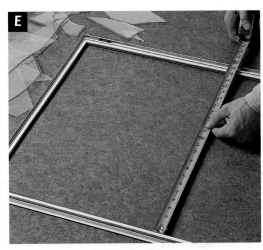
Determine las medidas del cristal de recambio.

Afloje los tornillos de fijación para desmontar el peinazo superior.

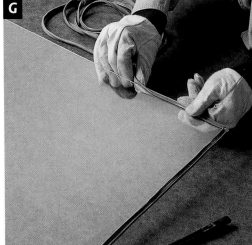
Coloque el burlete de goma en el borde del nuevo cristal.

Deslice los extremos de las esquinas en los montantes del marco.

Cambiar la tela de una contraventana metálica

Cambiar la tela es una de las operaciones de reparación y mantenimiento más sencillas que suele requerir una contraventana metálica combinada. Como recambio utilice tela de fibra de vidrio, que es más manejable que la metálica y no se corroe ni se oxida.

Empiece por quitar el cerco metálico de la ventana (página 153), y colóquelo en una superficie bien nivelada.

Utilice un destornillador para sacar el junquillo que sujeta la tela dañada al cerco (**foto A**). Examine el estado del junquillo, y reemplácelo en caso necesario.

Retire con cuidado todos los fragmentos de la tela que pudieran haber quedado adheridos al cerco, y limpie todo resto de junquillo de las ranuras.

Corte con un cúter la nueva tela, con una anchura y una longitud al menos 7,5 cm mayor que el hueco del cerco. Centre la tela sobre el cerco (**foto B**).

Extienda el junquillo sobre la tela, alineándolo aproximadamente con la ranura.

En el borde superior de la ventana, use el lado cóncavo del rodillo para introducir el junquillo en la ranura. Siga insertándolo por todo el borde superior, y luego tense la tela sobre el cerco. Complete la colocación del junquillo alrededor de todo el cerco (**foto C**).

Use un cúter para recortar el junquillo y la tela sobrante. Vuelva a colocar el cerco metálico en la contraventana.

Herramientas:
Destornillador, cúter, rodillo.

Materiales:
Tela de fibra de vidrio, junquillo de repuesto.

Levante el junquillo que sujeta al marco la tela deteriorada, y compruebe si está dañado.

Corte una nueva tela al menos 7,5 cm más ancha y más larga que el hueco del cerco.

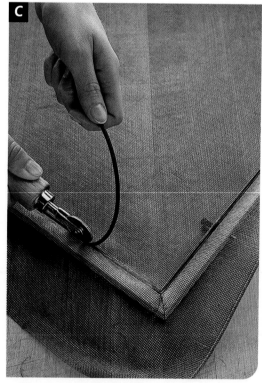

Encaje el cordón en la ranura, empezando por el borde superior, hasta rodear todo el marco.

Reparar el cerco de una ventana metálica

Los cercos de las ventanas metálicas están ensamblados por las esquinas con clavijas especiales, unos herrajes en forma de L que encajan en las ranuras de los elementos del cerco. Cuando aparecen problemas en una unión, suelen deberse a la rotura de una de estas piezas.

Para reparar una unión rota, primero separe el montante y el peinazo en la esquina afectada. Normalmente, habrá que quitar un tornillo de fijación que atraviesa el montante (foto D).

Si el cerco sujeta una tela de pantalla, retírela. Si lo que sujeta es un cristal, póngalo a un lado para no romperlo durante el arreglo.

Las clavijas de esquina van sujetas en las ranuras del peinazo con un engarce punzonado en el metal sobre la clavija. Para extraer las clavijas, por tanto, habrá que taladrar el metal en la zona engarzada, con una broca del mismo diámetro que el engarce (foto E).

Golpee ligeramente las piezas rotas de las clavijas para sacarlas de las ranuras de los cercos, con un destornillador y un martillo.

Lleve las piezas rotas a la ferretería para adquirir recambios adecuados, que normalmente consistirán en conjuntos de dos o tres piezas (foto F). Existen docenas de modelos diferentes, así que es muy importante que lleve las piezas antiguas como muestra para comprar piezas del estilo y el tamaño correctos.

Inserte la clavija de recambio en la ranura del peinazo. Utilice un botador como punzón, dando golpes secos con la punta sobre el metal que cubre la clavija (foto G). Obtendrá con ello un nuevo engarce que mantendrá la clavija en su sitio.

Si el cerco sujeta un cristal, vuelva a colocar éste (rodeado de su burlete de goma) en las ranuras (foto H). Luego monte el cerco e introduzca los tornillos de fijación. Si el cerco sujeta una tela de pantalla, móntelo y atorníllelo antes de colocar de nuevo la tela (página 153).

Herramientas:
Destornillador, taladradora, martillo, botador.

Materiales:
Herrajes de repuesto, tela de fibra de vidrio de repuesto.

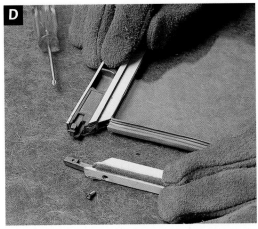

Desensamble la unión quitando el tornillo de fijación del montante.

Taladre el engarce metálico mientras sujeta la clavija, y quite las piezas.

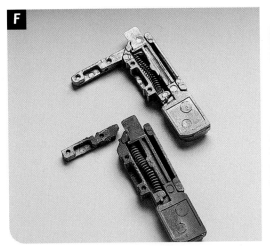

Lleve consigo la clavija a la ferretería, para comprar un duplicado exacto.

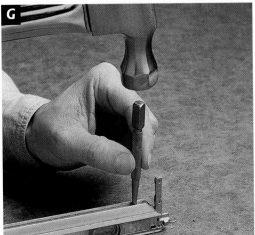

Introduzca la clavija en la ranura del peinazo. Utilice un botador y un martillo para formar un nuevo engarce.

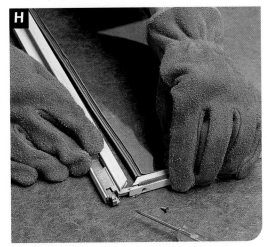

Introduzca el cristal (rodeado por su burlete) en las ranuras. Vuelva a ensamblar el marco, con sus tornillos de fijación.

Cambiar las contraventanas

Cuando las contraventanas viejas de su casa empiezan a deteriorarse, muchos propietarios optan por cambiarlas por los modelos, más manejables, de ventanas combinadas, diseñados para su instalación permanente en los huecos. Estas contraventanas reconvertidas son bastante baratas y muy fáciles de colocar.

La mayoría de las contraventanas de este tipo van sujetas a los bordes exteriores de los listones de renvalso de las ventanas en los lados y la parte superior de los huecos. Los listones de renvalso son tiras de madera que se fijan a la parte exterior de la ventana permanente para mantenerla sujeta en el hueco. Sin embargo, como casi ninguna ventana tiene renvalsos debajo, el peinazo inferior de los modelos combinados suele sujetarse con masilla.

En los centros de bricolaje y construcción se venden los tamaños más comunes de contraventanas combinadas, aunque en ocasiones será preciso encargarlas a medida para que se adapten perfectamente a las ventanas.

La forma más fácil de determinar las medidas que ha de tener una de estas contraventanas consiste en usar las dimensiones de la que sustituirá. Otra forma de hacerlo es determinar la anchura mínima entre jambas y el punto más corto desde el cabecero al alféizar para hallar la altura (**foto A**).

Cuando encargue las ventanas lleve consigo las medidas exactas. Esté preparado también para elegir el color y el estilo. Si las ventanas son de guillotina, opte por modelos de triple hoja; con ello tendrá la opción de abrir la de arriba.

Cuando reciba el pedido, pruebe el ajuste de todas las ventanas en los huecos antes de empezar a colocarlas. Si alguna no tiene las dimensiones

Herramientas:
Destornillador, taladradora, cinta métrica, pistola de masilla.

Materiales:
Contraventana de repuesto, masilla o cola para exterior, tornillos rosca chapa de 25 mm o elementos de fijación similares.

A

Antes de encargar las contraventanas, mida bien los puntos más corto y más estrecho de cada ventana.

correctas, con esta prueba se evitará quebraderos de cabeza, y podrá resolver el problema con mayor prontitud.

Colocar ventanas combinadas es una tarea sencilla, pero puede complicarse si los huecos están muy altos o son de difícil acceso.

Empiece por aplicar un cordón de masilla o cola para exterior en los bordes de fuera de los listones de renvalso, en la parte superior y en los laterales de la ventana permanente (foto B).

Haga taladros guía para los elementos de fijación en las pestañas de montaje cada 30 cm, asegurándose de que terminarán centrados en los listones de renvalso.

Coloque y presione la nueva contraventana en el hueco enmasillado, centrándola entre los listones de renvalso laterales; el peinazo inferior deberá descansar en el alféizar de la ventana (foto C).

Empezando por el borde superior de la ventana, introduzca los elementos de fijación (por ejemplo, tornillos rosca chapa de 25 mm). Compruebe que la ventana está a escuadra en el hueco, y luego coloque los tornillos en los listones de renvalso laterales (foto D).

Aplique un cordón de masilla en el peinazo inferior. No olvide dejar un hueco de 6 mm hacia la mitad de la parte inferior de la ventana como orificio de drenaje, de forma que no se acumule un exceso de humedad entre la contraventana y la ventana permanente.

Comprar ventanas combinadas

Las contraventanas combinadas suponen una buena inversión, que se amortizará rápidamente en las facturas de la calefacción.

Sin embargo, conviene descartar productos de menor calidad, que pudieran dejar escapar el aire caliente, además de atascarse, obstruirse o romperse con facilidad.

Existen modelos de contraventanas de guías sencillas, dobles y triples. De ellos, sólo los últimos pueden considerarse plenamente satisfactorios. Como norma, cuanto más profundas sean las guías mayor será el poder aislante de la ventana.

Busque modelos que tengan las uniones solapadas, ya que resultan más robustos y herméticos que los ensambles a inglete.

No compre nunca una ventana si ve luz a través de los intersticios de las juntas.

Después de ajustar todas las ventanas, aplique un cordón de cola o masilla para exteriores en los bordes de fuera de los listones de renvalso de las ventanas, en su parte superior y en los laterales.

Coloque la contraventana en el hueco, centrándola bien en los listones de renvalso. El peinazo inferior de la contraventana puede apoyarse en el alféizar.

Introduzca tornillos en los listones de renvalso empezando por el borde superior de la ventana. Compruebe que la ventana está bien escuadrada, y atornille los laterales.

Aislamiento y protección contra la intemperie

Ya se viva en un lugar de clima frío o caluroso, merece la pena tener la casa bien aislada y protegida contra la intemperie. Aun en viviendas con un nivel de aislamiento medio, los costes de calefacción y aire acondicionado suponen más de la mitad del gasto total en energía doméstica.

Como la mayoría de los proyectos de aislamiento y protección contra la intemperie resultan bastante económicos, esta inversión se recupera rápidamente. En la práctica, en ciertos tipos de climas puede amortizarse incluso en una sola estación fría.

Si vive en una zona de clima frío, seguramente será ya consciente de la importancia de aislar y proteger su casa contra el mal tiempo. El valor de mantener el aire caliente dentro de sus paredes durante el crudo invierno es evidente. Desde el punto de vista de la eficiencia energética, igualmente importante es evitar que entre aire caliente del exterior a la casa en los meses de verano.

Si está preocupado por las cuestiones ambientales, o simplemente desea gastar menos en energía, la información contenida en este apartado le ayudará a reconocer y aprovechar las oportunidades de ahorro que se le presenten.

Una vivienda media tiene muchas pequeñas fugas, que en conjunto equivalen a un agujero de medio metro en los muros. El aire que se filtra por estas fisuras puede llegar a suponer la tercera parte de toda la pérdida de energía.

La fotografía infrarroja es un método interesante que sirve para encontrar las zonas de escasa eficiencia energética de la vivienda. El propietario de la casa de la derecha pagaba facturas de calefacción bastante altas. Su compañía le remitió a un servicio de inspección por infrarrojos, que tomó la fotografía de la imagen superior.

En ella se aprecia claramente que existen pérdidas de calor (zonas rojas y amarillas) en la puerta de entrada y en la ventana del primer piso. Esta información sirvió de base para realizar mejoras baratas a base de burletes aislantes, que se amortizaron con toda rapidez.

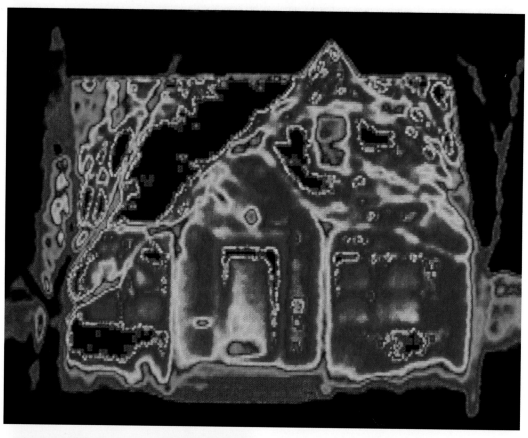

La fotografía infrarroja es un medio valioso para detectar fugas de aire y planificar los proyectos de protección contra la intemperie de una casa, y más eficaces en relación con el coste.

Fugas de aire comunes

Rendijas alrededor de las viguetas, los alféizares y las ventanas en el muro de cimentación.

Aberturas de ventilación en el lavadero, el baño y la cocina, tubos de instalación, tiros de chimeneas, salidas de tubos, conducciones, etc.

Huecos de obra e impermeabilización deficiente alrededor de puertas y ventanas.

Grietas en las uniones de las chimeneas y sus cañones con los muros y el techo.

Roturas de la barrera de aire/vapor en el techo y las salidas de los muros.

Trampillas de acceso al desván mal ajustadas.

Tiros de chimenea abiertos.

Detección de fugas de energía

Algunos de los signos que revelan falta de eficiencia energética en una casa son evidentes, como las corrientes de aire, las ventanas empañadas o con escarcha, la formación de hielo o las facturas de electricidad o combustible demasiado altas. Más difícil puede ser detectar defectos de aislamiento en los muros o pérdidas de aire caliente por los respiraderos de los desvanes. Seguidamente se ofrecen algunas indicaciones que servirán de ayuda para detectar dónde se pierde energía en una vivienda:

Mida la temperatura en diferentes partes de una habitación. Una diferencia de más de uno o dos grados indicará que no está bien sellada. La solución a este problema consiste en renovar la protección contra la intemperie, en especial alrededor de puertas y ventanas (páginas 170 y 171).

Compruebe si existen corrientes de aire en las puertas y las ventanas, sosteniendo una toallita de papel cerca de las jambas en un día ventoso. Si el papel ondea, la protección que ofrecen los burletes es inadecuada (otro indicio es el paso de luz desde el exterior a través de las jambas).

Para localizar corrientes de aire en el desván, sostenga un palo de incienso humeante cerca de las tuberías, los cañones de chimenea, los apliques de luz y otros posibles huecos. Si el humo oscila por causa de una corriente, selle bien el hueco (aunque el incienso no tiene llama, tenga cuidado con los materiales inflamables).

Encargue una revisión energética. Las compañías eléctricas proporcionan en ocasiones equipos de control o se encargan por sí mismas de estas revisiones.

Haga un seguimiento del consumo de energía de año en año. Si observa un incremento significativo, no explicable por factores climatológicos, considere la posibilidad de contratar una revisión energética profesional.

Si su desván no tiene calefacción, mida el espesor del aislante entre las viguetas, para ver si cumple las recomendaciones. Para calcular el valor R del aislamiento de celulosa suelto multiplique el grosor en centímetros por 1,46. Si desea calcular el valor R de un aislante de fibra de vidrio, multiplique por 1,22. Compare el resultado con las recomendaciones ofrecidas en la tabla de la página 162.

La condensación o la formación de hielo en las ventanas es un indicio de deficiencias en los burletes y de ineficacia de la contraventana.

El desmoronamiento de la espuma o la goma es un signo común de deterioro de los burletes y el aislamiento.

En algunas de las revisiones energéticas realizadas por las compañías eléctricas se utiliza una puerta con ventilador para medir el flujo de aire y detectar fugas.

Un aumento en el consumo energético con respecto al del año anterior puede ser un indicio de posibles fallos en el aislamiento o la protección contra la intemperie.

Materiales de aislamiento y protección contra la intemperie

Existen hoy numerosos materiales al alcance de los usuarios que sirven para aislar y proteger del mal tiempo. En este apartado se describen algunos de estos productos que le ayudarán a mejorar la eficiencia energética de su hogar.

Las barreras de vapor **(foto A)** pueden estar hechas de cualquier material que detenga el flujo de la humedad, como puede ser película de polietileno o papel de aluminio. En la mayoría de las zonas climáticas, los muros exteriores (ya sean de ladrillo o de madera) deben contar con una barrera de vapor entre el aislante y la pared interior, para que el aire húmedo no pase a los espacios entre los muros, donde podría condensarse.

En regiones frías con una temperatura media en enero inferior a 2 °C, instale la barrera de vapor en la cara del muro más cálido en invierno. En otros tipos de climas, estas prácticas pueden ser diferentes, y tal vez la barrera de vapor no sea necesaria; en caso de duda, consulte con los contratistas y responsables urbanísticos locales.

El aislante de fibra de vidrio revestida **(foto B)** tiene un recubrimiento de papel o película metálica que actúa como barrera de vapor. Este aislante es más caro que el no revestido, pero resulta especialmente útil

Todos los muros exteriores deben tener barreras de vapor entre el aislante y la pared interior.

Al aislar el suelo situado sobre un sótano sin calefacción, la cara revestida del aislante debe colocarse orientada hacia el suelo.

Seguridad de los aislamientos

El aislante de fibra de vidrio es irritante para la piel y las vías respiratorias, por lo que es preferible evitar el contacto directo con él.

Al trabajar con este aislante, lleve gafas de seguridad, una mascarilla preferiblemente con filtros y ropa de protección (manga larga, pantalones fuertes, botas y guantes). No es mala idea llevar un mono desechable encima de la ropa.

Si la fibra de vidrio entra en contacto con la piel, limpiar ésta con cuidado aplicando suavemente cinta adhesiva sobre la zona.

Cuando maneje aislante de celulosa, quítese las lentillas y use protección ocular, por ejemplo, gafas de seguridad.

Dúchese en cuanto termine de trabajar con cualquier aislante, y lave rápidamente la ropa que llevaba.

El aislante no revestido se vende en rollos y en bloques, con el fin de que encaje bien entre los pies derechos y las viguetas.

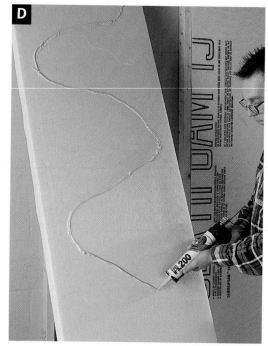

Las planchas de aislante rígido, como ésta de espuma de uretano, son cómodas para aislar los muros del sótano.

para interponer una barrera de vapor en el lado de los muros, suelos o techos que es más cálido en invierno.

Los desvanes se pueden aislar con un manto de aislante de fibra de vidrio sin revestir (foto C). Este tipo de aislante es más barato que el revestido, y cuando se usa junto con una barrera de vapor de polietileno sólido, ofrece mejor protección frente a la humedad. Se vende en rollos y bloques planos, que encajan bien en las cavidades normales entre las viguetas y los pies derechos.

En los cabios de la solera del desván suelen usarse deflectores de plástico o poliestireno, que garantizan que el aislante no obstruya el flujo de aire por la cara inferior de la cubierta.

Existen también planchas de aislante rígido (foto D) de espesor comprendido entre 12 y 50 mm. Estas planchas se colocan directamente en los muros del sótano con cola para paneles. Las de espuma de uretano son resistentes y tienen buen poder aislante. Las planchas de espuma de celdas abiertas son más baratas, pero más difíciles de manejar.

Un burlete (foto E) colocado en la parte inferior de una puerta evita las corrientes de aire. Cuando el umbral es bajo o el suelo irregular, son más recomendables los burletes de fieltro o con cerdas; también existen modelos de vinilo y de goma.

Pueden utilizarse también protectores de los bajos de las puertas, que suelen tener un burlete en el lado interior y un borde antigoteo en el exterior, que dirige el agua lejos del umbral.

Por otra parte, las piezas de relleno de los umbrales, de goma o vinilo y muy fáciles de cambiar, sirven para sellar el hueco entre puerta y umbral.

En los muros exteriores pueden colocarse protectores aislantes detrás de los embellecedores de la luz y de las bases de enchufe (foto F), que evitan corrientes de aire responsables de pérdidas de calor.

En los cercos y los marcos de puertas y ventanas se colocan burletes de espuma autoadhesivos (foto G) para sellar las rendijas.

Las tiras de fieltro reforzado (foto H) tienen una parte central metálica que añade rigidez en zonas sometidas a impactos, como los topes de las puertas.

Para rellenar huecos pequeños de las superficies interiores y exteriores se usa masilla, que es fácil de aplicar. También existen productos autoadhesivos que se quitan fácilmente al final de la estación fría.

Cuando compre masilla, calcule más o menos medio envase por ventana o puerta, cuatro para una solera de cimentación de tamaño medio y al menos uno para tapar las rendijas en los respiraderos, los pasos de tuberías y otros huecos en comunicación con el exterior.

Los burletes con fieltro sirven para contener las corrientes de aire, incluso en suelos irregulares o con un umbral bajo.

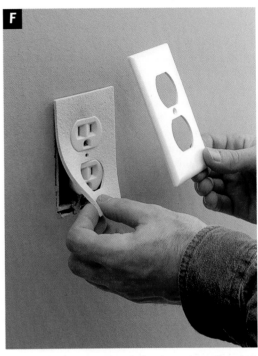

Los protectores aislantes de embellecedores y bases de enchufe evitan fugas en las cajas eléctricas de los muros exteriores.

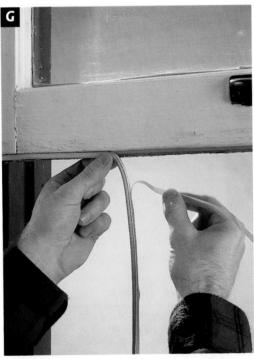

Los burletes de espuma autoadhesivos son un medio fácil de sellar rendijas alrededor de los cercos de las ventanas y los marcos de las puertas.

Las tiras de fieltro reforzado pueden dar mayor rigidez a las zonas sometidas a impactos, como los topes de las puertas, puntos por donde es fácil que se cuele el aire.

Mejorar el aislamiento

El aislamiento y la protección contra la intemperie crean una envoltura térmica que mejora la eficiencia energética de la vivienda. En general, se calcula que es posible rebajar en un 10% las facturas de energía con sólo mejorar las condiciones de aislamiento y protección de una casa.

Para medir la calidad de un material aislante como barrera térmica se usa un coeficiente de resistencia denominado *valor R*. En las tablas siguientes se muestra el valor R por centímetro de espesor de varios tipos de aislantes, así como los valores R recomendados para diferentes tipos de climas y el espesor requerido para producir dichos valores.

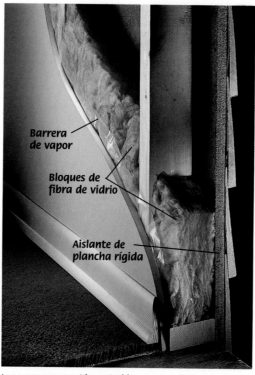

Valores de aislamiento recomendados

	ZONA norte	ZONA templada	ZONA sur
Desván:	R38	R30	R26
Muros:	R19	R19	R19
Suelos:	R22	R13	R11

Las casas nuevas están protegidas con revestimientos aislantes en forma de plancha rígida, rellenos de bloques de fibra de vidrio cubiertos con una barrera de vapor de plástico.

En las casas viejas, el revestimiento es de tablas de madera. Si los muros tienen algún tipo de aislamiento, normalmente consiste en un relleno de celulosa suelta.

Comparación de aislamientos

Tipo de aislamiento	Valor R por cm	Comentarios
Bloques de fibra de vidrio sueltos	1,14 a 1,26	Fácil de manejar, pero irrita la piel, los ojos y los pulmones. Ininflamable, excepto el revestimiento de papel.
Relleno suelto	1,3	Usos y precauciones similares a los de la fibra de vidrio.
Celulosa	1,26	Barato. Debe tratarse con agentes químicos ignífugos. El trabajo de colocación puede ser caro.
Paneles de poliestireno extruido	1,97	Se usa en muros de cimentación exteriores y bajo el forjado. Cubrir con paneles ignífugos cuando se use en interior.
Paneles de poliestireno expandido	1,57	Se usa en muros de cimentación; no es tan resistente como el extruido. Cubrir con paneles ignífugos cuando se use en interior.
Paneles de poliisocianurato	2,75	Comúnmente usado como revestimiento. El valor R puede disminuir con el tiempo. En su fabricación se utilizan CFC.
Air Krete	1,53	Espuma que debe aplicar un instalador profesional. Los precios pueden depender de la disponibilidad de estos profesionales.

Para decidir si se necesita o no más aislamiento es preciso evaluar los niveles actuales. Empiece por el desván, y mida el grosor del aislante existente. Para formar una superficie estable, extienda una plancha de contrachapado en las viguetas del suelo del desván. Al moverse, apoye su peso sólo en las viguetas, no en los espacios entre ellas.

Otras zonas cuya revisión es importante son los muros del sótano, los muros exteriores, los suelos situados sobre espacios sin calefacción y los techos bajo espacios no caldeados.

En una zona sin terminar, como pueda ser un desván o un espacio bajo el piso, es fácil ver el aislante y medir su grosor. Más difícil resulta esta labor en una zona terminada, aunque no deja de ser posible. A continuación se indican tres métodos útiles para ello:

Busque un embellecedor de una llave de la luz sobre un muro exterior. Desconecte el circuito eléctrico que corresponda en el cuadro eléctrico y quite el embellecedor. Use una aguja de plástico para comprobar el tipo y la profundidad del aislante en el muro.

Otra técnica consiste en utilizar una sierra alternativa o de punta y hacer un corte de 2,5 a 3,5 cm en un muro exterior desde el interior de un armario u otra superficie oculta. Después de comprobar el aislante, repare el muro (páginas 34 a 37).

Como último recurso, puede contratar a una empresa para que realice una revisión energética de su vivienda. Para valorar la calidad de este servicio, pregunte si utiliza fotografía infrarroja, pruebas de puertas con ventilador o técnicas similares.

La tabla de la página 162 sirve de guía para saber si se necesita mejorar el aislamiento de su vivienda. Seguidamente se proporcionan algunos consejos al respecto:

Coloque una barrera de vapor de polietileno de 0,15 mm en el lado más cálido en invierno del aislante existente (foto A).

Aísle las viguetas en la parte superior de los muros de cimentación, rellenándolas con aislante de fibra de vidrio sin comprimir (foto B). Aplaste el aislante lo justo para que encaje entre las viguetas y no se caiga.

Aísle los muros de un garaje anexo con aislante de fibra de vidrio revestida, orientando la barrera de vapor hacia el garaje. Cubra el aislante con planchas de pared u otro revestimiento similar (foto C).

No intente nunca comprimir el aislante para meterlo en una cavidad. Si el aislante es demasiado grueso, córtelo hasta que se ajuste a la profundidad del hueco (foto D).

Coloque una barrera de vapor de polietileno de 0,15 mm en el lado del aislante más cálido en invierno.

Aísle las viguetas de la parte superior de los muros del sótano rellenando los huecos con aislante de fibra de vidrio, sin apretar.

Aísle el garaje anexo con aislante de fibra de vidrio revestido, orientando la barrera de vapor hacia el garaje.

No comprima el aislante para que encaje en el hueco; se necesita un espacio de aire para que funcione de forma eficaz. Córtelo o rásguelo al tamaño que necesite.

Aislamiento de un desván sin terminar

En un desván bien diseñado, las barreras de vapor, los aislantes y los respiraderos actúan coordinadamente para evitar daños por humedad y mantener el hogar confortable en todas las estaciones. Si su desván está sin terminar y carece de aislamiento, añadirlo rebajará notablemente el importe de sus facturas de calefacción y mejorará el confort de su hogar. Para aislar un desván sin terminar proceda como sigue:

Antes de empezar, examine el aislamiento existente y calcule la cantidad que deberá añadir, según la tabla de la página 162 (**foto A**). Utilice una pieza de contrachapado para apoyar su peso sobre las viguetas; no se apoye nunca en los espacios comprendidos entre éstas.

Si va a aislar el desván partiendo de cero, utilice aislante de fibra de vidrio revestido (en climas muy cálidos consulte las normativas locales; tal vez no sea necesario el revestimiento). Si está complementando un aislamiento existente, utilice bloques no revestidos.

Antes de empezar, coloque deflectores en el revestimiento de la cubierta o los cabios para evitar que se bloquee el flujo de aire bajo el tejado (**foto B**). Estos deflectores deben extenderse por debajo de las viguetas del techo, para que el aire pueda fluir libremente desde el sofito al desván. Sin este hueco puede formarse humedad dentro de los espacios del cabio, y provocar desgaste o pudrición del revestimiento de la cubierta, los paneles del techo o el yeso.

Después, busque y selle todos los puentes térmicos, como huecos o grietas alrededor de las chimeneas o de las tuberías, por donde el calor y la humedad puedan subir al desván desde los espacios inferiores caldeados.

Desenrolle el aislante, empezando por el punto más alejado del acceso al desván (**foto C**). Si utiliza

Herramientas: *Mascarilla respiratoria con o sin filtro, guantes, cinta métrica, cúter, regla, plomada, sierra para planchas aislantes, grapadora.*

Materiales: *Barrera de vapor de poliéster de 0,15 mm, deflectores de cubierta, aislante, listones de madera de 38 × 38 mm, cola de construcción, planchas de contrachapado, cola para paneles.*

A

Empiece por examinar el aislante existente para determinar la cantidad que ha de añadir.

B

Coloque deflectores en el revestimiento de la cubierta o los cabios, para garantizar una buena ventilación bajo el tejado.

C

Desenrolle el aislante, empezando por el punto más alejado del acceso al desván.

D

Deje un hueco de al menos 7,5 cm entre el aislante y cualquier dispositivo que despida calor, como una chimenea metálica.

aislante revestido, colóquelo con la barrera de vapor por debajo, en dirección al lado del techo más cálido en invierno.

Lleve siempre ropa de protección (página 160) y trabaje en una zona bien ventilada. Utilice una regla y un cúter para cortar el aislante a la medida necesaria (página 167).

Coloque primero el aislante en los tramos largos, cortándolo luego para los espacios más cortos. Si el tamaño entre las viguetas del desván no es uniforme, tal vez tenga que recortar también los laterales

para ajustar la anchura. Corte los extremos del aislante de forma que encajen perfectamente alrededor de las crucetas.

Deje un espacio de al menos 7,5 cm entre el aislante y cualquier estructura que despida calor, como chimeneas metálicas, tubos de calentadores de agua o aparatos de iluminación empotrados. Construya una barrera para mantener apartado el aislante (foto D).

Algunos aparatos de iluminación empotrados están marcados con las iniciales «I.C.» (en inglés,

contacto con aislante), que significa que están diseñados para poder mantenerse en contacto directo con el aislamiento. En tal caso, puede tenderse el aislante directamente sobre estos aparatos.

Aunque el aislante de fibra de vidrio no es combustible, el papel kraft o de aluminio utilizados como revestimiento pueden arder. Para prevenir incendios, coloque siempre el lado revestido del aislante apartado de las fuentes de calor, como chimeneas o aparatos de iluminación empotrados.

Añadir una capa aislante en el desván

Si vive en una zona de clima frío y no utiliza el desván como trastero, puede añadir una segunda capa de aislamiento encima de las viguetas. Para este fin utilice aislante sin revestir, ya que no debe incluirse una segunda barrera de vapor.

Disponga la segunda capa aislante en sentido perpendicular a la primera (foto E). Coloque el aislante primero en los tramos largos, y luego corte las piezas sobrantes para rellenar los espacios pequeños.

Extienda la segunda capa de forma que cubra la parte superior de los muros exteriores, pero sin

bloquear el flujo de aire desde los respiraderos del sofito. Si el desván carece de deflectores de cubierta, aproveche la ocasión para colocarlos (página 164).

Puede rellenar los espacios situados junto a chimeneas de ladrillo con aislante sin revestir (foto F), pero deberá construir una barrera que mantenga el aislante separado al menos 7,5 cm de otros dispositivos que desprendan calor, como chimeneas metálicas, tubos de calentadores de agua o aparatos de iluminación empotrados (foto G).

Algunos de estos aparatos tienen la inscripción «I.C.», que significa que están diseñados de modo que pueden permanecer en contacto directo con el aislante y, por tanto, pueden cubrirse con la capa aislante.

Si los aparatos de iluminación son antiguos, no los tape directamente con el segundo aislante; construya una barrera que mantenga éste a una distancia mínima de 7,5 cm de los laterales de dichos aparatos. Una vez más, no use nunca aislante revestido cerca de una fuente de calor.

Para lograr mejor aislamiento, coloque una segunda capa aislante en el desván, perpendicularmente a la primera.

Utilice aislante sin revestir cerca de una chimenea de ladrillo u otros dispositivos que despidan calor.

Es posible extender el aislante directamente sobre aparatos de iluminación en los que figure la inscripción «I.C.».

Colocar aislamiento en el sótano

En respuesta a la creciente preocupación por la conservación de la energía, en las casas nuevas de numerosas comunidades se exige ya aislar los muros del sótano. Si su vivienda no está construida de esta manera, puede colocar un aislante de espuma rígida en la cara interior de estos muros.

Otra forma eficaz de evitar fugas térmicas en un sótano consiste en aislar las vigas de borde en la parte superior de los muros de cimentación (**foto A**).

Otra tarea sencilla en el sótano que puede reportar un importante ahorro energético es aislar las tuberías. Las tuberías de agua caliente, sobre todo, tienden a perder calor rápidamente si se dejan sin aislar en sótanos sin calefacción.

Finalmente, también es interesante aislar los espacios sin calefacción existentes bajo el piso.

Herramientas:
Plomada, cúter, sierra para planchas de aislante, grapadora.

Materiales:
Aislante de tiras de fibra de vidrio, manguitos aislantes de espuma para tuberías, aislante de fibra de vidrio sin revestir, clavos, planchas de aislamiento de espuma de uretano de 5 cm, cola de construcción, planchas de pared, cola para paneles, láminas de polietileno de 0,15 mm, cinta de plástico transparente.

Aísle las vigas de borde en la parte superior de los muros de cimentación rellenándolas con aislante de fibra de vidrio.

Envolver las tuberías

Aislando las tuberías que se encuentran en partes no caldeadas de un sótano logrará ahorrar energía y evitar que se congelen.

Hay dos formas de aislar tuberías: enfundarlas en un manguito aislante o rodearlas con tiras de aislante y una envoltura impermeable.

Lo más sencillo es usar un manguito aislante de espuma (**foto B**), un método particularmente útil en espacios bajo el piso y otras zonas donde es difícil acceder a las tuberías.

El segundo método consiste en rodear las tuberías con aislante de fibra de vidrio en tiras, y colocar una envuelta impermeable encima (**foto C**). Para mejorar la protección, envuelva las tuberías sin apretar y no tense demasiado el aislante.

Es una buena idea aislar al menos los tres primeros metros de las tuberías de agua caliente y fría que salen del calentador de agua (antes de emprender esta tarea, deje que se enfríen las tuberías).

Si el calentador está en una zona no caldeada, aísle las tuberías hasta que lleguen a la zona con calefacción de la casa. Con ello ahorrará combustible y dinero, y reducirá el tiempo necesario para que se caliente el agua.

Para evitar que se congelen las tuberías en los espacios no caldeados situadas bajo el piso, cúbralas con un manguito aislante de espuma.

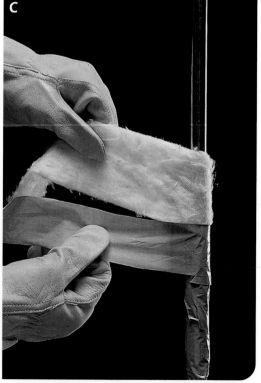

Las tiras aislantes de tiras de fibra de vidrio y la envoltura impermeable que lo cubre deben aplicarse sobre la tubería sin apretar.

Aislar los muros

El aislamiento de los muros del sótano con planchas de aislante rígido es una tarea sorprendentemente fácil. Empiece trazando líneas verticales de referencia para colocar los listones de madera, con ayuda de una plomada (foto D). Coloque los listones espaciados de manera que las planchas de aislante quepan perfectamente entre ellos, sin que queden huecos (la distancia entre listones no deberá ser en ningún caso mayor de 60 cm).

Si piensa colocar planchas de pred sobre los listones, coloque en la parte superior e inferior otros listones de 38 × 38 mm.

Utilice cola de construcción para pegar los listones a los muros de cimentación.

Corte las planchas a la altura del muro con una sierra para planchas aislantes (y de forma que quepan entre los listones verticales, si fuera necesario). Realice todos los cortes necesarios para que las planchas ajusten bien alrededor de las bases de enchufe, las ventanas y otros obstáculos (foto E).

Pegue las planchas de aislante al muro con cola para paneles (foto F). Utilice un tipo de cola que sea compatible con el aislante.

Para crear una barrera de vapor, grape una lámina de polietileno a los listones, y pegue las juntas con cinta plástica transparente.

Si quiere dar un acabado al muro, coloque planchas de pared sobre el aislante, fijándolas a los listones de madera.

D

Marque líneas verticales que le sirvan de guía.

E

Corte los bordes y luego recorte los puntos de los obstáculos.

F

Utilice cola para paneles para sujetar las planchas al muro.

Cómo trabajar con los aislantes

Los aislantes de espuma y fibra de vidrio son bastante manejables, no obstante lo cual la aplicación de algunos consejos servirá para facilitar el trabajo con ellos (consulte en la página 160 las instrucciones de seguridad sobre los aislantes).

En la mayoría de los proyectos de aislamiento es suficiente con un juego de herramientas muy pequeño: cinta métrica, cúter y regla o listón de 38 × 89.

En proyectos más especializados tal vez haga falta una grapadora ligera, además de una linterna, planchas de contrachapado (para sentarse en un desván sin terminar), un palo o un rastrillo (para empujar el aislante en lugares de difícil acceso) y soportes de aislamiento (para sujetar éste entre las viguetas bajo el piso).

Como el aislante de fibra de vidrio viene bastante compactado en el embalaje, conviene dejar los rollos en la envoltura original hasta que se vayan a utilizar; en cuanto se abra el rollo, el aislante se expandirá notablemente. Una vez abierto el rollo, termine el trabajo lo antes posible.

Si rompe accidentalmente la barrera de vapor de un aislante revestido, puede pegar los bordes con cinta aislante. Esta operación no suele, sin embargo, ser necesaria, salvo si el desgarrón es grande.

Para cortar un aislante de fibra de vidrio, extienda la plancha con el lado revestido (si lo tiene) hacia abajo. Apoye un listón de 38 × 89 mm sobre la línea de corte y apriételo con fuerza. Utilice un cúter para cortar por dicha línea.

Si está trabajando con aislante de espuma, córtelo o márquelo con un cuchillo afilado. Selle las juntas y los huecos con cinta para construcción.

No comprima el aislante para encajarlo en un espacio poco profundo; para que funcione bien se necesitan pequeños huecos donde quede atrapado el aire.

Aislamiento de un espacio bajo el piso con calefacción

Después de los desvanes, las zonas principales de una casa que es preciso aislar son los espacios situados bajo el piso principal, sobre todo si no tienen calefacción.

Para acometer esta tarea se pueden utilizar dos métodos: cubrir con rollos de aislamiento todo el perímetro de los muros, o suspender el aislante entre las viguetas del suelo. El primer método suele recomendarse en espacios con calefacción, y el segundo cuando las zonas bajo el piso no están caldeadas, si bien existen excepciones a esta regla.

Al cubrir los muros se crea una cámara de aire sellada, que tiene gran valor aislante. Sin embargo, algunos de estos espacios están construidos de tal forma que la única opción posible es aislar el suelo entre las viguetas.

Por otra parte, si vive en una zona de fríos extremos, no le conviene cubrir los muros, ya que así quedaría tanto calor atrapado que podrían producirse grandes cantidades de hielo que podrían dañar los cimientos. En caso de duda sobre la mejor manera de aislar estos espacios, consulte a un contratista o la normativa de edificación.

Rodear con aislante un espacio bajo el piso no es difícil, siempre que haya suficiente sitio; sin embargo, es un trabajo sucio. Como norma general, cuando maneje aislantes debe llevar ropa de protección y una mascarilla respiratoria con o sin filtro (página 160).

Empiece sellando las rendijas y fugas de aire que encuentre en el espacio de trabajo, sobre todo alrededor de las viguetas. No tape los respiraderos, cuya actuación es necesaria en tiempo cálido y húmedo.

Empiece con la pequeña superficie situada junto a la viga de borde. Mida y corte pequeños trozos de aislante, algo mayores que el hueco para que encajen perfectamente en él entre las viguetas del suelo **(foto A)**.

Para los muros del espacio bajo el suelo, coloque el borde superior del rollo de aislante sobre la parte superior de la solera. Desenrolle aislante suficiente para que cubra el muro y, además, unos 60 cm de suelo, en la parte inferior del espacio bajo el piso.

Clave el aislante a la solera con listones largos de madera de 19 × 38 mm **(foto B)**. Procure comprimir el aislante lo menos posible, de forma que cuando termine, el grosor del aislante bajo los clavos no sea inferior a la mitad del original.

Después de aislar los muros, pegue una lámina de polietileno al suelo, bajo el aislante, que actúe como barrera de vapor **(foto C)**.

Pegue las uniones entre las tiras de aislante con cinta adhesiva, o solápelas al menos 15 cm. Tenga cuidado de no agujerear el plástico. Asiente el aislante y la lámina colocando sobre ellos ladrillos o piedras pesadas.

Herramientas:
Cinta métrica, martillo, cúter, regla.

Materiales:
Guantes, mascarilla, aislante de fibra de vidrio sin revestir, listones de madera de 19 × 38 mm, clavos, lámina de polietileno de 0,15 mm, cinta de plástico transparente.

Mida y corte piezas de aislante pequeñas, y ajústelas perfectamente en las viguetas.

Sujete el aislante en su sitio con un listón de madera de 19 × 38 mm clavado a la solera.

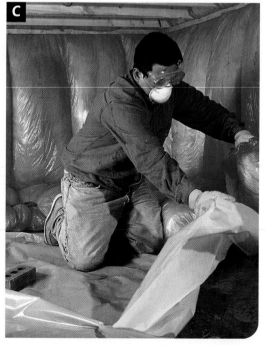

Sujete una lámina de polietileno al suelo con cinta, por debajo del aislante, para que actúe como barrera de vapor.

Aislamiento de un espacio bajo el piso sin calefacción

Colocar el aislamiento suspendido entre las viguetas del suelo es el método idóneo para aislar un espacio bajo el piso sin calefacción, y el único recomendado en climas muy fríos.

Use aislante revestido, salvo si ya tiene colocado un aislante o una barrera de vapor. Para este proyecto se recomienda como opción aislante revestido de papel de aluminio, que reflejará el calor hacia la zona de estar situada encima. Coloque el aislante con la barrera de vapor hacia arriba, es decir, hacia el lado del suelo más cálido en invierno (foto D).

Cuando coloque el aislante ponga especial cuidado en las viguetas y los travesaños del perímetro del suelo. Empiece por el extremo de la vigueta que está en contacto con la viga de borde. Normalmente, junto al muro hay una vigueta más estrecha, para la que tendrá que cortar un trozo de aislante a medida (foto E).

En estos espacios bajo el piso suele haber cañerías y cables eléctricos (foto F), y tal vez una caja de conexiones. Cuando trabaje alrededor de un cable eléctrico, tenga cuidado de no tocar los hilos desnudos. Corte el aislante de forma que rodee los obstáculos, a una distancia de 7,5 cm de cualquier dispositivo que despida calor.

Aísle las tuberías por separado (página 166).

Coloque aislante alrededor de las crucetas cortándolo y empujándolo para introducirlo en el hueco existente entre las mismas (foto G).

Sostenga el aislante en su sitio fijando flejes de soporte a las viguetas. Los soportes del aislante pueden ser de nailon, metal (foto H) o listones de madera de 19 × 38 mm.

Para terminar, cubra el suelo del espacio recién aislado con láminas de polietileno, para evitar que se filtre la humedad (foto I). Utilice ladrillos o piedras pesadas para asentar las láminas.

Herramientas:
Martillo, cúter, regla.

Materiales:
Guantes, mascarilla, aislante de fibra de vidrio revestido, soportes de aislamiento metálico o fleje de nailon, láminas de polietileno de 0,15 mm, cinta de plástico transparente.

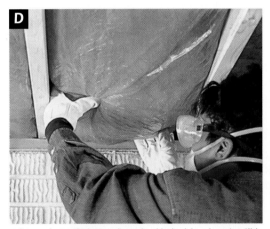
Coloque el revestimiento orientado al lado del suelo más cálido en invierno.

Corte el aislante para que encaje en el estrecho espacio entre la última vigueta y el muro.

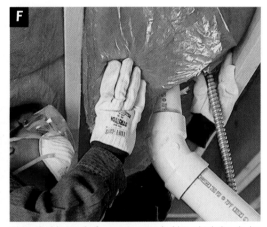
Corte el aislante de forma que encaje bien alrededor de las tuberías, los cables y otros obstáculos.

Empuje el aislante hacia arriba para introducirlo entre las crucetas.

Puede sujetar el aislante con fleje de nailon o metálico.

Cubra el suelo del espacio bajo el piso con una lámina de polietileno.

Proteger la casa de la intemperie

La impermeabilización de la casa contra la intemperie es un proyecto ideal para hacerlo uno mismo, ya que puede hacerse poco a poco, aprovechando los ratos libres. El mejor momento del año para esta tarea es el otoño, justo antes de que haga demasiado frío para trabajar al aire libre.

Existen muchas clases diferentes de masilla y materiales de impermeabilización. Todos ellos son baratos y fáciles de usar, aunque es importante contar con los materiales adecuados para el trabajo, ya que en su mayoría están diseñados para aplicaciones específicas.

En general, los burletes metálicos o de refuerzo metálico son más duraderos que los de plástico, goma o espuma. Sin embargo, estos últimos presentan un gran abanico de calidades. Los mejores productos de caucho son los de neopreno, cuyo uso recomendamos siempre que sea posible.

La mayoría de los trabajos de protección contra la intemperie se llevan a cabo en las ventanas (páginas 150 y 151) y las puertas (páginas 132 y 133), principales zonas donde se pierde calor en la mayoría de las viviendas. Seguidamente se explican algunos trabajos complementarios de protección del exterior de las casas:

Enmasille el exterior de los marcos de las ventanas y las puertas para tapar todas las rendijas (**foto A**). Para obtener resultados óptimos, utilice una masilla del mismo color que el revestimiento.

Reduzca al mínimo la pérdida de calor en los huecos de las ventanas del sótano cubriéndolos con piezas especiales de plástico (**foto B**). Antes de comprar estas piezas, mida el punto más ancho del hueco de la ventana, y anote si el marco es rectangular o semicircular.

La mayoría de estos huecos de ventanas tienen un reborde superior diseñado para que encaje en el revestimiento de la pared. Coloque este reborde en su lugar, y luego sujete la cubierta a los cimientos con fijaciones para albañilería, colocando un peso de piedras sobre el reborde inferior para afirmarlo. Para mejorar la impermeabilización, selle los bordes con masilla.

Aplique masilla de silicona alrededor de todos los respiraderos, orificios de extractores y otros elementos montados en el exterior de la casa (**foto C**).

Herramientas:
Destornillador, taladradora, pistola de masilla.

Materiales:
Cubierta de plástico preformado para huecos de ventanas, anclajes de albañilería, sellador de espuma expansible en aerosol de 1:1, masilla de silicona, cordón de espuma o plástico de 1 cm de diámetro para soporte de masilla, láminas de polietileno.

Utilice una masilla del color adecuado para sellar los marcos de las puertas y las ventanas del exterior de la casa.

Cubrir el hueco de la ventana del sótano con un plástico preformado es una forma sencilla de reducir la pérdida de calor en los sótanos. Antes de comprar esta cubierta, mida el punto más ancho del hueco de la ventana y anote su forma.

Selle con espuma expansible los huecos alrededor de los grifos, los cables de televisión, las líneas telefónicas y otros puntos de entrada del exterior **(foto D)**. Tenga cuidado de no acercarse a los cables de alta tensión.

Selle el hueco entre la solera y el revestimiento con un cordón de plástico o espuma de soporte de masilla de 1 cm de diámetro **(foto E)**.

Dentro de la casa es relativamente fácil encontrar fugas de aire debidas a una protección con burletes inadecuada. En un día frío o ventoso, mójese la mano y camine por la casa, pasando la mano por los rodapiés y los marcos de las puertas y las ventanas para detectar corrientes de aire. Compruebe también todas las aberturas de los muros exteriores (como las cajas eléctricas y las chimeneas) y los techos y suelos que separan partes con y sin calefacción de la vivienda.

Otra forma de encontrar fugas es usar un palo de incienso y ver el curso que toma el humo. (Aunque el incienso no produce llama, ha de tenerse cuidado de no usarlo cerca de materiales inflamables.)

Siempre que detecte una corriente de aire, debe localizar el punto que requiere protección. Si no está seguro de si el problema se debe a una fuga de aire o a otro factor (por ejemplo, aire frío procedente de una ventana de una sola hoja de vidrio), pegue un fragmento de polietileno en el hueco y selle los bordes. Si el plástico ondea, habrá que hermetizar ese punto contra la intemperie.

Proteja sobre todo las puertas y las ventanas (páginas 132 y 133, y 150 y 151). Para sellar otras fugas de aire del interior basta con cubrirlas con masilla o sellador de espuma expansible. Por ejemplo, los huecos alrededor de los respiraderos o las cajas eléctricas se cierran con masilla de silicona.

Para las fugas por las rendijas entre los rodapiés y las tablas del suelo existen dos opciones. La más sencilla consiste en sellar los bordes de la moldura del rodapié con masilla acrílica.

Sin embargo, para huecos mayores resulta más eficaz retirar la moldura de la base e introducir sellador de espuma expansible en aerosol de 1:1 a través del hueco, de forma que se expanda dentro del muro **(foto F)**. Además de evitar corrientes, con ello se impedirá que entren insectos a las zonas de estar de la vivienda.

Aplique masilla de silicona alrededor de los respiraderos de ventilación y cualquier otro elemento montado en el exterior de la casa.

Utilice aislante de espuma en aerosol para sellar los intersticios alrededor de los grifos y otros puntos de entrada del exterior.

Cierre bien los huecos entre la solera de la casa y el revestimiento del muro, utilizando un cordón de soporte para masilla.

Para sellar fugas en los rodapiés, quite la moldura de base e introduzca sellador de espuma expansible en el hueco.

Armarios

En los armarios se guardan los artículos que más usamos en la casa, y su aspecto afecta a la estética de cualquier habitación. Manténgalos en buen estado apretando las bisagras flojas y los tiradores de los cajones. Y examine bien esas bisagras, ya que tal vez tengan tornillos de ajuste que pueda utilizar para enderezar puertas torcidas.

Los armarios apenas necesitan mantenimiento estructural, aparte de una reparación sencilla de los ensambles frontales. En la práctica, los armarios se pasan de moda antes de que sea perceptible su deterioro.

Para reavivar la apariencia de sus armarios puede pintarlos o cambiarles los herrajes (páginas 72 y 73). También puede modificar su acabado para renovar el aspecto de la habitación sin tener que realizar el fuerte desembolso que supondría cambiarlos. Estas modificaciones incluyen nuevas puertas, frontales de los cajones y placas de madera autoadhesivas que se colocan en los frentes y en los laterales.

Los armarios en buen estado mejoran la apariencia, tanto estética como funcional, de cualquier habitación.

Identificar tipos de bisagras

Las bisagras de los *armarios enmarcados* se montan en los marcos. Uno de los tipos tiene una grapa que se ajusta sobre el borde interior del marco (foto A).

Otras clases se montan directamente en la parte frontal del marco (foto B). En cambio, los *armarios sin marco* tienen bisagras «invisibles» atornilladas a la cara inferior del panel del armario (foto C). Estas bisagras pueden tener tornillos de ajuste ocultos tras un embellecedor de plástico.

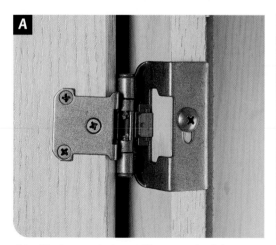

El tornillo de montaje de esta bisagra puede aflojarse para realinear la puerta del armario.

Esta bisagra de montaje frontal no permite ajustar la puerta.

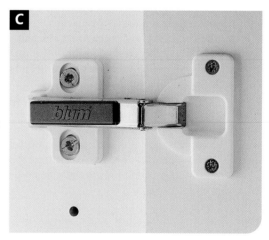

Las bisagras de armarios sin marco no se ven cuando se cierra la puerta.

Apretar bisagras flojas

Cuando las puertas de los armarios no cuelguen perfectamente rectas o queden un poco abiertas, apriete los tornillos de las bisagras.

Si los agujeros de los tornillos están desgastados y la madera no puede sostener otros nuevos, quite la puerta del armario y desmonte las bisagras del marco con un destornillador (foto D).

Busque una espiga de madera del mismo diáme-tro que el hueco del tornillo (puede valer un «tee» de golf). Unte el extremo de la espiga con cola blanca e introdúzcalo en el agujero del tornillo. Luego, corte el sobrante de la espiga con un cúter (foto E).

Una vez seca la cola, haga un taladro guía para el tornillo en el centro de la espiga (foto F).

Vuelva a colocar la bisagra y la puerta.

Puede realizar esta misma reparación en los hue-cos de los tornillos de la puerta, con cuidado siem-pre de no traspasarla.

Herramientas: Destornillador, cúter, taladradora.

Materiales: Espiga, cola blanca.

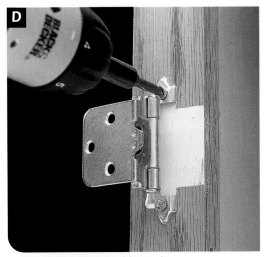
Quite la bisagra del marco del armario.

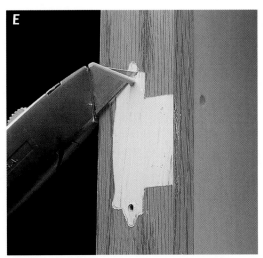
Encole la espiga dentro del agujero y corte lo que sobre.

Haga un taladro guía para el tornillo. Luego, vuelva a colocar la bisagra.

Reforzar los tiradores de los cajones

Refuerce los tiradores sueltos de los cajones rellenan-do los agujeros desgastados con masilla de madera. Utilice una masilla en polvo, que se mezcla con agua justo antes de su aplicación; esta clase de masilla se endurece más al secarse que la mayoría de los pro-ductos que se venden con la mezcla hecha.

Quite el tornillo del tirador, y compruebe que no queda polvo ni suciedad en el hueco del tornillo. Mezcle la masilla hasta que adquiera la consistencia adecuada, y compáctela bien en el agujero con una espátula (foto G). Limpie el exceso de masilla con un paño húmedo.

Una vez seca la masilla, haga un taladro guía y vuelva a colocar el tirador (foto H).

Herramientas:
Destornillador, espátula, taladradora.

Materiales:
Masilla de madera, paño.

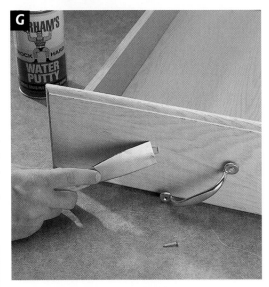
Apriete la masilla dentro del agujero para el tornillo y limpie la superficie antes de que se endurezca.

Haga un taladro guía en el centro de la masilla endurecida.

Reparar los ensambles del marco frontal

Los marcos frontales de los armarios están montados con distintos tipos de ensambles de carpintería, aunque muchos de ellos son simples uniones a tope encoladas. Repare las piezas del marco individualmente, volviendo a encolar las uniones y fijándolas con tornillos para madera.

Para ello tendrá que desmontar el armario. Quite los entrepaños ajustables y las puertas, si entorpecieran el trabajo. Después, busque todos los tornillos que fijen el armario a la pared, tanto dentro del armario como en los listones de montaje, en las partes superior e inferior del armario.

Un armario puede resultar sorprendentemente pesado; si es de gran tamaño, sosténgalo con soportes temporales antes de quitar los herrajes de fijación.

Debe haber dos o más tornillos que sujeten los armarios contiguos en los bordes laterales de los marcos frontales. Quite primero estos tornillos (**foto A**) y luego los de fijación.

Retire el armario de la pared, con cuidado, y déjelo sobre una superficie de trabajo plana (**foto B**).

Limpie las superficies en contacto de las uniones, para eliminar la suciedad, la grasa y los restos de cola antigua. Utilice una espátula o un trozo de papel de lija para raspar la junta por dentro.

Separe con precaución las piezas del marco para abrir un poco la unión, e inyecte en ella cola blanca con una jeringuilla (**foto C**). Sujete el marco con una mordaza de barra, usando tacos de madera para no dañarlo.

Asegúrese de que el frente y los laterales del marco están alineados, y haga un taladro guía que atraviese el borde exterior de la pieza vertical del marco y el extremo de la pieza horizontal (**foto D**). Agrande el extremo del taladro con una broca de avellanar, de forma que el tornillo se embuta ligeramente por debajo de la superficie de la madera. Si el tornillo queda visible después de colocar el arma-

rio, puede cubrirlo con un tapón de madera del color del marco.

Introduzca un tornillo para madera en el taladro guía (**foto E**). Utilice tornillos de latón para madera de roble, ya que los de acero pueden oscurecer la madera. Limpie el exceso de cola con un paño húmedo, y deje secar la cola.

Para volver a colocar el armario, alinee y coloque primero el marco. Luego, fije el armario a la pared con los tornillos de anclaje.

> **Herramientas:** *Taladradora, destornillador, espátula, jeringuilla para cola, mordaza de barra.*
>
> **Materiales:** *Papel de lija, cola blanca, tornillos para madera, tacos de madera.*

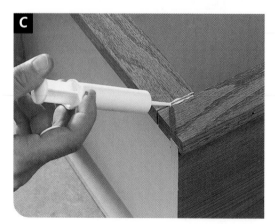

Quite los tornillos que sujetan el marco del armario.

Afloje los tornillos que sujetan el armario a la pared y retire el armario.

Inyecte cola blanca en la unión, con una jeringuilla especial para cola.

Manteniendo sujeto el marco con una mordaza, haga un taladro guía y avellánelo.

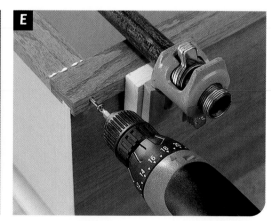

Introduzca un tornillo a través de la unión y limpie el exceso de cola.

Cambiar el acabado de los armarios

Para modificar el acabado de los armarios se utilizan chapas de madera autoadhesivas, nuevas puertas y frentes de cajones.

Antes de empezar, arregle las uniones flojas de los marcos, si fuera necesario (página 174). Desmonte las puertas, bisagras, tiradores y otros herrajes (foto F).

Prepare las superficies de los armarios raspando las chapas despegadas o la pintura suelta, y rellene los huecos y las grietas con masilla de madera de látex. Lije los armarios ligeramente con papel de lija de 150.

Extienda las chapas de madera sobre una superficie lisa. Mida las superficies de los armarios que va a cubrir, y añada 6 mm a la medida. Corte la chapa a medida, con un cúter y una regla (foto G).

Primero, coloque la chapa sobre los elementos verticales del marco (foto H). Retire el papel que cubre el adhesivo por una de las esquinas. Alinee la chapa con la superficie, y presione ligeramente la esquina para pegarla. Vaya quitando el papel protector, y alise con los dedos las burbujas de aire que se puedan formar. Después, pegue bien la chapa pasando un rodillo por la superficie. Corte la chapa sobrante con un cúter.

A continuación, coloque la chapa de madera sobre los elementos frontales horizontales del marco, solapándola en los bordes interiores del chapado de los elementos verticales. Utilice una regla y un cúter para cortar la chapa sobrante a ras del borde interno de los elementos verticales.

Aplique el acabado a las puertas, los frentes de los cajones o las chapas, si lo necesitaran.

Ajuste una escuadra combinada a 5 cm, y úsela para colocar las bisagras en la parte superior e inferior de cada puerta (foto I). Haga taladros guía y atornille las bisagras. Monte las puertas, asegurándose de que cubren los marcos frontales en igual proporción a ambos lados.

Sierre todos los bordes laterales de los frentes de cajones de una pieza (foto J). Si estos frentes son de dos piezas, separe los paneles frontales. Fije por dentro los nuevos frentes de los cajones con taladros guía y tornillos.

Coloque falsos frentes de cajones en los armarios, atornillándolos a través de tacos de madera que abarquen todo el hueco del cajón (foto K). Monte los herrajes.

Quite las puertas, los tiradores de los cajones y otros herrajes.

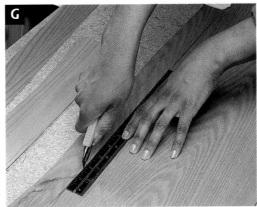

Corte la chapa a medida, con un cúter y una regla.

Quite con cuidado el papel protector al tiempo que hace presión sobre la chapa.

Utilice una escuadra para calcular la posición de las bisagras.

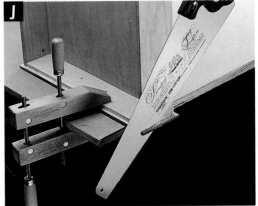

Corte los bordes de los frentes de los cajones, y luego coloque nuevos frentes.

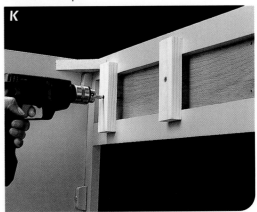

Coloque frentes de cajones falsos sujetándolos desde dentro de los armarios.

Encimeras

Fundamentos de las encimeras

Las encimeras constituyen la principal superficie de trabajo de las cocinas y los baños. Deben ser duraderas, impermeables y fáciles de limpiar, además de atractivas. Los materiales más comunes utilizados para su fabricación son el laminado plástico, los azulejos y la «superficie sólida» manufacturada. Otros materiales menos comunes pueden ser la piedra natural, el acero inoxidable y la madera.

Las encimeras de laminado, las más utilizadas con diferencia, pueden ser a medida o prefabricadas y *posconformadas*. Estas últimas, hechas de hojas laminadas pegadas a un tablero de aglomerado, vienen canteadas y con salpicaderos integrados. Pue-

den adquirirse prácticamente en cualquier color y son fáciles de instalar.

Las encimeras laminadas son duraderas y resistentes a las manchas, pero lamentablemente sus superficies suelen ser imposibles de reparar.

Las alicatadas son excepcionalmente duraderas y ofrecen un aspecto natural. Los azulejos dañados pueden repararse por los mismos procedimientos explicados para los suelos de baldosas y las paredes alicatadas.

Las encimeras de superficie sólida están hechas de resinas de poliéster o acrílicas mezcladas con aditivos. Casi siempre permiten reparaciones superficiales, aunque conviene dejar las instalaciones y los arreglos de cierta envergadura en manos de un profesional.

Laminada de encargo

Posconformada

Alicatada

De superficie sólida

Reparación de encimeras

Al igual que los muebles de madera, las encimeras de superficie sólida adquieren con el tiempo y el uso un lustre característico. Cualquier reparación que quite el brillo superficial debe igualarse bien con la zona de alrededor para mantener un aspecto uniforme.

Para eliminar manchas y arañazos, pruebe primero a usar un detergente suave, frotando la zona deteriorada con una esponja o un paño húmedos y describiendo un movimiento circular. Si así no con-

sigue resolver el problema, use un polvo abrasivo suave y un estropajo de plástico.

Las marcas profundas y las quemaduras pueden eliminarse con papel de lija de grano fino **(foto A)**. Disimule la zona reparada frotándola con un líquido abrasivo suave y una esponja o paño.

Repare las encimeras alicatadas cambiando los azulejos deteriorados **(foto B)**. Quite la lechada con cuidado (páginas 98 y 99), y proteja las juntas aplicando sobre ellas selladora de silicona una vez al año.

En encimeras de superficie sólida utilice papel de lija sólo como último recurso. Pida instrucciones para su mantenimiento.

Mantenga en buen estado las encimeras alicatadas sellando las juntas. Quite los azulejos dañados con un cincel y un martillo.

Quitar una encimera antigua

Primero, corte el agua cerrando las llaves de paso. Desconecte la electricidad, y retire el fregadero, los muebles y los electrodomésticos.

Las encimeras suelen estar fijadas a los armarios con tornillos para madera o con escuadras de plástico sujetas al interior de las esquinas superiores de los armarios (**foto C**). Quite los tornillos y otros elementos de fijación, así como los pernos de tracción interiores de las uniones a inglete.

Utilice un cúter para cortar la masilla entre el salpicadero y la pared. Quitar el embellecedor si lo hay.

Utilice una palanca de pata de cabra para levantar la encimera de los armarios inferiores (**foto D**).

Si no puede apalancarla entera, córtela en trozos con una sierra alternativa y una hoja para madera (**foto E**). Ponga atención para no cortar los armarios.

Una encimera de cocina vieja puede ser un excelente banco de trabajo de gran utilidad en el sótano o el garaje. Use una sierra circular o de calar para cortar a medida secciones útiles de esta encimera reciclada. Córtela por la cara inferior para que no se astille.

Herramientas:
Alicates, destornillador, cúter, palanca de pata de cabra, sierra alternativa.

Quite los tornillos de montaje del interior de los armarios.

Apalanque la encimera para separarla de los armarios.

En caso necesario, corte la encimera con una sierra alternativa.

Cambiar una encimera

Las encimeras laminadas posconformadas se venden en longitudes estándar, que pueden cortarse de forma que encajen bien en los armarios. Pueden conseguirse en secciones rectas o a inglete, para las esquinas. Juegos de embellecedores para los extremos expuestos de las encimeras. El juego incluye listones de madera y una banda premoldeada que se ajusta al laminado y cubre los cantos desnudos que quedan después de cortar las secciones.

Para que el ajuste sea exacto, corte el salpicadero para adaptarlo a las irregularidades de la pared.

Empiece midiendo la parte de arriba de los armarios inferiores, para determinar el tamaño de la encimera. Las paredes rara vez son perfectamente planas o rectas, por lo que conviene medir también la parte posterior de los armarios, y usar la medida más larga (**foto F**). Utilice una escuadra para marcar una línea de referencia (R) hacia la parte media de los armarios. Tome cuatro medidas (A, B, C, D) a partir de la línea de referencia, hacia los extremos de los armarios y hacia la pared.

Continúa en la página siguiente

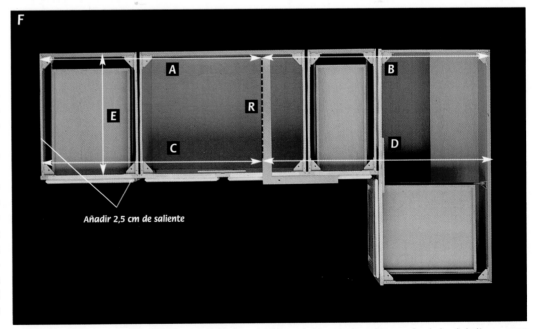
Añadir 2,5 cm de saliente

Utilice una escuadra para trazar una línea perpendicular a los frentes de los armarios. Mida a ambos lados de la línea y sume las medidas. Añada 2,5 cm para los frentes volados y los salientes de los lados vistos de los armarios.

Cambiar una encimera (cont.)

Deje espacio para los bordes salientes añadiendo 2,5 cm de longitud a cada extremo expuesto y otros 2,5 cm también a la anchura (E). Prevea un hueco de 1,5 mm en los puntos de la encimera donde se montarán los electrodomésticos.

Extienda la nueva encimera boca abajo en una superficie lisa, y córtela a la medida con una sierra de calar (**foto G**). Sujete una regla a la encimera, para que le sirva de guía de corte. Si la sierra astilla la superficie laminada, cambie la hoja por otra de dientes más finos.

Para terminar los cantos vistos, fije el listón del juego de tiras de cantear a la cara inferior de la encimera, con cola impermeable y clavillos (**foto H**). Suavice posibles irregularidades con una lijadora de banda. Después, coloque el laminado autoadhesivo en el canto, de forma que sobresalga ligeramente de los bordes de la encimera. Sostenga la tira autoadhesiva en su sitio, con ayuda de una plancha a temperatura media para activar la cola. Una vez se enfríe, recorte los bordes al ras con una lima fina.

Coloque la encimera sobre los muebles inferiores, asegurándose de que el canto frontal sea paralelo a los frentes de los muebles. La parte inferior del canto frontal de la encimera debe estar al ras de los armarios. Compruebe la altura de la encimera (**foto I**). En caso necesario, utilice suplementos de madera para nivelarla, asegurándose de que está apoyada uniformemente por debajo.

Con las uniones a inglete bien ajustadas y los elementos de la encimera perfectamente adaptados a la pared posterior, ajuste el salpicadero a las irregularidades de la pared (**foto J**). Las encimeras posconformadas poseen un listón de ajuste, un fino labio de madera y laminado en el extremo del salpicadero que facilita su adaptación.

Ajuste la apertura de los brazos de un compás al hueco más ancho entre el salpicadero y la pared. Luego, desplace el compás por toda la pared para transferir el perfil al salpicadero. Si el laminado es demasiado oscuro y no se ve la línea de lápiz, aplique cinta de máscara sobre la parte superior del salpicadero y pinte encima.

Use una lijadora de banda con lija de grano grueso para lijar el salpicadero por la línea trazada (**foto K**). Para no astillar el laminado, mantenga la lijadora paralela a la parte superior del salpicadero. Bisele el listón ligeramente hacia adentro desde la superficie superior. Pruebe provisionalmente la adaptación de la encimera.

Marque la posición del fregadero y demás elementos que habrán de instalarse en la encimera. Para marcar el corte para un fregadero de borde autoajustable, colóquelo boca abajo sobre la encimera y trace su contorno con un lápiz (**foto L**).

Retire el fregadero y trace una línea de corte, 15 mm hacia el interior de la marcada para el fregadero. Si éste tiene un armazón desmontable, colóquelo boca arriba en la encimera y trace una línea alrededor de la pestaña vertical del mismo.

Para hacer el corte del fregadero, practique un taladro guía por el interior de la línea de corte, y complete el corte con una sierra de calar con hoja de dientes finos (**foto M**). Sujete la pieza para que al completar el corte no caiga y dañe el mueble inferior. Si hay que hacer más cortes, proceda a realizarlos.

Herramientas:
Escuadra, regla, sierra de calar, martillo, lijadora de banda, plancha, lima plana, nivel, compás, lápiz, taladradora, llave ajustable, pistola de masilla.

Materiales:
Encimera posconformada, juego de tiras de cantear, cola blanca impermeable, suplementos, cinta de máscara, pernos, masilla de silicona, taco de madera, tornillos para madera.

Utilice una regla como guía para hacer cortes rectos y a escuadra en el extremo de la encimera.

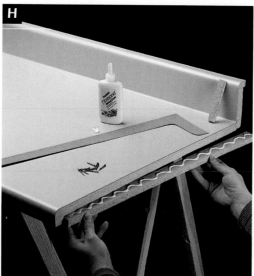

Encole y clave el listón. Pegue la tira autoadhesiva pasando una plancha por encima para activar la cola.

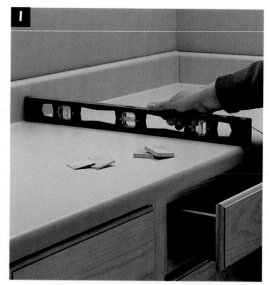

Coloque la encimera y compruebe que está nivelada. Utilice suplementos para nivelarla y rellenar los huecos, para que apoye sólidamente.

El siguiente paso consiste en acoplar los extremos a inglete, si existen. Si la encimera es corta, puede realizar esta operación en un banco de trabajo, si bien lo más sencillo es usar como base la parte superior de los muebles inferiores. Las uniones a inglete se sujetan con pernos especiales que se alojan en ranuras fresadas en el alma de la encimera.

Aplique un cordón de masilla de silicona a las superficies ensambladas de la unión a inglete, y extienda uniformemente la masilla con los dedos (foto N). Apriete la unión. Desde el interior del mueble, coloque los pernos y apriételos sólo hasta que empiece a notar resistencia (foto N, *ampliación*).

Desde arriba, compruebe la unión para asegurarse de que los cantos están bien alineados. Use un taco de madera y un martillo para golpear ligeramente la superficie de la unión hasta que quede lisa. Luego, apriete los pernos.

Empuje la encimera hacia la pared, y fíjela a los muebles con tornillos para planchas de pared que atraviesen las escuadras de montaje y penetren en el alma de la encimera (página 177). Asegúrese de que los tornillos no son demasiado largos, para no agujerear la superficie laminada.

Extienda un fino cordón de masilla en la junta, entre el salpicadero y la pared (foto O). Alise la masilla con la punta del dedo mojada.

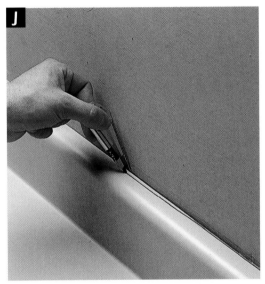

Utilice un compás para trazar el perfil de la pared de apoyo en el salpicadero de la encimera.

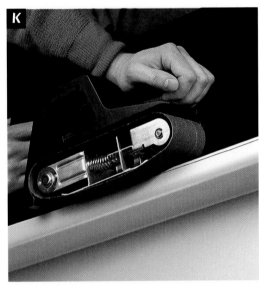

Lije el canto del salpicadero con una lijadora de banda.

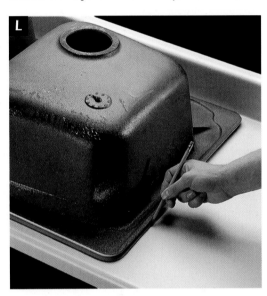

Coloque el fregadero boca abajo sobre la encimera, y trace su contorno. Haga el corte a 15 mm de la línea, por dentro de ésta.

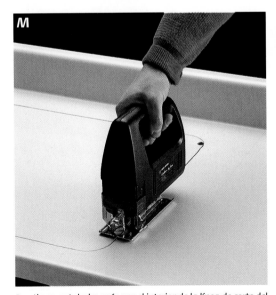

Practique un taladro guía por el interior de la línea de corte del fregadero, y haga el corte necesario con una sierra de calar.

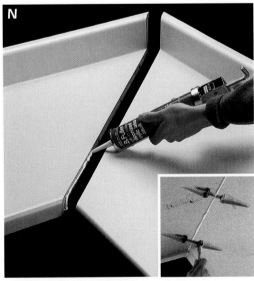

Aplique masilla de silicona a los extremos en inglete de la encimera. Asegure la unión desde abajo con pernos de tracción.

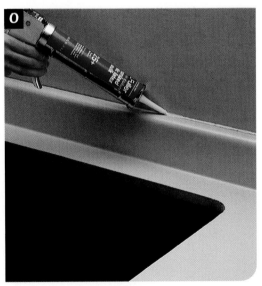

Enmasille la unión entre el salpicadero y la pared. Con ello impedirá que se filtre agua al alma de madera de la encimera.

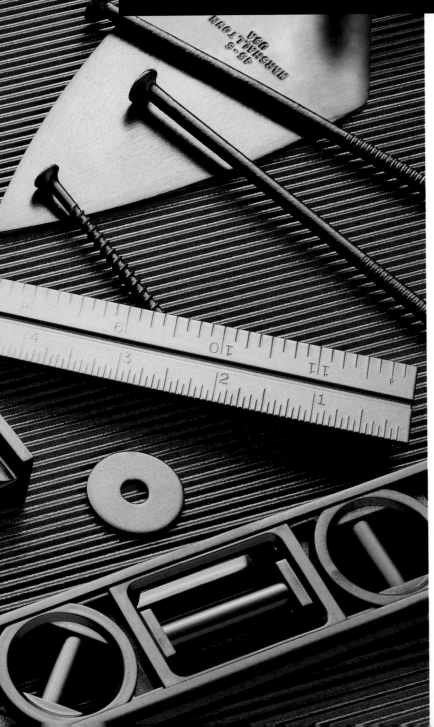

Reparaciones
DE EXTERIOR

El exterior de su vivienda es algo más que la cara que presenta ante el mundo. Cada uno de los elementos exteriores forma parte de un sistema diseñado para proteger la integridad estructural de su hogar. Este capítulo pretende servirle de ayuda para mantener y reparar todas y cada una de las partes de ese sistema.

Reparaciones de exterior

El exterior de una casa bien conservada mantiene nuestras pertenencias seguras y al abrigo de los elementos, además de ser un motivo de orgullo y satisfacción. En esta sección se mostrará cómo mantener, proteger y reparar el exterior de una vivienda de forma que esté bien resguardada y, a la vez, resulte atractiva. Su contenido comprende las cubiertas, los aleros y sofitos, los canalones, las chimeneas, los muros y revestimientos, los caminos de acceso, los escalones y las calzadas para vehículos.

Mediante un programa de inspección y mantenimiento periódicos descubrirá las zonas del exterior de su vivienda que requieren atención, mientras las reparaciones son aún relativamente sencillas y asequibles. Gacias a esos pequeños arreglos realizados con regularidad mejorará el aspecto de su casa al tiempo que protegerá el valor de la propiedad y contribuirá a la calidad estética de su vecindario.

Trabaje con seguridad

Las reparaciones en el exterior de la casa pueden obligar a trabajar en condiciones meteorológicas variadas. En los casos peores, para una reparación de urgencia tendrá que soportar calores sofocantes con un grado de humedad de auténtico bochorno, o temperaturas bajo cero. Por otra parte, en el exterior de la vivienda es frecuente tener que trabajar a cierta altura. Por todo ello conviene adoptar una serie de precauciones elementales para efectuar las operaciones con total seguridad:

No siempre es fácil calcular el tiempo necesario para una reparación. Vístase adecuadamente para el trabajo y el clima reinante, y tómese descansos frecuentes para calentarse o refrescarse, según el estado de la meteorología. Los climas extremos no son recomendables para reparaciones al aire libre. Evítelas sobre todo en caso de tormenta o vientos fuertes.

Siempre que le sea posible, recurra a un ayudante, sobre todo si tiene que trabajar en altura. Cuan-

Tenga cuidado con los cables eléctricos de la casa. Estos cables, que transportan 100 amperios o más, siempre conducen corriente, a no ser que la compañía eléctrica los haya desactivado. No coloque nunca una escalera cerca de ellos.

Prepárese una mesa de herramientas con borriquetas y una plancha de contrachapado. Las herramientas esparcidas por el suelo suponen un peligro y, además, pueden estropearse por la humedad. Por ello resulta más seguro y eficaz organizarlas de manera que estén siempre secas y a mano.

do no tenga más remedio que arreglárselas solo, avise a un amigo o un familiar para que esté pendiente de usted.

No utilice herramientas peligrosas ni trabaje en altura bajo los efectos del alcohol. Si toma alguna medicación, lea las instrucciones y siga los consejos sobre el uso de herramientas y equipos.

En el exterior, el tipo de escalera más corriente es la escalera de mano extensible. Esta escalera está formada por dos empalmadas que se deslizan una sobre otra y pueden fijarse a distintas alturas. Si trabaja con esta clase de escaleras coloque la parte pla-

na de los peldaños hacia arriba. Ajuste la escalera de modo que sobresalga un metro por encima del borde del tejado. De este modo será más estable, sobre todo para subir o bajar. Trabaje siempre de forma que las caderas no sobresalgan de los largueros laterales. No supere nunca la carga máxima admisible para la escalera. Lea y siga las indicaciones sobre este límite y otras instrucciones de seguridad contenidas en la etiqueta.

Consejo útil

Para trabajar al aire libre, utilice un alargador conforme con las normas de protección eléctrica para evitar la electrocución. Los interruptores automáticos contra fugas a tierra cortan la corriente de forma automática en caso de cortocircuito, lo que reduce enormemente el riesgo de lesiones graves. Su empleo resulta particularmente importante en zonas húmedas.

Trabajar con escaleras y andamios

Utilice una escalera extensible con un estabilizador ajustable.

Estabilice la escalera con estacas clavadas en el suelo, y nivélela con calzos de madera.

Compruebe que los ganchos de bloqueo están seguros antes de subir por la escalera.

Asegure la parte superior de la escalera extensible atándola a una chimenea o a una argolla firmemente sujeta.

Utilice herramientas sin cable para evitar el riesgo de los alargadores cuando trabaje en escaleras de mano.

Para asegurar una escalera, ate una cuerda corta y un trozo de listón de madera al peldaño superior; coloque el trozo de listón por dentro de una ventana y ciérrela.

En trabajos que le obliguen a trabajar en altura durante períodos de tiempo largos, use mejor un andamio.

Utilice bloques de contrachapado para nivelar y estabilizar las patas del andamio.

Cubiertas

Fundamentos de las cubiertas

La cubierta de su casa es la primera línea de protección contra los elementos. Su función consiste en resguardar la vivienda del sol, el viento y las precipitaciones de todo tipo. La estructura de una cubierta está constituida por hileras superpuestas de material que cumplen la misma función que las escamas de los peces o las plumas de las aves.

Aparte de impactos graves, como la caída de árboles sobre la casa o las ráfagas de aire que hacen caer las tejas al jardín, gran parte de los problemas de las cubiertas se deben al agua. Este líquido puede entrar directamente desde el exterior o filtrarse subrepticiamente por los elementos estructurales de la cubierta hasta encontrar una vía para aparecer en el centro de un limpio e impoluto salón. A veces, ataca desde el interior del tejado, se va condensando imperceptiblemente, impregna de humedad los cabios y los revestimientos y gotea desde los clavos salientes del tejado, a la espera de provocar, finalmente, problemas graves.

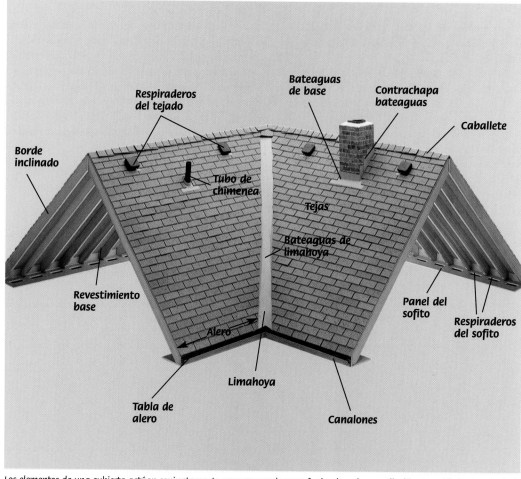

Los elementos de una cubierta actúan conjuntamente para proporcionar refugio, drenaje y ventilación. La cubierta de un tejado está compuesta por revestimientos, papel de techar y ripias o tejas. En las limahoyas y alrededor de las chimeneas y tubos de ventilación, así como otros elementos de la cubierta, se disponen chapas metálicas cubrejuntas (bateaguas) que los protegen del agua. Los sofitos cubren y protegen la zona de los aleros, bajo el voladizo del tejado. Las tablas de alero, normalmente unidas a los extremos de los cabios, sostienen los paneles de los sofitos, así como los canalones y el sistema de desagüe. Los respiraderos de los sofitos y el tejado permiten la circulación de aire fresco por todo el sistema.

Tipos de cubiertas

Existen varios tipos de cubiertas, cada uno de ellos con sus ventajas e inconvenientes propios.

Las ripias de tela asfáltica (**foto A**), que se encuentran entre las más comunes, pueden ser instaladas y reparadas fácilmente por los propios dueños de la casa.

Los tejados metálicos (**foto B**) se asociaron en el pasado con las cubiertas a un agua revestidas de estaño de los cobertizos o con las cúpulas de cobre de las catedrales; en la actualidad, existen paneles de aluminio ondulado o acero galvanizado que ofrecen opciones atractivas y prácticas.

Muchas personas admiran la belleza de los tejados de madera (**foto C**) que, además de bonitos, son duraderos (sobre todo cuando se tratan con un conservante cada 3 a 5 años) y fáciles de instalar. Las chillas hendidas son más caras, por su mayor grosor y por estar hechas a mano, pero también son más resistentes, y pueden durar hasta 50 años en lugar de 25 como los tejados de otros materiales comunes.

Los de pizarra (**foto D**) están hechos de bloques de pizarra divididos en tejas. Su colocación es tarea más bien de profesionales, pero cuando se mantienen con regularidad, resultan prácticamente indestructibles (algunas variedades de pizarra se conservan en buen estado durante 200 años o más).

Estos tejados son caros y requieren una instalación profesional; el material en sí es bastante costoso, y por su peso exige una estructura de cubierta reforzada.

Las tejas de arcilla (**foto E**) ofrecen prácticamente las mismas ventajas e inconvenientes que las de pizarra, aunque su aspecto es totalmente distinto. Son pesadas y relativamente caras, pero resisten bien las inclemencias del tiempo, el fuego y los insectos. Existen muchos modelos de tejas de arcilla que, generalmente, se fijan con enganches o clavijas, aunque también se pueden sostener con un sistema de alambres de manera que las tejas quedan literalmente colgando de los alambres desde el caballete del tejado. Casi todas las reparaciones de una cubierta de tejas exigen la intervención de un profesional experto y provisto de un equipo especial.

Las cubiertas integrales (**foto F**) son más comunes en locales comerciales que en viviendas, aunque resultan adecuadas para casas con techos planos. Su instalación y sustitución han de dejarse en manos de un profesional, aunque los arreglos y reparaciones menores que prolongan su vida suelen estar al alcance del propietario.

Las ripias de tela asfáltica están compuestas por fieltro impregnado de asfalto, con una capa de gránulos minerales incrustados.

Las cubiertas metálicas han evolucionado a partir del metal emplomado y el cobre a los paneles de aluminio ondulado y acero galvanizado. Normalmente, se pintan para mejorar su aspecto, y constituyen una opción atractiva y de precio moderado.

La pizarra es una piedra natural bonita, duradera y resistente al fuego, cuyos principales inconvenientes son su peso y su coste.

Las tejas de madera son a menudo de cedro. Resultan más finas, pequeñas y baratas que las chillas.

Las tejas de arcilla resisten el fuego y ofrecen un aspecto distintivo. Al igual que en la pizarra, su principal inconveniente es el coste, además de la necesidad de reforzar el tejado para que soporte el peso.

Las cubiertas integrales se hacen con capas alternantes de fieltro y alquitrán caliente, cubiertas con una capa protectora de grava. Esta construcción resulta adecuada para techado plano o con una pendiente inferior al 25%.

Herramientas y materiales

Las condiciones de trabajo en una cubierta pueden ser complicadas, por lo que conviene facilitarse la labor reuniendo los útiles y el equipo adecuados antes de empezar. Entre las herramientas comunes para trabajar en cubiertas se incluyen una clavadora neumática, un cúter con hoja en forma de gancho, un martillo de techar con guías de alineamiento y filo tipo hacha y un imán de limpieza (**foto A**). Si tiene que quitar tejas necesitará una palanca plana y una pala de techar dentada.

El equipo de protección incluye esencialmente gafas de seguridad, guantes de trabajo, soportes para tejado, un tablón de 38 × 140 mm y rodilleras. También es importante un calzado apropiado como medida de seguridad. Las botas altas con suela de goma sujetan el tobillo y hacen tracción sobre las superficies inclinadas del tejado. Para trabajar en un tejado de tela asfáltica son mejores las botas de suela blanda, que no dañen los frágiles materiales utilizados en él.

Naturalmente, también necesitará escaleras: una para subir al tejado y, si éste tiene una inclinación muy pronunciada, otra para trabajar sobre su superficie. La mejor opción en caso de elegir una escalera extensible es un modelo de fibra de vidrio, por su solidez y ligereza y porque no conduce la electricidad, lo que será muy útil si se toca inadvertidamente algún cable eléctrico. Una vez en el tejado utilice soportes (**foto B**) y una escalera (**foto C**) para no resbalar. Siga en todo caso las instrucciones del fabricante.

Las chapas bateaguas protegen el tejado en los bordes, las limahoyas y las juntas entre la cubierta y elementos tales como chimeneas y tubos de ventilación (**foto D**). Estas chapas pueden cortarse con tijeras de hojalatero.

Los elementos de fijación están diseñados de forma específica para cada tarea de techado (**foto E**). Utilice clavos de aluminio para chapa de aluminio, y clavos con junta de goma para chapa metálica galvanizada. Compre de seis a doce clavos por metro de chapa. Para fijar ripias de tela asfáltica use clavos de techar galvanizados. Calcule cuatro clavos por ripia. Los clavos galvanizados por inmersión en caliente son los más resistentes a la corrosión, y además son baratos.

El papel de techar y las membranas guardahielos protegen la cubierta del tejado (**foto F**). El cemento para tejados se utiliza para sellar agujeros y formar las juntas entre las chapas bateaguas y los distintos elementos de la cubierta.

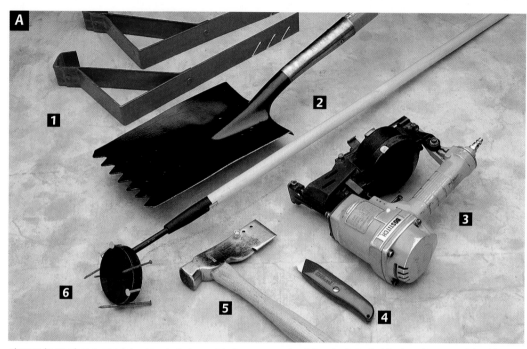

Algunas herramientas especiales para trabajar en tejados son: soportes (1), pala dentada (2), clavadora neumática (3), cúter con hoja en forma de gancho (4), martillo con guías de alineamiento y filo en forma de hacha (5) y un imán de limpieza (6).

Utilice soportes en vez de una escalera. Clávelos en la cuarta o quinta hilada del tejado, y coloque el tablón más ancho que quepa en los soportes.

Si no le gustan las alturas, hágase una escalera para tejados clavando tablas a modo de peldaños en un par de listones de 38 × 89 mm. Asegure la escalera en los soportes y úsela como punto de apoyo para los pies.

D

Material
bateaguas
en rollo

Goterón

Tijeras de
hojalatero

Bateaguas
de limahoya
preformado

Bateaguas
para tubos
de ventilación

Láminas de bateaguas
escalonados

Bateaguas
para claraboyas
(parcial)

Consejo útil

Algunos tipos de cubiertas resultan más difíciles de reparar que otros. Las tejas de pizarra y las de arcilla, por ejemplo, se pueden dañar con solo pisarlas, por lo que tal vez si intenta repararlas usted mismo agrave el problema.

Si duda de su capacidad para una reparación, póngase en contacto con uno o dos contratistas especializados en cubiertas. Pregúnteles y reúna toda la información que le pueda ser útil para decidir si el trabajo está a su alcance o es preferible contratar a un experto.

Las chapas bateaguas para cubiertas pueden cortarse a mano o comprarse cortados y preformadas. Las piezas largas de bateaguas para limahoya o base, caballetes y otros fragmentos no normalizados pueden cortarse a partir de rollos con tijeras de hojalatero. Las piezas para bateaguas escalonados se compran en tamaños estándar y se doblan para adaptarlas. Las destinadas a goterones y tubos de ventilación pueden adquirirse preformadas, y las de claraboyas se venden conjuntamente con las ventanas. Otras formas más complicadas, como faldellines de chimeneas o similares, pueden adquirirse a medida en comercios de metalistería.

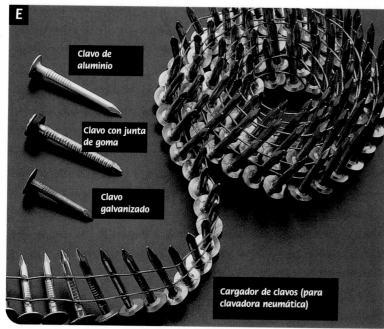

E

Clavo de
aluminio

Clavo con junta
de goma

Clavo
galvanizado

Cargador de clavos (para
clavadora neumática)

Para los distintos trabajos se usan diferentes fijaciones. Los clavos galvanizados se emplean en ripias clavadas a mano, los de aluminio en bateaguas de aluminio y los de junta de goma en bateaguas metálicos galvanizados; para clavadoras neumáticas se usan cargadores de clavos.

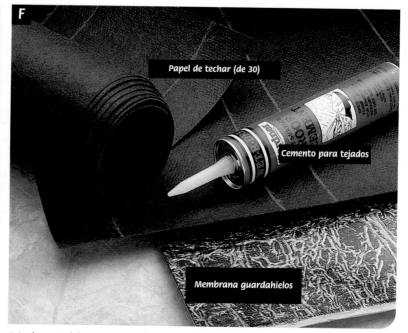

F

Papel de techar (de 30)

Cemento para tejados

Membrana guardahielos

Entre los materiales comunes usados para cubiertas destacan el papel de techar de 30 utilizado como capa base; los tubos de cemento para sellar pequeños agujeros, grietas y juntas del tejado, y las membranas guardahielos.

Examinar las cubiertas

Una cubierta se compone de varios elementos que funcionan en conjunto para proporcionar tres funciones básicas y esenciales a la vivienda: protección, drenaje y ventilación. El tejado y los bateaguas están diseñados de forma que dirigen el agua a los canalones y las bajantes, que a su vez la canalizan alejándola de los cimientos. Los respiraderos de entrada y salida de aire mantienen la circulación del aire libre bajo el revestimiento del tejado, evitando que se formen humedades, además de no dejar pasar el calor.

Cuando aparece algún problema en la cubierta que reduce su capacidad de protección de la vivienda (por ejemplo, tablillas agrietadas, ventilación insuficiente o bateaguas dañados) el mal se extiende rápidamente hacia otras partes de la casa. Una cubierta sólida sirve para resguardar la vivienda, y el mejor modo de asegurarse de que el tejado sigue cumpliendo su función de forma eficaz consiste en realizar inspecciones rutinarias.

Teniendo en cuenta la manera en que suelen aparecer los problemas en la cubierta, deberá examinar tanto el interior como el exterior. Desde el interior del desván, revise los cabios y los revestimientos en busca de indicios de problemas debidos al agua. Los síntomas se manifestarán en forma de veteados o cambios de color (**foto A**). Naturalmente, una zona mojada o húmeda también es signo de daños producidos por el agua.

Todavía en el desván, examine el sistema de ventilación para asegurarse de que el aire circula adecuadamente. El aire debe circular por los respiraderos correctamente, sin obstáculos. Si ha dispuesto barreras de vapor en el desván, deberá contar 1 m² de ventilación por cada 300 m² de cubierta. En ausencia de barreras de vapor, se necesitará 1 m² por 150 m² de cubierta.

Una vez completada la inspección del interior, trasládese a la parte exterior. Dedique una especial atención al estado de los bateaguas y las tablillas o tejas. Los bateaguas proporcionan uniones flexibles impermeables al agua entre la cubierta, sometida a contracciones y dilataciones, y los elementos del tejado, como chimeneas y tubos. Examine el estado de los bateaguas y las masillas de las juntas utilizadas para sellar los bordes. Una masilla deteriorada se repone fácilmente y los bateaguas estropeados se pueden parchear o sustituir.

Las tablillas rotas o perdidas pueden asimismo ser causa de concentración de humedad, provocando un mayor deterioro. Las ripias de tela asfáltica bajo las que queda atrapada demasiada humedad con frecuencia se alabean o abomban, perdiendo su capacidad de protección. Una vez controlada la humedad, las ripias alabeadas pueden aplanarse, mientras que las abombadas deberán sustituirse.

El cambio de color de los cabios es síntoma de filtraciones.

Barreras de hielo y problemas de ventilación

Las barreras de hielo se forman cuando la nieve derretida se vuelve a congelar cerca de los aleros, con lo que el hielo se acumula sobre las ripias, impregnando el revestimiento y terminando por filtrarse hacia la casa (**foto B**).

Para reducir los daños y evitar que siga acumulándose hielo, derrita la barrera de hielo que obstaculiza la evacuación del tejado con agua caliente (**foto C**). Así, el agua caerá del tejado antes de congelarse. Si lo prefiere, puede avisar a un profesional que utilizará un equipo de vapor.

También es posible instalar un cable eléctrico de cubierta para fundir el hielo. Coloque el cable en los canalones y tiéndalo por cada bajante.

Para resolver el problema de forma permanente, mejore la ventilación de la cubierta y reducirá así las temperaturas del desván.

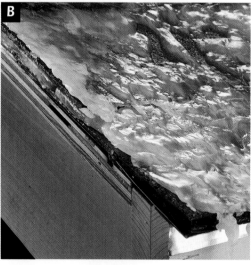

Al congelarse la nieve derretida impide la evacuación del agua.

Utilice agua caliente para derretir las barreras de hielo.

Inspección y mantenimiento del tejado

Lo principal es empezar la inspección de la parte exterior de la cubierta sin arriesgar la vida ni la integridad física. Con unos prismáticos, eche un vistazo a la cubierta desde un piso alto de la casa de un vecino o desde el jardín. Ello no le evitará, sin embargo, tener que subir al tejado para completar el examen.

El viento, las precipitaciones y la basura llevada por el aire pueden dañar las tablillas de madera, las ripias o las tejas. Las zonas de las limahoyas y los caballetes suelen ser las más vulnerables a la acción de la intemperie. En estas áreas es común encontrar tejas rotas, sueltas o agrietadas (**foto D**).

El depósito de gránulos en los canalones y en los extremos de las bajantes indica posibles daños en la capa protectora de ripias de tela asfáltica. A medida que avanza el deterioro, las ripias tienden a perder color y a combarse (**foto E**). Llegado este punto, es el momento de plantearse levantar el tejado.

Un caballete hundido puede deberse al peso de demasiadas capas de cubierta (**foto F**), aunque también puede ser síntoma de un problema peor, como es la putrescencia de un zanco del caballete o un apoyo insuficiente del zanco.

La suciedad y los desperdicios atraen la humedad y la descomposición, acortando la vida de la cubierta. Lave ésta cuidadosamente una vez al año para proteger las ripias (**foto G**). Dedique una particular atención a las zonas resguardadas donde se pueda acumular moho y musgo.

En los climas húmedos conviene clavar una banda de zinc a lo largo del caballete central del tejado (**foto H**). Cada vez que llueve, el agua arrastra una mínima cantidad de zinc cubierta abajo, eliminando así el musgo y el moho.

Las ramas que cuelgan sobre el tejado desprenden suciedad y producen zonas umbrías que favorecen la formación de musgo y moho. Para reducir la posibilidad de deterioro, pode todas las ramas que pendan por encima del tejado (**foto I**).

Cuando suba al tejado, preste atención a cualquier zona poco firme, ya que es un posible indicio de deterioro del revestimiento. Las ripias de alrededor de estas zonas se desprenden con facilidad. Si descubre este problema, sustituya de inmediato el revestimiento de la zona afectada.

Los problemas comunes con las tejas de arcilla y los tejados de pizarra son bastante menos graves; en general, se trata de piezas rotas o desprendidas, que se pueden reponer enseguida.

Los deterioros y desgastes excesivos son cada vez más frecuentes conforme envejece el tejado, que se vuelve más endeble y pierde sus superficies minerales de protección.

Las combaduras y alabeos en las ripias de tela asfáltica suelen deberse a la humedad. Las zonas desprendidas incrementan la vulnerabilidad de la cubierta al viento.

Un caballete hundido puede ser síntoma de problemas de soporte más serios.

Prolongue la vida de sus ripias de tela asfáltica lavándolas una o dos veces al año con agua a presión. A las tablillas de cedro también les beneficia la aplicación periódica de un conservante para madera.

Clave una banda de zinc a lo largo del caballete central de una cubierta de ripias de tela asfáltica. Así, cuando llueva, el zinc lavará el tejado, destruyendo el moho y el musgo.

Corte las ramas de los árboles que crezcan por encima del tejado, para aumentar la acción de los rayos solares y evitar la formación de moho y musgo.

Localización y reparación de goteras y filtraciones

Encontrar el origen de una gotera puede ser todo un reto aunque, por suerte, las leyes de la naturaleza funcionan aquí a nuestro favor. El agua sigue muchas veces un camino sinuoso, pero al final siempre corre en sentido descendente.

Si el desván está sin acabar, aproveche esta circunstancia para examinar la parte inferior de la cubierta con una linterna potente un día de lluvia. Si observa agua, cambio de color o cualquier otro signo de humedad, siga el rastro de la filtración hasta el lugar por el que penetra el agua (**foto A**).

El agua que fluye en dirección a la pared puede desviarse temporalmente para mitigar el daño. Clave un pequeño taco de madera en el camino del agua y coloque un cubo debajo para recoger el goteo (**foto B**). Después, un día soleado, atraviese la cubierta con un clavo por la parte interior para poder localizar el sitio exacto en el exterior y reparar el agujero.

Si no hubiera signos evidentes de humedad, compruebe el aislante entre los cabios. Con una mascarilla, ropa de manga larga y guantes fuertes, examine el aislamiento para detectar la posible presencia de moho, cambios de color o humedad. Vaya retirando el aislante hasta que localice el origen de la gotera.

Si la humedad aparece en un techo acabado, adopte medidas para suavizar el daño hasta que pueda reparar la gotera. Con la máxima celeridad, reduzca la acumulación de agua bajo la cubierta haciendo un pequeño orificio en el panel de techo o la placa de escayola para que salga el agua (**foto C**).

Cuando haya encontrado el origen de la filtración desde el interior, mida la distancia desde ese punto hasta otro punto visible e identificable desde la parte exterior de la casa, por ejemplo una chimenea, un respiradero o, si no hay otra cosa, el caballete del tejado (**foto D**). A continuación, suba al tejado y utilice estas medidas para localizar la fuente del problema. Una vez arriba, compruebe si hay ripias, tejas o pizarras rotas o caídas, bateaguas deteriorados, clavos expuestos, juntas abiertas entre la cubierta y el revestimiento contra la intemperie, ladrillos de la chimenea dañados, juntas abiertas en el material de techar y ausencia de molduras vierteaguas en puertas y ventanas.

En el desván, compruebe la posible presencia de agua en los cabios y el revestimiento. Coloque un cubo bajo la gotera, busque su origen y marque la posición.

Si el agua escurre hacia la pared, clave un pequeño taco de madera para desviar las gotas hacia un cubo.

Traspase con un punzón o un clavo el centro de la marca de la bolsa de agua para que ésta caiga al interior de un cubo colocado debajo.

Utilizando medidas hechas desde dentro de la casa, encuentre el origen de la gotera en el exterior del tejado.

Reparaciones de emergencia

Si el tejado está muy deteriorado, el objetivo primordial será evitar un mayor daño en la casa hasta que se puedan realizar las reparaciones definitivas. Utilice una lámina de contrachapado como cubierta de emergencia para impedir el paso del viento y el agua (foto E). Otra opción sería tapar el desperfecto cubriéndolo con listones clavados alrededor de una lámina de plástico (foto F).

Para estas medidas temporales utilice clavos de doble cabeza, que podrá extraer con facilidad cuando sea posible realizar la reparación definitiva. Marque la posición de los clavos después de quitarlos y rellene los huecos con cemento para tejados cuando complete el arreglo final.

Herramientas: Martillo.

Materiales: Contrachapado (o listones de madera y un plástico), clavos de doble cabeza.

Haga una cubierta con contrachapado. Una vez efectuada la reparación definitiva, tape los agujeros con cemento.

Use una lámina de plástico como cubierta de emergencia clavando listones en los bordes para sujetarla.

Reparaciones puntuales con cemento para tejados

Se pueden efectuar reparaciones menores en la cubierta con cemento plástico para tejados y bateaguas galvanizados en rollo. El calor ablanda la superficie del tejado, mientras que el frío la fragiliza y hace más difícil trabajar con los materiales, más vulnerables entonces a sufrir daños; por eso conviene elegir un día seco y de temperatura moderada para hacer la reparación. Si las ripias parecen frágiles, témplelas con un secador de pelo para manejarlas con menor riesgo de que se rompan.

Para fijar una ripia suelta (foto G), lave el papel de techar y la cara inferior de la ripia. Una vez seco, aplique una capa abundante de cemento para tejados. Presione la ripia para fijarla en el lecho de cemento.

Pegue las ripias combadas (foto H) limpiando el hueco que queda bajo el abombamiento, rellenán-

dolo con cemento para tejados y aplastando la ripia contra el cemento. También puede parchear las rajas y las grietas con cemento para tejados.

Revise las juntas alrededor de las chapas bateaguas, al ser muy normal que se produzcan filtraciones en esos puntos. Selle los huecos eliminando y sustituyendo el cemento que ha perdido eficacia (foto I).

Vuelva a fijar las ripias sueltas con cemento para tejados.

Pegue los bordes de las ripias combadas presionándolos sobre una capa de cemento para tejados.

Selle los huecos en torno a los bateaguas, eliminando y sustituyendo el cemento que ha perdido eficacia.

Sustitución de ripias de tela asfáltica

Reemplace las ripias de tela asfáltica arrancando las que estén deterioradas, empezando por la más alta de la zona estropeada (**foto A**). Tenga cuidado de no dañar las ripias de alrededor que estén todavía en buen estado. Las cabezas de los clavos expuestos podrían agujerear las ripias nuevas, por lo que deberá extraer todos los clavos de la zona de reparación y de la inmediata superior (**foto B**). Repare el papel de techar dañado con cemento para tejados.

Coloque las ripias nuevas empezando por la más baja de la zona de reparación (**foto C**). Clávelas por encima de las ranuras con clavos para tejados de 20 o 25 mm.

Coloque todas las ripias salvo la superior, fijándolas con clavos, y aplique luego cemento sobre la cara inferior de la ripia más alta, por encima de la línea de la junta (**foto D**).

Deslice la última ripia para colocarla en su sitio bajo la que se superpone a ella. Levante las ripias situadas inmediatamente encima de la zona de reparación, y clave la parte superior de las ripias de recambio (**foto E**).

Herramientas:
Martillo, palanca de pata de cabra, pistola de masilla, cúter.

Materiales:
Cemento para tejados, ripias de repuesto, clavos para tejados.

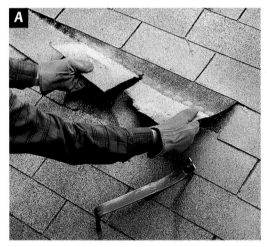

Tire de las ripias dañadas para extraerlas, empezando por la ripia más alta de la zona de reparación.

Extraiga los clavos viejos e inservibles, y repare el papel de techar dañado con cemento para tejados.

Coloque las ripias nuevas empezando por la más baja de la zona de reparación.

Coloque todas las ripias salvo la superior, fijándolas con clavos, y luego aplique cemento para tejados en la cara inferior de la ripia de arriba.

Deslice la última ripia hasta su posición definitiva bajo la inmediata inferior. Levante la ripia superior para clavar la de repuesto.

Envejecimiento artificial de chillas y tejas de madera

Casi todas las tablillas de los tejados de madera cambian de color por efecto de la intemperie. Al hacer reparaciones en un tejado o colocar tablillas nuevas, las piezas de repuesto a menudo contrastan demasiado con las antiguas.

Con el paso de las estaciones, las nuevas chillas o tejas se igualarán gradualmente con el resto del tejado, pero no es necesario esperar tanto. Basta un pequeño esfuerzo para que las piezas nuevas se parezcan a las originales y las reparaciones no se noten como bandas de distinto color.

Para envejecer las chillas o tejas de madera nuevas e igualarlas con las existentes, disuelva medio kilogramo de bicarbonato potásico en cinco litros de agua. Extienda la solución sobre las tablillas con una brocha,

y exponga aquéllas a la luz solar directa durante cuatro o cinco horas. Lávelas después con cuidado y déjelas secar. Repita el proceso hasta que el color de las nuevas tablillas se equipare con el de las originales.

Si trabaja con ripias de tela asfáltica, utilice alcohol mineral para envejecerlas. Empape un trapo blanco en alcohol mineral y lave con él la superficie de las ripias nuevas para eliminar parte del material granulado. Los gránulos protegen las ripias de los elementos, por lo que conviene ser moderado en este proceso, eliminando sólo lo justo para que las nuevas ripias se asemejen a las originales.

Lave con cuidado las ripias envejecidas artificialmente, y déjelas secar antes de colocarlas por el procedimiento normal.

Cambiar tejas de madera

Las tejas de madera van clavadas al revestimiento. Dado que no pueden doblarse, a diferencia de las ripias de tela asfáltica, deben romperse antes de quitar los clavos.

Empiece por partir la tablilla dañada con un martillo y un formón. Quite los trozos, y luego pase la hoja de una sierra para metales por debajo de las piezas traslapadas (foto F). Corte los clavos con la

sierra y haga palanca para sacar los trozos restantes de madera.

Apalanque suavemente hacia arriba las tablillas situadas encima de la zona de reparación. Corte nuevos trozos para la hilada inferior, dejando 1 cm, aproximadamente, en los lados para dilataciones. Fije estas piezas en su sitio con clavos de ranuras circulares en la caña (foto G). Rellene toda la zona

excepto la hilada superior de la zona de reparación. Corte las tablillas para esta hilada superior.

Como la última hilada no puede clavarse, péguela al revestimiento con cemento para tejados. Aplique una capa de cemento para tejados para asentar las tablillas, y luego deslícelas bajo las piezas traslapadas. Apriete las piezas para que se adhieran bien al cemento (foto H).

Introduzca la hoja de una sierra para metales bajo las tablillas traslapadas para cortar los clavos.

Clave en su posición las tablillas de repuesto.

Aplique cemento para tejados en la hilada superior, y deslice las tablillas por debajo de las traslapadas.

Reparación y sustitución de bateaguas

Los bateaguas protegen las juntas que rodean a los elementos de la cubierta y las uniones selladas entre las distintas zonas del tejado, al alejar el agua de estas superficies. Para mantener la integridad del tejado deben repararse o sustituirse cuando se dañan o deterioran.

Si se decide por un parche o una reparación parcial, use el mismo material que el original (por ejemplo, aluminio sobre aluminio). Si junta metales diferentes,

favorecerá la corrosión. Para cambiar un bateaguas alrededor de una chimenea u otra estructura de albañilería utilice piezas de acero galvanizado o cobre, ya que la cal del mortero puede corroer el aluminio.

Al principio los parches serán muy visibles, pero poco a poco se confundirán con el resto en cuanto empiecen a perder color.

Cuando trabaje con bateaguas use guantes fuertes y tenga cuidado con los extremos afilados.

Herramientas:
Cinta métrica, cepillo metálico, tijeras de hojalatero, llana, palanca de pata de cabra, martillo, cúter.

Materiales:
Bateaguas de repuesto, cemento para tejados, clavos de techar.

Parchear bateaguas de limahoya

Cuando repare bateaguas de limahoya, no quite las piezas dañadas; cúbralas con el nuevo material.

Mida la zona dañada y marque el contorno del parche. Éste deberá tener anchura suficiente para que quepa bajo las ripias de los dos lados de la zona dañada, y terminar en punta en un extremo.

Corte el parche con tijeras de hojalatero (**foto A**). Utilice una llana o una palanca de pata de cabra para romper con cuidado la unión entre los bateaguas dañados y las ripias de alrededor.

Raspe el bateaguas deteriorado con un cepillo metálico, y límpielo bien.

Aplique un cordón grueso de cemento en la parte posterior del parche (**foto B**).

Haga una raja en el bateaguas antiguo. Inserte el extremo en punta del parche en la misma, y ajuste los bordes laterales bajo las ripias de cada lado.

Apoye el extremo cuadrado del parche encima del bateaguas antiguo, y apriételo con fuerza para que se adhiera a la junta de cemento. Añada ce-

mento a los bordes expuestos y a las juntas de las ripias.

Utilice una llana para alisar el cemento y crear una superficie suave para que fluya el agua (**foto C**). Asegúrese de que todas las uniones están bien cubiertas.

Corte a medida el parche metálico con unas tijeras de hojalatero. Compruebe que el parche tiene anchura suficiente para encajar bajo las ripias.

Aplique un cordón continuo de cemento en los bordes del parche.

Alise el cemento para que el agua pueda fluir sin obstáculos y no se represe.

Colocar bateaguas en tubos de ventilación

Coloque ripias hasta el tubo de ventilación de forma que el bateaguas descanse al menos en una ripia. Aplique un doble cordón grueso de cemento en los bordes inferiores del ala.

Coloque el collar del bateaguas de forma que la parte más larga esté abajo y el ala se apoye en las ripias. Fije el perímetro del ala con clavos de techar (**foto D**).

Corte las ripias de manera que encajen bien alrededor del collar del bateaguas, formando una superficie plana con el ala (**foto E**). Aplique cemento para tejados en las ripias y las juntas del bateaguas, y cubra los clavos expuestos.

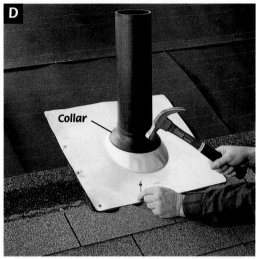

Extienda un cordón grueso de cemento en la parte inferior del bateaguas, y luego bájelo hasta colocarlo sobre el tubo de ventilación; clávelo en su sitio.

Corte las ripias a medida y colóquelas encima y alrededor del bateaguas.

Sustituir bateaguas escalonados

Para cambiar una pieza de un bateaguas escalonado, doble con cuidado hacia arriba la contrachapa o el revestimiento del bateaguas dañado. Limpie todo resto de cemento antiguo y levante las ripias.

Utilice una palanca para sacar el bateaguas deteriorado (**foto F**).

Corte a medida el nuevo trozo de bateaguas, y aplique el cemento en los bordes no expuestos.

Deslice el bateaguas hasta su posición, comprobando que queda bien solapado por el bateaguas superior y superpuesto al bateaguas y las ripias inferiores (**foto G**).

Introduzca un clavo de techar que atraviese el bateaguas, en la esquina inferior, y penetre en la cubierta (**foto H**). No sujete el bateaguas al elemento vertical del tejado.

Vuelva a colocar las ripias y la contrachapa, y selle todas las juntas con cemento para tejados.

Retire el bateaguas dañado con una palanca de pata de cabra.

Aplique cemento para tejados, y coloque el nuevo bateaguas.

Fije el bateaguas a la cubierta con clavos para tejados.

Preparación de una nueva cubierta

Si su cubierta tiene más de una capa de ripias o tablillas, o si éstas se encuentran combadas o torcidas, será necesario levantar por completo el material de techar. De todos modos, no empiece el proyecto sin haber elaborado un plan con todo detalle.

Haga un cálculo aproximado del tiempo que le llevará (guiándose por la tabla de la página siguiente). Considere la pendiente del tejado y si precisará o no soportes de sujeción. La colocación y retirada de estos soportes lleva su tiempo. Organice las tareas en una secuencia lógica y divida el proyecto en fases manejables que pueda completar en un día, con lo que ahorrará tiempo y molestias. Por ejemplo, con un plan minucioso no tendrá que tapar la cubierta todas las tardes.

Mida la superficie de la cubierta. Recorra las tiendas y compare precios, y haga un cálculo aproximado del coste de las ripias que elija.

Cuente el número de elementos especiales del tejado, como tubos de ventilación, extractores, claraboyas, buhardas y chimeneas, y calcule la cantidad de bateaguas necesarios. Si tiene que cambiar el revestimiento, inclúyalo en su estimación, junto con el papel de techar, el cemento para tejados, los clavos, el alquiler de un contenedor y el alquiler o la compra de las herramientas necesarias. Añada un margen del 15% a su estimación.

Herramientas:
Tijeras de hojalatero, escoba, pistola de masilla, palanca de pata de cabra, sierra alternativa, imán de limpieza, martillo de techar, pala de techar, cinta métrica, llana.

Materiales:
Contrachapado para exterior, bateaguas metálico galvanizado, cemento para tejados, clavos para tejados, clavos con junta de goma, retales de madera, tornillos, bateaguas para tubos de ventilación.

Cuando trabaje en un tejado, lleve zapatos con suela de goma, rodilleras, delantal con clavos, cinturón de herramientas, camisa de manga larga, pantalones largos y guantes de trabajo. Lleve protección ocular si maneja herramientas eléctricas.

Calcular la pendiente de un tejado

La pendiente de un tejado se define como la relación entre el aumento de altura y la distancia horizontal. Por ejemplo, si un tejado tiene una pendiente de 5 por 12, significa que su altura aumenta 5 cm por cada 12 cm de avance horizontal. Es importante conocer la pendiente al seleccionar los materiales y evaluar la dificultad del trabajo en el tejado. Para maniobrar con seguridad, instale soportes temporales cuando la pendiente sea de 7 por 12 o más. Los tejados con pendiente igual o inferior a 3 por 12 han de protegerse con una cubierta pegada en toda su superficie para evitar los efectos del encharcamiento.

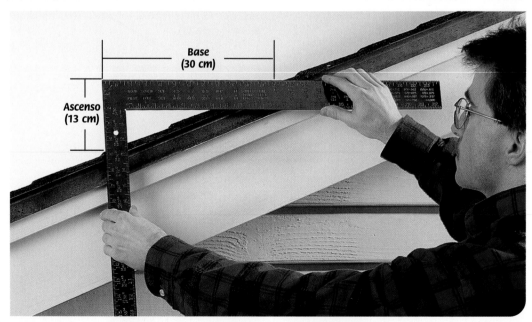

Sujete una escuadra de carpintero siguiendo la línea del tejado, con el brazo superior horizontal (comprobado con un nivel). Coloque la escuadra de forma que corte al tejado en la marca de 30 cm. En el brazo vertical, mida la distancia desde el ángulo superior al punto de intersección para conocer la pendiente.

Estimación del tiempo necesario

Tarea	Tiempo necesario	×	Cantidad	=	Tiempo total
Levantar la cubierta	1 hora por 9 m²				
Colocar el papel de techar	30 minutos por 9 m²				
Aplicar ripias:					
Superficies planas	2 horas por 9 m²				
Caballetes, limatesas	30 minutos por cada 3 m				
Buhardas	Añada 1 hora por cada una				
	(incluya la superficie de la buharda en la estimación de «superficies planas»)				
Bateaguas:					
Chimeneas	2 horas cada una				
Tubos de ventilación	30 minutos cada uno				
Limahoyas	30 minutos por cada 3 m				
Respiraderos	30 minutos cada uno				
Claraboyas	2 horas cada una				
Goterones	30 minutos por cada 6 m				
Tiempo total del proyecto					

NOTA: Todas las estimaciones de tiempo se basan en un solo trabajador. Si actúan dos personas, reduzca el tiempo calculado un 40%.

Instalar soportes en el tejado

Los soportes para tejados, que se venden en centros de bricolaje, ofrecen un apoyo estable en pendientes pronunciadas. Cuando use estos soportes, instale el primero en la cuarta o quinta hilada, introduciendo los clavos en la zona muerta, o de solape, para que no queden expuestos (**foto A**). Utilice clavos de 90 mm y fije un soporte cada 1,2 m, con un saliente de 15 a 30 cm en los extremos. Cubra con ripias la parte superior de los soportes. Apoye luego en ellos un tablón de 38 × 184 mm o 38 × 235 mm (**foto B**). Fije el tablón con un clavo que atraviese el agujero de cada gancho del soporte. Una vez terminado el proyecto, quite los tablones y los soportes. Coloque el extremo de una palanca de pata de cabra sobre cada clavo e introdúzcalo golpeando con un martillo (**foto C**).

Fije soportes al tejado con clavos de 90 mm introducidos en la zona muerta, donde no queden expuestos.

Cubra con ripias los extremos superiores de los soportes. Apoye en los soportes un tablón de 38 × 184 mm o de 38 × 235 mm. Use el tablón más ancho que quepa en los soportes.

Retire los tablones y los soportes e introduzca totalmente los clavos colocando una palanca sobre ellos y golpeando ésta con un martillo.

Levantar la cubierta

Quitar las ripias u otros materiales de cubierta es una tarea rápida, quizá de las más satisfactorias del proyecto de renovación del material de techar. Para trabajar con eficacia conviene que otra persona vaya retirando los escombros que caen al suelo.

Si no puede retechar toda la cubierta en un solo día, levante cada vez sólo la superficie que vaya a reponer. Retire las ripias superiores con una palanca de pata de cabra **(foto A)**. Luego continúe hacia abajo, arrancando el papel de techar y las ripias viejas con una pala dentada para tejados o una horquilla **(foto B)**. A no ser que los bateaguas se encuentren en un estado excelente, quítelos también cortando el cemento que los une a las ripias **(foto C)**. También puede salvar algunos bateaguas, como los de los caballetes y faldellines, para volverlos a utilizar.

Después de quitar las ripias, el papel de techar y los bateaguas de toda la sección levantada, saque los clavos **(foto D)** y barra el tejado con una escoba. Por la noche, cubra las zonas sin retechar con lonas sujetas con pesos formados por paquetes de ripias **(foto E)**.

Quite el remate del caballete con una palanca plana. Luego retire la hilada superior de ripias.

Levante todas las ripias viejas y el papel de techar, trabajando de arriba a abajo.

Corte el cemento con una palanca plana. Quite y deseche todos los bateaguas, a no ser que se encuentren en un estado excelente.

Utilice una pala dentada o un martillo para sacar los clavos inservibles. En el suelo, recoja los clavos con un imán.

Utilice lonas sujetas con paquetes de ripias para proteger las secciones no cubiertas durante la noche.

Los escombros

Los tejados producen gran cantidad de escombros. Tome medidas preparatorias para reducir al mínimo el trabajo de recogida de escombros y facilitar así la limpieza.

Primero, extienda lonas en el suelo y apoye planchas de contrachapado inclinadas sobre la casa para proteger las plantas.

Valore la posibilidad de alquilar un contenedor en una empresa de recogida de escombros o en el departamento de basuras de su comunidad. Si es posible,

contrate con esta empresa o epartamento la retirada de los escombros y su transporte a un vertedero. Después, coloque el contenedor directamente bajo el borde del tejado, para que los escombros caigan sobre él.

Si no le resulta práctico alquilar el contenedor, utilice como alternativa carretillas con lonas. Con este método será usted el responsable de deshacerse de los escombros, lo que probablemente le obligará a realizar varios viajes al vertedero.

Sanear el revestimiento

Si encuentra puntos blandos al inspeccionar la cubierta después de retirar el material de techar antiguo, repárelos sustituyendo los elementos debilitados.

Compruebe si hay cables eléctricos bajo el revestimiento. Utilice una sierra alternativa para cortar el revestimiento hasta los cabios en una zona que se

extienda suficientemente más allá de la zona dañada. Levante las secciones deterioradas haciendo palanca **(foto F)**.

Fije listones de 38 × 89 mm en los bordes interiores de los cabios con tornillos de 75 mm **(foto G)**.

Utilice contrachapado para exterior para hacer un parche. Mida la zona y corte el parche, dejando

una holgura de 3 mm en todos los lados para absorber dilataciones.

Fije el parche a los cabios y los listones, con tornillos de 64 mm o clavos de ranuras circulares de esta misma longitud **(foto H)**.

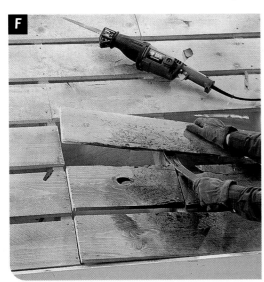

Después de cortar las partes dañadas del revestimiento, levante las piezas haciendo palanca.

Fije listones de 38 × 89 mm para sujetar el parche del revestimiento.

Coloque un parche, dejando una holgura de 3 mm en todos los lados para posibles dilataciones, con tornillos de 64 mm o clavos de ranuras circulares de esta misma longitud.

Colocación de una nueva cubierta

Colocación del papel de techar

El papel de techar se coloca en las cubiertas como medida de seguridad frente a posibles filtraciones en las ripias o los bateaguas. Se vende en varios gramajes, si bien el más conveniente para su empleo bajo las ripias es el de 30.

En climas fríos, la normativa de construcción exige a menudo una capa base llamada «guardahielos» para proteger del hielo la cubierta, en sustitución del papel de techar normal, para la primera o las dos primeras hiladas. Al tratarse de una membrana adhesiva, el guardahielos se pega al revestimiento y crea una barrera para el agua que pudiera quedar represada por la presencia de hielo.

Trace una línea con un cordel de marcar a 89 cm del borde de los aleros, de forma que la primera hilada de la membrana de 90 cm de ancho sobresalga de los aleros 1 cm. Coloque una hilada de este guardahielos usando el cordel de marcar como referencia, y vaya retirando el dorsal protector conforme lo desenrolla (foto A). En climas fríos, aplique varias hiladas de este guardahielos para cubrir 60 cm desde el voladizo del tejado. En los climas cálidos, estas capas pueden no ser necesarias; consulte las prescripciones locales al respecto.

Mida desde el borde del alero hasta un punto situado 80 cm por encima de la parte superior de la hilada previa de capa base, y tienda otro cordel de marcar. Desenrolle la siguiente hilada de papel de techar (o guardahielos, si fuera necesario), solapando siempre 10 cm la primera hilada. Sujete el papel de techar con ayuda de una grapadora, introduciendo una grapa cada 15 a 30 cm en los bordes, y una grapa por cada 10 dm^2 en la zona de trabajo (foto B). Coloque papel de techar hasta el caballete (en dirección ascendente), trazando líneas horizontales con el cordel cada dos o tres filas para verificar la alineación. Recorte las hiladas al ras del borde inclinado de la cubierta.

Siga ascendiendo por el tejado con nuevas hiladas de papel de techar, dejando solapes de 10 cm y juntas verticales de 30 cm. En las limahoyas, enro-

Herramientas:
Cordel de marcar, palanca plana, grapadora, cúter, cinta métrica, tijeras de hojalatero.

Materiales:
Papel de techar de 30 y/o guardahielos, goterones, cemento para tejados, clavos de techar.

Extienda la primera hilada de guardahielos o papel de techar, de forma que sobresalga de los aleros 1 cm, aproximadamente.

Fije el papel con grapas separadas de 15 a 30 cm.

Superponga las hiladas de papel de techar, de forma que el revestimiento del tejado quede perfectamente cubierto.

lle papel de techar desde ambos lados (**foto C**), solapando los extremos 90 cm. Solape el papel en las limatesas y los caballetes 15 cm.

Coloque parches de papel de techar sobre obstáculos como tubos de ventilación y respiraderos (**foto D**). Extienda papel hasta el obstáculo. Luego siga colocando la hilada por el lado contrario, sin perder la alineación. Corte un parche que se superponga al papel de techar en 30 cm por todos los lados. Haga un corte en cruz para salvar el obstáculo. Coloque el parche, grápelo y luego enmasille las juntas con cemento para tejados.

En la parte inferior de las buhardas y muros, doble el papel de techar bajo el revestimiento (**foto E**), en la intersección con el tejado. Remétalo también bajo los bateaguas en las chimeneas y claraboyas. Levante con cuidado el revestimiento haciendo palanca y remeta al menos 5 cm de papel por debajo. Deje el revestimiento o el bateaguas de escurrimiento sin fijar hasta haber colocado el bateaguas escalonado.

Coloque el bateaguas del goterón a lo largo de los bordes inclinados (ver a continuación).

Extienda el papel de techar hasta los bordes de los obstáculos. Luego coloque parches encima y enmasille las juntas con cemento para tejados.

Remeta al menos 5 cm de papel de techar bajo el revestimiento en la parte inferior de buhardas y muros.

Colocar goterones

Los goterones de los aleros deben colocarse *antes* que el papel de techar, mientras que los de los bordes inclinados se colocan *después* de sujetar el papel.

Para colocar los goterones en los aleros, clávelos a lo largo del borde de éstos (**foto F**). Solape los goterones 5 cm en las juntas verticales, y clávelos cada 30 cm. Corte los extremos en ángulo de 45° para obtener una junta a inglete del goterón con el borde inclinado. Utilice clavos de techar galvanizados para colocar goterones galvanizados o de vinilo, y clavos de aluminio si los goterones son de aluminio. Introduzca los clavos cada 30 cm.

Para colocar el goterón en los bordes inclinados, empiece por abajo, formando una junta a inglete con el goterón en los aleros. Trabaje en dirección al caballete, superponiendo las piezas de goterón 5 cm. Compruebe que en los solapes es el tramo de goterón más alto el que queda encima (**foto G**).

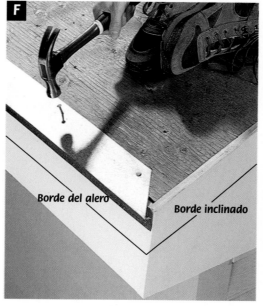

Borde del alero

Borde inclinado

Los goterones de los aleros se colocan antes que el papel de techar. Coloque el goterón a lo largo del borde del alero, fijándolo con clavos a intervalos de unos 30 cm.

En los bordes inclinados, los goterones se colocan después de grapar el papel de techar. Solape unos 5 cm los goterones colocados sobre los cabios.

Colocación de bateaguas

El bateaguas es una barrera metálica o de goma utilizada para proteger las juntas alrededor de los elementos de las cubiertas o entre superficies contiguas.

Alrededor de elementos del tejado tales como chimeneas y tubos de ventilación, los bateaguas deben fijarse sólo a una superficie, en general a la cubierta del tejado. Use exclusivamente cemento para tejados para pegar el bateaguas a los elementos del tejado. El bateaguas debe poder doblarse cuando estos elementos, o la propia cubierta, sufran contracciones o dilataciones. Si se sujeta el bateaguas a ambas superficies, terminará por desprenderse o rasgarse.

Para doblar el bateaguas, prepare primero un útil de plegado introduciendo parcialmente tornillos en una tabla inservible de madera, para crear un espacio de la mitad del ancho del bateaguas. Sujete el útil a una superficie de trabajo. Extienda un trozo de bateaguas sobre la tabla y dóblelo por el borde (**foto A**).

Use piezas del bateaguas antiguo como plantilla para el nuevo (**foto B**), un método que resulta especialmente útil para reproducir piezas de formas complicadas, como las que recubren los caballetes de las chimeneas o las buhardas.

Si en el tejado existía originalmente un faldellín para desviar el agua de la zona de la chimenea, encargue uno de repuesto a un chapista. Para ello, use como modelo el faldellín antiguo o indique a modo de guía la anchura de la chimenea y la inclinación del tejado.

Bateaguas metálico para limahoyas: Empiece por los aleros. Coloque una pieza de bateaguas en la limahoya, de forma que el fondo de la V descanse en el pliegue de la limahoya (**foto C**). Clave el bateaguas a intervalos de 30 cm en cada lado. Recorte el extremo en el alero, de forma que quede al ras de los goterones en ambos lados.

Continúe hacia arriba, añadiendo piezas de bateaguas solapadas entre sí al menos 20 cm, hasta llegar al caballete. Deje que la pieza superior del bateaguas sobresalga unos centímetros por encima del caballete (**foto D**). Doble el bateaguas en el caballete, de forma que se incline sobre la otra pendiente del tejado. Si está colocando bateaguas preformados, realice un pequeño corte en el lomo, para doblarlos con más facilidad. Cubra las cabezas de los clavos con cemento para tejados (salvo si usa clavos con junta de goma). Aplique también cemento para tejados en los bordes laterales del bateaguas.

Bateaguas escalonado: Cubra con ripias hasta el elemento que necesite bateaguas, de forma que las partes superiores de las zonas de trabajo estén a menos de 12 cm de tal elemento. Coloque un bateaguas de base usando el que ha quitado como plantilla. Doble por la mitad una pieza de bateaguas escalonado y colóquela junto a la esquina más baja del elemento. Marque una línea de corte en el bateaguas, siguiendo el borde vertical del elemento. Corte y deseche el residuo inservible del bateaguas (**foto E**).

Apalanque las hiladas inferiores del revestimiento del tejado y cualquier reborde o remate que haya en la base del elemento. Introduzca separadores para mantener apartado el reborde o revestimiento y que no estorbe en la zona de trabajo. Aplique cemento para tejados en el bateaguas de base en la

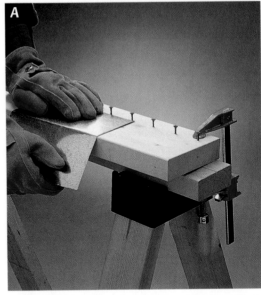

Haga un útil con tornillos alineados en una tabla inservible de madera, para doblar los bateaguas que necesite.

Herramientas:
Tijeras de hojalatero, pistola de masilla, barra plana, martillo de techar, cinta métrica, llana.

Materiales:
Bateaguas metálico galvanizado, cemento para tejados, clavos para tejados, clavos con junta de goma, retales de madera, tornillos, bateaguas para tubos de ventilación.

Utilice el bateaguas antiguo como plantilla para preparar el nuevo, en especial si la pieza es complicada.

Traslape 20 cm

Empiece por los aleros, clave el bateaguas por ambos lados cada 30 cm. Añada piezas, superponiéndolas al menos 20 cm a las ya colocadas, y continúe en dirección al caballete.

Lomo

Siga añadiendo piezas superpuestas hasta que el bateaguas sobresalga unos centímetros por encima del caballete. Doble el bateaguas de forma que caiga por la pendiente opuesta del tejado.

zona donde se formará el solape con el bateaguas escalonado. Remeta la pieza recortada del bateaguas de base bajo la zona sujeta con los separadores, y asegure el conjunto (foto F). Sujete el bateaguas con un clavo con junta de goma introducido cerca de la parte superior y que penetre en la cubierta del tejado.

Aplique cemento para tejados en el lado superior de la primera pieza del bateaguas escalonado, donde quedará cubierta por la siguiente hilada de ripias. Fije la ripia presionándola con fuerza sobre el cemento (foto G). No clave el bateaguas situado debajo. Remeta otra pieza de bateaguas por debajo del reborde o revestimiento, superponiéndola a la primera al menos 5 cm. Adhiera el bateaguas al cemento aplicado en la parte superior de la ripia.

Luego clave ésta en su posición, con cuidado de no atravesar el bateaguas (foto H). Siga aplicando esta técnica para colocar el bateaguas hasta la parte superior de la base del elemento. Corte a medida la última pieza del bateaguas para que encaje en la esquina superior de la base del elemento. Vuelva a colocar el revestimiento y el reborde.

Bateaguas para chimenea: Coloque ripias hasta la base de la chimenea. Utilice el bateaguas antiguo como plantilla para cortar el nuevo. Doble hacia arriba la contrachapa (bateaguas anclado a la chimenea para cubrir el escalonado). Aplique cemento para tejados a la base de la chimenea y a las ripias situadas justo debajo. Presione el bateaguas de base sobre el cemento y dóblelo alrededor de los bordes de la chimenea (foto I). Introduzca clavos con jun-

ta de caucho que atraviesen las alas del bateaguas y penetren en la cubierta.

Coloque el bateaguas escalonado y las ripias, hasta llegar a la parte superior de la base de la chimenea. Sujete el bateaguas a la chimenea con cemento para tejados. Vaya doblando hacia abajo la contrachapa a medida que avanza.

Corte y coloque un bateaguas alrededor del lado superior de la base de la chimenea, solapando la pieza final de cada lado, al igual que hizo con el bateaguas inferior (foto J). Sujete el bateaguas con cemento aplicado a la cubierta y a la chimenea, y con clavos con junta de caucho que atraviesen la base del bateaguas y penetren en la cubierta. Siga colocando ripias más allá de la chimenea, sujetándolas sobre el bateaguas con cemento (no con clavos).

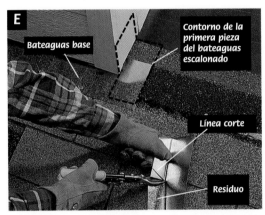
Doble el bateaguas escalonado por la mitad, colóquelo en su sitio y corte lo que sobre, haciendo primero un corte en el arranque.

Fije el bateaguas presionándolo sobre el cemento.

Coloque y sujete la ripia, apretándola con fuerza sobre el cemento.

Fije el bateaguas a la ripia con cemento para tejados. Luego sujete la ripia con clavos.

Doble la contrachapa hacia arriba y deslice por debajo el bateaguas de base.

Coloque el bateaguas superior, solapando los bateaguas escalonados de los lados, y fíjelo con cemento para tejados y clavos con junta de caucho.

Colocación del material de techar

Tense un cordel con tiza y marque una línea en la primera hilada de papel de techar o guardahielos, 30 cm por encima del borde del alero, para señalar la alineación de la hilada de arranque (**foto A**). Con ello, la ripia sobresaldrá aproximadamente 1 cm del borde. Para colocar la primera hilada, corte la mitad de (15 cm) del segmento final de una ripia. Coloque la ripia invertida de forma que los segmentos queden alineados con el cordel de marcar y el medio segmento final a ras del borde inclinado. Inserte clavos de 22 mm cerca de cada extremo, aproximadamente 2,5 cm por debajo de cada ranura entre segmentos. Una a tope la siguiente ripia entera con la cortada, y clávela. Complete la fila, cortando la última ripia de forma que quede al ras del borde inclinado del lado opuesto (**foto B**).

Coloque la primera hilada completa de ripias sobre la de arranque, esta vez con los segmentos apuntando hacia abajo. Empiece por el mismo borde inclinado que antes. Coloque la primera ripia de forma que sobresalga 1 cm del borde inclinado y 1,3 cm del alero. Compruebe que las ripias están alineadas por arriba con las de la hilada de arranque, siguiendo el cordel de marcar (**foto C**).

Extienda un cordel de marcar desde el borde del alero al caballete, para facilitar la alineación vertical de las ripias. Elija una zona sin obstáculos, lo más cerca posible del centro del tejado. El cordel de marcar debería pasar por la ranura o el borde de una ripia de la primera hilada completa. Utilice una escuadra para que la línea sea perpendicular al borde del alero (**foto D**).

Use la línea vertical para establecer la disposición de las ripias, con las ranuras desplazadas 15 cm en cada hilada sucesiva. Clave una ripia 15 cm a un lado de la línea vertical para empezar la segunda hilada. La parte inferior de la ripia debería estar unos 13 cm por encima del borde inferior de las ripias de la primera hilada. Clave las ripias de las hiladas tercera y cuarta, a una distancia de 30 a 45 cm de la línea vertical. Empiece la quinta hilada al ras de la línea vertical (**foto E**).

Complete las hiladas de ripias segunda a quinta, trabajando siempre en sentido ascendente y manteniendo un espacio expuesto de 13 cm. Deslice las ripias de la hilada inferior por debajo de las que, por encima de ellas, hayan sido ya clavadas, y clávelas a su vez (**foto F**). NOTA: En caso necesario, use

Para marcar la alineación de la hilada de arranque, extienda un cordel de marcar 30 cm por encima del borde del alero.

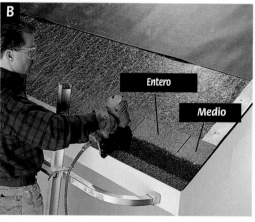

Entero

Medio

Coloque la hilada de arranque de ripias de manera que los segmentos enteros estén alineados con el cordel de marcar, y los medios segmentos lo estén con el borde inclinado.

Herramientas:
Tijeras de hojalatero, escuadra de carpintero, cordel de marcar, palanca, soportes, madera de 38 × 235 mm, martillo de techar, cúter, regla, cinta métrica.

Materiales:
Bateaguas, ripias, cartuchos de clavos, cemento para tejados, clavos de techar.

Coloque la primera hilada sobre la de arranque, con los segmentos apuntando hacia abajo.

Extienda y tense un cordel de marcar desde el borde del alero al caballete, por el centro de la cubierta.

45

30

15

13 cm visibles

Utilice la línea para señalar la disposición alternante de las ripias, escalonando las ranuras como en la figura (valores en cm).

soportes para apoyarse después de completar la quinta hilada.

Compruebe la alineación de las ripias después de completar cada tanda de cuatro hiladas. En varios puntos de la hilada superior, mida desde los bordes inferiores de las ripias hasta la línea más próxima de papel de techar. Si descubre errores de alineación, compénselos distribuyendo los ajustes en las filas siguientes hasta que se corrijan.

Cuando llegue a obstáculos, como puedan ser las buhardas, cubra con ripias una hilada completa encima de ellos para mantener el dibujo. En la zona no cubierta del obstáculo, tienda otra línea de referencia vertical, utilizando como guía las ripias colocadas por encima de dicho obstáculo (foto G). Cubra el tejado hacia arriba desde el alero de ese lado del obstáculo, utilizando la línea vertical como re-

ferencia para restablecer el dibujo de ranuras alternantes de las ripias (foto H). Complete las hiladas de ripias hasta rebasar los bordes inclinados de la cubierta, y corte lo que sobre.

Corte también el exceso de material de las ripias en las uves de los bateaguas de limahoyas donde confluyan dos vertientes del tejado (foto I). Estos bordes se cortarán con una forma ligeramente trapezoidal después de cubrir ambas vertientes. No corte el bateaguas. Coloque ripias en las vertientes contiguas, empezando por el borde inferior y manteniendo el mismo dibujo de ranuras contrapeadas utilizado en las otras zonas de la cubierta. Coloque ripias hasta que las hiladas tapen el centro del bateaguas de limahoya en la unión de ambas vertientes (foto J). Cuando termine, corte las ripias en los dos lados de la limahoya.

Cuando llegue a una limatesa (cualquier ángulo saliente formado por la unión de dos vertientes del tejado) o al caballete (la parte más alta de la cubierta), cubra la primera vertiente del tejado hasta que la parte superior de las zonas expuestas quede a 13 cm de la limatesa o el caballete. Corte el sobrante a lo largo de la junta del caballete. Solape el caballete o la limatesa no más de 13 cm, con la hilada superior de ripias del otro lado (foto K).

De cada ripia de tres tiras, corte tres cuadrados de 30 cm de lado para rematar el caballete o la limatesa. Con la superficie inferior vuelta hacia arriba, corte las ripias por las líneas de las tiras (foto L). Corte en ángulo las esquinas superiores de cada cuadrado, empezando justo debajo de la banda sellante, para evitar solapes en la parte visible.

Continúa en la página siguiente

F A medida que avanza en dirección ascendente, vaya dejando las ripias de la hilada superior parcialmente clavadas, para poder introducir debajo de ellas las ripias inferiores.

G Coloque una hilada completa por encima del obstáculo, para mantener el dibujo global. Luego, marque una línea con el cordel como referencia.

H Cubra el otro lado del obstáculo y complete las hiladas hasta rebasar los bordes inclinados de la cubierta, cortando lo que sobre.

I Corte el exceso de material en las limahoyas de las buhardas.

J Cubra la cubierta de las buhardas, tapando las limahoyas.

K El segundo lado cubre el caballete

El primer lado se corta en el caballete

En las limatesas, cubra las ripias de un lado con las del otro.

Colocación del material de techar (cont.)

Extienda un cordel de marcar 15 cm por debajo del caballete en un lado, y marque con él una línea paralela al caballete. Empiece colocando ripias de remate en un extremo, alineadas con el cordel de marcar. Introduzca dos clavos de techar de 30 mm por remate, aproximadamente a 2,5 cm de cada borde, justo por debajo de la banda sellante (**foto M**).

Siguiendo las líneas marcadas con el cordel, coloque ripias de remate hasta la mitad del caballete, dejando 13 cm visibles de cada remate. Luego, empezando por el lado opuesto, coloque remates en la otra mitad del caballete hasta confluir en el centro.

Corte un trozo de 13 cm de ancho de la parte visible de un segmento de ripia, y úselo como «remate de cierre» para cubrir la junta donde confluyen los demás remates (**foto N**).

Cubra las limatesas de la misma forma, utilizando una línea de referencia y ripias de remate. Empiece por la parte inferior de cada limatesa y trabaje en dirección al pico. En los puntos donde confluyan caballetes y limatesas, coloque una ripia cortada a medida de la parte central de una ripia de remate. Coloque el remate al final del caballete, y doble las esquinas de forma que se adapten bien a las limatesas por encima de éstas (**foto O**). Asegure todas las esquinas con un clavo de techar, y cubra las cabezas de los clavos con cemento.

Después de colocar todas las ripias, córtelas en las limahoyas para crear una separación de 7,5 cm en el caballete que vaya ensanchándose a razón de 9 mm por metro hacia el alero. Use un cúter y una regla para cortar las ripias, con cuidado de no cortar el bateaguas de limahoya.

En las limahoyas, selle las caras inferiores y los bordes de las ripias con cemento para tejados (**foto P**). Cubra también con cemento las cabezas visibles de los clavos.

Marque y corte las ripias en los bordes inclinados de la cubierta (**foto Q**). Tienda un cordel de marcar a 1 cm del borde para dejar un saliente, y luego corte las ripias.

De cada ripia de tres segmentos corte tres cuadrados de 30 cm para rematar las limatesas y caballetes. Recorte las esquinas superiores.

Marque una línea de tiza con el cordel a 15 cm de la limatesa o caballete en un lado, y fije los remates que acaba de preparar, con dos clavos de 30 cm cada uno.

Como «remate de cierre», utilice un trozo de 13 cm de anchura de la parte visible de un segmento de ripia.

En los puntos donde confluyan caballetes y limatesas, cubra la parte superior de cada limatesa.

Selle los bordes y las caras inferiores de las ripias con cemento para tejados.

Corte las ripias a lo largo de los bordes inclinados con una cuchilla.

Colocación sobre material de techar antiguo

NOTA: Antes de empezar, lea el apartado sobre colocación sobre material de techar (páginas 204 a 206).

Corte la parte ranurada de las ripias y coloque la tira sellante residual sobre la parte visible de la primera hilada antigua, con objeto de crear una superficie plana para la hilada de arranque de las nuevas ripias (foto R). Utilice clavos de techar de 30 mm.

Corte la parte superior de las ripias para la primera hilada. Las ripias deberán quedar de un tamaño tal que encajen a tope con los bordes inferiores de la tercera hilada antigua, sobresaliendo del borde del tejado 13 mm. Coloque las ripias de manera que las ranuras no queden alineadas con las del material antiguo (foto S).

Utilizando las ripias antiguas como guía, empiece a colocar las nuevas (foto T). Mantenga un escalonado constante entre las ranuras (página 204). Cubra el tejado en dirección al caballete, parándose antes de la hilada final. Coloque los bateaguas sobre la marcha.

No es necesario sustituir los bateaguas de limahoya que se encuentren en buen estado. Cámbielos, sin embargo, si lo considera necesario. Para ello siga las mismas técnicas y utilice los mismos materiales que se indicaron para colocación sobre papel de techar, con la salvedad de que tendrá que cortar o completar las ripias alrededor de los tubos de ventilación y de los respiraderos del tejado a fin de crear una superficie plana para la base de las piezas del bateaguas (foto U).

Levante las cumbreras de remate de los caballetes y las limatesas antes de cubrir estas zonas. Sustituya esos remates cuando haya terminado el resto del trabajo (foto V).

Corte la parte ranurada de unas ripias y coloque las tiras sellantes residuales sobre la parte visible de una hilada antigua para formar una superficie plana para la hilada de arranque.

Corte la parte superior de las ripias de la primera hilada. Modifique su tamaño para que coincidan con los bordes inferiores de la primera hilada antigua y sobresalgan unos 13 mm del borde del tejado.

Consejo útil

La mayoría de los centros de construcción suben las ripias, el papel de techar y los restantes materiales necesarios para el tejado del cliente, con ayuda de un elevador mecánico. Antes de la entrega procure tener al menos una sección del tejado antiguo levantada, con el nuevo papel de techar y el goterón ya colocados. Con ello se ahorrará tiempo y esfuerzo.

Utilice las ripias antiguas como guía para mantener el dibujo de las ranuras. Mantenga un escalonamiento constante de los segmentos y las ranuras.

Las ripias alrededor de los respiraderos del tejado y de los tubos de ventilación deben cortarse de forma que se cree una superficie plana para el ala de base de los nuevos bateaguas.

Quite los remates del caballete y las limatesas y coloque otros nuevos después de terminar todo el trabajo.

Tablas de alero y sofitos

Las tablas de alero y los sofitos dan aspecto de acabado al tejado y contribuyen a la buena conservación de la cubierta. Las tablas de alero y sofitos bien ventilados evitan que entre humedad al edificio bajo la cubierta y en el desván. Si son seguros, también mantienen alejadas posibles plagas, por ejemplo de pájaros y ratas, al impedirles anidar en los aleros. Las tablas de alero se sujetan a los cabios o a las vigas de éstos. Al tiempo que mejoran la apariencia de la casa, proporcionan una superficie estable de la que colgar los canalones.

La mayoría de los problemas propios de tablas de alero y sofitos pueden corregirse cortando y sustituyendo las secciones de material dañado. Las juntas entre las tablas de alero están clavadas y aseguradas a la altura de los cabios, por lo que para poder hacer cortes precisos en ángulo para los parches de reparación hay que levantar secciones completas de tabla de alero. Los sofitos, por su parte, suelen dejarse en su sitio, pues no hace falta retirarlos para las reparaciones.

Para obtener unos resultados óptimos al trabajar con tablas de alero y sofitos, compruebe antes que los cabios, los soportes de las tablas de alero y los muros exteriores que sustentan los materiales nuevos o reparados son sólidos y están limpios.

Herramientas:
Escalera de mano, sierra circular, sierra de calar, taladradora, espátula, martillo, palanca, formón, botador, pistola de masilla.

Materiales:
Materiales de repuesto para sustituir las piezas dañadas, listones de clavar, tornillos galvanizados de 50 mm, clavos galvanizados para marcos de 38 mm, clavos normales galvanizados, masilla acrílica, imprimación, pintura.

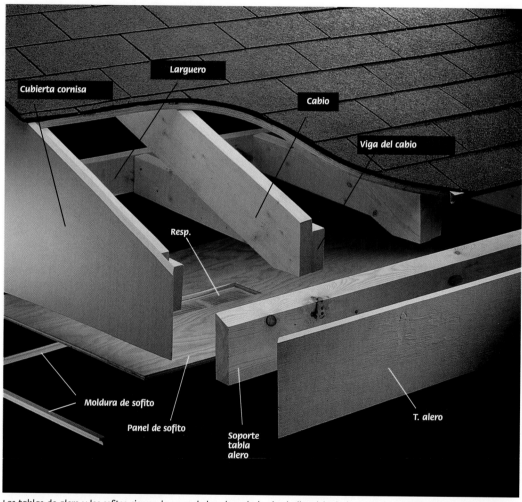

Las tablas de alero y los sofitos cierran la zona de los aleros bajo el voladizo del tejado. Las tablas de alero cubren los extremos de los cabios y sus vigas, y ofrecen además una buena superficie de sujeción a los canalones. Los sofitos son paneles de protección que cubren la superficie entre las tablas de alero y los muros laterales de la casa. Algunos tipos de sofitos se fijan a los soportes de las tablas de alero (arriba), mientras que otros encajan en ranuras practicadas en las caras posteriores de las tablas de alero. Las molduras de los sofitos y los largueros se usan para montar los paneles de los sofitos en el lateral de la casa.

Inspección de los sofitos

Antes de empezar a reparar los sofitos, tómese un tiempo para examinar los respiraderos del sistema y garantizar un flujo de aire suficiente. Debería haber 1 m² de ventilación de sofito por cada 150 m² de espacio en un desván sin calefacción.

Si su sistema actual de sofitos no es eficaz o los aleros descubiertos están infestados de plagas bajo el voladizo del tejado, instale un nuevo sistema (página 212). Un sistema de este tipo consta de paneles de tablas de alero fabricados, paneles de sofito (con o sin ventilación) y canaletas de soporte, que sostienen los paneles a lo largo de los laterales de la casa.

La mayoría de los sistemas de sofitos que se venden en los centros de materiales de construcción son de aluminio o vinilo. Siga las instrucciones del fabricante para su colocación.

Los materiales de las tablas de alero y los sofitos pueden fijarse con clavos de revestimiento de ranuras circulares o tornillos de cubierta galvanizados. En la mayoría de los casos es más fácil trabajar con clavos, aunque los tornillos proporcionan mejor sujeción.

Reparar tablas de alero de madera

Examine posibles daños en las tablas de alero. Cuando haya identificado las tablas que necesitan arreglos, levante los demás elementos montados sobre ellas, como canalones o molduras de ripias (**foto A**). Tal vez sea un buen momento para inspeccionar los canalones y asegurarse de que se encuentran en buen estado.

Con una palanca, levante con cuidado las tablas de alero deterioradas (**foto B**). Quite las tablas enteras, junto con todos sus clavos.

Busque los agujeros de los clavos en una sección en buen estado de la tabla, para marcar el corte. Los agujeros de los clavos revelan los puntos de fijación al cabio; al hacer los cortes en estos puntos podrán sujetarse con seguridad tanto el resto de la tabla de alero antigua como la nueva tabla.

Ajuste la sierra circular a un ángulo de 45°, y sierre la tabla de alero antigua en el punto de fijación al cabio (**foto C**), cortando toda la madera deteriorada.

Vuelva a fijar la tabla de alero original a los cabios y las vigas, con tornillos galvanizados de 50 mm (**foto D**). Los tornillos pueden introducirse en los orificios originales de los clavos, lo que es más cómodo, o en agujeros nuevos, lo que proporciona mayor resistencia.

Con la sierra circular ajustada para el corte a inglete, sierre una tabla de alero nueva de longitud suficiente para sustituir la zona dañada. Cuando mida la tabla, tenga en cuenta el ángulo del corte a inglete, para que la nueva tabla encaje correctamente en sus dos extremos.

En el cabio, en la confluencia entre las tablas nueva y antigua, haga taladros guía que atraviesen las dos y penetren en el cabio. Introduzca clavos en estos agujeros guía (**foto E**). Los clavos deben atravesar el extremo biselado de las dos tablas y el cabio, para lograr un ensamble de seguridad.

Cambie las molduras de las ripias y otras piezas similares, utilizando clavos galvanizados para marcos de 38 mm (**foto F**). Embuta las cabezas de los clavos.

Extienda una capa de imprimación y pinte la nueva tabla del mismo color que la tabla de alero original. Vuelva a colocar los canalones y sus soportes, así como las molduras que haya quitado.

Quite los canalones, las molduras de las ripias y otros materiales que estorben para trabajar en la sección dañada de la tabla de alero.

Con una palanca, levante toda la sección dañada hasta la siguiente tabla de alero. Quite todos los clavos.

Corte la zona dañada de la tabla de alero. Haga un corte en ángulo en un punto de fijación a un cabio (busque para ello los agujeros de los clavos).

Fije el fragmento no dañado de la tabla de alero original a las vigas de los cabios o a los cabios. Corte en ángulo la tabla que sustituirá a la zona dañada.

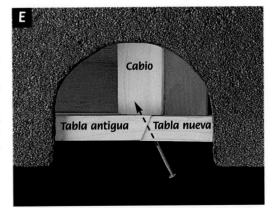

Sujete la tabla de repuesto. Haga taladros guía e introduzca clavos oblicuamente de forma que atraviesen los dos extremos biselados, para obtener un ensamble de seguridad.

Vuelva a colocar las molduras de las ripias con clavos galvanizados para marcos de 38 mm. Embuta las cabezas de los clavos. Aplique imprimación y pintura y coloque de nuevo los canalones.

Reparar sofitos de paneles de madera

En la zona en que los sofitos presenten daños, retire las molduras que los sujetan a lo largo de la tabla de alero y el muro exterior. Póngalas aparte. Haga unos taladros de entrada y luego use una sierra de calar para cortar la zona dañada del sofito **(foto A)**. Sierre lo más cerca que pueda de la superficie donde coinciden el sofito, los cabios y las vigas. Remate los cortes con un formón, en caso necesario.

Retire los paneles dañados del sofito. Si le resulta difícil, aflójelos con cuidado con ayuda de una palanca **(foto B)**. Corte listones de igual longitud que la zona expuesta de los cabios. Fije los listones a los cabios o las vigas de éstos en los bordes de la abertura, de manera que los paneles de sofito de recambio puedan clavarse a los listones.

Utilizando un material de sofito semejante al panel original, prepare una pieza de recambio que encaje en el hueco **(foto C)**. Para dejar espacio de dilatación, corte la pieza 3 mm más pequeña que el hueco. Si el nuevo panel ha de llevar aberturas de ventilación, haga los cortes correspondientes.

Si tiene que pintar todos los sofitos después de la reparación, deje de momento los paneles de recambio sin acabar, pero si ha de pintar sólo estos paneles, aplíqueles la imprimación y la pintura antes de montarlos.

Sujete el panel del sofito de repuesto en su sitio, y fíjelo a los listones de clavar o a las vigas de cabio con tornillos galvanizados de 50 mm **(foto D)**.

Una vez sólidamente fijado el nuevo panel del sofito, vuelva a colocar la moldura con clavos galvanizados para marcos de 38 mm **(foto E)**.

Utilice masilla acrílica de silicona para rellenar todos los agujeros existentes de clavos, tornillos y de otro tipo **(foto F)**. Alise la masilla con una espátula u otra herramienta plana hasta obtener una superficie uniforme. En caso necesario, imprima y pinte los paneles y vuelva a colocar las tapas de ventilación.

Corte el sofito dañado con una sierra de calar, lo más cerca posible de las posiciones del cabio o la viga de cabio.

Retire la sección dañada. Corte listones de clavar y fíjelos a los cabios o a las vigas de éstos.

Corte un parche que encaje en el sofito. Deje 3 mm de holgura en todos los lados para dilataciones. Haga las aberturas de ventilación, en caso necesario.

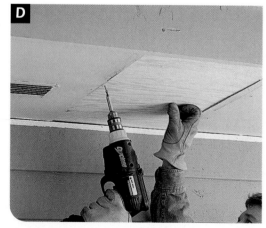
Fije el parche de sofito introduciendo tornillos galvanizados a través de los listones o las vigas de cabio.

Vuelva a colocar las molduras del sofito, con clavos galvanizados para marcos de 38 mm. Embuta las cabezas de los clavos.

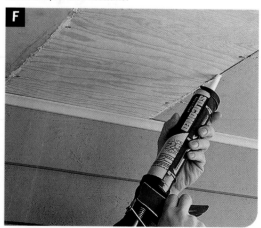
Rellene las juntas y agujeros con masilla. Alise la masilla, aplique la imprimación y pinte el parche. Coloque las tapas de los respiraderos, en caso necesario.

Reparar sofitos machihembrados

Retire la moldura del sofito en la zona dañada. Busque la viga de cabio más próxima a cada lado del área deteriorada, y haga taladros de entrada para introducir la sierra de calar cerca de estas vigas.

Utilice la sierra de calar para cortar la zona dañada lo más cerca posible de las vigas de cabio. Retire la sección deteriorada (foto G).

Para retirar sofitos machihembrados que van del muro exterior a las tablas de alero, corte los extremos de las tablas del sofito cerca de la tabla de alero.

Corte listones de clavar de 38 × 38 mm a la misma longitud que la zona expuesta de las vigas de cabio. Utilice tornillos galvanizados de 50 mm para fijar los listones a ras de estas vigas en los bordes de la abertura (foto H). Los listones proporcionan una superficie a la que pueden clavarse las tablas del sofito.

Emplee madera machihembrada del mismo color que la del sofito original, y corte tablas ajustadas a las dimensiones del hueco. Practique taladros guía que atraviesen las lengüetas de las tablas de repuesto en los puntos donde coincidan con los listones de clavar.

Introduzca clavos galvanizados para marcos de 64 mm por los agujeros guía de forma que penetren en los listones (foto I). Embuta las cabezas de los clavos para que la ranura de la siguiente tabla encaje limpiamente con la lengüeta de la anterior. Fije todas las tablas de repuesto, excepto la última.

Corte el labio superior del borde ranurado de la última tabla colocada. Con ello, podrá encajar la tabla en su sitio sin romper el patrón del machihembrado.

Coloque la lengüeta de la última tabla en el hueco, y deslícela hasta su posición (foto J).

Clave la última tabla a los listones con clavos para marcos de 38 mm. Imprima y pinte las tablas de recambio del color de los sofitos originales. Coloque las tapas de los respiraderos de los sofitos, en caso necesario.

G

Corte la sección dañada, lo más cerca posible de la viga de cabio.

H

Fije un listón de clavar a la viga de cabio en ambos extremos del hueco.

I

Corte tablas para el parche, y clávelas en su sitio, embutiendo después los clavos.

J

Coloque y clave la última tabla en su sitio, con clavos para marcos de 38 mm que penetren en los listones.

Renovar los sofitos

Ocultos tras los canalones, los sofitos y tablas de alero antiguos pueden estar podridos o desgastados, o no proporcionar una ventilación adecuada. Si más del 15% de los sofitos y tablas de alero necesita reparación, lo mejor será sustituirlos enteros.

En la mayoría de los centros de materiales de construcción se venden kits completos de sofitos de aluminio o vinilo. Utilice las indicaciones de estas páginas para su instalación, y siga siempre las instrucciones del fabricante para obtener resultados óptimos.

Los sofitos y tablas de alero de aluminio o vinilo no necesitan pintarse, y no son tan vulnerables a la climatología adversa como los de madera. Deben sujetarse a superficies limpias y lisas, por lo que conviene asegurarse de que los cabios, los frisos y los soportes de las tablas de alero se encuentran en buen estado. Estos elementos actúan como soporte de las canaletas de montaje que servirán para sujetar los nuevos sofitos.

Los sofitos, tablas de alero y canaletas de vinilo o aluminio tienen ranuras para clavos cortadas previamente; para que los materiales puedan doblarse cuando cambie el tiempo, introduzca los clavos en el centro de estas ranuras, y deje un pequeño hueco bajo las cabezas para permitir un ligero movimiento. No introduzca los clavos por completo.

Utilice paneles de sofito ventilados como complemento de los respiraderos de tejado o de muro piñón; con ello mejorará el flujo de aire bajo la cubierta, lo que evitará humedades y daños ocasionados por barreras de hielo. Prevea 1 m² de respiraderos por cada 150 m² de espacio de desván sin calefacción. Para obtener un aspecto uniforme, asegúrese de que todas las aletas de los respiraderos del sofito apuntan en la misma dirección.

La mayoría de los paneles de sofito ocupan un espacio de 40 cm; si el voladizo del alero es mayor que esta distancia o la casa está expuesta a vientos fuertes, fije listones de clavar entre el muro exterior y la tabla de alero para reforzar el soporte de los sofitos.

Compruebe que la escalera está bien asegurada en ambos extremos. Si piensa trabajar en lugares altos durante un período de tiempo largo, utilice mejor un andamio. Evite subir cargas pesadas usted mismo; en lugar de ello use una cuerda para elevar los materiales pesados cuando se encuentre arriba en lugar seguro.

Ate las plantas y arbolitos próximos a los cimientos para apartarlos y cúbralos para protegerlos; con ello tendrá además más espacio para trabajar.

Cuando corte materiales de vinilo con una sierra eléctrica utilice una hoja de dientes finos y monte la hoja con los dientes invertidos para lograr un corte más suave. Mueva la sierra despacio. Si utiliza un cúter para cortar el vinilo, simplemente raye la línea de corte y doble el vinilo repetidamente hasta que se parta por la línea. Para cortar aluminio es mejor usar tijeras de hojalatero.

Para poder colocar los sofitos y las tablas de alero, antes tendrá que levantar los canalones y sus soportes, las molduras de las ripias y otros remates de los aleros (**foto A**). Después, retire los sofitos y tablas de alero viejos. Si los aleros están sucios o tienen madera podrida o nidos de pájaros, será un buen momento para limpiarlos.

Compruebe el estado de los cabios, las vigas de éstos y los soportes de las tablas de alero (**foto B**). Repárelos o cámbielos si lo considera necesario.

En la parte superior de los soportes de las tablas de alero, fije un goterón o una moldura de ripia (**foto C**). Deje un pequeño espacio, de 1,5 mm aproximadamente, bajo la moldura o el goterón. La tabla de alero se deslizará por debajo, para que no se humedezca el alero.

Mida la distancia desde el muro exterior de la casa al soporte de la tabla de alero, en varios puntos. Todas las medidas deberían coincidir. En caso necesario, coloque cuñas en los soportes de las tablas de alero, para igualar las distancias.

Instale canaletas de montaje para los paneles de sofito en la parte posterior de los soportes de las tablas de alero y siguiendo la dirección del muro exterior de la casa (**foto D**). Observe en todo caso las instrucciones del fabricante.

Herramientas:
Escalera o andamio, palanca, sierra circular con hoja de dientes finos, serrucho fino (para vinilo) o sierra de dientes finos para metales (para aluminio), taladradora, destornillador, cinta métrica, tijeras de hojalatero o cúter.

Materiales:
Goterón, canaletas de montaje, paneles de sofito y tabla de alero, clavos galvanizados (para vinilo) o clavos de aluminio (para aluminio), listones de clavar (en caso necesario).

Retire los canalones y sus soportes y las molduras de las ripias en la parte superior de la tabla de alero. Quite también las tablas de sofito y de alero existentes.

Examine los cabios y las vigas de cabios.

Si los paneles del sofito deben cubrir un voladizo de más de 40 cm, o la casa está expuesta a vientos fuertes, añada listones de clavar como soporte adicional (**foto E**).

Deslice los paneles hasta su posición. Algunos encajan en los dos lados en las canaletas de montaje, mientras que otros deben clavarse a la parte inferior de los soportes de las tablas de alero (**foto F**). Clave también los paneles a los listones, si los hubiera colocado.

Coloque los paneles de las esquinas y los tramos con vuelta a dos aguas siguiendo las instrucciones del fabricante (**foto G**). Ajuste los paneles en los espacios restantes, cortándolos a medida en caso necesario.

Clave las tablas de alero a sus soportes, empezando por el centro de cada tabla (**foto H**). Alinee las tablas en las esquinas, y clávelas de manera que queden bien sujetas. Vuelva a colocar los canalones y sus soportes, así como las bajantes.

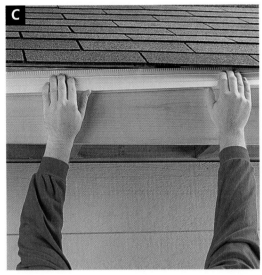

Coloque un goterón o una moldura en la parte superior de los soportes de las tablas de alero. Deje espacio para las tablas.

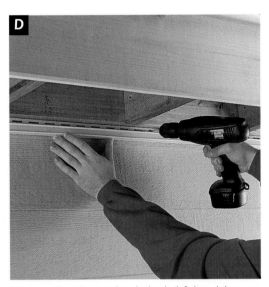

Instale canaletas de montaje en los bordes inferiores de los soportes de las tablas de alero, siguiendo el muro exterior de la casa.

En caso necesario, coloque listones de clavar como soporte adicional.

Deslice los paneles de sofito hasta su posición, y fíjelos a las canaletas de montaje.

Fije en su posición los paneles de esquina y los tramos con vuelta a dos aguas.

Clave las tablas de alero a sus soportes. Alinéelas en las esquinas, y luego clávelas sólidamente.

Canalones

Los canalones tienen una función importante: canalizar el agua para llevarla lejos de la casa. Un buen sistema de canalones evita daños en el revestimiento, los cimientos y las zonas ajardinadas, y ayuda asimismo a evitar que se filtre agua al sótano.

Cuando fallen los canalones, tendrá que valorar el tipo y la magnitud del daño para elegir el mejor método de reparación. En canalones metálicos, selle las fugas menores con masilla, y parchee las medianas con bateaguas y cemento para tejados. En los canalones de madera, rellene los agujeros pequeños o las zonas podridas con madera de relleno epoxídica.

Limpieza de los canalones

Mantenga limpios los canalones y las bajantes para que el agua que cae sobre el tejado pueda encauzarse directamente lejos de los cimientos. El 99% de los problemas de los sótanos se debe a la acumulación de agua cerca de los cimientos, un problema originado con frecuencia por la obstrucción o el rebose de los canalones y las bajantes.

Observe los indicios de posible obstrucción de canalones y bajantes, y limpie estos elementos siempre que sea necesario, para que el sistema funcione eficazmente. Utilice una llana para eliminar las hojas, ramitas y otros restos de suciedad (foto A).

Limpie las bajantes obstruidas con agua a presión (foto B). Envuelva un trapo grande alrededor de una manguera de jardín e introdúzcalo por la abertura de la bajante. Coloque el trapo de manera que quede apretado contra las paredes interiores de la bajante y la presión del agua se concentre contra el atasco. Abra completamente el grifo. Cuando se elimine el atasco, el agua saldrá a borbotones por la parte inferior de la bajante. Compruebe la pendiente de los canalones con un nivel (foto C) y ajuste los soportes de sujeción, en caso necesario. Los canalones deben formar un cierto ángulo hacia las bajantes (página 215), de forma que el agua pueda circular libremente sin quedar estancada en los canalones, lo que favorecería la corrosión.

Proteja los canalones con tela metálica (foto D) del tipo y tamaño adecuados. Con ello evitará atascos en el futuro.

Utilice una llana para limpiar los canalones de hojas, ramitas y otros restos de suciedad.

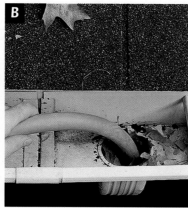

Arrastre la suciedad retenida en las bajantes introduciendo en ellas una manguera e inyectando agua.

Compruebe la pendiente de los canalones, que deben formar un pequeño ángulo con las bajantes.

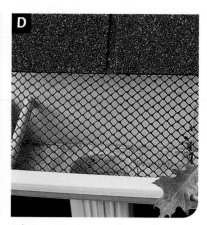

Coloque protecciones en los canalones para evitar que se acumule suciedad y se formen atascos en las bajantes.

Volver a sujetar los canalones arqueados y parchear las fugas

Afianzar los canalones caídos en sus soportes **(foto E)** es un arreglo bastante común. Para empezar, tense un cordel con tiza y marque una línea con la pendiente correcta (normalmente, 2 mm por metro). Retire los soportes de la zona arqueada, y levante el canalón hasta que quede alineado con el cordel de marcar. Vuelva a colocar los soportes, cambiándolos por otros si están deteriorados o corroídos. Desplácelos ligeramente de su posición anterior para no tener que usar los agujeros de los clavos originales. Añada soportes nuevos, en caso necesario, para que haya uno al menos cada 60 cm, y a 30 cm de cada unión.

Evalúe entonces el tipo y la magnitud del desperfecto del canalón para elegir el método de reparación más conveniente. Las pequeñas fugas y los deterioros menores a menudo pueden solucionarse con productos de reparación fáciles de usar. Rellene con masilla para canalones los huecos pequeños y las filtraciones menores en las juntas **(foto F)**. Normalmente, la masilla para canalones, hecha con una base de caucho-butilo, es resistente a la intemperie y se dobla sin perder su capacidad de sellado.

Para arreglos temporales en elementos con desperfectos menores utilice un kit de reparación de canalones **(foto G)**. Lea las instrucciones y recomendaciones del fabricante antes de comprar y usar estos productos. Para reparaciones permanentes, consulte los métodos de la página 216.

Herramientas:
Cúter, cepillo metálico o de cerdas rígidas, estropajo metálico, tijeras de hojalatero, destornillador, palanca, martillo, taladradora portátil, sierra para metales, pistola de masilla.

Materiales:
Masilla para canalones, equipo de reparación de canalones, cemento para tejados, material de bateaguas, soportes de canalones.

Para volver a sujetar los canalones caídos, retire los soportes cercanos a la zona arqueada y levante el canalón. Coloque de nuevo los soportes, desplazándolos ligeramente de su posición anterior y haciendo nuevos taladros. Añada más soportes, si lo considera necesario, para distribuir uniformemente el peso del canalón.

Rellene los orificios pequeños y selle las fugas menores con masilla de canalones con base de caucho-butilo.

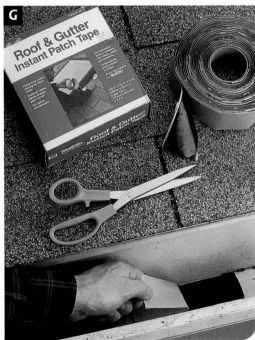

Arregle temporalmente las fugas menores con un kit de reparación de canalones.

Sellado de canalones con fugas

Para sellar una junta de canalón con fugas, desmonte el canalón taladrando los remaches o quitando los tornillos metálicos (**foto A**). Si se trata de bajantes, probablemente tendrá que desmontar toda la bajante para llegar a la junta deteriorada.

Frote las dos piezas de la junta con un cepillo de cerdas rígidas. Limpie la zona dañada con agua y déjela secar por completo.

Aplique masilla a las piezas de la junta (**foto B**), y luego vuelva a ensamblarlas y asegure la unión con nuevas fijaciones.

Para evitar la corrosión, aplique a los canalones parches del mismo tipo de metal (normalmente, aluminio o acero galvanizado).

Para parchear un canalón metálico, limpie primero la zona situada alrededor del desperfecto con un cepillo de cerdas rígidas (**foto C**). Frótela con un estropajo metálico o un taco abrasivo para desprender los residuos de suciedad, y luego lávela con agua.

Aplique una capa de 3 mm de cemento para tejados (**foto D**) uniformemente sobre la zona dañada, extendiendo el cemento unos centímetros por fuera del área deteriorada en todas direcciones.

Corte y doble una pieza de bateaguas y encájela en el canalón. Asiente la pieza sobre el cemento, y alise bien éste para que no provoque un estancamiento importante (**foto E**).

Herramientas:
Taladradora, destornilladores, pistola de masilla, cepillo de cerdas rígidas, espátula.

Materiales:
Masilla acrílica de silicona, estropajo metálico, cemento para tejados, bateaguas metálico.

Desmonte la unión dañada y ráspela bien.

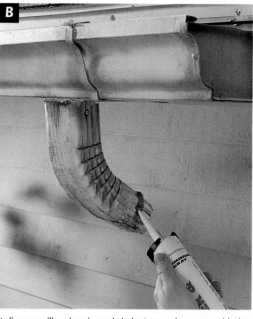

Aplique masilla a las piezas de la junta y vuelva a ensamblarlas.

Utilice cepillo y estropajo metálicos para limpiar la superficie deteriorada y eliminar los restos de suciedad.

Extienda una capa de 3 mm de cemento para tejados, hasta unos centímetros más allá de la zona afectada.

Corte una pieza de bateaguas y asiéntela sobre el cemento, alisando los bordes para reducir los montículos.

Cambiar un tramo de canalón metálico

Si la zona deteriorada no mide más de 60 cm de longitud, cambie la sección completa del canalón afectado. Para adquirir el tramo de canalón que ha de cambiar, trace su contorno y acuda a un centro de material de construcción. Los canalones con más de 15 años de antigüedad serán probablemente más grandes que los que se venden actualmente en los comercios. En tal caso, tendrá que buscar material antiguo en fabricantes o proveedores especializados, o encargar que le hagan el canalón a medida.

Quite los soportes de los canalones cercanos a la zona afectada (foto F). Introduzca separadores de madera detrás del canalón, cerca de cada soporte, antes de usar la palanca para levantar el canalón.

Coloque separadores entre el canalón y la tabla de alero, cerca del final de la zona afectada, para no dañar el tejado al cortar el canalón. Corte el tramo deteriorado con una sierra para metales (foto G).

Corte el nuevo tramo de canalón al menos 10 cm más largo que el deteriorado (foto H).

Limpie los extremos cortados del canalón viejo con un cepillo metálico. Enmasille los extremos (foto I), luego centre el parche del canalón sobre la zona afectada y presiónelo sobre la masilla.

Fije el parche con remaches o tornillos rosca chapa (foto J). Utilice al menos tres o cuatro de estos elementos de fijación en cada junta. En las superficies interiores del canalón, enmasille las cabezas de las fijaciones.

Instale los portacanalones (foto K), utilizando nuevos soportes en caso necesario (sin usar los agujeros antiguos). Aplique la imprimación y la pintura.

Herramientas:
Palanca, sierra para metales, pistola de masilla, destornillador o remachadora, martillo.

Materiales:
Retales de madera para separadores, material de canalón de recambio, masilla, tornillos rosca chapa o remaches, soportes de canalón, imprimación y pintura.

Retire los soportes de los canalones cerca de las zonas dañadas.

Introduzca separadores entre el canalón y la tabla de alero, y luego elimine la zona deteriorada con una sierra para metales.

Corte una pieza de material de canalón del mismo tipo y estilo, y al menos 10 cm más larga que la sección dañada.

Limpie y enmasille los extremos del canalón viejo, y luego presione el parche sobre la masilla.

Fije el parche con remaches o tornillos rosca chapa. Enmasille las cabezas de estas fijaciones en las superficies interiores del canalón.

Vuelva a colocar los soportes de los canalones, utilizando agujeros nuevos. Aplique imprimación y pintura sobre el parche, para igualarlo con el canalón existente.

Instalación de un sistema de canalones de vinilo

Instalar un sistema de canalones de vinilo por empalmes encajados a presión es una tarea al alcance de cualquier aficionado. Antes de comprar los nuevos canalones, trace un plan detallado de trabajo y haga una estimación de costes. Incluya todas las piezas necesarias, no sólo los tramos de canalón y los tubos de desagüe; estos elementos son sólo una parte de todo el sistema.

Ensamble provisionalmente todas las piezas en el suelo antes de iniciar la instalación definitiva.

Empiece por marcar un punto en el extremo más alto de cada tramo de canalón, 2,5 cm por debajo de la parte superior de la tabla de alero (foto A). Tienda cordeles y marque líneas de tiza que formen una pequeña pendiente, de 2 mm por cada metro de tramo horizontal, hacia las bocas de las bajantes. En tramos de más de 12 m de longitud, marque una pendiente desde un punto alto en el centro hacia la bajante de cada extremo.

Instale las bocas de las bajantes (foto B) cerca de los extremos de los tramos de los canalones (al menos una boca por cada 10 m de canalón). Las partes superiores

Herramientas:
Cordel de marcar, cinta métrica, taladradora, sierra para metales.

Materiales:
Tornillos de 30 mm, canalones, tubos de desagüe, conectores, empalmes y soportes.

Remate izquierdo · Soportes de canalón · Remate derecho · Rinconera · Boca de la bajante · Codos de bajante · Conector · Esquina · Tubo de desagüe · Soportes de tubos de desagüe · Codo abatible · Salida a la placa contra salpicaduras · Placa contra salpicaduras

Estimación de las piezas de canalón necesarias:

Tramos de canalón: Mida la longitud total de los tramos: añada un margen del 15%.

Soportes de canalón: Uno por cada 60 cm de canalón.

Rinconera/esquina: Uno por rinconera o esquina sin boca.

Conectores: Dos por rinconera o esquina; uno por cada 3 m de canalón.

Remates (derecho o izquierdo): Uno por extremo.

Bocas de bajantes: Una por cada 10 m de canalón.

Codos de bajante: Tres por bajante.

Tubo de desagüe: Un tubo por boca de bajante. Mida la altura del canalón, y añada 1,5 m por cada tubo (para salida de placa contra salpicaduras y para desperdicio).

Soportes de tubos de desagüe: Dos por tubo.

Los sistemas de canalones de vinilo son cada vez más populares. Fáciles de instalar y relativamente baratos, no se pudren ni sufren desperfectos. Las juntas deslizantes permiten dilataciones y contracciones, lo que contribuye a su fiabilidad y alta duración.

A

Marque un punto en el extremo alto de cada tramo de canalón y marque líneas de tiza con un cordel tenso hacia las bocas de las bajantes.

B

Instale las bocas de las bajantes cerca de los extremos de los tramos de canalones, al menos una boca por cada 10 m de canalón.

C

Utilice tornillos de 30 mm para fijar las abrazaderas o los soportes de las abrazaderas a las tablas de alero, a intervalos de 60 cm.

de las bocas deben estar alineadas con la línea de la pendiente, y también con los remates de las esquinas de la casa, donde se fijarán los tubos de desagüe.

Siguiendo la línea de la pendiente, fije los soportes o las abrazaderas **(foto C)** hasta completar un tramo. Fíjelos a la tabla de alero a intervalos de 60 cm, utilizando tornillos de 30 mm.

Sin perder la línea de la pendiente, sujete las esquinas y rinconeras en los puntos donde no existan remates o bocas de bajantes **(foto D)**.

Utilice una sierra de metales para cortar tramos de canalón que ajusten entre las bocas y las esquinas o rinconeras. Coloque los remates finales y una los tramos de canalón a la boca.

Corte y ajuste los tramos de canalón entre las bocas, dejando huecos para dilatación **(foto E)**.

En el suelo, una los tramos de canalón con conectores. Monte también los soportes de los canalones (para modelos con abrazaderas de soporte montadas en la tabla de alero). Cuelgue los canalones y conéctelos a las bocas **(foto F)**.

Corte un tramo de tubo de desagüe para encajarlo entre dos codos de bajante: uno ajustado a la cola de la boca de la bajante y el otro sujeto al muro. Monte las piezas, deslizando el codo superior hasta la boca **(foto G)**, y asegurando los restantes elementos al revestimiento con un soporte de tubo de desagüe.

Corte una pieza de tubo de desagüe que encaje entre el codo de la parte superior del muro y el extremo del tramo de tubo de desagüe, al menos 30 cm por encima del suelo. Una un codo, y sujete el tubo al muro con un soporte específico **(foto H)**.

Añada los distintos accesorios **(foto I)**, como codos abatibles, placas contra salpicaduras o alargadores.

Fije las bocas y luego acople las esquinas y rinconeras. Corte tramos de canalón que encajen bien entre las bocas y las esquinas y rinconeras.

Fije los remates y conecte los tramos de canalón a la boca. Corte y coloque provisionalmente los tramos entre bocas.

Fije los soportes de canalón (para modelos con abrazaderas montadas en la tabla de alero). Cuelgue los canalones y conéctelos a las bocas.

Corte el tubo de desagüe y conecte un codo de bajante en cada extremo. Deslice el codo superior hasta la boca, y asegure el otro extremo con un soporte de tubo de desagüe.

Corte un tubo de desagüe para prolongar hacia abajo el codo de la parte superior del muro hasta un punto situado a 30 cm del suelo. Fije un codo al extremo de este tubo y sujételo con un soporte para tubo de desagüe.

Añada accesorios como codos abatibles que permitan levantar el tubo de salida o placas contra salpicaduras que lleven el agua lejos de la casa.

Chimeneas

Muchas personas piensan que los tubos de chimenea sólo son las salidas de las clásicas chimeneas de hogar, cuando lo cierto es que en muchas casas sirven también para canalizar los gases de ventilación de la caldera y el calentador de agua.

Los principales elementos de una chimenea son el fuste, el cañón y la corona. El *fuste* es la cubierta visible de la chimenea, normalmente hecha de ladrillo, bloques o piedra. Dentro del fuste se encuentran los *cañones*, espacios o canales vacíos por los que los gases escapan de la casa; existe un cañón independiente por cada elemento ventilado. Las paredes interiores de la chimenea están revestidas con una protección de acero u hormigón. La *corona* de la chimenea, situada en la parte superior de la misma, suele estar hecha de mortero y sirve para sellar el espacio entre el borde del fuste y de los cañones. Las coronas son propensas a agrietarse y desconcharse, debido a las extremas variaciones de temperatura que deben soportar. Es importante examinar y reparar regularmente la corona, rellenando las grietas que pudieran hacer a la chimenea vulnerable a desperfectos y posibles deterioros de mayor importancia.

Una de las formas más sencillas de inspeccionar una chimenea sin subir al tejado consiste en usar unos prismáticos. Desde el suelo, revise detenidamente la chimenea, buscando posibles grietas, pandeos u otros signos de deterioro. También puede contratar a profesionales para que examinen los revestimientos del cañón o lleven a cabo reparaciones importantes en la albañilería; no obstante, si no teme a las alturas, el mantenimiento ordinario de las chimeneas es una tarea a su alcance.

Los lugares más comunes de problemas en las chimeneas son la corona, las juntas de mortero del fuste y el cañón.

Limpieza del cañón de la chimenea

Las chimeneas deben inspeccionarse una vez al año, según las recomendaciones oficiales. Durante las inspecciones, se debe comprobar si existen nidos de animales u otros obstáculos, grietas en el cañón o la albañilería y depósitos de creosota (una sustancia inflamable semejante al alquitrán que se forma al quemar madera).

Si es necesario limpiar el cañón, alquile un cepillo para chimeneas que se ajuste bien a su interior. Cierre la abertura del hogar con una lámina de plástico o una sábana vieja. Trabajando desde el tejado, introduzca el cepillo en el cañón y em-

pújelo hacia abajo. Mueva el cepillo arriba y abajo con suavidad, frotando con fuerza suficiente para arrancar el hollín pero no para dañar el revestimiento o el mortero. Acople alargadores al cepillo hasta llegar al hueco del hogar. Si la chimenea está cubierta con una caperuza no desmontable o no es posible trabajar desde el tejado, introduzca el cepillo en el cañón a través del hueco del hogar.

Deje que vaya cayendo el polvo durante una hora, y luego limpie el suelo del hogar con una aspiradora de funcionamiento en seco y en húmedo.

Limpie y examine los cañones de chimenea una vez al año.

Limpieza de los ladrillos

Muchas de las manchas de los ladrillos pueden eliminarse con agua y un cepillo rígido (foto A). Otras, en cambio, exigen el uso de disolventes de limpieza (foto B). Antes de usar estos disolventes, cubra las superficies que no sean de ladrillo y pruebe la solución en una zona pequeña y discreta.

Mezcle el disolvente (vea el cuadro de la derecha) con talco o harina para formar una pasta de limpiar

ladrillos. Para evitar que las soluciones de limpieza actúen con demasiada rapidez, impregne la superficie con agua antes de aplicarlas. Aplique la pasta directamente sobre la mancha, déjela secar y luego ráspela con una rasqueta de plástico o vinilo. Utilice rasquetas de nailon (foto C), que dañan menos las superficies de albañilería. Lave a fondo toda la zona después de esta limpieza.

La eflorescencia, una sustancia blanca en polvo que aparece en los ladrillos, puede quitarse con un cepillo rígido y agua o un producto de limpieza doméstica.

Limpie los ladrillos manchados con una pasta hecha con disolvente de limpieza y polvos de talco o harina.

Utilice una rasqueta de vinilo para eliminar el exceso de mortero endurecido.

Soluciones para manchas en los ladrillos

Salpicaduras de huevo: Disuelva cristales de ácido oxálico en agua en un envase no metálico. Cepille con la solución la superficie manchada.

Eflorescencia: Utilice un cepillo de cerdas rígidas para frotar la superficie con agua. Si la acumulación es intensa añada una solución limpiadora doméstica.

Manchas de óxido: Disuelva cristales de ácido oxálico en agua. Cepille con la solución la superficie manchada.

Hiedra: Corte (no arranque) las cepas de la superficie. Deje que se sequen los tallos, y luego frótelos con un cepillo de cerdas rígidas y una solución de limpieza doméstica.

Aceite: Haga una pasta con alcohol mineral y un material inerte, como serrín. Extienda la pasta sobre la mancha y déjela secar.

Manchas de pintura: Elimine la pintura nueva con una solución de fosfato trisódico y agua. La pintura antigua suele quitarse bien frotando fuerte o con chorro de arena.

Plantas: Aplique un herbicida según las instrucciones del fabricante.

Manchas de humo: Frote la superficie con un producto de limpieza doméstica que contenga lejía, o con una mezcla de amoníaco y agua.

Rejuntado de una chimenea de ladrillo

El rejuntado, proceso consistente en sustituir las juntas de mortero deterioradas por mortero fresco, es el tipo de reparación más común en las estructuras de bloque y ladrillo. El mortero agrietado o inexistente no sólo da a la casa un aspecto descuidado, sino que también propicia la entrada de humedad en la estructura de la chimenea, con los daños consiguientes. Las técnicas de rejuntado pueden utilizarse para reparar cualquier estructura donde existan juntas de mortero entre bloques o ladrillos.

Para empezar, limpie las juntas con una rasqueta para desprender el mortero suelto o deteriorado hasta una profundidad de 6 a 18 mm (foto A). Si el mortero está muy desgastado, utilice un martillo y un cincel. Limpie todo el residuo desprendido y humedezca la superficie con agua.

Prepare la mezcla de mortero y añada reforzador de cemento y, en caso necesario, también pigmento para igualar el color con el de las juntas existentes. Amase el mortero hasta que adquiera una consistencia tal que resbale lentamente por la llana. Cargue el mortero en un esparavel, y luego empújelo con un paletín para rellenar las juntas horizontales (foto B). Aplique el mortero en capas de 6 mm de espesor, dejando secar cada capa durante 30 minutos antes de aplicar la siguiente. Rellene las juntas hasta que el mortero quede al ras de la cara del ladrillo.

Aplique la primera capa de mortero en las juntas verticales extendiéndolo en el paletín y presionando sobre las juntas (foto C). Trabaje de arriba a abajo.

Después de aplicar la última capa de mortero, alise las juntas con una herramienta de rejuntar (foto D), empezando por las horizontales. Elimine el mortero sobrante con un cepillo de cerdas rígidas. Para prolongar el tiempo de secado y reforzar la adherencia del mortero, rocíe periódicamente con agua la zona del arreglo, o cúbrala con trapos húmedos durante varios días.

Herramientas:
Martillo, paletín, herramienta de rejuntar, llana de albañil, cincel, esparavel, llana de rejuntar, rasqueta de mortero, cepillo de cerdas rígidas.

Materiales:
Reforzador de cemento, mezcla de mortero, pigmento de mortero (en caso necesario).

A Utilice una rasqueta para mortero para limpiar las juntas sueltas o deterioradas hasta una profundidad comprendida entre 6 y 18 mm.

B Introduzca mortero en las juntas horizontales. Aplique mortero en capas de 6 mm hasta que quede al ras de la cara del ladrillo.

C Coloque mortero en el dorso del paletín y aplíquelo sobre las juntas verticales. Trabaje de arriba a abajo.

D Alíselas con una herramienta de rejuntar. Cuando se seque el mortero, elimine el sobrante con un cepillo de cerdas rígidas.

Reparación de una corona de chimenea

Una vez al año, inspeccione la corona de la chimenea y repare las grietas menores con una masilla de silicona resistente al fuego. Si los desperfectos están muy extendidos, utilice un cortafrío y un martillo para romper las secciones deterioradas, con cuidado de no dañar el cañón de la chimenea. Elimine la suciedad y luego aplique con una llana una capa uniforme de masilla en toda la zona alrededor de la corona.

Si la corona presenta problemas graves o aparecen grietas de forma recurrente, piense en la posibilidad de preparar e instalar una corona flotante (**foto E**). Este tipo de corona es menos propenso a agrietarse, ya que no está unido a la chimenea, por lo que puede moverse libremente cuando se producen cambios de temperatura. También presenta un goterón que desvía el agua que cae sobre la chime-nea y ayuda a proteger el mortero y el ladrillo del deterioro.

Para construir una corona flotante para la chimenea, mida el fuste y el cañón y prepare un encofrado con contrachapado de 18 mm (**foto F**). El encofrado, que debe tener una altura de 12 cm en el centro y de 9 cm en los bordes, sobresaldrá 5 cm por todos los lados de la chimenea. Utilice tornillos rosca madera de 38 mm para unir las piezas a la base de contrachapado. Para formar el goterón, prepare una estructura con espigas de madera de 9 mm, y péguela a 2,5 cm de los bordes del encofrado.

Prepare una mezcla seca de mortero y rellene el encofrado (**foto G**). Pase un fratás de madera por los bordes del encofrado, y alise el cemento. Forme aristas pronunciadas en las esquinas. Deje fraguar la corona durante dos días, como mínimo, y luego desmonte el encofrado con cuidado.

Elimine la corona antigua con un cincel y limpie la parte superior de la chimenea con un cepillo metálico. Coloque la nueva corona directamente sobre la chimenea. Céntrela de forma que sobresalga por igual en todos los lados (**foto H**).

Ajuste la corona de manera que el hueco alrededor del cañón sea uniforme por todos lados, y rellene este hueco con una cuerda resistente al fuego o con lana mineral. Enmasille el material de relleno con un cordón muy grueso de masilla de silicona resistente al fuego (**foto I**). Enmasille también la junta bajo la corona. Inspeccione toda la masilla cada dos años, y cámbiela cuando lo considere necesario.

Herramientas:
Cortafrío, taladradora, martillo, cinta métrica, fratás de madera.

Materiales:
Compuesto de parcheo de cemento; mezcla de mortero; contrachapado de 18 mm; varilla de espigas de 6 mm; tornillos rosca madera de 38 mm; cuerda resistente al fuego; masilla de silicona resistente al fuego.

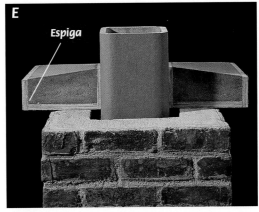

Evite las reparaciones anuales preparando e instalando una corona flotante en su chimenea.

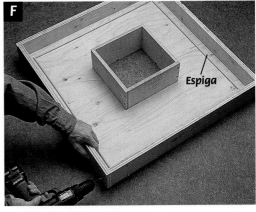

Mida la chimenea y el cañón, y luego construya un encofrado de contrachapado para la corona.

Prepare la mezcla de mortero y dé forma al cemento dentro del encofrado. Deje fraguar la corona durante dos días, como mínimo.

Centre la corona en la chimenea, de forma que sobresalga lo mismo por todos los lados.

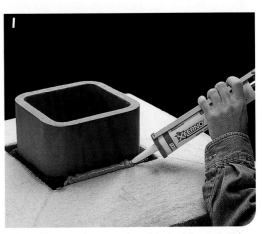

Rellene el hueco con una cuerda resistente al fuego o con lana mineral, y luego enmasille el conjunto con una masilla resistente al fuego.

Muros y revestimientos

El revestimiento puede considerarse como la piel de la casa, mientras que la estructura es su esqueleto. Así, al igual que los cortes y las excoriaciones en la piel de una persona son puntos por los que penetran gérmenes y suciedad, las grietas y orificios en el revestimiento de una casa dejan pasar la humedad y las plagas. Para evitar estos problemas, inspeccione el revestimiento dos veces al año en busca de grietas, agujeros, desperfectos en la pintura y otros signos de deterioro.

Si parchea la superficie sin resolver el problema de base puede estar seguro de que tendrá que repetir el arreglo en el futuro. Los métodos de reparación dependen del tipo de material de revestimiento, así como de la magnitud y la clase del problema. No obstante, en la mayoría de los casos, estas reparaciones son sencillas.

Si tiene que retirar el revestimiento para la reparación, inspeccione y arregle los elementos subyacentes, si fuera necesario. Vuelva a clavar todo revestimiento base suelto, cambie los elementos podridos y rellene todos los agujeros, huecos o grietas que encuentre.

El mantenimiento preventivo del revestimiento es sencillo, ya que consiste en lavar los muros, enmasillar las juntas donde confluyan materiales diferentes y rellenar o parchear las grietas y los orificios pequeños.

Una vez al año, lave el exterior de la casa con una máquina limpiadora, o pásele un cepillo de mango largo con una solución detergente poco concentrada. Cuando lo haga, proyecte el chorro en sentido oblicuo, sin apuntar directamente a las juntas de

mortero. Preste especial atención a las zonas situadas bajo los aleros, los porches y otras superficies resguardadas, ya que no están tan sujetas a la acción de la intemperie como las superficies más expuestas. Por ejemplo, la pintura exterior tiene una formulación estudiada para que se desgaste lentamente con una exposición repetida al agua. En las zonas que no suelen recibir el agua de lluvia, probablemente la pintura no sufrirá el mismo efecto, por lo que precisará una limpieza más minuciosa. Recuerde también que las zonas a las que no llega luz solar directa son más proclives a crear moho y musgo.

Antes de volver a enmasillar los huecos de servicio, elimine completamente la masilla antigua y límpielos con detenimiento. Vuelva a sellar estos huecos con masilla de butilo o espuma expansible.

Muros de albañilería

Las reparaciones en albañilería están condenadas al fracaso si no se corrigen las causas profundas que las motivaron. Por ejemplo, un parche de cemento se desprenderá de la estructura si ésta sigue sometida a la misma tensión que provocó el desperfecto original.

Descubra la naturaleza y la causa del problema antes de iniciar la reparación. Busque causas evidentes de las averías, como raíces de árboles demasiado crecidas o canalones deteriorados que dejan caer agua

en las superficies de albañilería. Compruebe también la pendiente del terreno circundante, para ver si es necesario restablecerla y desviar así el agua lejos de los cimientos. Proceda al arreglo sólo cuando esté seguro de haber remediado el problema.

El deterioro de las juntas de mortero (**foto A**) es bastante frecuente, y en general más común que el de las superficies de ladrillo. Si encuentra zonas de mortero deteriorado, sondee las juntas circundantes con un destornillador para determinar si son só-

lidas. Proceda al rejuntado de las juntas deterioradas (ver más adelante).

El cuarteo se produce cuando la humedad atrapada por el muro se ve expuesta a ciclos repetidos de congelación y deshielo, ejerciendo presiones direccionales que fracturan el ladrillo (**foto B**). Si el daño se limita a una zona pequeña y confinada, será suficiente con cambiar sólo los ladrillos afectados (página 225); en cambio, si es más extenso tal vez haya que sustituir toda la estructura.

Herramientas:
Taladradora eléctrica con un disco para cortar ladrillo, cincel de albañil, martillo, cepillo metálico, paletín de rejuntado, llana de albañil, herramienta de rejuntado.

Materiales:
Mezcla de mortero, reforzador de cemento, pigmento de mortero.

Repase las juntas quitando el mortero agrietado y deteriorado y rellenándolas con mortero fresco.

El cuarteo se produce cuando la humedad atrapada en el muro se ve expuesta a ciclos repetidos de congelación y deshielo.

Cambiar ladrillos dañados

Cambiar los ladrillos sólo estará indicado si la zona dañada es pequeña (cuatro ladrillos juntos como máximo) y el muro no es de carga. En arreglos más extensos o en muros de carga, lo mejor será consultar a un profesional.

Empiece por rayar el ladrillo dañado para romperlo con más facilidad (**foto C**). Utilice una taladradora eléctrica provista de un disco para cortar ladrillo, con el cual rayará el ladrillo y las juntas de alrededor.

Utilice un cincel y un martillo para romper el ladrillo (**foto D**). Cuando tenga que quitar varios ladrillos, trabaje de arriba a abajo, en una hilada cada vez, hasta retirarlos todos. Tenga cuidado de no dañar los ladrillos circundantes.

Arranque todo el mortero residual del hueco con el cincel (**foto E**), y elimine la suciedad y los restos con un cepillo metálico. Lave la zona con agua.

Mezcle el mortero, añada el reforzador de cemento y, en caso necesario, el pigmento para igualar el color con el existente. Utilice un paletín de rejuntado para aplicar una capa de 2,5 cm de mortero en la parte inferior y los laterales del hueco (**foto F**).

Humedezca ligeramente los ladrillos de repuesto, y luego aplique mortero a los extremos y a la parte superior (**foto G**). Introduzca el ladrillo en el hueco y golpéelo ligeramente con el mango del cincel hasta que quede al ras de la pared. Si el mortero no queda alineado con la cara del ladrillo, utilice el paletín para añadir más mortero a las juntas.

Raspe el exceso de mortero con una llana de albañil, y luego alise las juntas con una herramienta de rejuntado que se adapte al perfil (**foto H**). Deje secar el mortero y luego cepille el sobrante.

Utilice una taladradora eléctrica provista de un disco para cortar ladrillo, con la que marcará las líneas de corte del ladrillo y las juntas de alrededor.

Rompa el ladrillo siguiendo las líneas marcadas, con ayuda de un cincel y un martillo.

Elimine el resto del mortero con un cincel y limpie la superficie con un cepillo metálico.

Aplique una capa de mortero de 2,5 cm de espesor a los lados y la parte inferior del hueco, utilizando un paletín de rejuntado.

Aplique mortero al ladrillo de repuesto humedecido, y colóquelo en su posición.

Raspe el exceso de mortero. Alise las juntas usando una herramienta de rejuntado adaptada al perfil de las de alrededor.

Muros de estuco

Aunque el revestimiento de estuco es muy durade-ro, puede sufrir deterioro para, con el tiempo, ter-minar por desmoronarse o agrietarse. Rellene las grietas finas con masilla de cemento, que por su flexibilidad evita que el revestimiento continúe agrietándose. Si las grietas están ya rellenas de ma-silla y ésta se ha estropeado, quítela completamente con un cepillo metálico. Una vez limpia y seca la grieta, rellénela con masilla de cemento. Cúbrala un poco por exceso y luego alise la junta con una bro-cha desechable y alcohol desnaturalizado.

Herramientas:
Pistola de masilla, brocha desechable, espátula o llana, escobilla, cepillo metálico.

Materiales:
Adhesivo de contacto, masilla de cemento, alcohol desnaturalizado, imprimación metálica, estuco premezclado, pintura para albañilería.

Repare las grietas finas de los muros de estuco con masilla de cemento.

Parchear una zona pequeña

Este sencillo método de reparación funciona bastan-te bien en zonas deterioradas de menos de 0,2 m² de superficie. Si el daño es más extenso, retire todo el estuco de la superficie del muro y repóngalo capa por capa (página 227).

Empiece por quitar el material suelto con un ce-pillo metálico (**foto A**). Utilice el cepillo para lim-piar el óxido de la tela metálica expuesta, y aplique luego una capa de imprimación para metales. Pin-te los bordes rotos del estuco con cola de contacto, para mejorar la adherencia entre el estuco antiguo y el material del parche.

Aplique el estuco premezclado con una espátula o una llana, rellenando el hueco un poco por exce-so (**foto B**). Lea las instrucciones del fabricante, ya que los tiempos de secado pueden ser variables.

Alise los bordes hasta que el parche quede a la altu-ra del resto de la superficie.

Utilice una escobilla o una llana para reproducir la textura original (**foto C**). Deje secar el parche durante varios días, y luego retóquelo con pintura de albañilería, igualando el color con el resto del re-vestimiento.

Elimine el material suelto de la zona, utilizando un cepillo metálico.

Aplique el estuco premezclado con una espátula o una llana.

Dé textura a la zona del arreglo para igualarla con la superfi-cie circundante.

Reparar una zona grande

Reproducir las texturas del estuco exige paciencia, habilidad y experiencia, por lo que será buena idea practicar un poco antes de emprender una reparación de cierta envergadura.

Retire el estuco antiguo haciendo un agujero de inicio con una taladradora y broca de pared, y utilice un cincel y un martillo para levantar todo el estuco de la zona de reparación. Use gafas de seguridad y una mascarilla respiratoria o de filtro antipartículas mientras corta el estuco.

Corte una tela metálica y fíjela al revestimiento base con clavos de techar **(foto D)**. Si hace falta más de un ancho de tela metálica, solape las piezas sucesivas 5 cm entre sí. Si el parche llega hasta la base del muro, incluya molduras metálicas de re-

tención en la parte inferior, de forma que el estuco no se caiga.

Para trabajos pequeños resulta práctico el estuco premezclado, pero en los de cierta envergadura es más económico mezclarlo uno mismo. Combine tres partes de arena, dos de cemento Portland y una de cemento de albañilería **(foto E)**. Añada el agua justa para que la mezcla conserve su forma al compactarse. Prepare mezcla para una hora de trabajo.

Aplique una capa de estuco de 9 mm de espesor directamente sobre la tela metálica **(foto F)**. Presione el estuco contra la malla hasta llenar los huecos entre ésta y el revestimiento base. Haga rayas horizontales en la superficie húmeda. Deje secar el es-

tuco durante dos días, rociándolo con agua cada dos a cuatro horas para facilitar un fraguado uniforme.

Aplique una segunda capa lisa de estuco **(foto G)**. Aplique estuco hasta que quede a 6 mm de la superficie original. Deje secar el parche durante dos días, rociándolo como se indicó antes.

Combine la mezcla de estuco para la última mano con el agua justa para que la mezcla no pierda su forma. Humedezca la zona del parche y aplique la última capa hasta que se enrase con la superficie original **(foto H)**. La última mano mostrada en la fotografía fue frotada suavemente con una escobilla, y después alisada con llana. Déjela secar varios días más antes de pintarla.

Herramientas:
Tijeras de hojalatero, cincel de albañil, martillo, caja de mortero, envase de aerosol, llana.

Materiales:
Gafas de seguridad, mascarilla antipartículas, tela metálica, clavos de techar, moldura de retención metálica, arena, cemento Portland, cemento de albañilería, mezcla de estuco para la última capa.

Fije una tela metálica al revestimiento base.

Mezcle el estuco, añadiendo el agua justa para que la mezcla conserve su forma al compactarse.

Aplique una capa de estuco directamente sobre la tela metálica, y luego raye la superficie.

Aplique la segunda capa de estuco, alisándola con una llana todo lo posible.

Aplique la última mano de estuco y dele textura para igualarla con la superficie original.

Revestimientos de madera

Los desperfectos en los revestimientos de madera son bastante comunes, pero por suerte también fáciles de arreglar.

Cubra los agujeros pequeños con madera epoxídica de relleno, y repare las grietas y las rajas con cola de madera epoxídica. Aplique cola en los dos lados de la grieta, y luego apriete la tabla para que se adhiera. Para mejorar los resultados, coloque una tabla bajo el borde inferior de la pieza dañada, empujándola hacia arriba para ejercer una presión uniforme hasta que seque la cola. Si está trabajando cerca del suelo, coloque una cuña de 38 × 89 mm bajo la tabla de soporte para mantenerla en su sitio. Una vez seca la cola, introduzca tornillos galvanizados a cada lado de la grieta, y retoque el conjunto con pintura.

Tenga presente que al quitar las tablas para las reparaciones tendrá una excelente oportunidad para añadir aislante, si fuera necesario. Con el revestimiento levantado, compruebe el estado del aislamiento. Si necesita elevar el valor R, haga unos taladros en el revestimiento base expuesto e inyecte aislante en los muros. Después, selle los agujeros y siga con la reparación.

Las juntas pueden abrirse en cualquier tipo de revestimiento solapado, aunque este defecto suele presentarse sobre todo en los de madera. Los huecos de 3 a 6 mm de anchura pueden rellenarse con masilla. Si tiene que tapar huecos de 9 mm o más, consulte a un especialista, ya que podrían ser indicio de problemas graves de humedad o de movimiento de la casa.

Para reparar revestimientos de madera utilice clavos especiales. Estos clavos tienen la cabeza más pequeña y abarquillada para sujetar el acabado. También tienen ranuras circulares en la caña para mayor sujeción, y la punta embotada para no rajar la madera. Existen en versiones con doble galvanizado o de acero inoxidable. Elija clavos de longitud suficiente para que penetren en el revestimiento base y en la estructura un mínimo de 30 mm.

Herramientas:

Martillo, cincel, llana, destornilladores, sierra para metales, sierra de ingletes o circular, sierra de calar, serrucho de punta, palanca, botador, buscarrastreles electrónico, brocha.

Materiales:

Madera epoxídica de relleno, cola epoxídica, clavos de ranuras circulares, masilla acrílica de silicona, cemento para tejados, papel de construcción, revestimiento base, conservante de madera, imprimación, pintura o tinte.

Cambiar un revestimiento solapado

Primero, encuentre y resuelva el origen de la fuga u otra fuente del problema de daños por el agua (**foto A**).

Marque la zona del revestimiento que ha de cambiarse (**foto B**), así como las líneas de corte en los centros de los elementos estructurales de cada lado de la zona de reparación, escalonando los cortes para que las juntas no coincidan.

Introduzca separadores bajo la tabla situada por encima de la zona de reparación. Realice cortes de entrada en la parte superior de las líneas de corte con un serrucho de punta, y luego sierre las tablas (**foto C**). Retire las tablas. Quite todos los clavos con un desclavador y corte las cabezas con una sierra para metales. Cubra o sustituya el revestimiento base y el papel de construcción, en su caso.

Para tapar pequeños orificios o desgarros en el papel de construcción, utilice cemento para teja-

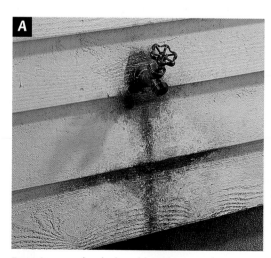

Encuentre y resuelva el origen del problema con el agua.

Dibuje el contorno del revestimiento dañado que ha de sustituirse.

Marque las tablas para el corte, escalonando las líneas de manera que las juntas verticales no queden alineadas.

dos. Si necesita parchear una zona grande, afloje el papel situado encima del área problemática, deslice la parte superior del parche por debajo del papel existente y grape las capas.

Si ha quitado la fila inferior del revestimiento, clave un listón de arranque de 19 × 38 mm en la parte inferior de la zona del arreglo, utilizando clavos para revestimiento de 50 mm. Deje una separación de 6 mm en cada junta del listón de arranque para permitir dilataciones.

Mida y corte a medida todas las tablas de recambio, dejando un espacio de dilatación de 3 mm en cada extremo (**foto D**). Utilice las tablas viejas como plantilla para realizar cortes para grifos y otros elementos. Utilice una sierra de calar para estos cortes. Aplique conservante/sellador de madera o imprimación en los extremos y la cara de apoyo de las tablas, y déjelas secar antes de colocarlas.

Clave las nuevas tablas en su sitio con clavos de ranuras circulares, empezando por la más baja de la zona del arreglo (**foto E**). Introduzca los clavos de forma que atraviesen los elementos estructurales, utilizando el patrón original de clavado (en general, cada 40 cm) y atravesando la parte inferior de cada nueva tabla y la superior de la situada debajo.

Rellene las juntas de dilatación con masilla (utilice una masilla que pueda pintarse si la madera va pintada, o que acepte el tinte si está teñida). Aplique imprimación y pintura o tinte en las tablas de repuesto, para igualarlas con la superficie de alrededor (**foto F**).

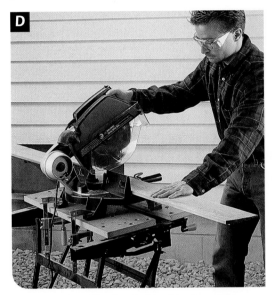

Mida y corte las tablas de recambio, dejando un hueco para dilatación de 3 mm en cada extremo.

Clave las nuevas tablas en su sitio, utilizando el mismo patrón de clavado que en el revestimiento original.

Rellene las juntas de dilatación con masilla, y aplique luego imprimación o tinte a las tablas de recambio.

Cambiar ripias o tablas de chilla

Parta las ripias o tablas de chilla deterioradas con un martillo y un cincel, y retírelas. Introduzca separadores de madera bajo las tablas situadas encima de la zona del arreglo, y luego inserte la hoja de una sierra para metales bajo la tabla superior para cortar las cabezas de los clavos que queden de las tablas antiguas (**foto G**).

Corte nuevas tablas a medida, dejando un hueco de 3 a 6 mm para dilatación a cada lado. Cubra todos los lados y los bordes con conservante para madera. Empiece por la hilada inferior, deslizando las piezas del parche bajo el revestimiento por encima de la zona del arreglo (**foto H**). Introduzca clavos de ranuras circulares cerca de la parte superior de la zona expuesta del parche. Cubra las cabezas de los clavos con masilla. Quite los separadores.

Quite las ripias o tablas de chilla y corte las cabezas de los clavos antiguos.

Deslice las piezas de recambio bajo el revestimiento y fíjelas con clavos de ranuras circulares para revestimientos.

Sustituir revestimientos de tablas y rastreles

Retire los *rastreles*, es decir, las molduras, que sujetan los paneles dañados **(foto A)**. Arranque el panel deteriorado con ayuda de una palanca. Inspeccione el papel de construcción y parchéelo en caso necesario. Corte paneles de recambio de un material del mismo tipo, dejando un hueco de 3 mm en las juntas laterales **(foto B)**. Aplique imprimación o sellante a los bordes y la cara de apoyo de los paneles de recambio, y déjelos secar.

Clave los nuevos paneles en su sitio con clavos de ranuras circulares **(foto C)**. Enmasille todas las uniones y las juntas de dilatación, y luego vuelva a colocar los rastreles y demás molduras. Aplique imprimación y pintura, o tiña la zona reparada para igualarla con el resto del revestimiento.

Retire los rastreles o las molduras y quite los paneles dañados con ayuda de una palanca.

Corte paneles de recambio de un material del mismo tipo, dejando huecos para dilatación de 3 mm a los lados.

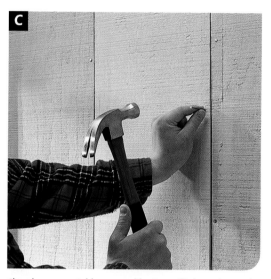

Clave las nuevas tablas en su sitio. Enmasille las uniones y las juntas, y vuelva a colocar las molduras.

Revestimiento manufacturado

El vinilo y el aluminio se han unido a la madera como materiales de revestimiento de uso frecuente. Aunque duraderos, estos materiales pueden necesitar reparaciones ocasionales.

El vinilo tiene un precio razonable, es duradero, apenas requiere mantenimiento y es energéticamente eficiente. También se le considera el material más fácil de instalar por el aficionado.

Aunque las nuevas versiones son más resistentes, los revestimientos de vinilo antiguos son vulnerables a las rozaduras y arañazos. Algunos tipos también resultan dañados por la acción de los rayos UV, que pueden provocar la decoloración o alteración del color de algunas zonas. Las piezas arañadas o descoloridas del revestimiento de vinilo deben repararse o sustituirse.

Este revestimiento puede decolorarse de modo permanente si se expone a productos derivados del petróleo, como aerosoles contra abejas o avispas. Estas manchas no se quitan, aunque es posible aclararlas. Humedezca un paño blanco con nafta o alcohol mineral y golpee con él ligeramente la mancha. Lave bien la superficie con agua.

El revestimiento de aluminio es relativamente barato, fácil de instalar y mantener y resistente al fuego. Se vende en una amplia variedad de estilos y colores, con o sin soporte aislante.

El revestimiento de aluminio puede pintarse cada vez que se raye, y las pequeñas mellas se recubren con masilla de emplastecer carrocerías. Si es necesario cambiar zonas amplias, tal vez tenga problemas para encontrar el mismo color o dibujo original. Para disimular las reparaciones, encuentre un estilo lo más parecido posible, quite secciones de una zona poco visible y use las piezas originales para reparar las zonas más visibles; luego coloque las nuevas piezas en esa primera zona, donde se notarán menos las diferencias.

Herramientas:
Tijeras de hojalatero, pistola de masilla, taladradora, palanca, martillo, regla, cinta métrica, cúter, desacoplador.

Materiales:
Masilla, clavos, cemento para tejados o cola para paneles exteriores, molduras, paneles de revestimiento (en caso necesario), remates.

Reparar un revestimiento de vinilo

Empiece por la junta más próxima a la zona dañada, desmontando las juntas trabadas con ayuda de un desacoplador. Introduzca separadores, y quite las fijaciones de la pieza superior del revestimiento dañado.

Corte la zona deteriorada con unas tijeras de hojalatero, y luego prepare una pieza de recambio 10 cm más larga que el hueco. Corte 5 cm del listón de clavar en cada extremo de la zona solapada. Deslice la pieza hasta su posición (**foto D**). Introduzca los clavos de ranuras circulares de los listones y coloque el extremo de una palanca plana sobre la cabeza de cada clavo. Introduzca los clavos golpeando el cuello de la palanca con un martillo (**foto E**). Deslice la canaleta en J sobre el listón.

Desmonte las juntas trabadas y corte la zona dañada. Corte e introduzca una pieza de recambio.

Apriete los clavos de ranuras circulares contra los listones, y use una palanca y un martillo para clavarlos.

Reparar un revestimiento de aluminio

Corte la zona deteriorada con unas tijeras de hojalatero (**foto F**). Deje una zona expuesta encima de la pieza superior, para que actúe como superficie de agarre.

Corte un parche 10 cm más ancho que la zona de reparación, y luego quite el listón de clavar de la pieza. Alise los bordes con papel de lija para metales.

Clave los parches inferiores con clavos de ranuras circulares, atravesando los listones, y empezando desde abajo. Aplique cemento para tejados en la cara de apoyo de la pieza superior, presione ésta en su sitio, y deslice la canaleta en J sobre el listón de clavar situado debajo (**foto G**). Enmasille las juntas.

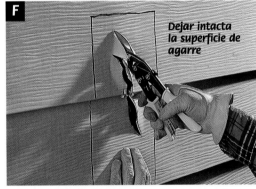

Dejar intacta la superficie de agarre

Corte la zona dañada. Prepare un parche y retire el listón de clavado de la pieza superior.

Clave los parches en su posición. Aplique cemento para tejados a la pieza superior y presiónela en su sitio.

Cambiar remates de aluminio

Retire el remate dañado. En caso necesario, desprenda la parte inferior haciendo palanca y luego corte la superior con una sierra para metales (**foto H**).

Coloque los remates de recambio empezando por abajo. Introduzca clavos de ranuras circulares por las lengüetas de clavado hasta que penetren en los elementos estructurales.

Corte las lengüetas de clavado del remate de recambio, y aplique cemento para tejados en su cara de apoyo (**foto I**). Fije el remate a las canaletas de bloqueo en J de las hiladas del revestimiento. Presione el remate hasta que quede firmemente sujeto en su posición.

Quite el remate dañado y coloque uno de recambio.

Sujete el remate superior con cemento. Presiónelo en su posición.

Pintura exterior

La pintura exterior de la casa es un trabajo de cierta envergadura, pero hacerlo uno mismo reduce sustancialmente los gastos de protección del revestimiento y renueva el aspecto de la vivienda. Con paciencia y cuidado puede crearse un acabado duradero de aspecto profesional.

Los trabajos de pintura se dividen de modo natural en dos fases: preparación y ejecución. La preparación suele ser la más larga y tediosa de ambas tareas, aunque el esfuerzo merece la pena, ya que una preparación minuciosa se traduce en un acabado de calidad.

La organización de tiempos es otro elemento crítico de los trabajos de pintura. Al raspar y lijar el exterior se expone el revestimiento a la intemperie. Si se deja sin cubrir la madera durante un tiempo prolongado, los poros se obturarán, y la pintura se adherirá peor. Por este motivo, lo mejor es trabajar cada vez en una parte de la casa, y aplicar la imprimación y la pintura tan pronto se concluya el trabajo de preparación.

La pintura puede durar diez años o más, sobre todo con un mantenimiento regular. El retoque de problemas menores evita que se acumule agua bajo la superficie de la pintura. Lije, imprima y pinte las zonas agrietadas y cuarteadas en cuanto aparezcan. Si no corrige los defectos con prontitud, el deterioro favorecerá la formación de moho, una fuente de manchas y problemas en la pintura. Lavar a presión el revestimiento y efectuar reparaciones menores en la pintura todos los años son puntos básicos de un programa de mantenimiento exterior.

Como en cualquier proyecto que exija el uso de escaleras y andamios, la pintura de la casa requiere buenas prácticas de seguridad. Lea la sección sobre seguridad (página 186) antes de continuar.

Identificar problemas de pintura exterior

Examine la pintura exterior todos los años, empezando por las zonas resguardadas **(foto A)**. Los fallos de la pintura en zonas que reciben poca o ninguna luz solar directa pueden ser indicio de problemas de índole similar en secciones próximas. Es vital identificar el tipo de problema antes de intentar corregirlo.

La aparición de ampollas **(foto B)** en la superficie pintada se debe a una preparación deficiente o a la aplicación apresurada de la imprimación o la pintura. Las ampollas indican que la humedad atrapada está intentando salir a la superficie. Raspe y retoque los puntos donde aparezca este problema. Si existe una amplia superficie afectada, quite la pintura hasta dejar la madera al descubierto y aplique imprimación y pintura.

El descascarillado **(foto C)** se produce cuando la pintura empieza a desprenderse y se cae en forma de escamas. Este problema es indicio de problemas de humedad persistente, en general por una filtración o por una barrera de vapor defectuosa. También en este caso es importante identificar y corregir el problema de humedad. Si el descascarillado es local,

raspe y lije las zonas dañadas y retóquelas con nueva imprimación y pintura. Si está extendido, levante la pintura antigua hasta dejar la madera al descubierto y aplique de nuevo la imprimación y la pintura.

El cuarteado **(foto D)**, o aparición extensa de grietas y pintura desprendida, se produce normalmente en superficies a las que se han aplicado muchas manos de pintura. También puede deberse a una preparación inadecuada de la superficie o a que se ha dejado un tiempo de secado demasiado corto entre las sucesivas manos de imprimación y de pin-

A

Los problemas en la pintura aparecen primero en las zonas que reciben poca o ninguna luz solar directa.

B

La formación de ampollas es un primer síntoma de problemas más serios.

C

El descascarillado se produce cuando la pintura se desprende de la superficie en grandes escamas.

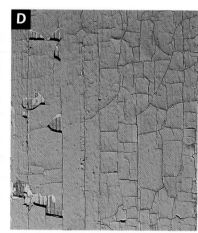

D

El cuarteado aparece normalmente en pintura vieja y en superficies con muchas manos de pintura.

tura. Quite la pintura antigua y luego aplique imprimación y vuelva a pintar.

Las zonas localizadas de formación de ampollas y descascarillado (**foto E**) son indicio de humedad atrapada bajo la pintura, normalmente por filtraciones del tejado, el sistema de canalones o las tuberías del interior. Encuentre y elimine la filtración, y luego raspe la zona y aplique imprimación y pintura.

Las zonas claramente definidas de ampollas y descascarillado (**foto F**) aparecen cuando una habitación húmeda tiene una barrera de vapor insuficiente. Si aprecia una línea clara que se corresponde con el final de un tabique interior, levante el revestimiento y cambie la barrera de vapor.

El moho (**foto G**) se forma en grietas y zonas húmedas que apenas reciben luz solar. Limpie las áreas enmohecidas con una solución 1:1 de lejía clorada de uso doméstico y agua, o con fosfato trisódico.

La herrumbre (**foto H**) aparece cuando la humedad penetra en el hierro o el acero. Elimine el óxido y la pintura suelta con una taladradora portátil provista de un cepillo metálico, y luego imprima y pinte.

El «sangrado» (**foto I**) se debe a la presencia de clavos «salientes» del revestimiento que empiezan a oxidarse. Quite estos clavos, lije el óxido y coloque en su lugar clavos de ranuras circulares. Aplique imprimación metálica y luego pinte la superficie del mismo color existente.

Para eliminar la eflorescencia (**foto J**), una capa de polvo que se forma por lixiviación de los minerales a través de una superficie de albañilería, utilice un cepillo metálico y una solución de ácido muriático.

Consejo útil

Para determinar si es necesario quitar la pintura, pruebe este sencillo truco: con un cúter, haga una cuadrícula de 25 × 25 mm en varios lugares de la pintura: trace seis líneas poco profundas a intervalos de 3 mm en cada dirección. Apriete con fuerza un trozo de cinta de máscara de 5 cm de largo en el centro de la retícula, y luego despegue la cinta de un tirón. Si la pintura se desprende con la cinta, levante todas las capas antiguas, aplique una mano de imprimación y vuelva a pintar.

E Las ampollas y el descascarillado en zonas localizadas indican que existe humedad atrapada bajo la pintura.

F Las ampollas y el descascarillado claramente definidos se producen cuando una barrera de vapor es inadecuada o inexistente.

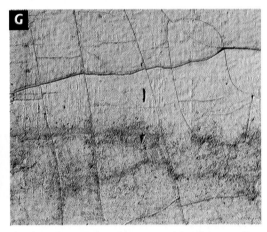
G El moho se forma en las grietas y zonas húmedas que reciben poca luz solar directa.

H La herrumbre aparece cuando la pintura aplicada sobre hierro o acero deja que la humedad penetre en la superficie.

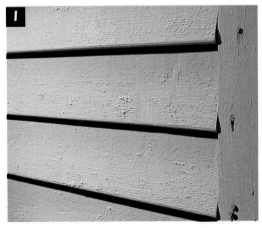
I Las manchas de «sangrado» se deben a clavos salientes que se oxidan.

J La eflorescencia se produce cuando los minerales atrapados en el interior afloran a la superficie de albañilería.

Herramientas y materiales

Con herramientas, imprimaciones y pinturas **(foto A)** de buena calidad se obtienen mejores resultados que con productos baratos. Una inversión en calidad facilita la ejecución del proyecto y se traduce en un trabajo de pintura atractivo y duradero.

Al planificar el proyecto prepare una lista de las herramientas y materiales que necesita. Piense dar imprimación a todas las superficies sin pintar y a los parches o zonas desgastadas o decapadas en que la madera esté al descubierto.

Vea el cuadro de la derecha para determinar el número de litros que necesita para cada mano de pintura, y luego decida cuántas manos aplicará. Para madera al descubierto, lo mejor es aplicar una capa de imprimación seguida de dos manos de pintura. No obstante, si la superficie ya estaba pintada y la pintura se halla en buen estado, bastará una sola mano de pintura nueva.

Tradicionalmente, casi toda la pintura utilizada en exteriores es de base oleosa. Esta pintura al aceite permite capas más finas y líneas más perfiladas, una ventaja cuando se pintan intrincadas molduras

y obras de carpintería. Sin embargo, ante la creciente preocupación por el entorno han empezado a comercializarse numerosos productos alternativos. Las pinturas de látex están a la altura de las de base oleosa en cuanto a aspecto y duración, y son a la vez menos peligrosas, de olor no tan penetrante y más fáciles de eliminar. Antes, si la superficie estaba pintada ya con pintura al aceite no era posible usar látex acrílico en las capas siguientes, pero hoy la pintura de látex acrílica ofrece una excelente adherencia sobre imprimaciones y pinturas al óleo.

Aunque la eliminación de capas de pintura antigua puede ser laboriosa, esta tarea se alivia con el empleo de los materiales **(foto B)** y las herramientas **(foto C)** adecuados. La eliminación será más rápida si se utiliza un cepillo metálico circular acoplado a una taladradora eléctrica, o se alquila una lijadora con un disco de igual anchura que la zona descubierta de cada tabla de revestimiento. Para decapar zonas grandes, compre o alquile un soplete de aire caliente; para tareas menores, pruebe con un cepillo metálico o de cerdas rígidas, un taco de lijar,

Estimación de la pintura necesaria

Para calcular la cantidad de pintura necesaria para una mano o capa:

Sume *las superficies en metros cuadrados de las paredes (longitud × altura) y los paneles de los sofitos, y añada un margen del 15%.*

Reste *de esta cifra la superficie de las puertas y las ventanas en metros cuadrados.*

Compruebe *el rendimiento de la pintura que se indica en la etiqueta (el valor medio es de 8,5 metros cuadrados por litro).*

Divida *el valor total de superficie obtenido por el rendimiento para determinar el número de litros necesarios.*

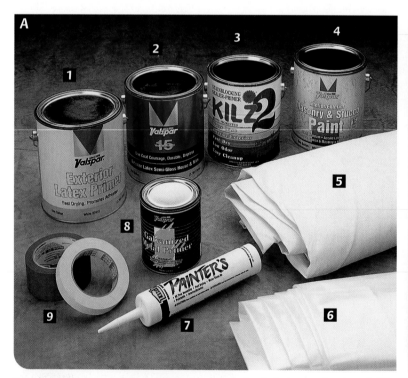

Entre los materiales necesarios para pintar se incluyen los siguientes: imprimaciones teñidas para igualar colores de pintura (1), pintura para viviendas (2), imprimación-tapaporos (3), pintura para albañilería y estuco (4), sábanas (5), láminas de plástico (6), masilla (7), imprimación metálica (8) y cinta de máscara (9).

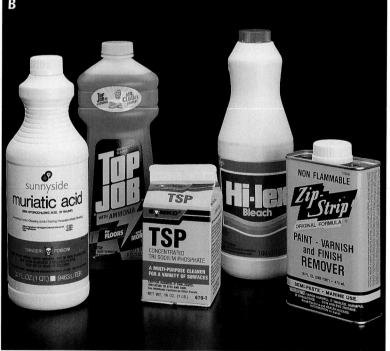

Algunos productos para preparación y mantenimiento de superficies (de izquierda a derecha): ácido muriático para eliminar el óxido de los metales, detergente, fosfato trisódico, lejía clorada para limpieza de superficies y decapante para eliminar capas gruesas de pintura en superficies delicadas.

una espátula, una rasqueta de pintura o una para detalles con cabezas intercambiables.

La máquina de lavado a presión desprenderá toda la pintura suelta o descascarillada, aunque no puede sustituir al rascado o el lijado. Alquile o compre la unidad de lavado que corresponda. Una con menos de 8.300 kilopascales no haría un buen trabajo, y con más de 17.300 kilopascales podría

dañar el revestimiento (**foto D**). Utilice una boquilla de 12 o 25 grados.

Las herramientas correctas simplifican la aplicación de la pintura (**foto E**). Los muros exteriores pueden tener múltiples formas y superficies, lo que hace necesario usar un amplio abanico de herramientas, como: rodillo y manguito con lanilla de 9 mm para superficies lisas y semilisas; rodillo para

molduras y rincones; rodillo con lanilla de 15 mm para superficies rugosas; brocha de 10 cm para revestimiento solapado; brocha de 7,5 cm para revestimiento y molduras; brocha de 5 cm para molduras y marcos de ventanas, y rodillo de 7,5 cm para pintar molduras. En los muros y otras superficies lisas, el uso de equipos de pintura a pistola puede abreviar notablemente el tiempo de aplicación (**foto F**).

Herramientas para quitar pintura: rasqueta (1), lijadoras de acabado de 1/4 y 1/3 de hoja (2), taladradora con cepillos metálicos circulares (3), rasqueta (4), soplete de aire caliente (5), tacos de lijar (6), herramienta de pintor 5 en 1 (7), espátula (8), cepillo metálico de doble mango (9) y cepillo de cerdas rígidas (10).

Alquile una máquina de lavado a presión con sus accesorios, para limpiar minuciosamente el revestimiento y eliminar la pintura desprendida y en escamas. El compresor está unido por una manguera a una boquilla con alargador.

Herramientas usadas para pintar: rodillo y manguito con lanilla de 9 mm (1), rodillo para rincones (2), rodillo con lanilla de 15 mm (3), brocha de 10 cm (4), brocha de 7,5 cm (5), brocha de 5 cm para marcos (6) y rodillo de 7,5 cm de ancho. NOTA: Todas las brochas representadas son de cerdas sintéticas, para pinturas con base de látex.

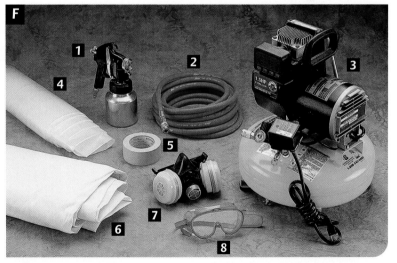

Equipo de pintura a pistola: pistola (1), manguera (2) y compresor (3). Una buena preparación exige el uso de láminas de plástico (4), cinta de máscara (5) y sábanas (6). Además, deberán utilizarse siempre los elementos de protección necesarios, como mascarilla de doble filtro (7) y gafas de seguridad (8).

Prepararse para pintar

Para conseguir una pintura uniforme es esencial trabajar en una superficie lisa, limpia y seca, por lo que la preparación de esta superficie es fundamental para el trabajo. En general, cuanto más tiempo se dedica a la preparación más liso es el acabado final, y más duradera la pintura.

Para obtener el mejor acabado posible, lije toda la superficie con una lijadora potente hasta dejar la madera al descubierto. Para acabados más rápidos (aunque también más rugosos), raspe toda la pintura suelta y después lije la superficie. También puede usarse el lavado a presión para eliminar parte de la pintura desprendida, pero con esta sola acción no se logrará una superficie lisa adecuada para pintar.

Antes de empezar a pintar, elimine toda la pintura antigua que haya perdido adherencia a la superficie.

Herramientas:
Máquina de lavado a presión (opcional), rasquetas, lijadoras, tacos de lijar, espátula, cepillo de cerdas rígidas, cepillo metálico, estropajo metálico, taco abrasivo grueso, taladradora con cepillo metálico circular.

Materiales:
Papel de lija de grano 80 y 120, emplaste, masilla de silicona pintable, ácido muriático.

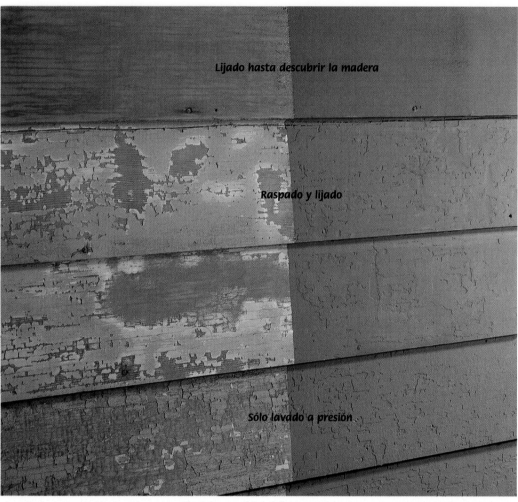

Lijado hasta descubrir la madera

Raspado y lijado

Sólo lavado a presión

El grado de esmero empleado en la preparación de la superficie influirá sustancialmente en el aspecto final del trabajo de pintura. Decida cuánto tiempo está dispuesto a dedicar al lijado y raspado para obtener un acabado que le satisfaga.

Herramientas de decapado

Quitar pintura antigua es fácil cuando se usan las herramientas adecuadas para cada tarea. Utilice un soplete de aire caliente para reblandecer capas gruesas de pintura vieja **(foto A)**. Dirija el soplete hacia la superficie y raspe la pintura tan pronto se desprenda.

Para eliminar zonas extensas de pintura en revestimientos de madera solapados, use una lijadora provista de un disco de la anchura de la tabla de revestimiento **(foto B)**. Para eliminar la pintura suelta y el óxido de la carpintería metálica, utilice un cepillo metálico. Aplique imprimación metálica inmediatamente después, para evitar que se repita la oxidación.

Para restregar el revestimiento metálico y sus molduras, use un estropajo metálico semibasto o un taco abrasivo de grano grueso. Lave la superficie antes de imprimar y pintar.

Cuando use un soplete de aire caliente, manténgalo en constante movimiento.

Para quitar la pintura de revestimientos solapados de madera utilice una lijadora.

Limpieza y lijado

El primer paso de la preparación para pintar consiste en limpiar la superficie y quitar la pintura desprendida. El método más eficaz para ello es el lavado a presión de toda la casa (**foto C**). Deje secar bien todas las superficies antes de proseguir con el trabajo de preparación.

Como el lavado a presión no elimina toda la pintura suelta, lo siguiente que ha de hacerse es raspar la superficie con una rasqueta (**foto D**). Tenga cuidado para no dañar la superficie con un raspado demasiado agresivo.

Utilice rasquetas de detalles para quitar la pintura desprendida en zonas de difícil acceso. Algunas rasquetas tienen cabezas intercambiables adaptadas a los perfiles más comunes de las molduras (**foto E**).

Arranque la pintura con una lijadora de acabado con papel de 80. Utilice tacos de lijar y papel de lija de 80 a 120 para zonas de acceso difícil. Existen múltiples formas y tamaños de tacos de lijar como, por ejemplo, los modelos en forma de lágrima (**foto F**). También puede hacerse sus propios tacos con espigas, retales de madera, mangueras de jardín u otros materiales comunes. Corte en tiras cintas de lijar viejas para lijar detalles finos de las molduras.

Examine todas las superficies para ver si tienen grietas, pudrición u otros problemas. Marque las zonas afectadas con cinta o alfileres de colores. Rellene los huecos y las grietas con pasta de madera epoxídica (**foto G**).

Utilice una lijadora de acabado con papel de lija de 120 en las zonas reparadas y, también, en las arrugas y aristas que hayan quedado sin rematar en el proceso de raspado, para crear una superficie lisa (**foto H**).

C
Utilice una máquina de lavado a alta presión para eliminar las escamas de pintura.

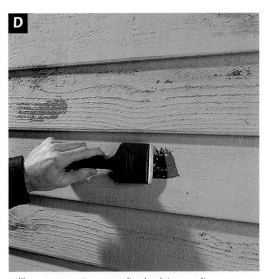
D
Utilice una rasqueta para quitar la pintura suelta.

E
Use una rasqueta de detalles para zonas de difícil acceso.

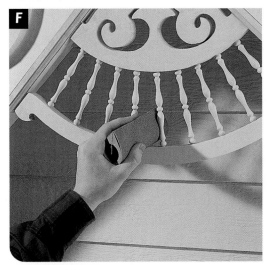
F
Lije las zonas difíciles con tacos de formas especiales.

G
Rellene huecos y grietas con masilla de madera.

H
Lije las arrugas y las zonas reparadas para alisar la superficie.

Lavado a presión

Si decide lavar a presión el revestimiento, cerciórese de que el equipo que utiliza es el adecuado. En la mayoría de las casas lo mejor es una máquina de 8.300 a 17.300 kilopascales. También es importante la dimensión de la boquilla, con un valor óptimo comprendido entre 15 y 25°.

Mientras trabaja, dirija el chorro de agua hacia abajo (foto A), y no acerque demasiado la boquilla a la superficie; la fuerza del chorro podría dañar el revestimiento y las molduras.

Para limpiar zonas de difícil acceso, como cornisas y sofitos, utilice un alargador y un cepillo giratorio (foto B).

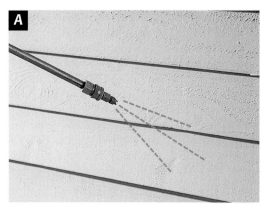

Cuando lave a presión el revestimiento, dirija el chorro de agua en un ángulo descendente.

Acople un cepillo giratorio para limpiar zonas de difícil acceso, como cornisas y sofitos.

Preparación de superficies de molduras

Restriegue y lije las superficies satinadas de las puertas, los marcos de las ventanas y todas las superficies esmaltadas. Utilice un taco abrasivo o papel de lija de grano 150 (foto C).

Rellene las grietas del revestimiento y los huecos de alrededor de las puertas y las ventanas con una masilla acrílica de silicona que pueda pintarse (foto D).

Se obtiene una superficie más adherente para la imprimación y la pintura al restregarla y lijarla.

La masilla de silicona pintable forma un sello sólido y duradero en los marcos de las puertas y ventanas y en las grietas.

Eliminar acabados transparentes

Las capas protectoras y sellantes transparentes pueden descamarse y desprenderse igual que la pintura. Lave a presión las zonas manchadas o no pintadas que hayan sido tratadas con un protector o conservante de la madera antes de volverlas a cubrir con sellante fresco (foto E).

Utilice un cepillo de cerdas rígidas para eliminar todas las escamas desprendidas del recubrimiento superficial que no hubieran sido arrancadas por el lavado a presión (foto F). No utilice un cepillo metálico sobre superficies de madera.

Lave a presión los acabados teñidos o sellados con barniz transparente.

Elimine las escamas del revestimiento superficial con un cepillo de cerdas rígidas.

Preparación de superficies

Quite la herrumbre y la pintura suelta de los elementos metálicos como barandillas y adornos, usando un cepillo metálico **(foto G)**. Cubra la superficie con imprimación metálica inmediatamente después del cepillado, para evitar que vuelva a formarse óxido.

Restriegue y lije el revestimiento metálico y sus molduras con un estropajo metálico semibasto o un taco abrasivo de grano grueso **(foto H)**. Lave la superficie antes de imprimar y pintar.

Quite el mortero suelto, los depósitos minerales o la pintura de las líneas de mortero de las superficies de albañilería con una taladradora provista de un cepillo metálico circular **(foto I)**. Limpie las superficies anchas y planas con un cepillo metálico. Corrija los desperfectos menores con productos de reparación de albañilería, antes de volver a pintar.

Disuelva el óxido de los herrajes metálicos con una solución diluida de ácido muriático **(foto J)**. Cuando trabaje con ácido muriático, es importante que se provea de un equipo de seguridad y que trabaje en un área bien ventilada, siguiendo todas las indicaciones y precauciones pertinentes.

Quite la pintura suelta y el óxido de los elementos metálicos, como barandillas y adornos, con un cepillo metálico.

Restriegue y lije los revestimientos y molduras metálicos con un estropajo metálico semibasto o un taco abrasivo de grano grueso.

Elimine el mortero suelto, los depósitos minerales o la pintura de las superficies de mortero con una taladradora provista de un cepillo metálico circular.

Elimine el óxido de los herrajes metálicos sumergiéndolos en una solución diluida de ácido muriático.

Preparación de plantas y estructuras

Antes de pintar, extienda lonas por el suelo alrededor de la casa para recoger los escombros y evitar daños por salpicaduras de pintura. Cubra también las plantas y arbustos delicados de los alrededores.

Apague todos los aparatos de aire acondicionado del exterior, así como los electrodomésticos y otras estructuras cercanas a la casa, y cúbralas también **(foto K)**.

Desmonte las contraventanas y las molduras decorativas exteriores para protegerlas de la pintura y facilitar el acceso a las zonas de trabajo **(foto L)**. Efectúe las reparaciones necesarias en las contraventanas y las molduras. Prepárelas, imprímalas, píntelas y móntelas cuando haya terminado.

Utilice lonas para proteger las plantas y estructuras delicadas.

Desmonte las contraventanas y las molduras decorativas.

Imprimar y pintar

Planifique sus tareas de imprimación y pintura de manera que pueda concluirlas con no más de dos semanas de diferencia entre ambas. Si transcurriesen más de dos semanas, lave la superficie con agua y jabón antes de aplicar la mano siguiente.

Esté al tanto de la previsión meteorológica y vigile el aspecto del cielo mientras trabaja. El tiempo húmedo o la lluvia en las dos horas siguientes a la aplicación echará a perder el trabajo. No pinte cuando la temperatura sea inferior a 10 °C o superior a 32 °C. Evite los días de viento; son peligrosos, sobre todo si se trabaja subido a una escalera, y además el viento puede arrastrar suciedad a la superficie recién pintada.

Planifique el trabajo diario de forma que pueda hacerlo a la sombra. Es preferible trabajar a la sombra o con luz solar indirecta, ya que el sol directo seca la imprimación y la pintura con demasiada rapidez y puede hacer que quede humedad atrapada bajo la superficie, con la consiguiente formación posterior de ampollas y desconches. Las marcas de la brocha suelen ser más visibles cuando se pinta con luz solar directa.

Prepare, imprima y pinte un lado de la casa cada vez, y siga un orden lógico. Trabaje de arriba a abajo, hasta terminar en los cimientos, y cubriendo una sección completa antes de mover la escalera o el andamio. Imprima y pinte las superficies verticales antes que las horizontales, así no tendrá que retocar las salpicaduras.

Le sugerimos ahora una buena secuencia para pintar el exterior de la casa: frente de las tablas de alero; bordes inferiores de los paneles de los sofitos; molduras decorativas de la parte superior de la casa; canalones y bajantes (primero los traseros y luego los delanteros); paneles y molduras de sofitos; bordes inferiores del revestimiento; frente del revestimiento (protegiendo las molduras de las esquinas, las ventanas y los marcos de las puertas, si no se van a pintar); cimientos; puertas y ventanas; bordes externos de los cercos y las molduras de ladrillo; frentes de las molduras de las puertas; umbrales de las puertas y suelos de los porches.

Una vez secas la imprimación y la pintura, vuelva a cada una de las secciones y retoque todas las zonas sin pintar o cubiertas por los apoyos de la escalera o del estabilizador.

Utilice la imprimación o la pintura correctas para cada trabajo.

Imprima y pinte primero las superficies verticales y luego las horizontales.

Pinte siguiendo un orden lógico, de la parte superior de la casa a la inferior.

Imprima y pinte a la sombra o con luz solar indirecta.

Consejo útil

El color de la pintura, sobre todo en productos mezclados por encargo del cliente, puede variar de un envase a otro. Para evitar problemas, lo mejor es mezclar toda la pintura.

Vacíe todos los envases en un recipiente grande y mezcle la pintura a conciencia. Vierta de nuevo la pintura mezclada en los envases individuales, y ciérrelos bien. Agite enérgicamente cada envase justo antes de usarlo.

Elección de brochas y rodillos

Otro de los factores clave para lograr un acabado de aspecto profesional al pintar, consiste en usar las herramientas adecuadas.

Las brochas utilizadas en los muros, gruesas y de 7,5 a 13 cm de anchura, están diseñadas para cargar cantidades considerables de pintura y distribuirlas en un área extensa **(foto A)**.

Las brochas para marcos, de 4 a 6 cm de ancho, están estudiadas para ventanas y molduras.

Las brochas para remates, de 5 a 7,5 cm de ancho, son adecuadas para puertas y remates, así como para perfilar zonas pequeñas.

Lo mejor es tener a mano una amplia variedad de brochas limpias, tanto brochas planas de 6, 7,5 y 10 cm como brochas de borde oblicuo para marcos y zonas difíciles **(foto B)**.

También pueden utilizarse rodillos para pintar rápidamente superficies lisas. Use manguitos de 20 a 23 cm para áreas grandes **(foto C)** y de 7,5 cm **(foto D)** para superficies planas estrechas, como remates o molduras de esquina.

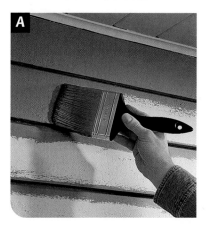

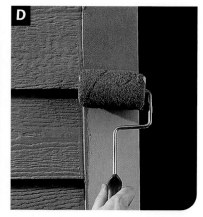

Cómo lograr un acabado liso y uniforme

Cuando termine de pintar, la capa de recubrimiento (comprendida la imprimación y todas las manos de pintura posteriores) deberá tener un espesor de 10 a 12 centésimas de mm, aproximadamente el grosor de una hoja de periódico.

Para lograr un recubrimiento tan liso y uniforme tendrá que cargar la brocha en cada momento con la cantidad correcta de pintura para el área de trabajo, lo que implica sumergir sólo el primer tercio de la brocha, incluso para cargas completas de pintura.

Utilice carga completa para zonas amplias, carga media para áreas reducidas y pasadas cortas y carga ligera para pintar molduras o para perfilar **(foto E)**.

Al pintar zonas lisas y extensas, sostenga la brocha en un ángulo de 45° **(foto F)** y ejerza sólo la presión suficiente para que se doblen las cerdas y la pintura se desprenda de la brocha.

Consejo útil

Al planificar un trabajo de pintura, elija la imprimación y la pintura adecuadas para cada superficie. Use una imprimación metálica con inhibidor de óxido en superficies metálicas, y una imprimación de albañilería con aditivo antieflorescencia en superficies de ladrillo.

Cargue la brocha con la cantidad correcta de pintura.

Sostenga la brocha en un ángulo de 45° con ligera presión.

Pintar con brocha superficies lisas

La mayoría de los pintores profesionales coinciden en que las brochas cubren mejor. Sin embargo, para lograr un recubrimiento uniformemente correcto es preciso emplear técnicas adecuadas. Cargue la brocha con una carga completa de pintura. Empiece por un extremo de la superficie y dé una pasada uniforme hasta que la pintura empiece a formar «flecos» (foto A). Al final de la pasada, levante la brocha sin dejar un final claramente definido (foto B). Si la pintura no parece uniforme o contiene marcas de brocha muy visibles, disimule la irregularidad sin dar demasiadas pasadas. Vuelva a cargar la brocha y pásela en sentido inverso, pintando sobre los «flecos» finales de la pasada anterior para crear una superficie lisa y uniforme (foto C). Si se nota la unión entre ambas pasadas, vuelva a pasar la brocha con una carga ligera de pintura. Disimule el punto de arranque de la segunda pasada de la brocha.

Empiece por un extremo y dé una pasada larga y uniforme.

Levante la brocha gradualmente. Alise ligeramente la pasada.

Vuelva a cargar la brocha y pásela en dirección contraria.

Pintura con rodillo

Antes de empezar a aplicar pintura de látex con un rodillo, moje la lanilla en la pintura y presiónela para eliminar el exceso de pintura. Para ello, coloque un escurridor especial dentro de un cubo de 20 litros, introduzca el rodillo en la pintura y luego páselo varias veces arriba y abajo por el escurridor (foto D). Al salir del cubo, la lanilla del rodillo deberá estar llena de pintura pero sin gotear.

Empiece pintando hacia arriba, para reducir al mínimo el goteo. Para evitar salpicaduras, pase el rodillo con suavidad y a un ritmo constante. Cerciórese de que el rodillo rueda, y no se desliza, sobre la superficie. Las marcas de deslizamiento se notan cuando se seca la pintura. Cubra bien las grietas y las texturas rugosas, acabando cada zona pintada con pasadas verticales (foto E).

Utilice rodillos especiales, por ejemplo, en forma de cono para puntos de intersección entre dos planos (foto F) o en forma de rosquilla (foto G) para pintar bordes de molduras o de revestimientos solapados.

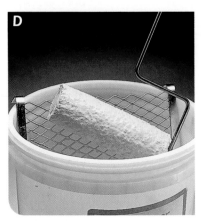
Utilice un escurridor de rodillo dentro de un cubo de 20 litros para cargar correctamente el rodillo con pintura.

Use rodillos estándar en superficies lisas y amplias, como revestimientos de tablas y rastreles o estuco.

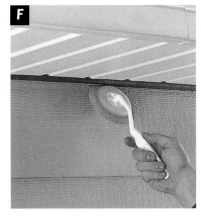
Los rodillos de sección cónica van bien para pintar los puntos de intersección entre superficies.

Los rodillos en forma de rosquilla sirven para pintar los bordes de los revestimientos solapados.

Pintura a pistola

Las pistolas de pintura pueden alquilarse o comprarse en tiendas de bricolaje y ferreterías. Siga las instrucciones que acompañan al modelo elegido, prestando atención sobre todo a las recomendaciones sobre espesor de pintura y distancia de la superficie a la que debe mantenerse la pistola. Mantenga durante todo el trabajo la presión de pulverización y la temperatura de la pintura recomendadas. Proteja las zonas próximas a la superficie que va a pintar (foto H), y ajuste el pulverizador a la anchura deseada. Sostenga la pistola en dirección perpendicular a la superficie, y proyecte la pintura pulverizada en sentido oblicuo, con pasadas en paralelo (foto I) y solapando cada una con la siguiente.

Cubra con plásticos las áreas que no desee pintar.

Solape uniformemente las pasadas de pintura para lograr un acabado de calidad.

Pintar tablas de alero, molduras y sofitos

Imprime todas las superficies que vaya a pintar, deje un tiempo de secado amplio y luego aplique la pintura. No se preocupe si la imprimación presenta trazos visibles o sombras, ya que quedarán cubiertos por la pintura.

Pinte primero el frente de la tabla de alero y luego perfile los bordes inferiores de los paneles del sofito (foto J). NOTA: Las tablas de alero y los sofitos suelen pintarse del mismo color que la moldura.

Después de pintar las tablas de alero, pase a los canalones y las bajantes, empezando por la cara posterior y trabajando hacia la delantera. Cuando pinte las bajantes, dirija los brochazos en paralelo a las estrías, para evitar goteos y salpicaduras.

Pinte los paneles del sofito y las molduras con una brocha de 10 cm (foto K). Empiece perfilando los bordes del panel con el lado estrecho de la brocha, y luego iguale las superficies extensas de los

paneles con cargas completas de pintura. Cerciórese de que las ranuras quedan bien cubiertas.

Pinte las molduras decorativas de la parte superior de la casa a la vez que los sofitos y las tablas de alero. Utilice brochas de 6 a 7,5 cm para las superficies amplias, y una brocha de marcos para zonas más elaboradas (foto L).

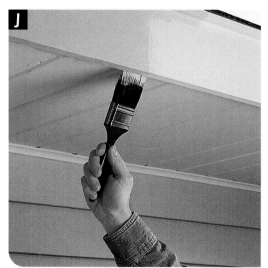

Pinte el frente de las tablas de alero y luego perfile los bordes de los paneles del sofito.

Utilice una brocha de 10 cm para perfilar los bordes de los paneles del sofito, y luego iguálelos con las superficies extensas.

Pinte las molduras decorativas de la parte superior de la casa al tiempo que los sofitos y las tablas de alero.

Pintura de revestimientos

Para pintar los bordes inferiores de un revestimiento solapado, apoye la brocha de plano en el revestimiento (**foto A**). Pinte los bordes inferiores de varias piezas de revestimiento antes de seguir con los frentes de estas tablas.

Pinte las caras anchas de las tablas del revestimiento con una brocha de 10 cm (**foto B**), aplicando una buena técnica de pintura (página 242). Trabaje de arriba a abajo de la casa, cubriendo toda la superficie que pueda alcanzar sin salirse de la vertical de la escalera o el andamio.

Pinte todo el revestimiento hasta los cimientos (**foto C**) y a continuación desplace la escalera o el andamio para pintar la sección siguiente. NOTA: Pinte hasta los bordes de los remates y las molduras de las puertas y ventanas, que luego retocará. Si no proyecta pintar las molduras protéjalas del modo adecuado.

En revestimientos de paneles verticales o de tablas y rastreles, pinte primero los bordes de los rastreles o las tablas superiores (**foto D**). Luego, siga con los frentes de los rastreles antes de que se sequen los lados, y finalmente use un rodillo con manguito de lanilla de 16 mm para cubrir las superficies anchas entre los rastreles, uniendo uniformemente la pintura con la de los bordes.

En revestimientos solapados, pinte los bordes inferiores de varias tablas sosteniendo la brocha de plano contra el frente de éstas.

Pinte las caras anchas del revestimiento, sólo hasta donde alcance sin inclinar el cuerpo fuera de los laterales de la escalera de mano.

Pinte todo el revestimiento hacia abajo hasta los cimientos, y luego mueva la escalera o el andamio para pintar la siguiente sección.

En revestimientos de paneles verticales, pinte primero los bordes y luego los frentes de los rastreles y las superficies intermedias.

Pintura de muros de estuco

Primero pinte los cimientos con imprimación de albañilería antieflorescencia, déjela secar y aplique después una mano de pintura (**foto E**). Cubrir con brocha las superficies porosas de albañilería es una tarea difícil, por lo que es mejor elegir para ello una brocha ancha y barata. Empiece por perfilar las zonas de alrededor de las puertas y las ventanas del sótano, y luego pinte las superficies extensas.

Aplique pintura para cemento en los revestimientos de estuco, usando un rodillo con lanilla de 16 mm (**foto F**). Utilice un rodillo estrecho, de 7,5 cm, o una brocha de esta misma anchura para las molduras.

Empiece la pintura de los cimientos perfilando las ventanas y las puertas del sótano y luego pasando a las superficies extensas.

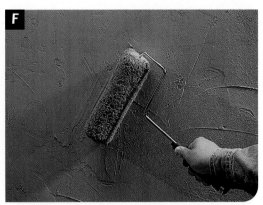

Pinte el estuco con un rodillo de lanilla de 16 mm. Utilice un rodillo para bordes de 7,5 cm o una brocha de 7,5 cm para las molduras.

Pintura de puertas, ventanas y molduras

Para pintar puertas y ventanas utilice una brocha para marcos **(foto G)**. Pinte primero los bordes en bisel de los paneles en realce de las puertas, y la parte interior de los marcos de las ventanas; antes de que se sequen los bordes, siga con los frentes de los paneles de las puertas; luego, pinte los travesaños (elementos estructurales horizontales) de puertas y ventanas; para terminar, pinte las caras de los montantes (elementos estructurales verticales).

Para las molduras use una brocha específica y una carga media de pintura, que aplicará en los bordes interiores de las jambas de puertas y ventanas, los cercos y las molduras entre marco y albañilería **(foto H)**. NOTA: Las superficies de la cara interior de los listones de renvalso de las puertas suelen ser del color de las molduras interiores.

Proteja el revestimiento (si acaba de pintarlo, compruebe antes que se ha secado del todo), y pinte los bordes exteriores de los cercos y las molduras entre marco y albañilería **(foto I)**. Siga hasta las esquinas definidas por el perfil del revestimiento.

Luego, pinte las caras de las jambas, los cercos y las molduras entre marco y albañilería de las puertas, igualando la pintura fresca de los bordes recién pintados **(foto J)**.

Por último, pinte los umbrales de madera y los suelos del porche **(foto K)**, con una pintura especial de esmalte para suelos que garantice una duración máxima.

Pinte las puertas en el orden siguiente: bordes en bisel (1), frentes de los paneles (2), travesaños horizontales (3) y montantes verticales (4).

Pinte los bordes interiores de las jambas de puertas y ventanas, y la moldura entre marco y albañilería.

Proteja el revestimiento y pinte los bordes exteriores de los marcos y las molduras entre éstos y la albañilería.

Pinte las caras de las jambas, los marcos y las molduras de las puertas.

Pinte los umbrales de madera y los suelos de los porches con una pintura especial de esmalte para suelos.

Limpieza

La limpieza necesaria entre las distintas fases de un trabajo de pintura depende del tiempo que transcurrirá hasta la fase siguiente. Para pausas de una hora o menos, basta con dejar las brochas con las cerdas completamente sumergidas en agua (si la pintura es de látex) o disolvente (si es al óleo). En interrupciones de toda una noche, envuelva las fundas de los rodillos con plástico o papel de aluminio, y guárdelas en el frigorífico. Si pasan varios días entre fase y fase, o al final de cada trabajo de pintura, limpie con detenimiento los cubos y cubetas de pintura, los mangos y las fundas de los rodillos y las brochas. Hay productos y útiles de limpieza **(foto A)** que aceleran y simplifican esta tarea.

Quite toda la pintura posible antes de lavar las herramientas con agua o disolvente. Cuando limpie las brochas, escúrralas antes y quíteles toda la pintura que pueda con la mano, pasándolas luego varias veces por papel de periódico hasta que se sequen. Quite los restos de periódico para lograr una superficie limpia. Para empezar a limpiar un manguito de rodillo, raspe bien la pintura con el lado curvo de un limpiarrodillos **(foto B)**.

Si utiliza pintura al óleo, vierta disolvente en una cubeta y pase las brochas y los rodillos repetidamente por ella hasta que el disolvente que gotee sea transparente. Elimine las pinturas de base acuosa con agua y jabón, hasta que de la lanilla o las cerdas gotee agua limpia. Una vez limpias las brochas y los manguitos de los rodillos, utilice un centrifugador para quitar el exceso de agua o disolvente **(foto C)**. Sujete la herramienta al centrifugador, introduzca éste dentro de una caja de cartón o un cubo de 20 litros y accione el mango para expulsar el líquido de la brocha o del manguito del rodillo.

No deje las brochas sumergidas en recipientes durante períodos largos, ya que las cerdas quedarían dobladas permanentemente. Peine las brochas limpias con el lado dentado de un limpiarrodillos, para alinear las cerdas y secarlas adecuadamente **(foto D)**.

Una vez secas las brochas, colóquelas de nuevo en sus envoltorios originales **(foto E)**. También puede cubrirlas con papel de envolver, colocar un

A

Entre los productos de limpieza se encuentran, de izquierda a derecha: el limpiador químico, el centrifugador y el limpiador de rodillos y brochas.

anillo de goma alrededor de la virola para sujetar bien la funda y guardarlas colgadas con las cerdas hacia abajo.

Coloque el disolvente usado en un envase cerrado herméticamente hasta que sedimenten los residuos sólidos de pintura **(foto F)**. Vierta el disolvente limpio para usarlo con posterioridad, y deje el residuo sólido secándose al aire libre en un lugar fuera del alcance de los niños y los animales domésticos. Cuando este residuo se haya secado por completo, deshágase de él de un modo apropiado.

Lea las etiquetas antes de tirar productos de pintura, y nunca vierta líquidos peligrosos por el desagüe. Hágase con una relación de productos peligrosos y péguela encima del lavabo que utilice como desagüe. Los productos nocivos incluyen frecuentemente advertencias del tipo de: *¡Peligro!, Tóxico, Nocivo para personas y animales, Vapores peligrosos, Veneno, Inflamable, Combustible, Corrosivo o Explosivo.*

Los aceites vegetales corrientes sirven para eliminar de la piel manchas de pintura al óleo, de forma segura y económica **(foto G)**. No utilice queroseno, alcohol mineral u otros disolventes para quitarse la pintura de la piel. Estos peligrosos productos son irritantes y pueden ser absorbidos por el cuerpo.

Guarde un sobrante de pintura para retoques y arreglos futuros. Mezcle el contenido sobrante de los envases utilizados en un único recipiente, envuélvalo en plástico y tápelo bien. Golpee todo el perímetro de la tapa con una maceta de goma, y luego guarde el envase al revés para garantizar un cierre hermético. Póngase en contacto con los departamentos de las autoridades responsables competentes para averiguar el modo correcto de eliminar los envases y sobras de pintura. Las pinturas de látex secas y sólidas y los envases de pintura vacíos no suelen presentar problemas a este respecto.

Herramientas:
Limpiarrodillos, centrifugador, cubo de 20 litros.

Materiales:
Papel de aluminio, láminas de plástico, periódicos, alcohol mineral u otros disolventes de pintura, jabón.

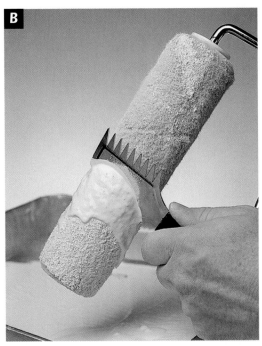

Raspe la pintura de los manguitos de los rodillos con el lado curvo de un limpiarrodillos.

Utilice un centrifugador para eliminar la pintura y el disolvente de las brochas y los manguitos de los rodillos.

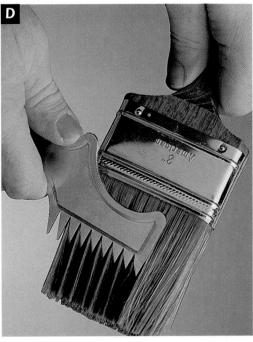

Para alinear bien las cerdas de las brochas y facilitar su secado, péinelas con el lado dentado del limpiarrodillos.

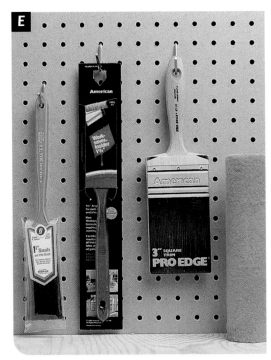

Guarde las brochas en sus envases o protéjalas con papel de envolver. Guarde los manguitos lavados de los rodillos apoyados de pie.

Elimine el sedimento de los alcoholes minerales usados y guarde el disolvente limpio para usarlo con posterioridad.

Limpie la pintura al óleo y las manchas de las manos con un aceite vegetal corriente.

Hormigón y asfalto

El hormigón es uno de los materiales de construcción más duraderos, no obstante lo cual requiere ocasionalmente reparación y mantenimiento. Los problemas asociados al hormigón pueden deberse a fuerzas externas, técnicas de acabado inadecuadas o materiales defectuosos. Sea cual fuere la causa, lo mejor es abordar su solución lo antes posible, para evitar daños más difíciles o imposibles de arreglar.

Los trabajos de reparación del hormigón cubren un amplio abanico de tareas, desde el sellado de una superficie hasta la sustitución de toda la estructura. Los arreglos más corrientes consisten en tapar grietas y reparar desperfectos superficiales. Otra tarea común es la renovación de la superficie, cubriéndola totalmente con una nueva capa de hormigón. Esta solución es adecuada para problemas menores (como descascarillado, fisuración o picaduras) que afectan más a la superficie que a la estructura del hormigón.

Una buena reparación de superficie puede aguantar muchos años, pero si existen daños estructurales subyacentes este arreglo sólo aportará una solución temporal. Sin embargo, el uso de productos, herramientas y técnicas adecuados servirá de ayuda para mejorar el aspecto del hormigón y contener la extensión del problema hasta que pueda resolverse definitivamente.

Como en cualquier otro tipo de arreglo, el éxito del trabajo realizado en el hormigón dependerá principalmente de una buena preparación y del uso de los elementos precisos para la tarea. Antes de comprar productos de reparación, lea detenidamente las instrucciones del fabricante para cerciorarse de que cuenta con todas las herramientas y elementos necesarios para el trabajo.

En este apartado se ofrece también información sobre el parcheo y sellado de calzadas de asfalto. Al igual que el hormigón, el asfalto es propenso a sufrir daños por efecto del agua, y los pequeños agujeros deben taparse con prontitud para evitar problemas más serios en el futuro.

Una reparación bien hecha puede devolver el aspecto y la función originales a una estructura de hormigón deteriorada. Sin embargo, para que el trabajo no se note se requiere una buena preparación y una ejecución cuidadosa.

Para reproducir el color del hormigón original, mezcle pigmentos especiales con la masilla de relleno de hormigón.

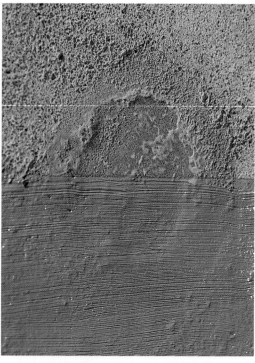

Puede usar pintura de albañilería para disimular un parche e igualarlo con la superficie que le rodea.

Problemas comunes

Existen dos grandes tipos de problemas en el hormigón: fallos estructurales, normalmente debidos a fuerzas externas, como el agua que se congela, y daños superficiales, que suelen obedecer al empleo de técnicas de acabado deficientes o de una mala mezcla del hormigón.

Los problemas superficiales pueden a menudo resolverse de forma permanente, mientras que los desperfectos estructurales con frecuencia se parchean para mejorar el aspecto general y evitar daños mayores. Sin embargo, la única solución verdadera para un problema estructural de fondo es cambiar el hormigón.

Los levantamientos por heladas son comunes en los climas fríos, donde el ciclo congelación-deshielo termina por desprender y levantar del suelo las losas de hormigón (**foto A**). El mejor remedio a este problema es levantar las secciones afectadas,

reparar la base de apoyo y verter hormigón nuevo para formar nuevas secciones separadas por juntas de aislamiento (tablas de 13 mm de grosor impregnadas de asfalto que impiden que las secciones de hormigón se unan entre sí).

Los hundimientos del hormigón suelen deberse a la erosión de la base de apoyo (**foto B**). Algunas estructuras, como los caminos de jardín, pueden levantarse para reparar la base y después volverse a colocar. Sin embargo, la solución óptima sería contratar a un especialista para esta tarea, que levantaría la superficie inyectando hormigón fresco por debajo.

La aparición de grietas aisladas es común en el hormigón (**foto C**). Cubra las grietas pequeñas con masilla de hormigón o tapagrietas, y rellene las grandes parcheándolas con un producto reforzado con vinilo.

Las picaduras en el hormigón pueden deberse a tensiones o a congelación de la humedad (**foto D**).

También aparecen en hormigón mal fraguado o alisado, al desprenderse los áridos próximos a la superficie. Para repararlas siga las instrucciones indicadas para rellenar agujeros (página 252).

El descascarillado, o deterioro general de la superficie, es un efecto que resulta de un exceso de alisado, lo que origina un afloramiento excesivo de agua a la superficie y provoca el debilitamiento y desprendimiento del hormigón (**foto E**). Este problema suele ser extenso, y exige renovar toda la superficie (página 256).

La fisuración, o aparición de una red de grietas muy finas, se debe normalmente también a un alisado excesivo (**foto F**). La limpieza y sellado de la superficie ayudará a evitar que se extienda el problema, si bien la única solución a largo plazo consiste en renovar la superficie (página 256).

El ciclo de congelación y deshielo de la humedad del suelo puede provocar el levantamiento de las losas de hormigón.

El hundimiento del hormigón suele deberse a la erosión de la base de apoyo. Puede contratar a un especialista para que levante la zona hundida inyectando hormigón por debajo.

Las grietas aisladas son comunes y relativamente fáciles de arreglar con masilla de hormigón o material de parcheo.

Las picaduras pueden deberse a tensiones, congelación o a un alisado o fraguado defectuoso durante la colocación del hormigón.

El descascarillado obedece a un exceso de alisado, que provoca un afloramiento excesivo de agua a la superficie y hace que ésta se debilite y termine por desprenderse.

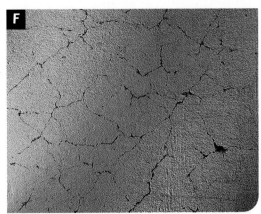

La fisuración (grietas muy finas) también es producto de un alisado excesivo. Para evitar un mayor deterioro, limpie y selle la superficie.

Herramientas y materiales de albañilería

Para hacer un trabajo eficaz en hormigón, ladrillos, bloques y otros productos de albañilería es preciso alquilar o comprar algunas herramientas especiales.

Las herramientas manuales necesarias para colocar, dar forma y acabar hormigón y mortero son paletas, fratases, canteadores y herramientas de rejuntar. Los cortaladrillos y cortafríos se usan para partir y ajustar ladrillos y bloques. También se necesita una sierra circular y una taladradora con un juego de discos y brocas para hormigón y ladrillo.

Las herramientas necesarias para preparar hormigón y mortero dependen de la envergadura del proyecto. Para trabajos a muy pequeña escala y para mezclar mortero puede usarse una artesa y una pala de albañil. En la mayoría de los restantes trabajos se necesitará una hormigonera eléctrica.

Si para su trabajo necesita más de 0,8 m³ de hormigón (ver tabla de la página 254), cómprelo ya preparado para mezcla; con ello se ahorrará mucho tiempo y trabajo, y el hormigón tendrá una consistencia uniforme en todo el proyecto.

Para facilitar y hacer más precisa la fase de preparación del trabajo necesitará también herramientas adecuadas de alineación y medida.

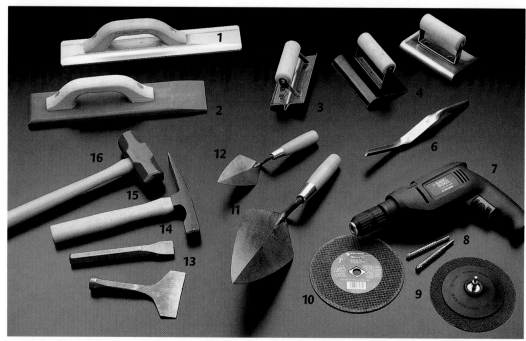

Herramientas de trabajo para hormigón, mortero y albañilería: fratás de magnesio (1), fratás de madera (2), ranurador (3), canteador para escalones (4), canteador (5), herramienta de rejuntar (6), taladradora eléctrica (7), brocas de pared (8), disco de pulir ladrillo (9), disco de cortar ladrillo para sierra circular (10), paleta de albañil (11), palustrín de rejuntar (12), cortaladrillos (13), cortafrío (14), martillo de albañil (15), mazo (16).

Levantar un camino de hormigón

El mejor modo de levantar un camino de hormigón consiste en romperlo. Levante el borde del camino apalancando con una tabla de 38 × 89 mm, y luego golpee el tramo levantado con una almádena, para romperlo en fragmentos más manejables.

En la reparación de hormigón se incluyen: compuesto de hormigón con vinilo (1), cemento hidráulico (2), cemento rápido (3), cemento de anclaje (4), sellado de hormigón (5), recubrimiento de hormigón (6), pintura de albañilería (7), tapajuntas (8), sellador de grietas (9), limpiador de hormigón (10), reforzador de hormigón (11), cola de contacto (12) y hormigón con arena (13).

Sellado y mantenimiento del hormigón

Existen varios productos especiales para sellar, limpiar y proteger las superficies de hormigón de una vivienda.

La limpieza regular es importante, ya que evita que se deteriore el hormigón al exponerlo a aceites y sales descongelantes.

Para limpiar manchas de aceite, humedezca serrín con diluyente de pintura y aplíquelo sobre la mancha. El diluyente disolverá la mancha, y el serrín absorberá el aceite. Cuando termine, barra el serrín con una escoba, y vuelva a aplicarlo las veces necesarias **(foto A)**.

Para pintar superficies de hormigón utilice una pintura impermeable **(foto B)** cuya formulación la permita resistir la pulverización y la eflorescencia (películas de polvo provocadas por afloramiento de los minerales a la superficie). Esta pintura se vende en colores estándar, aunque puede encargarse en cualquier otro color.

Para rellenar las juntas de control en caminos de jardín y en calzadas de acceso para vehículos, utilice masilla de reparación de hormigón **(foto C)**, para evitar que se acumule el agua y dañe la estructura.

Para que no se desprendan los áridos del hormigón, aplique un sellador de áridos expuestos unas tres semanas después de extender el nuevo hormigón. Primero, lave bien la superficie y déjela secar. A continuación vierta el sellador en una cubeta para pintura con rodillo, formando un charco en una esquina. Extienda el sellador uniformemente con un rodillo de pintar provisto de alargador **(foto D)**.

Para proteger el hormigón expuesto de las pisadas o la humedad, cúbralo con un sellador transparente, que creará una capa de protección resistente al agua sobre la superficie **(foto E)**. Los selladores más usados son de base acrílica y repelen la suciedad. Algu-

nos productos sellantes favorecen también un fraguado más uniforme del hormigón.

Para mejorar el aspecto de un muro de hormigón puede usar un producto de recubrimiento de albañilería **(foto F)**, que se aplica igual que la pintura y parece hormigón fresco al secarse. Sin embargo, apenas aporta impermeabilización.

Herramientas:
Brocha, rodillo y cubeta de pintar, cepillo para el polvo y recogedor, pistola de masilla, almohadilla de pintar.

Materiales:
Pintura de albañilería, diluyente de pintura, masilla de reparación, sellador de áridos expuestos, producto de recubrimiento de hormigón.

Limpie las manchas de aceite con serrín humedecido con diluyente de pintura, para descomponer la mancha y absorberlo.

Trátelo con pintura especial impermeabilizante, de fórmula resistente a la pulverización y la eflorescencia.

Rellene las juntas de control de caminos y calzadas con masilla reparadora de hormigón, para evitar las filtraciones.

Aplique un sellador de áridos expuestos unas tres semanas después de verter una nueva superficie de hormigón.

Utilice un sellador transparente de base acrílica para crear un sello resistente al agua en las superficies de hormigón.

Para mejorar la superficie de un muro, aplique un producto de recubrimiento de albañilería. Una vez seco, este producto parecerá hormigón fresco.

Rellenar huecos

Hasta una estructura de hormigón bien hecha está sometida a desgaste y tensiones, que pueden terminar por producir en ella agujeros y otros desperfectos. Las herramientas, materiales y técnicas necesarios para tapar estos huecos en el hormigón varían según la gravedad y la ubicación del problema.

El mejor producto para rellenar un hueco pequeño, de menos de 13 mm de profundidad, es el hormigón reforzado con vinilo, que puede aplicarse en capas de este mismo grosor.

Para agujeros más profundos es mejor utilizar hormigón y arena mezclados con un reforzador acrílico o de látex, en capas de hasta 5 cm de espesor.

Al igual que sucede con las grietas, los parches aplicados en el hormigón serán más duraderos y resistentes si primero se limpia el hueco y se hace un corte limpio en ángulo, más ancho en la base que en la superficie, en torno al perímetro de la zona dañada. Con ello mejora la adherencia del material de reparación con el hormigón antiguo, y se evita que se desprenda.

Para el extenso corte necesario para preparar un hueco grande antes de rellenarlo resulta más rápido y eficaz emplear herramientas eléctricas provistas de hojas para albañilería, en vez de herramientas manuales. Cuando corte hormigón lleve puestos siempre guantes y gafas de seguridad.

Utilice cemento hidráulico o rápido para reparar en superficies verticales (elija cemento hidráulico si la estructura está frecuentemente expuesta a la humedad). Estos productos fraguan en unos minutos, y pueden modelarse para tapar los huecos sin necesidad de encofrado.

Parchear un hueco pequeño

Para preparar la reparación de un hueco pequeño, empiece por hacer un corte alrededor de la zona dañada con un disco para cortar ladrillo acoplado a una taladradora (**foto A**). Si lo prefiere, puede usar un cortafrío y un mazo.

Bisele los cortes unos 15° desde el centro del agujero, y elimine con el cincel todo material suelto del área de reparación.

Con una brocha, aplique una fina capa de cola de contacto en la totalidad del parche (**foto B**) para lograr una buena adherencia.

Rellene la zona dañada con material de parcheo reforzado con vinilo, en capas sucesivas de no más de 6 a 12 mm (**foto C**). Espere unos 30 minutos entre capas para dejar secar el material antes de añadir la capa siguiente.

Siga añadiendo capas de 6 a 12 mm del material de parcheo hasta llenar el hueco justo al ras de la superficie que lo rodea.

Utilice una paleta para alisar la zona de reparación e igualarla con el resto de la superficie; deje fraguar el material de parcheo.

Herramientas:
Paleta, taladradora con disco para cortar ladrillo, sierra circular con hoja para cortar ladrillo, cortafrío, mazo, brocha.

Materiales:
Guantes, protección ocular, cola de contacto para hormigón, material de parcheo reforzado con vinilo.

Si el agujero es pequeño, agrándelo con un disco de cortar ladrillo acoplado a una taladradora eléctrica.

Aplique una fina capa de cola de contacto para garantizar una buena adherencia del material de parcheo.

Rellene el hueco con capas sucesivas de material de parcheo, de no más de 13 mm de espesor cada una.

Parchear un hueco grande

Para preparar la reparación de un hueco grande, empiece por marcar líneas de corte rectas alrededor de la zona dañada. Corte siguiendo estas líneas con una sierra circular portátil provista de una hoja para cortar ladrillo. Apoye el pie de la sierra en una tabla delgada para proteger el hormigón. Haga un corte en bisel formando un ángulo de 15° (foto D).

Elimine con el cincel el resto del hormigón de la zona. Aplique con brocha una fina capa de cola de contacto sobre el parche.

Mezcle hormigón y arena con un reforzador acrílico. Aplique la mezcla al hueco, rellenando no más de 5 cm cada vez (foto E). Deje secar el hormigón entre capa y capa. Siga añadiendo hormigón hasta rebasar ligeramente el nivel de la zona de alrededor.

Alise y disimule la reparación con una tabla maestra y un fratás de madera hasta enrasarla con la superficie circundante (foto F).

Reproduzca el acabado de la superficie original (por ejemplo, revoque cepillado), y deje fraguar el parche.

Herramientas:
Sierra circular con hoja para cortar ladrillo, paleta, mazo, taladradora con disco para cortar ladrillo, artesa, brocha, tabla maestra, fratás de madera.

Materiales:
Guantes, protección ocular, cemento hidráulico, cola de contacto para hormigón, hormigón mezclado con arena, reforzador de hormigón.

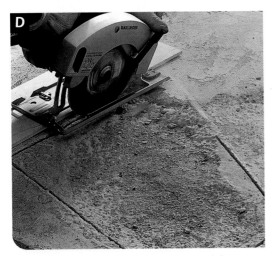

Haga un corte alrededor de la zona que va a cubrir, con una sierra circular portátil provista de una hoja para cortar ladrillo.

Rellene la zona deteriorada con hormigón mezclado con arena y reforzado, hasta que sobresalga ligeramente por encima de la superficie de alrededor.

Alise la zona reparada con un fratás de madera e iguálela hasta que quede al ras de la superficie circundante.

Renovar una superficie de hormigón

Una estructura de hormigón que ha sufrido daños superficiales pero sigue siendo sólida puede preservarse renovando su superficie, método que consiste en aplicar una fina capa de hormigón nuevo sobre la superficie vieja.

Ésta es una buena solución para hormigón con desperfectos superficiales extensos, como descascarillado o picaduras. Pero cuando en la superficie aparecen grietas profundas o daños graves, la técnica de renovación sólo sirve como solución a corto plazo, para evitar los desperfectos que se derivarían de la penetración de agua en la estructura, su congelación y la erosión resultante.

Al ser tan delgada la nueva superficie (de 2 a 5 cm), habrá que aplicar sobre ella una mezcla de hormigón y arena. Si contrata el suministro de hormigón premezclado, cerciórese de que éste no contiene áridos de granulometría superior a 12 mm.

La nueva superficie se adherirá bien al hormigón existente si está bien compactado, por lo que es preciso utilizar una mezcla seca y rígida que pueda aplanarse con una pala (también la cola de contacto sirve para mejorar esta adherencia).

Empiece por limpiar la superficie con cuidado. Si tiene escamas o está descascarillada, ráspela con una pala para eliminar todo el hormigón que pueda **(foto A)**, y luego bárrala.

Cave una zanja de 15 cm de ancho en torno a la superficie por todos los lados, para introducir un encofrado de tablas de 38 × 89 mm **(foto B)**.

Coloque las tablas en la zanja de modo que sobresalgan de 2 a 5 cm por encima de la superficie, y compruebe que todas quedan bien niveladas por arriba **(foto C)**. Clave estacas en el suelo y atorníllelas al encofrado.

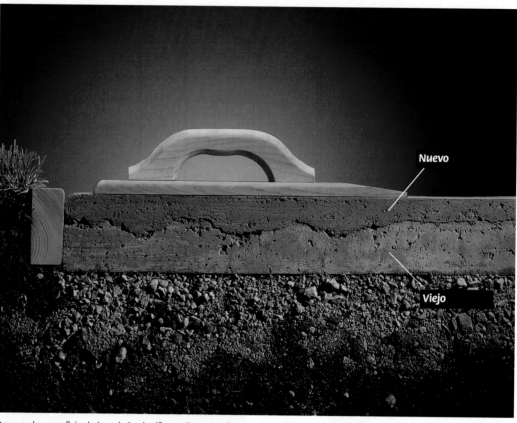

Renovar la superficie de hormigón significa aplicar una fina capa de hormigón fresco sobre el existente, que está deteriorado. Esta forma de trabajar puede ser menos costosa que cambiar toda la estructura.

Herramientas:
Fratás de madera, escoba, artesa u hormigonera, sierra circular, mazo, destornillador eléctrico, brocha, rodillo de pintar con alargador, carretilla, pala, tabla maestra, ranurador, canteador.

Materiales:
Guantes, tablas de 38 × 89 mm para el encofrado, estacas de 30 cm, aceite vegetal, tornillos para plataformas, hormigón mezclado con arena, cola de contacto, láminas de plástico.

Limpie con detenimiento la superficie, raspándola con una pala para eliminar todo el hormigón suelto y barriéndola bien.

Cave una zanja alrededor para colocar encofrados con listones de 38 × 89 mm, entre los que verterá el hormigón húmedo.

Marque la posición de las juntas de control en el exterior del encofrado, justo encima de las juntas existentes (las juntas de control evitan daños, ya que controlan la dirección de agrietamiento).

Cubra la cara interna del encofrado con aceite vegetal. Aplique una capa fina de cola de contacto en toda la zona, siguiendo las instrucciones del fabricante (foto D).

Mezcle el hormigón con arena, haciendo la mezcla un poco más rígida (seca) de lo habitual. Extienda el hormigón y presiónelo sobre el encofrado con una pala o una tabla de 38 × 89 mm (foto E).

Utilice una tabla maestra (de 38 × 89 mm, apoyada en tablas opuestas del encofrado) para enrasar el hormigón eliminando el exceso. Mueva la tabla de izquierda a derecha como una sierra, manteniéndola en posición plana. Rellene los puntos que queden bajos y repita el proceso.

Use un fratás de madera para alisar la superficie. Mueva la herramienta en sentido circular, inclinando el borde delantero ligeramente hacia arriba para no hundirlo en la superficie (foto F). Deje de aplanar el hormigón cuando toda la superficie esté lisa y el fratás no deje marcas visibles.

Utilice un canteador para modelar los bordes junto al encofrado. Si lo desea, puede reproducir la textura de la superficie original.

Utilice una paleta y un ranurador para hacer las juntas de control en las posiciones marcadas, utilizando como guía un listón recto de madera.

Al allanar la superficie pueden producirse charcos de agua. En cuanto empiecen a formarse, termine la tarea lo antes posible.

Para obtener un acabado más liso y denso, una vez seca la superficie allánela con una paleta metálica, y vuelva a perfilar los bordes y las ranuras.

Cubra el hormigón fresco con plástico y déjelo fraguar una semana, luego quite el encofrado.

Coloque las tablas del encofrado y sujételas con estacas al ras de los bordes de las losas de hormigón existentes, comprobando que todas quedan a la misma altura. Marque la posición de las juntas de control en el encofrado.

Para favorecer la adherencia de la nueva superficie a la antigua, aplique una capa fina de cola de contacto sobre la totalidad de la zona que va a cubrir.

Mezcle el hormigón a mano o con una hormigonera. Siga las instrucciones del fabricante, y haga la mezcla más seca de lo habitual. Extienda el hormigón y compáctelo en el encofrado.

Alise la superficie con movimientos circulares, manteniendo el borde delantero del fratás ligeramente inclinado hacia arriba. Prosiga con esta operación hasta que toda la superficie quede bien lisa y el fratás no deje marcas visibles.

Arreglo de escalones de hormigón

Los escalones de hormigón son las estructuras de este material que mayor mantenimiento y reparación necesitan.

Sufren deterioros sobre todo en las esquinas y en los bordes delanteros de las huellas. Las esquinas son propensas a erosionarse y agrietarse, mientras que las huellas, por su intenso uso, sufren un inevitable desgaste y deterioro.

Las superficies horizontales de los escalones pueden repararse (página 259), mientras que las esquinas de escalones rotas pueden volver a colocarse con un material especial de parcheo. Sin embargo, para reconstruir una esquina desaparecida de una huella habrá que usar cemento de fraguado rápido y modelarlo conforme al perfil original.

Herramientas:
Paleta, cepillo metálico, brocha, sierra circular con disco de cortar ladrillos, cincel, fratás de madera, canteador.

Materiales:
Guantes, protección ocular, encofrado de madera, cola de contacto, material de parcheo reforzado con vinilo, cemento rápido, láminas de plástico.

El desgaste y el deterioro de las superficies y las esquinas de los escalones son fáciles de arreglar. En este trabajo se está tapando un hueco bastante profundo. Sin embargo, las esquinas y las superficies verticales exigen las técnicas que se explican a continuación.

Reparación de la esquina de un escalón

Para arreglar la esquina de un escalón, empiece por recuperar la pieza rota.

Si no la encuentra, vuelva a modelarla con cemento rápido (página 259).

Utilice un cepillo metálico para limpiar la pieza rota y su superficie de acoplamiento al escalón. Aplique cola de contacto para unir ambas superficies (**foto A**).

Extienda una capa gruesa de cemento reforzado en las superficies recién pegadas, y apriete la pieza rota en su posición en la esquina del escalón (**foto B**).

Apoye un ladrillo pesado o un bloque de construcción en la zona reparada hasta que termine de fraguar el material añadido (unos 30 minutos).

Proteja la esquina arreglada para evitar que nadie la pise durante, al menos, una semana.

Limpie bien el trozo de esquina rota y su superficie de agarre con un cepillo metálico. Aplique una capa de cola de contacto a ambas superficies.

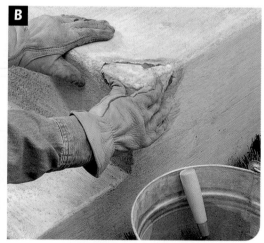

Extienda una capa gruesa de cemento reforzado en las dos superficies, y apriete la pieza rota en su posición.

Reparación de la huella de un escalón

Para arreglar la huella rota o deteriorada de un escalón, empiece por hacer un corte en el hormigón alrededor de la zona dañada de la huella con una sierra circular portátil provista de un disco para cortar ladrillo (**foto C**). Sostenga la sierra de forma que el corte se dirija hacia atrás del escalón.

Haga un corte horizontal en la contrahuella, en ángulo recto con el primero. Elimine con un cincel todo resto de material que haya quedado entre los dos cortes.

Prepare un encofrado de madera de la misma altura que la contrahuella del escalón deteriorado y presiónelo contra la contrahuella. Utilice estacas, clavos o bloques pesados para que no se mueva de su sitio (**foto D**). Cerciórese de que la parte superior del encofrado está alineada con la contrahuella y al nivel de la huella del escalón.

Aplique cola de contacto en la zona del arreglo y rellene ésta con una mezcla de cemento rápido utilizando una paleta (**foto E**).

Alise la superficie del cemento con un fratás de madera, y déjela secar unos minutos (**foto F**).

Utilice un canteador para redondear el borde delantero del escalón. Recorte el lateral del parche con una paleta, hasta que quede al ras del lateral del escalón.

Si el clima es cálido y seco, cubra el parche con plástico y espere al menos 24 horas antes de usar el escalón.

Con una sierra circular provista de un disco de cortar ladrillos, haga un corte ligeramente inclinado hacia atrás en la huella y un corte recto en la contrahuella correspondiente. Elimine todo el material suelto con el cincel.

Corte una tabla a modo de encofrado, de la altura de la contrahuella del escalón. Alinéela bien con la contrahuella y sujétela en esa posición con bloques pesados. Cerciórese de que la parte superior del encofrado está al ras de la huella.

Después de aplicar cola de contacto en la zona de reparación, aplique una mezcla rígida de cemento rápido en la zona deteriorada, compactándola con una paleta.

Utilice un fratás de madera para alisar la superficie del cemento e igualarla con la parte superior de la huella. Redondee el borde frontal con un canteador, y enrase el lateral del parche con una paleta.

Sustitución de escalones de hormigón

Cambiar escalones viejos o deteriorados por otros nuevos y bien diseñados puede mejorar sensiblemente la seguridad y el atractivo de la entrada a la vivienda.

Sin embargo, antes de demoler los peldaños viejos, mídalos para ver si cumplen las normas de seguridad (ver cuadro adjunto). Si es así, puede determinar las dimensiones de los escalones nuevos basándose en las de los antiguos. En caso contrario, tendrá que partir de cero, corrigiendo los errores de diseño antes de empezar a construirlos.

Para un diseño correcto se requieren algunos cálculos matemáticos y un poco de tanteo. Prepare un pequeño boceto en papel de gráficos.

El objetivo del proyecto es desarrollar un diseño que encaje bien en el espacio disponible y cumpla las normas de seguridad. En general se utilizan huellas anchas y contrahuellas bajas, si bien es posible modificar las medidas según las propias preferencias siempre que no se incumplan las normas. En todo caso, las huellas y contrahuellas deberán tener unas dimensiones uniformes.

Normas de seguridad

La profundidad del rellano debe ser al menos 30 cm mayor que la anchura de la puerta.

Las huellas de los escalones han de tener entre 25 y 30 cm de anchura.

Las contrahuellas deben tener una altura comprendida entre 15 y 20 cm.

Preparación de las zapatas y los encofrados

Empiece por demoler los escalones antiguos. Si son de hormigón, utilice para ello una almádena o un martillo neumático alquilado, y lleve puesto un equipo de protección. Deje al lado la piedra bruta que usará para rellenar los nuevos escalones.

Cave dos zanjas de 30 cm de anchura para las zapatas, con la profundidad que requieran las ordenanzas locales. Disponga las zanjas en perpendicular a los cimientos y espaciadas de forma que las zapatas sobresalgan 7,5 cm por los lados de los escalones acabados. Añada rejillas de varillas de acero para reforzar las zapatas (foto A). Como servirán de armadura de soporte al hormigón, no se necesitarán encofrados.

Mezcle el hormigón y viértalo en las zapatas. Utilice una tabla maestra para alisar el hormigón al ras del suelo (foto B). No es necesario alisar la superficie.

Una vez seca el agua, clave varillas de armadura de acero de 30 cm en el hormigón hasta 15 cm de profundidad, separadas a intervalos de 30 cm y centradas entre los laterales (foto C). Deje 30 cm de espacio libre en cada extremo.

Deje fraguar las zapatas durante dos días, y luego cave en la zona comprendida entre ellas hasta 10 cm de profundidad. Vierta en el hueco 12,5 cm de base de gravilla compactable y apisónela hasta que quede al ras de las zapatas (foto D).

Herramientas: Almádena o martillo neumático, tabla maestra, pisón.

Materiales: Guantes, gafas de seguridad, rejillas de varillas de acero, varillas de 30 cm, gravilla compactable.

Coloque rejillas de varillas de acero en las zanjas para reforzar las zapatas.

Utilice una tabla maestra para alisar el hormigón, nivelándolo con el suelo.

Clave varillas de armadura de 30 cm a 15 cm de profundidad en el hormigón y separadas 30 cm entre sí.

Apisone la base inferior de gravilla compactable hasta que quede al ras de la superficie de las zapatas.

Preparación de los encofrados

La siguiente fase para reponer los escalones consiste en construir los encofrados.

Empiece por pasar las medidas de los encofrados laterales tomados del boceto de trabajo a un contrachapado para exterior de 19 mm (**foto E**). Añada 10 mm por metro de inclinación en la zona del rellano.

Utilice una sierra de calar para cortar los encofrados laterales siguiendo las líneas marcadas. Ahorrará tiempo si sujeta juntas las dos piezas de contrachapado y las corta a la vez.

Corte los encofrados de las contrahuellas de una tabla de 38 × 184 mm en la forma adecuada. Bisele los bordes inferiores de las tablas para dejar sitio para la llana en la parte posterior de los escalones.

Fije las tablas de contrahuella a las laterales con tornillos de 50 mm (**foto F**).

Corte una tabla de 38 × 89 mm para preparar un soporte central para las tablas de las contrahuellas. Fije listones a estas tablas con tornillos de 50 mm, y luego fije el soporte central a los listones (**foto G**).

Compruebe que todas las esquinas están a escuadra y todas las tablas son perfectamente verticales. Recubra las superficies internas del encofrado con aceite vegetal.

Corte un trozo de tabla aislante fibrosa impregnada de asfalto para cubrir la parte posterior de la zona de trabajo. Péguela a los cimientos de la casa con cola de construcción. Esta tabla evitará que el hormigón se adhiera a los cimientos de la casa, y permitirá que ambas estructuras se muevan de forma independiente, lo que reducirá el riesgo de grietas.

Coloque el encofrado ensamblado sobre las zapatas, alineándolo con la tabla aislante. Compruebe de nuevo que las esquinas están a escuadra y el encofrado vertical.

Corte listones, estacas y puntales de madera de 38 × 89 mm para sujetar el encofrado. Fije los puntales a los listones.

Clave las estacas en el suelo y fije a ellas el soporte central y los puntales de sujeción (**foto H**).

Pase las medidas del encofrado lateral a un tablero de contrachapado para exterior de 19 mm, calculando una pendiente de unos 10 mm por metro en la zona del rellano.

Herramientas:
Lápiz, sierra de calar, mordazas, escuadra de carpintero, mazo, nivel, pistola de masilla, destornillador eléctrico.

Materiales:
Contrachapado para exterior de 19 mm, listones y estacas de 38 × 89 mm, tablas de 38 × 184 mm para el encofrado de contrahuella, tornillos de 50 mm, aceite vegetal, tabla fibrosa impregnada de asfalto de 13 mm, cola de construcción.

Fije las tablas de encofrado de las contrahuellas con tornillos de 50 mm.

Sujete el soporte central a los listones del encofrado de las contrahuellas.

Fije el soporte central y los puntales a los listones.

Rellenar el encofrado y terminar los escalones

La fase siguiente del proceso de construcción es rellenar el encofrado.

Empiece por cubrir la zona de debajo del rellano con un relleno limpio (hormigón troceado o piedra bruta de hormigón). Apile el relleno cuidadosamente, dejando 15 cm libres en los bordes superior, posterior y laterales del encofrado. Añada fragmentos pequeños sobre la pila con una pala para rellenar las zonas vacías.

Coloque varillas de armadura metálicas del n.º 3 en la parte superior de la pila de relleno, separadas 30 cm entre ellas. Sujételas con alambre a unos travesaños, de manera que no se muevan al verter el hormigón (**foto A**). Las barras deberán quedar al

Herramientas:
Pala o azada, tabla maestra, fratás de madera, carretilla, palustrín, martillo, paleta, canteador, escoba de cerdas rígidas.

Materiales:
Relleno limpio (hormigón troceado o piedra bruta), varillas de armadura del n.º 3, separadores de varillas, alambre, mezcla de hormigón universal, artesa u hormigonera, pernos de anclaje en forma de J (opcional), láminas de plástico (opcional), barandilla, sellador de hormigón.

menos 5 cm por debajo de la parte superior del encofrado.

Mezcle el hormigón siguiendo las instrucciones del fabricante. Viértalo en los escalones de uno en uno, empezando por el de debajo.

No vierta el hormigón demasiado cerca del encofrado, y después de cada vertido apisónelo en las esquinas. No prepare ni extienda el hormigón demasiado aprisa: espacie los vertidos, en cada uno de ellos con la carga justa para rellenar el encofrado.

Distribuya el hormigón de manera uniforme con un palustrín, hasta que la superficie quede aproximadamente plana y un poco por encima del nivel del primer peldaño.

Asiente el hormigón golpeando el encofrado con un martillo o el mango de una pala. Esta operación es particularmente importante, ya que crea una superficie más lisa en los lados de los escalones.

Allane la superficie con una tabla maestra, moviéndola como una sierra y manteniéndola en posición plana. Para mejorar el resultado, pida a alguien que le ayude, de manera que haya una persona trabajando a cada lado del encofrado. Rellene todos los puntos bajos y repita la operación.

En este momento, introduzca una varilla de armadura del n.º 3 a 2,5 cm de profundidad bajo la huella, para reforzar los escalones (**foto B**).

Alise la superficie con un fratás de madera. Mueva el fratás describiendo arcos solapados, y luego repita la operación con pasadas rectas solapadas en

sentido lateral. Mantenga el borde delantero de la herramienta ligeramente inclinado hacia arriba, e introduzca el borde frontal por debajo del canto biselado inferior del encofrado de la contrahuella (**foto C**).

En la primera pasada con el fratás quedarán charcos de agua sobre la superficie. Cuando empiecen a formarse éstos, termine la operación lo antes posible.

Si va a instalar una barandilla con placas de montaje unidas a pernos de anclaje hundidos, coloque

Fraguado del hormigón

Para que se endurezcan debidamente durante el fraguado, las superficies de hormigón fresco han de mantenerse húmedas. El riesgo de una evaporación demasiado rápida es mayor en tiempo cálido y seco.

La forma más sencilla de lograr un fraguado correcto del hormigón es cubriéndolo con láminas de plástico. Solape las láminas en las uniones, pegue éstas con cinta y luego sujete el plástico por todos lados con tablas de madera de 38 × 89 mm.

También puede cubrir el hormigón con paja, arpillera o cualquier otro material que retenga agua, y que deberá humedecer según se requiera.

A

Introduzca las varillas de armadura en la pila y únalas con alambre a los separadores, para que no se muevan durante el vertido.

B

Después de verter el hormigón en cada escalón y alisarlo con el fratás, hunda en la huella una varilla de armadura del n.º 3 a 25 mm de profundidad.

C

Utilice un fratás de madera para nivelar la superficie, moviéndolo primero en arcos solapados y luego en pasadas laterales largas.

los pernos en la posición adecuada en el escalón antes de que fragüe el hormigón (foto D).

Vierta en el encofrado el hormigón para los restantes escalones, de uno en uno, siguiendo el procedimiento recién explicado (foto E).

Según vaya trabajando, eche una ojeada a los escalones ya terminados. Si ha desaparecido el agua superficial y el hormigón ha perdido su brillo, interrumpa el trabajo para cantear y dar el acabado a la superficie.

Después, repase los bordes de los escalones y el rellano con un canteador. Mantenga el borde delantero de la herramienta ligeramente inclinado hacia arriba (foto F).

A continuación, allane los bordes para lograr un acabado final liso (foto G). No obstante, si los escalones van a estar expuestos a un tránsito frecuente tal vez sea mejor aplicarles un acabado con textura, para evitar resbalones. Para ello, pase una escobilla de cerdas rígidas por la superficie con el hormigón todavía fresco, tirando siempre de ella hacia usted. No pase dos veces por el mismo sitio, ya que echaría a perder la textura y produciría un efecto pedregoso. Para terminar, repase los bordes.

Cubra la superficie de hormigón fresco con láminas de plástico para evitar que se seque demasiado aprisa. Deje fraguar el hormigón durante una semana antes de retirar el encofrado.

Consulte los requisitos de las ordenanzas sobre barandillas de su comunidad. Instale una barandilla (foto H), si es necesario. Rellene la zona de alrededor de la base de los peldaños.

Si lo desea, cubra los escalones con sellador de hormigón, una precaución conveniente sobre todo si van a estar expuestos a un uso frecuente o a los efectos de la humedad (foto I).

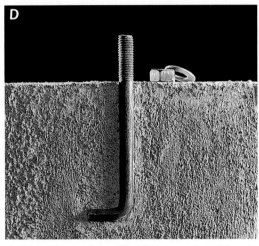

Si va a instalar una barandilla sobre pernos de anclaje, coloque éstos en el hormigón antes de que fragüe.

Vierta el hormigón para cada escalón de una sola vez, esparciéndolo y asentándolo mientras lo vierte.

Utilice un canteador para dar forma a los bordes de los escalones y del rellano, sosteniéndolo con el borde delantero un poco inclinado hacia arriba.

Para lograr un acabado liso, pase un fratás. Si desea evitar resbalones, dé textura a la superficie.

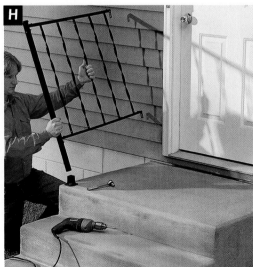

Después de retirar el encofrado, puede instalar la barandilla y rellenar la zona de alrededor de la base de los escalones.

Si los escalones van a estar sometidos a un uso frecuente o a la humedad, aplíqueles una capa de sellador de hormigón.

Reparación de superficies verticales

Las superficies verticales, como escalones y contrahuellas de hormigón, anclajes de pilares, objetos de cemento contorneados y placas de albañilería dispuestas alrededor de los cimientos de la casa, suelen requerir materiales y técnicas de reparación diferentes que las horizontales.

Las técnicas de reparación que se explican en este apartado son válidas para casi cualquier tipo de superficie vertical de hormigón, incluidos los muros, que se usan normalmente como cimientos de muchas clases de estructuras y también en elementos de jardinería como pantallas, bordillos, alcorques, jardineras o muros de contención.

Aunque resistentes y duraderos, los muros de hormigón sufren los mismos problemas que otras estructuras de este material, sobre todo los efectos dañinos de la filtración del agua de lluvia. Es muy importante reparar o tapar las grietas y agujeros en las superficies verticales de hormigón en cuanto se descubran. Cuando se forman en los muros, sirven de vía de entrada de insectos y roedores en la casa.

Para reparaciones en albañilería y estuco consulte las páginas 225 a 227.

Reparación de hormigón perfilado

Para reparar una superficie de hormigón perfilada se requiere una preparación minuciosa, ya que es necesario trabajar con rapidez. Para empezar, use un cepillo metálico o una paleta para raspar todo el material suelto de la zona de reparación (**foto A**), y lave ésta bien con agua.

Prepare un poco de cemento rápido y aplíquelo sobre el área problemática. Trabaje con rapidez, ya que el cemento fraguará en unos minutos. Utilice una espátula o una paleta para dar al hormigón la forma deseada (**foto B**). Alise el hormigón en cuanto asiente. Una vez seco, repáselo con papel esmeril.

Herramientas:
Espátula, paleta, cepillo metálico, taladradora, escobilla.

Materiales:
Guantes, protección ocular, cemento rápido, papel esmeril.

Raspe la suciedad y el material suelto de la zona que va a reparar, y luego lávela bien con agua.

Utilice una espátula o una paleta para modelar el hormigón con la forma del objeto que va a ser reparado.

Reparación de placas de albañilería

Arreglar una placa de albañilería colocada sobre tela metálica no es más difícil que cualquier otro tipo de reparación en hormigón.

Primero, trocee toda la zona suelta o deteriorada de la placa que aún quede en el muro, con ayuda de un cortafrío y un mazo (**foto C**).

Elimine toda la placa hasta que sólo quede material sólido en buen estado, con cuidado de no dañar el muro situado detrás. Limpie la zona del arreglo con un cepillo metálico.

Si la tela metálica de la zona dañada está en buen estado, bastará limpiarla de posibles restos de escombro y suciedad. En caso contrario, lo mejor será cortarla con unas tijeras de hojalatero y cambiarla por otra nueva, utilizando anclajes de albañilería para sujetarla al muro (**foto D**).

Prepare una mezcla de hormigón con arena y añádale un reforzante acrílico (también pueden usarse mezclas especiales de hormigón). Si lo desea, añada un pigmento a la mezcla para igualar el color con el del resto de la superficie.

Alise el hormigón sobre la tela hasta que quede nivelado con la superficie circundante (**foto E**).

Allane la superficie de hormigón e iguálela hasta que quede al ras de la zona de alrededor.

También puede reproducir la textura de la superficie original de la placa. En el trabajo aquí mostrado se utilizó un simple cepillo de cerdas rígidas para puntear la superficie del hormigón fresco (**foto F**).

Otra alternativa es pintar la zona, una vez seca, del mismo color que la superficie circundante.

Herramientas:
Espátula, paleta, mazo, cincel, cepillo metálico, tijeras de hojalatero, taladradora, artesa u hormigonera, cepillo de cerdas rígidas.

Materiales:
Guantes, protección ocular, anclajes de albañilería, cemento rápido, papel esmeril, tela metálica, reforzante de hormigón acrílico, hormigón mezclado con arena.

Con un martillo y un cincel levante la placa deteriorada, con cuidado de no dañar el muro o la tela de soporte.

Si la tela original presenta daños, cámbiela por otra nueva, fijada con anclajes de albañilería.

Allane la mezcla de hormigón sobre la tela hasta que quede nivelada con la superficie de alrededor.

Alise la superficie reparada e iguálela con el resto o, con ayuda de un utensilio adecuado, aplíquele una textura semejante a la de la placa original.

Reparaciones en asfalto

Las calzadas y caminos de asfalto tienden a sufrir daños por la acción de diversas fuerzas, sobre todo por la infiltración de agua. Si entra agua bajo la cubierta por los laterales o a través de grietas en la superficie, irá socavando la base de gravilla del asfalto.

Para que la situación no empeore, conviene rellenar los huecos y grietas con un material de parcheo de asfalto y sellar la superficie todos los años. Además, se cubrirán todas las zonas de posible filtración de los bordes, para evitar que penetre agua por debajo.

Herramientas: Manguera con boquilla rociadora o máquina eléctrica de lavado, aspiradora, soplete de aire caliente, paleta, pistola de masilla, espátula, cepillo de frotar, escobilla de goma o escoba de retama.

Materiales: Limpiador de asfalto, material de parcheo de asfalto, sellador de asfalto.

El asfalto puede dañarse por desgaste intenso, impactos frecuentes o penetración de agua.

Tapar agujeros en el asfalto

Es importante tapar los agujeros del asfalto tan pronto se descubran. Si no se presta atención al problema, uno solo de estos hoyos podría dañar la base de gravilla y el asfalto. Por el contrario, un parche sirve para prevenir daños futuros e infiltraciones de agua.

Para tapar un hoyo en el asfalto, empiece por limpiarlo. Utilice una aspiradora para eliminar toda la suciedad y los restos de la zona afectada **(foto A)**. Lave bien el hueco con una manguera provista de una boquilla rociadora.

A continuación, vierta el asfalto de relleno en el agujero en una cantidad algo superior a la necesaria. Caliente el asfalto con un soplete de aire **(foto B)**.

Utilice una paleta para nivelar y alisar el parche. Apisone el material del parche con un bloque de hormigón o una pila de ladrillos, hasta que quede bien compactado en el hueco y al ras de la superficie circundante **(foto C)**.

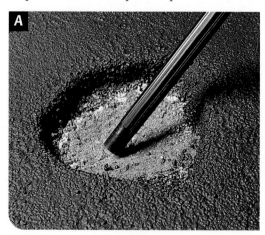

Limpie el hueco con una aspiradora, y lave bien la zona con una manguera de jardín provista de una boquilla rociadora.

Vierta el material de reparación de asfalto en el hoyo y caliéntelo con un soplete de aire.

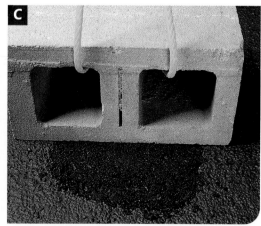

Utilice ladrillos o un bloque de construcción para apisonar el material de relleno hasta que se compacte bien dentro del hueco.

Sellado de la calzada de acceso a un garaje

Aplicar un sellador de asfalto es una operación sencilla que permite mantener las calzadas con un atrayente aspecto de nuevas.

Antes de la aplicación, examine la superficie con detenimiento y repare cualquier agujero que encuentre (página 266).

Después, use un limpiador de asfalto para eliminar el aceite y la suciedad de la superficie (**foto D**). Si no está muy sucia, puede usar una solución de agua caliente y un detergente suave.

Después de la limpieza, lave la capa de asfalto con una manguera o una máquina eléctrica de lavado.

Utilice una pistola de masilla y un tubo de material de reparación de asfalto para tapar las grietas de la superficie (**foto E**); aplique una cantidad de material ligeramente superior a la necesaria (las grietas grandes pueden requerir varias aplicaciones para que se llenen por completo).

Extienda y alise el material de reparación con ayuda de una espátula (**foto F**). Para evitar que se pegue a la espátula, humedezca ésta con agua fría o alcohol mineral.

Vierta un poco de sellador de asfalto en una esquina de la calzada, y utilice una escobilla de goma o retama para extenderla en una capa fina, siguiendo las instrucciones del fabricante, hasta cubrir toda la superficie (**foto G**). No aplique una capa demasiado gruesa, ya que no se endurecería bien. Si quiere tener una superficie sellante más gruesa, extienda más de una capa.

Deje secar completamente el sellador antes de pisar o conducir sobre la calzada. Hasta que esté bien seca, bloquee el paso con borriquetas o una cuerda y escaleras (**foto H**).

Consejo útil

El mejor momento para sellar una calzada de asfalto para vehículos es un día cálido y soleado.

Por el contrario, si tiene que levantarla elija un día frío. En un día caluroso, el asfalto se combará al levantarlo y se adherirá a todo lo que toque.

Limpie bien la calzada con un limpiador de asfalto o con agua y detergente.

Rellene las grietas de la superficie con material de reparación de asfalto, aplicado con una pistola de masilla.

Utilice una espátula para alisar el material de reparación y compactarlo dentro de la grieta.

Extienda el producto de sellado en una capa fina, utilizando una escobilla de goma o de retama, hasta cubrir toda la superficie.

Bloquee el paso a la calzada y no camine por ella hasta que el producto de sellado esté bien seco.

Reparaciones
DE SISTEMAS

Los sistemas de una vivienda desempeñan básicamente dos tipos de funciones: suministro y extracción o eliminación. En este capítulo se enseña cómo mantener y reparar las instalaciones de fontanería, electricidad y calefacción, ventilación y aire acondicionado de la casa, de manera que pueda contarse en todo momento con agua, electricidad y aire fresco a la temperatura adecuada.

Reparaciones de sistemas

Los sistemas que se tratan en esta sección influyen en la comodidad y el confort de todas las habitaciones de la casa.

Todo el que haya sufrido alguna vez un apagón, la rotura de una tubería de agua cerca de su casa o problemas en la calefacción durante el invierno, conoce la importancia de mantener seguras y fiables las instalaciones del hogar. En estas instalaciones se incluyen los sistemas de electricidad, fontanería, calefacción, ventilación y aire acondicionado. El presente apartado, titulado «Reparaciones de sistemas», pretende ayudarle a mantener, proteger y reparar sus instalaciones domésticas para lograr un alto grado de fiabilidad.

Muchos propietarios dan por descontado que el arreglo de estos sistemas exige el concurso de un profesional. Sin embargo, la mayoría de estas reparaciones son más sencillas de lo que pueda imaginarse. Uno mismo puede hacer arreglos de fontanería, electricidad y calefacción por un coste sensiblemente inferior al que supondría contratar a un profesional. La inversión en herramientas y materiales necesarios merecerá la pena a la larga.

Esta sección le familiarizará con las herramientas y materiales especiales utilizados en los arreglos de cada uno de estos sistemas. En general, si se recomienda una herramienta en concreto no la sustituya por otra, ya que con ello comprometería el éxito del proyecto (y, en algunos casos, podría provocar incluso situaciones peligrosas).

Algunas herramientas especiales, como un buscapolos de circuito de neón, son tan baratas y necesarias que deberían formar parte de toda caja de herramientas que se precie.

Otras, como el cortador de tuberías de fundición, se utilizan en aplicaciones tan específicas que difícilmente justificarían su precio, aun cuando se usaran en un proyecto de cierta envergadura. En este caso, lo mejor es alquilar la herramienta en cuestión en una ferretería o un centro de bricolaje.

Otro motivo por el que los propietarios suelen asustarse ante la idea de reparar por sí mismos estos sistemas es la necesidad de autorización por parte de los organismos locales de construcción o, al menos, el cumplimiento de las ordenanzas vigentes.

Si no está al tanto de las obligaciones en este contexto, póngase en contacto con las autoridades competentes para recabar la información necesaria. No dude en ningún caso en pedir consejo a los inspectores urbanísticos de su localidad, que le informarán sobre las normas que se han de cumplir. En principio, nada impide a un propietario reparar sus propios sistemas, siempre que lo haga del modo correcto.

Antes de iniciar cualquiera de los proyectos explicados en esta sección, lea bien las instrucciones y no empiece hasta que esté seguro de dominar todos sus vericuetos. Mientras que algunas reparaciones (como la instalación de un reductor de luz) pueden realizarse sin demasiada experiencia, otras (por ejemplo, cambiar una tubería de fundición) deben dejarse para cuando se cuente ya con cierta práctica en estos trabajos (después de todo, el posible beneficio de realizar uno mismo el arreglo se echaría a perder si hubiera que llamar a un electricista o un fontanero de urgencia para que «arreglara» la reparación).

Finalmente, dado que el trabajo tendrá lugar en su propia casa, mantenga alejados de la zona a los niños y a los animales domésticos. Y, como siempre, guarde las escaleras, las herramientas eléctricas y las sustancias tóxicas fuera de su alcance.

Fontanería

El apartado sobre fontanería cubre todos los elementos de un sistema normal de este tipo (tuberías, uniones, llaves de paso, tubos de desagüe y ventilación, sifones, sumideros, grifos, bañeras y duchas, baños de burbujas e inodoros), así como los electrodomésticos e instalaciones más comunes conectados a este sistema: trituradores de comida, lavavajillas, calentadores de agua, bombas de agua y fosas sépticas. Cuando emprenda cualquier trabajo de fontanería siga siempre las instrucciones básicas de seguridad que aquí se indican.

Busque las llaves de paso de los elementos de la instalación y póngales una etiqueta, para que en un momento dado pueda cerrar con rapidez y facilidad el suministro de agua.

No trabaje nunca con tuberías de agua caliente antes de que se enfríen. Cierre primero el abastecimiento de agua y luego espere el tiempo necesario.

Hasta hace poco, en las casas nuevas las tuberías metálicas servían de toma de tierra del sistema eléctrico. Si se cambian estas tuberías por otras de plástico se interrumpirá la conexión a tierra de protección de la instalación eléctrica de la vivienda. Tal vez necesite entonces usar un cable puente tendido sobre la tubería de plástico para evitar que se interrumpa la conexión a tierra.

Verifique siempre que la reparación de su sistema cumple las ordenanzas locales.

Electricidad

En este apartado dedicado a electricidad se tratan los elementos normales de un sistema eléctrico doméstico: cuadros de distribución eléctrica, bases de enchufe, interruptores de pared, elementos de iluminación, timbres y teléfonos. Al abordar cualquiera de los trabajos de este apartado, tome siempre las precauciones de seguridad necesarias.

Antes de dejar al descubierto los cables eléctricos, acuda al cuadro de distribución y corte el circuito que transporta la electricidad a la zona de que se trate. Luego, pruebe los cables con un buscapolos para asegurarse de que no pasa corriente por el circuito. Deje una nota en el cuadro para que nadie active la corriente mientras usted trabaja.

Cuando trabaje con electricidad lleve siempre zapatos con suela de goma. No toque nunca un dispositivo eléctrico con las manos mojadas o desde dentro del agua.

Tampoco toque tuberías metálicas, grifos o electrodomésticos por los que circule agua mientras trabaje con la electricidad.

No manipule nunca el cuadro de distribución eléctrica. Los cables de esta zona que transportan la energía eléctrica a su casa siguen activos aunque se desconecte la corriente en el cuadro.

Revise los planes sobre nuevo cableado eléctrico para comprobar que cumplen las ordenanzas locales.

Calefacción, ventilación y aire acondicionado

En este apartado se explican los componentes principales que integran un sistema de calefacción: caldera u horno y otras fuentes de calor, como convectores de rodapié o estufas de leña. En la ventilación se incluyen desde los extractores de baño o de techo hasta los intercambiadores de aire que ayudan a renovar el aire de la casa. En lo relativo a la refrigeración se tratan tanto los sistemas centrales de aire acondicionado como los equipos individuales instalados en ventanas y muros, así como las bombas de calor y las enfriadoras de evaporación.

En todos estos trabajos observe las precauciones básicas de seguridad.

Si percibe un fuerte olor a gas, no intente encender el piloto del quemador. Abra puertas y ventanas, apague todos los cigarrillos y llamas y cierre de inmediato la llave de paso general del gas. Salga rápidamente de la casa y llame a la compañía del gas desde la de un vecino.

Antes de trabajar con un horno, instale monitores de monóxido de carbono en la casa. Pida a su compañía de suministro de combustible que realice una inspección anual en su vivienda que incluya un análisis de los niveles de monóxido de carbono.

Antes de instalar un equipo nuevo de calefacción, ventilación o aire acondicionado, consulte con las autoridades para saber si necesita algún permiso.

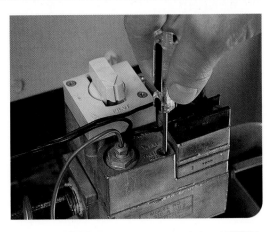

Fontanería

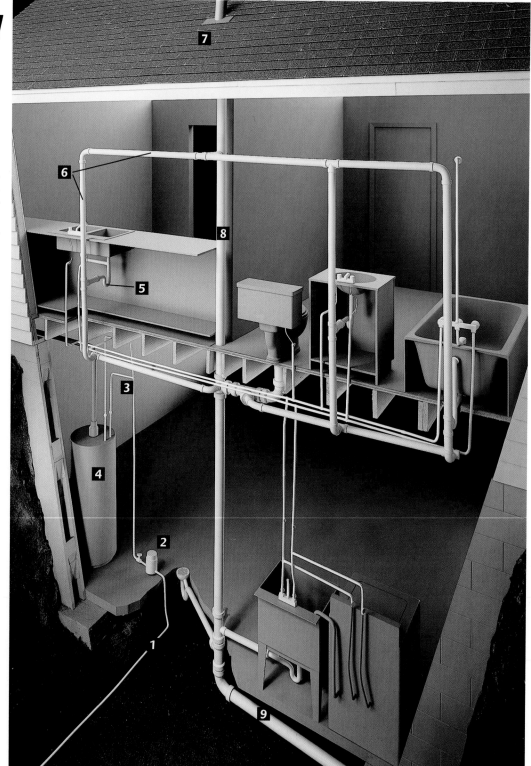

Aunque el sistema de fontanería de una vivienda, con su red de llaves y tuberías, pueda parecer complejo y misterioso, en realidad es bastante sencillo y fácil de entender. Lo primero que ha de hacerse antes de acometer una reparación en él o de realizar labores rutinarias de mantenimiento es conocer los principales componentes y comprender las funciones que desempeñan.

Un sistema típico de fontanería, como el ilustrado en la fotografía de la derecha, comprende tres componentes fundamentales: el sistema de suministro de agua, las instalaciones y aparatos y el sistema de desagüe.

El agua potable entra en la casa a través de una línea de acometida (1). Esta agua proviene de una compañía municipal, estatal o privada. Si se trata de un proveedor municipal o estatal, el agua pasa por un contador (2) que registra el consumo individual.

Inmediatamente después de entrar en la vivienda, se separa un ramal (3) que llega a la caldera o el calentador de agua (4). De aquí parte una tubería de agua caliente en paralelo a otra de agua fría, para abastecer a las instalaciones y aparatos de toda la casa.

El agua usada y sucia pasa por un sifón (5) al sistema de desagüe. Este sistema funciona totalmente por gravedad, de manera que las aguas residuales caen por una serie de tubos de desagüe de gran diámetro, complementados con conductos de ventilación (6) que permiten la entrada de aire desde los respiraderos del tejado (7). El aire fresco evita el efecto de succión que ralentizaría o detendría el libre flujo del agua hacia abajo.

Todos estos tubos de aguas residuales desembocan en la columna de desagüe y ventilación (8). Finalmente, las aguas residuales llegan a la tubería del alcantarillado (9), que sale de la casa a la altura de los cimientos y discurre hacia el alcantarillado municipal o una fosa séptica. Al mismo tiempo, los gases residuales ascienden sin peligro por la columna de ventilación y escapan de la casa por los respiraderos del tejado.

Un sistema típico de fontanería consta de tres partes principales: el sistema de suministro de agua, las instalaciones y aparatos y un sistema de desagüe. En Estados Unidos, una familia media de cuatro personas consume unos 1.500 litros de agua al día.

Sistema de suministro de agua

Las tuberías de suministro proporcionan agua caliente y fría a lo largo de todo el sistema de fontanería de la casa. En construcciones anteriores a 1950 era común que las tuberías estuvieran hechas de hierro galvanizado; en los hogares nuevos suelen ser de cobre, aunque las de plástico (CPVC) están ganando terreno rápidamente, avaladas por las disposiciones locales de construcción.

Las tuberías de suministro de agua están construidas para resistir las altas presiones que se producen en el sistema. Aunque de pequeño diámetro, en general comprendido entre 12 y 25 mm, suelen contar con uniones muy resistentes que soportan bien las presiones elevadas. En su recorrido por las distintas zonas de la casa, estas tuberías suelen discurrir por el interior de las paredes o bajo el suelo, a lo largo de las viguetas.

Las tuberías de agua caliente y fría se conectan a los sanitarios y electrodomésticos. No obstante, algunos de estos aparatos y dispositivos, como los inodoros y los grifos exteriores, sólo reciben agua fría. Este sistema reduce la demanda de agua caliente y rebaja el coste global de la energía. Tradicionalmente, las tuberías y los pomos de los grifos de agua caliente están colocados a la izquierda de la instalación, mientras que los de agua fría lo están a la derecha.

Si recibe el agua de una compañía municipal o estatal, en el punto de entrada habrá un contador y una llave de paso. El contador es propiedad de la compañía, de modo que si falla o presenta fugas, será ella la responsable de arreglarlo o cambiarlo.

Sistema de desagüe y ventilación

Al ser utilizada, el agua se ensucia y debe conducirse al exterior de la casa a través del sistema de desagüe y ventilación. Este sistema aprovecha el efecto de la gravedad para llevar las aguas residuales desde los aparatos sanitarios, electrodomésticos y otros desagües hasta el sistema municipal de alcantarillado o una fosa séptica, después de pasar por una serie de tuberías inclinadas.

La pendiente es otro factor importante en esta clase de sistemas. Las ordenanzas prescriben un determinado grado de inclinación para cada parte del sistema, dependiendo del tamaño de la tubería y de su función. Esta pendiente permite que la gravedad actúe eficazmente en su tarea de eliminar las aguas residuales.

Las tuberías de desagüe suelen ser de plástico (ABS o PVC) o hierro fundido. En general, tienen mayor tamaño que las de suministro, con un diámetro comprendido entre 3 y 10 cm, para facilitar el paso de las aguas residuales por el sistema. En algunas viviendas antiguas pueden ser de cobre o plomo. Aunque estas últimas ya no se fabrican para instalaciones de fontanería, no suponen ningún riesgo para la salud, ya que no forman parte del sistema de suministro.

En todos los desagües debe haber un sifón, o sección curva de tubería que retiene cierta cantidad de agua estancada. Este líquido actúa en realidad como un mecanismo de seguridad que evita el retorno de los gases residuales desde las tuberías, ya que podrían salir por el sumidero y entrar en la casa. Cada vez que se usa un desagüe, el agua estancada del sifón se renueva.

Para que las aguas residuales circulen con libertad, el sistema necesita aire. Este aire procede de un sistema de ventilación unido al de desagüe, que permite que entre en la casa aire del exterior y reduce la presión de las tuberías, normalmente a través de una o más columnas de ventilación que llegan hasta el tejado. Si no se airease adecuadamente la instalación de fontanería, los inodoros no se limpiarán correctamente, y los desagües borbotearían y terminarán por rebosar. Unas tuberías mal ventiladas también pueden sacar el agua de los sifones y permitir que entren a la casa gases residuales peligrosos.

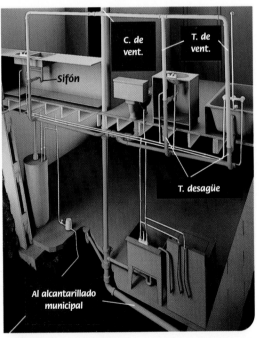

El sistema de desagüe y ventilación lleva el agua fuera de la casa. Las tuberías de ventilación (representadas en amarillo) conducen el aire que necesitan los tubos de desagüe (en verde) para funcionar debidamente.

Herramientas básicas de fontanería

Muchos trabajos de fontanería y reparación pueden llevarse a cabo con herramientas manuales básicas como las de la **foto A**.

Las limas se usan para alisar metales, madera y plástico. En las tuberías se emplean limas redondas, mientras que en superficies planas se usan limas planas.

Las pistolas de masilla producen un cordón de masilla o pegamento.

Las linternas son indispensables para examinar los huecos de las tuberías y desagües.

Se necesitan destornilladores tanto de ranura recta como de estrella.

Los mazos de madera se usan para golpear objetos no metálicos.

Los niveles sirven para nivelar los sanitarios y comprobar la pendiente de los desagües.

Los buscapolos son importantes dispositivos de seguridad que permiten comprobar si por un hilo pasa corriente.

Las llaves de carraca sirven para apretar o aflojar tuercas y tornillos. Poseen bocas intercambiables que se adaptan a diferentes tamaños de tornillos y tuercas.

Las llaves inglesas poseen una mordaza móvil que permite adaptarlas a una amplia variedad de cabezas de tornillos y tuercas.

Las sierras para metales cortan objetos metálicos y tubos de plástico.

Los cúteres permiten cortar tuberías de plástico y otros muchos materiales.

Los alicates graduables poseen mordazas estriadas y un mango móvil que permite ajustar las mordazas para lograr la máxima potencia de agarre.

Los alicates de puntas tienen mordazas puntiagudas adecuadas para asir objetos pequeños o llegar a zonas difíciles.

Los cepillos metálicos con cerdas blandas de latón se usan para limpiar metales sin dañarlos.

Las cintas métricas deben tener una hoja retráctil de al menos 5 m de longitud.

Los cortafríos se emplean conjuntamente con martillos de bola para cortar azulejos, mortero o metales endurecidos.

Finalmente, las espátulas sirven para raspar la masilla vieja de los aparatos e instalaciones.

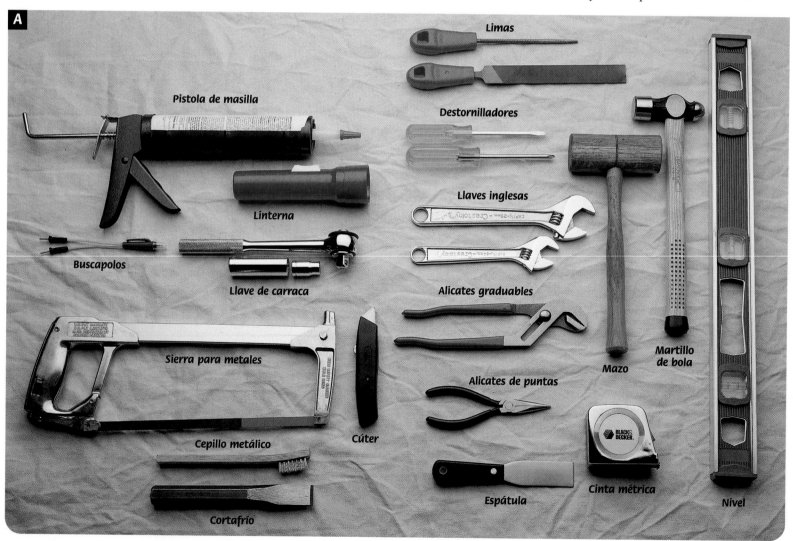

A

Limas
Pistola de masilla
Destornilladores
Linterna
Llaves inglesas
Buscapolos
Llave de carraca
Alicates graduables
Mazo
Martillo de bola
Sierra para metales
Alicates de puntas
Cúter
Cepillo metálico
Espátula
Cinta métrica
Nivel
Cortafrío

Herramientas de fontanería especializadas

Otras herramientas especializadas pueden ayudar a completar los trabajos de fontanería de forma más fácil y rápida **(foto B)**.

Una sonda para inodoro, formada por un tubo fino con una manivela en un extremo, sirve para desobstruir retretes atascados. Los cortatubos para tubos de plástico funcionan igual que unas tijeras de podar y sirven para cortar con rapidez tuberías de plástico flexible (polietileno). Estas herramientas hacen cortes rectos y lisos en los tubos de plástico y de cobre. Normalmente, tienen una punta escariadora para eliminar las rebabas de las tuberías. El soplete de propano permite soldar tuberías y uniones de cobre, mientras que el encendedor de chispa lo enciende de forma rápida y segura.

Las llaves de cola están diseñadas específicamente para aflojar o apretar tuercas de 5 a 10 cm de diámetro. El desatascador de ventosa limpia las obstrucciones de los desagües con ayuda de la presión del aire. El que se muestra en la imagen está adaptado para inodoros. El apéndice de este modelo puede plegarse en el interior de la ventosa para utilizar el utensilio como un desatascador normal en fregaderos, bañeras, duchas y sumideros del suelo. La llave grifa tiene una mordaza móvil que se ajusta a una gran variedad de diámetros de tubería. A menudo se emplean a la vez dos de estas llaves para no dañar las tuberías y racores.

La sonda manual se emplea para desatascar tubos de desagüe. Por su parte, las boquillas de expansión sirven para limpiar sumideros del suelo. Acopladas a una manguera de jardín, eliminan el atasco con potentes chorros de agua.

Las herramientas eléctricas de mano también ayudan a hacer el trabajo más rápido y sencillo **(foto C)**. Así, una llave de carraca a batería (1) hace más fácil apretar o aflojar tuercas pequeñas o tornillos de cabeza hexagonal, mientras que una taladradora a batería de 1 cm (2) simplifica las tareas de perforación. Los destornilladores reversibles a batería (3) sirven para apretar y aflojar tornillos y otras fijaciones. La sierra alternativa (4) corta madera, metal o plástico, y el soplete de aire caliente (5) descongela rápidamente tuberías heladas.

Para algunos trabajos de fontanería puede ser necesario alquilar algunas herramientas **(foto D)**. Una sonda de desagüe motorizada (1) limpia de raíces las tuberías de alcantarillado; una sierra de ingletes eléctrica (2) permite hacer cortes rápidos y precisos en muchos materiales. La taladradora en ángulo recto (3) es útil para taladros en zonas de difícil acceso, y el cortador de cadena (4) corta tuberías de fundición. Una carretilla (5) es muy práctica para transportar aparatos, como calentadores de agua.

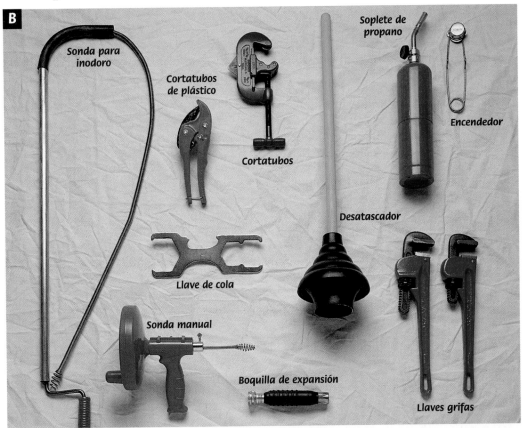

B
Sonda para inodoro
Cortatubos de plástico
Cortatubos
Soplete de propano
Encendedor
Desatascador
Llave de cola
Sonda manual
Boquilla de expansión
Llaves grifas

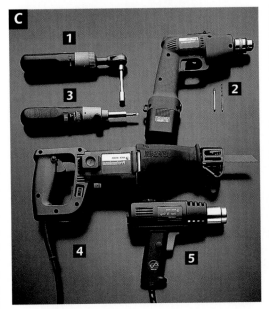

Las herramientas eléctricas de mano hacen el trabajo de fontanería más rápido, sencillo y seguro. Si funcionan con batería resultan aún más cómodas.

Algunos trabajos pueden obligar a alquilar herramientas. Siga siempre las instrucciones del fabricante y observe las precauciones de seguridad.

Materiales de fontanería

Conocer las distintas clases de tuberías es importante para diagnosticar averías y crucial cuando se compran suministros o se emprenden reparaciones importantes. En muchas casas, el sistema de cañerías incluye varios tipos diferentes de conducciones y accesorios de unión, sobre todo si se han ido añadiendo habitaciones a la estructura o se ha actualizado parcialmente la instalación de fontanería a lo largo de los años.

Cada material tiene sus ventajas e inconvenientes, y los contratistas de fontanería discrepan, a menudo radicalmente, en sus opiniones. Los materiales empleados en las instalaciones de fontanería se rigen por los códigos marcados en las ordenanzas. Los que se muestran en esta página y las siguientes están suficientemente homologados. Sin embargo, tal vez a escala local exista algún requisito especial en cuanto a la elección de estos materiales. Los homologados llevan estampados uno o varios códigos de producto. Busque estos códigos cuando compre tuberías y accesorios de unión.

La fundición de hierro es un material de uso común en sistemas de desagüe y ventilación. Aunque es el más resistente para este cometido, resulta también muy pesado y algo difícil de unir e instalar. Por su grosor, tiende a amplificar el ruido propio de los sistemas de desagüe.

Las tuberías de plástico se usan para el suministro de agua en las zonas donde lo permiten las especificaciones de construcción. Están bastante extendidas, al ser baratas y fáciles de manejar, no se corroen u oxidan y poseen propiedades aislantes.

Existen cuatro clases de tuberías de plástico, conocidas comúnmente por sus abreviaturas: ABS, PVC, CPVC y PE. Las de ABS y PVC se usan exclusivamente en sistemas de desagüe, aunque en la actualidad el uso de ABS se ha restringido por ley en numerosas instalaciones nuevas. El CPVC es adecuado para suministro de agua potable, mientras que el PE se usa únicamente para tuberías exteriores de suministro de agua.

El latón solo o cromado es un material duradero para tuberías, muy común en desagües, válvulas y llaves de paso. El latón cromado es relativamente caro, aunque por lo atractivo de su aspecto suele instalarse en lugares donde resulta muy visible (por ejemplo, en lavabos, bidés o bañeras).

El acero galvanizado es el más antiguo de los materiales mostrados en la imagen. Su uso era corriente en las viviendas hasta el decenio de 1960, aunque hoy rara vez se emplea, porque se corroe y es más difícil de instalar que el cobre y el plástico. Resulta adecuado tanto para suministro de agua como para desagüe.

El cobre se considera la opción ideal para líneas de suministro de agua, y ocasionalmente se usa también en sistemas de desagüe y ventilación. Resiste los depósitos mejor que el plástico, y ofrece escasa resistencia al flujo de agua, por lo que la presión es siempre mejor en una tubería de cobre que en una de acero de tamaño equivalente. El cobre es, además, ligero y fácil de instalar, sobre todo en su modalidad flexible, que se dobla fácilmente en las esquinas. Sin embargo, es más caro que el plástico.

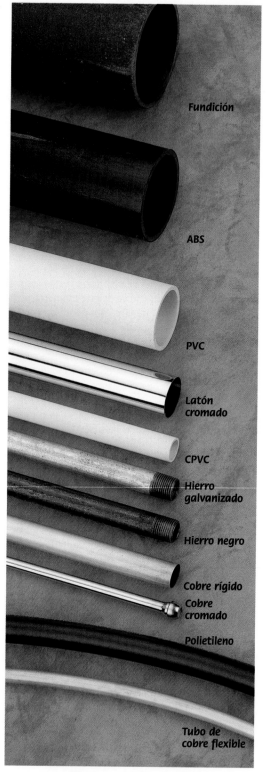

Fundición

ABS

PVC

Latón cromado

CPVC

Hierro galvanizado

Hierro negro

Cobre rígido

Cobre cromado

Polietileno

Tubo de cobre flexible

Consejo útil

Por el proceso llamado «acción galvánica», las moléculas de un tipo de metal se transfieren a las de otro tipo, lo que puede producir corrosión y obstrucciones prematuras. Téngalo en cuenta cuando empalme tuberías. En las conducciones existentes deben conectarse sólo metales de la misma clase.

Existen accesorios especiales, llamados «dieléctricos», que permiten unir metales diferentes, como el cobre y el latón. Elija también abrazaderas y bridas de sujeción del mismo material de las tuberías. Con ello evitará una corrosión acelerada por acción galvánica.

Ventajas y características	Usos comunes	Métodos de unión	Herramientas de corte
Fundición de hierro. Muy resistente, pero difícil de cortar y adaptar. Las reparaciones y sustituciones se hacen con tuberías de plástico, si lo admiten las normas.	Tuberías principales de desagüe y ventilación	Por enchufe	Sierra para metales o cortador de tuberías de fundición
ABS (acrilonitrilo-butadieno-estireno). El primer plástico rígido aprobado para su empleo en sistemas de desagüe domésticos. Algunas ordenanzas sobre fontanería restringen el uso de ABS en instalaciones nuevas.	Tuberías de desagüe y ventilación; sifones de desagüe	Pegamento disolvente y uniones de plástico	Cortatubos, sierra de ingletes o sierra para metales
PVC (policloruro de vinilo). Plástico rígido moderno muy resistente al deterioro por calor o agentes químicos. Es el mejor material para tuberías de desagüe y ventilación.	Tuberías de desagüe y ventilación; sifones de desagüe	Pegamento disolvente y uniones de plástico	Cortatubos, sierra de ingletes o sierra para metales
Latón cromado. Ofrece una superficie brillante muy atractiva y se usa en sifones de desagüe, donde la apariencia es importante.	Válvulas y llaves de paso; sifones de desagüe cromados	Racores de compresión o soldadura metálica	Cortatubos, sierra para metales o sierra alternativa
CPVC (policloruro de vinilo clorado). Plástico rígido por cuya fórmula química resiste bien las altas presiones y temperaturas de los sistemas de suministro de agua. Las tuberías y racores son económicos.	Tuberías de suministro de agua caliente y fría	Pegamento disolvente y uniones de plástico o racores de apriete	Cortatubos, sierra de ingletes o sierra para metales
Hierro galvanizado. Muy resistente, pero se corroe lentamente. No aconsejado para instalaciones nuevas. Como es difícil de cortar y empalmar, para proyectos de cierta envergadura es mejor dejarlo en manos de profesionales.	Desagües; tuberías de suministro de agua caliente y fría	Uniones roscadas galvanizadas	Sierra para metales o sierra alternativa
Hierro negro. Se parece al hierro galvanizado, aunque con una diferencia importante. El hierro negro se usa para tubos de gas, no en fontanería. Las reparaciones deben ser realizadas por profesionales.	Tuberías de gas	Uniones roscadas para hierro negro	Sierra para metales o sierra alternativa
Cobre rígido. El mejor material para las tuberías de suministro de agua. Resiste bien la corrosión y tiene una superficie lisa que favorece una buena circulación del agua. Las juntas de cobre soldadas son muy duraderas.	Tuberías de suministro de agua caliente y fría	Soldadura metálica o racores de compresión	Cortatubos, sierra para metales o sierra de calar
Cobre cromado. Presenta una superficie brillante y atractiva, y se usa en zonas donde es importante el aspecto. El cobre cromado es duradero y fácil de doblar y empalmar.	Tuberías de suministro de aparatos de fontanería	Racores de compresión de latón	Cortatubos o sierra para metales
PE (polietileno). Plástico negro o azulado que se usa a veces en líneas de suministro principal y en sistemas de riego.	Tuberías de suministro de agua fría exteriores	Uniones de PVC rígido y abrazaderas de acero inoxidable	Cortador de tuberías de plástico tipo carraca o sierra de ingletes
Tubo de cobre flexible. Es fácil de modelar y resiste heladas ligeras sin romperse. El cobre flexible se dobla bien en las esquinas, por lo que requiere menos empalmes que el cobre rígido.	Tuberías de gas, tuberías de suministro de agua caliente y fría	Racores de latón abocardados, racores de compresión o soldadura metálica blanda	Cortatubos o sierra para metales

Tuberías y accesorios de unión

Use siempre uniones del mismo material de las tuberías. Si tiene que conectar materiales distintos, utilice racores de transición.

Existen uniones de muchos tamaños diferentes, aunque en formas normalizadas para todas las tuberías de plástico y metal. En general, las utilizadas para conectar tuberías de desagüe y ventilación describen curvas graduales, para facilitar un flujo suave de las aguas residuales de los desagües. Como el agua de las conducciones de suministro se mueve por efecto de la presión, las curvas de estas tuberías pueden ser más cerradas, lo que ahorra espacio en los huecos de las paredes.

Los codos a 90° se usan para formar curvas en ángulo recto en un tramo de tubería. En los tubos de desagüe y ventilación, estos codos están curvados

de manera que la suciedad no quede atrapada en ellos. Las tes se usan para unir ramales en sistemas de suministro de agua y de desagüe y ventilación. Cuando se usan en estos últimos sistemas, se denominan «tes sanitarias» o «de aguas residuales».

Los manguitos de acoplamiento se emplean para unir dos tuberías rectas, mientras que los racores de transición especiales (página 279) sirven para conectar dos tuberías hechas de materiales diferentes.

Los reductores unen tuberías de diámetros distintos; también existen en forma de codos y tes.

Por su parte, los codos a 45° se usan para formar curvas graduales en un tramo de tubería. Se ofrecen también en versiones a 60° y 72°.

Finalmente, los tapones cierran las secciones de tubería no utilizadas, mientras que las horquillas

permiten unir tuberías de desagüe y ventilación en las intersecciones de éstas.

Consejo útil

Cuando planifique un proyecto, compre más accesorios de unión para conducciones de suministro de agua y de desagüe y ventilación de los que piense que necesita, en un proveedor de confianza que admita devoluciones. Es mucho más eficaz devolver material no utilizado una vez terminado el trabajo que tener que interrumpir las reparaciones para salir corriendo a la tienda a comprar «un solo empalme más».

Accesorios de unión normalizados

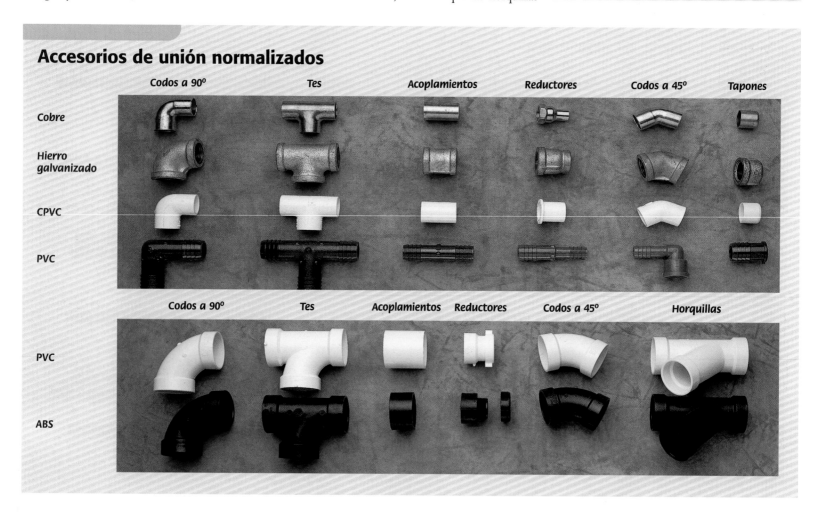

Empleo de racores y acoplamientos de transición

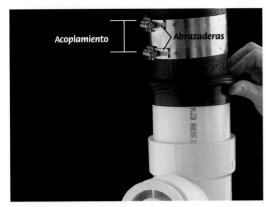

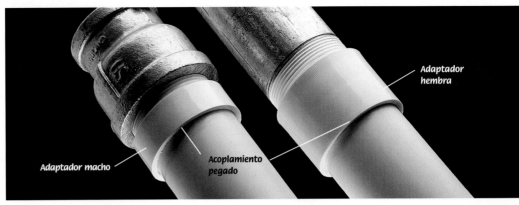

Para unir plástico y fundición de hierro use manguitos con abrazaderas. Los extremos de las tuberías quedan cubiertos por manguitos de goma que aseguran una unión estanca.

Para unir tuberías de plástico a tuberías metálicas roscadas utilice adaptadores roscados macho y hembra. Pegue un adaptador de plástico a la tubería de plástico con pegamento disolvente. Envuelva la rosca de la tubería con cinta de teflón y enrosque la tubería metálica directamente en el adaptador.

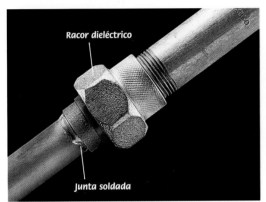

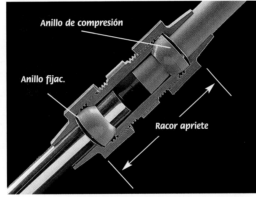

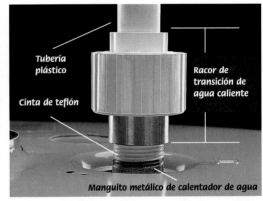

En los empalmes de cobre con hierro galvanizado use un racor dieléctrico. Enrosque el racor en la tubería de hierro y suéldelo a la de cobre.

Para unir plástico y cobre utilice un racor de apriete. Cada lado del racor (que se muestra en corte) contiene un estrecho anillo de fijación y un aro de compresión de plástico (o junta tórica de goma), que forman un cierre estanco.

Conecte una tubería de agua caliente a otra de plástico mediante un racor de transición para agua caliente que evite el riesgo de fugas por los diferentes coeficientes de dilatación de los materiales.

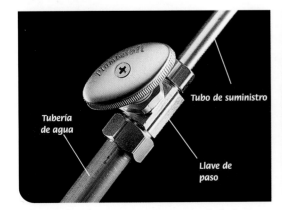

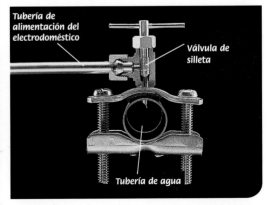

Utilice una llave de paso para conectar una cañería de agua a una tubería de suministro de la instalación.

Para conectar una tubería de suministro a la entrada de un aparato sanitario use una tuerca de acoplamiento, que cierra herméticamente el extremo ensanchado de la tubería apretándolo contra la entrada.

Para unir el tubo de suministro de un electrodoméstico a una tubería de agua de cobre utilice una válvula de silleta. Estas válvulas (en la imagen se muestra una en corte transversal) se usan a menudo para conectar los congeladores de los frigoríficos.

Trabajo con tuberías de plástico

Las tuberías y accesorios de plástico están muy extendidos porque son ligeros, económicos y fáciles de usar. Las disposiciones locales sobre fontanería cada vez fomentan más su empleo en las instalaciones de fontanería de las viviendas.

Estas tuberías pueden ser de plástico rígido o flexible. Las de ABS y PVC se utilizan en los sistemas de desagüe. Las tuberías de PVC resisten mejor el ataque químico y el calor que las de ABS, y están homologadas para su uso sobre rasante en todas las normativas de fontanería. Sin embargo, en algunas de estas normativas se siguen exigiendo tuberías de fundición de hierro para conductos de desagüe que discurren bajo losas de hormigón.

El polietileno (PE) suele usarse en conducciones subterráneas de agua fría, como las que se emplean en los sistemas de riego por aspersión.

El CPVC se utiliza en tuberías de suministro de agua fría y caliente. Las tuberías de plástico pueden unirse con conducciones de hierro o cobre mediante racores de transición, en cambio no deben conectarse tipos diferentes de plástico.

El plástico flexible PB ya no se considera fiable y no es fácil de encontrar. En caso de problemas con tuberías o accesorios de PB, pida consejo a un fontanero de confianza.

Herramientas:
Cortador de tubos de plástico, rotulador, alicates graduables, cinta métrica, cúter.

Materiales:
Tuberías y accesorios de plástico, tela esmeril, vaselina, imprimación para tuberías de plástico, pegamento disolvente, trapos.

Identificación

Clasificación

Diámetro

Utilice tuberías de PVC o ABS para sifones y conductos de desagüe, y de CPVC para conducciones de suministro de agua. Las tuberías de PVC y ABS para desagües suelen tener un diámetro interior comprendido entre 3 y 10 cm, mientras que en las de CPVC para suministro de agua este diámetro oscila entre 12 y 18 mm. Para sifones y desagües, elija tuberías homologadas de PVC o ABS. Para conducciones de abastecimiento de agua, escoja tuberías de CPVC aptas para agua a presión. Las tuberías de PB ya casi no se utilizan, y tal vez sea mejor cambiarlas que repararlas; pida consejo a un fontanero de confianza.

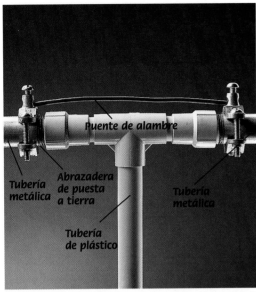

El sistema eléctrico a menudo está conectado a tierra a través de conducciones de agua metálicas. Cuando incluya tuberías de plástico en una instalación de fontanería, asegúrese de que se mantiene la integridad del circuito de puesta a tierra.

Para unir tuberías de plástico rígido se utiliza pegamento disolvente. Éste disuelve una fina capa de plástico y establece una buena adherencia entre la tubería y el accesorio de unión.

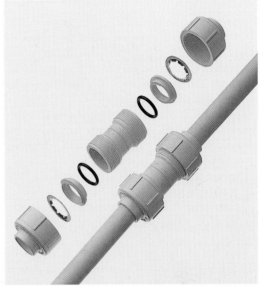

Para unir tuberías de CPVC se usan racores de apriete, cada uno de los cuales posee un aro metálico de fijación, un anillo de compresión de plástico y una junta tórica de goma.

Tuberías de polietileno

Las tuberías de polietileno (PE) flexible se usan normalmente en conducciones subterráneas de agua fría.

Conecte la tubería de PE a las llaves del sistema de desagüe y aguas residuales para protegerla frente a las inclemencias del invierno **(foto A)**. Empálmela con la tubería de cobre mediante una te y añada una llave de paso de desagüe y aguas residuales, así como un adaptador hembra roscado. Enrosque un adaptador macho roscado de PVC arponado en la unión de cobre, y luego introduzca la tubería de PE.

Utilice racores de PVC arponados para unir tramos de tubería de polietileno **(foto B)**. Deslice abrazaderas de acero inoxidable por la tubería, y luego apriete los extremos en la parte arponada del racor. Deslice las abrazaderas hasta los extremos de la tubería y apriételas.

Protección frente a inviernos fríos

Para proteger una tubería subterránea de agua fría, por ejemplo en un sistema de aspersión, cierre la llave de la tubería de suministro exterior y luego quite el tapón de la boquilla de desagüe. Con el grifo del sistema exterior abierto, conecte un compresor de aire al racor de la llave y expulse el agua del sistema con una presión neumática no superior a 3,5 kg/cm². Quite los tapones de las tes de conexión de cada caja de vávulas, y guárdelos durante el invierno.

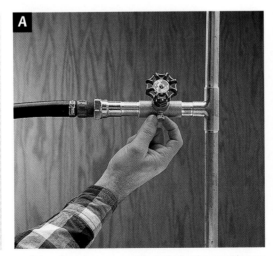

Monte una llave de paso y un adaptador hembra roscado para drenar el agua de las tuberías de polietileno subterráneas y protegerlas de los inviernos fríos.

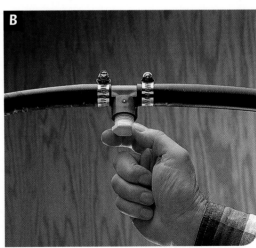

Las tuberías de PE se empalman con racores de PVC rígido arponados y abrazaderas de acero inoxidable.

Corte e instalación de tuberías de plástico rígido

Corte las tuberías de plástico rígido de ABS, PVC o CPVC con un cortatubos o una sierra. Las de plástico flexible de PE pueden cortarse con cúter o cortatubos. Cualquiera que sea el tipo de tubería, los cortes han de ser rectos y limpios para que las uniones sean estancas.

Determine la longitud de tubería necesaria midiendo la distancia entre la parte inferior de los manguitos de unión, y luego marque las posiciones en la tubería con un rotulador.

Para unir tubos de cobre y de plástico flexible utilice racores de apriete.

Las tuberías de PE se unen con racores arponados de PVC rígido y abrazaderas de acero inoxidable.

Para unir plástico rígido se utilizan accesorios de plástico y pegamento disolvente especial para el material de la tubería, o un producto de uso genérico o «universal».

Para unir tuberías de plástico rígido con pegamento disolvente, corte la tubería y luego use un cúter para eliminar las rebabas de los extremos (foto A).

Monte provisionalmente todas las tuberías y accesorios de unión (foto B). Las tuberías deben encajar firmemente hasta el fondo de los manguitos de unión.

Haga marcas de alineación en todas las juntas con un rotulador (foto C). Marque la profundidad de los manguitos en las tuberías, y luego sepárelos.

Limpie los extremos de las tuberías y los manguitos de unión con tela esmeril (foto D).

Para matear la superficie de la tubería y garantizar una buena estanqueidad, aplique imprimación para plástico en el exterior de sus extremos (foto E) y dentro de los manguitos (foto F).

Aplique una capa gruesa de pegamento disolvente en el extremo de la tubería y una capa fina en el interior del manguito (foto G).

Coloque rápidamente la tubería y el manguito de unión desplazando las marcas de alineación unos 5 cm (foto H). Introduzca la tubería en el manguito hasta que su extremo quede bien apretado contra el fondo del manguito. El pegamento disolvente se endurece en unos 30 segundos, así que no tarde en realizar esta operación.

Gire la tubería hasta que las marcas coincidan, y luego manténgala sujeta en esa posición unos 20 segundos (foto I). Limpie el exceso de pegamento y deje secar la unión sin tocarla durante 30 minutos.

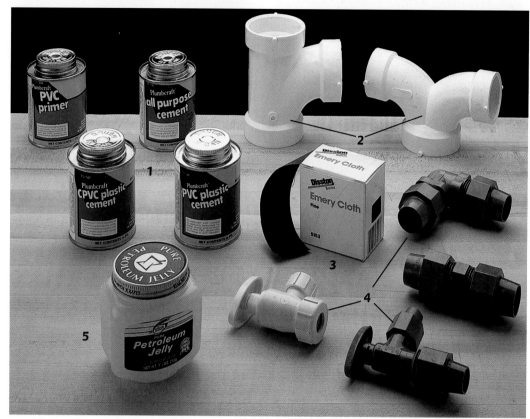

Materiales especiales utilizados para plásticos: pegamentos disolventes e imprimación (1), accesorios para unión con pegamento disolvente (2), tela esmeril (3), racores de apriete de plástico (4) y vaselina (5).

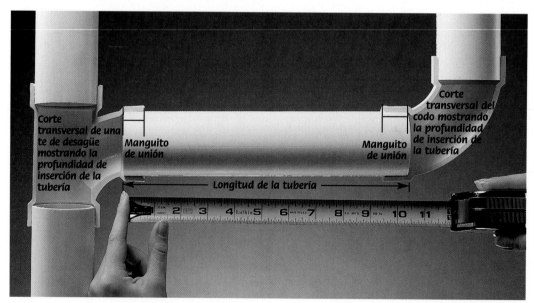

Mida la distancia entre la parte inferior de los empalmes de unión (que se muestran en corte transversal), y marque el valor en el tubo.

Elimine las rebabas de los extremos cortados de la tubería.

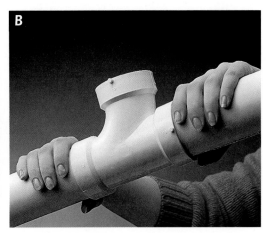

Ensamble provisionalmente todas las tuberías y accesorios.

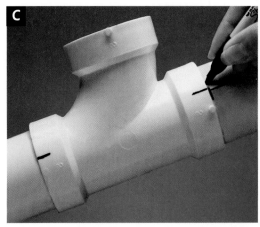

Haga marcas de alineación en cada junta con un rotulador.

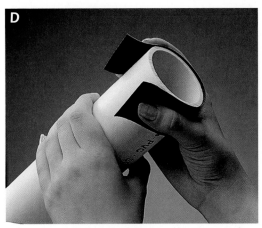

Limpie los extremos de las tuberías y los manguitos con tela esmeril.

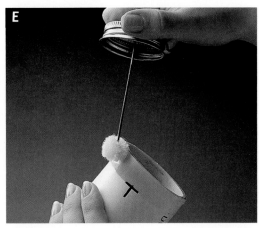

Aplique imprimación para plástico en los extremos de las tuberías.

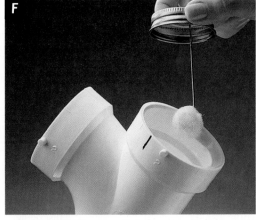

Aplique imprimación para plástico en el interior de los manguitos.

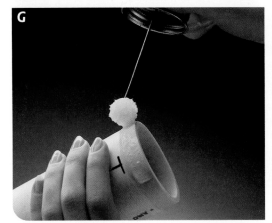

Aplique pegamento disolvente en el extremo de la tubería y en el interior del manguito.

Acople rápidamente la tubería y el manguito de manera que las marcas de alineación estén desplazadas unos 5 cm y el extremo de la tubería apretado contra el fondo del accesorio.

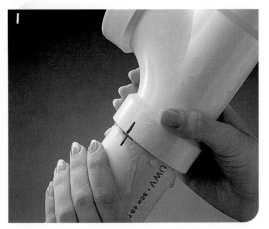

Gire la tubería hasta que las marcas coincidan. Mantenga sujeta la tubería unos 20 segundos y luego déjela secar sin tocarla durante 30 minutos.

Trabajo con tuberías de cobre

El cobre es un material idóneo para tuberías de suministro de agua, al ser resistente a la corrosión y presentar una superficie lisa por la que el agua corre bien. Existen varios diámetros posibles de tuberías de cobre, aunque los más comunes en las viviendas oscilan entre 12 y 18 mm. Las tuberías de cobre pueden ser rígidas o flexibles.

El cobre rígido, también llamado duro, está ampliamente homologado para su empleo en sistemas de abastecimiento de agua a viviendas. Se suministra en tres calidades, denominadas M, L y K, con distinto espesor de pared. El tipo M, fino y barato, es una buena opción para los no profesionales.

El tipo rígido L suele utilizarse en sistemas de fontanería comerciales para cumplir la normativa correspondiente. Al ser más resistente y soldarse con facilidad, es el preferido por algunos fontaneros profesionales, y también por los aficionados. El tipo K es el de mayor grosor, y suele utilizarse principalmente en conducciones de servicio subterráneas.

El cobre flexible, llamado también blando, se comercializa en dos tipos de grosor de pared: L y K. Ambos están homologados para su empleo en sistemas de suministro de agua domésticos, si bien el tipo flexible L se usa principalmente en conducciones de gas. Como puede doblarse y resiste bien las heladas no muy intensas, el tipo L puede instalarse como parte del sistema de abastecimiento de agua en zonas interiores de la casa sin calefacción, como los recintos situados bajo la planta baja. El tipo K se emplea en conducciones de agua subterráneas.

Una tercera forma de cobre, llamada DWV, se reserva para los sistemas de desagüe. Como la mayoría de las ordenanzas permiten el uso de tuberías de plástico de bajo coste para estos sistemas, el tipo DWV rara vez se emplea.

Las tuberías de cobre están unidas normalmente con accesorios soldados. Estos empalmes son resistentes y no dan problemas. Los tubos de cobre pueden unirse también con racores de compresión, más caros que las juntas soldadas pero que facilitan notablemente los cambios y reparaciones de tuberías y aparatos sanitarios. Finalmente, los racores abocardados se emplean sólo en tubos de cobre flexibles, en general en conducciones de gas. El trabajo con estos accesorios de unión requiere cierta experiencia, aunque no es difícil.

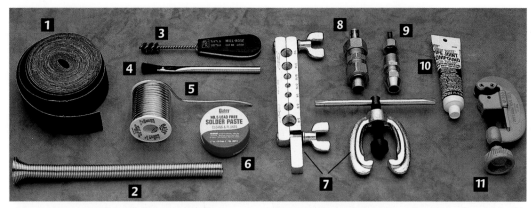

Herramientas y materiales especiales para trabajar con cobre: tela esmeril (1), muelle de doblar tubos (2), cepillo metálico (3), pincel para fundente (4), hilo de soldar (5), fundente o pasta de soldar de autolimpieza (6), herramientas de abocardar (7), racor abocardado (8), racor de compresión (9), masilla para juntas de tuberías (10), cortatubos (11).

Doble los tubos de cobre flexible con un muelle de doblar tubos, para evitar que se formen arrugas. Elija un muelle que se adapte bien al diámetro del tubo.

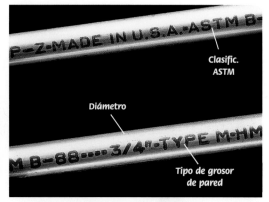

La información estampada sobre calidad incluye el diámetro de la tubería, el grosor de pared y un sello de homologación de la autoridad competente.

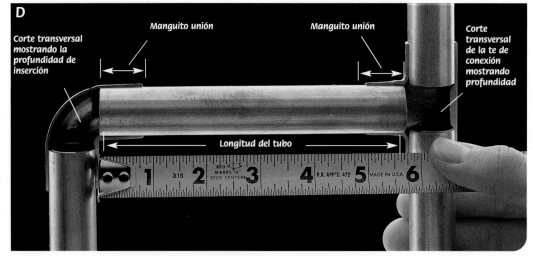

Determine la longitud de tubo de cobre necesaria midiendo la distancia entre el fondo de los accesorios de unión (que se muestran en corte transversal). Marque esa longitud en el tubo con un rotulador.

Tabla de tuberías y accesorios de cobre

Método de unión	Cobre rígido			Cobre flexible		Comentarios generales
	Tipo M	Tipo L	Tipo K	Tipo L	Tipo K	
Soldadura	sí	sí	sí	sí	sí	Método de unión económico, resistente y que no da problemas. Requiere cierta experiencia.
Compresión	sí	no recomendado		sí	sí	Fácil de usar. Permite reparar o cambiar fácilmente tuberías y aparatos sanitarios. Más caro que la soldadura. Optimo para cobre flexible.
Abocardado	no	no	no	sí	sí	Se usa sólo en tuberías de cobre flexible. Normalmente se emplea en la unión de conducciones del gas. Exige cierta experiencia.

Separación de juntas soldadas

El primer paso en muchas reparaciones de fontanería consiste en deshacer las uniones existentes para retirar las tuberías defectuosas. Aunque separar juntas soldadas no es difícil, es importante proceder con cuidado.

Corte el agua cerrando la llave de paso principal y vacíe las tuberías abriendo los grifos más altos y más bajos de la casa. Encienda un soplete de propano y aplique la llama a la unión hasta que la sol-

dadura se ponga brillante y empiece a fundirse (foto A).

Utilice unos alicates graduables para separar la tubería del accesorio de unión (foto B).

Elimine la soldadura vieja calentando los extremos de la tubería con el soplete de propano. Limpie bien los restos de soldadura fundida con un trapo seco (foto C). Trabaje deprisa, pero con cuidado: los tubos estarán calientes.

Deje enfriar la tubería durante varios minutos, y luego lije los extremos con tela esmeril hasta dejar el metal al descubierto (foto D). Todo resto de soldadura o rebaba metálica que quede en el tubo puede ser causa de fugas en la nueva unión.

Tire los accesorios de unión usados, ya que no podrá volver a utilizarlos.

Caliente la soldadura hasta que brille y empiece a fundirse.

Separe las tuberías del accesorio de unión con unos alicates graduables.

Elimine rápidamente la soldadura fundida con un trapo seco y limpio.

Pula los extremos de las tuberías con tela esmeril para dejar el metal al descubierto.

Cortar tuberías de cobre

Lo primero que ha de hacerse para lograr una unión estanca es realizar cortes limpios y rectos. En tubos de cobre rígidos o flexibles lo mejor es usar un cortatubos.

Mida la longitud del tubo que va a cortar y trace una línea con rotulador.

Coloque el cortatubos sobre la tubería y apriete el mango hasta que la tubería quede bien encajada entre ambos rodillos y la rueda cortadora esté centrada sobre la línea marcada (**foto A**).

Dé una vuelta al cortatubos de forma que la rueda marque una línea recta y continua alrededor de la tubería (**foto B**).

Gire el cortatubos en sentido contrario, apretando el mango ligeramente cada dos vueltas hasta completar el corte (**foto C**).

Después de cortar el tubo, elimine las rebabas metálicas de los bordes con una lima redonda o un escariador (**foto D**).

Aunque es más difícil obtener cortes perfectamente rectos, también puede usarse una sierra para metales para este cometido. Procure que los cortes sean rectos y lisos, y elimine todas las rebabas metálicas. La sierra para metales resulta especialmente útil cuando se trabaja en tuberías instaladas en esquinas difíciles u otras zonas donde no quepa el cortatubos.

Consejo útil

Si al usar el cortatubos cuesta cada vez más hacer el corte, tal vez la rueda no esté bien afilada.

En muchas ferreterías y centros de materiales de construcción existen recambios, y cambiar esta rueda cortadora es una operación sencilla que le ahorrará tiempo y problemas en el futuro.

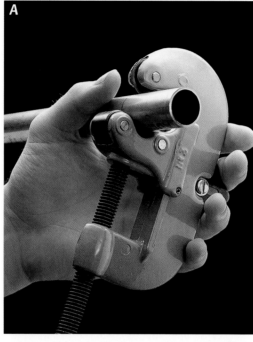

Apriete el mango del cortatubos de manera que la rueda cortadora se apoye en la línea marcada.

Dé una vuelta al cortatubos para marcar una línea continua alrededor del tubo.

Gire el cortatubos en sentido contrario. Apriete el mango cada dos vueltas.

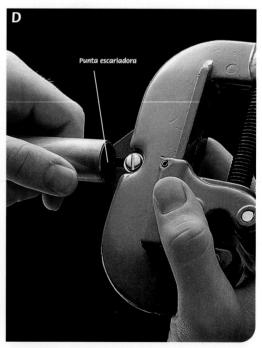

Punta escariadora

Elimine las rebabas metálicas del borde interior del tubo cortado, utilizando la punta escariadora del cortatubos o una lima redonda.

Soldar tubos de cobre

Las uniones soldadas de las tuberías se realizan calentando el accesorio de unión de cobre o latón con un soplete de propano hasta que se alcance temperatura suficiente para fundir la soldadura. El calor sirve para extender la soldadura y cerrar el hueco entre la tubería y el acesorio, formando una junta estanca.

Limpiar las tuberías y los accesorios de unión es esencial para lograr juntas perfectamente estancas. Lije los extremos de los tubos con tela esmeril y restriegue el interior de los accesorios con un cepillo metálico antes de empezar a soldar. Una vez soldada la unión, no la toque ni mueva los tubos hasta que desaparezca el color brillante.

Un error común en los principiantes es aplicar demasiado calor. Para evitarlo, recuerde que la parte de mayor temperatura de la llama es la punta interior. Dirija la llama con cuidado, teniendo en cuenta que el metal de soldadura fluirá en la dirección en que se transmita el calor. Caliente el tubo justo hasta que el fundente empiece a crepitar, y retire entonces la llama. Toque el tubo con el hilo de soldar, hasta que el calor del tubo funda el hilo.

Cuando suelde uniones directamente en su posición definitiva, proteja las superficies inflamables del calor de la llama. Aunque para este fin existen almohadillas termoabsorbentes, muchos fontaneros experimentados utilizan una chapa metálica doble de calibre 26. Las propiedades reflectantes de esta chapa metálica ayudan a distribuir el calor uniformemente por la junta. Soldar tubos y accesorios de cobre no es difícil, pero exige paciencia y habilidad. Practique con piezas de desecho de tuberías antes de emprender reparaciones u otros trabajos.

Limpie, aplique fundente y monte un tramo completo de tubería sin soldar las uniones. Una vez logrado un ensamblaje correcto, vuelva atrás y suelde todas las uniones. Después de soldar cada una, compruebe si hay intersticios en los bordes que puedan originar fugas. Para reparar estas fugas después de abrir el agua habría que desmontar completamente la unión, una molestia que conviene evitar siempre que se pueda.

Para que la junta soldada sea estanca es preciso que los extremos de las tuberías y el interior de los accesorios de unión estén perfectamente limpios, sin grasa ni suciedad. Lije las tuberías con tela esmeril y frote el interior de los accesorios con un cepillo metálico **(foto E)**.

Aplique una capa fina de fundente soluble en agua en el extremo de cada tubo, utilizando un pincel **(foto F)**. El fundente debería cubrir 25 mm, aproximadamente, del extremo del tubo.

Monte todas las juntas del tramo, introduciendo las tuberías en los manguitos de unión hasta que hagan tope en el final de los manguitos **(foto G)**.

Desenrolle de 20 a 25 cm de hilo de soldar de la bobina. Doble los primeros 5 cm de hilo en un ángulo de 90° **(foto H)**. Este ángulo favorecerá un trabajo más cómodo y rápido con el hilo en toda la unión.

Continúa en la página siguiente

Herramientas:
Cepillo metálico, pincel para fundente, soplete de propano, encendedor (o cerillas), llave inglesa, alicates graduables.

Materiales:
Tubería de cobre, accesorios de unión de cobre, tela esmeril, pasta de soldar (fundente), hilo de soldadura, trapo.

E Limpie el interior del manguito de unión con un cepillo metálico.

F Aplique una capa fina de fundente soluble en agua en el extremo de cada tubería.

G Monte las uniones girando el manguito para extender el fundente.

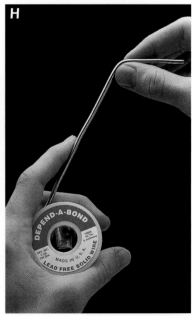

H Doble en ángulo recto los primeros 5 cm del hilo de soldar.

Soldar tubos de cobre (cont.)

Para encender el soplete, abra la llave del gas y acerque un encendedor o una cerilla a la boquilla hasta que empiece a arder el gas **(foto I)**. Ajuste la llave hasta que la parte interior de la llama tenga una longitud de 2,5 a 5 cm **(foto J)**.

Mantenga la punta de la llama aplicada hacia la mitad del manguito de unión durante 4 o 5 segundos, hasta que el fundente empiece a chisporrotear **(foto K)**. Caliente el otro lado de la unión, distribuyendo el calor de manera uniforme **(foto L)**.

Mueva la llama alrededor de la unión en la dirección que deba seguir la soldadura. Toque el tubo con el hilo de soldadura justo debajo del manguito de unión. Si se funde, el manguito estará suficientemente caliente.

Aplique rápidamente soldadura en las bocas de unión del manguito, cerciorándose de que la soldadura licuada penetra en el mismo **(foto M)**. Una vez rellena la unión, se empezarán a formar gotitas de soldadura en su parte inferior. Una junta bien soldada se distingue por la presencia de un fino cordón de color plateado alrededor del borde del manguito. Normalmente se necesitan 18 mm de hilo de soldar para cubrir una unión de 18 mm.

Si en lugar de penetrar en la unión, la soldadura se encharca en el borde, vuelva a calentar la zona hasta que se licúe de nuevo y penetre correctamente.

Deje la soldadura sin tocar al menos durante 20 segundos. Una vez fría, limpie el exceso de fundente y soldadura con un trapo seco **(foto N)**. Cuando todas las uniones estén frías, abra el agua. Si detecta alguna fuga, cierre la llave de paso y drene las tuberías. Aplique más fundente en el borde de la junta, y vuelva a soldarla.

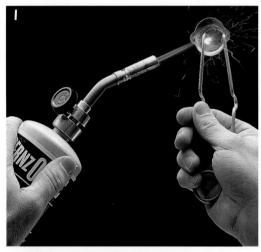

Abra la llave del gas y acerque un encendedor para prender el soplete.

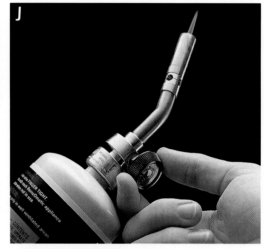

Ajuste la llave del soplete hasta que la llama interior tenga una longitud de 25 a 50 mm.

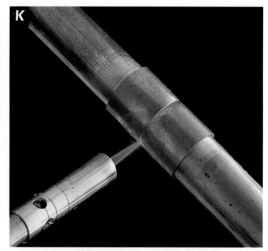

Caliente la unión con la punta de la llama hasta que el fundente empiece a chisporrotear.

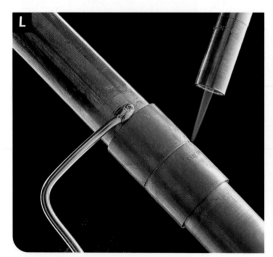

Caliente el otro lado de la unión en la dirección que debe seguir la soldadura. Pruebe si está lo bastante caliente tocando el tubo con la soldadura.

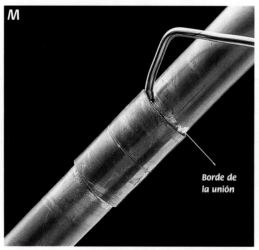

Coloque de 12 a 18 mm de soldadura en cada junta, dejando que el líquido penetre por ella debido al efecto capilar.

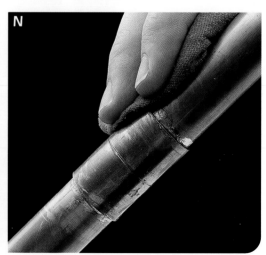

Limpie el exceso de soldadura con un trapo seco. Tenga cuidado: las tuberías estarán calientes.

Consejos sobre soldadura

Mantenga secas las juntas al soldar tuberías de agua existentes, taponando éstas con pan. El pan absorbe la humedad y se disuelve al dar de nuevo el agua.

Tenga cuidado al soldar cobre. Deje que se enfríen los tubos y las uniones antes de manipularlos.

Evite accidentes comprobando que la llave del soplete queda bien cerrada inmediatamente después de usarlo.

Soldadura de llaves de latón

Soldar latón apenas presenta diferencias con respecto al cobre, a excepción de que el primero es más denso y se tarda más tiempo en calentarlo lo suficiente para extender la soldadura.

Antes de empezar a soldar, desmonte el eje con una llave inglesa (**foto A**). Con ello evitará dañar sus elementos de goma o plástico. Limpie y aplique fundente a las tuberías de cobre y después monte las juntas.

Encienda el soldador de propano y caliente el cuerpo de la llave, distribuyendo el calor de manera uniforme (**foto B**). Aplique la soldadura (página 288). Deje enfriar el metal, y vuelva a montar la llave.

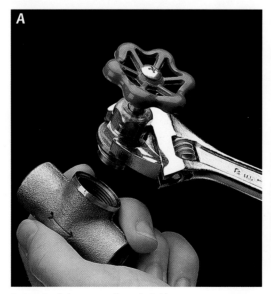

Desmonte el eje con una llave ajustable.

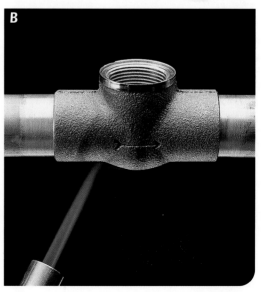

Caliente el cuerpo de la válvula con un soplete de propano.

Uso de racores de compresión

Cuando se ha de trabajar en espacios estrechos o mal ventilados donde las soldaduras son inseguras o difíciles de realizar, puede recurrirse como alternativa a los racores de compresión. Estos racores resultan apropiados también en uniones que probablemente hayan de desmontarse más adelante. Por lo fáciles que son de desconectar, los racores de compresión se usan a menudo para unir conductos de suministro y llaves de paso de aparatos sanitarios.

Estos racores funcionan bien con tuberías de cobre flexible, suficientemente blandas para que el aro de compresión ajuste perfectamente y cree una junta estanca. También se emplean para conexiones en tuberías de cobre rígido de tipo M.

Cuando mida los tubos de cobre necesarios para racores de compresión, añada 13 mm para tener en cuenta la longitud de tubo que habrá de introducirse dentro de la válvula. Al igual que en las uniones de fontanería, es crucial en este caso efectuar cortes limpios y rectos para obtener juntas estancas en los racores de compresión. Corte el tubo con un cortatubos o una sierra para metales (página 286), y elimine todas las rebabas metálicas de los bordes del corte con ayuda de una lima redonda o un escariador.

Para garantizar que la junta sea estanca, cubra las aros de compresión con masilla antes de ensamblar los racores.

Herramientas:
Rotulador, cortatubos o sierra para metales, llaves inglesas.

Materiales:
Racores de compresión de latón, masilla para juntas de tuberías.

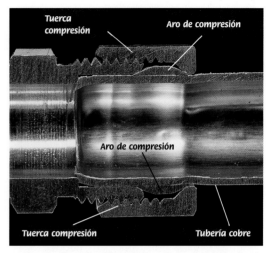

Las tuercas de compresión empujan el aro contra el tubo de cobre, formando una junta estanca.

Unión de dos tubos de cobre con un racor de compresión

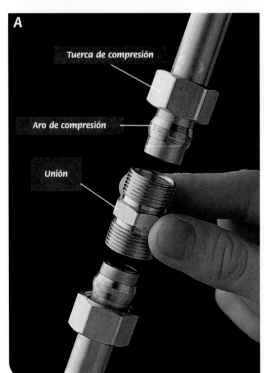

A

Tuerca de compresión

Aro de compresión

Unión

Deslice las tuercas y los aros de compresión por los extremos de los tubos. Coloque el manguito roscado de unión entre estos últimos.

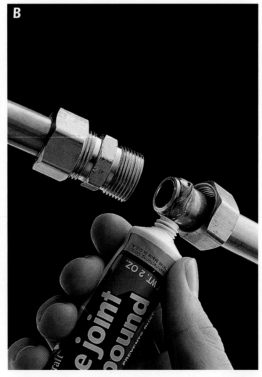

B

Aplique una capa de masilla sobre los aros de compresión, y luego apriete las tuercas contra el manguito roscado. Apriete las tuercas sólo con la mano.

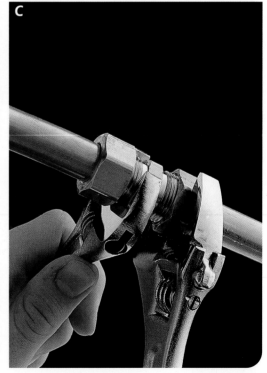

C

Sujete el centro del racor con una llave inglesa. Utilice otra llave para apretar las tuercas una vuelta entera. Dé el agua. Si el racor gotea, apriete de nuevo las tuercas con suavidad.

Conexión de tuberías de suministro a llaves de paso de aparatos sanitarios

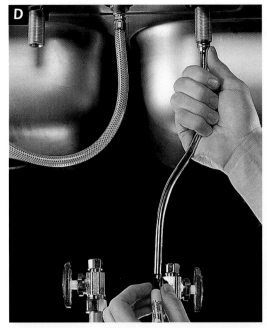

Doble un tubo de cobre flexible para colocarlo entre la conexión del grifo y la llave de paso. Marque la longitud necesaria. No olvide tener en cuenta los 13 mm que entrará el tubo en la llave.

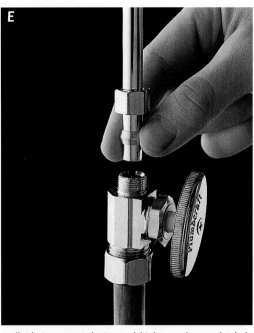

Deslice la tuerca por el extremo del tubo, con la rosca hacia la llave. Luego coloque el aro de compresión.

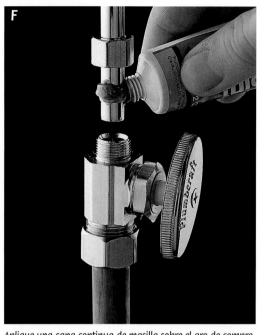

Aplique una capa continua de masilla sobre el aro de compresión.

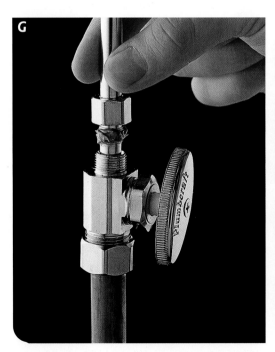

Introduzca el extremo del tubo en el racor, hasta que apoye bien en el fondo.

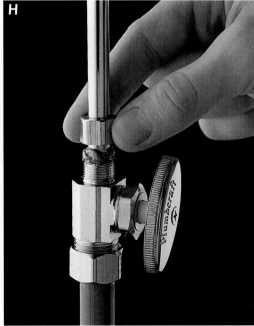

Deslice el aro y la tuerca de compresión hasta la rosca de la llave. Apriete la tuerca a mano.

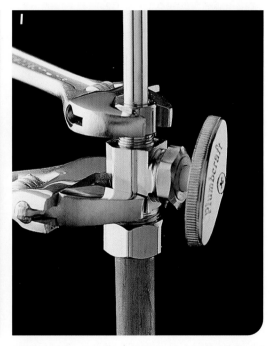

Apriete la tuerca con llaves inglesas, sin excederse. Abra el agua y compruebe si el racor gotea. En caso afirmativo, apriete la tuerca con suavidad.

Uso de racores abocardados

Este tipo de racores se usan principalmente en conducciones de gas de cobre flexible, aunque también son comunes en tuberías de cobre para suministro de agua. Sin embargo, no pueden utilizarse cuando los tubos van ocultos dentro de las paredes. En caso de duda sobre su empleo, revise las normativas locales.

Estas uniones constituyen una alternativa natural en situaciones en que las soldaduras resultan inseguras o difíciles, como sucede en los espacios situados bajo el piso de la planta baja u otras zonas de difícil acceso. Al ser fáciles de desmontar, resultan apropiadas en conexiones que presumiblemente van a retirarse o a cambiarse de sitio.

Herramientas:
Herramienta de abocardar de dos piezas, llaves inglesas.

Materiales:
Tubo de cobre, racores abocardados de latón.

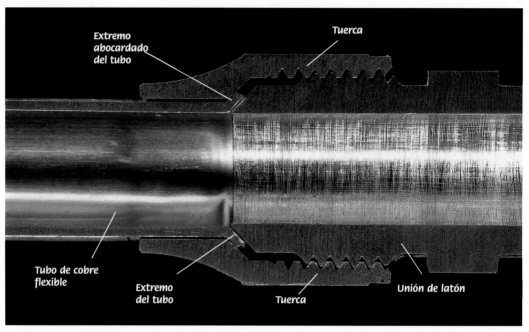

El extremo abocardado de un tubo de cobre flexible forma una junta estanca con la cabeza de un racor de latón.

Empalme de tuberías de cobre con un racor abocardado

A

Deslice las tuercas por el extremo de los tubos. Estas tuercas deben colocarse antes de abocardar los extremos.

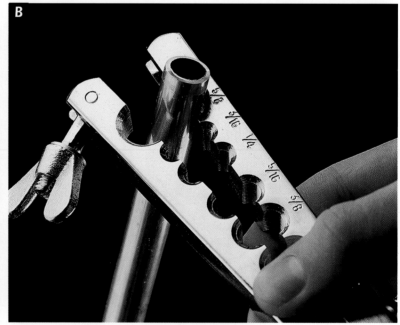

B

Elija el orificio de la base de la herramienta de abocardar que se corresponda con el diámetro exterior del tubo. Abra la base y coloque el extremo del tubo dentro de este orificio.

C

Sujete el tubo dentro de la base de la herramienta. El extremo del tubo debe estar al ras de la superficie plana de la base.

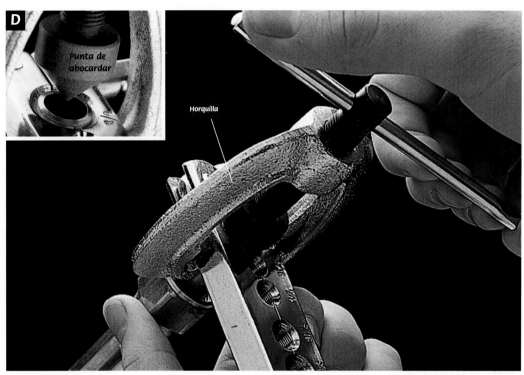

D

Punta de abocardar

Horquilla

Deslice la horquilla de la herramienta por la base. Centre la punta de abocardar de la horquilla en el extremo del tubo (foto ampliada). Apriete el mango de la horquilla para conformar el extremo del tubo. La operación habrá concluido cuando el mango no pueda girarse más.

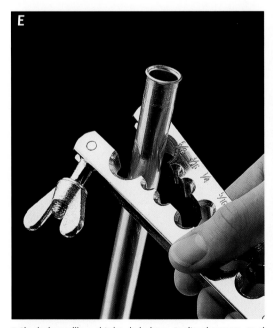

E

Retire la horquilla y el tubo de la base. Repita el proceso en el extremo del otro tubo.

F

Coloque el racor entre los extremos abocardados de los tubos y apriete a mano las tuercas sobre él.

G

Sujete el centro del racor con una llave inglesa. Utilice otra llave para apretar las tuercas una vuelta. Abra el agua y vuelva a apretar la tuerca si el racor gotea.

Trabajo con tuberías de hierro galvanizado

En las casas viejas son frecuentes las tuberías de hierro galvanizado, que antes se usaban para canalizaciones de abastecimiento de agua y de desagüe. Pueden reconocerse por su recubrimiento de zinc, que les da un color plateado, y por los accesorios roscados que se usan para conectar las tuberías.

Los tubos y accesorios de hierro galvanizado se corroen con el tiempo hasta que, finalmente, no queda más remedio que cambiarlos. Una presión del agua demasiado baja puede ser indicio de que se ha depositado óxido en el interior de estas tuberías. Los atascos suelen formarse en los codos de la instalación. No intente limpiar este tipo de tuberías; es mejor cambiarlas.

Cuando compre tuberías y accesorios de hierro galvanizado indique el diámetro interior. Estos tubos y accesorios se venden en la mayoría de las ferreterías y centros de bricolaje. También existen fragmentos de tubo ya roscados, que se conocen por *entrerroscas*, con longitudes que oscilan entre 2,5 cm y 30 cm. Si en una reparación se necesitan conducciones más largas, lo mejor es pedir en la ferretería o en la tienda de artículos de fontanería tubos cortados y roscados a medida.

El hierro galvanizado viejo puede ser difícil de reparar. Cuando los accesorios de unión están oxidados, lo que a primera vista parece sólo un pequeño arreglo puede llegar a convertirse en un trabajo arduo. Al cortar una sección de tubería se descubren a menudo otros tramos de tubo contiguos que necesitan reparación. En arreglos de cierta envergadura, pueden taponarse las tuberías abiertas y dejar agua corriente para el resto de la casa. Por este motivo, resulta conveniente disponer de un suministro adecuado de entrerroscas y tapones roscados antes de empezar cualquier trabajo.

Cuando desmonte un tramo de tubería y accesorios, empiece por el final de un tramo y desenrosque las piezas de una en una. Acceder a la mitad de un tramo para cambiar un fragmento de tubería puede ser una labor larga y tediosa. Sin embargo, utilizando un accesorio de tres piezas, llamado *unión*, se puede quitar una sección de tubería o un accesorio sin necesidad de desmontar todo el sistema.

Para desmontar tuberías utilice dos llaves grifas, manteniendo una fija mientras mueve la otra. Coloque las llaves con las bocas en direcciones opuestas, y mueva el mango de cada una hacia la abertura de la boca respectiva.

No confunda el hierro galvanizado con el «hierro negro», que existe en tamaños similares y que cuenta con accesorios de unión del mismo tipo. El hierro negro sólo se usa para conducciones de gas.

Herramientas:
Cinta métrica, sierra alternativa con hoja para cortar metal o sierra para metales, llaves grifas, soplete de propano, cepillo metálico.

Materiales:
Entrerroscas, tapones, accesorio de unión, masilla para juntas de tuberías, accesorios de recambio (si fuera necesario).

Mida la tubería antigua. Añada 13 mm en cada extremo, para las roscas de la tubería que entran en los accesorios. Utilice esta medida para comprar las piezas.

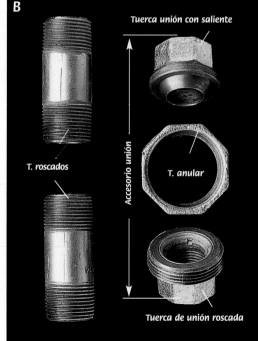

Cambie una sección de tubería por un accesorio de unión y dos tubos pequeños roscados (entrerroscas). Una vez ensamblados, la longitud total del accesorio y las entrerroscas debe ser igual a la longitud del tramo de tubo sustituido.

Quitar y cambiar tuberías de hierro galvanizado

Corte el hierro galvanizado con una sierra alternativa de hoja para metal o con una sierra para metales.

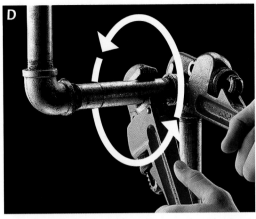

Sujete el empalme con una llave grifa, y use otra para girar la tubería, colocando ambas con las bocas en direcciones opuestas.

Elimine los codos corroídos utilizando dos llaves grifas. Limpie las roscas con un cepillo metálico.

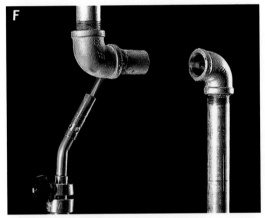

Caliente los codos difíciles con un soplete para facilitar su desmontaje. Proteja los materiales inflamables con una capa doble de chapa metálica, y aplique la llama durante 5 o 10 segundos.

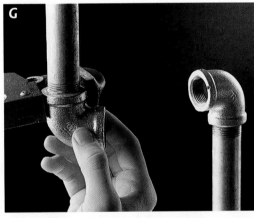

Enrosque codos nuevos en las tuberías y apriételos con ayuda de dos llaves grifas, dejándolos desalineados un octavo de vuelta para facilitar el montaje del accesorio de unión.

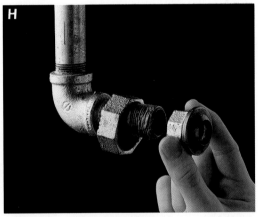

Deslice una tuerca anular sobre la entrerrosca, y luego enrosque en ésta la tuerca de unión con saliente y apriétela con la llave grifa.

Enrosque una segunda entrerrosca en el otro codo, y apriétela con una llave grifa.

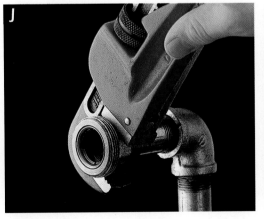

Apriete la tuerca de unión roscada de la segunda entrerrosca. Alinee los tubos de manera que el saliente de la primera tuerca encaje en el hueco de la tuerca de unión roscada.

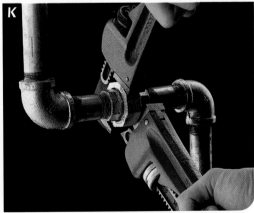

Complete la conexión enroscando la tuerca anular sobre la de unión roscada. Apriete la tuerca anular.

Trabajo con tuberías de fundición

Hoy día rara vez se instalan tuberías de fundición de hierro, aunque es frecuente encontrarlas en casas de más de 30 años de antigüedad, en el sistema de desagüe y ventilación. Las tuberías de fundición se reconocen por su color oscuro, superficie áspera y gran diámetro. En los sistemas domésticos de desagüe suelen tener un diámetro de 7,5 cm o superior.

Para hacer empalmes en tuberías de fundición de hierro pueden usarse tubos abocardados (**foto A**), con un lado recto y otro ensanchado. El lado recto de cada tubo encaja en el extremo abocardado del tubo siguiente, y las uniones se sellan con material de estopa (o similar) y plomo (**foto B**). Estas juntas abocardadas a veces tienen pérdidas, y las tuberías terminan por oxidarse. Cuando se observe deterioro en las tuberías o en los accesorios de unión, será preciso cambiarlos, normalmente por tubería de plástico del mismo diámetro.

Para conectar tubería de plástico nueva a la de fundición se emplean *manguitos con abrazaderas* (**foto C**). Estos manguitos poseen un componente de neopreno que sella la unión y bandas de acero inoxidable con abrazaderas de tornillos que sujetan

las tuberías. Tales manguitos se fabrican en varias formas y estilos, por lo que le recomendamos que consulte las disposiciones locales sobre fontanería para conocer los tipos homologados en su localidad.

Al instalar nuevas tuberías de plástico para ventilación y desagüe a veces es necesario cortar columnas de fundición para conectar los tubos de recambio. Si estas columnas se encuentran en mal estado, a menudo tiene más sentido cambiarlas totalmente por material de plástico.

La fundición de hierro es difícil de cortar y ajustar. Un tramo de unos 2 m de tubería de 10 cm pesa en torno a 30 kg, de manera que una columna completa tal vez pese varios cientos de kilogramos. Pida ayuda a otra persona para reparar o cambiar tuberías de fundición, y cerciórese de que su peso está bien apoyado cuando las corte. Los tramos horizontales suelen estar sostenidos por sujeciones metálicas separadas a intervalos de unos 3 m, así como en cada unión. Los verticales se apoyan en abrazaderas al nivel del suelo de cada planta.

En ocasiones, una columna de desagüe y ventilación de fundición de hierro no puede apoyarse

en viguetas, como sucede en algunos desvanes. Antes de cortarla, prepare un armazón de tablas de 38 × 89 mm para soportar su peso (**foto inferior**). Coloque tablas transversales para completar la estructura de soporte, y luego disponga abrazaderas encima y debajo de la sección que va a cortar.

Accesorios de unión y acoplamientos para fundición de hierro

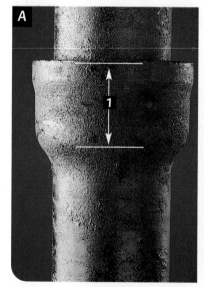

A

1

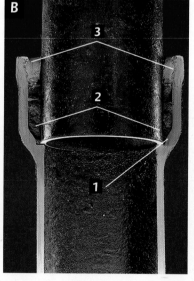

B

3

2

1

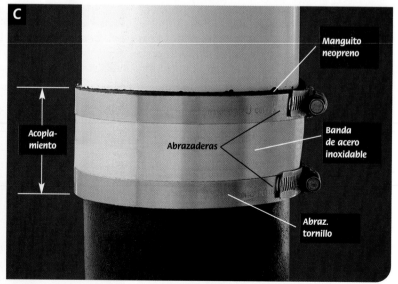

C

Manguito neopreno

Acopla-miento

Abrazaderas

Banda de acero inoxidable

Abraz. tornillo

Las juntas abocardadas (**1**) *pueden usarse para unir tubos viejos de fundición. El lado recto de cada tubo debe encajar en el extremo abocardado del siguiente.*

La unión (en la imagen, mostrada en corte transversal) entre una tubería y el extremo abocardado (**1**) *de la siguiente se sella con estopa* (**2**) *y plomo* (**3**).

Pueden usarse acoplamientos con abrazaderas para unir tubos de plástico nuevos con las tuberías viejas de fundición.

Cambiar un tramo de tubería de fundición

Las tuberías de fundición pueden oxidarse y las juntas abocardadas pueden tener pérdidas. Si su casa tiene más de 30 años, tal vez sea necesario cambiar algún tramo de tubería o alguna unión.

Para cortar fundición de hierro lo mejor es usar un *cortatubos de cadena*, que puede alquilarse en numerosos centros especializados. Existen varios diseños de esta herramienta, por lo que conviene consultar en el centro en cuestión y seguir las recomendaciones del fabricante. También puede cortarse fundición de hierro con una sierra para metales, aunque esta tarea puede ser larga y difícil.

Utilice una tiza para marcar dos líneas de corte en la tubería (**foto D**). Deberá quitar un trozo de tubería de longitud suficiente para que quepan el manguito de unión, los tubos y los acoplamientos necesarios para la transición. Al cambiar una junta abocardada, mida y haga la marca al menos 15 cm por encima y por debajo de la zona abocardada.

Sujete la sección inferior de la tubería instalando una abrazadera sobre la solera de la pared (**foto E**). Apriete con fuerza la abrazadera alrededor del tubo.

Para sostener la sección superior, fije tacos de madera a los montantes de la pared con tornillos para planchas de pared de 60 mm (**foto F**). Coloque estos tacos de forma que sustenten otra abrazadera colocada entre 15 y 30 cm por encima de la sección de tubo que ha de cortarse. Instale la abrazadera apoyada encima de los tacos, y apriétela con fuerza.

Continúa en la página siguiente

Herramientas:
Cinta métrica, tiza, llaves inglesas, cortatubos de cadena alquilado para fundición de hierro, llave de carraca, destornillador.

Materiales:
Abrazaderas de bajante o sujeciones para colgar, dos tacos de madera, tornillos para planchas de pared de 60 mm, acoplamientos con abrazaderas, tubo de plástico de repuesto.

Consejo útil

Si no puede conseguir un cortatubos de cadena, corte los tubos de fundición marcando la línea de corte con una sierra para metales y golpeando ligeramente a lo largo de la línea con un martillo y un cortafrío.

Para cortar fundición de hierro por este método use gafas de seguridad. Y si trabaja en un sótano u otro espacio cerrado, colóquese también auriculares de protección.

D Use una tiza para marcar las líneas de corte en el tubo de fundición, al menos 15 cm por encima y por debajo de la zona deteriorada.

E Apoye la parte inferior de la tubería sobre una abrazadera alineada con la solera.

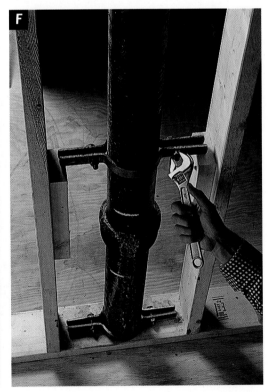

F Coloque una abrazadera entre 15 y 30 cm por encima del tramo que va a sustituir.

Cambiar un tramo de tubería de fundición (cont.)

Rodee la tubería con la cadena del cortatubos, alineando las ruedas de corte con la línea marcada superior (**foto G**).

Apriete la cadena y corte la tubería siguiendo las instrucciones del fabricante (**foto H**). Haga un segundo corte en la línea marcada inferior, y retire todo el tramo deteriorado (**foto I**).

Corte un tubo de plástico de PVC o ABS 2,5 cm más corto que el tramo de fundición al que va a sustituir (**foto J**).

Coloque un acoplamiento con abrazaderas y un un manguito de neopreno en cada extremo de la tubería de hierro (**foto K**). Cerciórese de que la tubería apoya perfectamente en el anillo separador de goma moldeado en el interior del manguito (**foto L**).

Doble hacia atrás el extremo de cada manguito de neopreno hasta que el anillo separador quede al descubierto (**foto M**). Coloque el nuevo tubo de plástico de forma que quede alineado con las tuberías de fundición (**foto N**).

Desdoble los manguitos de neopreno y cubra con ellos los extremos del nuevo tubo de plástico (**foto O**).

Coloque bandas y abrazaderas de acero inoxidable sobre los manguitos de neopreno (**foto P**). Apriete las abrazaderas con una llave de carraca o un destornillador (**foto Q**).

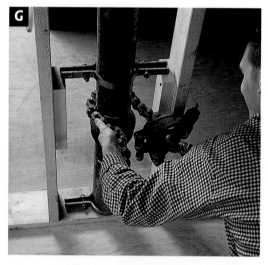

Rodee la tubería con el cortatubos de cadena, alineando las ruedas cortadoras con la línea de tiza.

Apriete la cadena y empiece a cortar el tubo siguiendo las instrucciones del fabricante.

Después de terminar el corte en la otra línea de tiza, quite la sección deteriorada.

Corte un trozo de tubo de plástico de ABS o PVC, 2,5 cm más corto que el de la tubería vieja de hierro.

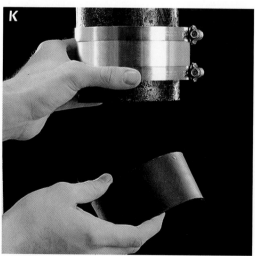

Coloque un acoplamiento con abrazaderas y manguito de neopreno en cada extremo de la tubería de fundición.

Cerciórese de que la tubería de fundición queda perfectamente apoyada en el anillo separador de goma moldeado en el interior del manguito.

Doble hacia atrás los extremos de los manguitos de neopreno para dejar al descubierto el anillo separador moldeado.

Coloque el nuevo tubo de plástico de manera que quede alineado con la tubería de fundición.

Desdoble los extremos de los manguitos de neopreno sobre el tubo de plástico.

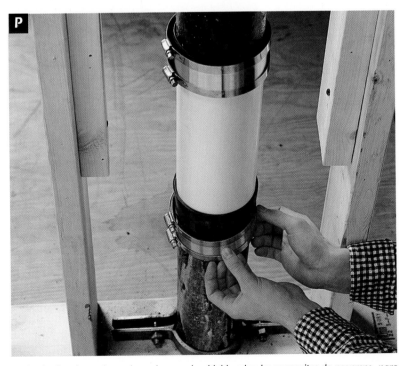

Deslice las bandas y abrazaderas de acero inoxidable sobre los manguitos de neopreno, para que no se muevan de su sitio.

Apriete las abrazaderas con una llave de carraca o un destornillador.

Llaves y grifos

Las llaves o válvulas hacen posible cortar el agua en múltiples puntos del sistema. Si una tubería se rompe o una instalación de fontanería empieza a gotear, la llave permite cerrar el agua en la zona del desperfecto hasta que se pueda reparar.

Las llaves pierden agua cuando se desgastan las juntas o las zapatas. En los mismos juegos universales de zapatas y arandelas utilizados para reparar grifos de compresión se incluyen piezas de recambio (página 328). Cubra las nuevas zapatas con grasa refractaria para evitar que se agrieten.

En los hogares hay normalmente varios tipos de llaves y válvulas: esféricas, de silleta, de paso, de compuerta y, finalmente, grifos con boca roscada para mangueras.

Las llaves esféricas (1) poseen una cámara curva. Para reparar fugas en la parte del mando, cambie la empaquetadura. Si la llave sigue goteando una vez cerrada, sustituya la zapata. Las válvulas de silleta (2) son pequeños accesorios que suelen conectar un frigorífico, un congelador o un filtro de agua montado en el fregadero con una tubería de cobre. Contiene una aguja metálica hueca que perfora la tubería de agua la primera vez que se cierra la válvula. El acoplamiento se sella con una junta de goma. Para reparar las fugas por la maneta, susti-

tuya la junta tórica situada bajo la tuerca del prensaestopas.

Las llaves de paso (3) controlan el suministro de agua a un solo aparato. Poseen un eje de plástico con una empaquetadura y una zapata acoplada. Normalmente, las fugas por el mando se reparan cambiando la empaquetadura. Si al cerrar la llave no se interrumpe completamente el flujo de agua, cambie la zapata.

Las válvulas de compuerta (4) poseen una cuña (o «compuerta») móvil de latón que sube y baja por medio de una rosca para controlar el paso del agua. Para reparar fugas por el mando, sustituya la empaquetadura o el juego de juntas situadas bajo la tuerca del prensaestopas.

Finalmente, los grifos para mangueras (5) tienen una rosca en el caño y se usan a menudo para conectar mangueras de riego y de electrodomésticos.

Herramientas:
Destornillador, alicates graduables, llave inglesa.

Materiales:
Juego universal de zapatas y arandelas, grasa refractaria.

Tipos de llaves de paso presentes en casi todos los hogares.

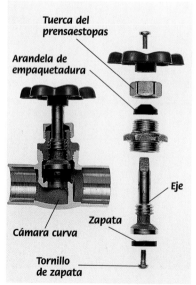

Llave esférica: cambie la empaquetadura.

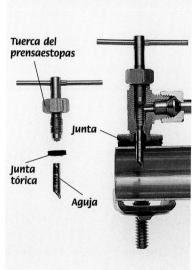

Válvula de silleta: cambie la junta tórica.

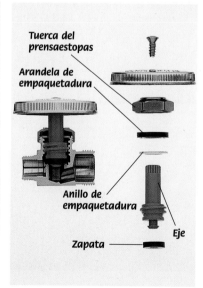

Llave de paso: cambie la empaquetadura.

Válvula de compuerta: cambie la zapata o el conjunto de empaquetadura.

Arreglo de grifos de boca roscada

Estos grifos tienen un caño terminado en una rosca donde se conectan a menudo mangueras de riego y de electrodomésticos. Al igual que las llaves de paso, pueden gotear por desgaste de sus juntas y zapatas, y es posible encontrar piezas de recambio para ellos en los juegos universales de zapatas y arandelas.

Para reparar un grifo de manguera que pierde hay que desmontarlo. Quite el tornillo del mando y levante éste (foto A). Afloje la tuerca del prensaestopas con una llave inglesa.

Desmonte el eje y extráigalo del cuerpo de la válvula (foto B). En caso necesario, utilice unos alicates graduables para aflojar el eje, con cuidado de no rasparlo ni de dañar los resaltes del extremo.

Quite el tornillo de zapata y la zapata. Cubra la zapata de recambio y la arandela de empaquetadura con grasa refractaria, y vuelva a montar la válvula.

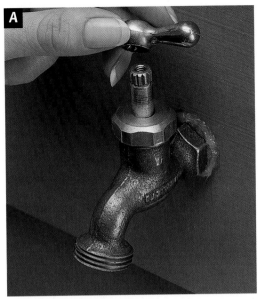

Quite el mando y desmonte la válvula.

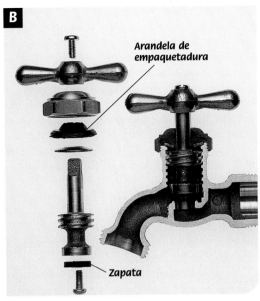

Cambie la zapata y la empaquetadura; vuelva a montar la válvula.

Reparación de grifos de fachada para mangueras

Este tipo de grifos se montan en el exterior de la casa (foto C) y sus fugas suelen deberse a una zapata o una junta tórica defectuosa.

Para reparar uno de estos grifos, quite el mando y afloje la tuerca de retención con unos alicates graduables (foto D). Extraiga el eje. Cambie la junta tórica de la tuerca de retención o el eje. Quite el tornillo de latón del final del eje, y cambie la zapata (foto E). Vuelva a montar el grifo.

Los grifos exteriores pueden resultar dañados por las heladas. Antes de la estación fría, adopte medidas preventivas; desconecte las mangueras de jardín, cierre las llaves de paso que correspondan y abra los grifos exteriores para que salga todo el agua de las tuberías.

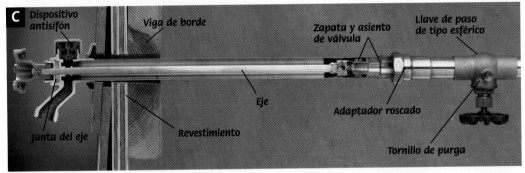

Los grifos de fachada a prueba de heladas deben montarse sobre las vigas de borde, con un eje que penetre entre 15 y 75 cm dentro de la casa. La tubería debe formar un ángulo descendente desde la llave de paso, para favorecer la evacuación del agua.

Quite el mando del grifo, extraiga el eje y cambie la junta tórica.

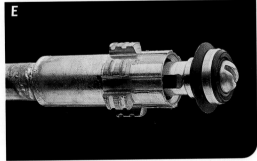

Quite el tornillo de zapata y cambie la zapata. Vuelva a montar el grifo.

Instalar llaves de paso y tubos de suministro

Las llaves de paso permiten cortar el agua que llega a aparatos individuales cuando hay necesidad de repararlos. Están hechas de latón cromado o plástico ligero, y tienen un diámetro de 12 o 18 mm para adaptarse a las tuberías de agua más comunes (**foto A**).

Existen varios tipos de llaves de paso. En tuberías de cobre, las más fáciles de instalar son las que llevan racores de compresión (página 219). En las de plástico (página 280) se usan llaves con racores de apriete. En tuberías galvanizadas son preferibles las llaves con rosca hembra.

Antes, los sistemas de fontanería a menudo se instalaban sin llaves de paso para los aparatos individuales. Así, cuando repare o cambie alguno de estos elementos, tal vez le convenga instalar también una llave de paso.

Los tubos de suministro se usan para conectar las tuberías de agua a los grifos, los inodoros y otros aparatos. Sus dimensiones más comunes son de 30,

50 y 75 cm, y están hechos de diversos materiales (**foto B**). Los más económicos son de plástico PB y cobre cromado. El acero trenzado y la malla de vinilo son más caros, pero simplifican la instalación.

Las llaves de paso o los tubos desgastados pueden producir fugas bajo los fregaderos y otros elementos. Si una llave gotea, pruebe a apretar sus conexiones con una llave inglesa. Cuando esta solución no funcione, siga las instrucciones que se ofrecen a continuación para cambiar llaves de paso y tubos de suministro.

Corte el agua en la llave de paso principal (página 273). Desmonte las tuberías antiguas. Si estuvieran soldadas, córtelas justo debajo de la soldadura, con ayuda de una sierra para metales o un cortatubos (**foto C**), cerciorándose de que los cortes sean rectos. Afloje las tuercas de los racores y desmonte las tuberías antiguas.

Coloque una tuerca y un anillo de compresión en la tubería de agua de cobre (**foto D**), con la parte

roscada de la tuerca frente al extremo del tubo. Introduzca también una llave de paso en la tubería (**foto E**). Aplique una capa de masilla para juntas de tuberías al anillo de compresión. Apriete la tuerca de compresión en la llave de paso con una llave inglesa.

Doble un tubo de suministro de cobre cromado para que llegue desde la entrada de la instalación hasta la llave de paso, utilizando para ello un muelle de doblar tubos (**foto F**).

Herramientas:
Sierra para metales, cortatubos, llave inglesa, muelle de doblar tubos, rotulador.

Materiales:
Llaves de paso, tubos de suministro, masilla para juntas de tuberías.

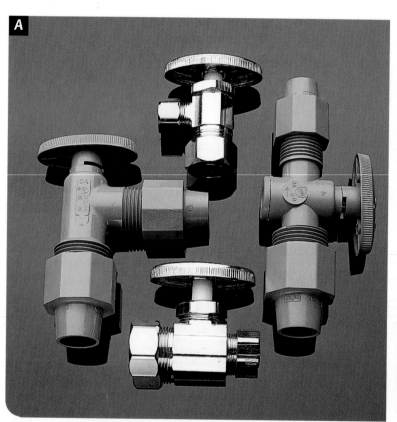

Las llaves de paso permiten cortar el suministro de agua a un aparato individual.

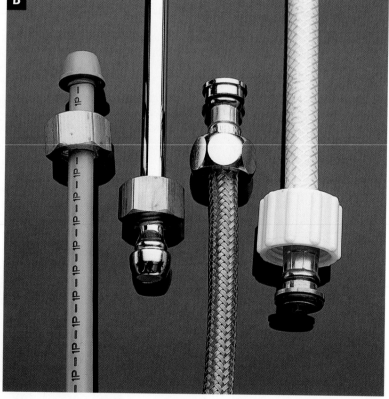

Los tubos de suministro conectan las tuberías a los grifos, inodoros y otros aparatos. Se fabrican en diversos materiales: plástico PB, cobre cromado, acero trenzado y malla de vinilo.

Coloque el tubo de suministro entre la entrada al aparato y la llave de paso. Marque la longitud de tubo necesaria y haga la conexión **(foto G)**. Corte el tubo con un cortatubos.

Una el extremo acampanado del tubo de suministro a la entrada del aparato con una tuerca de acoplamiento, y conecte el otro extremo a la llave de paso mediante una tuerca y un anillo de compresión. Apriete todos los elementos de conexión con una llave inglesa **(foto H)**.

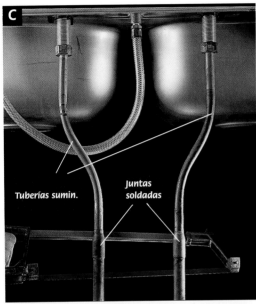

Utilice una sierra para metales o un cortatubos para seccionar las tuberías de suministro antiguas de cobre por debajo de la junta soldada.

Deslice una tuerca y un anillo de compresión sobre la tubería de cobre. Las roscas de la tuerca deben orientarse hacia al extremo del tubo.

Coloque la llave de paso en el tubo. Aplique masilla para juntas de tuberías al anillo y enrosque la tuerca en la llave.

Doble un tubo de suministro de cobre cromado con un muelle curvador de tubos para que llegue desde la entrada al aparato hasta la llave de paso.

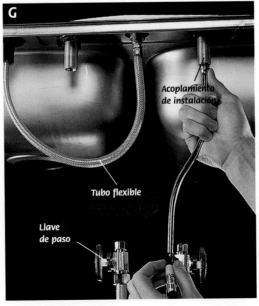

Coloque el tubo de suministro entre la entrada al aparato y la llave de paso. Marque la longitud del tubo y córtelo.

Apriete todos los elementos de conexión con una llave inglesa.

Desagües, sifones y tubos de ventilación

Cuando un aparato tarda en desaguar o no lo hace en absoluto, tal vez el sifón o el desagüe estén obstruidos. Evidentemente, el atasco podría haberse producido en un lugar más alejado del sistema. Sin embargo, lo mejor es probar las posibilidades obvias y aplicar primero las soluciones más sencillas.

Si el problema se limita a un solo aparato, el atasco estará probablemente en su desagüe o sifón, y normalmente será fácil de arreglar, pero si los aparatos efectados son dos o más podría encontrarse en un ramal de desagüe o incluso en la columna principal de desagüe y ventilación. Y si todos los aparatos de una misma planta parecen estar más afectados que los de los niveles inferiores (por ejemplo, el sótano), la obstrucción probablemente te estará situada en la zona superior del sistema de desagüe y ventilación.

Una vez más parece buena idea empezar por los métodos menos invasivos y agresivos: primero pruebe con el desatascador, luego añada productos químicos y, como recurso adicional, introduzca una sonda de mano. Aunque los sistemas de fontanería antiguos son particularmente propensos a sufrir daños cuando se utilizan métodos de limpieza agresivos, es importante tratar las tuberías con cuidado, sea cual sea su antigüedad.

Limpiar desagües, sifones y columnas de ventilación es una tarea engorrosa y nada agradable. Como precauciones higiénicas, adopte todas las medidas necesarias para que las aguas residuales no entren en contacto con la piel. Lleve gafas de seguridad, gorra o similar, mascarilla antipolvo, guantes de goma, prendas de manga larga y pantalones gruesos. Cámbiese de ropa y lávese las manos con jabón antibacteriano en cuanto termine; limpie también las herramientas con detenimiento.

Si se confirma que las líneas de aguas residuales están atascadas y han de limpiarse con una sonda eléctrica, considere la posibilidad de contratar a un servicio profesional de saneamiento. Si alquila una sonda eléctrica, solicite instrucciones completas al centro de alquiler para lograr un funcionamiento seguro y eficaz del equipo.

Si sospecha que la canalización está aplastada, consulte con un servicio de limpieza profesional.

Limpiar líneas de desagüe principales y ramales

Si no consigue eliminar el atasco con un desatascador o una sonda de mano, tal vez el problema se encuentre en el ramal de desagüe.

Averigüe cuál es el ramal más próximo al aparato atascado, y localice el tapón de limpieza del final de la tubería (foto A). Como podría haber aguas residuales en las tuberías de desagüe, coloque un cubo, trapos y papel de periódico bajo la abertura. Afloje despacio el tapón de limpieza con una llave inglesa y quítelo con cuidado. Manténgase apartado mientras trabaja, sin colocarse nunca directamente debajo cuando afloje una tapa o un tapón. Utilice una sonda de mano para limpiar la tubería.

Si con ello no resuelve el problema, tal vez la obstrucción se encuentre en la columna principal de desagüe y ventilación. Para limpiarla, busque su respiradero en el tejado (foto B).

Herramientas:
Llave inglesa o llave grifa, sonda de mano, cortafrío, martillo de bola.

Materiales:
Cubo, trapos, aceite penetrante, tapón de limpieza de recambio (en caso necesario), masilla para juntas de tuberías.

Despeje el ramal de desagüe quitando el tapón, vaciando la tubería y utilizando una sonda manual para limpiarla.

Limpie la columna principal de desagüe y ventilación dejando caer el cable de la sonda desde el tejado.

Antes de subir al tejado, compruebe que el cable de la sonda es suficientemente largo como para llegar hasta el final de la columna. Una vez en el tejado, deje caer el cable por el respiradero. Adopte todas las precauciones necesarias siempre que trabaje en un tejado o encaramado a una escalera.

Si con la limpieza de la columna no se resuelve el problema, revise la conducción de servicio del alcantarillado. Encuentre la toma principal de limpieza, normalmente un empalme en forma de Y situado en la parte inferior de la columna principal de desagüe y ventilación. Coloque trapos y un cubo bajo el empalme, y use una llave grifa grande para quitar la tapa (foto C). Si no puede retirarla, aplique aceite penetrante en los bordes y espere unos 10 minutos antes de volver a intentarlo.

Si aun así no puede quitarla, pruebe con un martillo y un cincel (foto D). Apoye el filo del cincel en el labio de la tapa, y golpee el cincel con un marti-

llo de bola para mover la tapa en sentido contrario a las agujas del reloj. Si no lo consigue, rompa la tapa con el cincel. Una vez retirados todos los trozos de la tapa, introduzca el cable de una sonda de mano por la abertura y limpie la tubería.

Para cambiar la tapa vieja, aplique masilla a las roscas de una tapa de plástico de repuesto y enrosque esta tapa en la abertura (foto E). Alternativamente, puede usar un tapón de goma expansible (foto F), el cual lleva una tuerca de mariposa que comprime la parte central de goma entre dos discos metálicos. Con ello, la goma se deforma ligeramente y crea una junta estanca.

Algunas conducciones de servicio del alcantarillado de las casas viejas tienen un sifón, un accesorio en forma de U situado en el lugar por donde la tubería de desagüe sale de la casa (foto G). Este sifón se reconoce por tener dos aberturas, una para la casa y otra para la calle. Retire lentamente

sólo la tapa del lado de la calle. Si al hacerlo sale agua por la abertura, el atasco estará en el tramo hacia la alcantarilla, pasado el sifón. En caso contrario, pruebe a limpiar el sifón con una sonda manual.

Si encuenta resistencia sólida con la sonda, extraiga el cable y examine el extremo. La presencia de raíces finas en dicho extremo indica que la tubería está obstruida por raíces capilares de árboles, que podrían eliminarse con una perforadora eléctrica o contratando los servicios de una compañía de limpieza. La suciedad es un indicio de tubería aplastada, por lo que conviene ponerse en contacto con un profesional lo antes posible.

Si no encuentra ningún atasco en esta zona, coloque de nuevo la tapa y quite la del lado de la casa. Utilice la sonda para eliminar cualquier atasco que exista entre el sifón de la casa y la columna principal.

Retire la tapa de limpieza de la tubería principal de desagüe con una llave grifa grande.

Si la tapa está desgastada, quítela haciéndola girar en sentido contrario a las agujas del reloj con un cincel y un martillo de bola.

Una vez limpio el desagüe, cambie la tapa vieja por una nueva de plástico.

Como alternativa, cambie la tapa vieja por una de goma expansible, más fácil de quitar en el futuro.

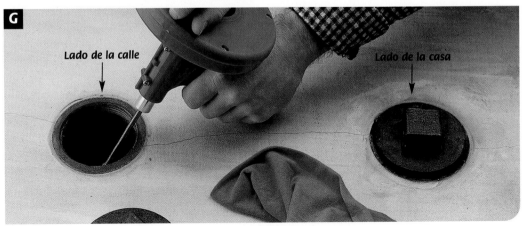

Lado de la calle

Lado de la casa

Las tuberías de alcantarillado de las casas viejas tienen un sifón con dos aberturas: una en la calle y otra en la casa.

Desatascar sumideros

Cuando el agua rebosa por el sumidero y encharca el suelo del sótano, puede existir un atasco en la tubería del sumidero, en el sifón o en la tubería de alcantarillado. Si el atasco está en el sifón o el conducto de desagüe, elimínelo con una sonda manual o una boquilla de expansión.

Para desatascar el sumidero con una sonda manual, quite la tapa con un destornillador. Use una llave inglesa para aflojar el tapón de la cubeta de desagüe. Introduzca el cable de la sonda por la abertura y diríjalo hacia la tubería de desagüe (**foto A**).

Las boquillas de expansión resultan particularmente útiles para eliminar atascos en las tuberías que desembocan en sumideros. Colocadas en el extremo de una manguera de jardín, estas boquillas permiten inyectar un potente chorro de agua que deshace la mayoría de las obstrucciones.

Para limpiar un sumidero con una boquilla de expansión, coloque ésta en una manguera de jardín (**foto B**). Acople la manguera a un grifo exterior o interior y quite la tapa del sumidero y el tapón de limpieza.

Introduzca completamente la boquilla en el sumidero y abra el agua (**foto C**). Deje la boquilla en funcionamiento durante varios minutos, para que termine de hacer su efecto.

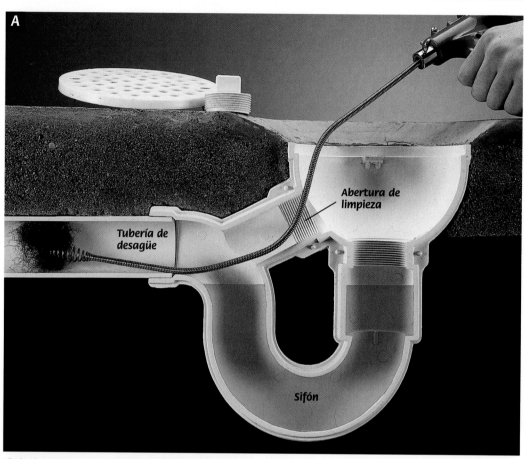

Abertura de limpieza

Tubería de desagüe

Sifón

Elimine los atascos en los sumideros quitando la tapa e introduciendo el cable de una sonda directamente en el tubo de desagüe.

Herramientas:
Sonda manual, destornillador, llave inglesa, boquilla de expansión.

Materiales:
Manguera de jardín.

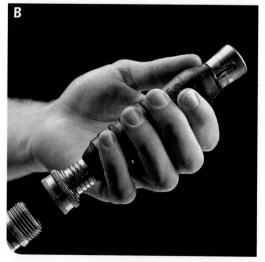

Para limpiar un atasco en un sumidero con una boquilla de expansión, acople la boquilla a una manguera de jardín.

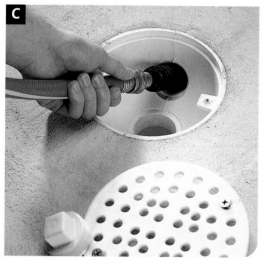

Levante la tapa del sumidero. Introduzca la boquilla por él y deje correr el agua.

Limpiar botes sifónicos obstruidos

En las viviendas, algunas tuberías de desagüe pueden estar unidas a botes sifónicos, normalmente situados en el suelo cerca de una bañera (**foto D**). Estos sifones tienen una tapa plana fijada a rosca. En ocasiones se instalan bajo el suelo, en posición invertida, para poder acceder a ellos desde abajo.

Para limpiar un bote sifónico, coloque trapos o toallas alrededor de la boca (**foto E**).

Quite la tapa con cuidado (**foto F**). Los botes sifónicos antiguos pueden ser de plomo, que se vuelve quebradizo con el paso del tiempo. Si no es fácil aflojar la tapa, use aceite penetrante.

Utilice una sonda manual para limpiar la tubería (**foto G**). Envuelva la rosca de la tapa con cinta de teflón y vuélvala a colocar.

Haga circular agua caliente por todos los desagües durante 5 minutos, para garantizar que queden bien limpios.

Herramientas:
Llave inglesa, sonda manual.

Materiales:
Trapos o toallas, aceite penetrante, cinta de teflón.

Los botes sifónicos son de plomo o fundición de hierro. Normalmente, están conectados a más de una tubería de desagüe. Estos sifones no están ventilados, por lo que han dejado de utilizarse en muchas instalaciones nuevas.

Coloque trapos o toallas alrededor de la abertura del bote sifónico, para absorber el agua que pueda refluir por la tubería.

Quite la tapa con cuidado.

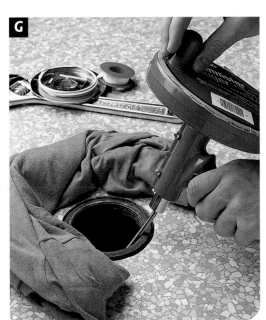

Utilice una sonda para limpiar cada una de las tuberías de desagüe, y vuelva a poner la tapa. Haga circular agua caliente por las tuberías de desagüe durante 5 minutos.

Desatascar desagües de bañera

Si el agua de la bañera se vacía con lentitud o queda estancada, habrá que desmontar y limpiar el desagüe. En los mecanismos de las bañeras quedan atrapados cabellos y otros restos de suciedad.

Los desagües de bañera de pistón tienen un tapón hueco de latón (llamado pistón) que corre en sentido vertical por el interior del tubo del rebosadero para cerrar el paso del agua (**foto A**). Este pistón es accionado por una palanca y un mecanismo articulado que discurre por el tubo del rebosadero.

Por su parte, los desagües de tapón saliente poseen un balancín que al oscilar abre o cierra un tapón metálico en el desagüe (**foto B**). Este balancín se mueve por la acción de una palanca y un mecanismo articulado situados dentro del desagüe del rebosadero.

Herramientas:
Desatascador, destornillador, cepillo metálico pequeño, alicates de puntas, sonda manual.

Materiales:
Vinagre, grasa refractaria, trapo.

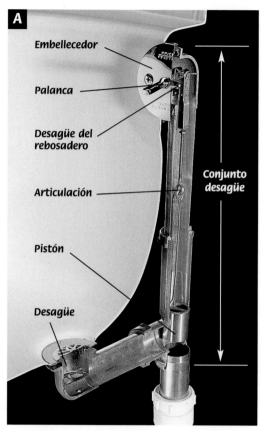

A

Embellecedor
Palanca
Desagüe del rebosadero
Articulación
Pistón
Desagüe
Conjunto desagüe

Los desagües de bañera de pistón tienen un tapón de latón hueco, llamado pistón, para impedir el reflujo de agua.

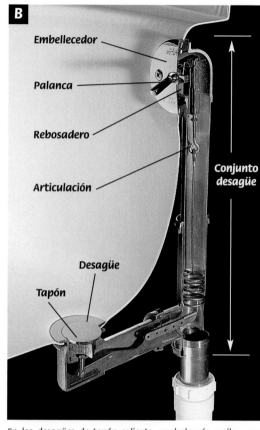

B

Embellecedor
Palanca
Rebosadero
Articulación
Desagüe
Tapón
Conjunto desagüe

En los desagües de tapón saliente, un balancín oscila para abrir o cerrar el tapón metálico.

Limpiar y ajustar un desagüe de bañera de pistón

Para limpiar y ajustar un desagüe de este tipo, quite los tornillos del embellecedor. Tire de éste con cuidado para extraer el mecanismo articulado y el pistón por el hueco del rebosadero.

Limpie el mecanismo y el pistón con un pequeño cepillo metálico mojado en vinagre (**foto C**). Lubrique el conjunto con grasa refractaria.

Regule el flujo del desagüe y arregle las fugas ajustando el mecanismo articulado (**foto D**). Afloje la tuerca de seguridad de la varilla roscada con unos alicates de puntas. Enrosque la varilla de nuevo unos 3 mm, apriete la tuerca y vuelva a montar el mecanismo completo.

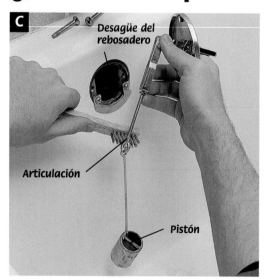

C

Desagüe del rebosadero
Articulación
Pistón

Limpie el mecanismo articulado y el pistón, y lubrique el conjunto con grasa refractaria.

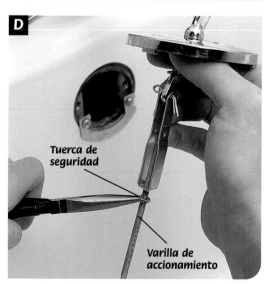

D

Tuerca de seguridad
Varilla de accionamiento

Regule el flujo del desagüe y arregle las fugas ajustando el mecanismo articulado; después, monte de nuevo el conjunto.

Limpiar y ajustar un desagüe de bañera de tapón saliente

Para limpiar y ajustar un desagüe de este tipo, levante la palanca para abrir el tapón por completo. Extraiga con cuidado el tapón y el balancín por el hueco del desagüe (foto E). Limpie de cabellos y suciedad el balancín con un pequeño cepillo metálico.

Quite los tornillos del embellecedor y tire de él, para extraer la palanca y el mecanismo articulado por el hueco del rebosadero (foto F). Quite los cabellos y la suciedad. Limpie el mecanismo articulado con un pequeño cepillo metálico mojado en vinagre, y luego lubríquelo con grasa refractaria.

Regule el flujo del desagüe y arregle posibles fugas ajustando el mecanismo articulado (foto G). Afloje la tuerca de seguridad de la varilla de accionamiento y enrosque ésta hacia arriba unos 3 mm. Luego apriete la tuerca y vuelva a montar el mecanismo.

Quite el embellecedor y extraiga el mecanismo completo por el hueco del desagüe.

Limpie el mecanismo y lubríquelo con grasa refractaria.

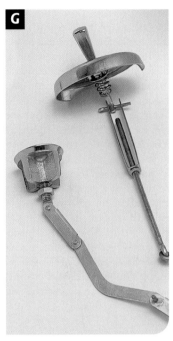

Elimine las fugas ajustando el mecanismo articulado. Vuelva a montar todo el conjunto.

Limpiar la tubería de desagüe de una bañera

Si al limpiar el desagüe no se arregla el problema, tal vez esté atascada la tubería. Intente primero desobstruirla con un desatascador de ventosa. Tape el hueco del rebosadero con un trapo húmedo antes de desatascar el desagüe. Así evitará que la entrada de aire por el rebosadero impida el efecto de succión del desatascador.

Si no logra desatascar la tubería, pruebe con una sonda manual (foto H). Quite el embellecedor y extraiga con cuidado el mecanismo articulado del desagüe. Introduzca el cable de la sonda por el hueco hasta que encuentre resistencia. Deje la sonda bloqueada y gire la manivela en el sentido de las agujas del reloj. Después de usar la sonda, vuelva a colocar el mecanismo articulado del desagüe. Abra el sumidero y deje correr agua caliente para que expulse toda posible suciedad.

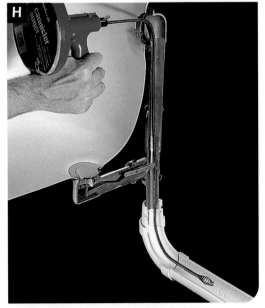

Limpie el desagüe de la bañera introduciendo el cable de la sonda por la abertura del rebosadero.

Consejo útil

Para que los desagües, incluido el de la bañera, corran sin problemas, trátelos todas las semanas con la siguiente fórmula no tóxica. Mezcle una taza de bicarbonato de sosa, una de sal y una cuarta parte de taza de salsa tártara. Vierta un cuarto de taza de esta mezcla en cada desagüe de la casa, y después dos vasos de agua hirviendo.

Antes de recurrir a un producto químico desatascador para el desagüe, pruebe con el siguiente remedio: vierta 1 taza de bicarbonato de sosa en el desagüe, y luego medio litro de vinagre. A los 15 minutos, vierta por el desagüe 2 o 3 tazas de agua hirviendo; con esto debería desaparecer el atasco.

Desatascar el desagüe de un lavabo o de un fregadero

Los atascos en fregaderos y lavabos suelen deberse a la acumulación de suciedad en el sifón o en la tubería de desagüe. Para eliminarlos, use un desatascador o una sonda manual, o desmonte y limpie el sifón.

Para usar un desatascador empiece por quitar el tapón. Muchos desagües tienen tapones del tipo saliente, que se elevan al accionarlos; otros se quitan girándolos en sentido contrario a las agujas del reloj. En fregaderos o lavabos antiguos será necesario desmontar la barra del mecanismo para liberar el tapón.

Introduzca un trapo húmedo en la abertura del rebosadero para garantizar una presión de aspiración adecuada. Coloque la ventosa del desatascador sobre el hueco del desagüe y deje correr el agua hasta que cubra la ventosa. Accione el desatascador rápidamente arriba y abajo. Cuando parezca que se ha limpiado la tubería, deje correr agua caliente durante dos minutos para disolver cualquier resto. También puede tratar el agua con un producto de limpieza no cáustico.

Herramientas: Desatascador, alicates graduables, cepillo metálico pequeño, destornillador, llave de cola, martillo, espátula.

Materiales: Trapo, cubo, juntas de recambio, masilla de fontanero, arandelas, piezas de repuesto necesarias.

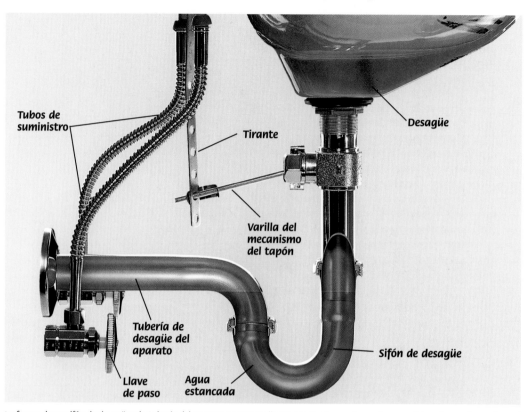

La forma de un sifón de desagüe y la tubería del aparato correspondiente se parecen comúnmente a una letra «P», razón por la cual estos sifones se llaman también de tipo P. Los atascos suelen deberse a la acumulación de jabón y cabellos en el sifón o en la tubería.

Limpiar y ajustar un tapón de desagüe de tipo saliente

Si un lavabo no retiene el agua o ésta se evacua con demasiada lentitud, habrá que limpiar y ajustar el tapón.

Levante la palanca de accionamiento del tapón para cerrarlo completamente. Desenrosque la tuerca de retención que sujeta la barra del mecanismo. Extraiga la barra del tubo de desagüe para liberar el tapón. Retire éste y utilice un cepillo metálico pequeño para limpiar los restos de suciedad (**foto A**). Examine la junta para ver si está dañada o desgastada, y cámbiela en caso necesario. Vuelva a colocar el tapón.

Si el desagüe sigue sin funcionar correctamente, ajuste el tirante (**foto B**). Afloje el tornillo que lo sujeta y muévalo arriba o abajo sobre la barra para ajustar la posición del tapón. Vuelva a apretar el tornillo de fijación.

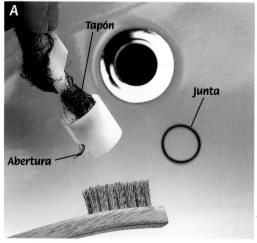

Afloje y desmonte el tapón. Limpie de cabellos y otros restos el interior y vuelva a colocarlo.

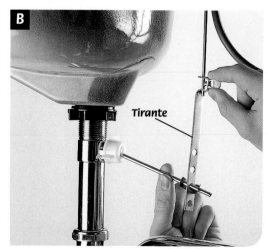

Si el desagüe sigue sin funcionar bien, ajuste el tirante.

Desmontar y limpiar un sifón de desagüe

Si después de usar el desatascador y de limpiar el tapón el lavabo sigue sin desaguar de forma correcta, lo siguiente que ha de probarse es desmontar y limpiar el sifón del desagüe. Coloque un tubo debajo del sifón para recoger el agua y la suciedad que caigan, y afloje las tuercas del sifón con unos alicates graduables (**foto C**). Desenrosque las tuercas a mano y retírelas de las conexiones. Tire del codo del sifón y extraiga toda la suciedad (**foto D**). Limpie el codo con un cepillo metálico pequeño. Examine las arandelas de las tuercas para ver si están desgastadas, y cámbielas en caso necesario. Vuelva a instalar el sifón y apriete de nuevo todas las tuercas.

Afloje las tuercas y desmonte el codo del sifón.

Limpie el codo del sifón y vuelva a montarlo.

Arreglar el coladero de un desagüe que pierde

Las pérdidas por un desagüe pueden deberse a un defecto de estanqueidad entre el coladero y el hueco del sumidero (**foto E**). Estas pérdidas se eliminan normalmente desmontando y limpiando el conjunto, y cambiando las juntas desgastadas y la masilla deteriorada.

Desenrosque las tuercas de ambos extremos del tubo de salida del lavabo con unos alicates gradua-

bles (**foto F**). Desconecte este tubo del coladero y el codo del sifón y retírelo.

Quite la tuerca de bloqueo con una llave de cola (**foto G**). Desenrosque la tuerca y quite el coladero.

Elimine la masilla antigua del hueco del desagüe y de debajo del cuerpo del coladero.

Aplique un cordón de masilla en el saliente del hueco del desagüe. Coloque a presión el coladero

en el hueco del desagüe. Desde debajo del desagüe, coloque la nueva junta de goma y luego el anillo de fricción metálico o de fibra, encima del coladero. Vuelva a colocar y a apretar la tuerca y a conectar el tubo de salida del lavabo.

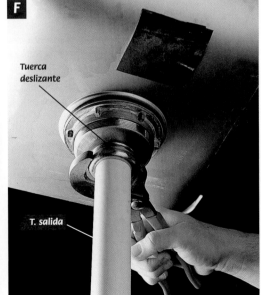

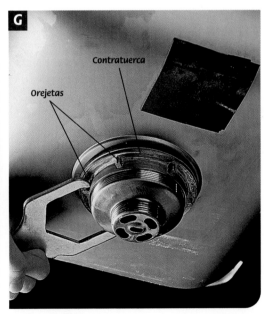

El coladero sirve para unir el lavabo con la tubería de desagüe (izquierda). Si la junta del coladero no es estanca pueden producirse pérdidas por el saliente del hueco de desagüe. Desconecte el tubo de salida del coladero y el codo del sifón (parte central). Quite la tuerca y el conjunto del coladero (derecha).

Limpiar desagües con una sonda manual

La sonda manual tiene un cable de acero flexible que se introduce en las tuberías de desagüe para deshacer las obstrucciones. Estas sondas, aunque fáciles de usar, requieren cierta sensibilidad para distinguir un atasco de jabón de un codo de la tubería.

Coloque un cubo bajo el codo del sifón para recoger el agua y los restos acumulados. Afloje las tuercas del codo del sifón con unos alicates graduables. Desenrosque las tuercas con la mano y retírelas de las uniones, para desmontar el codo del sifón (**foto A**). Introduzca el extremo del cable de la sonda en el hueco de la tubería hasta que encuentre resistencia; normalmente, esta resistencia es indicio de que el final del cable se ha topado con un codo en la tubería.

Ajuste el tope de penetración de la sonda de forma que al menos entren en la tubería 15 cm de cable (**foto B**). Gire la manivela de la sonda en el sentido de las agujas del reloj para que el extremo sortee el codo de la tubería.

Libere el tope y siga introduciendo cable por el hueco hasta que note una firme resistencia. Apriete el tope de la sonda y gire la manivela en la misma dirección que antes. Una resistencia sólida que impide el avance del cable indica la existencia de un atasco, que a veces puede engancharse y sacarse del tubo tirando (**foto C**).

Para extraer un obstáculo de la tubería, libere el tope de la sonda y gire la manivela en el sentido de las agujas del reloj. Si no puede sacar el objeto, vuelva a colocar el codo del sifón y use la sonda para limpiar el ramal o la columna de desagüe y ventilación más próximos.

Una resistencia continua que deja avanzar al cable, aunque lentamente, suele deberse a una acumulación de jabón (**foto D**). Atraviese este atasco girando la manivela en el sentido de las agujas del reloj al tiempo que sujeta firmemente la empuñadura de la sonda. Repita la operación dos o tres veces y extraiga el cable. Vuelva a colocar el codo del sifón y deje correr agua caliente por el sistema para disolver la suciedad.

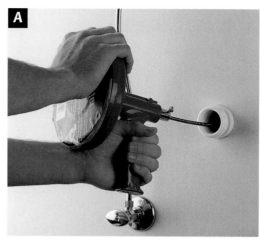

Desmonte el codo del sifón e introduzca el cable de la sonda en la tubería de desagüe. La primera resistencia que encuentre corresponderá probablemente a un codo de la tubería.

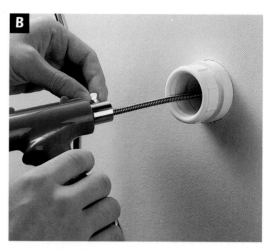

Después de introducir un mínimo de 15 cm de cable por el hueco del desagüe, bloquee la sonda y gire la manivela.

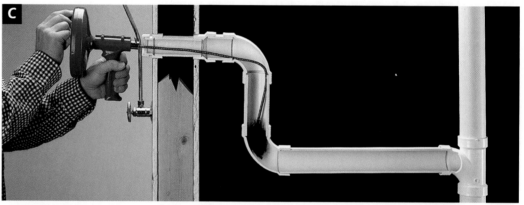

Una resistencia sólida es indicio de obstrucción. Engánchela con el cable y sáquela por el hueco aflojando el bloqueo de la sonda y girando la manivela. Si no consigue sacarla, utilice la sonda para limpiar el ramal de tubería o la columna de desagüe y ventilación más próximos.

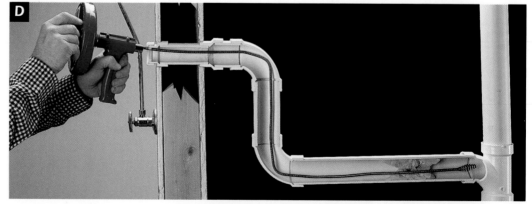

Una resistencia continua mientras se mueve ligeramente el cable indica la presencia de un atasco de jabón. Deshaga el atasco traspasándolo repetidamente con la punta de la sonda. Gire la manivela en el sentido de las agujas del reloj, utilizando la empuñadura para mantener la presión del cable. Vuelva a colocar el codo del sifón y limpie el sistema con agua caliente.

Desatascar inodoros

El sistema de desagüe del inodoro tiene una salida y un sifón en la parte inferior de la taza. Está conectado, además, a una tubería de desagüe y a la columna principal de desagüe y ventilación.

La mayoría de los atascos del inodoro se deben a la introducción de un objeto que impide el paso del agua. Si al vaciar la cisterna el agua se evacua con lentitud, probablemente existirá una obstrucción parcial. Para resolver el problema, utilice un desatascador con pestaña o una sonda para inodoro.

Los desatascadores generan una presión que desplaza el atasco. Apenas unos centímetros de agua en la taza serán suficientes para cerrar de forma estanca el desatascador, lo que incrementará su eficacia.

Coloque la ventosa directamente sobre la salida del desagüe y bombee 15 o 20 veces (foto E). Vierta un cubo de agua en la taza para arrastrar la suciedad por el desagüe. Si con esta operación no logra el resultado buscado, empuje el desatascador sobre la salida del desagüe para crear un vacío, y tire rápidamente de él, con lo que succionará el atasco. Si aun así no se resuelve el problema, pruebe con una sonda manual.

Para desatascar el inodoro con una sonda manual, coloque el codo de la sonda en la parte inferior del hueco del desagüe e introduzca el cable por el sifón (foto F). Gire la manivela en el sentido de las agujas del reloj para enganchar las obstrucciones.

Siga girando la manivela mientras tira del cable para extraer la suciedad del sifón.

Si tampoco con la sonda consigue que el inodoro funcione de manera normal, tal vez el problema

no esté en él. A veces, el desbordamiento de la taza del inodoro se debe a un bloqueo de la columna de desagüe y ventilación. Tendrá que desatascar esta columna (página 304) para resolver el problema.

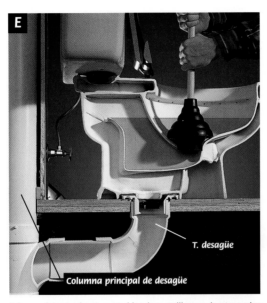

Primero, intente desatascar el inodoro. Utilice un desatascador con pestaña para impulsar el atasco hacia abajo por los conductos de desagüe.

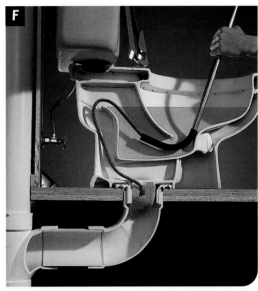

Para sacar las obstrucciones del sifón o deshacer atascos difíciles utilice una sonda especial para inodoros.

Desatascar el desagüe de la ducha

El sistema de desagüe de la ducha se caracteriza por un suelo en pendiente, un hueco de evacuación, un sifón y una tubería de desagüe que desemboca en un ramal de la columna de desagüe y ventilación.

Los atascos en la ducha suelen deberse a la acumulación de cabellos. Estas obstrucciones a veces se eliminan con un trozo de alambre, aunque en ocasiones exigen esfuerzos más agresivos.

Levante la tapa del coladero apalancando con un destornillador. Ilumine el hueco con una linterna y compruebe que no haya cabellos ni otra suciedad

cerca de la superficie. Utilice un trozo de alambre rígido para extraer los desperdicios acumulados.

Si no puede llegar a la obstrucción, use un desatascador. Coloque la ventosa de goma sobre el hueco del desagüe y luego vierta agua caliente en el suelo de la ducha para cubrir la pestaña de la ventosa. Mueva el mango del desatascador arriba y abajo con rapidez.

Para deshacer los atascos rebeldes utilice una sonda de mano (foto G). Introduzca la sonda por el desagüe y gire la manivela en el sentido de las agujas del reloj para enganchar y arrastrar el obstáculo.

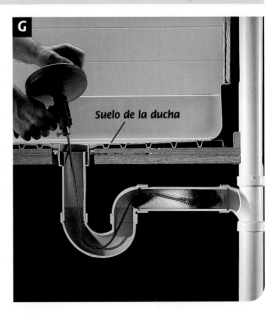

Fregaderos y lavabos

Aunque los fregaderos suelen durar muchos años, el acabado al final se desgasta y puede agrietarse o desportillarse. Cambiar un fregadero deteriorado es mucho más fácil de lo que se imagina.

Compre el nuevo fregadero antes de tirar el viejo. Si piensa utilizar la misma encimera y, también, el grifo, mida el hueco de la encimera y el perímetro del fregadero antiguo, así como la posición de los grifos. Eche una ojeada debajo del fregadero para determinar la configuración de las entradas de los grifos, así como la distancia entre ellos.

Los fregaderos pensados para que el propio usuario los instale están hechos de fundición de hierro esmaltada, acero inoxidable o acero esmaltado. Los de superficie sólida o porcelana se reservan preferiblemente para su instalación por profesionales.

Por su parte, los lavabos adecuados para instalación por el usuario están hechos de mármol artificial, porcelana, superficie sólida, acero inoxidable, fundición de hierro esmaltada y vidrio templado.

Los fregaderos de fundición de hierro son duraderos y relativamente fáciles de instalar. En su mayoría carecen de estructura de soporte, y no necesitan tornillería de montaje.

Los de acero inoxidable y acero esmaltado pueden necesitar una estructura metálica y escuadras de montaje. Un buen fregadero de acero inoxidable está hecho de acero al níquel de grado 18 o 20. Los aceros de más de 20 se mellan con demasiada facilidad.

Los conjuntos integrales (de una pieza) de fregadero y encimera de mármol artificial u otros materiales de superficie sólida tienen mucha aceptación, en parte por la extrema sencillez de su montaje. Los fregaderos de porcelana, en general autoajustables, también son fáciles de instalar. No puede decirse lo mismo de los de montaje al ras o por debajo de la superficie de la encimera, que pueden plantear ciertas dificultades.

Herramientas:
Llave para lavabos, lápiz, sierra para metales, cúter, alicates graduables, llave de carraca.

Materiales:
Cubo, masilla de fontanería, masilla para bañeras y azulejos, masilla de silicona.

Desconectar y desmontar un fregadero de cocina

Antes de empezar a trabajar, corte el agua, ya sea cerrando la llave de paso del fregadero o la general de la instalación, situada cerca del contador.

Utilice una llave de lavabos para aflojar las tuercas que unen el tubo de suministro al tubo de entrada del grifo (**foto A**). Si los tubos de suministro están soldados, use una sierra para metales y corte *por encima* de las llaves de paso. Si el fregadero está conectado a un lavavajillas o a un triturador de desperdicios, desconéctelo de ellos (páginas 356-359 y 361-364).

Coloque un cubo debajo del sifón de desagüe, afloje las tuercas de los extremos de éste y quite el sifón (**foto B**). Si no puede aflojar las tuercas, corte el sifón con una sierra para metales. Emplee un cúter para cortar la masilla o sellador entre el borde del fregadero y la encimera (**foto C**). Levante el fregadero con cuidado y póngalo a un lado. Si piensa seguir usando el mismo grifo, desmóntelo del fregadero.

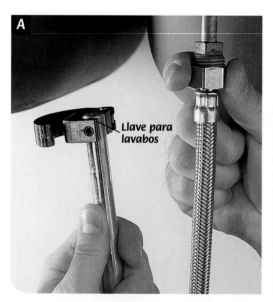
Desmonte los tubos de suministro del tubo de entrada del grifo.

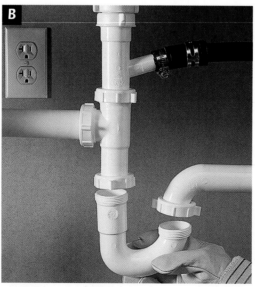
Afloje las tuercas de los dos extremos del sifón de desagüe y quite el sifón.

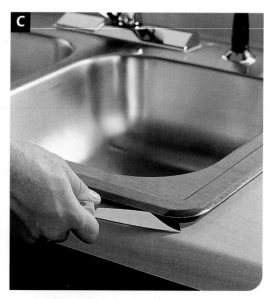
Corte la masilla o el sellador de debajo del borde del fregadero.

Desconectar y desmontar un lavabo

Cambiar un lavabo deteriorado o feo es una tarea bastante sencilla, rápida y relativamente económica.

En todos los casos, lo primero que ha de hacerse es cortar el agua y desconectar las tuberías (**fotos D, E**). Si hay llaves de paso, ciérrelas. En caso de que las tuberías de suministro estén soldadas, córtelas por encima de las llaves de paso. Si no hay llaves de paso, cierre el agua en la entrada principal, y monte una de estas llaves en el nuevo lavabo.

Los métodos para desmontar un lavabo varían ligeramente según las distintas clases de lavabos (tal como se ilustra en las fotografías adjuntas).

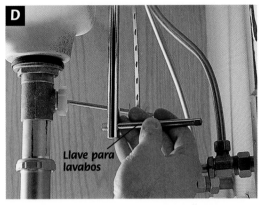

D

Corte el agua y use una llave de lavabos para quitar las tuercas que conectan los tubos de suministro a los tubos de entrada de los grifos.

E

Coloque un cubo debajo del sifón y afloje las tuercas de los dos extremos de éste. Si no consigue girarlas, corte el sifón con una sierra de metales, con cuidado de no dañar el brazo.

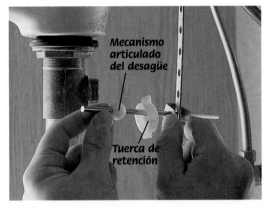

Lavabos con grifo montado en la encimera: Desconecte el mecanismo articulado del tubo de salida del lavabo, desenroscando la tuerca de retención.

Lavabos montados en la pared: Corte la masilla o el sellador y levante el lavabo de sus soportes. Si está fijado con tornillos de anclaje, coloque una tabla de madera de 38 × 89 mm entre el lavabo y el suelo mientras lo levanta.

Lavabos con pie: Si el lavabo y el pie están unidos, quite los tornillos. Apoye el lavabo sobre tablas de madera de 38 × 89 mm. Retire el pie, y luego levante el lavabo de los soportes.

Lavabos integrales: Quite los tornillos de montaje de debajo de la encimera. Corte la masilla o el sellador entre la encimera y el tabique, y entre la encimera y el lavabo, y extraiga el lavabo de la encimera.

Lavabos de autoajuste: Corte la masilla o el sellador entre el borde del lavabo y la encimera. Levante el lavabo de la encimera.

Lavabos sin borde: Ate un alambre a un trozo de madera; páselo por el hueco del desagüe y retuérzalo sobre otro trozo de madera hasta que quede tirante. Quite los enganches de montaje. Corte la masilla, afloje el alambre y retire el lavabo.

Instalar un lavabo encastrado

Mida el hueco de la encimera y compre un lavabo de esa medida o algo mayor. Si es necesario agrandar el hueco o cambiar la encimera, dibuje y corte una plantilla de cartón 12 mm más estrecha que los bordes del lavabo.

Para hacer el corte o agrandarlo, practique un taladro guía de 9 mm y utilice una sierra de calar para seguir la forma de la plantilla.

Aplique un cordón de masilla de fontanería en torno al corte (**foto A**). Monte el cuerpo del grifo en el lavabo o la encimera, según el tipo de lavabo. Monte el desagüe, la brida de éste y el mecanismo del tapón.

Coloque el lavabo en el hueco y asiéntelo sobre la masilla (**foto B**). Conecte el desagüe y las tuberías de suministro, y enmasille los bordes.

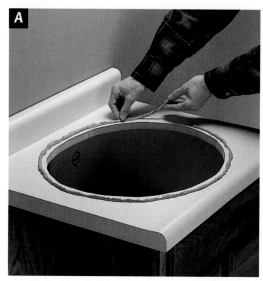

Aplique masilla de fontanería alrededor del borde del hueco, y luego coloque el grifo e instale las piezas del desagüe.

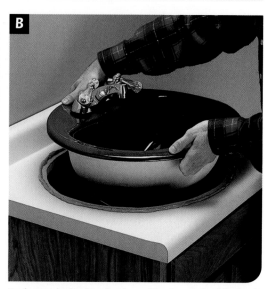

Presione en los bordes sobre la masilla. Conecte las tuberías de desagüe y de suministro de agua y enmasille los bordes.

Instalar un lavabo de pared

Si se trata de instalar un lavabo en la pared en un lugar nuevo, tendrá que colocar un soporte. Para ello, corte la plancha de pared y clave una tabla de 38 × 184 mm entre los montantes. Ponga la tabla directamente detrás del lugar donde piensa colocar el soporte. Para la mayoría de las personas, una altura cómoda para el lavabo es la comprendida entre 75 cm y 1 m. Vuelva a colocar el trozo de plancha de pared cortado y dé a la superficie el acabado que corresponda.

Coloque el soporte (**foto C**), siguiendo las instrucciones del fabricante.

Monte la brida del desagüe y el grifo en el lavabo, y encaje éste en el soporte (**foto D**). Compruebe que el lavabo queda nivelado y haga todos los ajustes necesarios. Asegure los elementos de fijación adicionales eventualmente suministrados con el lavabo.

Conecte al grifo las tuberías de suministro apretando las tuercas de los racores (página 303). Conecte el desagüe al sifón y a las tuberías de desagüe con ayuda de unos alicates graduables (página 311). Una el tapón y la varilla articulada al tirante (página 310). Aplique masilla para azulejos o bañeras en la junta entre el lavabo y la pared.

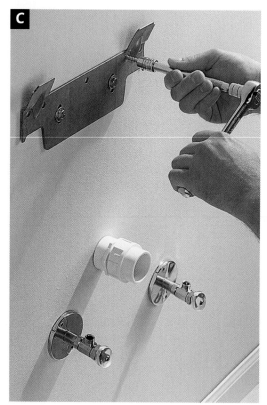

Fije el soporte al tabique, comprobando que quede bien nivelado.

Encaje el lavabo en el soporte y haga las conexiones.

Instalar un fregadero de autoajuste

E

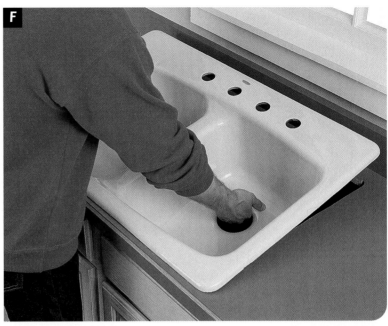

F

Aplique un cordón de masilla de silicona o de fontanería de 6 mm alrededor de la parte inferior de los bordes del fregadero.

Sostenga el fregadero por los huecos de los desagües, y colóquelo en el hueco de la encimera. Bájelo con cuidado hasta su posición. Presiónelo hacia abajo para formar una junta estanca; limpie el exceso de masilla.

Instalar un fregadero con montura

G

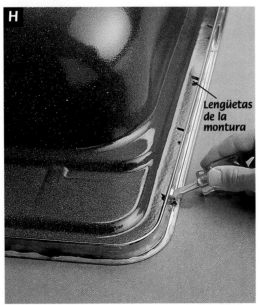

H

Lengüetas de la montura

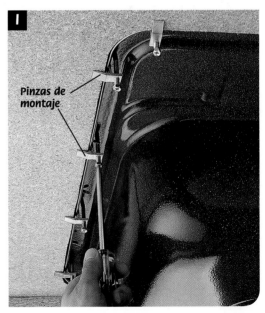

I

Pinzas de montaje

Coloque la montura del fregadero al revés. Aplique un cordón de masilla o silicona de 6 mm a ambos lados de la pestaña vertical.

Coloque el fregadero boca abajo dentro de la montura. Doble las lengüetas de los bordes para sujetarlo. Introduzca el fregadero en el hueco de la encimera con mucho cuidado, y presiónelo hacia abajo para crear una unión estanca.

Coloque pinzas de montaje cada 15 o 20 cm alrededor de la montura, por debajo de la encimera. Apriete los tornillos de montaje, y limpie el exceso de masilla de la montura.

Instalar un lavabo con pie

La instalación de un lavabo con pie es bastante sencilla cuando el aparato que se va a reemplazar es del mismo tipo.

Si el lavabo se instala en un lugar nuevo o en sustitución de un modelo totalmente diferente, habrá que hacer un corte en la plancha de pared y clavar una tabla de 38 × 89 mm a unos 90 cm del suelo. Una vez hecho esto, cubra el agujero del tabique con plancha de pared resistente al agua y vuelva a pintar la zona.

Si el lavabo anterior también tenía pie, compruebe que su perfil y configuración se corresponden con los del nuevo.

Coloque el lavabo y el pie en su posición, sosteniendo el lavabo en su lugar con tablas de 38 × 89 mm **(foto A)**.

Marque el perfil de la parte superior del lavabo en la pared, y el de la base del pie en el suelo.

Señale puntos de referencia en el tabique y el suelo a través de los orificios de montaje existentes en la parte posterior del lavabo y la inferior del pie.

Aparte a un lado el lavabo y el pie y haga taladros guía en los puntos de referencia del tabique y el suelo.

Vuelva a colocar el pie, y fíjelo al suelo con tornillos de anclaje **(foto B)**.

Monte el grifo (páginas 334 y 335) y coloque el lavabo sobre el pie. Haga coincidir los orificios de montaje de la parte posterior del lavabo con los taladros guía practicados en el tabique. Introduzca tornillos de anclaje y arandelas en la tabla de fijación de la pared, con ayuda de una llave de carraca **(foto C)**. Procure no apretar los tornillos en exceso.

Haga las conexiones del desagüe (página 311 y página siguiente) **(foto D)** y del suministro de agua (página 303).

Una vez realizadas todas las conexiones, selle bien con masilla de silicona la junta entre la parte posterior del lavabo y la pared.

Apuntale el lavabo en su sitio. Marque la posición de la parte superior y de la base del pie.

Haga taladros guía como puntos de referencia y fije el pie al suelo con tornillos de anclaje.

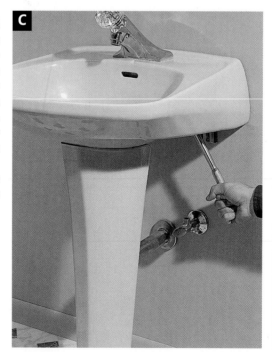

Monte el grifo y coloque el lavabo encima del pie. Sujete el conjunto a la tabla de la pared con tornillos de anclaje a través de los taladros de fijación.

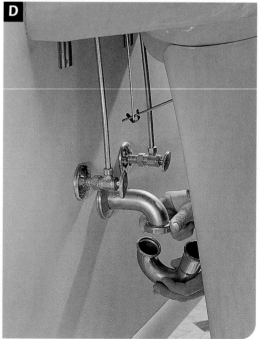

Haga las conexiones de suministro de agua y desagüe, y enmasille bien la unión entre el lavabo y la pared.

Conectar el tubo de desagüe a un lavabo o fregadero

Después de cambiar o instalar un nuevo lavabo o fregadero será preciso conectarlo al tubo de desagüe.

Si ha de cambiarse el tubo de conexión utilice plástico, siempre que lo permitan las disposiciones locales. El plástico es económico y fácil de instalar, y con él se fabrican una amplia gama de tubos y accesorios rectos y en ángulo que le permitirán adaptarse casi a cualquier configuración. Además, los fabricantes ofrecen a menudo conjuntos provistos de todos los accesorios necesarios para la conexión de lavavajillas y trituradores de comida a los sistemas de desagüe de los fregaderos de las cocinas.

Empiece por instalar un coladero en cada seno del fregadero. Aplique un cordón de masilla de fontanero de 6 mm en torno a la parte inferior de la pestaña del coladero. Después, introduzca el coladero en la abertura del seno, y coloque las arandelas de goma y de fibra en el cuello del coladero. Enrosque la tuerca de bloqueo en el cuello (foto E) y apriétela con unos alicates graduables.

Luego, conecte el tubo de salida del desagüe al coladero. Compruebe primero la longitud del tubo, y corte éste en caso necesario con una sierra para metales. Deslice sobre el tubo una tuerca con la rosca hacia el lado con pestaña del tubo. Coloque una arandela de inserción en el lado ancho del tubo, y conecte éste enroscando la tuerca en el coladero con la mano (foto F).

Si el fregadero tiene dos senos, lo siguiente que ha de hacer es conectar una te de desagüe continua (foto G). Este accesorio sirve para unir los dos tubos de desagüe, uno de cada seno, y conduce el agua hacia un único sifón. Coloque una tuerca y una arandela en el extremo de cada tubo, con el lado biselado de la arandela apuntando hacia abajo, y luego conecte la te enroscando la tuerca sobre ella.

Después, conecte el brazo del sifón al manguito saliente de la tubería de desagüe con una tuerca y una arandela (foto H). Ponga otra tuerca y otra arandela biselada en el brazo del sifón, e introduzca este brazo en la tubería de desagüe, apretando bien la tuerca. En caso necesario, utilice una sierra de metales para cortar a medida el brazo del sifón.

Para terminar, conecte el codo del sifón, utilizando tuercas y arandelas (foto I). Apriete todas las tuercas con alicates graduables, y deje correr el agua

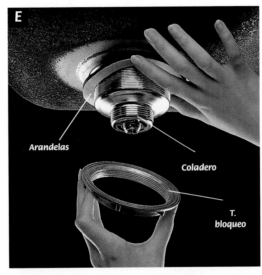

Instale un coladero en cada seno del fregadero.

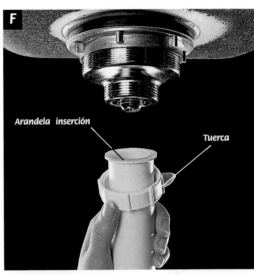

Conecte un tubo de desagüe a cada coladero.

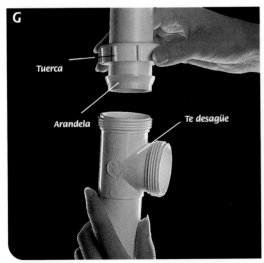

En los fregaderos de dos senos se utiliza una te continua para conectar los dos tubos de desagüe.

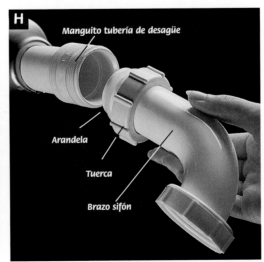

Conecte el brazo del sifón al manguito saliente de la tubería de desagüe, utilizando una arandela de inserción y una tuerca.

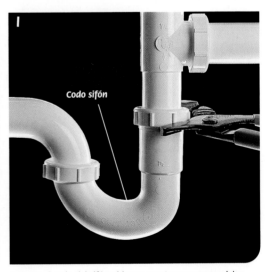

Conecte el codo del sifón al brazo con tuercas y arandelas.

Grifos

Un grifo que gotea es el problema más común de una instalación de fontanería. La mayoría de las complicaciones que surgen en los grifos son fáciles de arreglar, y hacerlo uno mismo puede suponer un buen ahorro de tiempo y dinero. Los grifos gotean normalmente cuando se desgastan o ensucian las zapatas, las juntas tóricas u otras juntas interiores. Su arreglo suele reducirse a limpiar o cambiar las piezas afectadas.

Es conveniente proceder a la reparación lo antes posible. Aunque el chorro o el goteo del grifo no parezcan importantes, rápidamente se notan en la factura del agua. Y si se dejan sin arreglar, la gota podría terminar por abrir un canal en el asiento de los grifos metálicos, lo que podría obligar a cambiar todo el conjunto.

Un grifo típico tiene un solo mando unido a un cartucho hueco que regula el flujo de agua caliente y fría que llega de los conductos de suministro y pasa a través de una cámara de mezcla. Desde esta cámara, el agua llega al caño y el aireador. Cuando se necesite una reparación, cambie todo el cartucho.

Si el grifo sigue goteando después de realizar las reparaciones, tal vez sea el momento de cambiarlo completo. En menos de una hora podrá instalar un modelo nuevo que le rendirá varios años de servicio sin problema alguno.

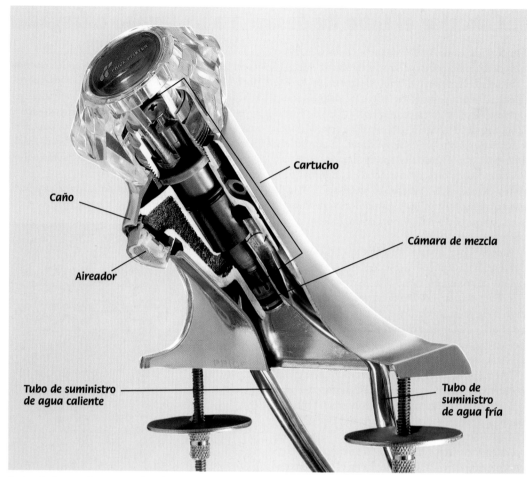

Caño

Cartucho

Cámara de mezcla

Aireador

Tubo de suministro de agua caliente

Tubo de suministro de agua fría

Anatomía de un grifo monomando típico.

Herramientas y materiales para reparar grifos

Contar con las herramientas correctas para cada tarea es importante en cualquier proyecto, pero más aún cuando se trabaja con grifos. Sin herramientas como una llave de asientos o un extractor de mandos no sería posible reparar algunos tipos de grifos, e incluso podría ocasionárseles daños irreparables mientras se trabaja.

Cuando compre herramientas, elija las de mejor calidad, aunque le cuesten un poco más. Una herramienta bien hecha dura más y es más fácil de manejar, lo que a la larga le ahorrará tiempo, dinero y frustraciones.

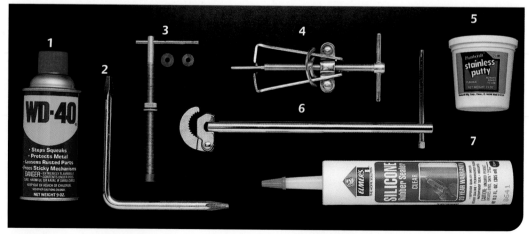

Herramientas y materiales especiales para arreglar grifos: aceite penetrante (1), llave de asientos (2), fresador de asientos (3), extractor de mandos (4), masilla (5), llave para lavabos (6), masilla de silicona (7).

Problemas de los grifos y sus reparaciones

Problemas	Reparaciones
El grifo gotea por la parte inferior del caño, o tiene fugas en la base.	Identifique el modelo del grifo y monte las piezas de recambio.
Un grifo viejo y gastado sigue goteando después de arreglarlo.	Cambie el grifo viejo (página 332).
El agua parece salir con poca presión por el caño, o el flujo de agua está parcialmente obstruido.	1. Limpie el aireador del grifo (página 330). 2. Retire los tubos galvanizados corroídos (página 295) y cámbielos por otros de cobre.
La presión del agua que sale del rociador parece baja, o el rociador gotea por el mando.	1. Limpie la cabeza del rociador (página 330). 2. Arregle la válvula de desvío (página 331).
El agua gotea por debajo del grifo.	1. Cambie el tubo del rociador rajado (página 331). 2. Apriete las conexiones de agua, o cambie los tubos de suministro y las llaves de paso (página 302).
Los grifos o las llaves de exterior para mangueras gotean por el caño o tienen fugas en el mando.	Desmonte la válvula y cambie las zapatas o juntas tóricas (página 301).

Identificar el modelo de grifo

Existen cuatro tipos básicos de modelos de grifos: de *bola*, de *cartucho*, de discos cerámicos y de *compresión*. Algunos de ellos se distinguen con facilidad por su aspecto; otros es preciso desmontarlos.

El modelo de compresión es el más común en los grifos de doble mando (**foto A**). Estos dos mandos ejercen presión sobre unas zapatas o jun-

tas de goma para controlar el flujo de agua. Estas zapatas o juntas pueden desgastarse, en cuyo caso habrán de cambiarse por otras. No obstante, las piezas de repuesto son baratas, y las reparaciones sencillas.

Los grifos de bola, cartucho y disco se llaman también modelos «sin zapatas» (**fotos B a D**). Muchos de ellos se regulan con un solo mando, aunque

algunos de cartucho tienen dos. Estos grifos presentan menos problemas que los de compresión, y se reparan con rapidez.

Cuando compre piezas nuevas para un grifo, elíjalas de la misma clase que las antiguas. Tales piezas se reconocen por el nombre de marca y el número de modelo.

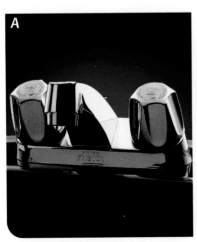

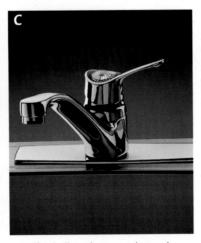
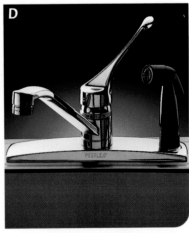

En los grifos de compresión se utilizan zapatas o juntas para regular el flujo de agua (página 328).

Los grifos de cartucho se fabrican en modelos con uno o dos mandos (página 324).

Los grifos de discos tienen un solo mando y un sólido cuerpo cromado (página 326).

Los grifos de bola tienen un único mando sobre una cabeza de forma redondeada (página 322).

Grifos de bola

Tornillo de fijación

Cabeza redondeada

Borde moleteado

Caño

Leva

Zapata

Asiento de válvula

Bola

Asiento de válvula

Muelle

Junta tórica del caño

Los grifos de bola son de tipo monomando y se reconocen por la presencia de una bola hueca metálica o de plástico dentro del cuerpo del grifo. Esta bola giratoria regula la temperatura y el flujo de agua del grifo. Muchos modelos de bola tienen una cabeza redondeada con el borde moleteado debajo del mando.

Si un grifo con este tipo de cabeza gotea por el caño, pruebe a apretar la cabeza con unos alicates graduables. Si así no se resuelve el problema, desmonte el grifo y examínelo. Busque asientos de válvula desgastados, muelles rotos o bolas dañadas; cualquiera de estas averías puede ser la causa de que el grifo gotee. Las fugas por la base suelen deberse a que las juntas tóricas están desgastadas.

Los fabricantes de grifos ofrecen varias clases de juegos de recambio para los grifos de bola (**foto A**).

Algunos de estos juegos sólo incluyen los muelles y los asientos de válvula de neopreno. Los mejores, en cambio, contienen también la leva y la zapata.

Cambie la bola del grifo sólo si presenta signos muy evidentes de desgaste o deterioro. Las bolas de repuesto pueden ser de metal o plástico. Las primeras son algo más caras, aunque también más duraderas.

Herramientas:
Alicates graduables, llave Allen, destornillador, cúter.

Materiales:
Juego de repuesto para grifos de bola, nueva bola giratoria (en caso necesario), cinta adhesiva, juntas tóricas, grasa refractaria.

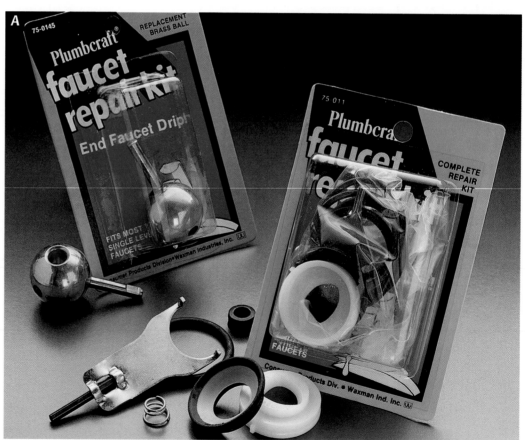

Los juegos de reparación de un grifo de bola incluyen asientos de válvula de goma, muelles, levas, zapatas, juntas tóricas para el caño y una pequeña llave Allen. En ocasiones también contienen bolas de repuesto.

Arreglar un grifo de bola

Cierre las llaves de paso del fregadero o la llave general, situada junto al contador. Afloje el tornillo de fijación con una llave Allen (**foto B**). Quite el mando, dejando al descubierto la cabeza del grifo.

Quite esta cabeza con unos alicates graduables (**foto C**). Extraiga la leva, la zapata y la bola (**foto D**). Compruebe si esta última presenta signos de desgaste.

Hurgue en el grifo con un destornillador y saque los muelles y los asientos de válvula de neopreno viejos (**foto E**). Desmonte el caño girándolo y levantándolo y corte las juntas tóricas antiguas (**foto F**). Cubra las nuevas juntas tóricas con grasa refractaria y móntelas. Vuelva a colocar el caño, presionándolo hacia abajo hasta que apoye en el anillo de plástico. Monte los nuevos muelles y asientos de válvula.

Introduzca la bola, la nueva zapata y la leva (**foto G**). Ajuste el pequeño saliente de la leva en la muesca del cuerpo del grifo. Enrosque la cabeza nuevamente en el grifo y vuelva a colocar el mando.

Abra el grifo. Abra lentamente las llaves de paso para permitir de nuevo el suministro de agua. Compruebe si existen fugas y haga los ajustes necesarios.

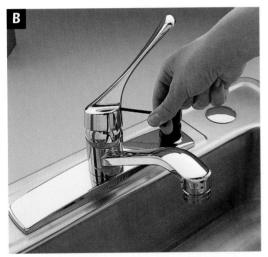

Afloje el tornillo de fijación y quite el mando del grifo.

Quite la cabeza, con unos alicates graduables.

Extraiga la leva, la zapata y la bola giratoria.

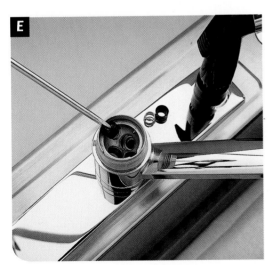

Saque los muelles y los asientos de válvula de neopreno antiguos.

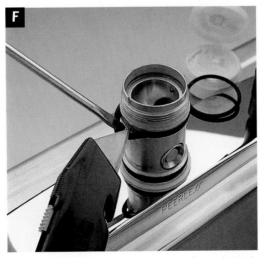

Cambie las juntas tóricas y monte nuevos muelles y asientos de válvula.

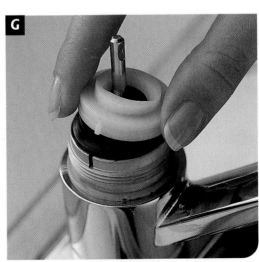

Monte la bola, la zapata y la leva. Vuelva a colocar el mando y la cabeza.

Grifos de cartucho

Tornillo del mando

Tapa superior

Mando

Junta del cartucho

Cartucho

Anillo de retención

Caño

Juntas tóricas

Los grifos de cartucho se reconocen por la presencia de un cartucho cilíndrico metálico o de plástico en su interior. Este cartucho contiene un eje móvil que se controla elevando el mando. Conforme asciende el eje, sus orificios se alinean con los del cartucho. Al girar el mando se regula la mezcla de agua caliente y fría. La mayoría de los grifos de cartucho son de tipo monomando.

Las fugas en la base de un grifo de cartucho suelen deberse al desgaste de las juntas tóricas, y se corrigen cambiando estas juntas. La causa del goteo de un grifo es normalmente el desgaste de las juntas de estanqueidad del cartucho, que han de sustituirse para eliminar la fuga. Otros problemas frecuentes, como una disminución del caudal de agua, tal vez se deban a obstrucciones en los orificios del cartucho o a la corrosión de éste. Si observa que el cartucho está desgastado o corroído, cámbielo.

Antes de quitar el cartucho, compruebe su alineación. Busque las lengüetas (u «orejetas») de la parte superior de la carcasa del cartucho que encajan en las muescas del borde del cuerpo del grifo. Al introducir el nuevo cartucho, colóquelo con la misma alineación que el antiguo. Una colocación incorrecta del cartucho podría provocar la inversión del control del agua fría y caliente en el mando. Si se produjese este problema, desmonte nuevamente el grifo y gire el cartucho 180°. Existen muchos tipos de cartuchos, por lo que conviene que lleve consigo la muestra del antiguo cuando vaya a comprar el nuevo (**foto A**).

Herramientas:
Destornillador, alicates graduables, cúter.

Materiales:
Cartucho de repuesto, juntas tóricas, grasa refractaria.

Cartuchos de recambio de grifos (de izquierda a derecha): Price Pfister, Moen, Kohler. Las juntas tóricas se venden por separado.

Arreglar un grifo de cartucho

Antes de empezar, cierre las llaves de paso del grifo o la general, situada junto al contador. Retire la tapa superior del grifo haciendo palanca y quite la tuerca del mando situada debajo (**foto B**).

Desmonte el mando del grifo levantándolo e inclinándolo hacia atrás (**foto C**).

Quite el anillo de retención roscado, con ayuda de unos alicates graduables (**foto D**), así como cualquier clip u otro elemento de sujeción que retenga el cartucho.

Sujete el cartucho por la parte superior con los alicates graduables (**foto E**) y tire de él en línea recta para sacarlo. Monte el cartucho de recambio en la misma posición que el antiguo.

Desmonte el caño con una pequeña torsión mientras tira de él hacia arriba (**foto F**). Utilice un cúter para cortar las juntas tóricas usadas. Unte las nuevas juntas con grasa refractaria y móntelas. Vuelva a colocar el caño (**foto G**). Enrosque el anillo de retención en el grifo y apriételo con los alicates. Coloque el mando, el tornillo y la tapa.

Abra el grifo y, lentamente, deje correr el agua abriendo la llave de paso. Compruebe si hay fugas, y efectúe en su caso los ajustes necesarios.

Consejo útil

Antes de desmontar el grifo tapone el desagüe. Así, si se cae alguna pieza quedará retenida en el seno en lugar de colarse por el desagüe para terminar alojada en el sifón.

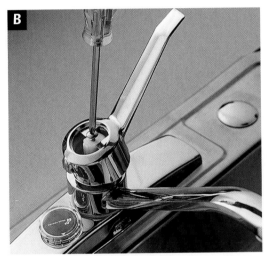

B Levante la tapa haciendo palanca y quite el tornillo del mando.

C Desmonte el mando del grifo.

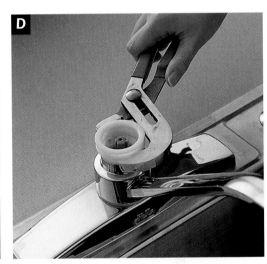

D Desmonte el anillo de retención y la pieza de sujeción, si existiera.

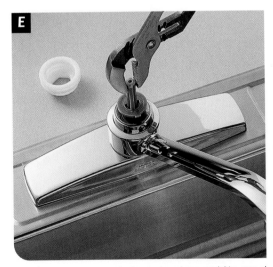

E Introduzca un nuevo cartucho en la misma posición que el antiguo.

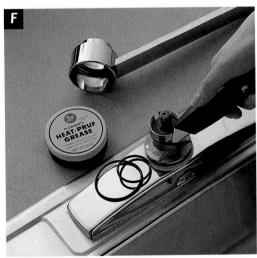

F Desmonte el caño. Quite y cambie las juntas tóricas.

G Vuelva a colocar el caño, el mando, el tornillo y la tapa.

Grifos de discos cerámicos

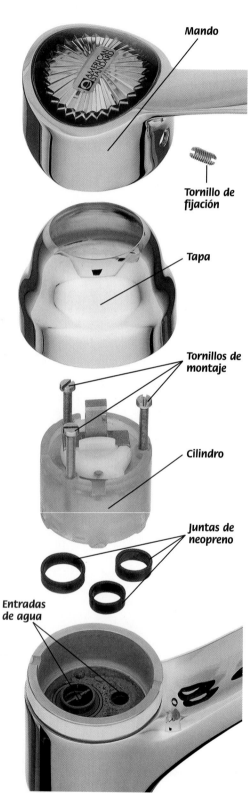

Mando

Tornillo de fijación

Tapa

Tornillos de montaje

Cilindro

Juntas de neopreno

Entradas de agua

Un grifo de discos tiene un solo mando y se reconoce por su ancho cilindro alojado en el cuerpo del grifo. El cartucho contiene dos discos de cerámica de ajuste hermético. Estos discos cuentan con dos orificios de entrada, para agua fría y caliente, y uno de salida, en comunicación con el caño. Al levantar el mando, el disco superior se desliza sobre el inferior. Con ello se alinean sus orificios, lo que hace posible la mezcla del agua caliente y la fría en la cámara de mezcla antes de salir por la boca del caño.

Los grifos de discos cerámicos son elementos de alta calidad fáciles de reparar. La mayoría de los problemas que surgen en ellos se deben a la presencia de suciedad en las juntas de neopreno o los orificios del cilindro. Las fugas por el caño o por el cuerpo del grifo suelen poder repararse limpiando las juntas y los orificios del cilindro.

No use nunca una herramienta afilada, como un alambre o la punta de un destornillador, para limpiar los orificios del cilindro, ya que podría rayarse o desportillarse la superficie lisa de los discos. Examine los orificios de entrada para comprobar si existen depósitos minerales que puedan obstaculizar el paso del agua; elimine estos depósitos con una esponja abrasiva.

Si el grifo sigue goteando después de una limpieza minuciosa, cambie el cilindro **(foto A)**. Una fuga continua es signo de que uno de los discos de cerámica pudiera estar roto o rayado, o de la presencia de partículas entre los discos que impiden su cierre estanco.

Cuando vaya a comprar un cilindro nuevo, anote la marca y el modelo del antiguo, o lleve éste a la tienda para compararlo.

Al montar un cilindro compruebe que sus orificios se corresponden pefectametne con las entradas y las salidas del cuerpo del grifo.

Herramientas:
Destornillador.

Materiales:
Esponja abrasiva, cilindro de recambio (en caso necesario).

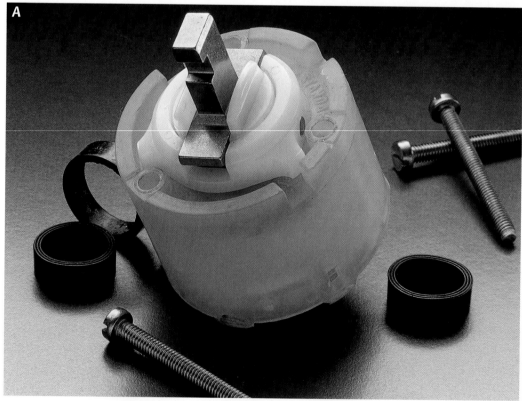

A

Juego de cilindro de recambio para un grifo de discos de cerámica, que incluye todos los tornillos y juntas de montaje.

Arreglar un grifo de discos cerámicos

Cierre la llave de paso del grifo o la general situada junto al contador. Desplace el caño del grifo hacia un lado y levante el mando (**foto B**). Quite el tornillo de fijación y retire el mando.

Quite también la tapa (**foto C**) y los tornillos de montaje del cilindro, y extraiga éste. Retire las juntas de neopreno de los orificios del cilindro (**foto D**), con cuidado de no rayar los discos de cerámica.

Limpie los orificios del cilindro y las juntas de neopreno con una esponja abrasiva (**foto E**). Lave el cilindro con agua limpia. En caso necesario, limpie los orificios de entrada del cuerpo del grifo, con la esponja abrasiva. Coloque de nuevo las juntas de neopreno y vuelva a montar el grifo (**foto F**).

Coloque el mando en posición de abierto y abra muy lentamente las llaves de paso. Una vez que el agua corra con normalidad, cierre el grifo.

Si después de la limpieza aún existen fugas, monte un cilindro nuevo (**foto G**).

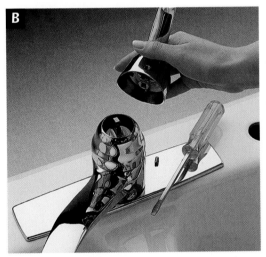

Quite el tornillo de fijación y levante y retire el mando.

Quite la tapa, los tornillos de montaje y el cilindro.

Retire y limpie las juntas de neopreno.

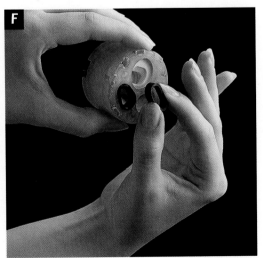

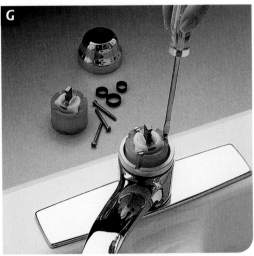

Limpie los huecos del cilindro con una esponja abrasiva.

Vuelva a colocar las juntas de neopreno en los orificios del cilindro y monte de nuevo el grifo.

Si el grifo sigue perdiendo, cambie el cilindro.

Grifos de compresión

Tapa superior

Tornillo del mando

Mando

Los grifos de compresión tienen mandos independientes para el agua caliente y fría, y se reconocen por la presencia de un conjunto de eje roscado dentro del cuerpo del grifo. Existen varios modelos de ejes en estos grifos, si bien todos usan zapatas o juntas de neopreno para regular el flujo de agua. El conjunto representado a la izquierda comprende una tuerca de retención, un eje roscado, una junta tórica, una zapata y un tornillo. Cuando un grifo de esta clase gotea, se debe normalmente al desgaste de las zapatas, mientras que las fugas alrededor del mando se producen en general por el deterioro de las juntas tóricas.

Cuando cambie las zapatas, compruebe los asientos de válvula metálicos del interior. Si están desgastados, cámbielos o frese su superficie (página 330).

Tuerca de retención

Eje roscado

Conjunto del eje

Junta tórica

Zapata

Tornillo de zapata

Asiento de válvula

Herramientas:
Destornillador, extractor de mandos (opcional), alicates graduables, cúter, llave de asientos o fresador de asientos (en caso necesario).

Materiales:
Juego universal de zapatas y arandelas, muelle de presión, grasa refractaria, asientos de válvula de repuesto (en caso necesario).

Un juego universal de zapatas y arandelas incluye múltiples tipos de zapatas, juntas tóricas y tornillos.

Tipos comunes de ejes de compresión

Eje estándar: un tornillo de latón sujeta la zapata de neopreno en el extremo del eje.

Eje de diafragma: utiliza un diafragma de neopreno montado a presión en lugar de una zapata estándar. Cambie el diafragma.

Eje de presión inversa: lleva una zapata biselada en el extremo del eje. Desenrosque éste para cambiar la zapata.

Arreglar un grifo de compresión

Cierre la llave de paso del grifo o la general situada junto al contador del agua. Quite el tapón de la parte superior del grifo y afloje el tornillo.

Quite el mando tirando de él hacia arriba. Si no lo consigue, utilice un extractor sujetando las barras laterales por debajo del mando. Enrosque el extractor en el eje del grifo y gire la maneta del extractor en sentido de apriete hasta liberar el mando (**foto A**).

Desenrosque el eje del cuerpo del grifo con unos alicates graduables (**foto B**). Vea si el asiento de la válvula está desgastado y, en caso necesario, cámbielo o frese su superficie. Si el eje o el cuerpo del grifo están muy deteriorados, cambie todo el grifo. Quite el tornillo del eje (**foto C**). Retire la zapata desgastada y desenrosque el eje de la tuerca de retención (**foto D**).

Corte y cambie la junta tórica por una idéntica (**foto E**). Si el grifo lleva estopa en lugar de junta tórica, enrolle cuerda de estopa nueva alrededor del eje, justo debajo de la tuerca prensaestopas o de retención (**foto F**). Coloque una zapata y un tornillo de eje nuevos. Unte todas las piezas con grasa refractaria y vuelva a montar el grifo.

Consejo útil

Si su grifo de compresión es de modelo antiguo, quizá necesite reparaciones frecuentes. En tal caso, tal vez sea mejor cambiarlo por uno nuevo.

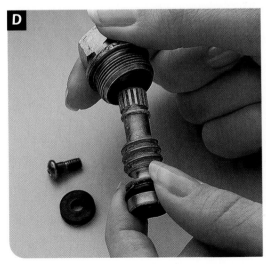

Utilice un extractor para sacar el mando si está corroído.

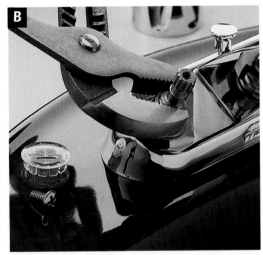

Desenrosque el eje y examine los asientos de las válvulas, para ver si están desgastados.

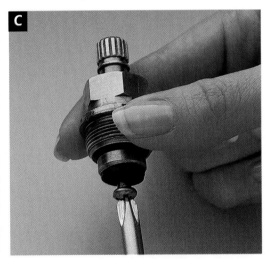

Quite el tornillo de latón del eje y la zapata.

Desenrosque el eje de la tuerca de retención.

Corte y cambie la junta tórica por otra del mismo tipo.

Monte una zapata nueva y renueve la estopa.

Cambiar asientos de válvulas de compresión

Cuando arregle un grifo de compresión, compruebe si el asiento de la válvula está dañado pasando el dedo por el borde (**foto A**). Si lo nota rugoso, cámbielo.

Desmonte el asiento de la válvula con una llave de asientos (**foto B**). Escoja el extremo de la llave que se ajuste al asiento, e introdúzcalo en el grifo. Gire la llave en sentido contrario a las agujas del reloj para extraer el asiento, y luego monte uno idéntico.

Si no puede quitar el asiento, restaure su superficie con un fresador de asientos, tal como se indica a continuación.

Compruebe el asiento de la válvula, para ver si está dañado o rugoso.

Desmonte el asiento de la válvula y cámbielo por otro idéntico.

Fresar asientos de válvulas de compresión

Para restaurar la superficie del asiento de la válvula de un grifo de compresión elija una fresa que se ajuste al diámetro interior de la tuerca de retención (**foto C**). Deslice la tuerca sobre el eje roscado del fresador y coloque la tuerca de bloqueo y la fresa en el eje.

Enrosque la tuerca de retención en el cuerpo del grifo sin apretarla (**foto D**). Presione ligeramente hacia abajo con la fresa y déle dos o tres vueltas en el sentido de las agujas del reloj. Vuelva a montar el grifo.

Coloque una fresa en el fresador.

Dé dos o tres vueltas a la maneta de la herramienta en el sentido de las agujas del reloj.

Resolver problemas de falta de presión en grifos y rociadores

Si no sale agua por el caño del grifo o lo hace con baja presión, la causa más frecuente es la formación de depósitos minerales en los pequeños orificios del aireador, un accesorio con un pequeño tamiz metálico que mezcla el flujo de agua con minúsculas burbujas de aire. Para solucionar el problema, desmonte el aireador y límpielo con un pequeño cepillo mojado en vinagre (**foto E**).

Si la presión del agua en un rociador de fregadero es inferior a la normal, o hay una fuga en el mango, lo más probable es que se hayan acumulado depósitos minerales que bloquean los orificios de la cabeza del rociador. Desmonte esta pieza y límpiela igual que el aireador. Si aun así no se resuelve el problema, tal vez esté fallando la válvula de desvío (página 331).

Si el agua sale con baja presión en toda la casa y las tuberías de la instalación son de hierro galvanizado, es síntoma de corrosión de las conducciones. En tal caso, lo mejor es cambiar las tuberías por otras de cobre.

La limpieza de los aireadores y rociadores puede devolver al agua la presión correcta.

Arreglar una válvula de desvío

Esta válvula, situada en el interior del cuerpo del grifo, desvía el flujo de agua del caño al rociador cuando se ejerce presión en el mango de este último. Si después de limpiar la cabeza del rociador persiste el problema de falta de presión del agua, tal vez sea necesario limpiar o cambiar la válvula de desvío.

Cierre la llave de paso del agua del fregadero o la general de la casa, situada junto al contador. Desmonte el mando y el caño del grifo (foto F).

Saque la válvula de desvío del cuerpo del grifo con unos alicates de puntas (foto G). Elimine los depósitos minerales y residuos acumulados en la válvula con ayuda de un pequeño cepillo mojado en vinagre.

Cambie las juntas tóricas y las zapatas desgastadas, si es posible. Unte las nuevas piezas con grasa refractaria (foto H). Vuelva a montar la válvula de desvío y arme el grifo.

Desmonte el mando y el caño del grifo.

Extraiga y limpie la válvula de desvío.

Cambie las juntas tóricas y las zapatas, y vuelva a montar la válvula de desvío.

Cambiar el tubo de un rociador

Cierre la llave de paso del agua o la general de la casa, situada junto al contador. Desenrosque el tubo de la boquilla del rociador de la parte inferior del grifo, utilizando unos alicates graduables (foto I). Saque el tubo por el hueco del fregadero, y vea si está rajado o tiene algún doblez. Si estuviera dañado o desgastado, cámbielo.

Desenrosque la cabeza del rociador de la montura del mango (foto J).

Desmonte la zapata para dejar al descubierto el clip de retención. Quite el clip con los alicates de puntas y saque la montura del mando por el extremo del tubo del rociador (foto K). Tire este tubo.

Coloque la montura del mando, el clip de retención, la zapata y la cabeza del rociador en el tubo nuevo, y conecte éste a la boquilla del rociador en el grifo.

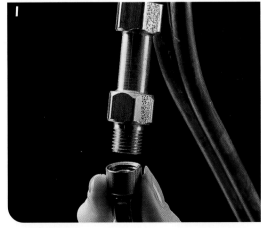
Desenrosque el tubo de la boquilla del rociador del grifo.

Desmonte la cabeza del rociador de la montura del mango.

Quite el clip de retención y la montura del mango.

Cambiar un grifo

Si un grifo precisa constantes reparaciones o nada de lo que se hace sirve para impedir que gotee o chorree, habrá llegado el momento de cambiarlo. Sustituir un grifo por otro es una tarea sencilla que no requiere más de una hora. Lo primero que ha de hacerse es medir la distancia entre los centros de las aberturas **(foto A)**. Escoja un grifo nuevo que se ajuste a las medidas y a la configuración de estas aberturas.

Al comprar el grifo elija un modelo de un fabricante de prestigio. La ventaja de comprar una buena marca es que será más fácil encontrar piezas de recambio. Los grifos de cuerpo metálico macizo son muy duraderos y fáciles de instalar.

Al cambiar el grifo renueve también los tubos de suministro. Algunos modelos de grifos se venden sin estos tubos, en cuyo caso tendrá que adquirirlos por separado **(foto B)**, ya sean de acero trenzado o malla de vinilo o de cobre cromado. Otros grifos, en cambio, se venden con sus tubos de suministro de cobre listos para conectarlos directamente a las llaves de paso mediante racores de compresión **(foto C)**.

Si el fregadero no tiene llaves de paso, colóquelas antes de instalar el grifo.

Herramientas:
Llave de lavabos o alicates graduables, espátula, pistola de masilla, llaves inglesas.

Materiales:
Aceite penetrante, masilla de silicona o de fontanería, grifo de recambio, dos latiguillos de suministro de agua, llaves de paso (en caso necesario).

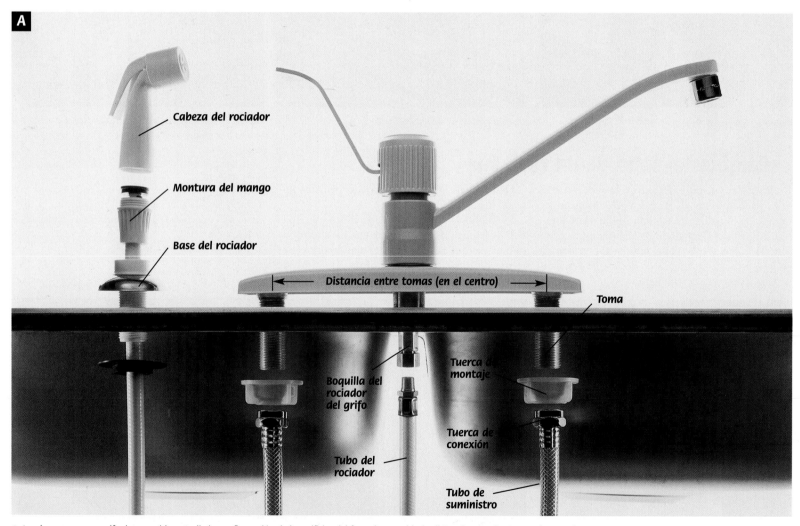

A

Cabeza del rociador

Montura del mango

Base del rociador

Distancia entre tomas (en el centro)

Toma

Boquilla del rociador del grifo

Tuerca de montaje

Tuerca de conexión

Tubo del rociador

Tubo de suministro

Antes de comprar un grifo de recambio, estudie la configuración de los orificios del fregadero y mida la distancia entre las tomas de entrada.

Variantes de conexión de un grifo

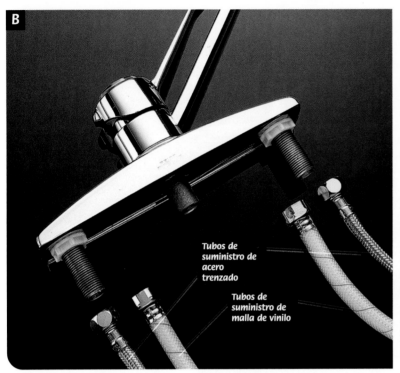

Para algunos grifos nuevos hay que comprar tubos de suministro.

Tubos de suministro de acero trenzado

Tubos de suministro de malla de vinilo

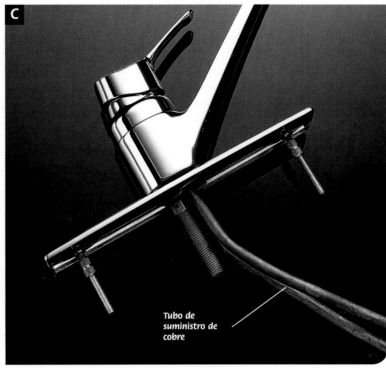

Otros grifos vienen con los tubos de cobre premontados.

Tubo de suministro de cobre

Desmontar un grifo

Cierre la llave de paso general de la casa, situada junto al contador del agua. Rocíe las tuercas de montaje de las tomas de entrada y las de conexión de los tubos de suministro con aceite penetrante **(foto D)**. Espere de 5 a 10 minutos y quite las tuercas de conexión con una llave de lavabos o unos alicates graduables.

Quite también las tuercas de montaje de las tomas con una llave de lavabos o unos alicates graduables. Las tuercas de montaje de las tomas suelen estar colocadas en espacios estrechos y de difícil acceso. No es esencial tener una llave de lavabos para aflojarlas, pero el largo mango de esta llave facilita considerablemente el trabajo.

Tire del grifo para extraerlo de las aberturas del fregadero **(foto E)**. Utilice una espátula para eliminar la masilla deteriorada de la superficie del fregadero.

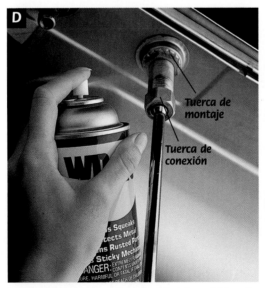

Tuerca de montaje

Tuerca de conexión

Rocíe las tuercas de conexión de los tubos de suministro y las de montaje de las tomas con aceite penetrante. Quite las tuercas con una llave de lavabos o unos alicates graduables.

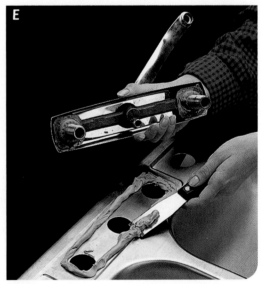

Desmonte el grifo y elimine la masilla antigua del fregadero con ayuda de una espátula.

Instalar un grifo nuevo

Aplique un cordón de masilla de silicona o de fontanería de unos 6 mm alrededor de la base del grifo (**foto A**). Introduzca las tomas de agua por las aberturas del fregadero, y coloque el grifo de manera que su base quede paralela a la parte posterior del fregadero, ejerciendo presión para que se adhiera bien a la masilla y forme una unión estanca.

Coloque las arandelas metálicas de freno y enrosque las tuercas de montaje en las tomas (**foto B**); después, apriételas con una llave de lavabos o unos alicates graduables. Limpie el exceso de masilla de la base del grifo.

Conecte los latiguillos (tubos flexibles) a las tomas de agua del grifo (**foto C**). Apriete las tuercas de unión con una llave de lavabo o unos alicates graduables.

Conecte los tubos flexibles, o latiguillos, de suministro a las llaves de paso mediante racores de compresión (página 291). Apriete las tuercas a mano y luego otro cuarto de vuelta con una llave inglesa (**foto D**).

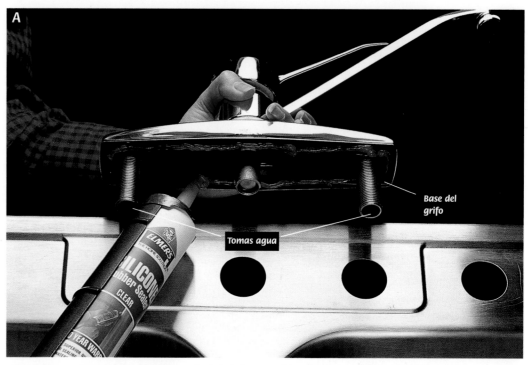

A

Base del grifo

Tomas agua

Alinee las tomas de agua con las aberturas, colocando la base paralela a la parte posterior del fregadero.

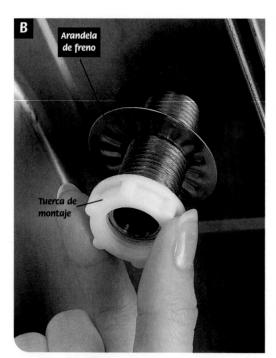

B

Arandela de freno

Tuerca de montaje

Coloque las arandelas metálicas de freno y las tuercas de montaje en las tomas de agua del grifo.

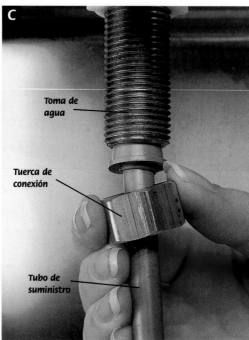

C

Toma de agua

Tuerca de conexión

Tubo de suministro

Conecte los latiguillos de suministro a las tomas y apriete las tuercas de conexión.

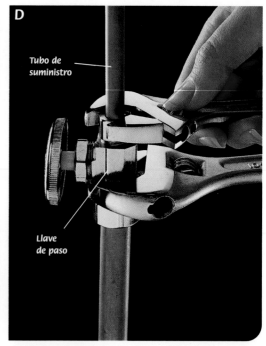

D

Tubo de suministro

Llave de paso

Cuando apriete los racores de compresión, sujete la válvula con una llave mientras aprieta suavemente con la otra.

Conectar un grifo a tubos de suministro premontados

Arandela
Tuerca de bloqueo
Espárrago de embellecedor
Toma de agua

En grifos con tubos de suministro premontados aplique masilla de silicona o de fontanería y móntelos tal como se explica en la página 334. Si el grifo tiene embellecedor, coloque las tuercas y arandelas de éste en los espárragos y apriete las tuercas.

Junta de goma
Tuerca de bloqueo
Anillo de retención

Monte el grifo en el fregadero colocando la junta de goma, el anillo de retención y la tuerca de bloqueo en la toma roscada. Apriete la tuerca.

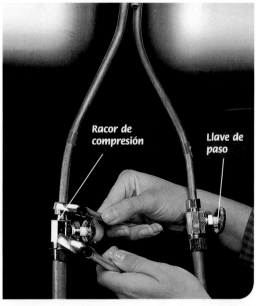

Racor de compresión
Llave de paso

Conecte los tubos de suministro premontados a las llaves de paso con racores de compresión (página 291). Una el tubo marcado en rojo a la tubería de agua caliente, y el marcado en azul a la de agua fría.

Montar un rociador

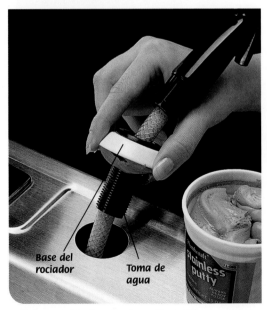

Base del rociador
Toma de agua

Aplique un cordón de 6 mm de masilla de silicona o de fontanería en el borde inferior de la base del rociador. Introduzca la toma de agua de la base por el hueco del fregadero.

Arandela de freno
Tuerca de montaje

Coloque una arandela de freno en la toma de agua. Enrosque la tuerca de montaje en la toma y apriétela con una llave de lavabo o unos alicates graduables. Limpie el exceso de masilla.

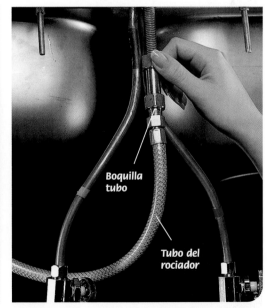

Boquilla tubo
Tubo del rociador

Enrosque el tubo del rociador en la boquilla de la parte inferior del grifo. Apriételo un cuarto de vuelta con una llave de lavabos o unos alicates graduables.

Bañeras, duchas e hidromasaje

Las bañeras se conectan al sistema de desagüe a través de un conjunto de desagüe y rebose. Los grifos se unen a las conducciones de agua caliente y fría a través de tuberías verticales provistas de llaves de paso individuales. Muchas bañeras permiten desviar el agua a la alcachofa de la ducha con sólo accionar una palanca.

Una bañera con ducha suele ir alojada en un soporte de albañilería alicatado o en una base con mampara de ducha prefabricada de fibra de vidrio. La «pared húmeda» en la que se alojan las tuberías de suministro tiene un panel desmontable que permite acceder a las llaves de paso y las conexiones.

Los baños de hidromasaje son bañeras especiales que bombean agua en chorros finos a través de pequeños orificios practicados en la superficie de la bañera. Estos chorros proporcionan un efecto de masaje que alivia la tensión y los dolores musculares. Además de los arreglos corrientes de una bañera, estos baños pueden exigir reparaciones especializadas en sus mecanismos de bombeo e inyección de chorros.

Los grifos de bañeras y duchas presentan los mismos diseños básicos que los de lavabos y fregaderos, y comparten con ellos idénticas técnicas de reparación, descritas en las páginas 320 a 329. Para reconocer el diseño tal vez sea preciso desmontar el grifo.

En las combinaciones de bañera y ducha, la alcachofa de la ducha y el caño de la bañera comparten los mismos mandos y tuberías de agua fría y caliente. Según el diseño, las griferías son de tipo monomando o de dos o tres mandos (**fotos A a C**).

Si los grifos de la ducha y la bañera y las válvulas de desvío van empotrados en los tabiques, se necesitará una llave de carraca larga para desmontarlos.

A

Las griferías monomando de duchas y bañeras pueden ser de cartucho, de bola o de discos.

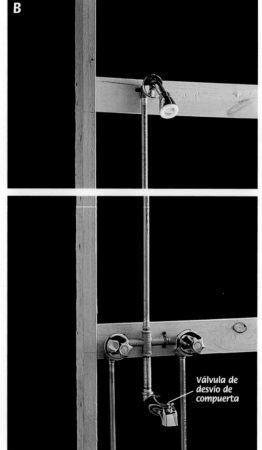

B

Válvula de desvío de compuerta

Las de dos mandos pueden ser del tipo de compresión o de cartucho.

C

Válvula de desvío

Las de tres mandos pueden ser asimismo de cartucho o de compresión.

Arreglar griferías monomando de bañera y ducha

Las griferías monomando para ducha y bañera tienen una única válvula que controla el flujo y la temperatura del agua. El agua se dirige al caño de la bañera o a la alcachofa de la ducha por medio de una válvula de desvío de compuerta. Este tipo de válvula rara vez necesita reparación, aunque ocasionalmente la palanca puede romperse, aflojarse o no mantenerse en posición levantada. Cuando falla la válvula de desvío, conviene cambiar el caño de la bañera (página 338).

Las griferías monomando pueden ser de bola, de cartucho o de discos. Utilice las técnicas de reparación descritas en la página 322 para los grifos de bola, y en la 326 para los de discos.

Para arreglar una grifería monomando de ducha y bañera de cartucho, quite el tornillo del mando con un destornillador, y luego desmonte el mando y la placa embellecedora (foto D).

Corte el agua. Algunas griferías tienen llaves de paso integradas (foto E). Si no es ése el caso, puede cortar el agua con las llaves de las tuberías verticales o la llave general de la casa, situada junto al contador del agua.

Afloje y quite el anillo o la tuerca de retención, con una llave inglesa (foto F).

Extraiga el cartucho agarrando el extremo de la válvula con unos alicates graduables y tirando con suavidad (foto G).

Lave el cuerpo de la válvula con agua limpia para eliminar los restos de suciedad. Cambie las juntas tóricas desgastadas, vuelva a colocar el cartucho y pruebe la válvula.

Si el grifo sigue sin funcionar bien, desmóntelo de nuevo y cambie el cartucho.

> **Herramientas:**
> Destornillador, llave inglesa, alicates graduables.
>
> **Materiales:**
> Juntas tóricas, cartucho de repuesto (en caso necesario).

Placa embellecedora

Quite el mando y la placa embellecedora con un destornillador.

Corte el agua con las llaves de paso.

Afloje y quite el anillo de o la tuerca de retención.

Desmonte el conjunto del cartucho.

Arreglar griferías de dos mandos para bañera y ducha

Las griferías de bañera y ducha con dos mandos pueden ser de cartucho o de compresión. Aplique las técnicas de reparación descritas en la página 324 para los de cartucho, y en la 328 para los de compresión.

Los grifos de esta clase poseen un mando para el agua caliente y otro para la fría, que dejan entrar distinto caudal de agua a la cámara de mezcla que se comunica con el caño.

Para dirigir el agua al caño de la bañera o a la alcachofa de la ducha se usa un sencillo mecanismo de válvula de compuerta.

Esta válvula rara vez necesita reparación, aunque en ocasiones la palanca que lo compone puede romperse, aflojarse o no mantenerse en la posición levantada. En caso de fallo de la válvula, cambie el caño de la bañera completo, como se describe a continuación.

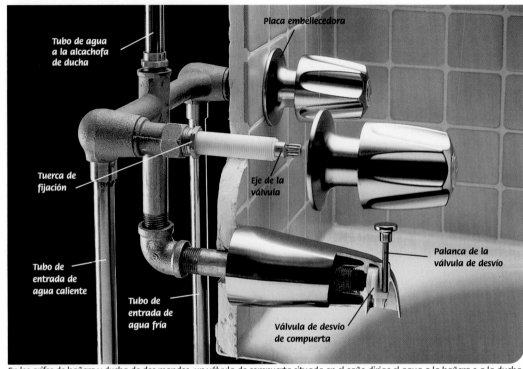

Tubo de agua a la alcachofa de ducha

Placa embellecedora

Tuerca de fijación

Eje de la válvula

Palanca de la válvula de desvío

Tubo de entrada de agua caliente

Tubo de entrada de agua fría

Válvula de desvío de compuerta

En los grifos de bañera y ducha de dos mandos, un válvula de compuerta situada en el caño dirige el agua a la bañera o a la ducha.

Cambiar el caño de la bañera

Empiece por desmontar el caño antiguo. Busque debajo del caño una pequeña ranura; si la encuentra, el caño estará sujeto por un tornillo Allen (foto A). Entonces, use una llave Allen para aflojar el tornillo, y luego saque el caño.

Si no hay ranura de acceso, desenrosque el caño (foto B). Utilice para ello una llave grifa o introduzca un destornillador grande, el mango de un martillo o una espiga de 5 cm dentro del caño y gírelo en sentido contrario a las agujas del reloj. Si utiliza una llave grifa, cubra las mordazas con cinta aislante o proteja el caño con un trapo para no rayar el cromado.

Extienda masilla para juntas de tuberías en la rosca del tubo de conexión y monte el nuevo caño.

A

Algunos caños se desmontan aflojando un tornillo Allen.

B

En otros modelos ha de desenroscarse el caño girándolo en sentido contrario a las agujas del reloj.

Arreglar griferías de tres mandos para bañera y ducha

Las griferías de tres mandos para bañera y ducha tienen un mando para el agua caliente, otro para la fría y un tercero para la válvula de desvío, que dirige el flujo al caño de la bañera o a la alcachofa de la ducha.

Al igual que en los grifos de los lavabos y fregaderos, el hecho de que existan mandos separados para el agua fría y caliente indica que la grifería es de cartucho o de compresión. Para conocer las técnicas de reparación consulte la página 324, si es de cartucho, y la 328 si es de compresión.

Si la válvula de desvío se atasca, el flujo de agua es escaso o sale por el caño de la bañera cuando se supone que debería hacerlo por la ducha, habrá que arreglar o cambiar el válvula.

La mayoría de las válvulas de desvío tienen un diseño parecido al de las válvulas de los grifos de compresión o de cartucho. Así, mientras que las válvulas de desvío de compresión pueden repararse, las de cartucho deben sustituirse.

Antes de iniciar el arreglo de una válvula de desvío de compresión, corte el agua con las llaves de paso con la general de la casa, situada junto al contador.

Desmonte la válvula de desvío con un destornillador (foto C) y desenrosque o retire la placa embellecedora haciendo palanca.

Quite la tuerca de fijación con una llave inglesa o unos alicates graduables (foto D).

Desenrosque el eje con una llave de carraca larga (foto E). En caso necesario, elimine el mortero de alrededor de la tuerca de fijación, y quite el tornillo de zapata (foto F).

Continúa en la página siguiente

Herramientas:
Destornillador, llave inglesa o alicates graduables, llave de carraca larga, cepillo metálico pequeño.

Materiales:
Cartucho del válvula de recambio o juego de arandelas universales, grasa refractaria, vinagre.

Quite el mando de la válvula de desvío y luego apalanque o desatornille la placa embellecedora que cubre la válvula.

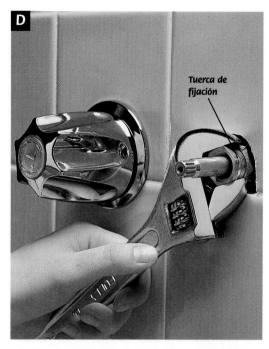

Quite la tuerca de fijación de la válvula de desvío, utilizando una llave inglesa o unos alicates graduables. Si la grifería es de cartucho, cambie el cartucho.

En griferías de compresión, desenrosque el eje con una llave de carraca larga.

Quite el tornillo de zapata y cambie la zapata.

Arreglar griferías de tres mandos para bañera y ducha (cont.)

Cambie la zapata del eje por otra idéntica (página 329). Si el tornillo de zapata está desgastado, sustitúyalo también.

Desenrosque el eje de la tuerca de retención (**foto G**). Limpie los restos y sedimentos minerales de la tuerca con un cepillo metálico pequeño mojado en vinagre (**foto H**).

Una vez limpia y seca la tuerca, unte todas las piezas con grasa refractaria y vuelva a montar la válvula de desvío. Monte de nuevo la placa embellecedora y el mando.

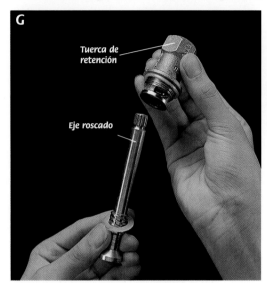

Desenrosque el eje de la tuerca de retención.

Limpie la tuerca de depósitos y sedimentos minerales, utilizando un cepillo metálico.

Desmontar una válvula de grifo empotrada

Las válvulas de algunos grifos de bañera y ducha van empotradas en la pared. Para desmontarlas, se requiere cierta habilidad y una llave de carraca larga.

Para empezar, desmonte el mando (**foto A**). Utilice unos alicates graduables para desenroscar la placa embellecedora (envuelva las mordazas de los alicates con cinta aislante, para que no rayen el cromado).

Con la máxima suavidad posible, desprenda todo resto de mortero de alrededor de la tuerca de fijación utilizando un martillo de bola y un pequeño cortafrío (**foto B**). Afloje esta tuerca con una llave de carraca larga (**foto C**). Quite la tuerca y el eje del cuerpo del grifo.

Herramientas:
Alicates graduables, martillo de bola, cortafrío pequeño, llave de carraca larga.

Materiales:
Cinta aislante.

Quite el mando y desenrosque la placa embellecedora.

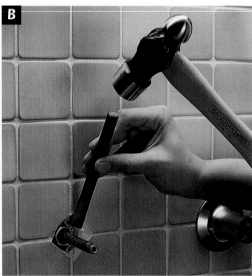

Elimine todo resto de mortero de alrededor de la tuerca de fijación.

Utilice una llave de carraca para desenroscar la tuerca de fijación.

Limpiar y reparar la alcachofa de la ducha

Las alcachofas de ducha comunes son fáciles de desmontar para limpiarlas y repararlas. Antes de empezar, no olvide cortar el agua, ya sea con la llave de paso o con la general, situada cerca del contador.

Algunas alcachofas de ducha, como la mostrada a la derecha (foto D), poseen una palanca que sirve para graduar la fuerza del chorro.

Los problemas más frecuentes de las alcachofas de ducha están relacionados con la obstrucción de los orificios de la alcachofa o fallos en la rótula de orientación.

Los orificios de entrada o salida de la alcachofa suelen obstruirse por acumulación de depósitos minerales, con lo que el agua de la ducha empieza a salir hacia los lados.

Desmonte la alcachofa para limpiarla. Envuelva con cinta aislante las mordazas de unos alicates graduables o las de una llave inglesa antes de usar estas herramientas para desenroscar la tuerca de la rótula (foto E). Después, desenrosque también la tuerca de collarín. Limpie los orificios de entrada y de salida de la alcachofa con un alambre fino, por ejem-plo, un clip sujetapapeles (foto F). Lave la alcachofa con agua limpia.

Algunas alcachofas pueden orientarse en diferentes direcciones. Si una de estas alcachofas no se mantiene en la posición deseada, o bien gotea, compruebe el estado de la junta tórica que sella la rótula. Si está desgastada, cámbiela por otra (foto G). Antes de instalar la nueva junta, lubríquela con grasa refractaria.

Herramientas:
Llave inglesa o alicates graduables.

Materiales:
Cinta aislante, alambre fino (o clip), grasa refractaria, juntas tóricas de recambio (en caso necesario).

D

- Brazo de ducha
- Tuerca del collarín
- Tuerca de la rótula
- Palanca de ajuste del chorro
- Bola de la rótula
- Junta tórica
- Orificios de salida

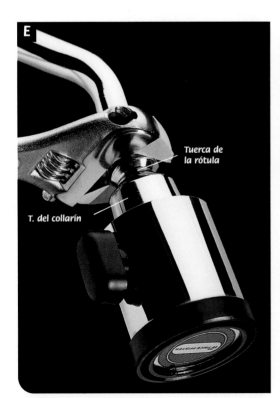

E

Tuerca de la rótula

T. del collarín

Desenrosque la tuerca de la rótula con una llave inglesa o unos alicates graduables. Luego afloje la tuerca del collarín.

F

Orificios de entrada

Limpie los orificios de entrada y salida de la alcachofa de la ducha, y luego lávela con agua limpia.

G

Junta tórica

Revise la junta tórica, y cámbiela si está desgastada. Antes de colocar la nueva, lubríquela con grasa refractaria.

Mantenimiento y reparación de una bañera de hidromasaje

Los chorros de agua caliente y masaje que proyectan estas bañeras son un medio excelente de relajar la tensión y el estrés. Sin embargo, a veces son estos mecanismos los que, al necesitar reparación, provocan estrés. Con todo, la mayoría de sus problemas son fáciles de resolver.

Estos artilugios no dejan de ser simples bañeras perfeccionadas. El efecto de masaje se consigue proyectando aire y agua por unos inyectores mediante una bomba. Algunos sistemas tienen también un temporizador y un calentador de agua para mantener la temperatura.

Su tamaño y su forma son muy variables, y oscilan entre modelos estándar y diseños de dimensiones suficientes para que puedan usarlos dos personas a la vez. Los materiales más comunes utilizados en su construcción son fundición de hierro, acero esmaltado con porcelana, fibra de vidrio gelificada y acrílico sobre fibra de vidrio.

Como las bañeras de hidromasaje se vacían después de cada uso, no obligan a higienizar el agua ni a controlar el pH para su mantenimiento.

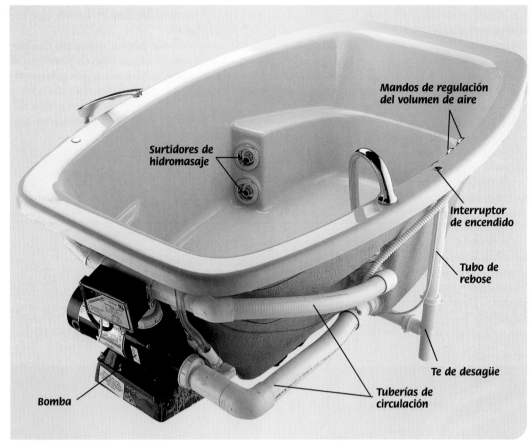

Mandos de regulación del volumen de aire

Surtidores de hidromasaje

Interruptor de encendido

Tubo de rebose

Te de desagüe

Tuberías de circulación

Bomba

Limpieza de una bañera de hidromasaje

Una limpieza regular con agua y un producto no abrasivo servirá para prolongar la vida de la bañera, al eliminar los restos de jabón, grasa y depósitos minerales que pueden quedar después de cada uso.

No limpie nunca una bañera de hidromasaje con productos abrasivos, ya que desgastarían el acabado de su superficie. Elimine las manchas rebeldes pasando un paño mojado en alcohol para friegas o diluyente de pintura sobre las zonas afectadas.

No emplee jamás compuestos químicos líquidos para desatascar el desagüe de un baño de hidromasaje; dañaría tanto la superficie de la bañera como la bomba.

Muchos sistemas deben lavarse con agua corriente todos los meses, siguiendo las recomendaciones específicas del manual de cada fabricante. Con ello se persigue limpiar los inyectores de chorros y las tuberías de agua.

Para esta operación, llene la bañera con agua tibia y añada un detergente para lavavajillas automáticos. Utilice dos cucharadas soperas de detergente líquido o dos cucharaditas de té de cristales secos, y deje correr el agua durante 10 o 20 minutos. Vacíe la bañera y lávela llenándola con agua fría, haciendo funcionar la bomba durante 10 minutos o más.

Algunos fabricantes recomiendan usar media taza de lejía, en vez de jabón, cada dos limpiezas mensuales. La lejía ayudará a destruir las bacterias que puedan haberse alojado en el sistema.

Para pulir y proteger el acabado de la bañera, limpie la superficie con un detergente suave y aplique una capa de cera para automóviles, u otro producto recomendado por el fabricante (foto A). Si quiere eliminar pequeños arañazos, aplique una pasta para pulir metales antes de dar la cera.

Limpie la superficie de la bañera para eliminar rozaduras y depósitos de jabón, y aplíquele luego una cera para automóviles para devolverle el brillo original.

Mantenimiento del sistema de bombeo de una bañera de hidromasaje

Un ruido excesivo o la aparición de problemas de circulación del agua son indicios de fallos de funcionamiento de la bomba de hidromasaje.

Compruebe que todos los chorros se dirigen lejos de las rejillas de entrada. Un inyector mal orientado puede entorpecer el buen funcionamiento del sistema al enviar aire hacia la bomba.

Retire los filtros de entrada y límpielos con un detergente suave (foto B). Algunos modelos están provistos de un filtro de entrada montado en la parte posterior de la rejilla. Revise las instrucciones del fabricante para desmontar y limpiar estos filtros. Vuelva a montarlos (si existen) y coloque de nuevo la rejilla de entrada.

Compruebe que las conexiones de todas las tuberías unidas a la bomba están en buen estado. Apriételas sólo con la mano (foto C); si las apretara en exceso podría romper las juntas. Debería poder acceder a la mayoría de estas conexiones sin demasiada dificultad.

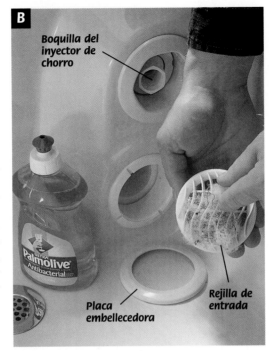

B Boquilla del inyector de chorro · Placa embellecedora · Rejilla de entrada

Limpie la rejilla de entrada con un detergente neutro y agua.

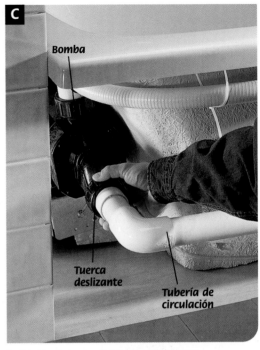

C Bomba · Tuerca deslizante · Tubería de circulación

Apriete bien la tuerca de conexión con la mano.

Limpieza de los inyectores de chorro

Si uno de los inyectores de la bañera de hidromasaje no proyecta agua, probablemente se deba a que está obturado por cabellos, restos de jabón o grasa, sustancias que pueden obstruir el paso del agua por las boquillas.

Para desbloquear una boquilla obturada, desenrósquela a mano hasta retirarla completamente de la superficie de la bañera (foto D).

Elimine todo resto de suciedad del cuerpo del inyector y limpie éste con un detergente suave y un paño o un cepillo blando.

Lubrique las juntas tóricas con grasa refractaria.

Vuelva a montar el inyector, y oriente la boquilla en la dirección que desee. Disponga el inyector de forma que el chorro se dirija lejos de la rejilla de entrada.

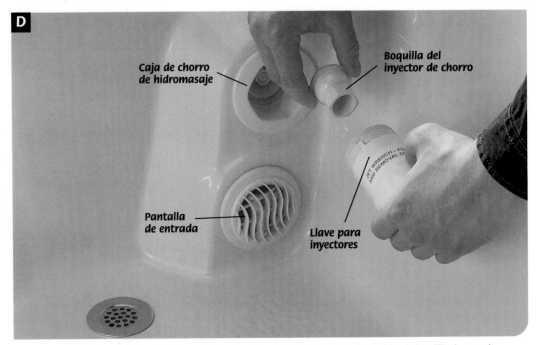

D Caja de chorro de hidromasaje · Boquilla del inyector de chorro · Pantalla de entrada · Llave para inyectores

Desenrosque el inyector de chorro, límpielo y vuélvalo a montar con la boquilla apuntando lejos de la rejilla de entrada.

Inodoros

Un inodoro es un aparato sencillo, por lo que sus problemas más frecuentes se resuelven con pequeños ajustes.

Lo primero que ha de hacerse para arreglar un inodoro es conocer los elementos que lo integran y su funcionamiento.

Así, al accionar el *tirador*, una *cadena* o unas *varillas de conexión* levantan de su asiento un obturador de goma, llamado *válvula de bola* o de *cisterna*. Entonces, el agua de la cisterna cae a la *taza del inodoro* por el hueco de la *válvula de descarga*, situada en la parte inferior.

El agua residual de la taza se impulsa hacia abajo a través del *sifón* para llegar al *desagüe principal*.

Una vez vacía la cisterna, la válvula de bola vuelve a cerrarla, y la de suministro de agua, llamada *válvula del flotador*, llena la cisterna de nuevo. La válvula de flotador está controlada por un *flotador* que se mantiene sobre la superficie del agua.

Cuando la cisterna se llena, el flotador cierra automáticamente la válvula asociada al mismo.

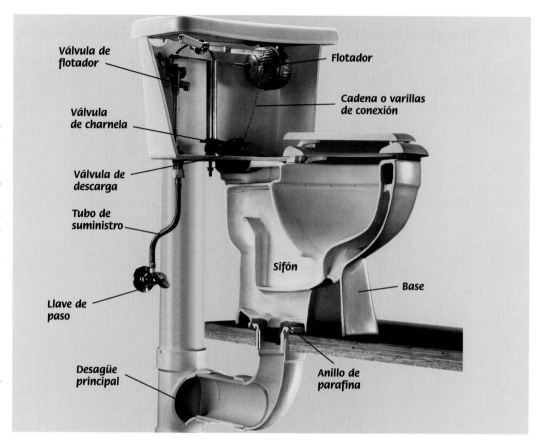

Válvula de flotador

Flotador

Cadena o varillas de conexión

Válvula de charnela

Válvula de descarga

Tubo de suministro

Sifón

Base

Llave de paso

Desagüe principal

Anillo de parafina

Problemas del inodoro y su reparación

Problemas	Reparaciones
El tirador está agarrotado o es difícil de accionar.	1. Ajuste las varillas de conexión (página 345). 2. Limpie y ajuste el tirador (página 345).
El tirador está suelto.	1. Ajuste el tirador (página 345). 2. Vuelva a conectar la cadena o las varillas de conexión (página 345).
No cae agua a la taza.	1. Compruebe que el agua está dada. 2. Ajuste la cadena o las varillas de conexión (página 345).
El inodoro rebosa o se vacía con dificultad.	1. Desatasque el inodoro (página 313). 2. Desatasque la columna principal de desagüe y ventilación (página 304).
El agua no deja de correr.	1. Ajuste la cadena o las varillas de conexión (página 345). 2. Cambie el flotador (página 346). 3. Ajuste el nivel de agua en la cisterna (página 346). 4. Ajuste y limpie la válvula de descarga (página 349). 5. Cambie la válvula de descarga (página 349). 6. Repare o sustituya la válvula del flotador (página 348).
Agua en el suelo alrededor de la taza.	1. Apriete los tornillos de la cisterna y las conexiones de las tuberías de agua (página 350). 2. Aísle la cisterna para evitar condensaciones (página 350). 3. Cambie el anillo de parafina (página 351). 4. Cambie la cisterna o la taza si están rotas (página 352).

Reparación de un inodoro que pierde

Si sigue oyéndose correr el agua después de haber ajustado el flotador y la cadena o las varillas de conexión, examine el tubo de rebose.

Si cae agua por este tubo, ajuste la válvula del flotador de forma que se rebaje el nivel del agua en la cisterna (página 346). Si aun así persiste el problema, cambie o repare esta válvula (página 348).

Si no cae agua por el tubo de rebose, revise la válvula de cisterna para ver si está desgastada, y cámbiela en caso necesario. Si aun así no se resuelve el problema, sustituya esta válvula (página 349).

Herramientas:
Cepillo metálico pequeño, destornilladores, llave inglesa, alicates graduables, llave de cola, cúter, llave de carraca, esponja, espátula.

Materiales:
Vinagre, papel abrasivo, arandelas y juntas tóricas de recambio, piezas de recambio de inodoro, juego de aislantes de cisterna, anillo de parafina, arandela grande.

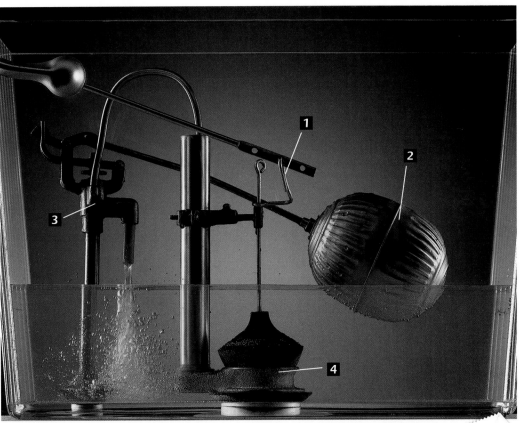

Si entra agua continuamente en una cisterna, compruebe las posibles causas del problema en el siguiente orden: ~~~~ o las varillas de conexión están dobladas o acodadas, (2) el flotador roza con la pared de la cisterna, ~~~~ no consigue cerrar el flujo de agua corriente después de la descarga de la cisterna, (4) la válvula de desc~~~~ hacia la taza del inodoro.

Ajustar el tirador y la cadena o las varillas de conexión

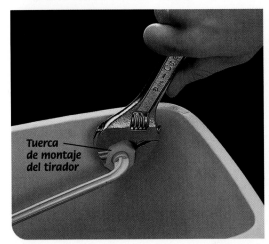

Si el tirador se atasca, limpie la tuerca de montaje, que tiene la rosca al revés, por lo que deberá aflojarla girando en el sentido de las agujas del reloj. Elimine la suciedad restregando las piezas con un cepillo mojado en vinagre.

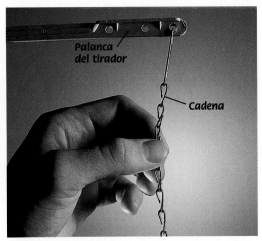

Si no cae agua a la taza, o no en la medida suficiente, tal vez la cadena interior esté rota o demasiado floja. Cámbiela o ajústela de manera que cuelgue con una holgura de unos 10 mm.

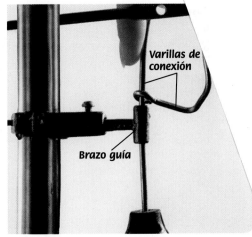

En inodoros con varillas de conexión en vez de cadenas, al doblarse una varilla el tirador se atasca. Enderece la varilla para que recupere el funcionamiento correcto.

Arreglar una válvula de cisterna que pierde

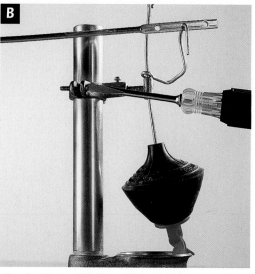

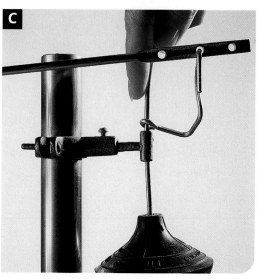

Corte el agua y vacíe la cisterna. Levante la válvula de cisterna o desenganche la de charnela. Frote suavemente el interior del asiento de válvula y el borde con papel de lija.

Alinee la válvula. Afloje los tornillos que sujetan el brazo guía, y coloque este brazo en la vertical del asiento de la válvula. Si la charnela o la bola de la válvula de cisterna está blanda o rajada, cámbiela.

Enderece la varilla de elevación vertical de la bola de la válvula de cisterna. Ésta debería subir y bajar con suavidad cuando se accione el mando de la cisterna. Dé el agua, llene la cisterna y pruebe a descargarla.

Ajustar una válvula de flotador

El ajuste de la válvula del flotador permite elevar o reducir el nivel de agua en la cisterna. Existen cuatro modalidades básicas de válvulas de flotador, cada una con su método de ajuste.

Así, la *válvula tradicional tipo pistón* regula el flujo de agua con un pistón de latón unido al brazo y la bola del flotador (**foto D**). Para elevar el nivel del agua, doble hacia arriba el brazo del flotador; para reducirlo, flexione el brazo ligeramente hacia abajo.

Las *válvulas de flotador de diafragma* suelen ser de plástico y tienen una tapa ancha con un diafragma de goma (**foto E**). Para elevar el nivel de agua se dobla el brazo hacia arriba, y para reducirlo se comba un poco hacia abajo.

Las *válvulas de flotador deslizante* también son de plástico y su ajuste es sencillo (**foto F**). Para elevar el nivel del agua, apriete el resorte de la varilla y mueva el flotador hacia arriba a lo largo del fuste de la válvula. Para reducir el nivel, muévalo hacia abajo.

Finalmente, las *válvulas sin flotador* regulan el nivel del agua mediante un dispositivo sensor (**foto G**). Para subir el nivel se gira el tornillo de ajuste en el sentido de las agujas del reloj, de media vuelta en media vuelta; para bajarlo, se gira en sentido contrario.

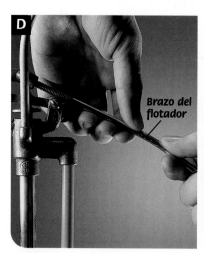

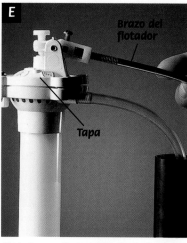

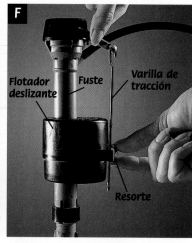

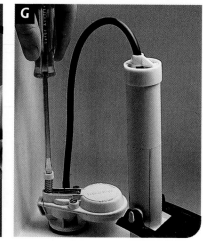

Ajuste de una válvula de flotador de pistón.

Ajuste de una válvula de flotador de diafragma.

Ajuste de una válvula de flotador deslizante.

Ajuste de una válvula sin flotador.

Arreglar una válvula de flotador de pistón

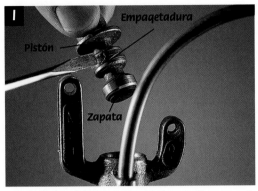

Cierre el agua y vacíe la cisterna. Quite las tuercas de mariposa de la válvula del flotador. Extraiga el brazo del flotador.

Quite el pistón. Extraiga la empaquetadura. Apalanque y quite la zapata del pistón para extraer el tornillo del eje.

Monte una junta y una zapata de recambio. Limpie los sedimentos del interior de la válvula, y monte ésta de nuevo.

Arreglar una válvula de flotador de diafragma

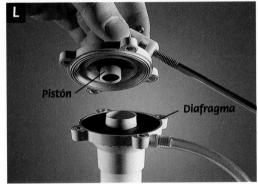

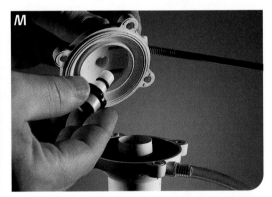

Cierre el agua y vacíe la cisterna. Quite los tornillos de la tapa de la válvula de flotador.

Levante el brazo del flotador con la tapa. Examine el diafragma y el pistón, para ver si están desgastados.

Cambie las piezas rígidas o agrietadas. Si el conjunto muestra signos evidentes de deterioro, cambie la válvula de flotador.

Arreglar una válvula de flotador deslizante

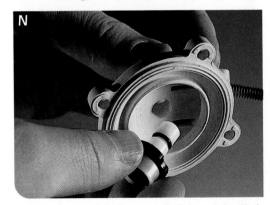

Cierre el agua y vacíe la cisterna. Quite la tapa de la válvula de flotador.

Empuje el eje de la válvula hacia abajo y gírelo en sentido contrario a las agujas del reloj para quitarlo. Limpie cualquier sedimento con un cepillo metálico.

Vuelva a colocar la junta de la válvula. Si observa que el conjunto está muy desgastado, cambie la válvula completa (página 348).

Cambiar una válvula de flotador

Si sigue saliendo agua por el tubo del rebosadero después de ajustar la válvula del flotador, o ésta se encuentra visiblemente dañada, lo mejor será montar una nueva. Empiece por cerrar el agua y vaciar la cisterna, y limpie el agua que quede con una esponja.

Quite la tuerca del racor del tubo de suministro y la de montaje de la válvula del flotador con una llave inglesa (**foto A**). Retire la válvula de flotador antigua.

Coloque una junta cónica en la toma de la nueva válvula de flotador, e introduzca esta toma en el hueco de la cisterna (**foto B**).

Oriente el alojamiento del brazo del flotador de forma que el brazo pase por detrás del tubo de rebose. Enrosque el brazo en la válvula del flotador, y la bola del flotador en el brazo (**foto C**).

Doble o pince el tubo de llenado de forma que su extremo quede dentro del tubo de rebose (**foto D**).

Enrosque la tuerca de montaje y la del racor del tubo de suministro en la toma de la válvula del flotador, y luego apriételas con una llave inglesa (**foto E**). Abra el agua y compruebe si hay fugas.

Ajuste el nivel del agua en la cisterna regulando la válvula del flotador (página 346). Este nivel debe quedar unos 10 mm por debajo del extremo superior del tubo de rebose (**foto F**).

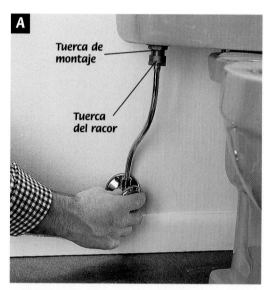

Quite las tuercas de conexión y retire la válvula de flotador antigua.

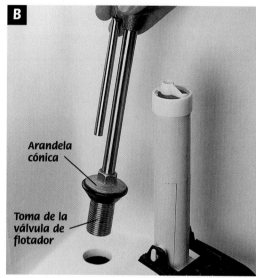

Coloque la nueva válvula de flotador y asegúrela con la tuerca de montaje.

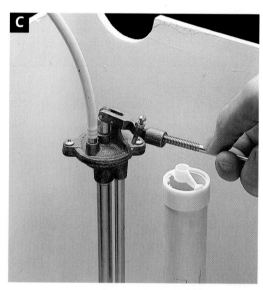

Enrosque el brazo y monte en él el nuevo flotador.

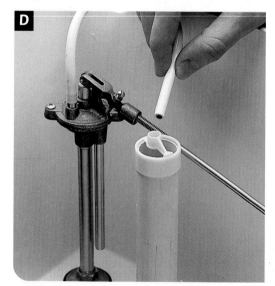

Coloque el tubo de llenado dentro del de rebose.

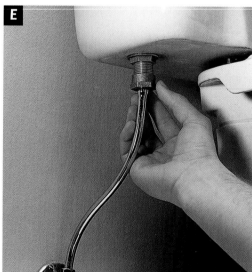

Desenrosque las tuercas de conexión de la toma de la válvula de flotador.

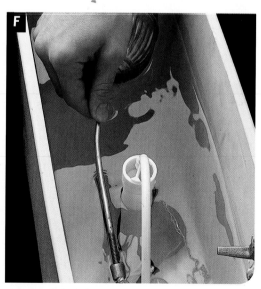

Ajuste la válvula de flotador para lograr un nivel de agua adecuado.

Ajustar y limpiar una válvula de descarga

Si ajustar el flotador y las varillas de conexión no basta para detener la caída de agua, y el nivel de ésta en la cisterna es tan alto que cae agua por el tubo de rebose, lo siguiente que ha de hacerse es limpiar y ajustar la válvula de descarga.

Primero, quite la válvula de cisterna y limpie la abertura de la de descarga (foto G), con tela esmeril si la válvula es de latón o una esponja abrasiva que no raye si es de plástico.

Luego, afloje el brazo guía y vuelva a colocar la válvula de cisterna, directamente encima de la de descarga (foto H).

Examine la válvula de cisterna y sustitúyala si está deteriorada. Monte esta válvula ajustándola de manera que quede justo encima del hueco de la de descarga.

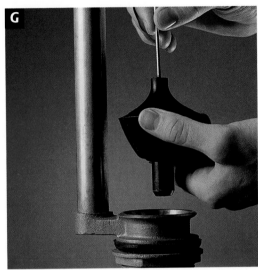
Quite la bola y limpie la abertura de la válvula de descarga.

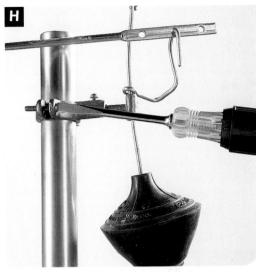
La válvula de cisterna debe quedar encima de la de descarga.

Cambiar una válvula de descarga

Si ha probado todos los ajustes descritos y sigue cayendo agua, cambie la válvula de descarga. Corte el agua y desconecte la válvula de flotador (página 348).

Separe la cisterna de la taza aflojando los tornillos de montaje de la primera (página 351), y ponga la cisterna boca abajo.

Desmonte la válvula de descarga antigua desenroscando la tuerca que la sujeta con una llave de cola o unos alicates graduables (foto I).

Coloque una arandela cónica en el tubo de salida de la nueva válvula de descarga, con el lado estrecho de la arandela hacia la abertura de salida (foto J). Introduzca la válvula de descarga en el hueco de la

cisterna de forma que el tubo de rebose quede frente a la válvula de flotador.

Enrosque la tuerca en el tubo de salida de la válvula de descarga, y apriétela con una llave de cola o unos alicates graduables (foto K). Coloque la arandela en el tubo de salida y vuelva a montar la cisterna.

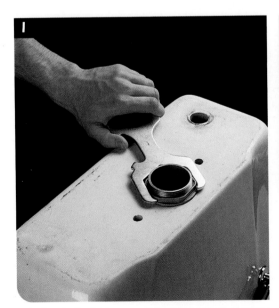
Quite la válvula de descarga vieja desenroscando la tuerca grande.

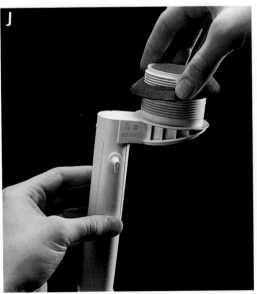
Coloque una arandela cónica en el tubo de salida de la válvula de descarga.

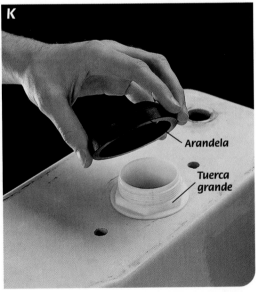
Enrosque una tuerca nueva y coloque una arandela blanda en la válvula de descarga.

Reparación de un inodoro con fugas

Si un inodoro tiene fugas, habrá que investigar y resolver la causa del problema lo antes posible, ya que con el tiempo el agua encharcada terminará por penetrar en las capas inferiores del suelo, dañando finalmente la solera y la estructura de sustentación (**foto A**). Al buscar la causa del problema empiece por las posibilidades más sencillas.

Primero, revise todas las uniones y cerciórese de que son estancas. Utilice una llave de carraca para apretar los pernos de la cisterna, y una llave inglesa para asegurar la tuerca de montaje de la válvula de flotador y la del racor del tubo de suministro, así como los pernos de la cisterna (**foto B**). No apriete demasiado estos pernos, ya que podría provocar fisuras en la cisterna.

Si gotea humedad de ésta en épocas de tiempo húmedo, tal vez se esté formando condensación en su pared exterior. Para detener esta «sudoración» habrá que aislar las paredes interiores de la cisterna con un kit de revestimiento aislante apropiado.

Cierre el agua, vacíe la cisterna y límpiela por dentro con un producto abrasivo. Utilice un cúter para cortar los paneles de revestimiento aislantes de espuma de manera que encajen en el fondo y las partes delantera, laterales y trasera de la cisterna. Pegue los paneles a la cisterna con un adhesivo impermeable. Deje que actúe el adhesivo y vuelva a dar el agua para llenar la cisterna (**foto C**).

Si aparentemente se filtra agua por la base del inodoro, sobre todo al descargar la cisterna o poco después, tal vez el anillo de parafina se haya roto o esté muy dañado. Para cerciorarse, añada unas gotas de colorante alimentario al agua de la cisterna y tire de la cadena. La presencia de agua coloreada en el suelo confirmará la sospecha. En tal caso, habrá que retirar y sustituir el anillo de parafina (página 351).

Examine la cisterna y la base del inodoro para estar seguro de que no presentan fisuras que pudieran ser causa de filtraciones. Una cisterna o una base fisuradas no pueden repararse, y han de cambiarse por otras lo antes posible (página 352).

Cuando vaya a adquirir un inodoro nuevo, piense en uno que ahorre agua, cuya eficacia puede incluso duplicar la de un modelo estándar. Algunos inodoros actuales se venden con las válvulas de descarga y de flotador ya montadas, mientras que otros no incluyen estos elementos. En el último caso, tendrá que adquirirlos por separado.

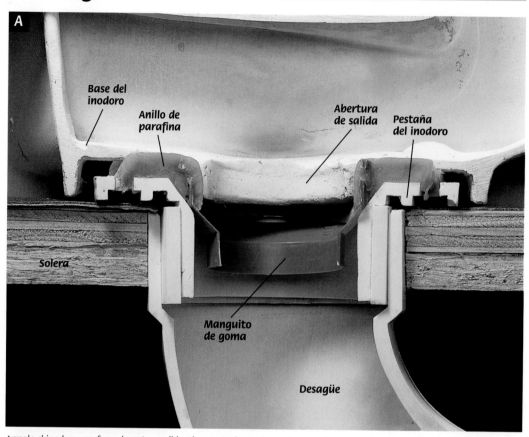

Base del inodoro
Anillo de parafina
Abertura de salida
Pestaña del inodoro
Solera
Manguito de goma
Desagüe

Arregle el inodoro con fugas lo antes posible. El agua encharcada en el piso podría dañar la solera y los elementos estructurales del suelo.

Tuerca de montaje de la válvula de flotador
Tuerca del racor del tubo de suministro
Perno de la cisterna

Para eliminar fugas, empiece por apretar todas las conexiones.

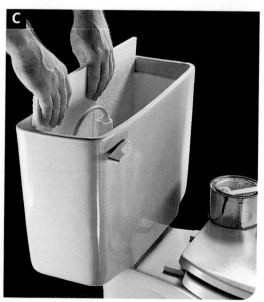

Aísle la cisterna para evitar la condensación.

Cómo desmontar el inodoro y el anillo de parafina

La unión entre el inodoro y el desagüe del suelo está sellada con un grueso anillo de parafina. Conforme éste envejece termina por secarse, disgregarse o agrietarse, lo que puede romper la junta estanca y producir filtraciones. En tal caso, será necesario retirar y sustituir el anillo de parafina. Esta tarea no es complicada ni difícil, pero sí bastante sucia y engorrosa, por lo que conviene tener un montón de trapos a mano.

Corte el agua en la llave de paso y vacíe la cisterna. Utilice una esponja para absorber todo el agua que quede en la cisterna y la taza. Desconecte el tubo de suministro de agua con una llave inglesa (**foto D**).

Quite las tuercas de los pernos de la cisterna, con ayuda de una llave de carraca (**foto E**).

Retire con cuidado la cisterna y póngala a un lado. Si pretende volverla a instalar más adelante, trátela con cuidado; estos elementos suelen ser de loza, un material que se daña con facilidad.

Quite los embellecedores de los pernos de fijación al suelo de la base del inodoro haciendo palanca con un destornillador. Utilice una llave inglesa para quitar las tuercas de estos pernos (**foto F**).

Colóquese a horcajadas sobre el inodoro y mueva la taza hacia los lados hasta desprender la junta estanca (**foto G**).

Levante el inodoro del suelo con cuidado y póngalo a un lado. Ésta es la parte menos agradable, ya que al retirar la taza puede salirse el agua del sifón del inodoro. Lleve puestos guantes de goma cuando limpie esta agua, así como el propio inodoro y sus pestañas o rebordes.

Raspe toda la parafina antigua de los rebordes con una espátula (**foto H**).

Tapone el hueco del desagüe con un trapo húmedo, de manera que los gases del alcantarillado no entren en la casa por el sistema de ventilación y desagüe.

Si piensa volver a instalar el inodoro antiguo, elimine bien la parafina y la masilla de la superficie de la base y el hueco de desagüe (**foto I**).

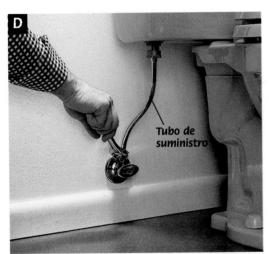

Desconecte el tubo de suministro con una llave inglesa.

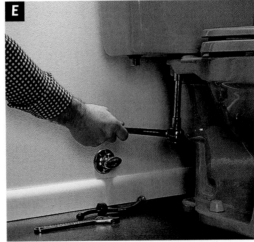

Quite las tuercas de los pernos de fijación de la cisterna y levante ésta.

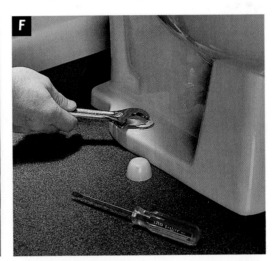

Con una llave inglesa, quite las tuercas que sujetan la cisterna al suelo.

Rompa la junta estanca y levante el inodoro del suelo.

Raspe la parafina del reborde del inodoro.

Limpie los restos de parafina y masilla del hueco y la base del inodoro.

Instalación del inodoro y el anillo de parafina

Coloque el inodoro boca abajo, y ponga un nuevo anillo de parafina en el hueco del desagüe (**foto A**). Si está instalando el mismo inodoro que quitó, cerciórese de que no quedan restos de parafina ni masilla antiguas.

Si el anillo tiene un manguito de plástico o de caucho, colóquelo orientado en sentido opuesto al inodoro. Aplique un cordón de masilla de fontanería en el borde inferior de la base de la taza. Coloque el inodoro sobre el desagüe de manera que los pernos de fijación al suelo coincidan con los orificios de la base (**foto B**).

Presione la base hacia abajo, y balancéela suavemente hacia los lados, para comprimir la parafina y la masilla (**foto C**).

Coloque las arandelas y las tuercas en los pernos del suelo. Apriete bien las tuercas con una llave inglesa.

Precaución: No apriete en exceso estas tuercas, ya que podría romper la base del inodoro.

Limpie la masilla sobrante en torno a los bordes de la base. Cubra las tuercas con los embellecedores.

El siguiente paso consiste en preparar la instalación de la nueva cisterna. Si va a conservar la antigua o va a colocar una nueva que trae las válvulas de descarga y de flotador ya montadas, podrá pasar a la fase que se indica a continuación.

En otro caso, habrá de instalar también un tirador, una válvula de flotador (página 348) y una válvula de descarga (página 349).

Una vez montados estos elementos, dé la vuelta con cuidado a la cisterna y coloque una arandela blanda sobre la boca de salida de la válvula de descarga (**foto D**).

Ponga otra vez la cisterna en su posición normal y colóquela en la parte posterior de la base del inodoro, de manera que la arandela blanda quede centrada sobre el hueco de entrada del agua (**foto E**).

Alinee los orificios de los pernos de la cisterna con los de la base del inodoro. Coloque arandelas de goma en estos pernos e introdúzcalos en los orificios (**foto F**).

Trabajando desde la parte inferior de la cisterna, coloque las arandelas y las tuercas en los pernos, y apriete bien las tuercas con una llave de carraca (**foto G**).

Tenga cuidado al apretar las tuercas; la mayoría de las cisternas se apoyan en la arandela blanda, más que en la base del inodoro.

Con una llave inglesa, conecte el tubo de suministro de agua a la toma de la válvula de flotador (**foto H**).

Abra el agua y pruebe el inodoro. Busque posibles fugas en los pernos de la cisterna y las conexiones del agua. Apriete las conexiones flojas que encuentre.

Para volver a colocar la tapa del inodoro, introduzca sus tornillos en los orificios de montaje de la taza. Enrosque las tuercas en los tornillos y apriételas (**foto I**).

Coloque un nuevo anillo de parafina en el hueco del desagüe.

Alinee bien los pernos con los orificios de la base del inodoro.

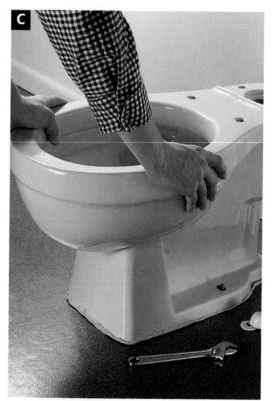

Presione hacia abajo la taza para comprimir la parafina y la masilla.

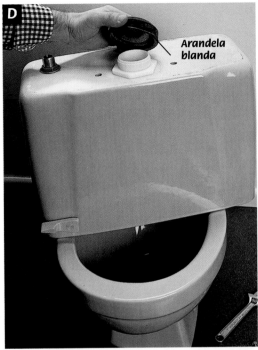

Coloque una arandela grande blanda sobre la boca de salida de la válvula de descarga.

Ponga con cuidado la cisterna sobre la base del inodoro.

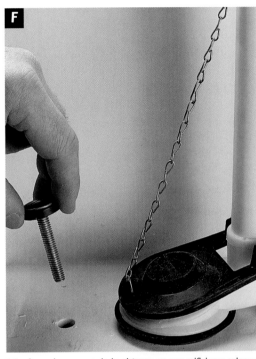

Introduzca los pernos de la cisterna en sus orificios y coloque las arandelas y las tuercas.

Apriete las tuercas con suavidad hasta que la cisterna quede bien ajustada.

Conecte el tubo de suministro de agua a la toma de la válvula de flotador.

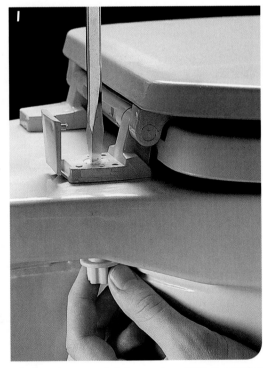

Introduzca los pernos de la tapa en los orificios de montaje y asegúrelos con tuercas.

Arreglar inodoros de descarga a presión

Los inodoros de descarga a presión utilizan bombas de aire o de agua para reforzar la acción de lavado del agua. Con ello aumenta la velocidad de caída de ésta y mejora la eficacia, reduciéndose las retenciones.

Por su avanzada tecnología, estos inodoros son más caros que los normales, y las piezas móviles adicionales que contienen los hacen más propensos a averías.

Por otra parte, al ser el inodoro uno de los aparatos que más agua consumen de toda la casa, los modelos de descarga a presión pueden suponer un ahorro significativo. Su uso se está extendiendo en bastantes áreas de nueva construcción.

Dada la tendencia en las ordenanzas y las ventajas que ofrecen en ahorro de energía y de consumo de agua, este tipo de inodoros está cada vez más extendido.

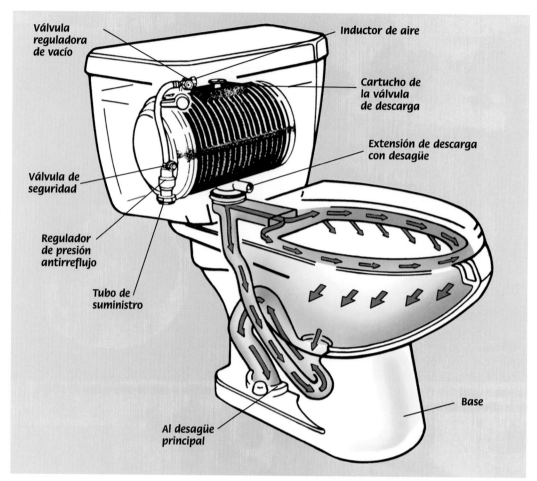

Válvula reguladora de vacío

Inductor de aire

Cartucho de la válvula de descarga

Extensión de descarga con desagüe

Válvula de seguridad

Regulador de presión antirreflujo

Tubo de suministro

Base

Al desagüe principal

Medida de la presión del agua

Si surgen problemas en un inodoro de descarga a presión, lo primero que ha de hacerse es comprobar la presión del agua. Un suministro insuficiente puede provocar múltiples complicaciones, haciendo que caiga agua constantemente por la taza o que la descarga sea débil o incluso inexistente.

Para que estos mecanismos funcionen correctamente, deben mantenerse a una presión constante comprendida entre 1,4 y 5,5 kg/cm^2.

Para medir la presión del agua del inodoro, primero cierre la llave de paso de éste.

Coloque un cubo de 20 litros bajo el extremo del tubo de suministro, desconecte el tubo e introduzca el extremo en el cubo.

Abra la llave de paso y llene el cubo durante 30 segundos (**foto A**).

Cierre la llave y mida la cantidad de agua recogida en el cubo. Para que el inodoro funcione correctamente debe haber unos 4 litros de agua, como mínimo.

Si encuentra que la presión del agua es demasiado baja, dos posibles soluciones son aumentar el diámetro del tubo de suministro conectado a la válvula de flotador (algo que puede hacer usted mismo) o cambiar las cañerías por otras más grandes (tarea que debe reservarse a un profesional).

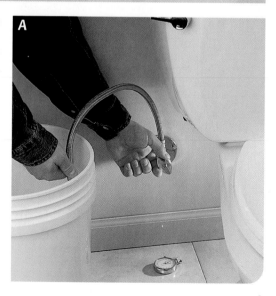

A

Arreglar un inodoro de descarga a presión

Si la presión es satisfactoria pero el agua no deja de caer por la taza, emprenda los pasos siguientes: corte el agua en la llave de paso del inodoro y examine el filtro del tubo de la bomba (**foto B**); si encuentra obstrucciones que pudieran bloquear el flujo de agua, elimínelas.

Después, levante la tapa y verifique el ajuste del accionador. La varilla no debería obstaculizar el paso del agua. Vacíe el sistema accionando el mando de descarga. Quite la varilla y el cartucho de la válvula de descarga. Inspeccione las juntas tóricas para ver si están desgastadas (**foto C**). En caso necesario, reemplace el cartucho.

Ajuste este cartucho en las ranuras correspondientes dándole dos vueltas en sentido contrario a las agujas del reloj. Enrósquelo en el sentido de las agujas del reloj hasta que quede bien sujeto, aunque sin excederse. Abra la llave del agua y deje que se llene la cisterna.

Si sigue cayendo agua una vez que esté llena, levante el accionador. Si con ello se interrumpe la fuga, apriete el cartucho de la válvula un cuarto de vuelta hasta que se detenga el flujo de agua. Si no lo consigue, afloje el cartucho un cuarto de vuelta.

Si, aun con una presión satisfactoria, la descarga del inodoro no es suficiente, siga estos pasos: quite la tapa y vacíe el sistema activando el accionador. Eleve éste hasta que desaparezcan todos los posibles residuos de los tubos de suministro y el depósito de presión (**foto D**). Dejando correr el agua de la cisterna durante un minuto debería desaparecer hasta el último residuo.

Para probar el regulador de aire, levante la tapa del silenciador y descargue la cisterna (**foto E**). Al hacerlo debería oír el paso del aire aspirado hacia el depósito de presión al retraerse la válvula durante el llenado. Si no oye nada, levante la tapa y limpie a fondo el dispositivo.

Por último, corte el agua y descargue la cisterna activando el accionador. Vierta agua en la caja del cartucho y abra de nuevo la llave de paso.

Si observa una corriente de burbujas en el centro del cartucho, significa que éste tiene fugas y ha de cambiarse por otro.

Examine el filtro del tubo, y elimine cualquier obstrucción.

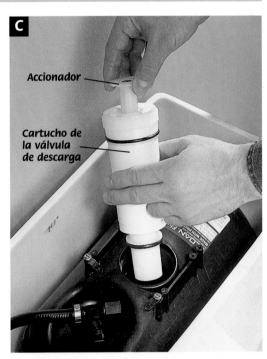

Examine las juntas tóricas del cartucho para ver si muestran signos de deterioro.

Levante el accionador mientras vacía la cisterna, para eliminar cualquier residuo.

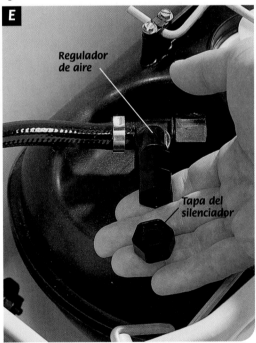

Desmonte la tapa del silenciador del regulador de aire.

Trituradores de comida

Los trituradores de comida destruyen todo residuo sólido que pueda colarse por el desagüe del fregadero. Aunque resultan cómodos, elevan notablemente la carga soportada por el sistema de desagüe, además de añadir un aparato más a la casa.

Para evitar problemas, escoja un triturador con un motor de al menos medio caballo de potencia, y con posibilidad de autoinversión de giro para evitar atascos. Busque también un modelo con espuma insonorizante, anillo triturador de fundición de hierro y protección contra sobrecargas, que desconecte el motor en caso de un calentamiento excesivo.

Para evitar malos olores en el triturador, deje caer en él cada cierto tiempo cáscara de limón. Para mantener limpia la estructura, introduzca cubitos de hielo.

Si el triturador deja de funcionar y no zumba al encenderlo, pulse el botón de rearme situado en la parte inferior del aparato **(foto A)**. Si aun así no logra ponerlo en marcha, verifique el estado del fusible o ruptor automático del circuito.

Si el triturador no funciona pero emite un zumbido al encenderlo, probablemente estará atascado. En tal caso, deberá desbloquearlo haciendo girar el rotor. Algunos modelos vienen provistos de una llave que permite girar la estructura manualmente desde la parte inferior del aparato. Primero corte la corriente que llega al aparato en el cuadro eléctrico general, y luego busque la ranura, introduzca la llave y gírela en el sentido de las agujas del reloj **(foto B)**. Vuelva a conectar la corriente, pulse el botón de rearme y pruebe el aparato para ver si funciona.

Otra manera de desbloquear un triturador atascado es usar un mango de madera, por ejemplo un palo de escoba, para hacerlo girar desde arriba. No olvide, primero, cortar la corriente eléctrica; luego, introduzca el palo de la escoba en el triturador e intente hacerlo girar. Una vez que parezca estar desbloqueado, vuelva a conectar la electricidad, pulse el botón de rearme y compruebe si funciona.

Si nada de esto da resultado, instale un triturador nuevo (página 358).

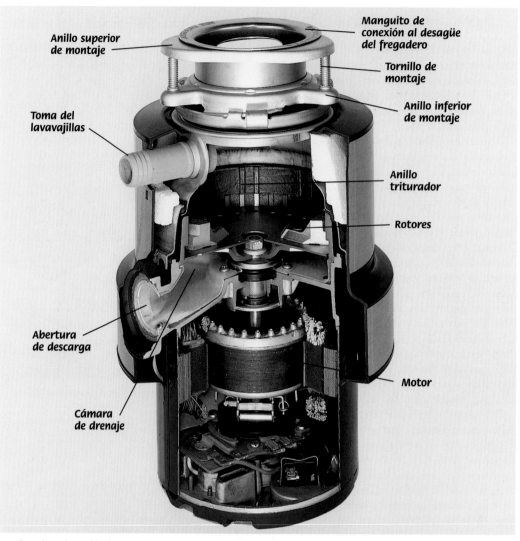

Anillo superior de montaje · Manguito de conexión al desagüe del fregadero · Tornillo de montaje · Anillo inferior de montaje · Toma del lavavajillas · Anillo triturador · Rotores · Abertura de descarga · Motor · Cámara de drenaje

Los trituradores de comida destruyen los restos de comida y desperdicios de cocina que puedan colarse por el desagüe del fregadero.

A

Para desbloquearlo en caso de atasco, apriete el botón de rearme.

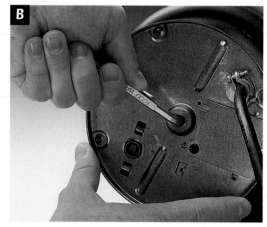

B

También puede introducir una llave en la ranura y hacer girar los rotores.

Cómo desmontar un triturador de comida

Para instalar un nuevo triturador o cambiar el fregadero primero tendrá que desmontar el triturador antiguo. Antes de empezar, tenga presente que esta tarea será sencilla si el nuevo aparato es de la misma marca y modelo que el antiguo, ya que así podrá dejar en su sitio algunas de las piezas. En cambio, si adquiere un modelo totalmente nuevo tendrá que realizar operaciones adicionales, aunque en ningún caso complicadas.

Con ayuda de un destornillador, afloje el tornillo de la abrazadera del tubo de desagüe del lavavajillas y desconéctelo de la toma correspondiente (foto C).

Coloque un cubo debajo de la tubería. Utilice una llave inglesa para aflojar la tuerca que une el tubo de residuos con el de descarga. Desconecte la tubería del tubo (foto D). Si la tuerca está atascada y no se mueve, corte la tubería con una sierra de metales, justo después del codo.

Introduzca un destornillador o la llave del triturador en una de las orejetas de sujeción del anillo de montaje inferior. Gire la herramienta en sentido contrario a las agujas del reloj hasta que se desbloqueen las orejetas de sujeción (foto E).

Si la estructura de montaje usada es compatible con la nueva, habrá terminado con la fase de desmontaje del trabajo. En caso contrario, utilice un destornillador para aflojar los tres tornillos de fijación y luego retire la estructura de montaje (foto F).

Quite la junta de la fibra, el manguito de conexión al desagüe del fregadero y el cerco haciendo palanca (foto G).

Elimine la masilla residual raspando con una espátula y una esponja abrasiva. Limpie detenidamente el manguito, el cerco y el hueco del desagüe.

Herramientas:
Destornillador, llave inglesa, sierra de metales (en caso necesario), espátula.

Materiales:
Cubo, esponja abrasiva.

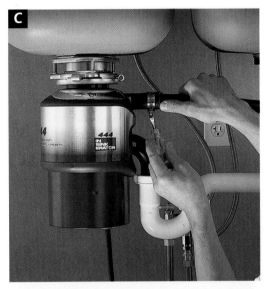

Afloje el tornillo de la abrazadera y desconecte el tubo de desagüe.

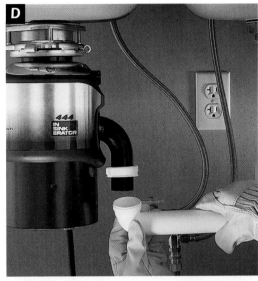

Desconecte la tubería para residuos del tubo de descarga.

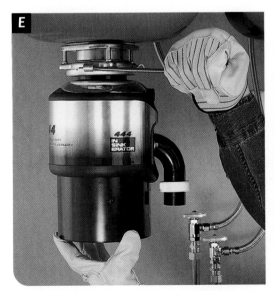

Introduzca el destornillador en la orejeta y gírelo en sentido contrario a las agujas del reloj.

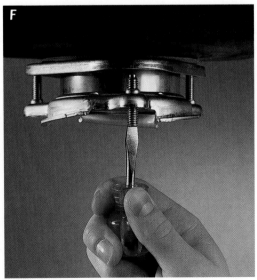

Afloje los tornillos de fijación y retire la estructura de montaje.

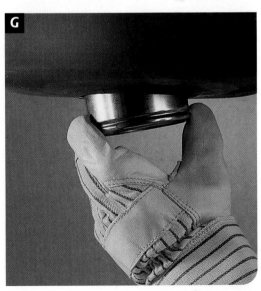

Quite el manguito de conexión al desagüe del fregadero empujándolo hacia arriba desde la parte inferior.

Instalar un triturador de comida

Antes de instalar un nuevo triturador de comida hay que acoplarle un cable de electrodoméstico. Pele aproximadamente 13 mm de aislante de cada conductor con ayuda de un pelacables.

Quite la tapa de la parte inferior del aparato (**foto A**) e introduzca el cable en la caja de conexiones eléctricas. Utilice conectores para unir los conductores de fase (normalmente negro o marrón) y de neutro (azul). Una también a masa el conductor de tierra (verde-amarillo), empuje suavemente los cables para introducirlos en la caja y vuelva a colocar la tapa.

Si está cambiando un triturador antiguo por otro de la misma marca y modelo y la estructura de montaje del antiguo está aún en su sitio, podría aprovechar los anillos de montaje existentes. En tal caso, omita el paso que se describe a continuación.

Si está instalando el triturador en un fregadero nuevo o ha desmontado la estructura antigua porque era incompatible con la nueva, deberá instalar el anillo de montaje como sigue:

Aplique un cordón de 6 mm de masilla de fontanería bajo el cerco del manguito de conexión al fregadero del triturador.

Introduzca el manguito en el hueco del desagüe y deslice la junta de fibra y el anillo de apoyo en el manguito. Coloque el anillo superior de montaje y encaje el anillo elástico en la ranura (**foto B**).

Apriete los tres tornillos de fijación del anillo de montaje superior hasta que el manguito quede bien sujeto en el hueco del desagüe del fregadero (**foto C**).

Sujete el triturador contra el anillo superior, de forma que las lengüetas del anillo de montaje inferior queden directamente debajo de los tornillos de fijación.

Gire el anillo de montaje inferior en el sentido de las agujas del reloj hasta que el triturador descanse firmemente en la estructura de montaje.

Conecte el tubo de descarga al hueco del lateral del triturador, usando para ello una arandela de goma y una brida metálica (**foto D**).

Si piensa conectar un lavavajillas al triturador, quite el tapón de la toma para lavavajillas con un destornillador. Acople el tubo de desagüe del lavavajillas a la toma con una abrazadera (**foto E**).

Herramientas:
Pelacables, destornillador, llave inglesa, sierra de metales (en caso necesario), alicates graduables.

Materiales:
Triturador de recambio, cable de electrodoméstico con clavija provista de contacto de tierra, conectores de cables, masilla de fontanería.

Conecte el cable de electrodoméstico al cableado del triturador utilizando conectores eléctricos.

Coloque la junta de fibra, el anillo de apoyo y un anillo superior de montaje sobre el manguito. Encaje el anillo elástico en su ranura del manguito.

Coloque el triturador de manera que el anillo inferior de montaje encaje en el superior, y luego gire el anillo inferior en el sentido de las agujas del reloj hasta que quede bloqueado en su posición.

Conecte el tubo de descarga a la tubería de desechos con una arandela y una tuerca (**foto F**).

Si el tubo de descarga es demasiado largo, córtelo a medida con una sierra de metales o un cortatubos. Si tuviera que cortar la tubería de desechos para desmontar el triturador antiguo, añada un codo y los racores necesarios para recomponer la canalización. Para bloquear el triturador en su sitio (**foto G**) introduzca un destornillador o la llave especial del triturador en una de las lengüetas de fijación del anillo de montaje inferior. Gire la herramienta en el sentido de las agujas del reloj hasta bloquear las orejetas.

Apriete todas las tuercas de conexión de los tubos de desagüe con alicates graduables. Deje correr el agua y luego active el triturador y observe si se produce alguna fuga.

Consejo útil

En algunas poblaciones con capacidad de alcantarillado limitada no se permite la instalación de trituradores de comida. Tampoco se aconseja este aparato en sistemas sépticos, ya que un exceso de restos de alimentos podría interferir en el proceso normal de descomposición de los residuos sépticos.

Conecte el tubo de descarga y el del lavavajillas, en caso de que desee conectar este electrodoméstico al triturador.

Conecte el tubo de descarga y el del lavavajillas, si desea conectar este último al triturador.

Conecte el tubo de descarga a la tubería de desechos. En caso necesario, corte el tubo de descarga a la medida deseada con una sierra de metales o un cortatubos.

Introduzca un destornillador en una de las lengüetas del anillo inferior de montaje y gire el anillo hasta que se bloquee en su posición.

Lavavajillas

Los lavavajillas están diseñados para durar, por lo que estos electrodomésticos sólo requieren un mantenimiento relativamente bajo. Los escasos problemas que causan se resuelven con relativa facilidad.

Para eliminar las fugas suele bastar con cambiar la junta de la puerta. Por otra parte, un nivel excesivo de ruido se soluciona normalmente recolocando los tubos de toma de agua y de desagüe si están apoyados en el lavavajillas.

Cuando se obstruyen los conductos del agua el problema es algo más serio. Un filtro atascado o un solenoide defectuoso pueden impedir el llenado correcto del lavavajillas. Si el problema está en la válvula de entrada puede resolverse limpiándola, pero la reparación del solenoide exige la intervención de un profesional.

Herramientas:
Alicates, destornillador, comprobador de circuitos.

Materiales:
Tubo de desagüe de repuesto, abrazaderas, junta de recambio, filtro de válvula de recambio.

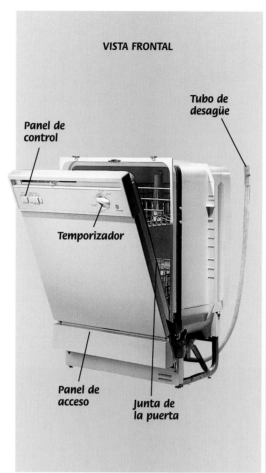

VISTA FRONTAL

Tubo de desagüe
Panel de control
Temporizador
Panel de acceso
Junta de la puerta

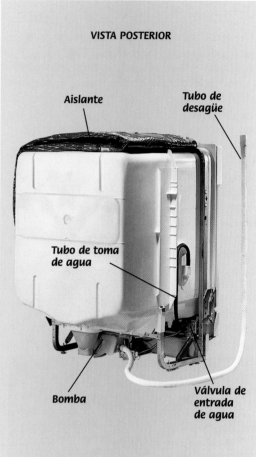

VISTA POSTERIOR

Aislante
Tubo de desagüe
Tubo de toma de agua
Bomba
Válvula de entrada de agua

Un lavavajillas normal es un electrodoméstico que puede sacarse del mueble para repararlo.

Cambiar un tubo de desagüe

Si el lavavajillas no desagua correctamente, examine el tubo de desagüe. Si está muy deteriorado o presenta un doblez que no puede enderezarse, cámbielo por otro.

Empiece por cortar el agua y la corriente eléctrica. Quite el panel inferior del lavavajillas que, según el modelo, estará sujeto con clips o con tornillos.

Coloque una sartén o una cacerola plana debajo de la bomba para recoger el agua que pueda haber quedado dentro del tubo. Afloje la abrazadera del tubo con unos alicates o un destornillador. Desconecte de la bomba el tubo de desagüe (foto A).

Desde debajo del fregadero, desconecte del desagüe o del triturador de basura el otro extremo del tubo.

Monte el nuevo tubo con abrazaderas también nuevas.

Vuelva a conectar la corriente eléctrica y abra la llave de paso del agua al lavavajillas.

Pruebe el aparato para cerciorarse de que desagua correctamente y de que el nuevo tubo no tiene fugas.

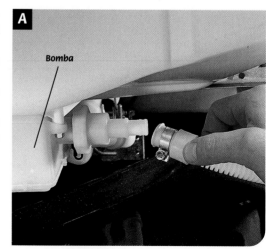

A

Bomba

Afloje las abrazaderas y desconecte el tubo de desagüe.

Cambiar la junta de la puerta

Si un lavavajillas empieza a perder agua por la puerta, revise la junta, es decir, la tira de goma colocada a todo alrededor del borde interior. Si parece hallarse en buen estado, tal vez baste con ajustar el cierre de la puerta para resolver el problema. Afloje los tornillos de retención del cierre, recolóquelo y apriete de nuevo los tornillos.

Si observa que la junta está agrietada o deteriorada, cámbiela por una idéntica de repuesto.

Desconecte la corriente en el cuadro general. Saque la bandeja portaplatos inferior.

Quite la junta antigua con un destornillador, haciendo palanca en las lengüetas o aflojando los tornillos de retención, según el caso.

Sumerja la nueva junta en agua jabonosa tibia para lubricarla y hacerla más flexible.

Coloque la nueva junta presionándola o deslizándola por el carril previsto al efecto. Coloque los clips o los tornillos, según el caso **(foto B)**. Trabaje siempre del centro de la puerta a los extremos.

Coloque la junta de recambio, trabajando desde el centro a los extremos.

Probar una válvula de entrada y cambiar el filtro de la válvula

Si el lavavajillas no se llena de agua, o no deja de tomar agua, compruebe el solenoide de la válvula de entrada de agua.

Desconecte la corriente en el cuadro general y cierre la llave de paso del lavavajillas. Retire el panel de acceso y busque la conexión de suministro de agua.

Desconecte los cables de los terminales de la válvula. Conecte la pinza de un medidor de continuidad a uno de los terminales y toque el otro con la punta de prueba del instrumento. Si la luz del comprobador no se enciende, el solenoide está averiado y es necesario cambiarlo.

Algunas válvulas de entrada tienen un filtro o una rejilla que puede llegar a obstruirse, limitando así el flujo de agua. Para cambiar este filtro, coloque una sartén debajo de la válvula de entrada.

Suelte la abrazadera del tubo de llenado y tire de este tubo para desconectarlo de la salida de la válvula **(foto C)**. Desconecte el tubo de suministro de agua. Afloje los tornillos del soporte de la válvula y desmonte la válvula.

Quite el filtro con un destornillador pequeño **(foto D)**. Cámbielo por otro nuevo y vuelva a montar la válvula.

Coloque una sartén para recoger el agua y desconecte el tubo de toma de la válvula de entrada.

Desmonte el filtro de la válvula de entrada de agua con un destornillador y monte un filtro nuevo.

Cambiar un lavavajillas

Al cambiar un lavavajillas hay que asegurarse de que los cables y las tuberías existentes sirven para el nuevo aparato. La normativa exige frecuentemente un circuito dedicado de 20 amperios. Este circuito puede conectarse a una base de enchufe doble, usando la otra parte del enchufe para un triturador de comida u otro electrodoméstico. En ocasiones se exige también un separador de aire, dispositivo diseñado para impedir el reflujo de agua del desagüe desde el sifón hacia el lavavajillas, lo que ensuciaría los platos.

Para desmontar un lavavajillas viejo corte la corriente en el cuadro general y cierre el agua en la llave de paso.

Desconecte el tubo de desagüe del triturador de comida, si lo hubiera, o la te del desagüe del fregadero. Retire el panel de acceso situado bajo la puerta del lavavajillas.

Quite la tapa metálica de la caja eléctrica. Desconecte los cables de fase y neutro de las tuercas de conexión y suelte también el conductor de masa del tornillo de tierra.

Coloque una sartén o una cacerola plana debajo de la válvula de entrada de agua, y desconecte el tubo de suministro del racor en L con unos alicates graduables. Quite los tornillos o los soportes del lavavajillas y tire de él para sacarlo del mueble.

Si necesita un separador de aire, instálelo en un orificio pretaladrado del fregadero o la encimera, o haga este orificio con un taladro y una broca de corona hueca (**foto A**).

Haga los orificios para los cables eléctricos y las tuberías en el mueble del fregadero (**foto B**). Compruebe los tamaños de estos orificios con las instrucciones del fabricante. En caso necesario, agrande los agujeros existentes.

Coloque el nuevo lavavajillas en su posición, pasando el tubo de desagüe de goma por su orificio correspondiente del mueble. Nivele el lavavajillas manipulando las patas roscadas, y compruebe que la puerta abre y cierra con suavidad. Asegúrese de que los soportes de montaje están bien alineados con la parte inferior de la encimera y los muebles.

Haga las conexiones de fontanería necesarias en el mueble del fregadero. Conecte el tubo de desagüe del lavavajillas a la toma pequeña del separador de aire. Si dispone de triturador de comida, conecte un tubo entre la toma grande del separador de aire y la del desagüe del triturador (**foto C**). En caso contrario, lleve el tubo desde el separador de aire a la toma de la te de conexión de la línea de desagüe del fregadero (**foto D**).

Nota: Si no usa separador de aire, haga un codo alto en el tubo de desagüe sujetándolo a la cara inferior del panel superior del mueble. Al elevar el tubo de esta manera evitará que las aguas sucias retornen al lavavajillas en caso de rebose del sifón. Utilice abrazaderas de plástico o metal para sujetar el tubo.

Conecte el tubo de suministro de agua al lavavajillas a la llave de paso del agua caliente, con unos alicates graduables (**foto E**).

Quite el panel de acceso del lavavajillas. Conecte un racor metálico en L a la salida roscada de la válvula de entrada del lavavajillas y apriételo con unos alicates graduables (**foto F**). Procure no apretar demasiado las uniones. Conecte el tubo de suministro de agua al racor en L (**foto G**).

Quite la tapa metálica de la caja eléctrica del electrodoméstico. Introduzca un cable eléctrico de calibre 12 en la caja, y pele unos 13 mm del extremo, quitando el aislante con un pelacables.

Empalme los cables mediante conectores (**foto H**). Conecte también el hilo de tierra al tornillo correspondiente. Coloque de nuevo la tapa metálica de la caja y el panel de acceso del lavavajillas

Fije el lavavajillas a la encimera o al mueble con los soportes de montaje.

Conecte la corriente eléctrica, abra la llave de paso del agua y haga funcionar el aparato en un ciclo de prueba. Compruebe si hay fugas y apriete las conexiones de fontanería, en caso necesario.

Herramientas:
Taladradora, alicates graduables, nivel, destornillador, cúter, pelacables.

Materiales:
Separador de aire, tubo de desagüe, te de conexión (en caso necesario), tubo de goma, abrazaderas, tubo de suministro de acero trenzado, racor metálico en L, cable eléctrico calibre 12, conectores de cables.

Monte el separador de aire en el orificio correspondiente del fregadero, o haga un orificio nuevo.

Haga taladros de paso para los cables eléctricos y las tuberías.

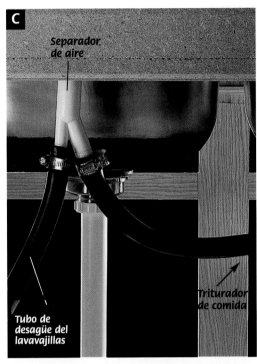

Separador de aire

Triturador de comida

Tubo de desagüe del lavavajillas

Conecte el separador de aire a la toma de desagüe del triturador de comida.

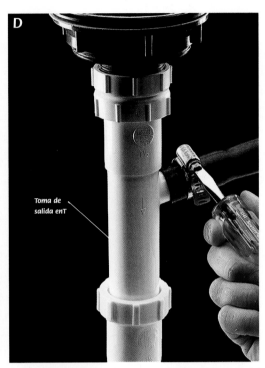

Toma de salida enT

En fregaderos sin triturador, conecte el tubo de desagüe del lavavajillas a la te.

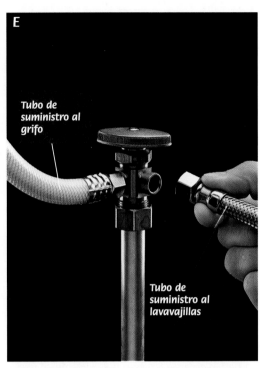

Tubo de suministro al grifo

Tubo de suministro al lavavajillas

Conecte el tubo de suministro del lavavajillas a la llave de paso del agua caliente.

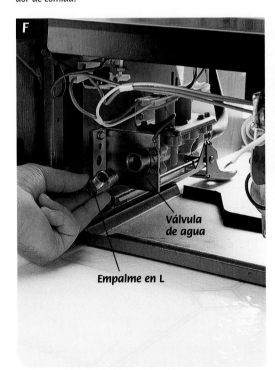

Válvula de agua

Empalme en L

Retire el panel de acceso y conecte un racor metálico en L a la válvula de entrada de agua del lavavajillas.

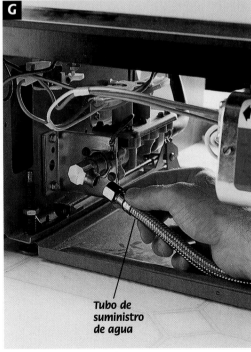

Tubo de suministro de agua

Una el tubo de suministro de agua al racor en L con unos alicates graduables.

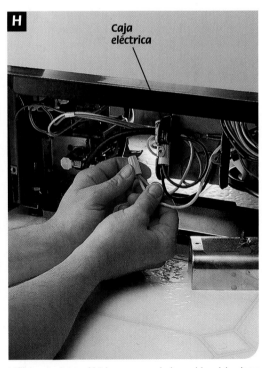

Caja eléctrica

Utilice conectores eléctricos para unir los cables del mismo color. Conecte el cable de tierra al tornillo correspondiente.

Calentadores de agua

La mayoría de los calentadores de agua funcionan con gas o electricidad. Los modelos de gas, los más comunes, pueden calentar hasta 250 litros de agua con un único quemador. Son aparatos sencillos y fáciles de mantener y reparar.

El agua caliente abandona el depósito por la *salida de agua caliente*, y el agua fría entra por el *tubo de inmersión*. Cuando desciende la temperatura del agua, el *termostato* abre la válvula del gas, y la llama piloto activa el *quemador*. Los gases de escape salen por el *tubo de humos*.

Cuando el agua alcanza una temperatura preestablecida, el termostato cierra la válvula del gas y apaga el quemador. El *termopar* actúa como elemento de protección ante posibles fugas de gas, cerrando la válvula en caso de que se apague la llama piloto. La *varilla del ánodo* crea un flujo electrónico inverso que evita que se formen picaduras en la pared del depósito. La *válvula de seguridad* evita que el depósito estalle por la acumulación de vapor.

Una placa en los laterales del aparato indica la capacidad del depósito, el valor R de aislamiento y la presión de trabajo (normalmente en atmósferas o kilopascales). También se indican el voltaje y la potencia en vatios de la resistencia calentadora y los termostatos.

Cuando un calentador presenta fugas conviene cambiarlo de inmediato. Probablemente, el depósito interior estará corroído, por lo que, si no se remedia, puede producirse un flujo de agua hirviendo con el riesgo consiguiente de lesiones graves y daños a la propiedad.

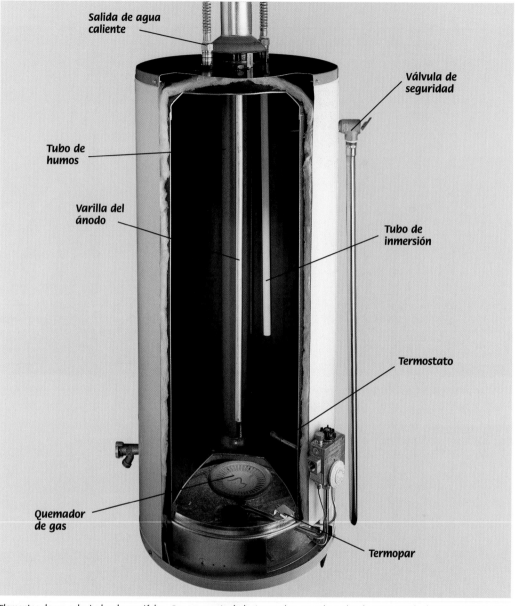

Salida de agua caliente

Válvula de seguridad

Tubo de humos

Varilla del ánodo

Tubo de inmersión

Termostato

Quemador de gas

Termopar

Elementos de un calentador de gas típico. Con un mantenimiento regular, un calentador de agua puede durar 20 años o más.

Seguridad de los calentadores de agua

No ajuste el termostato de un calentador de agua a un valor tan alto que se alcance una temperatura fuera de los límites de seguridad. Los niños y los ancianos están particularmente expuestos a sufrir lesiones si el agua sale muy caliente. Una buena temperatura para el termostato es la comprendida entre 49 y 52 °C. Para verificar esta temperatura deje correr el agua unos minutos y luego mídala con un termómetro.

Es muy importante mantener el calentador bien ventilado. Si huele a gas o a humo cerca del aparato, apáguelo inmediatamente, cierre la llave del gas y ventile la zona.

Cerciórese de que el tubo de humos está libre y el canal de escape no se ha obstruido ni está oxidado. Si no puede resolver el problema recurra a un profesional.

El polvo y la suciedad son altamente combustibles, por lo que conviene mantener limpia la zona del quemador. Guarde los materiales inflamables suficientemente apartados de él.

No provea de una manta aislante a un calentador a gas. Este aislante podría obstruir el suministro de gas o interferir en el sistema de ventilación de los gases de escape.

Antes de colocar una manta aislante en un calentador de agua eléctrico lea las etiquetas de precaución. Algunos modelos nuevos de calentadores vienen suficientemente aislados y no es aconsejable reforzar este aislamiento.

Problemas en los calentadores de agua y su reparación

Problemas	Reparaciones

No sale agua caliente, o no lo bastante caliente.	1. Calentador de gas: Compruebe que está abierto el gas y vuelva a encender la llama piloto (página 373).
	  Calentador eléctrico: Cerciórese de que hay corriente, y rearme el termostato (página 368).
	2. Purgue el calentador para eliminar los sedimentos del depósito (más abajo).
	3. Aísle las tuberías de agua caliente para reducir fugas térmicas (página 166).
	4. Calentador de gas: Limpie el quemador y cambie el termopar (página 366).
	  Calentador eléctrico: Cambie la resistencia o el termostato (página 368).
	5. Eleve el ajuste de temperatura del termostato.

Fugas en la válvula de seguridad.	1. Reduzca el ajuste de temperatura (más abajo). 2. Monte una nueva válvula de seguridad (página 371).
La llama piloto no se mantiene encendida.	Limpie el quemador de gas y cambie el termopar (página 366).
Fugas en torno a la base del depósito.	Cambie de inmediato el calentador (de gas: página 370; eléctrico: página 374).

Mantenimiento de un calentador de agua

Los calentadores de agua estándar están diseñados de forma que su mantenimiento resulte sencillo, para lo cual poseen paneles de acceso fáciles de quitar para cambiar o acceder a las piezas averiadas. Compre sólo piezas adecuadas para la marca y modelo de su calentador. En la mayoría de estos aparatos, la información necesaria figura en una placa metálica, que indica los valores de presión del depósito y el voltaje y la potencia en vatios de las resistencias calentadoras, cuando se trata de un modelo eléctrico.

Por término medio, los calentadores de agua vienen a durar 10 años, aunque con un mantenimiento regular puede prolongarse su vida útil hasta los 20 años.

Para lograrlo, realice las siguientes labores de mantenimiento:

1. Limite el ajuste del termostato a 49 °C (foto A). Cuanto menor es la temperatura menos deterioro sufre el depósito por sobrecalentamiento, y además se reduce el consumo energético.

2. Una vez al año, compruebe el estado de la válvula de seguridad (foto B). Al levantar y soltar la palanca debería caer un chorro de agua al tubo de desagüe. Si no sucede así, cambie la válvula (página 371).

3. Una vez al año, limpie el calentador drenando varios litros de agua del depósito (foto C). Con esta purga anual eliminará los sedimentos formados, que podrían provocar corrosión y reducir la eficacia.

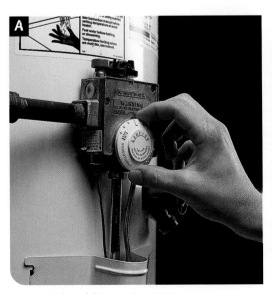
Reduzca el ajuste del termostato a 49 °C.

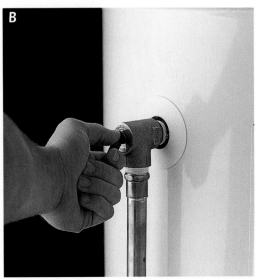
Pruebe la válvula de seguridad y cámbiela en caso necesario.

Limpie el sistema drenando agua del depósito.

Revisión de un calentador de agua de gas

Si el aparato no calienta el agua, compruebe la llama piloto. Quite los paneles de acceso interior y exterior para ver si está encendida. Si se ha apagado, enciéndala (página 373). Vuelva a colocar los paneles de acceso y manténgalos en su sitio, ya que si el calentador funcionase sin estos paneles, las corrientes de aire formadas apagarían la llama piloto.

Si se enciende ésta pero no el quemador, o si el gas arde con una llama amarilla y mucho humo, limpie el quemador y el tubo de gas del piloto.

Si no consigue mantener encendida la llama piloto, tal vez esté estropeado el termopar. Este elemento, un fino hilo de cobre que va de la caja de control al quemador de gas, es un dispositivo de seguridad que cierra el gas automáticamente cuando se apaga la llama piloto. Los termopares son baratos y pueden instalarse en unos minutos. Cuando cambie un termopar, será buena idea limpiar al mismo tiempo el quemador y el tubo de gas.

Empiece por cerrar la llave de gas de la parte superior de la caja de control **(foto A)**. Espere 10 minutos para que se disipe todo el gas residual.

Desconecte el tubo de gas del piloto, el del quemador y el termopar de la parte inferior de la caja de control **(foto B)**.

Quite los paneles de acceso interior y exterior que cubren la cámara del quemador **(foto C)**.

Tire ligeramente del tubo de gas del piloto, el del quemador y el hilo del termopar para sacarlos de la caja de control **(foto D)**. Incline el quemador ligeramente y sáquelo de la cámara.

Desenrosque la boquilla del tubo de gas del quemador **(foto E)**. Limpie el pequeño orificio de la boquilla con un trozo de alambre fino. Pase la aspiradora por los orificios y la cámara del quemador.

Limpie el tubo de gas del piloto con un trozo de alambre **(foto F)**. Aspire las partículas sueltas. Desenrosque el quemador de la boquilla del tubo de gas.

Tire del termopar viejo para sacarlo del soporte **(foto G)**. Instale el nuevo termopar introduciendo la punta en el soporte hasta que encaje en su posición.

Introduzca el conjunto del quemador en la cámara **(foto H)**. Encaje la lengüeta plana del extremo del quemador en la ranura del soporte de montaje, en la parte inferior de la cámara.

Vuelva a conectar los tubos de gas y el termopar a la caja de control. Abra el gas y pruebe si hay fugas; encienda la llama piloto (página 373).

Compruebe que la llama piloto envuelve bien la punta del termopar **(foto I)**. Si no es así, ajuste el termopar con unos alicates de puntas hasta conseguirlo. Vuelva a colocar los paneles de acceso interior y exterior.

Herramientas:
Llave inglesa, aspiradora, alicates de puntas.

Materiales:
Alambre fino, termopar de recambio.

Cierre el gas. Espere 10 minutos para que se disipe el gas residual antes de empezar a trabajar.

Desconecte el tubo de gas de la llama piloto, el del quemador y el termopar.

Quite el panel exterior de acceso a la cámara del quemador, y luego el panel interior.

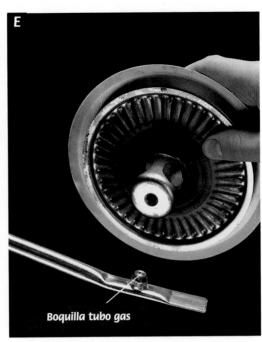

Boquilla tubo gas

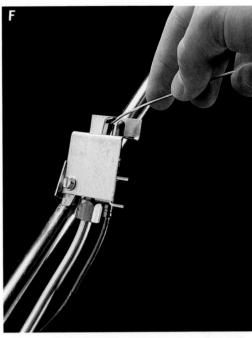

Saque el tubo de gas del piloto, el del quemador y el termopar de la caja de control. Extraiga el quemador por el hueco de acceso.

Desenrosque el quemador de la boquilla del tubo de gas y limpie ambas piezas con un trozo de alambre. Limpie con una aspiradora los orificios y la cámara del quemador.

Limpie el tubo de gas del piloto con un trozo de alambre fino. Aspire las partículas sueltas. Enrosque el quemador en la boquilla del tubo de gas.

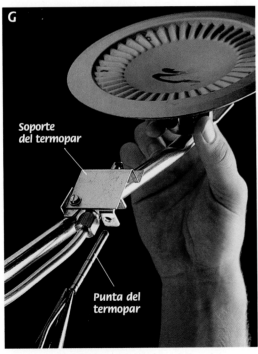

Soporte del termopar

Punta del termopar

Punta del termopar

Quite el termopar antiguo del soporte y monte el nuevo introduciendo la punta en el soporte.

Vuelva a instalar el quemador, encajando la lengüeta plana del extremo en la ranura del soporte de montaje, en la parte inferior de la cámara.

Ajuste la llama piloto con unos alicates de puntas de manera que rodee la punta del termopar.

Diagnóstico de problemas en un calentador eléctrico

El problema más común de un calentador de agua eléctrico es que se queme la resistencia. Cada calentador tiene una o dos resistencias montadas en la pared lateral.

Para determinar cuál de ellas es la que falla, compruebe el agua caliente que sale por el grifo. Si el agua está templada, pero no caliente cualquiera que sea la temperatura ajustada, cambie la resistencia superior. Si sale una cantidad pequeña de agua muy caliente, y luego agua fría, sustituya la inferior.

Si al cambiar la resistencia que corresponda no se resuelve el problema, sustituya el termostato, que está situado bajo el panel de acceso en el lateral del calentador.

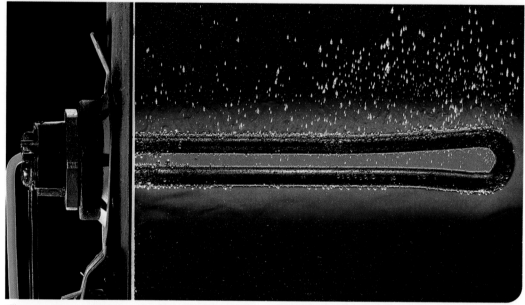

Elija una resistencia calentadora o un termostato de repuesto con los valores de voltaje y potencia en vatios indicados en la placa informativa del aparato.

Cambiar un termostato eléctrico

Corte la corriente en el cuadro general. Retire el panel de acceso del lateral del calentador, y compruebe si hay corriente tocando con las puntas de prueba de un buscapolos de neón el par de tornillos terminales del termostato (página 374).

Etiquete las conexiones con cinta aislante, y luego desconecte los cables (foto A). Tire del termostato viejo para sacarlo de sus pinzas de sujeción. Encaje a presión el nuevo termostato y vuelva a conectar los cables.

Pulse el botón de rearme del termostato y use un destornillador para ajustarlo a la temperatura deseada, entre 49 y 52 °C (foto B). Vuelva a colocar el aislante y el panel de acceso. Conecte de nuevo la corriente eléctrica al calentador.

Herramientas:
Destornillador, buscapolos de neón.

Materiales:
Termostato de repuesto.

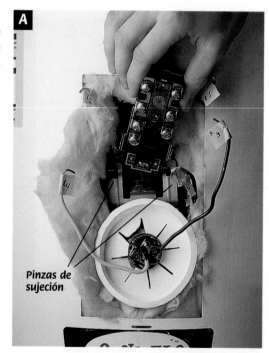

Pinzas de sujeción

Etiquete los cables antes de desconectarlos. Quite el termostato antiguo y coloque el nuevo entre las pinzas de sujeción. Vuelva a conectar los cables.

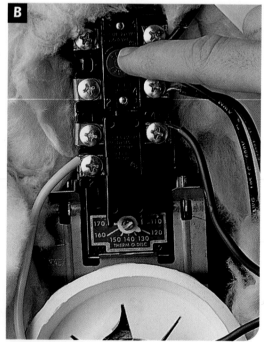

Pulse el botón de rearme del termostato. Ajuste la temperatura con un destornillador. Vuelva a colocar el aislante y el panel de acceso, y conecte la corriente.

Cambiar una resistencia eléctrica

Cuando vaya a cambiar una resistencia calentadora, empiece por cerrar las llaves de paso del agua, vaciar el depósito (página 370) y cortar la corriente eléctrica que alimenta al calentador.

Una vez realizados estos pasos, quite el panel de acceso del lateral del aparato (**foto C**).

Póngase guantes de protección y aparte el aislamiento con cuidado (**foto D**). Compruebe si llega corriente (página 374). Cuando esté seguro de que no hay tensión, desconecte los cables de la resistencia calentadora y quite el collarín protector.

Desenrosque la resistencia con unos alicates graduables (**foto E**). Quite la junta vieja de la abertura del calentador, y cubra ambos lados de la junta nueva con masilla para juntas de tuberías.

Coloque la nueva junta en la resistencia y enrosque ésta en el depósito (**foto F**). Apriétela con unos alicates graduables.

Vuelva a colocar el collarín protector y reconecte todos los cables (**foto G**). Abra los grifos de agua caliente de toda la casa y, luego, las llaves de paso del calentador. Cuando el agua salga normalmente por todos los grifos, ciérrelos.

Ajuste el termostato a una temperatura comprendida entre 49 y 52 °C con ayuda de un destornillador (**foto H**). Pulse los botones de rearme del termostato. Provisto de guantes, doble el aislante sobre el termostato. Vuelva a colocar el panel de acceso y conecte la corriente eléctrica.

Herramientas:
Destornillador, guantes, buscapolos de neón, alicates graduables.

Materiales:
Cinta aislante, resistencia calentadora o termostato de repuesto, junta de repuesto, masilla para juntas de tuberías.

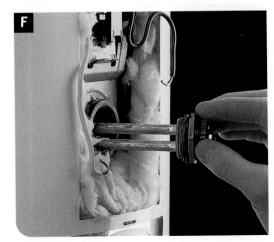

Corte la corriente eléctrica, vacíe el depósito y quite el panel de acceso.

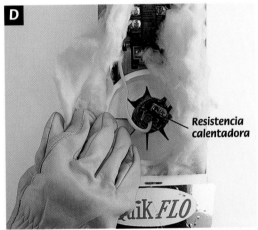

Después de comprobar que no hay corriente, desconecte los cables de la resistencia calentadora.

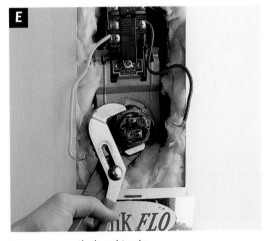

Desenrosque y retire la resistencia.

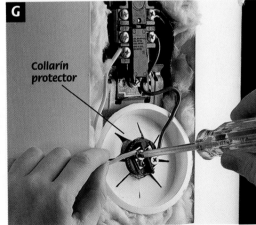

Enrosque la resistencia en el depósito con unos alicates graduables.

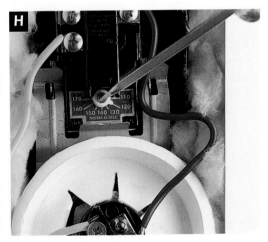

Coloque de nuevo el collarín protector, reconecte los cables y vuelva a llenar de agua el aparato.

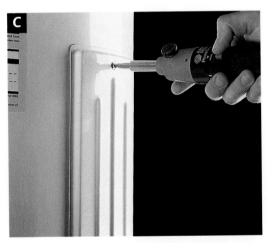

Ajuste la temperatura y rearme el termostato.

Cambiar un calentador de agua de gas

Cuando vaya a comprar un calentador de agua nuevo, recuerde que los modelos que ahorran energía tal vez sean más caros que otros de menor calidad, pero a la larga resultan más económicos. Tenga presente también que las válvulas de seguridad se adquieren normalmente por separado. Por tanto, debe cerciorarse de que la válvula que compre corresponda a la *presión de trabajo* del depósito del calentador.

Cierre el paso del gas colocando el mando de la llave perpendicular a la canalización (**foto A**). Espere 10 minutos para que se disipe el gas residual, y cierre las llaves de paso del agua.

Desconecte la tubería del gas en el accesorio de unión o en la conexión abocardada situada debajo de la llave de paso, con ayuda de llaves grifas (**foto B**). Desmonte las tuberías y los accesorios de conexión y póngalo todo aparte para usarlo más adelante.

Después abra el grifo lateral del depósito para vaciarlo (**foto C**). Vacíe el agua en cubos o conecte una manguera que llegue hasta el sumidero del suelo.

Desconecte las tuberías de agua fría y caliente situadas encima del calentador de agua (**foto D**). Si las tuberías son de cobre soldado, córtelas con una

Herramientas: *Llaves grifas, sierra de metales o cortatubos, destornillador, martillo, carrito para electrodomésticos, nivel, cepillo metálico pequeño, soplete de propano, llave inglesa.*

Materiales: *Cubo o manguera de jardín, cuñas de madera, tornillos rosca chapa de 9 mm del n.º 4, válvula de seguridad, adaptadores de tubería machos roscados, soldadura sin plomo, dos boquillas para economizar calor, cinta de teflón, conectores flexibles para agua, tubería de cobre de 18 mm, masilla para juntas de fontanería, esponja, cinta aislante.*

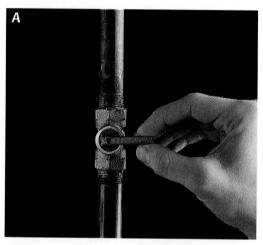

A

Cierre el gas y espere 10 minutos. Cierre las llaves de paso del agua.

B

Desconecte la tubería del gas y desmonte los tubos y las uniones.

C

Vacíe el agua del depósito del calentador.

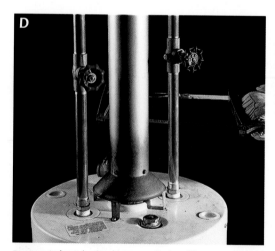

D

Desconecte las tuberías de agua caliente y fría por encima del calentador.

E

Quite los tornillos rosca chapa, desmonte el tubo de gases y retire el calentador viejo.

F

Coloque el calentador con la caja de control cerca de la tubería de gas, dejando libre el panel de acceso y distancia de separación suficiente en torno al aparato.

sierra de metales o un cortatubos justo por debajo de las llaves de paso. Es importante que los cortes sean rectos para lograr juntas estancas al conectar el nuevo calentador de agua.

Desmonte el tubo de gases quitando los tornillos rosca chapa (foto E).

Retire el calentador viejo con un carro de electrodomésticos. Utilice el carro para colocar el nuevo calentador en su lugar, con la caja de control junto a la tubería del gas (foto F). Deje una distancia libre de separación de 15 cm como mínimo alrededor del aparato, con fines de ventilación, y deje libre el panel de acceso a la cámara del quemador.

Compruebe la inclinación del lateral del depósito con un nivel (foto G). En caso necesario, coloque cuñas de madera bajo las patas para nivelarlo.

Monte el sombrerete del tubo de gases insertando las patas en las ranuras del calentador, y encaje el tubo en el sombrerete. Con un nivel compruebe que el tubo horizontal tiene la pendiente correcta, concretamente, una inclinación hacia arriba de 18 mm por metro para evitar el retorno de gases (foto H).

Una el sombrerete al tubo de gases con tornillos rosca chapa de 9 mm del n.º 4 colocados alrededor a intervalos de 10 cm (foto I).

Envuelva las roscas de la nueva válvula de seguridad con cinta de teflón (foto J). Utilice una llave grifa para enroscar la válvula en la abertura del depósito.

Mida la distancia desde la válvula de seguridad al suelo (foto K). Corte un trozo de tubo de desagüe de cobre o CPVC que llegue hasta 7,5 cm del suelo. Conecte el tubo a la válvula de seguridad mediante un adaptador macho roscado.

Suelde un adaptador macho con rosca en cada uno de los tubos de suministro de agua (foto L). Deje que se enfríen las tuberías y luego envuelva con cinta de teflón las roscas de los adaptadores.

Continúa en la página siguiente

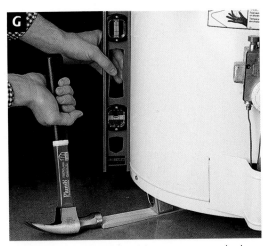

Compruebe la horizontalidad del aparato con ayuda de un nivel, y cálcelo con cuñas en caso necesario.

Monte el sombrerete del tubo de gases y coloque el tubo sobre él. Compruebe que el tubo horizontal tiene la inclinación correcta.

Fije el sombrerete al tubo de gases con tornillos rosca chapa introducidos a intervalos de 10 cm.

Monte la válvula de seguridad.

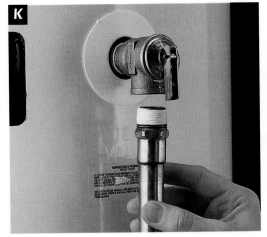

Conecte un tubo de desagüe de cobre o CPVC a la válvula de seguridad.

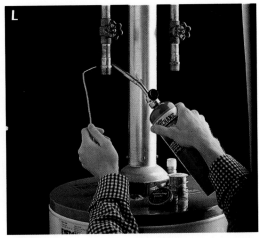

Suelde un conector macho roscado a cada tubería de suministro de agua.

Cambiar un calentador de agua de gas (cont.)

Envuelva con cinta de teflón las roscas de dos boquillas economizadoras de calor (**foto M**). Si examina las boquillas atentamente, verá que tienen un código de colores y flechas de dirección destinadas a facilitar su correcto montaje.

Conecte la boquilla azul a la entrada de agua fría y la roja a la salida de agua caliente, usando una llave grifa (**foto N**). Monte la boquilla de agua fría con la flecha apuntando hacia abajo, y la de agua caliente con la flecha hacia arriba.

Una las tuberías de suministro de agua a las boquillas con conectores flexibles (**foto O**). Apriete las uniones con una llave inglesa o unos alicates graduables.

Compruebe si los tubos y conexiones de gas que quitó del calentador viejo sirven para el nuevo aparato (**foto P**). Tal vez necesite un par de boquillas de hierro negro en caso de que el nuevo calentador sea más alto o más corto que el antiguo. Una boquilla con tapón protegerá el quemador de gas y evitará que caigan sobre él partículas de suciedad. (**Nota:** utilice siempre hierro negro, y **no** galvanizado, para las tuberías de gas.)

Con un pequeño cepillo metálico, limpie las roscas de las tuberías, y después cúbralas con masilla (**foto Q**). Haga las conexiones de los tubos de gas en el siguiente orden: 1) boquilla de caja de control, 2) te de conexión, 3) boquilla vertical, 4) accesorio de unión, 5) boquilla vertical, 6) tapón. El hierro negro se trabaja igual que el galvanizado (página 295).

Si el conducto de gas es de cobre flexible, utilice un racor abocardado para conectar la tubería de gas al calentador (**foto R**) observando los métodos correctos para juntas abocardadas (página 292).

Para restablecer el suministro de agua, abra los grifos de agua caliente de toda la casa, y después las llaves de paso de entrada y de salida del calentador (**foto S**). Cuando el agua salga por los grifos con normalidad, ciérrelos.

Envuelva con cinta de teflón las roscas de las dos boquillas economizadoras de calor.

Conecte la boquilla con código azul a la entrada de agua fría y la de código rojo a la salida de agua caliente.

Acople las tuberías de agua a las boquillas economizadoras con conectores flexibles.

Monte provisionalmente las tuberías y conexiones de gas antiguas, añadiendo los accesorios de conexión necesarios para adaptarlas al tamaño y posición del nuevo aparato.

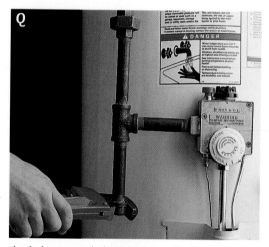

Limpie las roscas de las tuberías y cúbralas con masilla. Ensamble y apriete las uniones.

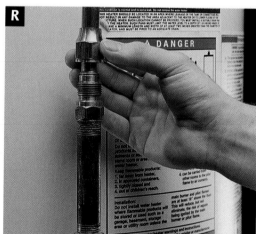

Alternativamente, si la tubería de gas es de cobre flexible, utilice un racor abocardado para conectarla al calentador de agua.

Abra la llave incluida en la tubería del gas. Para ver si existen fugas, moje las uniones con agua jabonosa (foto T). Si hay fugas, el agua borboteará visiblemente. En tal caso, utilice una llave grifa para apretar las juntas afectadas.

Coloque la espita del gas de la parte superior de la caja de control en la posición PILOTO (foto U). Ajuste el mando de temperatura de la parte delantera de esta caja según al valor que desee, comprendido entre 49 y 52 °C.

Retire los paneles de acceso exterior e interior que cubren la cámara del quemador (foto V). Encienda una cerilla y mantenga la llama cerca del extremo del tubo de gas del piloto, dentro de la cámara del quemador (foto W).

Mientras mantiene la cerilla cerca del extremo del tubo, pulse el botón de rearme de la parte superior de la caja de control (foto X). Una vez encendida la llama, mantenga el botón apretado durante un minuto. Coloque la espita de gas en posición activa (ON) y vuelva a colocar los paneles de acceso.

Consejo útil

Si las ordenanzas sobre fontanería no permiten el uso de conectores flexibles para los conductos de agua, conecte estos conductos a las boquillas economizadoras de calor con tubo y uniones de cobre rígido. Corte a medida un trozo de tubo que cubra la distancia entre las boquillas economizadoras y una de las tuberías de suministro de agua. Suelde una unión al tubo y, después, a la tubería de suministro. Repita esta operación con la otra tubería.

Vuelva a abrir el agua para llenar el calentador.

Abra la llave de la tubería del gas, y luego compruebe la posible existencia de fugas.

Coloque la espita del gas en posición PILOTO, y ajuste el control de temperatura al valor deseado.

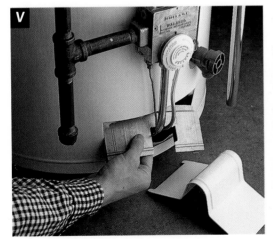

Retire los paneles de acceso exterior e interior que cubren la cámara del quemador.

Mantenga una cerilla encendida cerca del tubo de gas del piloto.

Pulse el botón de rearme situado en la parte superior de la caja de control, y manténgalo oprimido un minuto desde el instante en que prenda la llama.

Cambiar un calentador de agua eléctrico

Cuando vaya a adquirir un calentador eléctrico nuevo, elija uno del mismo voltaje que el antiguo y recuerde que, normalmente, la válvula de seguridad se vende por separado. Compruebe que la válvula está tarada a la *presión de funcionamiento* indicada en el depósito. Existen calentadores eléctricos de capacidad muy variable, comprendida en general entre 100 y 250 litros. Para una familia típica de cuatro personas bastará un modelo de 150 litros.

Apague el calentador desconectando el automático (o quitando el fusible) en el cuadro eléctrico general (foto A).

Retire uno de los paneles de acceso del interior del depósito (foto B). Provisto de guantes de protección, doble el aislante para dejar el termostato al descubierto (foto C). No toque los hilos eléctricos hasta estar seguro de que no conducen corriente.

Para comprobar que ha desconectado la corriente eléctrica, toque con las puntas de prueba de un buscapolos los tornillos del par superior de terminales del termostato (foto D). Si el buscapolos se enciende, no será seguro trabajar con los cables; desconecte el interruptor general y vuelva a probar si hay corriente.

Abra el grifo del lateral del depósito para vaciarlo, después de colocar un cubo debajo o de conectar una manguera que desgüe en el sumidero del suelo.

Desconecte las tuberías de agua caliente y fría situadas encima del calentador. Si son de cobre soldado, utilice una sierra de metales o un cortatubos para cortarlas, justo por debajo de las llaves de paso. Es importante hacer los cortes rectos, para que las uniones sean estancas al conectar el nuevo calentador de agua.

Quite la tapa de la caja eléctrica, situada en un lateral o en la parte superior del calentador (foto E). Etiquete todos los hilos conductores con cinta aislante a modo de referencia, y luego desconéctelos. Afloje la abrazadera del cable y extraiga los hilos tirando de ellos a través de la abrazadera. Retire el aparato antiguo en un carro para electrodomésticos y coloque el nuevo en su lugar.

Envuelva con cinta de teflón las roscas de la nueva válvula de seguridad (página 371). Utilice una llave grifa para enroscar la válvula en el depósito.

Herramientas:
Llaves grifas, sierra de metales o cortatubos, destornillador, martillo, carro para electrodomésticos, nivel, llave inglesa, buscapolos de neón, soplete de propano.

Materiales:
Cubo o manguera de jardín, cuñas de madera, válvula de seguridad, cinta aislante, soldadura sin plomo.

Desconecte el interruptor automático del circuito o quite el fusible correspondiente para cortar la corriente eléctrica del calentador.

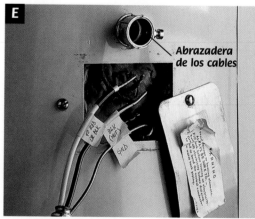

Quite los tornillos de fijación de uno de los paneles de acceso a las resistencias calentadoras del aparato.

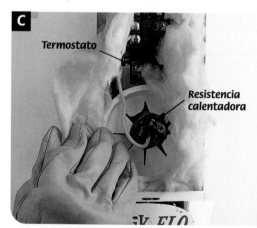

Use guantes de protección para doblar el aislante, con cuidado de no tocar los cables desnudos hasta cerciorarse de que ha cortado la corriente.

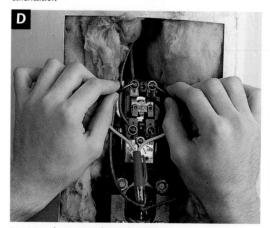

Toque con las puntas de prueba del buscapolos el par superior de tornillos terminales. Si el buscapolos se enciende, desconecte el interruptor general y repita la prueba.

Desconecte los cables y libérelos de la abrazadera. Retire el calentador antiguo y coloque el nuevo en posición nivelada.

Mida la distancia desde la válvula al suelo. Corte un trozo de tubería de desagüe de cobre o CPVC que penetre unos 7,5 cm en el suelo. Una la tubería a la válvula de seguridad con un adaptador macho roscado (página 371).

Suelde un adaptador macho con rosca a cada uno de los tubos de suministro de agua (página 371). Deje que se enfríen las tuberías y luego envuelva con cinta de teflón las roscas de los adaptadores.

Envuelva con teflón las roscas de las dos boquillas economizadoras de calor (página 372). Si examina las boquillas atentamente, verá que tienen un código de colores y flechas de dirección destinadas a facilitar su correcto montaje.

Conecte la boquilla azul a la entrada de agua fría y la roja a la de agua caliente, con ayuda de una llave grifa. Monte la boquilla de agua fría con la flecha apuntando hacia abajo y la de agua caliente con la flecha hacia arriba.

Una las tuberías de suministro de agua a las boquillas con conectores flexibles (foto F). Apriete las uniones con una llave inglesa. Para restablecer el suministro de agua abra los grifos de agua caliente de toda la casa, y después abra las llaves de paso de entrada y de salida del calentador. No cierre los grifos hasta observar que el agua sale por los caños con normalidad.

Quite la tapa de la caja eléctrica del nuevo calentador de agua (foto G). Introduzca los hilos eléctri-cos por la abrazadera y por el orificio de entrada de cables de la parte superior del calentador. Fije la abrazadera al calentador.

Una los cables eléctricos del circuito a los del calentador mediante conectores (foto H).

Conecte el hilo de toma de tierra a la masa del aparato (foto I). Vuelva a colocar la tapa.

Utilice un destornillador para ajustar el termostato a la temperatura deseada del agua, entre 49 y 52 °C (foto J). Si el aparato tuviera dos resistencias, ajuste los dos termostatos.

Pulse el botón de rearme de cada termostato (foto K). Vuelva a colocar el aislante y los paneles de acceso, y conecte de nuevo la corriente eléctrica.

Conecte las tuberías del agua y la válvula de seguridad, y restablezca el suministro de agua.

Pase los cables eléctricos por la abrazadera (1) e introdúzcalos por el orificio de entrada de cables (2). Fije la abrazadera al aparato.

Conecte los cables del circuito a los del calentador.

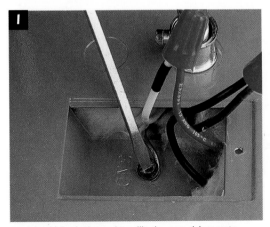

Conecte el hilo de tierra al tornillo de masa del aparato.

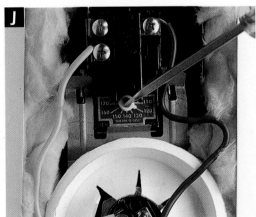

Ajuste los termostatos a los valores de temperatura deseados.

Pulse los botones de rearme de los termostatos. Vuelva a colocar el aislante y los paneles de acceso y conecte la corriente eléctrica.

Descalcificadores

Un descalcificador es un electrodoméstico bastante sencillo que reduce el contenido de minerales «duros» (calcio y magnesio) presentes en el agua y los sustituye por sodio o potasio. Este tratamiento prolonga la duración de las tuberías y los electrodomésticos.

El proceso de descalcificación tiene lugar en un depósito de resina lleno de perlas de plástico que contienen sodio. El depósito de solución salina, por su parte, contiene sales o gránulos de potasio, y está diseñado de manera que recarga con sodio las perlas de plástico del depósito de minerales cuando se les agota.

Los descalcificadores poseen sólo unas cuantas piezas mecánicas: válvulas para controlar el flujo de agua que entra y sale del depósito y un temporizador que regula el proceso de regeneración durante el cual el depósito mineral se recarga a través del depósito de solución salina.

Si el agua se endurece, tal vez se deba a que el depósito de solución salina necesita una cantidad adicional de sal o gránulos de potasio. Los gránulos habrán de sustituirse cada dos meses más o menos, según la frecuencia de empleo. Como la demanda varía de unas épocas a otras, deberán comprobarse las reservas todas las semanas para determinar la frecuencia con que habrán de recargarse las sales o el potasio.

El agua dura puede también ser producto de un mal ajuste del temporizador. Para garantizar un suministro constante de agua blanda, tal vez lo único que haya que hacer es ajustar el temporizador para que actúe con mayor frecuencia. El hierro es otro factor que contribuye a endurecer el agua. De vez en cuando hay que medir, por tanto, el contenido de hierro del agua suministrada. Añadiendo un filtro de agua se evitarán problemas, ya que se reducirá el flujo de hierro hacia el descalcificador.

Los problemas que precisan reparación aparecen por lo general en la tubería de solución salina o en la unidad de control. La tubería puede examinarse y limpiarse (ver página siguiente), pero si la que necesita revisión es la unidad de control, habrá de desmontarse y llevarse al concesionario más próximo. Las instrucciones de desmontaje del descalcificador deben figurar en el manual del aparato.

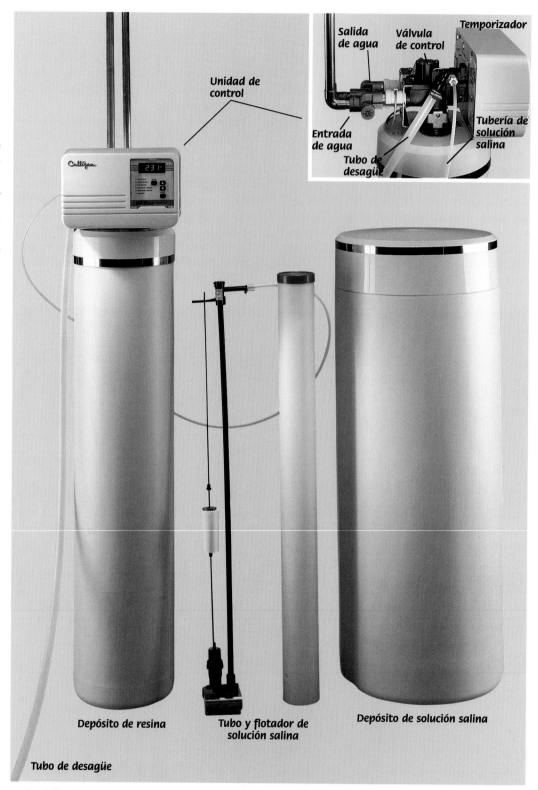

Un descalcificador contiene dos depósitos: uno de minerales (izquierda) y otro de solución salina (derecha). Dentro de este último se encuentran el tubo y el flotador (centro).

Inspección y limpieza de conexiones de solución salina

Las tuberías de solución salina pueden obstruirse por la acumulación de sedimentos del agua suministrada o por la presencia de partículas extrañas en las sales o el potasio. Al limitarse el flujo por la canalización, el movimiento de la solución salina hacia el depósito de resina se ralentiza. Cuando el agua salina no puede llegar a este depósito, se produce una acumulación de calcio y magnesio, lo que reduce la capacidad de la sal o el potasio de ablandar el agua. Por este motivo, es conveniente inspeccionar la tubería de solución salina cada dos años.

Empiece por desenchufar el descalcificador. Para desviar el suministro de agua, active la válvula de derivación o cierre la entrada y abra el grifo más próximo. Coloque el temporizador en posición de lavado a contracorriente.

Con unos alicates de puntas, saque la tuerca de compresión que une la tubería de solución salina con la unidad de control. Examine la tubería para ver si existen obstrucciones (foto A).

Elimine las partículas o los residuos de la tubería con un destornillador pequeño (foto B). Luego lave la tubería con agua tibia (para simplificar la labor, use un embudo o similar) y vuelva a conectar la tubería.

Después, examine el inyector de solución salina. No reactive la corriente eléctrica ni modifique la posición del mando de suministro o de control. Para acceder al inyector, a menudo situado directamente debajo de la conexión de la tubería de solución salina, quite la tapa con un destornillador. Desenrosque el inyector de la carcasa (foto C).

Tire del filtro que cubre el inyector (foto D). Lave el filtro con agua y jabón y limpie el inyector soplando o con un paño suave. No utilice objetos punzantes que pudieran rayar el metal y dañar el inyector.

Vuelva a colocar el filtro y enrosque de nuevo el inyector en el aparato. Coloque la tapa.

Disponga la válvula de derivación en su posición original (o abra la válvula de entrada y cierre el grifo). Reajuste el mando de control y enchufe el descalcificador.

Herramientas:
Alicates de puntas, destornillador, embudo.

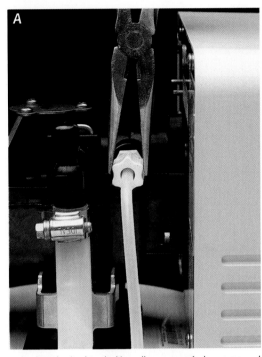
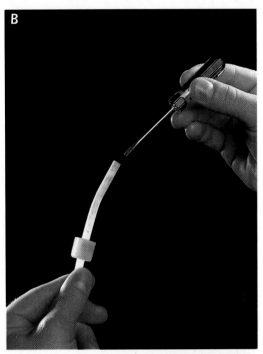

Quite la tubería de solución salina y examínela para ver si existe alguna obstrucción.

Raspe las partículas o los residuos del extremo de la tubería con un destornillador y luego lave la tubería con agua.

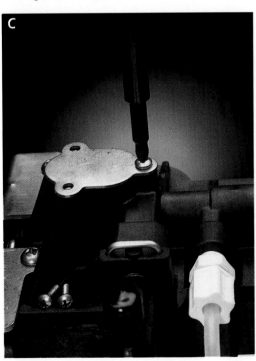

Desatornille el inyector y retírelo de la carcasa.

Tire con unos alicates del filtro del inyector y lávelo con agua jabonosa tibia.

Bombas de agua

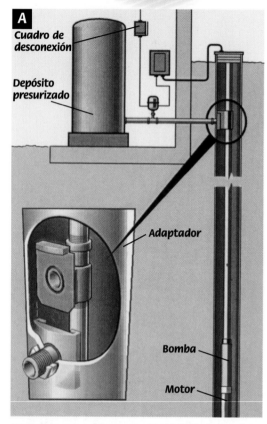

A

Cuadro de desconexión

Depósito presurizado

Adaptador

Bomba

Motor

Una bomba sumergible es una unidad individual que se introduce en el fondo de un pozo y utiliza una serie de rotores apilados para llevar el agua a la superficie.

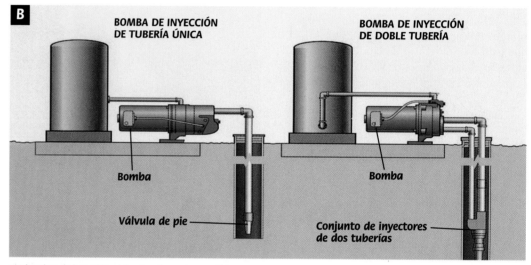

B

BOMBA DE INYECCIÓN DE TUBERÍA ÚNICA

BOMBA DE INYECCIÓN DE DOBLE TUBERÍA

Bomba

Válvula de pie

Bomba

Conjunto de inyectores de dos tuberías

Las bombas de inyección están situadas en la superficie.

En los sistemas de pozos se utiliza una bomba para extraer el agua del acuífero subterráneo y enviarla a través de una canalización vertical para almacenarla en un depósito presurizado. En la mayoría de las zonas residenciales se utilizan dos tipos de bombas: sumergibles y de inyección.

Las bombas sumergibles son hoy muy populares, ya que resultan más fiables para el uso cotidiano y requieren menos mantenimiento que las de inyección. Una bomba sumergible es una unidad individual que se introduce en el fondo del pozo y utiliza una serie de rotores apilados para impulsar el agua hacia la superficie **(foto A)**. Los motores de estas bombas pueden funcionar sin problemas durante más de 20 años. No obstante, para reparar o cambiar este tipo de bomba se necesita una grúa montada en un camión.

Las bombas de inyección se utilizan normalmente en pozos de poca profundidad o que se usan estacionalmente, como las estructuras pensadas a tal efecto para el verano. El mecanismo de las bombas de inyección combina las fuerzas de una bomba centrífuga con una tobera de chorro para aspirar el agua hacia la superficie.

En pozos de hasta 10 metros de profundidad y para una altura de elevación media se usa una bomba de inyección de tubería única **(foto B)**. En pozos más profundos, donde se requiere una presión mayor para extraer la misma cantidad de agua, se usan bombas de inyección de doble tubería, semejantes a las de tubería única pero con la excepción de que incluyen un impulsor de superficie que dirige una parte del agua de nuevo hacia el pozo. El agua sale por un eyector situado en el fondo del pozo, y crea una presión que ayuda al proceso de bombeo.

El agua que la bomba extrae del pozo se acumula en un depósito de acero galvanizado, por lo general situado en el sótano de la vivienda. Al llenarse el depósito, la presión del aire de su interior aumenta hasta que activa un presostato, que para la bomba. El aire comprimido del depósito suministra presión a los grifos. Al extraerse agua del depósito, la presión de aire desciende hasta que el manómetro vuelve a activar la bomba.

Los depósitos de almacenamiento normales están sujetos a un problema denominado «inundación», que se produce cuando el agua del depósito absorbe el aire y rompe el equilibrio entre el nivel del agua y el colchón de aire presurizado. En esta situación, leves cambios del nivel de agua pueden reducir significativamente la presión del depósito, y activar la bomba sin necesidad. Esta anomalía somete a la bomba a una solicitación excesiva, por lo que debe corregirse lo antes posible.

Algunos depósitos de almacenamiento nuevos cuentan con un diafragma de goma que separa el agua del aire, evitando así la absorción de este último por el líquido.

Otro problema común en los sistemas de bombas es una baja presión de agua en el sistema de suministro de la vivienda. A menudo, este problema se corrige ajustando el manómetro de la bomba.

Mantenimiento de los sistemas de bombeo de agua

Si tiene problemas de baja presión en un sistema de pozo, bastará con que ajuste el valor de presión de la bomba.

El máximo valor nominal de presión debe figurar indicado cerca del manómetro y en el manual de instrucciones. Si no encuentra el valor correspondiente a su bomba, póngase en contacto con el fabricante.

Cuando el valor máximo de la bomba es mayor que el actual, los ajustes necesarios son fáciles de hacer.

Desconecte la bomba y quite la tapa del presostato para acceder a la tuerca de ajuste del muelle largo (foto C).

Eleve la presión por pasos, haciendo girar la tuerca en el sentido de las agujas del reloj (una vuelta y media eleva la presión unos 0,2 kg/cm²). Cubra el presostato y vuelva a conectar la bomba. Para cerciorarse de que con los ajustes no ha superado el valor de presión máximo, vigile el manómetro mientras la bomba ejecuta un ciclo completo.

Si la bomba arranca y se para con frecuencia, tal vez el depósito esté inundado de agua. Para corregir el problema, vacíe el depósito y deje que se llene de aire de modo pasivo.

Primero, cierre la válvula de suministro situada entre la bomba y el depósito (foto D). Abra un grifo de agua fría de la casa para evitar que se forme vacío en las cañerías.

Abra la válvula de desagüe situada junto al depósito y deje que éste se vacíe por completo. Espere unos minutos y cierre el grifo y la válvula de desagüe.

Abra la válvula situada entre la bomba y el depósito. Mientras éste se llena, el agua presurizará el colchón de aire.

Si aun así no se resuelve el problema, tal vez haya que recurrir a un experto para que revise el presostato o el control de volumen de aire.

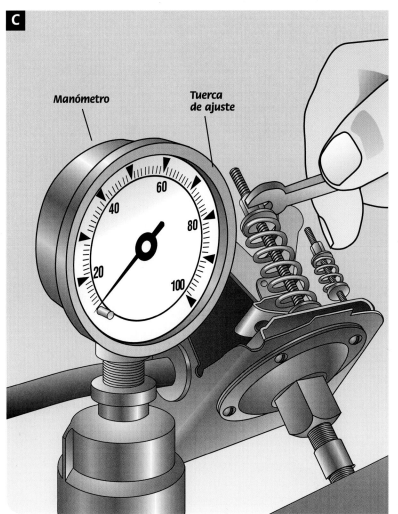

Apriete o afloje la tuerca de ajuste en incrementos pequeños para aumentar o reducir la presión en el depósito.

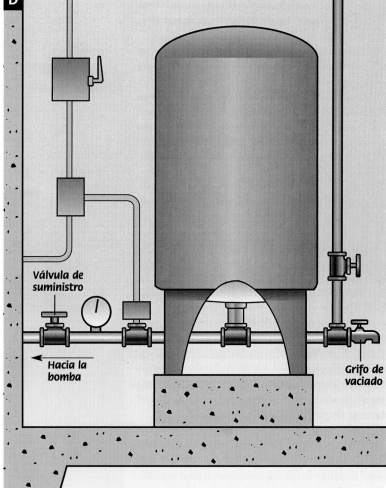

Para corregir la inundación del depósito debido a la absorción del aire por el agua, cierre la válvula de suministro, abra la de desagüe y deje correr el agua fría abriendo un grifo de la casa mientras el depósito se llena de aire.

Sistemas sépticos

En las viviendas que no están conectadas a un servicio municipal de alcantarillado, los residuos se evacuan normalmente a través de un sistema séptico.

Los sistemas sépticos privados constan de un depósito subterráneo o fosa séptica en conexión con una red de tuberías dispersas en un campo de drenaje. Los desperdicios se dirigen hacia la fosa séptica por el sistema de desagüe y alcantarillado de la casa. Una vez en el depósito, se separan los residuos sólidos de los líquidos, al sedimentarse los primeros en el fondo donde son degradados por microorganismos.

La descomposición de estos residuos crea un efluente líquido que sale del depósito y se desplaza por una tubería hacia una caja de conexiones sellada, desde donde se distribuye por varias tuberías perforadas que se apoyan en un lecho de gravilla u otro material de relleno. Al filtrarse por los agujeros de las tuberías, el efluente se purifica según atraviesa los diversos estratos de suelo y roca en su retorno a la capa freática.

El almacenamiento y descomposición de los residuos en la fosa séptica produce gas metano. Al igual que un sistema de desagüe y ventilación conectado con un servicio municipal de alcantarillado, el sistema séptico debe tener un conducto de ventilación para que los gases escapen hacia la cubierta de la casa. Sin esta ventilación, la presión del depósito podría aumentar rápidamente hasta niveles peligrosos.

Los sólidos sin descomponer se acumulan en el fondo del depósito, formando una capa creciente de lodo. Con el paso del tiempo, la capacidad del depósito se agota y es preciso bombear el lodo. La mayoría de los sistemas sépticos ha de bombearse cada uno a tres años, según la capacidad del depósito y el número de personas que vivan en la casa.

Cuando se descuidan, las fosas sépticas se llenan en exceso, con lo cual los residuos sólidos no se separan del líquido, sino que atraviesan el depósito para llegar al campo de drenaje, hasta que acaban por obstruir el material de relleno y el paso del efluente. Cuando se produce esta situación, hay que cavar el campo para reemplazar el material de relleno.

Los sistemas sépticos se basan en un proceso natural de descomposición; al igual que la mayoría de los sistemas naturales, funcionan mejor cuando no se actúa sobre ellos. Deje que su sistema se tome el tiempo necesario para su función y no intente ayudarle añadiendo levaduras u otros aditivos biológicos.

El mantenimiento regular del depósito y la eliminación correcta de los residuos permitirán un buen funcionamiento del sistema séptico durante 20 años o más. Sin embargo, si se ha descuidado el sistema durante años, tal vez haya que recurrir a un profesional para que sustituya o amplíe todo el campo de drenaje.

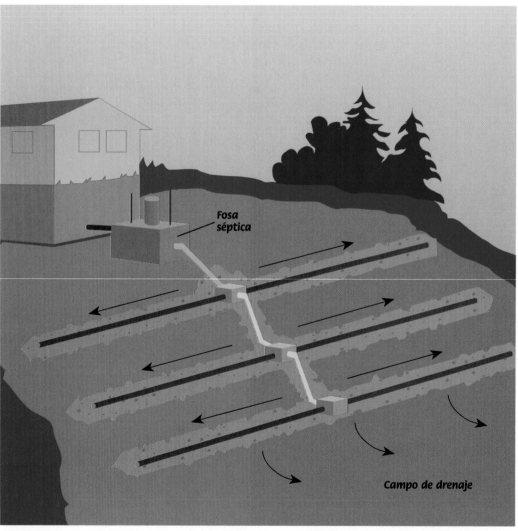

Fosa séptica

Campo de drenaje

Un sistema séptico bien mantenido lleva el agua residual hacia tuberías extendidas por todo un campo de drenaje. Los residuos sólidos van acumulándose en la fosa séptica y deben bombearse cada cierto tiempo para su eliminación.

Mantenimiento del sistema séptico

Inspeccione y vacíe la fosa séptica regularmente.	Una fosa séptica descuidada provocará el fallo del sistema, y puede producir un retorno de desperdicios hacia la casa y plantear problemas graves para la salud de su familia. Los expertos recomiendan bombear la fosa séptica cada uno o dos años.

Evite usar productos químicos.	Los agentes químicos y antibacterianos potentes destruyen las bacterias de las que depende el sistema.
	
	No vierta los siguientes productos por el desagüe del inodoro o de la casa:
	
	  Productos desatascadores
	  Pintura y diluyente de pintura
	  Productos químicos de limpieza
	  Cloro, incluidos los productos de limpieza del inodoro
	  Jabones blandos antibacterianos

Limite los residuos de la cocina.	Las grasas de los alimentos entorpecen el proceso séptico al recubrir el interior de las tuberías de desagüe e interferir en la descomposición bacteriana de la fosa séptica, y también obstruyen el material de relleno del campo de drenaje. Los trituradores de comida sobrecargan el sistema con partículas sólidas de alimentos, llegando a duplicar en ocasiones el ritmo de acumulación de lodo en la fosa séptica. Tire la grasa de cocina y los restos de alimentos a la basura o al montón de compost.

Limite el flujo de agua:
  Repare las fugas en las instalaciones de fontanería lo antes posible.
  No dirija los desagües del tejado al sistema de desagüe de la casa.
  No vacíe la piscina o la bañera en el desagüe de la casa.
	El exceso de agua acelera el flujo a través del sistema séptico. Las bacterias naturales no podrán hacer su trabajo, lo que permitirá que pase al campo de drenaje una cantidad excesiva de sólidos.

No use nunca aditivos.	Los aditivos biológicos diseñados para estimular el crecimiento bacteriano a menudo perjudican más que ayudan. Estos aditivos agitan las bacterias anaerobias de la fosa séptica, de forma que esta mayor actividad empuja los residuos sólidos no disueltos hacia el campo de drenaje.

Reparación de averías en el sistema séptico

Una vez que aparecen problemas en un sistema séptico, el propietario poco puede hacer, aunque reconocer los indicios del problema permite prolongar la vida del sistema y ahorrarse, probablemente, una buena cantidad de dinero.

Si el sistema de drenaje funciona con lentitud o, simplemente, no funciona, es posible que exista una obstrucción en el sistema de desagüe principal de la casa o que el sistema séptico tenga un retorno. Compruebe primero si existen atascos, utilizando una sonda motorizada (foto de la derecha) para limpiar el desagüe principal. No use nunca productos químicos de limpieza.

Si el desagüe de la casa no está obstruido, el problema puede ser un atasco en el campo de drenaje, la ausencia de bacterias en el sistema o que la fosa séptica esté llena.

Además de un drenaje lento, otros signos comunes de problemas son la presencia de agua de color oscuro en la superficie del campo y olor a alcantarilla alrededor o dentro de la casa. Cualquiera de estos síntomas apunta a un problema serio. Los desperdicios humanos se consideran residuos peligrosos, y existen normativas estrictas que regulan su eliminación. Solucionar el problema de un sistema séptico no es una tarea al alcance de cualquiera.

Las fosas sépticas producen gas metano explosivo y pueden contener virus letales. Póngase en contacto con un servicio profesional de saneamiento para que inspeccione y repare su sistema séptico.

Electricidad

Si piensa efectuar reparaciones eléctricas en la casa, es importante que antes conozca los fundamentos de los sistemas eléctricos domésticos. Compruebe que es capaz de identificar sus diversos elementos y que conoce el papel que desempeñan en el transporte de la electricidad o en la protección del sistema y de su familia.

La corriente eléctrica llega a la casa a través de líneas aéreas o enterradas que desembocan en un poste llamado *de acometida*. La mayoría de las casas construidas después de 1950 tienen tres cables conectados a esta acometida: dos de corriente, cada uno de los cuales transporta corriente a 110/120 voltios, y uno neutro conectado a tierra. La electricidad de las dos líneas de 110/120 voltios puede reconfigurarse en el cuadro de distribución eléctrica para proporcionar los 220/240 voltios necesarios para los electrodomésticos.

Algunas casas antiguas sólo tienen dos cables en la acometida: uno de 110/120 voltios y otro neutro. Estas instalaciones no pueden alimentar un número amplio de electrodomésticos de cierto consumo, como puedan ser ordenadores y otros dispositivos eléctricos hoy comunes en los hogares. Si su vivienda tiene uno de estos sistemas antiguos, póngase en contacto con un profesional o con su compañía eléctrica para que lo cambie. Después de entrar en la casa, la corriente pasa por un *contador eléctrico*, que mide el consumo de potencia en vatios de la vivienda, y desde el contador se dirige al *cuadro de distribución eléctrica*, que contiene fusibles o interruptores automáticos que interrumpen la corriente en caso de cortocircuito o sobrecarga.

El cuadro eléctrico distribuye la corriente a los *circuitos*, recorridos de cable diseñados para suministrar potencia a los dispositivos eléctricos, interruptores y bases de enchufe. La mayoría de los circuitos llevan corriente a varios lugares o dispositivos de la casa, si bien puede existir alguno expresamente dedicado a un electrodoméstico de alta potencia, como pueda ser una lavadora o un frigorífico.

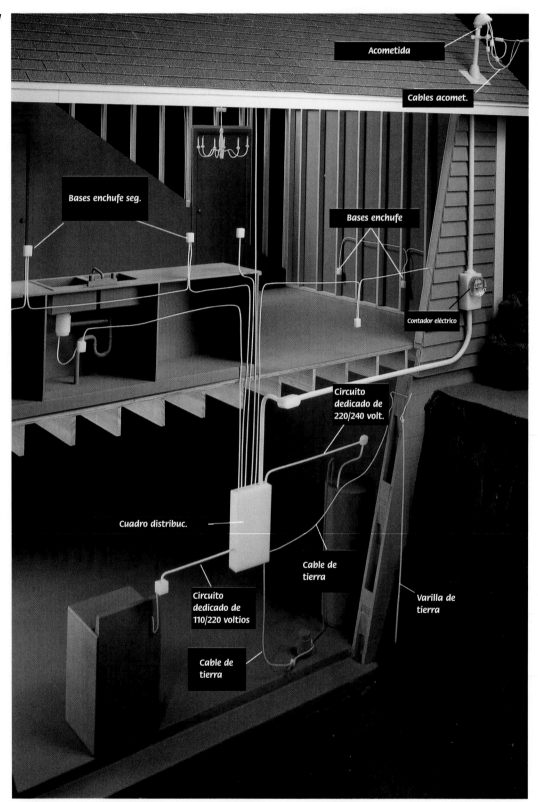

La instalación eléctrica de la casa consta de varios elementos que actúan conjuntamente para suministrar electricidad de modo seguro para su uso cotidiano.

La instalación eléctrica

Para funcionar correctamente, la electricidad debe siempre completar un circuito. Al trabajar con su instalación eléctrica comprobará a menudo que los problemas se deben a interrupciones en el camino circular de la corriente. Las fotos de la parte inferior de la página muestran algunos de los puntos donde puede fallar la instalación.

La *acometida* capta la potencia suministrada por la línea eléctrica aérea para introducirla en la casa. El servicio común a 220/240 voltios llega a través de tres cables: dos de corriente de 110/120 voltios y uno neutro conectado a tierra (**foto A**).

El *contador eléctrico* mide cada vatio de potencia consumido por la instalación eléctrica. En general, está situado en un lado de la casa y se conecta a la acometida de la línea aérea o enterrada. Un fino disco metálico en el interior del contador gira mientras se consume energía eléctrica (**foto B**).

El *cuadro de distribución eléctrica*, también llamado caja de fusibles o de automáticos, distribuye la potencia a los distinos circuitos. Un fusible o un interruptor automático está diseñado de modo que interrumpe el circuito en caso de cortocircuito o sobrecarga (**foto C**).

NOTA: En cables que van a la acometida, el contador eléctrico y el cuadro de distribución, siempre hay corriente, a menos que la corte la compañía eléctrica. Absténgase de inspeccionar o reparar estos aparatos. Si sospecha la existencia de un problema en alguno de ellos, póngalo en conocimiento de la compañía.

Las *cajas eléctricas* contienen las conexiones de los cables. En ocasiones las ordenanzas exigen que todos los cables y los empalmes estén completamente confinados en una caja eléctrica metálica o de plástico (**foto D**).

Las *bases de enchufe*, o tomas de corriente, proporcionan acceso a la potencia enchufando en ellas el aparato de que se trate. En las instalaciones modernas la forma más común es un enchufe de 220 voltios y 10, 15, 20 o 25 amperios con conexión a tierra (**foto E**).

Los *interruptores* controlan el paso de corriente por cables de los circuitos que alimentan puntos de luz, ventiladores de techo, electrodomésticos y bases de enchufe (**foto F**).

Las *lámparas* y elementos afines están conectados directamente a la instalación eléctrica y suelen controlarse mediante interruptores de pared (**foto G**).

Finalmente, el *hilo de tierra* pone el sistema a tierra a través de una tubería metálica de agua o de una varilla de tierra. En caso de sobrecarga o cortocircuito, este hilo debería canalizar el exceso de corriente hacia el suelo sin que produzca daños (**foto H**).

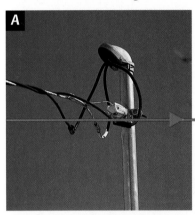
A
Las líneas de la compañía eléctrica están conectadas a la acometida.

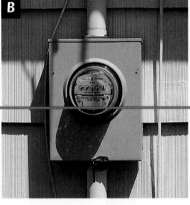
B
El contador eléctrico mide la cantidad de energía eléctrica utilizada en la casa.

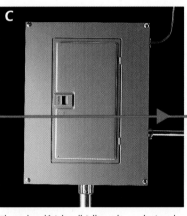
C
El cuadro eléctrico distribuye la corriente a los distintos circuitos.

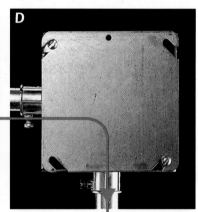
D
Las conexiones entre cables están alojadas en cajas eléctricas distribuidas por toda la casa.

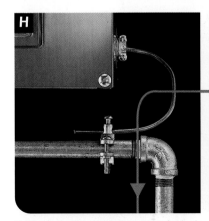
H
El hilo de tierra se conecta a una tubería de agua fría o a una varilla metálica de tierra.

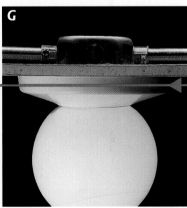
G
Los aparatos de luz están conectados directamente a la instalación.

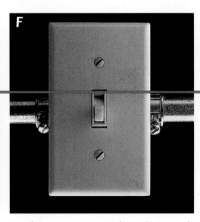
F
Los interruptores controlan el paso de corriente a través de un circuito.

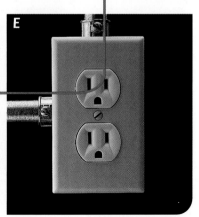
E
Las bases de enchufe, o tomas de corriente, permiten acceder a la energía eléctrica enchufando los aparatos en ellas.

Conocimiento de los circuitos

Si busca la voz *circuito* en un diccionario, encontrará más o menos la siguiente definición: «camino cerrado que delimita un terreno». Como ya se ha dicho, los circuitos domésticos transportan electricidad a lo largo de un camino regular desde el cuadro general de distribución a toda la casa, para volver de nuevo al cuadro. Para que el circuito funcione correctamente, este bucle debe mantenerse sin interrupción.

La energía eléctrica llega a los dispositivos eléctricos por cables de fase, es decir, de corriente, y retorna al cuadro por los llamados cables neutros. Estas dos clases de conductores suelen estar caracterizados por un código de color (marrón, gris o negro para fase y azul para retorno).

Por motivos de seguridad, la mayoría de los circuitos incluyen también un cable amarillo y verde de conexión a tierra. Este cable reduce la posibilidad de recibir una descarga eléctrica accidental y conduce a tierra el exceso de electricidad que pudiera producirse en caso de sobrecarga o cortocircuito.

Los circuitos tienen valores nominales concordantes con la potencia que pueden transportar sin calentarse en exceso. Si se intenta que los dispositivos de un circuito absorban más potencia que aquella para la que el circuito está calculado, saltará el fusible o el interruptor automático de ese circuito e interrumpirá automáticamente el paso de electricidad.

Normalmente, a cada circuito se conectan varios interruptores, bases de enchufe, aparatos de iluminación o electrodomésticos, y una conexión suelta en cualquiera de ellos puede provocar un cortocircuito. La reducción resultante en la resistencia haría saltar el fusible o interruptor automático, y el circuito dejaría de transportar corriente.

Después de pasar por todos los dispositivos eléctricos, la corriente regresa al cuadro general de distribución a través del hilo neutro o de retorno. De allí pasa al cable del circuito principal, abandona la casa y regresa a la línea general de servicio, que está conectada al transformador de la compañía eléctrica.

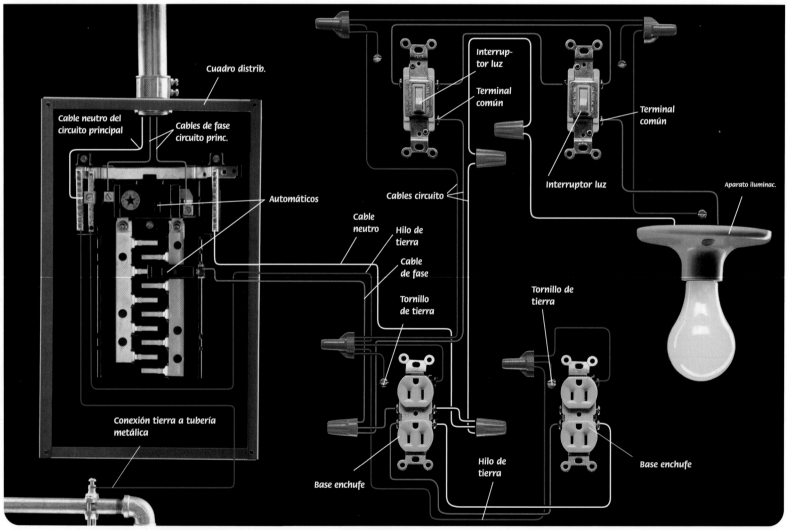

Los circuitos de las casas transportan corriente siguiendo un bucle continuo. La energía entra en la instalación por cables de fase (en rojo, en la figura) y regresa a través de hilos neutros (en blanco). El sistema tiene también hilos de tierra (en la figura, de color verde), por motivos de seguridad.

Conexión a tierra y polarización

La electricidad siempre intenta volver a su fuente y completar un circuito continuo. En la instalación eléctrica de una casa, la vía de retorno está constituida por hilos neutros (de color azul) que devuelven la corriente al cuadro general de distribución.

Cuando trabaje con cables, recuerde que la corriente siempre busca el camino de menor resistencia. Si toca un dispositivo, una herramienta o un electrodoméstico que estén en cortocircuito, la corriente intentará regresar a su fuente pasando a través de su cuerpo.

Los hilos de tierra están destinados a reducir al mínimo este riesgo, proporcionando una vía rápida y segura para que la corriente retorne a la fuente. Si se toca un dispositivo cortocircuitado que tenga el hilo de tierra instalado correctamente, la probabilidad de recibir una descarga fuerte será muy reducida.

La mayoría de los sistemas eléctricos instalados desde la década de 1920 tienen un mecanismo de seguridad adicional: bases de enchufe que aceptan clavijas polarizadas. Aunque no se trata de un método de conexión a tierra propiamente dicho, la polarización está pensada para mantener el flujo de corriente dentro de los cables adecuados del circuito.

En décadas posteriores comenzó a usarse el cable armado (también llamado BX). Este tipo de cable posee un revestimiento metálico que, al conectarse a una caja eléctrica metálica, proporciona una vía verdadera de tierra para el cuadro de distribución.

La mayoría de los sistemas eléctricos actuales contienen cable no metálico que posee un hilo de cobre aislado para conexión a tierra, en general de color amarillo y verde, que encamina a tierra el exceso de corriente. Estos circuitos suelen estar provistos

de bases de enchufe de tres contactos con conexiones directas al hilo de tierra del circuito. Con ello se protege de los cortocircuitos a las personas, los electrodomésticos y las herramientas.

Si se conecta una base de enchufe de dos contactos a una caja con conexión a tierra, seguirá siendo posible enchufar en la base clavijas de tres patillas utilizando un adaptador. Para conectar el adaptador a la caja metálica puesta a tierra, conecte los hilos de tierra del adaptador al tornillo de fijación del embellecedor de la base de enchufe.

Otra precaución de seguridad es el uso de herramientas de doble aislamiento. Estos dispositivos tienen el cuerpo de plástico no conductor que evita descargas por cortocircuitos. Por sus características especiales, estas herramientas pueden utilizarse con seguridad en bases de enchufe de dos contactos.

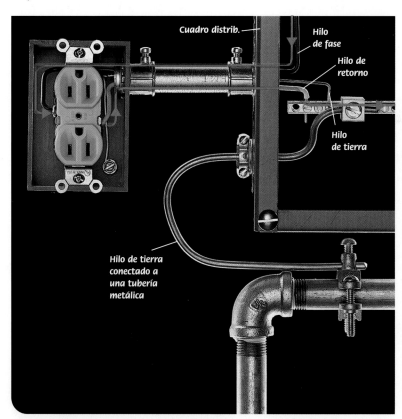

Flujo normal de la corriente: entra en la caja eléctrica por el hilo de fase y regresa al cuadro general por el cable neutro. Cualquier exceso de corriente pasa a tierra a través del conductor de tierra, unido a una tubería metálica de agua o a una varilla de tierra.

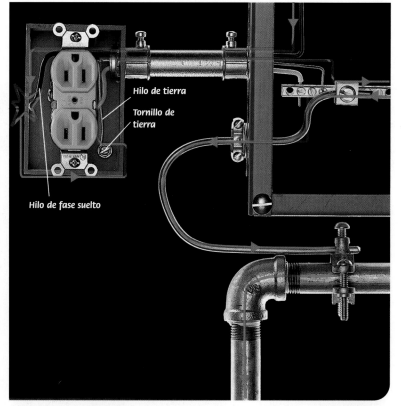

Cortocircuito: la corriente se desvía a consecuencia de un hilo suelto que entra en contacto con la caja metálica. El hilo de tierra la recoge y la encauza con seguridad hacia el cuadro de distribución, desde donde retorna a la fuente por un cable neutro de servicio o pasa a tierra a través del sistema de conexión a tierra.

Cuadros de distribución eléctrica

En todas las casas hay un cuadro eléctrico general que distribuye la corriente eléctrica a los diferentes circuitos. Suele estar situado en la entrada de la vivienda, el sótano, el garaje o una zona de servicios, y se reconoce por una cubierta de color gris metalizado. Antes de emprender cualquier reparación en la instalación eléctrica, corte la corriente de los circuitos adecuados en este cuadro. Si coloca en él un esquema de la distribución eléctrica (página 390) podrá reconocer con más facilidad cada uno de los circuitos.

En los cuadros eléctricos se utilizan fusibles o interruptores automáticos para controlar los circuitos y protegerlos de sobrecargas. Los más antiguos siguen teniendo fusibles, mientras que los nuevos poseen interruptores automáticos.

El número de circuitos y el amperaje de estos cuadros son variables. Los más antiguos apenas ofrecen 30 amperios con sólo dos circuitos, mientras que los nuevos pueden llegar a 200 amperios con 30 circuitos o más. El valor de amperaje del cuadro está impreso en el bloque de fusibles principal o en el interruptor automático del circuito.

La instalación eléctrica puede incluir también un cuadro secundario que controla circuitos concretos de la casa. Estos cuadros secundarios, que tienen sus propios fusibles o interruptores, se utilizan para mejorar la capacidad al añadir más circuitos a la instalación existente. Se asemejan al cuadro general, aunque suelen ser más pequeños. En general, no se instalan lejos de dicho cuadro, aunque también pueden colocarse en las proximidades de la zona a la que dan servicio, por ejemplo, un garaje o un desván.

Cuando manipule fusibles o interruptores automáticos, cerciórese de que la zona del cuadro eléctrico está seca. Mantenga el espacio limpio y despejado. No guarde ni apile cosas cerca del cuadro, y no deje que los niños se acerquen a él.

El primer paso que ha de darse en cualquier trabajo con electricidad es cortar la corriente del circuito. Para ello, identifique el fusible o interruptor que lo controla (en esta tarea es donde se aprecia la gran utilidad de un plano o índice de circuitos). Una vez identificado, desenrosque el fusible o desconecte el automático correspondiente. Como precaución añadida, cierre la puerta del cuadro y pegue una nota que advierta a los demás que está trabajando en el circuito.

Antes de empezar a manipular el circuito, compruebe con un buscapolos que la corriente está desactivada (página 395). Si ha desconectado el fusible o el automático correcto, no habrá corriente en el circuito y el buscapolos no se encenderá. Si se enciende, significa que el circuito aún transporta corriente. Siga desconectando fusibles y automáticos y pruebe el circuito hasta estar seguro de que ha cortado la corriente.

Cuadro de fusibles de 30 amperios

Los cuadros eléctricos de 30 amperios son comunes en sistemas eléctricos antiguos. Poseen un portafusibles de cerámica con dos fusibles de tapón y un interruptor de palanca. El portafusibles a veces se aloja en una caja metálica negra montada en la entrada de la casa o en el sótano.

Como estos cuadros eléctricos tan sólo proporcionan 110/120 voltios de potencia, hoy no se consideran adecuados y es mejor cambiarlos. La mayoría de los programas de viviendas exigen cambiar estos cuadros eléctricos por otros de 100 amperios o más.

Para cortar la corriente en un circuito determinado, retire con precaución el fusible que corresponda, tocando sólo el borde aislado de dicho fusible.

Si quiere cortar la corriente en toda la casa, abra el interruptor de palanca, con cuidado de no tocar los contactos metálicos.

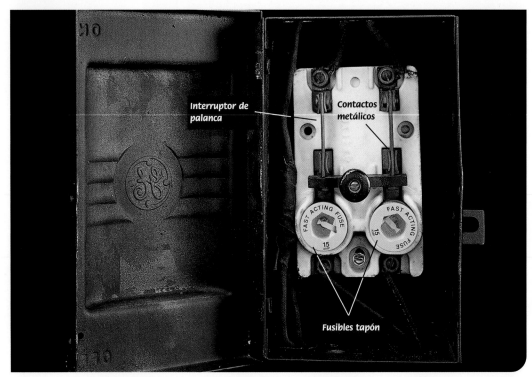

Interruptor de palanca

Contactos metálicos

Fusibles tapón

El cuadro de distribución de 30 amperios posee un portafusibles de cerámica con dos fusibles de tapón y un interruptor de palanca. Estos cuadros no son muy adecuados, y conviene cambiarlos lo antes posible.

Cuadro de fusibles de 60 amperios

Los cuadros de fusibles de 60 amperios son bastante comunes en viviendas de antigüedad media. Normalmente están alojados en una caja metálica gris con cuatro fusibles de tapón y uno o dos bloques de fusibles de cartucho.

Este cuatro resulta adecuado para casas pequeñas (de hasta 100 m²) con no más de un electrodoméstico de 220/240 voltios. Sin embargo, lo mejor sería cambiarlo por otro de 100 amperios como mínimo, para poder añadir más circuitos a la instalación. En algunos casos, las ordenanzas de construcción exigen actualizar estos sistemas.

Para cortar la corriente en un solo circuito retire con cuidado el fusible que corresponda, tocando sólo el borde aislado.

Si quiere cortar la corriente de toda la casa, agarre el asa del bloque de fusibles principal y tire de él con fuerza. Si existe un segundo bloque de fusibles para el circuito principal de electrodomésticos, puede desconectarlo de forma independiente tirando de este bloque.

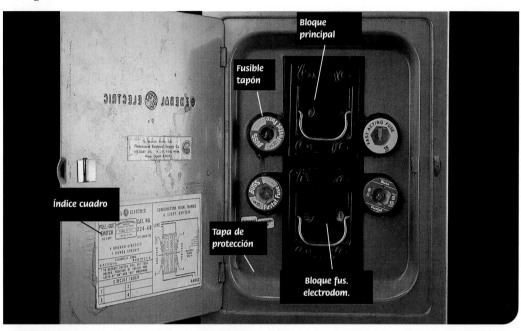

El cuadro de fusibles de 60 amperios contiene cuatro fusibles de tapón más uno o dos bloques de fusibles extraíbles. Este cuadro resulta adecuado para hogares pequeños, con no más de un electrodoméstico de 220/240 voltios.

Cuadro de interruptores automáticos

Los cuadros de interruptores automáticos ofrecen 100 amperios o más de potencia y son comunes en las instalaciones eléctricas modernas. Normalmente se alojan en una caja metálica de color gris, con dos filas de automáticos. La capacidad del servicio se determina leyendo el amperaje nominal del automático del circuito principal, llamado diferencial, situado en la parte superior del cuadro eléctrico.

Un cuadro de 100 amperios supone hoy el estándar mínimo para casas nuevas, adecuado para viviendas de tamaño medio con hasta tres grandes electrodomésticos. Casas mayores con más electrodomésticos pueden necesitar cuadros de 150 amperios o más.

Para cortar la corriente en un circuito individual, accione la palanca del automático que corresponda para desactivarlo. Para cortar la corriente en toda la casa, baje la palanca del interruptor general.

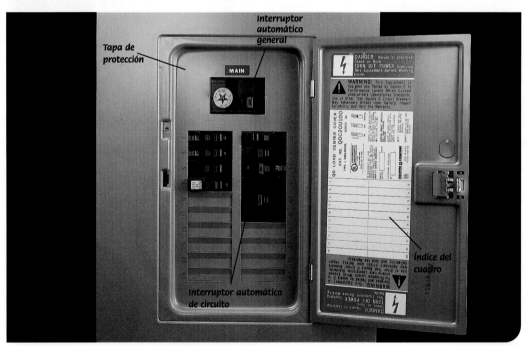

El cuadro de interruptores automáticos de 100 amperios o más contiene dos filas de interruptores individuales. La capacidad del servicio se indica en el interruptor general, llamado diferencial.

Comprobación del estado de fusibles e interruptores automáticos

Los fusibles y los interruptores automáticos del cuadro eléctrico general son dispositivos de seguridad que controlan los circuitos y protegen el sistema frente a cortocircuitos y sobrecargas.

Los fusibles (**foto A**) contienen una cinta de aleación metálica conductora. Una tensión excesiva provoca la fusión de la cinta, que interrumpe así el paso de corriente. La capacidad de un fusible debe corresponderse con la del circuito; nunca se debe reemplazar un fusible por otro de mayor amperaje.

Los fusibles de tapón roscado (1) controlan los circuitos de 110/120 voltios para enchufes e iluminación. Sus valores son de 15, 20 y 30 amperios.

Los de tapón garantizados contra conexión errónea (2) poseen roscas que encajan sólo en casquillos específicos, lo que impide montar el fusible en un circuito equivocado.

Los fusibles de acción retardada (3) tienen capacidad para absorber temporalmente cargas elevadas de potencia.

Los modelos de cartucho (4) controlan los circuitos de 220/240 voltios usados por los principales electrodomésticos, y su valor oscila entre 30 y 100 amperios.

Los interruptores automáticos de circuitos (**foto B**), o simplemente automáticos, poseen una banda metálica que se calienta y se dobla cuando se somete a una tensión eléctrica de cierto valor. Un valor excesivo de voltaje provoca la flexión de la banda, con lo que el interruptor se dispara y detiene el paso de corriente. Los automáticos averiados saltan con frecuencia sin causa aparente, y deben ser cambiados por un electricista.

Los interruptores unipolares (5) controlan circuitos de 110/120 voltios y normalmente tienen un amperaje de 15 o 20 amperios.

Los bipolares (6) controlan circuitos de 220/240 voltios y tienen valores de 20 a 50 amperios.

Los automáticos de seguridad (7) ofrecen protección frente a descargas eléctricas en todo el circuito. Sus valores de amperaje oscilan entre 15 y 100 amperios.

Cuando se funde un fusible o salta un automático, normalmente se debe a que en un momento dado hay demasiados electrodomésticos o elementos de iluminación encendidos en el circuito. Para solucionar el problema, traslade algunos a otro circuito y luego cambie el fusible o rearme el automático. Si el circuito vuelve a quedar interrumpido de inmediato, la causa será un cortocircuito. Si sospecha que existe un corto en su sistema, llame a un electricista profesional.

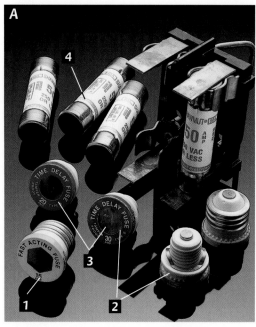

Los fusibles se encuentran sobre todo en cuadros de distribución eléctrica antiguos.

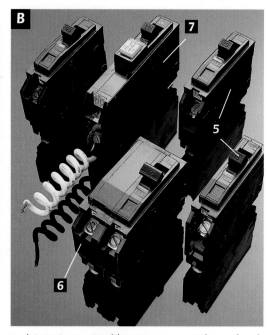

Los interruptores automáticos son comunes en los cuadros de distribución más recientes.

Retirada y sustitución de fusibles de tapón

Cuando se queme un fusible de tapón roscado, acuda al cuadro eléctrico general y localice de cuál se trata. Examine la cinta de aleación metálica del interior de cada fusible. El que esté quemado tendrá un aspecto diferente a los restantes.

Si el circuito ha sufrido una sobrecarga, la cinta del interior del fusible se habrá fundido. Si se ha producido un cortocircuito, la ventana del fusible aparecerá más oscura (**foto C**). Encuentre el cortocircuito y elimínelo antes de cambiar el fusible.

Para retirar el fusible, desenrósquelo tocando sólo el borde aislado (**foto D**). Cámbielo por uno nuevo del mismo amperaje que el circuito.

Un corto produce un color oscuro (izquierda); una sobrecarga, la fusión de la cinta (derecha).

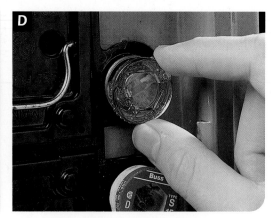

Cuando desenrosque un fusible, toque sólo el borde.

Sustitución de fusibles de cartucho

Cuando salte un fusible de cartucho, acuda al cuadro eléctrico general y retire el bloque de fusibles agarrándolo por el asa y tirando de él con fuerza (foto E). Para extraer los cartuchos del bloque utilice un sacafusibles (foto F).

Para encontrar el fusible que hay que cambiar, pruebe los dos con un comprobador de continuidad de circuitos (foto G). Toque un extremo del fusible con la pinza y el otro con la punta de prueba. Si se enciende la luz del comprobador, el fusible estará bien.

Si los dos fusibles se hallan en buen estado, tal vez el problema haya surgido en otro punto del sistema. Si la luz del comprobador no se enciende en ningún fusible, cambie los dos por otros nuevos del mismo amperaje.

Agarre el bloque de fusibles por el asa y tire de él.

Extraiga los fusibles de cartucho del bloque con un sacafusibles.

Si el comprobador no se enciende, sustituya el fusible.

Rearme de un interruptor automático

Cuando salte un automático, acuda al cuadro eléctrico principal e identifíquelo. La palanca estará en posición de desconexión o intermedia entre conectado y desconectado. En muchos paneles es fácil localizar el interruptor que se ha disparado, ya que estos dispositivos poseen una lengüeta roja que queda muy visible al saltar la palanca (foto H).

Para rearmar el interruptor, lleve la palanca a la posición de desconexión si está en posición intermedia y luego de nuevo a la de conexión (foto I).

Los interruptores de seguridad deben comprobarse periódicamente. Para ello pulse simplemente el botón de prueba (foto J), con lo que el interruptor deberá colocarse en posición de desconexión. Si no ocurre así, estará averiado y deberá cambiarlo un electricista profesional.

Localice el interruptor automático desconectado en el cuadro eléctrico.

Lleve la palanca a la posición de desconexión y luego a la de conexión.

Compruebe periódicamente los automáticos del cuadro de distribución.

Planos e índices de circuitos en los cuadros eléctricos

Las reparaciones en la instalación eléctrica se simplificarán notablemente y se harán con mayor seguridad si se dispone de un plano actualizado de los circuitos. Tal plano deberá mostrar la posición de las luces, los electrodomésticos, los interruptores y los enchufes conectados a cada circuito, y facilitará la colocación de un índice de circuitos en el cuadro eléctrico general que permita desconectar el circuito correcto cuando haya que efectuar una reparación.

Los planos de circuitos también sirven para hacer estimaciones de la demanda de cada circuito, una información útil para determinar si es preciso mejorar el cableado.

La elaboración coordinada de planos e índices de circuitos para el cuadro eléctrico no suele llevar más de cuatro a seis horas. Aunque el anterior propietario de la vivienda hubiera confeccionado su propio índice, conviene renovarlo al adquirirla. Tal vez se hayan añadido o modificado algunos circuitos, en cuyo caso el plano estaría desfasado.

La forma más sencilla de confeccionar un plano de circuitos es activar un solo circuito de la casa cada vez y comprobar a qué luces, enchufes y electrodomésticos afecta. Naturalmente, para poder realizar esta tarea es necesario que todos los aparatos eléctricos funcionen.

Para empezar, haga un croquis de cada habitación de la casa en papel cuadriculado (**foto A**), incluyendo los vestíbulos, el sótano, el desván y todas las zonas de servicio (si tiene un plano de la casa, podría servir de base). Dibuje también el exterior de la vivienda, con el garaje y cualquier otra estructura que cuente con instalación eléctrica.

Herramientas:
Buscapolos de neón.

Materiales:
Papel, lápices, cinta de máscara.

En cada croquis indique la posición de todos los dispositivos eléctricos, como enchufes, puntos de luz, interruptores, electrodomésticos, timbres, termostatos, calentadores, ventiladores y equipos de aire acondicionado.

En el cuadro general de distribución eléctrica, numere cada uno de los fusibles o interruptores automáticos (**foto B**). Desconecte todos los automáticos o afloje todos los fusibles, dejando el diferencial en posición activa.

Active los circuitos uno por uno accionando la palanca del interruptor o apretando el fusible. Anote el amperaje impreso en la palanca del automático o en el borde del fusible.

Vaya encendiendo los interruptores de pared, las luces y los electrodomésticos de la casa, de uno en uno, e identifique con cinta de máscara aquellos que reciben alimentación eléctrica del circuito activo (**foto C**).

Compruebe si llega corriente a todas las bases de enchufe con un buscapolos de neón. En bases múltiples compruebe todos los contactos (**foto D**), e indique qué circuito lleva corriente a cada enchufe (**foto E**). Aunque no es frecuente, cada mitad de una base de enchufe doble pudiera estar conectada a un circuito distinto.

Para comprobar la alimentación de la caldera, ajuste el termostato a la máxima temperatura (**foto F**). Las calderas y sus termostatos de baja tensión están conectados al mismo circuito. Si éste conduce corriente, la caldera se pondrá en funcionamiento. Para probar el funcionamiento del equipo central de aire acondicionado utilice el mínimo valor de ajuste de temperatura del termostato Compruebe la alimentación del calentador eléctrico de agua ajustando el termostato a la máxima temperatura. Si el circuito transporta corriente, el aparato empezará a calentar el agua.

Compruebe si llega corriente a los timbres, pulsando de uno en uno todos los de la casa.

En los planos de circuitos debería indicar el número de circuito y los valores de tensión y amperaje de cada base de enchufe, interruptor, punto de luz y electrodoméstico (**foto G**).

Pegue el índice completo en la puerta del cuadro general de distribución. Incluya en él un breve resumen de los distintos elementos eléctricos y electrodomésticos alimentados por cada circuito (**foto H**). Pegue también los planos completos de circuitos en el cuadro eléctrico general, y aplique tensión a todos los circuitos.

Haga un dibujo de la casa como referencia para elaborar planos de circuitos. En el dibujo refleje la posición de todos los enchufes, puntos de luz, interruptores, electrodomésticos, timbres y termostatos.

En el cuadro general de distribución, ponga una etiqueta a cada circuito con cinta de máscara. Desconecte todos los circuitos y luego conéctelos de uno en uno, anotando su amperaje.

Active todos los interruptores, luces y electrodomésticos de la casa, de uno en uno, comprobando si reciben corriente del circuito analizado.

Compruebe si llega corriente a las bases de enchufe con un comprobador de neón. Para ello, introduzca una punta de pruebas del comprobador en cada orificio de la base de enchufe, probando los dos pares de orificios en los enchufes dobles.

Ponga una etiqueta en la base de enchufe para saber cuál es el circuito que la alimenta, así como su amperaje. Cada mitad de una base doble podría pertenecer a circuitos diferentes.

Para ver si llega corriente a la caldera, ajuste el termostato a su valor máximo de temperatura. En el equipo central de aire acondicionado, ajuste el termostato a su valor mínimo.

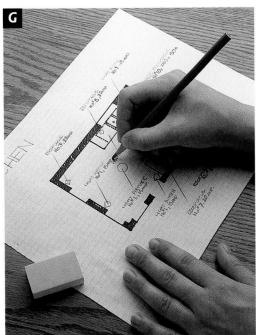

En el plano de circuitos debería anotar el número de circuito y el valor de tensión y amperaje de todos los interruptores, bases de enchufe, puntos de luz y electrodomésticos.

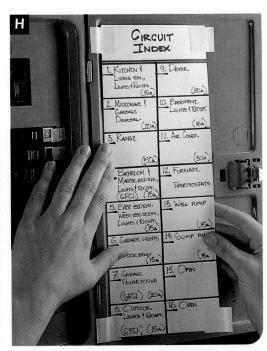

Haga un índice resumido de todos los elementos eléctricos, electrodomésticos y bases de enchufe alimentados por cada uno de los circuitos. Pegue este índice en la puerta del cuadro de distribución eléctrica y vuelva a activar todos los circuitos.

Herramientas para reparaciones eléctricas

A diferencia de otros tipos de reparaciones, las herramientas necesarias para arreglar averías en la instalación eléctrica son sencillas, baratas y muy asequibles.

Las mostradas en la figura inferior cubren prácticamente todo lo necesario para los trabajos de reparación que se describen a continuación. Entre ellas se incluyen las siguientes:

Pelacables, para cortar hilos y cables eléctricos, medir calibres y desprender el aislante de los extremos de los cables. Su mango aislado es una garantía de seguridad cuando se trabaja con cables eléctricos.

Alicates de puntas, para doblar y conformar los cables, en especial las conexiones terminales atornilladas. Algunos poseen mandíbulas cortantes para seccionar cables.

Un comprobador de continuidad para verificar posibles averías en interruptores, aparatos de iluminación y otros dispositivos. Estos comprobadores poseen una batería que genera corriente y un hilo que crea un circuito eléctrico en miniatura.

Sacafusibles, para extraer fusibles de cartucho de los bloques de fusibles.

Pelacables de corte axial para quitar el revestimiento exterior de los cables no metálicos.

Destornilladores aislados, provistos de mangos de goma que reducen el riesgo de descarga eléctrica.

Buscapolos de neón, que comprueban si pasa corriente por los cables.

Destornilladores a batería, para atornillar y desatornillar rápidamente elementos de fijación con los circuitos eléctricos desactivados.

Multímetros o polímetros, que miden tensiones y comprueban la continuidad eléctrica en interruptores, lámparas y otros dispositivos.

Como en cualquier otra herramienta, al adquirir una de las citadas conviene invertir en un modelo de buena calidad, que deberá cuidarse con esmero. A continuación se ofrecen algunos consejos para mantener en buen estado las herramientas de reparación eléctricas:

Conserve sus herramientas limpias y secas, y guárdelas en lugar seguro.

Afile periódicamente las herramientas cortantes, como alicates y pelacables.

Compruebe y cambie con regularidad las pilas y baterías de los instrumentos de medida, como buscapolos, multímetros y comprobadores de continuidad.

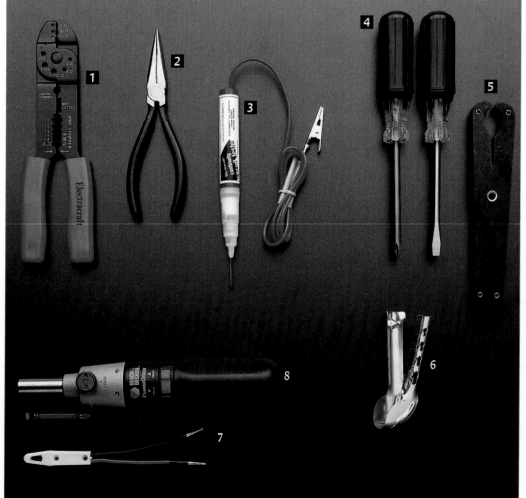

(izquierda) Juego básico de herramientas eléctricas: pelacables de corte radial (1), alicates de puntas (2), comprobador de continuidad (3), destornilladores aislados (4), sacafusibles (5), pelacables de corte axial (6), comprobador de neón (7), destornillador a batería (8).

(abajo) Un multímetro o polímetro es un instrumento versátil alimentado por pilas que mide la tensión y la continuidad eléctrica de los interruptores, las lámparas y otros dispositivos eléctricos. Posee un mando ajustable para medir corrientes de 1 a 1.000 voltios.

Materiales para reparaciones eléctricas

El material básico para trabajos de cableado es el cable eléctrico. En su versión moderna, cada uno de los hilos conductores del cable se compone de un alma de cobre macizo, que es el mejor conductor de la electricidad. Los conductores individuales están aislados con plástico o goma, a excepción de los hilos de tierra, que a veces van sin revestir, ya que no necesitan aislamiento. Según las ordenanzas, el color del aislante debe identificar el tipo de cable de que se trata: de fase (marrón, gris o negro), neutro o de retorno (azul) y de tierra (amarillo/verde).

En el pasado, algunos hilos eran de aluminio, en ocasiones cubiertos por una delgada capa de cobre. La sustitución de dispositivos en un circuito con cable de aluminio requiere herramientas especiales al alcance sólo de electricistas profesionales. Si su instalación eléctrica tiene cables de aluminio, póngase en contacto con un electricista para cualquier reparación.

Los cables que se utilicen han de ser de la sección correcta para el amperaje del circuito. Otros materiales, como bases de enchufe, cajas eléctricas y conectores, también tienen distintas capacidades según el circuito. Así, las bases de enchufe han de ser del mismo amperaje que el circuito, y los conectores de cables han de estar diseñados en función del número y el tamaño de los cables que se van a empalmar.

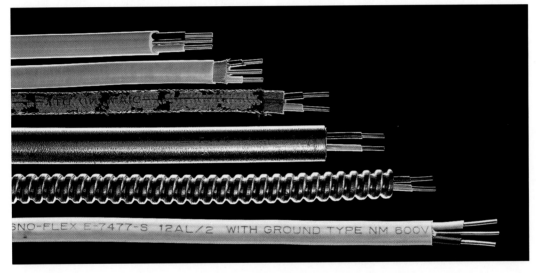

Entre los cables comúnmente utilizados en los hogares se incluyen (de arriba a abajo): para conducción subterránea, revestidos con manguera, con cubierta textil, bajo tubo metálico, cables armados flexibles y cables de aluminio.

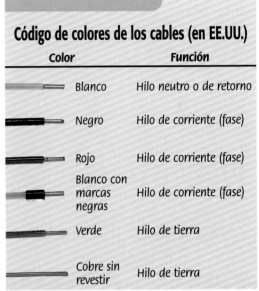

Código de colores de los cables (en EE.UU.)

	Color	Función
	Blanco	Hilo neutro o de retorno
	Negro	Hilo de corriente (fase)
	Rojo	Hilo de corriente (fase)
	Blanco con marcas negras	Hilo de corriente (fase)
	Verde	Hilo de tierra
	Cobre sin revestir	Hilo de tierra

En casi todas las ferreterías y centros de bricolaje es posible encontrar material eléctrico. En el cableado de las viviendas de hoy, el plástico ocupa un lugar predominante.

Cómo pelar cables no metálicos

Los cables no metálicos usados en la actualidad poseen un revestimiento donde se indica el número de hilos conductores que contienen (excluido el de tierra). Los conductores pueden ser independientes o ir agrupados dentro de una manguera, en cuyo caso son bifilares (con dos hilos, sin conductor de tierra), trifilares (con dos hilos de corriente y uno de tierra) o de cuatro hilos (tres de corriente y uno de tierra). Dentro de la manguera, cada hilo lleva su propio aislante. Al trabajar con cable manguera a menudo será necesario pelar el revestimiento, para lo cual se procederá como sigue:

Mida y marque el cable a una distancia comprendida entre 20 y 25 cm del extremo. Introduzca un pelacables de corte axial hasta la marca señalada, y apriete la herramienta con fuerza para atravesar el revestimiento de plástico en el punto de corte **(foto A)**.

Sujete firmemente el cable con una mano y arrastre el pelacables hacia el extremo, haciendo un corte longitudinal en el revestimiento de plástico **(foto B)**.

Seguidamente, aparte de los conductores el revestimiento de plástico y el papel aislante **(foto C)**.

Corte el plástico sobrante con un pelacables de corte radial **(foto D)**. Esta herramienta le servirá también para pelar cada uno de los hilos conductores **(foto E)**.

Herramientas:
Pelacables de corte axial, pelacables de corte radial.

Materiales:
Cable no metálico.

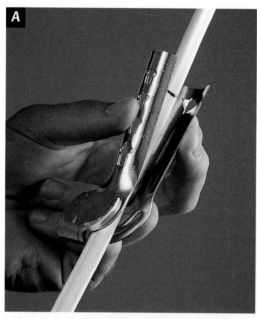

Apriete el pelacables para perforar el revestimiento de plástico.

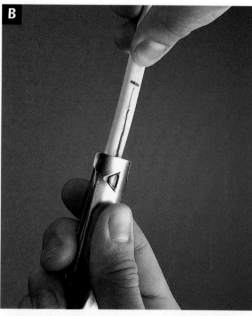

Sujete con fuerza el cable y arrastre el pelacables hacia el extremo.

Aparte de los conductores el revestimiento de plástico y papel

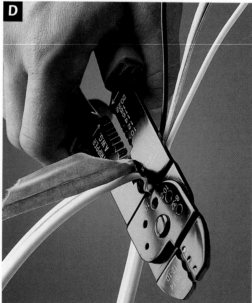

Corte el plástico y el papel sobrantes.

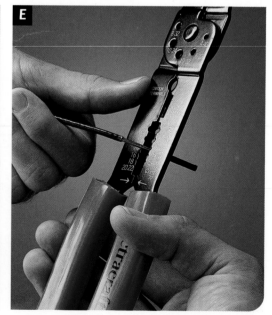

Pele el aislante de cada hilo a través de los orificios adecuados del pelacables.

Normas de seguridad en electricidad

Cuando trabaje con electricidad, debe ser consciente de la importancia de respetar las normas de seguridad. La corriente eléctrica tiene sus propias reglas. Su seguridad personal dependerá de la observancia de estas reglas y de la adopción de precauciones de sentido común.

La primera norma es desactivar la corriente en la zona en la que se va a trabajar. Acuda al cuadro eléctrico y quite el fusible o desconecte el automático que controla el circuito afectado (**foto F**). Un plano de circuitos resulta útil para encontrar rápidamente el fusible o automático correcto. Coloque un letrero de aviso en el cuadro eléctrico para que nadie vuelva a dar la corriente mientras está usted trabajando (**foto G**).

Utilice un buscapolos para verificar que no existe corriente en la zona de trabajo (**foto H**), y no haga nada hasta estar totalmente seguro de ello. Restablezca la corriente sólo cuando haya finalizado el trabajo.

Utilice escaleras de madera o fibra de vidrio cuando realice tareas rutinarias de reparación cerca de la acometida. Estos cables siempre llevan corriente (**foto I**).

Use zapatos con suela de goma para cualquier trabajo de electricidad. Si el suelo está mojado, colóquese sobre una alfombrilla de goma o sobre tablas de madera secas. No toque nunca un dispositivo eléctrico cuando esté bañándose.

Tampoco toque tuberías metálicas, grifos u otros elementos análogos mientras trabaja con electricidad. El metal podría constituir un circuito de conexión a tierra que permitiría a la corriente circular por su cuerpo (**foto J**).

No haga taladros en las paredes o en los techos sin cortar antes la corriente de cualquier circuito que pudiera estar oculto (**foto K**).

Utilice sólo piezas y dispositivos eléctricos homologados (de seguridad contrastada).

Emplee fusibles e interruptores automáticos adecuados para cada circuito en el cuadro de distribución eléctrica. No instale nunca fusibles o interruptores de mayor amperaje que el del circuito.

Desactive la corriente en el cuadro de distribución eléctrica antes de empezar a trabajar.

Ponga un letrero de aviso para evitar que otras personas toquen el cuadro eléctrico.

Antes de tocar ningún cable, compruebe que no hay corriente.

Solicite los servicios de un profesional para cualquier reparación cerca de la acometida. No intente nunca realizar usted mismo arreglos en esta zona.

No toque tuberías metálicas, grifos u otros elementos análogos mientras efectúa trabajos eléctricos.

No taladre paredes o techos sin cortar antes la corriente.

Bases de enchufe

Una casa normal tiene en general varios tipos de bases de enchufe, cuyo diseño responde a la necesidad de admitir determinadas clases de clavijas según fines específicos.

Estas bases de enchufe pueden ser normales o de voltaje alto. Las primeras están diseñadas para 110, 115, 120 o 125 voltios, de manera que si han de cambiarse se ha de respetar su capacidad nominal. Las segundas son para 220, 240 o 250 voltios, y también han de sustituirse por sus equivalentes.

Al sustituir una base de enchufe se ha de comprobar el amperaje del circuito, para elegir una que se corresponda con dicho valor.

Si la casa tiene bases de enchufe antiguas que no aceptan las clavijas actuales, no manipule nunca éstas para que encajen en la base. Al contrario, debería cambiar las bases de enchufe por otras polarizadas y con conexión a tierra.

Modelos estándar actuales

Base de enchufe de tres contactos, con la conexión a tierra en forma de U. 15 amperios, 125 voltios.

Base de enchufe polarizada de dos contactos, común antes de 1960. 15 amperios, 125 voltios.

Base de enchufe de tres contactos para electrodomésticos o herramientas de alto consumo. 20 amperios, 125 voltios.

Modelos actuales de voltaje alto

Las bases de enchufe de voltaje alto se utilizan para electrodomésticos potentes, como lavadoras, secadoras, calentadores de agua o equipos de aire acondicionado.

Sus orificios tienen formas diferenciadas, y no aceptan clavijas de 125 voltios.

Una base de enchufe de este tipo puede conectarse de dos maneras. En modelos estándar, la tensión llega a la base a través de dos hilos de corriente, cada uno de los cuales transporta un máximo de 125 voltios. También hay un hilo de tierra conectado a la base de enchufe y a su caja metálica.

Sin embargo, las cocinas o las secadoras pueden necesitar asimismo corriente de menor voltaje para sus pilotos, temporizadores y relojes. En tal caso, se conecta a la base de enchufe un hilo neutro, y el propio electrodoméstico divide su alimentación en un circuito a 125 voltios y otro a 250.

Base de enchufe para equipos de aire acondicionado de ventana. Puede ser simple o doble. 15 amperios, 250 voltios.

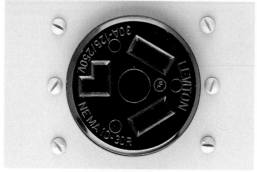

Base de enchufe para secadoras. Proporciona 250 voltios para las resistencias calentadoras, y 125 voltios para las luces y temporizadores. 30 amperios, 125/250 voltios.

Base de enchufe para cocinas. Proporciona 250 voltios para las resistencias y 125 voltios para relojes y luces. 50 amperios, 125/250 voltios.

Modelos antiguos

Las tomas de corriente no polarizadas no admiten clavijas polarizadas modernas.

Las bases de enchufe montadas en superficie (de los años 1940 y 1950) a menudo no tienen conexión a tierra.

Las bases de enchufe dobles de cerámica (década de 1930) están polarizadas pero carecen de conexión a tierra.

Estas bases de enchufe están diseñadas para su empleo con clavijas antiguas que se introducían en ellas y se giraban después.

Bases de enchufe de seguridad

Las bases de enchufe de seguridad son dispositivos que protegen frente a descargas eléctricas provocadas por un electrodoméstico defectuoso o un cable o una clavija estropeados. Estas bases son capaces de detectar pequeños cambios en el flujo de corriente y cortan el suministro en apenas 1/40 de segundo.

Cuando proyecte mejorar el cableado, instalar nuevos circuitos o cambiar las bases de enchufe, considere la posibilidad de usar bases de seguridad, que hoy se instalan sobre todo en baños, cocinas, garajes, cámaras bajo el piso, sótanos sin revocar y lugares al aire libre. Estas bases de enchufe son fáciles de instalar en cualquier caja preparada para doble clavija. Consulte las ordenanzas locales para conocer los requisitos que impone la instalación de estas bases de seguridad.

Una caja de enchufe de seguridad puede estar cableada de forma que se proteja sólo a sí misma (monopunto) o para que dé cobertura a todos los enchufes, interruptores y puntos de luz del circuito situados después de ella (multipunto). En cambio, no ofrece protección para los dispositivos situados entre la base y el cuadro de distribución eléctrica.

Por su extrema sensibilidad, estas bases de enchufe resultan más eficaces cuando protegen un único punto. Si se usan en exceso en zonas extensas aumentará la probabilidad de que salten sin causa justificada, cortando la corriente ante las fluctuaciones normales en el flujo eléctrico.

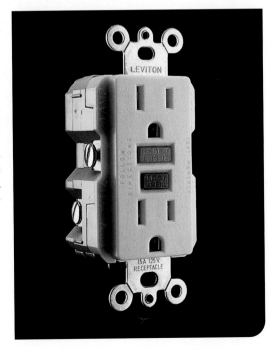

Problemas comunes en las bases de enchufe

Las bases de enchufe domésticas no tienen piezas móviles que puedan desgastarse, y por lo común duran muchos años sin sufrir averías. La mayoría de los problemas que aparecen en ellas en realidad están provocados por lámparas y electrodomésticos defectuosos o por las clavijas y los cables. Sin embargo, al enchufar y desenchufar electrodomésticos constantemente pueden desgastarse los contactos metálicos del interior del enchufe. Si éste pierde la capacidad de sujetar la clavija, deberá cambiarse.

Otro posible problema se deriva de los cables sueltos. Un cable suelto puede provocar chispas, hacer saltar el automático o generar un calor excesivo y peligroso en la caja de enchufe.

Los cables pueden soltarse por varias razones como, por ejemplo, las vibraciones producidas al caminar por el suelo cercano o el tráfico de la calle, que sacude las conexiones. Además, los hilos eléctricos se calientan y se enfrían con el uso normal, de manera que sus extremos se contraen y se dilatan ligeramente. Estos mínimos movimientos pueden llegar a aflojar o desprender las conexiones de las bases de enchufe.

Otros problemas podrían proceder de enchufes antiguos en mal estado o que carecen de conexión a tierra. Si en su casa existe alguno de estos enchufes, cámbielo por modelos polarizados de triple contacto. Si una base de enchufe no tiene conexión a tierra, instale un modelo de seguridad.

Las bases de enchufe se arreglan y sustituyen con facilidad. Estas reparaciones pueden ser tan sencillas como reconectar un hilo suelto o limpiar el interior de la caja. Cambiar una base de enchufe apenas lleva unos minutos. Antes de empezar, desconecte la corriente en el cuadro eléctrico y utilice un buscapolos para confirmar que no llega electricidad al enchufe (página 402).

Cuando pruebe o trabaje con bases de enchufe, aproveche la ocasión para examinarlas y asegurarse de que todos los hilos están intactos y bien conectados.

Un problema en un enchufe podría afectar a otros del mismo circuito. Si la causa del problema no es fácil de detectar, compruebe el estado de otras bases de enchufe del circuito.

Problemas y reparaciones de las bases de enchufe

Problemas	Reparaciones
El automático del circuito salta repetidamente o el fusible se quema inmediatamente después de cambiarlo.	1. Reparar o cambiar el cable dañado de la lámpara o el electrodoméstico. 2. Trasladar las lámparas o electrodomésticos a otros circuitos para evitar sobrecargas. 3. Apretar todas las conexiones flojas (página 406). 4. Limpiar los extremos sucios u oxidados de los hilos (página 406).
La lámpara o el electrodoméstico no funcionan.	1. Cerciorarse de que la lámpara o el electrodoméstico están enchufados. 2. Cambiar las bombillas quemadas. 3. Reparar o sustituir el cable dañado de la lámpara o el electrodoméstico. 4. Apretar las conexiones flojas (página 406). 5. Limpiar los extremos sucios u oxidados de los hilos (página 406). 6. Reparar o cambiar cualquier base de enchufe defectuosa (página 407).
La base de enchufe no sujeta bien la clavija.	1. Cambiar o sustituir las clavijas dañadas o defectuosas. 2. Cambiar la base de enchufe defectuosa (página 407).
La base de enchufe está caliente; al introducir o sacar la clavija saltan chispas o se oyen ruidos.	1. Trasladar las lámparas o electrodomésticos a otros circuitos para evitar sobrecargas. 2. Apretar todas las conexiones flojas (página 406). 3. Limpiar los extremos sucios u oxidados de los hilos (página 406). 4. Cambiar la base de enchufe defectuosa (página 407).

Inspección de las bases de enchufe y verificación de las conexiones de cables

Problema: Hay dos o más hilos conectados a un mismo terminal de tornillo. Esta forma desfasada de conexión está hoy prohibida por las ordenanzas.

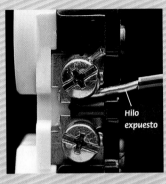

Problema: Una longitud excesiva de cable desnudo sobresale de un terminal. Este hilo expuesto podría provocar un cortocircuito si entrara en contacto con la caja metálica o con otro hilo del circuito.

Hilo expuesto

Solución: Desconectar los hilos del terminal, empalmarlos con un conector a uno de los extremos de un trozo corto de cable flexible y conectar al terminal el otro extremo de este cable añadido.

Hilo flexible de conexión

Solución: Cortar el hilo y volverlo a conectar al terminal. La parte no aislada del hilo debería estar totalmente cubierta por el terminal, y el aislante de plástico debería tocar la cabeza del tornillo.

Problema: El extremo del hilo está picado y arañado, lo que dificulta el flujo de corriente. Esta situación podría provocar también un sobrecalentamiento de los cables.

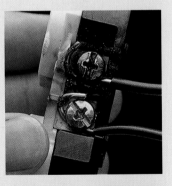

Problema: Marcas de quemaduras junto a los tornillos de los terminales indican que se han producido chispas, normalmente debido a conexiones flojas.

Solución: Cortar la sección dañada del hilo y quitar unos 18 mm de aislante; volver a conectar el hilo al terminal de tornillo.

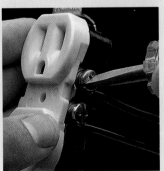

Solución: Limpiar los hilos con papel de lija fino y cambiar la base de enchufe si ha quedado dañada. Asegurarse de que los hilos están bien sujetos a los terminales por los tornillos.

Cableado normalizado de una base de enchufe

Una base de enchufe doble normalizada se divide en dos mitades, a cada una de las cuales puede conectarse una clavija (**foto A**). En cada mitad puede haber un orificio largo (retorno), uno corto (fase) y un tercero para conexión a tierra. En estos orificios encajan perfectamente las patillas ancha, estrecha y de tierra de la clavija, lo que garantiza una conexión polarizada, es decir, sin posibilidad de invertir la posición, y segura gracias a la unión a tierra.

Los cables se conectan a terminales de tornillo o de presión, mientras que una lengüeta de conexión une los terminales para permitir diferentes configuraciones de cableado (**foto B**). Las bases se fijan a las cajas de enchufe mediante tiras metálicas de montaje.

En su parte frontal o trasera, las bases de enchufe llevan indicaciones garantizando que cumplen las normas de seguridad.

En estas bases de enchufe se indican los valores nominales máximos de amperaje y tensión eléctrica, y su compatibilidad con los cables. Las más comunes son de 15 A, para 125 o 220 V. Algunos modelos especiales están reservados a su empleo con cables de cobre macizo, y otros para aluminio revestido de cobre. En caso de que su instalación tenga cables de aluminio macizo, avise a un electricista profesional para que las sustituya (página 393).

Una base de enchufe doble de 125 voltios puede cablearse de varias formas. Seguidamente se ilustran las configuraciones más comunes. Para facilitar las reparaciones y la sustitución de piezas, ponga una etiqueta en cada hilo según su posición en los terminales de la base de enchufe existente.

Una base de enchufe puede estar al final de un circuito o en su parte media, lo que se deduce del número de cables que entran en la caja. A una base de final de circuito llega sólo un cable de corriente, ya que en ella termina el circuito (**foto C**). En cambio, en mitad del circuito recibe dos cables, dado que el circuito debe continuar hacia otras bases de enchufe, interruptores o puntos de luz (**foto D**).

En una *base de enchufe de circuito dividido*, cada mitad de la base se conecta a un circuito diferente, con lo que puede aceptar dos electrodomésticos de alta potencia sin sobrecargar el circuito (**foto E**). En esta configuración, los circuitos individuales están controlados por un único interruptor automático en el cuadro eléctrico.

Las *bases de enchufe controladas por un interruptor* se conectan de forma similar (página 421). Estas bases se utilizan normalmente en habitaciones que carecen de cableado e interruptor de pared para punto de luz .

Las bases de circuito dividido y las controladas por interruptor están conectadas a dos hilos de corriente. Por ello conviene adoptar especiales precauciones al repararlas, y asegurarse de retirar la lengüeta de conexión entre los terminales de los tornillos.

También son comunes las bases de enchufe de sólo dos contactos (**foto F**) que, aunque carecen de tornillo de tierra, pueden conectarse a tierra a través de un conducto o cable metálico.

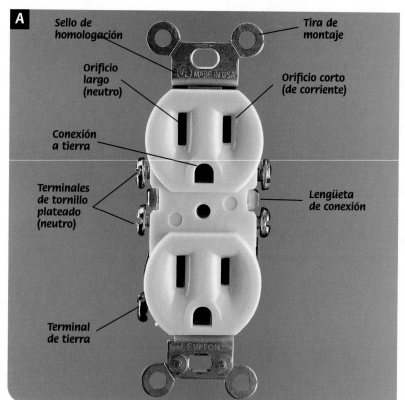

A
- Sello de homologación
- Tira de montaje
- Orificio largo (neutro)
- Orificio corto (de corriente)
- Conexión a tierra
- Terminales de tornillo plateado (neutro)
- Lengüeta de conexión
- Terminal de tierra

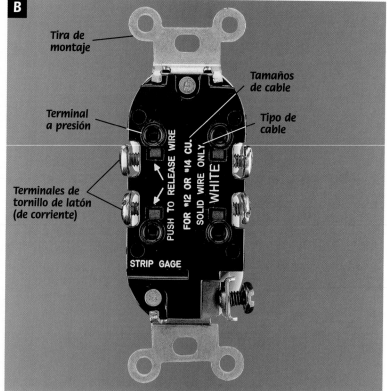

B
- Tira de montaje
- Tamaños de cable
- Terminal a presión
- Tipo de cable
- Terminales de tornillo de latón (de corriente)

Las bases de enchufe normalizadas tienen dos orificios, uno de corriente y otro de retorno, y un tercero para conexión a tierra. Los cables pueden conectarse a la base en los terminales de tornillo o en los de presión.

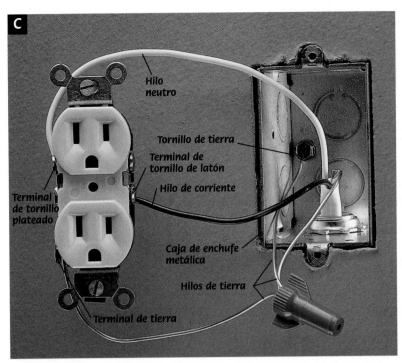

C

Hilo neutro

Tornillo de tierra

Terminal de tornillo de latón

Hilo de corriente

Terminal de tornillo plateado

Caja de enchufe metálica

Hilos de tierra

Terminal de tierra

El cableado de fin de circuito incluye un hilo de fase y otro de retorno, con el de tierra conectado a la caja metálica.

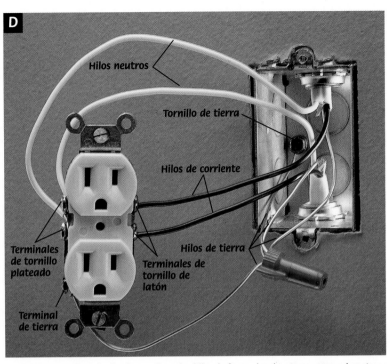

D

Hilos neutros

Tornillo de tierra

Hilos de corriente

Terminales de tornillo plateado

Hilos de tierra

Terminales de tornillo de latón

Terminal de tierra

El cableado de mitad de circuito contiene dos hilos de fase y dos de retorno. Normalmente, se usan los dos conjuntos de terminales.

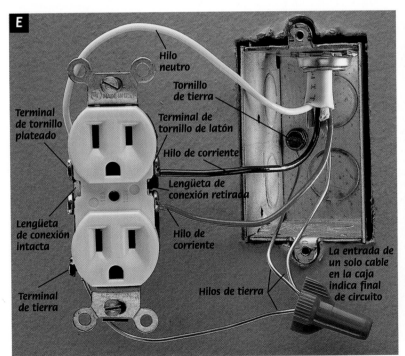

E

Hilo neutro

Tornillo de tierra

Terminal de tornillo de latón

Hilo de corriente

Lengüeta de conexión retirada

Hilo de corriente

Terminal de tornillo plateado

Lengüeta de conexión intacta

Terminal de tierra

Hilos de tierra

La entrada de un solo cable en la caja indica final de circuito

Las bases de enchufe de circuito dividido están conectadas a dos hilos de fase, uno de retorno y uno de tierra. La lengüeta de conexión entre los terminales de los tornillos para fase está rota.

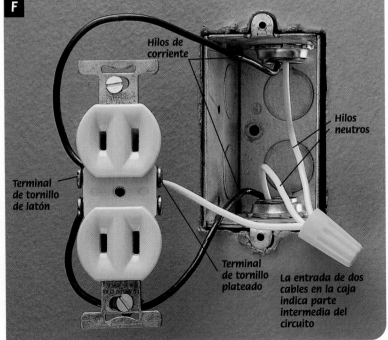

F

Hilos de corriente

Hilos neutros

Terminal de tornillo de latón

Terminal de tornillo plateado

La entrada de dos cables en la caja indica parte intermedia del circuito

Las bases de enchufe de dos tomas carecen de conexión a tierra. Pueden sustituirse por bases de triple toma, ya que la caja metálica actúa como tierra.

Comprobación de bases de enchufe

Durante una reparación o sustitución, a menudo será preciso probar las bases de enchufe por diversas razones. Por ejemplo, antes de empezar a trabajar siempre habrá que realizar esta verificación para asegurarse de que no llega corriente al enchufe.

Antes de cambiar la base, también debe comprobarse si tiene conexión a tierra para decidir si conviene sustituir la base por otra de triple toma polarizada o de seguridad. Si del resultado de la verificación se desprende que los hilos de corriente y neutro están invertidos, conéctelos correctamente a la nueva base. Una sencilla comprobación permitirá averiguar cuál de los hilos es el de corriente.

Todas éstas pruebas pueden realizarse con un económico comprobador de neón, instrumento provisto de una pequeña lámpara que se enciende al ser atravesada por la corriente eléctrica.

Sin embargo, el comprobador sólo se enciende cuando se cierra el circuito. Por ejemplo, si se toca un hilo de corriente con una de las puntas de prueba y la otra se deja al aire, el instrumento no se encenderá, aunque el hilo lleve corriente. Al usar uno de estos comprobadores, tenga cuidado de no tocar las puntas metálicas.

Al probar si existe conexión a tierra, confirme siempre cualquier resultado negativo (es decir, cuando el comprobador no se enciende), quitando el embellecedor y examinando la base para cerciorarse de que todos los cables están intactos y bien conectados. No toque nunca un hilo de corriente sin desconectar la electricidad en el cuadro general de distribución.

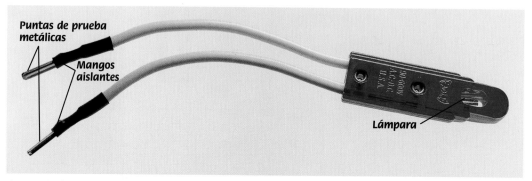

El comprobador de neón, provisto de dos puntas de prueba y una pequeña lámpara, permite realizar diversas pruebas.

Comprobación de paso de corriente

Para comprobar si pasa corriente por la base, el procedimiento es el mismo para bases de enchufe de dos o de tres tomas. La prueba previa consiste en desconectar la corriente en el cuadro general, para tocar con una de las puntas del comprobador el contacto de cada uno de los orificios de la base (en bases dobles, pruebe cada par de orificios por separado). En teoría, el instrumento no debería encenderse **(foto A)**. Si lo hace, vuelva al cuadro de distribución y desconecte el circuito correcto.

Ésta es sólo una prueba preliminar; para confirmar que no pasa corriente por el enchufe, tendrá que examinar los hilos. Quite el embellecedor y afloje los tornillos de sujeción. Sin tocar los cables, saque la base de la caja.

Toque con una de las puntas del comprobador el terminal de corriente, y con la otra el neutro, situado a su misma altura en la base **(foto B)**. Si hay cables conectados a los dos grupos de terminales, pruebe ambos.

Si se enciende el comprobador, significa que la base de enchufe recibe corriente y que es necesario interrumpirla desconectando el circuito correcto en el cuadro de distribución.

Para una prueba previa de corriente, coloque una punta del comprobador en cada orificio. Si se enciende la lámpara, regrese al cuadro de distribución y corte el circuito que corresponda. Si no se enciende, siga adelante con la operación.

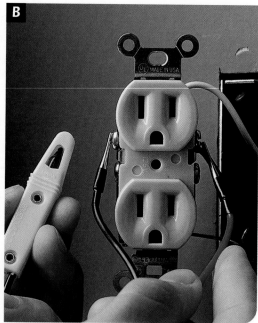

Quite el embellecedor y tire de la base para sacarla de la caja, sin tocar los cables. Toque el terminal de corriente con una de las puntas del comprobador y el neutro con la otra.

Prueba de conexión a tierra

Para probar la conexión a tierra de una base de enchufe de tres tomas: Con la corriente conectada, coloque una punta de prueba del comprobador en el orificio de fase y la otra en la conexión a tierra. El comprobador debería encenderse. En caso negativo, introduzca una punta de prueba en el orificio del neutro y toque con la otra la conexión a tierra. Si ahora se enciende el comprobador, los cables de corriente y neutro están invertidos **(foto C)**. Si el comprobador no se enciende en ninguna de las posiciones, la base de enchufe carece de conexión a tierra.

Para probar la conexión a tierra de una base de enchufe de dos contactos: Con la corriente conectada, coloque una punta de prueba del comprobador en cada uno de los orificios. El comprobador debería iluminarse **(foto D)**. Si no lo hace, es que la base de enchufe no recibe corriente.

Coloque una punta de prueba del comprobador en el orificio de corriente y la otra en el tornillo de sujeción del embellecedor **(foto E)**. La cabeza del tornillo deberá estar libre de pintura, suciedad y grasa. Si se enciende la lámpara del comprobador, la caja tendrá conexión a tierra. En caso contrario, coloque una punta de prueba del instrumento en el orificio de retorno (neutro), y toque con la otra el tornillo del embellecedor **(foto F)**. Si el comprobador se enciende, la caja de enchufe tendrá conexión a tierra, pero los hilos de fase y neutro estarán invertidos. Si no se enciende, la caja no está puesta a tierra.

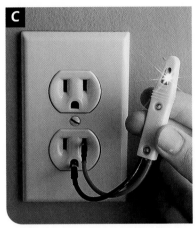

Pruebe si una base de triple contacto posee conexión a tierra insertando una punta de prueba en el orificio de corriente y otra en el de neutro.

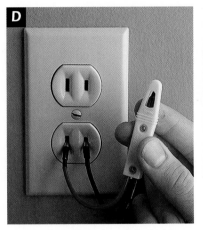

Para ver si una base de enchufe de dos contactos está puesta a tierra, empiece por probar los dos contactos, el de corriente y el neutro.

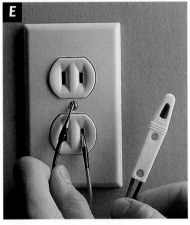

Después pruebe el orificio pequeño con el contacto de tierra. Si el comprobador se ilumina, la caja estará conectada a tierra.

Pruebe el orificio grande con el contacto de tierra. Si se enciende el comprobador, los hilos de corriente y neutro estarán invertidos.

Comprobación de un hilo de corriente

En alguna ocasión tendrá necesidad de determinar cuál de los hilos de una base de enchufe es el que lleva corriente. Empiece por desconectar la electricidad en el cuadro de distribución. Después, separe con cuidado los extremos de todos los cables y extiéndalos de manera que ninguno de ellos toque a otro ni a ningún aparato u objeto.

Vuelva a dar la corriente en el circuito que corresponda, y toque con una punta de prueba del comprobador el hilo de tierra descubierto o la caja metálica que hace de conexión a tierra y con la otra los extremos de cada uno de los hilos, uno por uno **(foto G)**.

Si el comprobador se ilumina, el hilo que esté tocando será de corriente. Tome nota y siga probando los demás.

Desconecte la corriente eléctrica en el cuadro de distribución antes de seguir manipulando los cables.

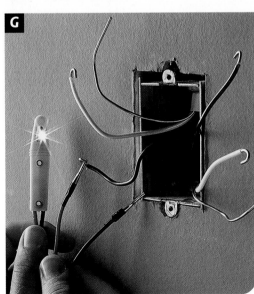

Con los cables aislados, toque con una punta de prueba del comprobador cada uno de los hilos mientras mantiene la otra en contacto con la caja metálica conectada a tierra o con un hilo de tierra que llegue a la caja desde la fuente. Si el comprobador se enciende, el hilo lleva corriente.

Conexión de cables a terminales de tornillo

Use un pelacables para quitar aproximadamente 18 mm de aislante de cada hilo (página 394). Encuentre el hueco del pelacables que corresponda al diámetro del hilo, agarre éste y tire con fuerza para desprender el aislante.

Doble en forma de C el extremo de cada cable con ayuda de unos alicates de puntas (foto A), sin producir arañazos ni muescas.

Enganche cada hilo en el terminal formando un lazo en el sentido de las agujas del reloj (foto B). Apriete bien los tornillos. El aislante debería quedar en contacto con la cabeza del tornillo.

Nunca conecte los extremos de dos cables a un mismo terminal. Es preferible unirlos con un cable flexible (página 405).

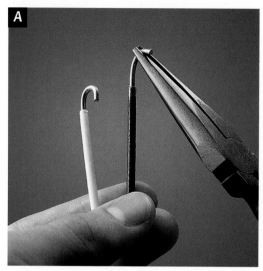

Doble en forma de C el extremo de los cables con unos alicates de puntas, evitando producir muescas o arañazos.

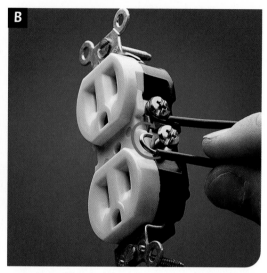

Enganche los hilos alrededor de los terminales girándolos en el sentido de las agujas del reloj. Apriete las conexiones con un destornillador.

Conexión de cables a terminales de presión

Marque la longitud de aislante que necesita quitar de cada cable, según la profundidad de la entrada del cable, a veces indicada en la parte posterior del interruptor o la base de enchufe (foto C). Quite el aislante de los cables con un pelacables (página 394).

Introduzca con fuerza los extremos desnudos de los hilos en el orificio que corresponda de la parte posterior del interruptor o la base de enchufe (foto D). Una vez insertados, no debería quedar visible ninguna parte de cable sin aislar.

Para sacar los hilos de esta posición, introduzca un clavo o un destornillador pequeño en la abertura que existe junto al cable (foto E), lo que permitirá extraerlo con facilidad.

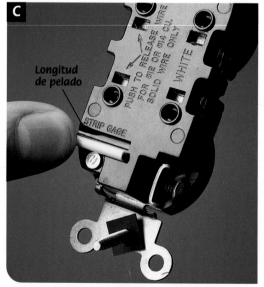

Utilice las indicaciones de diámetro de la parte posterior del interruptor o la base de enchufe para marcar la longitud de aislante que habrá de quitar de los cables.

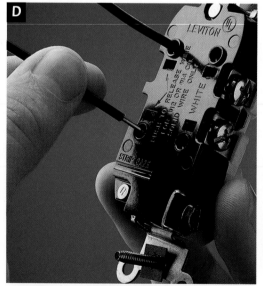

Introduzca los cables desnudos en los orificios. Una vez dentro, no debería verse ninguna parte de cable sin aislar.

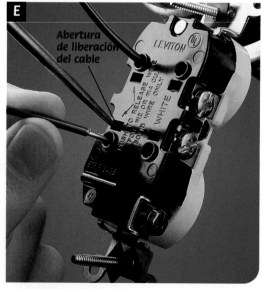

Para sacar un cable, introduzca un clavo o un destornillador pequeño en la abertura situada junto al hilo, y tire de éste.

Empalmadores de cables

Los empalmadores de cables son los dispositivos más eficaces que existen para empalmar dos o más hilos eléctricos, mucho mejores que la tradicional cinta aislante.

Primero pele 2 o 3 cm del extremo de cada cable. Mantenga los extremos pelados paralelos entre sí, y corte los extremos para igualarlos. Introduzca los hilos en el empalmador y gire éste en el sentido de las agujas del reloj hasta que quede bien firme (**foto F**). Tire suavemente de cada uno de los hilos para comprobar que están bien sujetos, y luego examine la conexión para cerciorarse de que no queda cable desnudo visible fuera del empalmador.

Con este tipo de empalmadores no es necesario retorcer los cables con alicates. La conexión obtenida es muy eficaz, siempre que se respete el tamaño adecuado para cada tarea. Elija empalmadores adecuados para el diámetro y el número de cables que necesite unir, consultando la tabla del paquete como orientación (**foto G**).

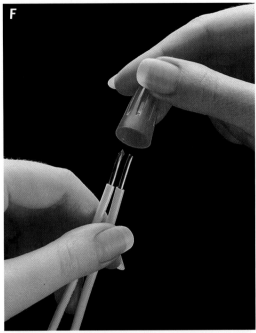

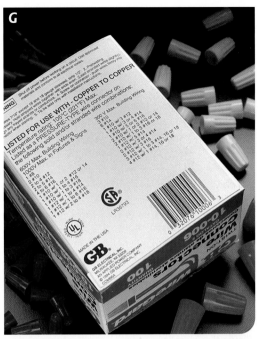

Sostenga los cables en posición paralela y enrosque un empalmador sobre los extremos girándolo en el sentido de las agujas del reloj hasta que quede bien sujeto.

Lea las instrucciones del paquete para determinar el diámetro del hilo y el número de conductores que puede unir cada empalmador.

Hilos flexibles de conexión

Un hilo flexible de conexión es un trozo de cable corto que se utiliza para conectar dos o más cables a un mismo terminal. Este hilo puede cortarse de un retal sobrante, si bien ha de ser del mismo diámetro y color que los cables utilizados en el circuito.

Un extremo del hilo flexible se conecta al terminal, y el otro a los cables de circuito mediante un empalmador (**foto H**).

Los hilos de conexión pueden utilizarse también para alargar un cable demasiado corto. Por la dificultad que reviste el manejo de cables demasiado cortos, se recomienda una longitud útil mínima para este hilo de 15 cm.

Los hilos de conexión utilizados en tomas de tierra tienen el aislante de color amarillo y verde, y a veces se venden con un tornillo de tierra preconectado que puede fijarse a la caja metálica de la base de enchufe o interruptor. El otro extremo del hilo flexible se unirá a los cables de tierra con un empalmador, preferiblemente de color normalizado (**foto I**).

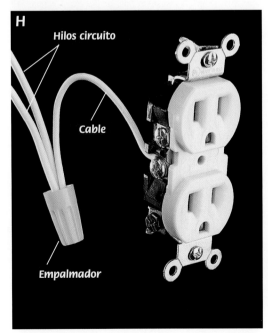

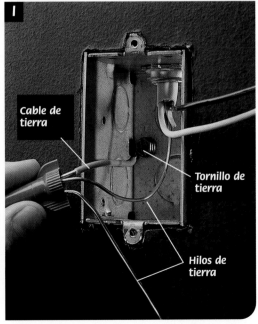

Utilice un cable flexible de conexión para unir dos o más hilos a un mismo terminal. Estos cables también sirven para prolongar hilos demasiado cortos.

Los cables flexibles de conexión a tierra unen dos o más hilos de tierra a un tornillo metálico conectado a tierra dentro de una caja eléctrica.

Reparación de una base de enchufe estándar

Corte la corriente en el cuadro general de distribución. Antes de examinar la base de enchufe, utilice un comprobador de neón para probar si llega corriente (página 402). Cuando trabaje con enchufes de doble toma, pruebe la corriente en ambas tomas.

Quite el embellecedor y los tornillos de sujeción de la base, y tire de ésta con cuidado para sacarla de la caja sin tocar los hilos descubiertos. Confirme que no existe corriente (**foto A**). Si hay hilos conectados a los dos juegos de terminales, efectúe la comprobación en ambos. En caso de que el comprobador se iluminara, regrese al cuadro de distribución y desactive el circuito que corresponda.

Examine los hilos. Si están sucios u oscurecidos, desconéctelos de uno en uno y límpielos con papel de lija fino (**foto B**).

Vuelva a conectar los cables y apriete bien todas las conexiones (**foto C**). Tenga cuidado de no apretar en exceso los tornillos.

Examine la caja de enchufe para ver si está sucia o polvorienta. En caso necesario, límpiela con una aspiradora provista de una boquilla estrecha (**foto D**).

Instale de nuevo la base de enchufe y reconecte la corriente en el cuadro general. Compruebe si llega corriente al enchufe. En caso negativo, verifique los otros enchufes del mismo circuito antes de cambiar el primero.

Herramientas:
Comprobador de neón, aspiradora (en caso necesario).

Materiales:
Papel de lija fino.

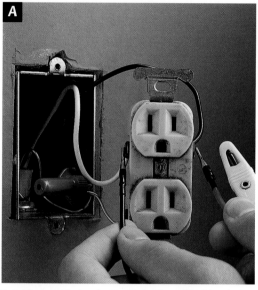

A

Vea si llega corriente a los terminales de tornillo del enchufe.

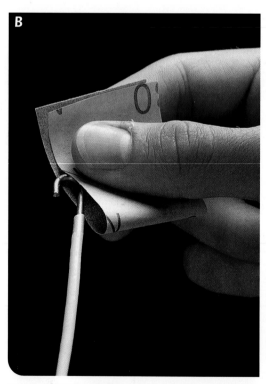

B

Desconecte los hilos y limpie los extremos con papel de lija fino.

C

Vuelva a conectar los hilos y apriete los tornillos con cuidado.

D

Utilice una aspiradora para limpiar el polvo y la suciedad de la caja. Instale de nuevo la base de enchufe y conecte la corriente.

Cambiar una base de enchufe estándar

Pruebe la conexión a tierra (página 403) para saber si la base de enchufe está conectada y si la de recambio debería ser de dos o tres orificios, con conexión a tierra, o de seguridad.

Verifique los valores de amperaje del circuito en el cuadro general de distribución, y adquiera un enchufe nuevo con esos mismos valores.

Si la prueba indica que los hilos de corriente y neutro están invertidos, en el nuevo enchufe instálelos de manera correcta.

Consulte a un electricista si necesita instalar un enchufe de tres orificios si la caja carece de conexión a tierra, o en caso de que desee reemplazar una base de dos orificios sin puesta a tierra por otra de un tipo diferente.

Corte la electricidad en el cuadro de distribución. Antes de quitar el enchufe antiguo, pruebe si recibe corriente (página 402). Verifique todos los orificios del enchufe. Después, quite el embellecedor con un destornillador.

Quite los tornillos de sujeción que unen la base a la caja, y tire de la base con cuidado. Confirme que no llega corriente a la base (página 402) con un comprobador.

Con la corriente desactivada, ponga etiquetas en todos los cables para recordar su posición en los terminales, con cinta aislante y un rotulador (foto E).

Una vez etiquetados todos los hilos, desconéctelos y desmonte la base (foto F).

Sustituya el enchufe por otro de los mismos valores de tensión y amperaje. Conecte cada cable a su terminal correspondiente en la nueva base (foto G). Apriete todas las conexiones con un destornillador, sin excederse.

Doble los hilos con cuidado para introducirlos en la caja y monte la nueva base, utilizando los tornillos de sujeción.

Vuelva a colocar el embellecedor y restablezca la corriente. Pruebe el enchufe con un comprobador.

Herramientas:
Comprobador de neón, destornillador.

Materiales:
Cinta aislante, rotulador.

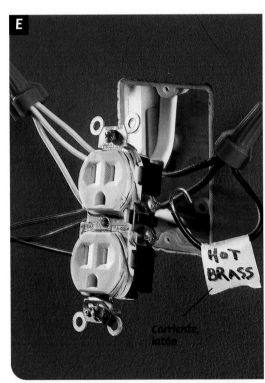

Con la corriente desconectada, etiquete los hilos del circuito con cinta aislante para recordar su posición en la base de enchufe.

Desconecte todos los cables y saque la base. Compre una base nueva de los mismos valores de tensión y amperaje que el circuito.

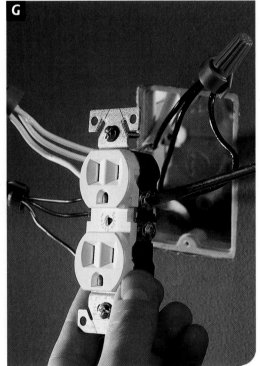

Conecte los cables a sus terminales correspondientes. Doble con cuidado los cables para introducirlos en la caja, y monte después la base y el embellecedor.

Bases de enchufe de seguridad

Las bases de enchufe de seguridad actúan como protección frente a descargas eléctricas provocadas por electrodomésticos defectuosos o cables o clavijas estropeados o desgastados. En circuitos sin conexión a tierra, puede instalarse una de estas bases en lugar de una base doble normalizada, con el fin de mejorar la seguridad.

Una base de enchufe de seguridad puede instalarse para protegerse a sí misma (base monopunto) o varios elementos, incluyendo todos los enchufes, interruptores y aparatos eléctricos situados después de ella en el mismo circuito. Los enchufes de seguridad monopunto tienen los hilos de corriente y neutro conectados sólo a los terminales marcados como *línea* (foto A). En cambio, las bases multipunto tienen hilos conectados a los terminales de *línea* y de *carga* (foto B).

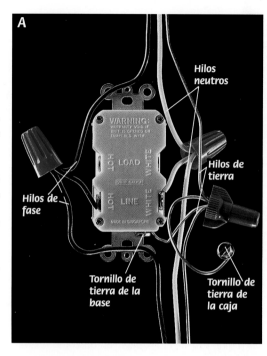

A — Hilos neutros · Hilos de tierra · Hilos de fase · Tornillo de tierra de la base

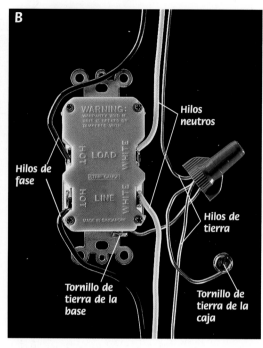

B — Hilos neutros · Hilos de fase · Hilos de tierra · Tornillo de tierra de la base · Tornillo de tierra de la caja

Instalación de una base de enchufe de seguridad monopunto

Corte la corriente en el cuadro general. Quite el embellecedor y los tornillos de sujeción, y tire de la base de enchufe sin tocar los cables descubiertos. Utilice un comprobador para confirmar que no llega corriente al enchufe (página 402).

Desconecte los hilos neutros de los terminales del enchufe antiguo. Use un hilo flexible de conexión para unir los cables neutros, y conéctelo al terminal de *línea de neutro* de la base de seguridad (foto C). Desconecte los hilos de corriente de los terminales de la base antigua, y repita el procedimiento anterior con el hilo flexible de conexión, uniéndolo esta vez al terminal de *línea de corriente* de la base (foto D).

Si existe conexión a tierra, desconéctela y únala al terminal correspondiente de la base de seguridad (foto E). El enchufe de seguridad funcionará correctamente aunque no haya conexión a tierra; no obstante, conviene que consulte las ordenanzas locales al respecto.

Monte la base de seguridad en la caja de enchufe y vuelva a colocar el embellecedor. Conecte de nuevo la corriente y pruebe si llega al enchufe.

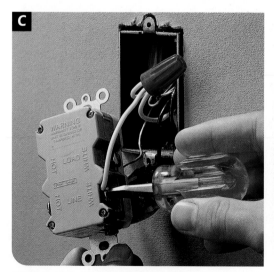

C — Conecte los hilos neutros al terminal de línea de neutro de la base con un hilo flexible.

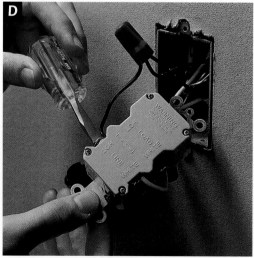

D — Conecte los hilos de corriente al terminal de línea de corriente de la base con un hilo flexible.

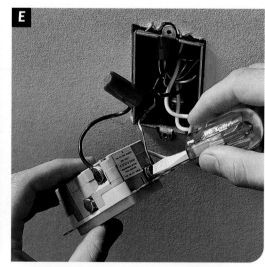

E — Conecte el hilo de tierra al tornillo de conexión a tierra.

Instalación de bases de enchufe de seguridad multipunto

Corte la alimentación del circuito y compruebe que no llega corriente al enchufe (página 402). Tire con cuidado de la base de enchufe antigua para sacarla de la caja y pruebe si llega corriente a los terminales de tornillo.

Desconecte los hilos de fase y sepárelos. Restablezca la corriente y utilice un comprobador para encontrar cuál es el hilo de fase (página 403). Toque con una punta de prueba del comprobador la caja de enchufe y con la otra el extremo de cada uno de los hilos de fase. El comprobador se iluminará para indicar que se ha encontrado el hilo que lleva corriente.

Desconecte la corriente y confírmelo en el enchufe. Etiquete el hilo de fase con cinta aislante (foto F).

Desconecte ahora los cables neutros y póngales una etiqueta identificativa (foto G).

Desconecte el hilo de tierra de la base antigua y únalo al terminal de tierra de la base de seguridad (foto H).

Conecte un hilo neutro al terminal del enchufe de seguridad marcado como *línea de neutro*, y el de fase a la *línea de corriente* (foto I). Conecte el otro hilo neutro al terminal del enchufe de seguridad marcado como *carga de neutro* (foto J), y el de fase a la *carga de corriente* (foto K).

Doble con cuidado todos los hilos para introducirlos en la caja, monte el enchufe de seguridad y conecte la corriente. Pruebe el enchufe de acuerdo con las instrucciones del fabricante.

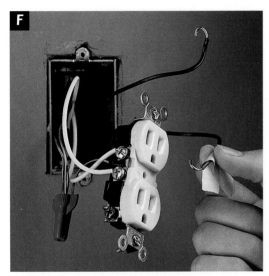
Corte la corriente y ponga una etiqueta en el hilo de fase.

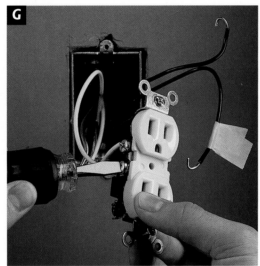
Desconecte los hilos neutros y póngales una etiqueta.

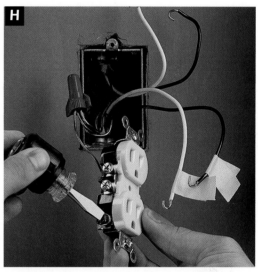
Desconecte el hilo de tierra de la base de enchufe antigua.

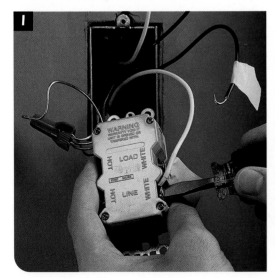
Conecte los hilos de fase a los terminales adecuados de la base de seguridad.

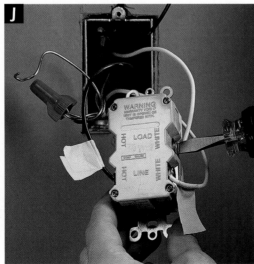
Conecte el otro hilo neutro al terminal de «carga de neutro» de la base.

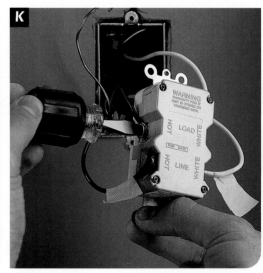
Conecte el otro hilo de fase al terminal de «carga de corriente» de la base de enchufe.

Cambiar una caja de conexiones

Es importante cambiar las cajas de conexiones que sean demasiado pequeñas para el número de cables que han de contener. Forzar los hilos dentro de una caja de dimensiones insuficientes puede dañarlos y dejar suelta alguna conexión, con el consiguiente riesgo de incendio.

Normalmente, se descubre que una caja resulta pequeña cuando se están cambiando interruptores, enchufes o lámparas. En cuanto detecte este problema, sustituya la caja sin pérdida de tiempo.

Existen hoy numerosas variedades de cajas de conexiones de plástico y de metal, modernas y dis-

ponibles en múltiples estilos y tamaños en ferreterías y centros de bricolaje. La mayoría de ellas se pueden instalar sin necesidad de agrandar el hueco de la pared.

Para cambiar una caja de conexiones, empiece por cortar la corriente del circuito en el cuadro de distribución eléctrica. Pruebe si llega corriente a la caja con un comprobador (interruptores, página 415; enchufes, página 402; lámparas y similares, página 429). Desconecte y retire el dispositivo de la caja existente (**foto A**).

Examine la caja para saber cómo está instalada. La mayoría de las cajas metálicas viejas están suje-

tas con clavos, cuya cabeza puede verse dentro de la caja (**foto B**).

Corte estos clavos de sujeción introduciendo la hoja de una sierra alternativa entre la caja y la pared o elemento estructural al que está sujeta (**foto C**). Tenga cuidado de no cortar cables eléctricos.

Si no ve ninguna cabeza de clavo dentro de la caja, ésta estará montada probablemente con chapas de sujeción, tal como muestra la **foto D** en corte transversal. En ese caso quite la caja cortando estas chapas metálicas con una sierra alternativa provista de hoja para metales (**foto E**). Tenga cuidado de no cortar ningún cable eléctrico.

Herramientas:
Destornillador, comprobador de neón, sierra alternativa, martillo, alicates de puntas.

Materiales:
Cuerda, cinta de máscara o aislante, caja de conexiones moderna con soportes de montaje flexibles, tornillo de tierra.

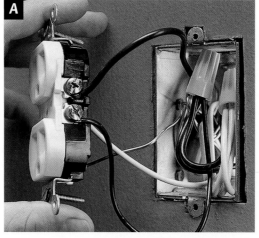

Corte la alimentación y pruebe si llega corriente a la caja. Desconecte y extraiga el enchufe, el interruptor o aparato.

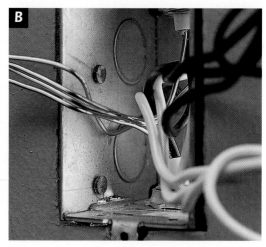

Fíjese en cómo estaba instalada la caja; normalmente están sujetas con clavos, tornillos o chapas metálicas.

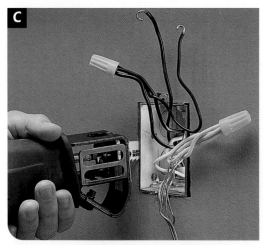

Corte los clavos de fijación con una sierra alternativa provista de hoja para metales, teniendo cuidado de no seccionar los cables.

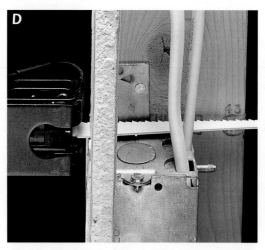

Si la caja está sujeta con chapas metálicas, tome esta imagen en corte transversal como referencia para ver dónde van colocadas las chapas, encima y debajo de la caja.

Corte las chapas metálicas con una sierra alternativa con hoja para metales, teniendo cuidado de no seccionar los cables eléctricos.

Para evitar que los cables se deslicen hacia el interior de la pared, reúnalos y átelos con un trozo de cuerda. Sujete la cuerda a los cables con un trozo de cinta aislante (foto F).

Suelte las abrazaderas internas o afloje las tuercas de seguridad que sujetan los cables a la caja (foto G).

Tire de la caja de conexiones vieja para sacarla de la pared, con cuidado de no dañar el aislante de los cables y sujetando la cuerda para que éstos no se introduzcan en la pared (foto H).

Asegure los hilos al borde del hueco de la pared con cinta aislante (foto I).

Con un destornillador y un martillo abra el agujero ciego de la caja de conexiones nueva para introducir los cables (foto J).

Introduzca los cables en la nueva caja de conexiones, y encaje ésta en el hueco de la pared (foto K). Apriete las abrazaderas o las tuercas de la caja para sujetar los cables a la misma. Quite las cuerdas.

Introduzca soportes flexibles en la pared a ambos lados de la caja (foto L). Tire de los brazos de los soportes hasta que la lengüeta interior quede bien apoyada en la cara interna de la pared.

Doble los brazos de los soportes rodeando el borde de la caja, con ayuda de unos alicates de puntas (foto M). Vuelva a instalar el interruptor, enchufe o aparato, y conecte la corriente del circuito en el cuadro de distribución general.

Ate los cables con cuerda y asegúrelos con cinta aislante.

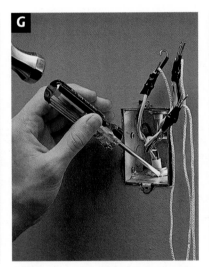
Quite las tuercas o abrazaderas que sujetan los cables a la caja.

Extraiga la caja de conexiones sujetando las cuerdas para que los hilos no se introduzcan en la pared.

Asegure los cables al borde del hueco de la pared con cinta aislante.

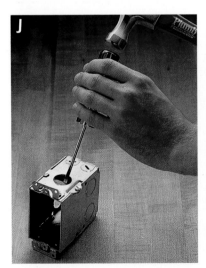
Abra un agujero ciego para cada cable que haya de introducirse en la caja.

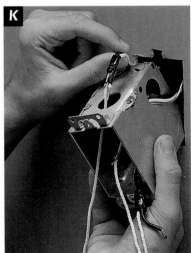
Introduzca los cables por los agujeros en la caja de conexiones.

Coloque soportes flexibles a ambos lados de la caja de conexiones.

Para sujetar la caja, doble los brazos de los soportes sobre los bordes de la caja hacia el interior de ésta.

Interruptores de pared

Existen tres clases diferentes de interruptores de pared: *sencillos*, que controlan la luz desde un único punto; *de tres vías*, que lo hacen desde dos puntos, y *de cuatro vías*, desde tres puntos o más.

Antes de reparar un interruptor, averigüe de qué clase es contando el número de terminales que tiene. Los interruptores sencillos tienen dos terminales, mientras que los de tres y cuatro vías poseen tres y cuatro terminales, respectivamente.

Algunos interruptores tienen también un terminal de conexión a tierra, como precaución añadida frente a posibles descargas eléctricas. Esta conexión suele recomendarse sobre todo en los interruptores de los baños, cocinas y sótanos.

Al cambiar un interruptor, sustitúyalo por otro del mismo número de terminales (la posición de estos terminales puede, sin embargo, variar, lo cual no influye en el funcionamiento del dispositivo). Los modelos estándar son de 15 A y 125 V o 220 V, aunque los modelos de 110, 120 y 125 V son intercambiables.

El cuerpo del interruptor está unido a una chapa de montaje. Los modelos actuales cuentan con orificios para conectar los cables a los terminales por inserción a presión. Algunos interruptores especiales tienen hilos terminales en lugar de terminales de tornillo para la conexión por medio de empalmadores. Los terminales y los orificios de inserción a presión están situados en la parte posterior del interruptor.

Los interruptores pueden llevar también estampada una marca que indica la longitud de aislante que debe eliminarse del extremo de los cables para introducirlos en los orificios.

En instalaciones normalizadas conviene elegir cables de los calibres 12 y 14. En sistemas con cableado de cobre macizo utilice sólo interruptores especialmente preparados al efecto.

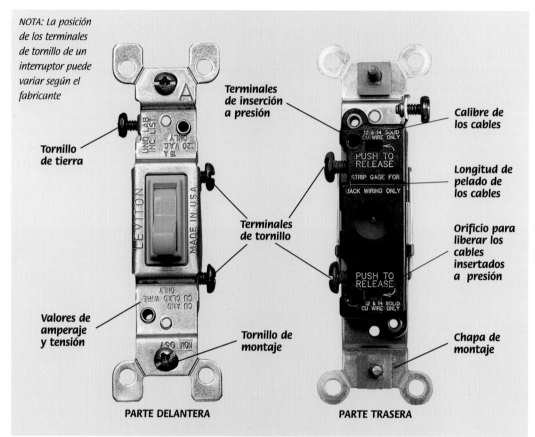

NOTA: La posición de los terminales de tornillo de un interruptor puede variar según el fabricante

Tornillo de tierra

Terminales de inserción a presión

Terminales de tornillo

Valores de amperaje y tensión

Tornillo de montaje

PARTE DELANTERA

Calibre de los cables

Longitud de pelado de los cables

Orificio para liberar los cables insertados a presión

Chapa de montaje

PARTE TRASERA

Problemas y reparaciones de los interruptores de pared

Problemas	Reparaciones
El fusible o el automático saltan al pulsar el interruptor.	1. Apriete las conexiones flojas del interruptor (página 415). 2. Traslade los electrodomésticos o las lámparas a otros circuitos para evitar sobrecargas. 3. Pruebe el interruptor y cámbielo, en caso necesario (página 415). 4. Repare o cambie el electrodoméstico o la lámpara defectuosos (páginas 428 a 440).
La lámpara, el aplique o el electrodoméstico conectados al interruptor no funcionan.	1. Cambie la bombilla fundida. 2. Compruebe que no ha saltado el fusible o el automático para asegurarse de que hay corriente en el circuito (página 395). 3. Compruebe si hay alguna conexión floja en el interruptor (página 413). 4. Pruebe el interruptor y cámbielo, en caso necesario (página 415). 5. Repare o cambie la lámpara (páginas 428 a 440) o el electrodoméstico.
La luz parpadea.	1. Apriete la bombilla en el casquillo. 2. Compruebe si hay conexiones flojas en el interruptor (página 413). 3. Repare o sustituya la lámpara (páginas 428) o el interruptor (página 415).
El interruptor zumba o está caliente al tacto.	1. Compruebe posibles conexiones flojas en el interruptor (página 413). 2. Pruebe el interruptor y cámbielo en caso necesario (página 415). 3. Traslade las lámparas o los electrodomésticos a otros circuitos para reducir la carga.

Problemas y arreglos comunes en interruptores de pared

Como un interruptor de pared se enciende y se apaga en promedio más de 1.000 veces al año, no debe sorprender que las conexiones de los cables tiendan a aflojarse y que las piezas del interruptor se desgasten. Lo asombroso es que no se averíen con más frecuencia. El método de reparación o de sustitución depende del tipo de interruptor. En las páginas siguientes se explica cómo arreglar y cambiar los tres tipos más comunes de interruptores.

Si va a cambiar un interruptor corriente por uno especial, por ejemplo electrónico o con temporizador, cerciórese antes de que el nuevo modelo es compatible con la configuración de cables de la caja del interruptor. Siga las instrucciones que se facilitan para desmontar el interruptor antiguo e instalar el especial (página 428).

Para localizar una avería en interruptores se requiere un comprobador de continuidad, que detecta cualquier interrupción en las vías metálicas de conexión del interruptor. La pila del comprobador genera una pequeña corriente que enciende una bombilla cuando se cierra el circuito (existen algunos interruptores especiales, como los reductores y los automáticos, en los que no puede comprobarse la continuidad de los circuitos). No utilice nunca este instrumento en cables que puedan llevar corriente. Antes de empezar a trabajar en un interruptor, corte la corriente y desconéctelo.

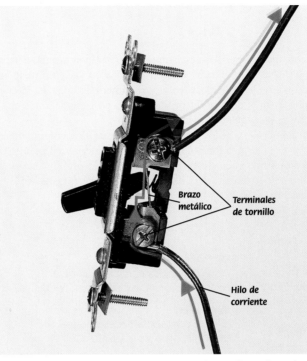

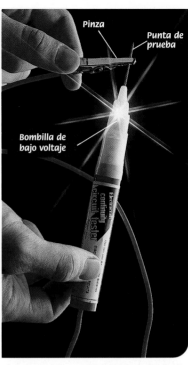

Un interruptor de pared típico posee un brazo metálico móvil que abre y cierra el circuito eléctrico. En posición de conexión, el brazo completa el circuito entre los terminales, de manera que pasa corriente desde el hilo de fase a la lámpara o aplique. Pueden surgir problemas si los terminales no están bien apretados o el brazo metálico se deteriora.

Al reparar un interruptor use un comprobador de continuidad. Pruebe siempre el instrumento antes de usarlo, tocando la punta de prueba con la pinza. Si el instrumento no se enciende, habrá que cambiar la pila o la bombilla.

Diseños comunes de interruptores de pared

Los interruptores de palanca, como el de la imagen, aparecieron hacia la década de 1930.

En los años 1950, los interruptores de palanca recibieron importantes mejoras, entre ellas una carcasa de plástico hermética.

Los interruptores de mercurio (década de 1950) son muy duraderos; algunos están garantizados para 50 años.

Los interruptores con sensor electrónico de movimiento se activan automáticamente cuando entra alguien en la habitación.

Interruptores unipolares

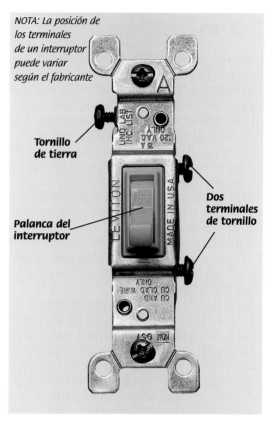

NOTA: La posición de los terminales de un interruptor puede variar según el fabricante

Tornillo de tierra

Dos terminales de tornillo

Palanca del interruptor

Los interruptores de este tipo son los más comunes. Los de palanca tienen normalmente marcas de encendido y apagado y se usan para controlar un aparato de iluminación, un electrodoméstico o un enchufe desde un solo punto. Estos interruptores tienen dos terminales y, excepcionalmente, uno más para conexión a tierra.

Los problemas que surgen en los interruptores unipolares se deben en su mayoría a conexiones flojas. Si salta el automático o se quema el fusible al accionar el interruptor, tal vez haya un cable suelto en contacto con la caja metálica. Otro indicio de este tipo de problema son los zumbidos o el calentamiento de la caja del interruptor.

Estos modelos también fallan por el deterioro de sus piezas internas. Para revisarlos, desmóntelos por completo y verifique la continuidad de la corriente en su interior.

Al instalar un interruptor unipolar, tenga en cuenta la orientación que debe tener la palanca en la posición de encendido.

En un interruptor unipolar bien instalado habrá un hilo de corriente conectado a cada terminal. Sin embargo, el color y el número de hilos del interior de la caja dependerán de la posición del interruptor dentro del circuito eléctrico.

Si los cables del interior del interruptor tienen una longitud útil de trabajo inferior a 15 cm, alárguelos con un hilo flexible de prolongación por medio de conectores de empalme (página 405).

Herramientas:
Destornillador, comprobador de circuitos, pelacables, comprobador de continuidad.

Materiales:
Hilos de conexión flexibles, conectores de empalme, papel de lija, cinta aislante.

Instalaciones típicas de un interruptor unipolar

Cuando un interruptor está situado en medio de un circuito, deben llegar a la caja dos pares de cables de distinto color (**foto A**). Los cables de corriente se conectarán a los terminales correspondientes del interruptor, y los neutros se unirán con un conector de empalme. Si existieran cables de tierra, se conectarían al punto de tierra de la caja.

En un interruptor situado al final de un circuito sólo entra un par de cables (**foto B**), ambos de corriente. Conviene pegar un trozo de cinta aislante negra en el cable no codificado con el color de fase (negro, marrón o gris) para identificarlo como cable de corriente. Si existiera además un hilo de tierra, se unirá al punto de tierra de la caja.

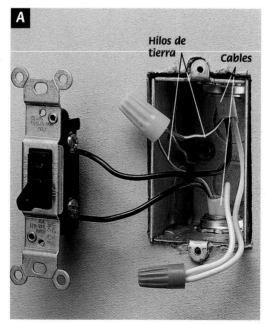

A

Hilos de tierra

Cables

Instalación de un interruptor unipolar en medio de un circuito.

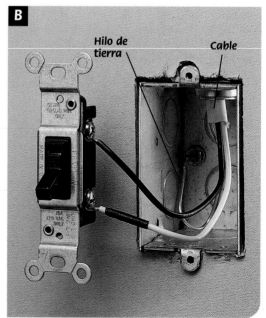

B

Hilo de tierra

Cable

Instalación de un interruptor unipolar al final de un circuito.

Reparación de un interruptor unipolar

Corte la corriente del interruptor en el cuadro de distribución. Retire el embellecedor y los tornillos de montaje. Agarre las chapas de montaje con cuidado, y tire del interruptor para sacarlo de la caja (**foto C**). No toque los hilos desnudos ni los terminales hasta haberse cerciorado de que no les llega corriente.

Para verificarlo, toque con una punta de prueba del comprobador la caja metálica conectada a tierra o el hilo de tierra, y con la otra los terminales, de uno en uno. El comprobador no debería encenderse en ningún caso. Si lo hace, acuda de nuevo al cuadro eléctrico para desconectar el circuito correcto.

Una vez seguro de que ha cortado la corriente, desconecte los hilos del circuito y retire el interruptor (**foto D**).

Si alguno de los hilos está deteriorado, use un pelacables para cortarlo y desprender unos 18 mm de aislante. Si el extremo del cable parece sucio o está oscurecido, límpielo con papel de lija fino (**foto E**).

Pruebe la continuidad del circuito: conecte la pinza de un comprobador de continuidad a un terminal y toque con la punta de prueba del instrumento el otro terminal del interruptor (**foto F**).

Mueva la palanca del dispositivo a sus dos posiciones. El comprobador sólo debería encenderse con la palanca en la posición activa. Si el interruptor está defectuoso, cámbielo.

Conecte los cables a los terminales del interruptor (**foto G**). Apriete bien los tornillos, sin excederse ni trasroscarlos.

Vuelva a montar el interruptor, doblando los cables con cuidado para introducirlos en la caja (**foto H**). Coloque de nuevo el embellecedor.

Restablezca la corriente de alimentación del interruptor en el cuadro general.

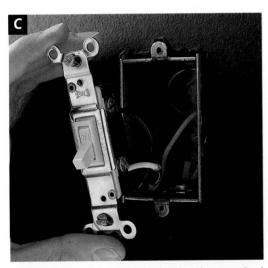

Tire del interruptor para sacarlo de la caja, y luego pruebe si recibe corriente.

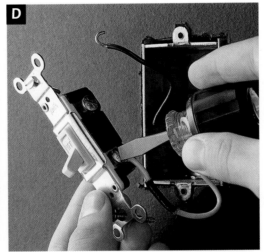

Retire el interruptor y examine los hilos.

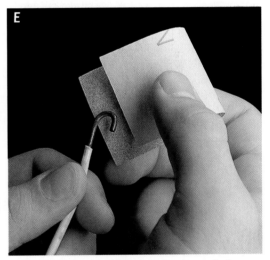

Lije los hilos para mejorar su conexión con los terminales.

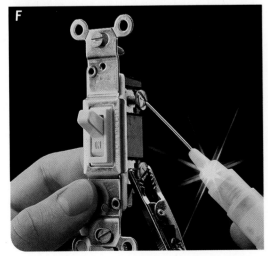

Pruebe el interruptor con un comprobador de continuidad.

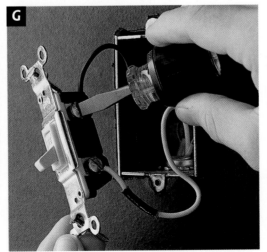

Conecte los cables al interruptor, sin excederse al apretar.

Vuelva a montar el interruptor y coloque otra vez el embellecedor.

Interruptores de tres vías

Los interruptores de tres vías tienen tres terminales, se instalan por parejas y se usan para controlar un aparato de iluminación desde dos puntos distintos.

Uno de los terminales, de color diferente al de los otros dos, recibe el nombre de terminal común. Su posición en el interruptor puede variar según el fabricante. Antes de desconectar un interruptor de tres vías ponga etiquetas en los hilos conectados a cada terminal, ya que deberá instalar el nuevo interruptor con esa misma configuración.

Los dos terminales de igual color son *terminales de conmutación*. Al ser intercambiables entre sí, no es preciso ponerles etiquetas.

Como los interruptores de tres vías se instalan por parejas, cuando surge un problema no siempre es fácil saber de cuál de los dos interruptores proviene. Normalmente, falla antes el que más se usa, pero habrá que inspeccionar los dos para determinar la fuente del problema.

En su mayoría, los problemas que aparecen en estos interruptores se deben a conexiones flojas. Si salta un automático o se quema un fusible al accionar un interruptor, tal vez alguno de sus cables esté tocando la caja metálica. Otro indicio de este tipo de problema son los zumbidos o el calentamiento de la caja del interruptor.

Estos interruptores pueden fallar también por desgaste de sus piezas internas. Para comprobarlo, desmonte el interruptor y verifique la continuidad del circuito.

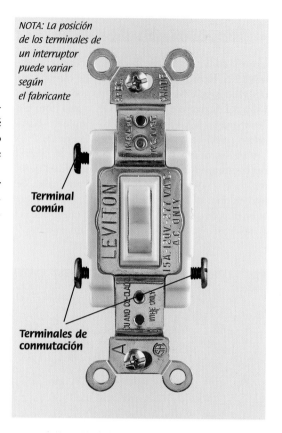

NOTA: La posición de los terminales de un interruptor puede variar según el fabricante

Terminal común

Terminales de conmutación

Herramientas:
Destornillador, comprobador de circuitos, pelacables, comprobador de continuidad.

Materiales:
Hilos de conexión flexibles, empalmadores de cables, papel de lija, cinta aislante.

Instalaciones típicas de un interruptor de tres vías

Cuando un interruptor está situado en medio de un circuito, a la caja deben llegar dos grupos de cables de distinto color (foto A). Uno de los grupos debe tener dos hilos, más uno de tierra; el otro contendrá tres hilos más tierra, si la hubiera.

Conecte el hilo de corriente del grupo de dos hilos al terminal común del interruptor, y los dos de corriente del grupo de tres a los terminales de conmutación. Todos los cables neutros deben unirse con un conector de empalme, y los de tierra se conectarán con un trozo de cable al terminal de tierra de la caja.

Cuando el interruptor se encuentra al final del circuito, llega a la caja un grupo de cables con dos hilos de corriente y uno neutro, más uno de tierra sin aislante (foto B).

Conecte uno de los hilos de corriente al terminal común, y el otro y el neutro a los terminales de conmutación; el hilo de tierra se conectará al terminal de tierra de la caja.

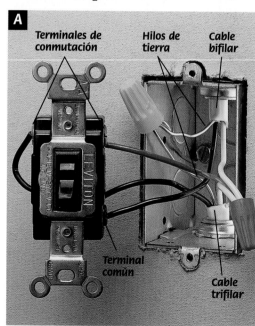

A Terminales de conmutación — Hilos de tierra — Cable bifilar — Terminal común — Cable trifilar

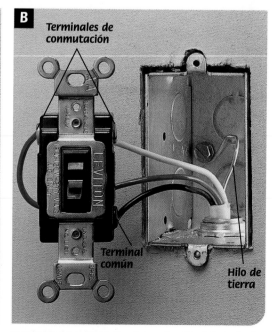

B Terminales de conmutación — Terminal común — Hilo de tierra

Instalación de un interruptor de tres vías en medio de un circuito. Instalación de un interruptor de tres vías al final de un circuito.

Reparación de un interruptor de tres vías

Corte la corriente del interruptor en el cuadro de distribución. Retire el embellecedor y los tornillos de montaje. Agarre las chapas de montaje con cuidado, y tire del interruptor para sacarlo de la caja (**foto C**). No toque los hilos desnudos ni los terminales hasta haberse cerciorado de que no les llega corriente.

Prueba de corriente: toque con una punta de prueba del comprobador la caja metálica conectada a tierra o el hilo de tierra, y con la otra los terminales, uno por uno (**foto D**). El comprobador no debe encenderse en ninguno de ellos. Si lo hace, vuelva al cuadro eléctrico para desconectar el circuito correcto.

Localice el terminal común, que suele tener una marca o un color distintivo. Con cinta aislante o de máscara, ponga una etiqueta en el hilo común que conectará a este terminal (**foto E**). Desconecte los cables y quite el interruptor.

Compruebe los hilos; si alguno está deteriorado, use un pelacables para cortarlo y descubra unos 18 mm de aislante. Si los extremos del cable están sucios u oscurecidos, límpielos con papel de lija fino.

Pruebe la continuidad del circuito: conecte la pinza de un comprobador de continuidad al terminal común y toque con la punta de prueba uno de los otros terminales del interruptor (**foto F**). Mueva la palanca a sus dos posiciones. El comprobador sólo debería encenderse con la palanca en la posición activa. Toque con la punta de prueba el otro terminal de conmutación y repita el proceso. Si el interruptor está defectuoso, cámbielo.

Conecte el hilo común al terminal común (**foto G**), y los otros hilos a los restantes terminales del interruptor (**foto H**). Coloque de nuevo el embellecedor, doblando con cuidado los hilos para introducirlos en la caja. Vuelva a poner el embellecedor y conecte la corriente de alimentación del interruptor.

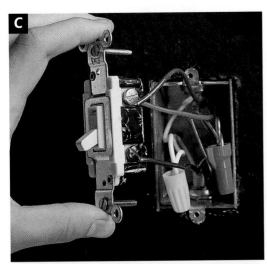

Tire del interruptor para sacarlo de la caja y compruebe si recibe corriente.

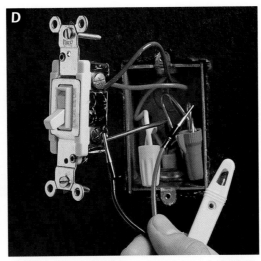

Pruebe la corriente del interruptor con un comprobador de circuitos.

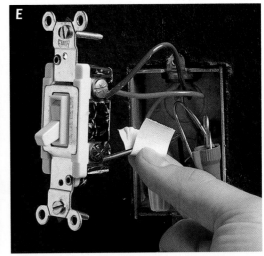

Ponga una etiqueta en el hilo común con cinta aislante o de máscara.

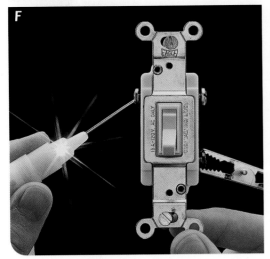

Pruebe el interruptor con un comprobador de continuidad.

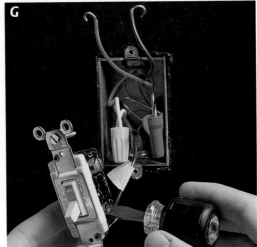

Conecte el hilo común al terminal común.

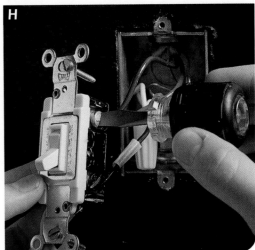

Conecte los demás hilos a los terminales de conmutación.

Interruptores de cuatro vías

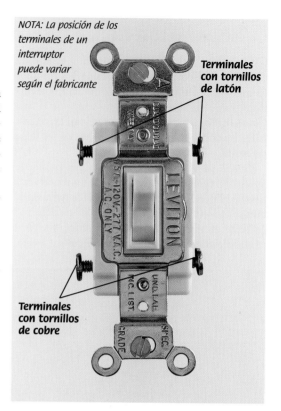

NOTA: La posición de los terminales de un interruptor puede variar según el fabricante

Terminales con tornillos de latón

Terminales con tornillos de cobre

Los interruptores de cuatro vías tienen cuatro terminales, se instalan entre una pareja de interruptores de tres vías y se usan para controlar un aparato de iluminación desde tres o más puntos distintos. Aunque no son muy frecuentes, pueden encontrarse en pasillos largos o habitaciones grandes.

Los problemas de las instalaciones de estos interruptores pueden proceder tanto de ellos mismos como de los de tres vías a los que van acoplados (página 416).

En una instalación típica, al interruptor de cuatro vías se le conectan dos pares de hilos del mismo color. En los modelos modernos de estos interruptores los terminales van marcados con colores distintos para facilitar las conexiones.

Al instalar el interruptor, conecte los pares de hilos a los terminales de acuerdo con su color. Por ejemplo, si tiene dos hilos marrones y conecta uno a un terminal de tornillo de latón, conecte el otro hilo marrón al otro terminal con tornillo de latón.

En su mayoría, los problemas que aparecen en estos interruptores se deben a conexiones flojas. Si salta un automático o se quema un fusible al accionar el interruptor, tal vez alguno de sus cables esté tocando la caja metálica. Otro indicio de este tipo de problema son los zumbidos o el calentamiento de la caja del interruptor.

Estos interruptores pueden fallar también por desgaste de sus piezas internas. Para comprobarlo, desmonte el interruptor y verifique la continuidad del circuito.

Herramientas:
Destornillador, comprobador de circuitos, pelacables, comprobador de continuidad.

Materiales:
Hilos de conexión flexibles, empalmadores de cables, papel de lija.

Instalaciones típicas de un interruptor de cuatro vías

Como los interruptores de cuatro vías se intercalan entre dos de tres vías, siempre se encuentran en medio del circuito.

A un interruptor de cuatro vías se conectan cuatro hilos (foto A), dos de un mismo color a los terminales con tornillos de cobre y los otros dos a los terminales con tornillos de latón.

Los hilos del tercer par del interior de la caja se unen entre sí con un empalmador. Los hilos de tierra, si existen, se conectan al terminal de tierra de la caja metálica.

Algunos interruptores de cuatro vías llevan una guía de cableado impresa en la parte posterior, para facilitar la instalación (foto B). En el interruptor mostrado en la fotografía, uno de los pares de hilos del mismo color se conecta a los terminales marcados con la indicación LINE 1, y el otro par a los terminales LINE 2.

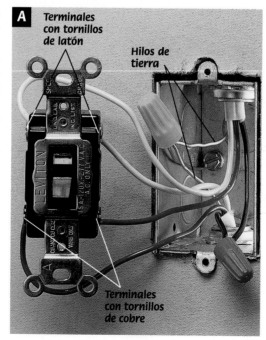

A Terminales con tornillos de latón

Hilos de tierra

Terminales con tornillos de cobre

Instalación típica de un interruptor de cuatro vías.

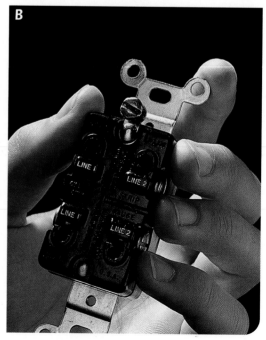

B

Algunos interruptores llevan impresa una guía en la parte posterior para facilitar la instalación.

Reparación de un interruptor de cuatro vías

Corte la corriente del interruptor en el cuadro de distribución eléctrica. Retire el embellecedor y los tornillos de montaje. Agarre las chapas de montaje con cuidado, y tire del interruptor para sacarlo de la caja. No toque los hilos desnudos ni los terminales hasta haberse cerciorado de que no les llega corriente.

Prueba de corriente: toque con una punta del comprobador la caja metálica conectada a tierra o el hilo de tierra, y con el otro los terminales, uno a uno (foto C). El comprobador no debería encenderse en ninguno de ellos. Si lo hace, acuda de nuevo al cuadro eléctrico para desconectar el circuito correcto.

Desconecte los cables y saque el interruptor (foto D). Compruebe los hilos; si alguno está deteriorado, córtelo con un pelacables y elimine unos 18 mm de aislante. Si los extremos del cable están sucios u oscurecidos, límpielos con papel de lija fino.

Pruebe la continuidad del circuito: toque con la pinza y la punta de prueba del comprobador de continuidad cada uno de los pares de terminales del interruptor (A-B, C-D, A-D, B-C, A-C, B-D). Cambie la palanca de posición y vuelva a hacer la prueba (foto E).

Si el interruptor se encuentra en buen estado, la prueba mostrará en total cuatro vías de continuidad para cada posición de la palanca. Si no obtiene este resultado, el interruptor estará averiado y deberá cambiarse. Las configuraciones de las vías de continuidad pueden diferir de unos fabricantes a otros (foto F).

Conecte dos hilos del mismo color a un par de terminales también del mismo color (foto G).

Una los restantes hilos a los terminales libres (foto H). Monte de nuevo el interruptor, doble los hilos con cuidado para introducirlos en la caja y coloque el embellecedor. Conecte la corriente en el cuadro de distribución.

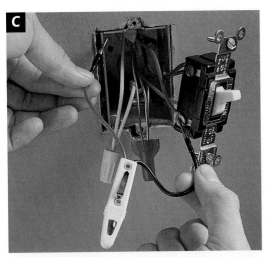
Vea si llega corriente al interruptor con un comprobador de circuitos.

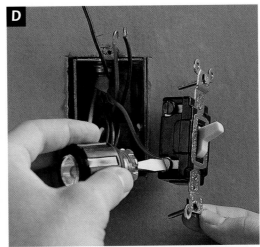
Desconecte los cables y compruebe si están dañados.

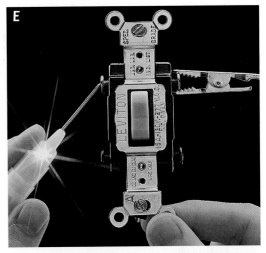
Pruebe el interruptor con un comprobador de continuidad.

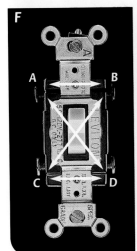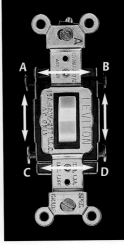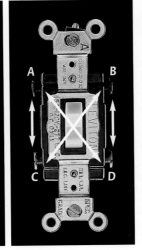
Tres configuraciones posibles del interruptor.

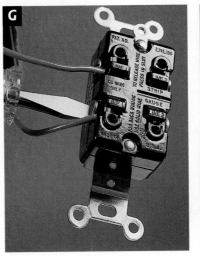
Conecte dos hilos del mismo color a los terminales de latón.

Una los otros dos hilos a los terminales de cobre.

Interruptores dobles

Un interruptor doble contiene dos pulsadores o palancas en una misma caja conectada a dos lámparas, electrodomésticos o combinaciones de ambos, para así controlarlos desde una sola caja de interruptor.

Para averiguar si hay problemas de corriente en uno de estos interruptores, puede usarse un comprobador de continuidad. Verifique cada mitad del interruptor sujetando la pinza del comprobador a uno de los terminales y tocando con la punta de prueba el terminal del lado opuesto (**foto A**).

Cambie la palanca de posición; el comprobador sólo debería encenderse en posición activa (ON). Repita esta operación con los demás pares de terminales. Si falla alguna de las mitades del interruptor, cambie la unidad entera.

En la mayoría de las instalaciones, las dos mitades del interruptor están alimentadas por el mismo circuito. Para la instalación de circuito sencillo representada en la **foto B**, conecte tres cables al interruptor, como sigue.

Primero conecte el hilo que lleva la alimentación a la caja en el lado del interruptor provisto de una lengüeta metálica que une dos de los terminales de tornillo. Esta lengüeta conduce la corriente a ambas mitades del dispositivo.

Conecte después los hilos que llevan la corriente al aparato en el otro lado del interruptor.

Una los hilos neutros entre sí con un empalmador.

Ocasionalmente, las dos mitades de un doble interruptor reciben alimentación de circuitos distintos. Para esta instalación de doble circuito (**foto C**), conecte los hilos según se indica a continuación.

Primero, una los dos hilos de fase que llegan de la fuente al lado del interruptor donde se encuentra la lengüeta metálica de conexión.

Después, quite esta lengüeta con unos alicates de puntas o un destornillador (**foto D**).

Conecte los otros dos cables (que llevan corriente desde el interruptor a los aparatos de iluminación o a los electrodomésticos) al otro lado del interruptor.

Reúna todos los hilos neutros en un mismo empalmador.

> **Herramientas:** Destornillador o alicates de puntas, comprobador de circuitos, pelacables, comprobador de continuidad.
>
> **Materiales:** Hilos flexibles de conexión, conectores de empalme.

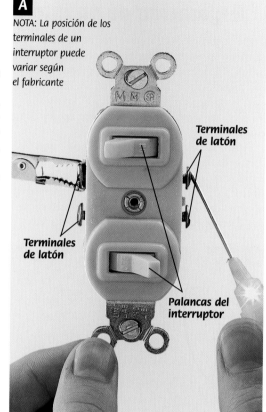

A

NOTA: La posición de los terminales de un interruptor puede variar según el fabricante

Terminales de latón

Terminales de latón

Palancas del interruptor

Utilice un comprobador de continuidad para saber si existen problemas de corriente en un doble interruptor.

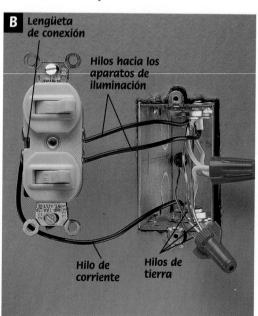

B **Lengüeta de conexión**

Hilos hacia los aparatos de iluminación

Hilo de corriente

Hilos de tierra

En este cableado típico de circuito sencillo se conectan tres cables al doble interruptor.

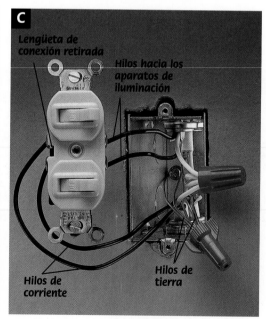

C **Lengüeta de conexión retirada**

Hilos hacia los aparatos de iluminación

Hilos de corriente

Hilos de tierra

En este cableado típico de dos circuitos para interruptor doble, se han de unir cuatro cables al interruptor.

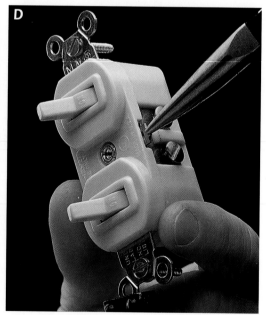

D

Para un circuito doble hay que retirar la lengüeta de conexión.

Interruptores con luz piloto

Los interruptores con luz piloto llevan incorporadas unas bombillas que lucen cuando está pasando corriente hacia la lámpara o el electrodoméstico. Estos interruptores suelen usarse cuando no se ve el aparato desde el interruptor. Como requieren un hilo neutro, no pueden colocarse en una caja de interruptor con sólo un cable bifilar.

Conecte los tres hilos al interruptor, del modo que se indica seguidamente (**foto E**). Conecte uno de los hilos de corriente al terminal de fase en el interior del interruptor, en el lado opuesto a la lengüeta de conexión. Conecte el otro hilo de corriente al terminal con tornillo de latón situado junto a esta lengüeta. Una los cables neutros con un hilo flexible y conéctelos al terminal neutro.

Si la luz piloto no se enciende al activar el dispositivo, estará averiada. Para probar la continuidad del interruptor, empiece por desmontarlo. Sujete la pinza del comprobador de continuidad a uno de los terminales superiores, y toque el terminal del otro lado con la punta de prueba (**foto F**). Encienda y apague el interruptor accionando la palanca o el pulsador. Si su funcionamiento es correcto, el comprobador se iluminará sólo cuando el interruptor esté activo.

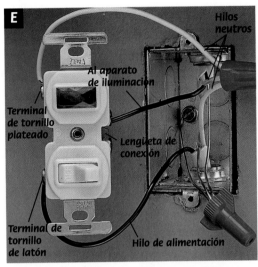

En un interruptor con luz piloto se conectan tres hilos.

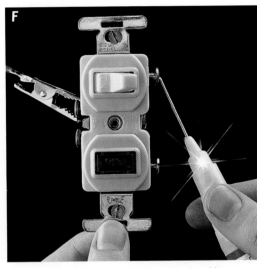

Use un comprobador de continuidad para probar el interruptor.

Interruptor y enchufe combinados

Las combinaciones de interruptor y enchufe están formadas por una toma de corriente puesta a tierra y un interruptor de pared unipolar. Si una habitación no tiene suficientes enchufes, tal vez sea buena idea cambiar un interruptor por una de estas combinaciones que, por cierto, necesitan un hilo neutro.

Normalmente, la base de enchufe se conecta de forma que lleve corriente aunque el interruptor esté apagado (**foto G**). Uno de los hilos de corriente se conecta al terminal con tornillo de latón del lado del interruptor donde está la lengüeta de conexión, y el otro se une al segundo terminal. Los hilos neutros se unen con un hilo flexible y se conectan todos al terminal neutro plateado del interruptor. No obstante, también pueden conectarse de manera que el interruptor controle el enchufe. Para ello, basta con invertir los hilos de corriente y conectar el de alimentación al terminal de latón en el lado del interruptor que no tiene lengüeta de conexión.

Para probar la continuidad del circuito, sujete la pinza del comprobador de continuidad a uno de los terminales superiores del interruptor; y con la punta de prueba toque el terminal superior del lado opuesto (**foto H**).

Accione la palanca o pulsador del interruptor. Si su funcionamiento es correcto, el comprobador sólo debería encenderse cuando la palanca está en posición activa (ON).

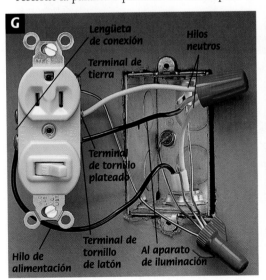

El cableado más común de una combinación de interruptor y enchufe.

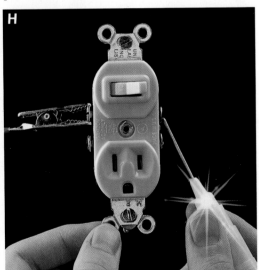

Use un comprobador de continuidad para probar el interruptor.

Reductores

Un reductor, o graduador de luz, es un conmutador que permite alterar la intensidad luminosa de una lámpara. Cualquier interruptor unipolar puede cambiarse por uno de estos reductores siempre que la caja de conexiones tenga el tamaño suficiente y no esté atestada de cables. Los reductores son dispositivos grandes que generan calor, y precisan bastante espacio para que se disipe esta concentración térmica. Siga las instrucciones del fabricante y verifique la potencia en vatios del reductor. La potencia de emisión luminosa de las lámparas controladas por éste no debería superar el 80% del valor especificado para el dispositivo si se quiere evitar que se caliente en exceso.

En configuraciones de aparatos de iluminación que utilicen interruptores de tres vías (página 416), sólo uno de los tres interruptores implicados podrá sustituirse por un reductor. En esta disposición, todos los interruptores encenderán y apagarán las luces, pero sólo el reductor podrá regular la intensidad de la luz.

Los reductores se venden en varios estilos. Todos poseen cables de conexión en lugar de los terminales habituales, y se conectan a los hilos del circuito mediante conectores de empalme. Algunos cuentan con un cable de tierra conectado a la caja metálica puesta a tierra o a los hilos de tierra de cobre desnudo del circuito.

Los reductores de palanca (**foto A**) se asemejan a los interruptores corrientes, y existen en versiones unipolares y de tres vías.

Los circulares (**foto B**) utilizan un mando giratorio para regular la intensidad luminosa.

Los reductores de cursor (**foto C**) son fáciles de reconocer, ya que se iluminan en la oscuridad.

Finalmente, los reductores automáticos (**foto D**) también pueden accionarse de manera manual. En su configuración automática, un sensor electrónico se encarga de ajustar la intensidad de la lámpara para compensar los cambios en la luz natural.

Los reductores de palanca se asemejan a los interruptores normales.

Los de mando circular son los más comunes.

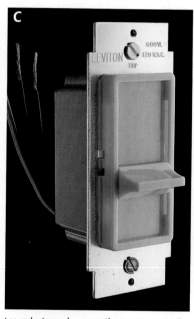
Los reductores de cursor tienen una parte iluminada que luce en la oscuridad.

Los modelos automáticos compensan los cambios producidos en la luz natural.

Cómo cambiar un interruptor por un reductor

Cambiar un interruptor corriente por un graduador de luz es una tarea sencilla que permite hacer más confortable una habitación.

Antes de empezar, corte la corriente en el automático que corresponda del cuadro de distribución. Retire el embellecedor y los tornillos de montaje.

Agarre las chapas de montaje con cuidado y tire del interruptor para sacarlo de la caja (**foto E**). Tenga cuidado de no tocar ninguno de los hilos desnudos y los terminales hasta haber comprobado que no llevan corriente.

Por tanto, proceda a verificar este extremo. Con un comprobador de neón, toque con una de las puntas de prueba la caja metálica conectada a tierra o los hilos de tierra del circuito, y ponga la otra punta en contacto con cada uno de los terminales de la caja (**foto F**). Si el comprobador se ilumina,

Herramientas:
Destornillador, comprobador de neón, alicates de puntas.

Materiales:
Conectores de empalme, cinta aislante.

acuda de nuevo al cuadro de distribución y desconecte el circuito correcto.

Si va a cambiar un reductor antiguo por otro nuevo, pruebe si lleva corriente tocando con una de las puntas del comprobador la caja metálica conectada a tierra o los hilos de tierra del circuito, e introduciendo la otra punta en cada uno de los empalmadores (**foto G**).

Si el comprobador se ilumina, es que sigue llegando corriente al interruptor. Regrese al cuadro de distribución y desactive el circuito correcto.

Desconecte los hilos del circuito y retire el interruptor. Enderece los hilos desconectados y corte las puntas, dejando unos 13 mm de hilo descubierto (**foto H**).

Conecte los cables del reductor a los hilos del circuito, con empalmadores (**foto I**). Los cables del reductor son intercambiables, por lo que pueden unirse a cualquiera de los dos hilos del circuito.

Un reductor de tres vías posee una toma adicional llamada *cable común*. Conéctela al hilo unido al tornillo terminal más oscuro del interruptor (**foto J**).

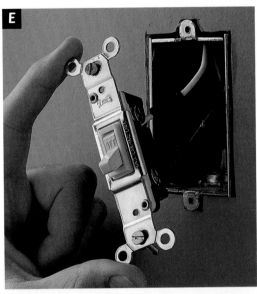

Quite el embellecedor y los tornillos de montaje. Tire del interruptor para sacarlo de la caja, agarrándolo con cuidado por las chapas de montaje.

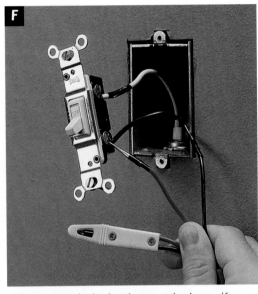

Utilice un comprobador de neón para probar la conexión y asegurarse de que la corriente está cortada.

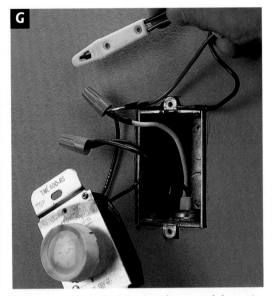

Para probar un reductor de luz, introduzca una de las puntas del comprobador en cada conector de empalme mientras mantiene la otra en contacto con el hilo o el conector de tierra.

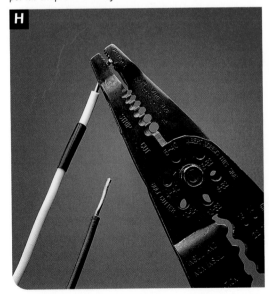

Desconecte los cables y quite el interruptor. Enderece los cables y corte las puntas.

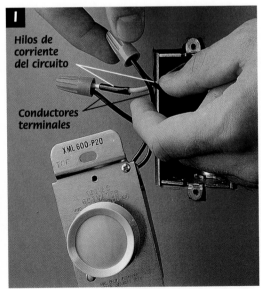

Conecte los conductores terminales del reductor a los hilos del circuito, mediante empalmadores.

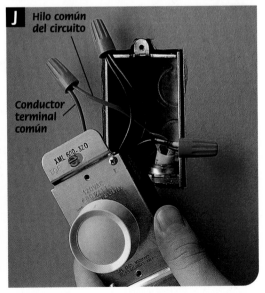

El conductor común se une al hilo que estaba conectado al tornillo terminal más oscuro del interruptor antiguo.

Interruptores especiales

Además de los interruptores corrientes y los reductores de luz, existen numerosos interruptores especiales muy fáciles de instalar en lugar de los modelos unipolares. Estos dispositivos ofrecen un medio fácil de mejorar la comodidad y la seguridad de la casa.

Los interruptores especiales suelen tener hilos terminales preconectados que se unen a los hilos del circuito con empalmadores. Algunos interruptores con temporizador motorizados requieren conexión a un hilo neutro, por lo que no pueden instalarse en cajas que sólo tengan un cable bifilar con dos hilos de corriente.

Si un interruptor especial no funciona correctamente, puede examinarse con un comprobador de continuidad. También los modelos con temporizador y con programador de desconexión pueden someterse a esta comprobación, lo cual no ocurre con los reductores de luz. En general, es posible medir la continuidad de los interruptores manuales, pero no de los automáticos.

Para desmontar un interruptor especial, corte la electricidad en el cuadro eléctrico, retire el embellecedor y los tornillos de montaje y tire del interruptor para sacarlo de la caja sujetándolo con cuidado

por la capa de montaje. Evite tocar los hilos expuestos o los terminales hasta haberse cerciorado de que no reciben corriente.

Para comprobar este extremo, toque con una punta de prueba de un comprobador de circuitos la caja metálica conectada a tierra del interruptor o los hilos de tierra del circuito, y con la otra vaya tocando los terminales restantes, de uno en uno. En condiciones normales, el comprobador no se iluminará. Si lo hiciera, habría que volver al cuadro de distribución y desconectar el circuito correcto.

Interruptores con minutero

Los interruptores con minutero poseen un mando circular graduado que se puede ajustar a valores comprendidos entre 1 y 60 minutos. Estos interruptores se utilizan típicamente para extractores de humos, calefactores eléctricos y lámparas caloríficas. Como no necesitan hilo neutro, pueden colocarse en cajas que tengan sólo uno o dos cables.

Para instalar uno, conecte los hilos terminales de corriente del interruptor a los hilos de fase del circuito. Si la caja tiene hilos neutros, únalos con un conector de empalme. Intercale un hilo flexible para conectar los hilos de tierra al terminal de tierra.

Para medir la continuidad del circuito, sujete la pinza del comprobador a uno de los hilos terminales, y toque el otro con la punta de prueba. Ajuste el mando del minutero a 1 minuto. Cuando pase este tiempo, el comprobador debería iluminarse.

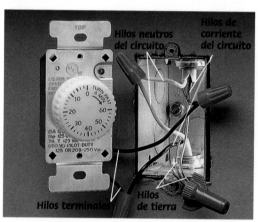

Los interruptores con minutero tienen una rueda accionada por un mecanismo de cuerda que se ajusta a mano para provocar la desconexión de un aparato al cabo de 1 a 60 minutos.

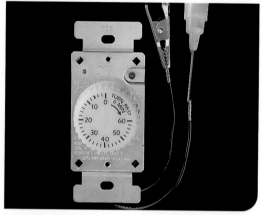

Para probarlo, sujete la pinza del comprobador a un hilo terminal y toque el otro con la punta de prueba. Ajuste el minutero; el comprobador debe lucir hasta que transcurra el tiempo fijado.

Interruptores con temporizador

Un interruptor con temporizador tiene una rueda graduada que puede ajustarse para que encienda y apague automáticamente las luces a una hora predeterminada. Estos interruptores necesitan hilo neutro; no pueden montarse en cajas que tengan un solo cable.

Estos interruptores poseen tres hilos terminales preinstalados. Para instalar uno, conecte el hilo terminal de corriente al hilo de fase del circuito, y el otro hilo terminal de corriente al hilo que lleva la corriente hasta la lámpara. Conecte el hilo terminal restante a los hilos neutros del circuito.

Para probar la continuidad, sujete la pinza al hilo terminal y la punta de prueba al hilo de fase del circuito. Gire la rueda hasta que el indicador ON pase la flecha; el comprobador debe encenderse. Continúe girando hasta que el indicador OFF pase la flecha; el instrumento no debe iluminarse.

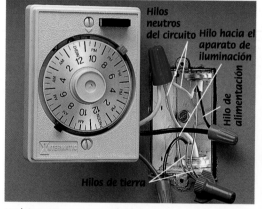

Un interruptor con temporizador posee un mando giratorio accionado eléctricamente, que debe reprogramarse después de un apagón.

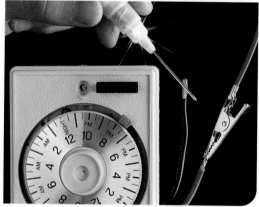

Para probarlo, sujete la pinza del comprobador al hilo terminal que lleva corriente al aparato eléctrico y toque con la punta de prueba el otro hilo terminal de corriente. Gire el mando.

Interruptores automáticos

Un interruptor automático posee un estrecho haz de infrarrojos que detecta los movimientos cercanos (por ejemplo, el paso de una mano por delante) e indica al interruptor que se encienda o se apague. Algunos de estos interruptores poseen también reductor de luz, y ninguno de ellos necesita hilo neutro.

Para instalar un interruptor automático, conecte los hilos terminales del interruptor a los cables de corriente del circuito con empalmadores.

Para probar la continuidad de los controles manuales, sujete la pinza del comprobador a uno de los hilos terminales y toque el otro con la punta de prueba. Accione la palanca del interruptor manual para pasar de posición activa a inactiva. El comprobador sólo debería iluminarse en la posición activa (ON).

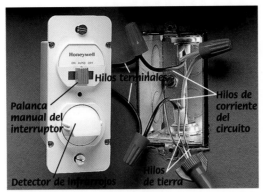

Los interruptores automáticos resultan cómodos sobre todo para niños y personas discapacitadas. Este modelo posee un reductor de luz manual.

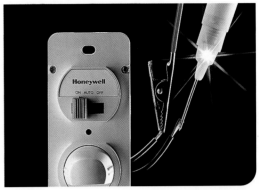

Para probarlo, sujete la pinza a uno de los hilos terminales y toque el otro con la punta de prueba. El instrumento debería encenderse sólo con el interruptor en posición activa.

Interruptores con sensor de movimiento

Un interruptor con sensor de movimiento posee un haz de infrarrojos de ángulo amplio que detecta movimientos en un área extensa y, como respuesta, enciende un aparato de iluminación. Estos interruptores tienen un mando manual, y un programador de desconexión.

Estos interruptores no necesitan hilo neutro. Conecte los hilos terminales del interruptor a los hilos de corriente del circuito, por medio de empalmadores.

Para probar la continuidad de los controles manuales, sujete la pinza del comprobador a uno de los hilos terminales y toque el otro con la punta de prueba. Accione la palanca del interruptor manual para pasar de posición activa a inactiva. El comprobador sólo debería iluminarse en la posición activa (ON).

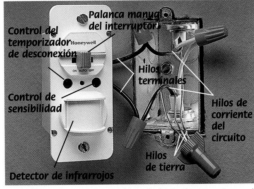

Los interruptores con sensor de movimiento tienen un temporizador que apaga la luz cuando cesa el movimiento.

Para probarlo sujete la pinza a uno de los hilos terminales y toque el otro con la punta de prueba. El comprobador debería encenderse sólo con el interruptor en posición activa.

Interruptores programables

Los interruptores programables poseen controles digitales y son capaces de recordar hasta cuatro ciclos de encendido y apagado al día. Normalmente, se usan cuando el propietario está ausente, y para mejorar la seguridad deberían programarse siguiendo pautas aleatorias de encendido y apagado de las luces.

Estos interruptores no necesitan hilo neutro. Conecte los hilos terminales del interruptor a los hilos de corriente del circuito con empalmadores.

Para probar la continuidad de los controles manuales, sujete la pinza del comprobador a uno de los hilos terminales y toque el otro con la punta de prueba. Accione la palanca del interruptor manual para pasar de encendido a apagado. El comprobador debería iluminarse sólo en la posición activa (ON).

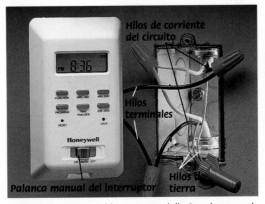

El interruptor programable representa el diseño más avanzado en este tipo de aparatos, y ofrece una flexibilidad máxima en controles automáticos.

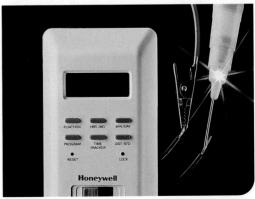

Para probarlo sujete la pinza a uno de los hilos terminales y toque el otro con la punta de prueba. El comprobador sólo debería iluminarse al colocar el interruptor en posición activa.

Aparatos de iluminación

La iluminación tiene un impacto muy importante en la atmósfera general de una casa, y las numerosas clases de aparatos de iluminación hoy presentes en el mercado permiten crear una amplia gama de efectos.

Cada habitación de la casa puede reclamar combinaciones de lámparas y apliques distintas. Los modelos más corrientes utilizan bombillas de incandescencia y se montan en las paredes o en el techo. Sin embargo, las luces fluorescentes están conquistando una popularidad creciente en los hogares, por la eficiencia energética que proporcionan. Algunas formas especiales de lámparas y apliques son las lámparas empotradas, las instaladas sobre carriles y las colgantes.

La elección del tipo de iluminación que requiere cada pieza de la casa puede mejorarse si se conoce bien cómo funcionan estas diversas clases de lámparas y cómo repararlas cuando se averían.

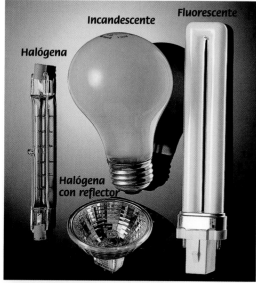

Diferentes tipos de lámparas utilizadas hoy día en los aparatos de iluminación domésticos

Las bombillas incandescentes pueden utilizarse en lámparas de techo o en apliques de pared.

Los fluorescentes ofrecen alta eficiencia energética.

Las lámparas empotradas son adecuadas para habitaciones de estilo moderno.

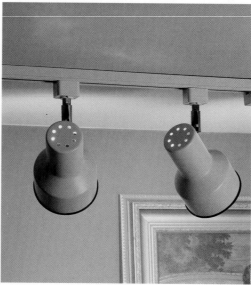

Las lámparas montadas sobre carril pueden proyectar luz en cualquier dirección

Las lámparas colgantes ofrecen efectos de luz espectaculares.

Aparatos de iluminación con lámparas incandescentes

Los aparatos de iluminación con bombillas incandescentes están fijados de modo permanente al techo o a la pared. Entre sus múltiples variedades pueden citarse los candelabros de pared, los globos, las luces colgantes, las empotradas y las lámparas de techo de varios brazos. En la página 432 se ofrece información sobre lámparas empotradas, y en la 434 se abordan las lámparas colgantes de brazos.

Las herramientas necesarias para reparar y cambiar lámparas de este tipo suelen ser un comprobador de neón, un comprobador de continuidad, destornilladores, un pelacables y las piezas de recambio que se precisen.

Como las lámparas de techo y los apliques de pared son de instalación fija, para repararlos es preciso trabajar en espacios limitados. Ello significa que habrá que prestar especial atención a las reglas de seguridad y a las precauciones normales de todo trabajo con electricidad (página 395). Antes de empezar, compruebe que la corriente del circuito está cortada.

En un aparato con lámparas incandescentes típico (foto A), el hilo o el terminal de corriente de la lámpara se conecta al hilo de corriente del circuito, de modo que la energía fluye por una pequeña lengüeta hasta un casquillo metálico y al filamento del interior de la bombilla; este filamento se pone incandescente al calentarse y emite luz. La corriente sigue su camino por el casquillo y pasa por el hilo neutro para regresar al cuadro de distribución.

Antiguamente, las lámparas incandescentes se montaban directamente en una caja de conexiones (foto B) o en un listón de apoyo del yeso del techo. Hoy, las ordenanzas exigen que se sujeten a soportes de fijación anclados a su vez a la caja de conexiones, tal como ilustra la fotografía A. Si alguna de sus lámparas no cumple esta normativa, instale una caja de conexiones homologada con un soporte de fijación que sujete la estructura de la lámpara.

Herramientas:
Destornilladores, comprobador de neón, comprobador de continuidad.

Materiales:
Empalmadores de cable, piezas de recambio necesarias..

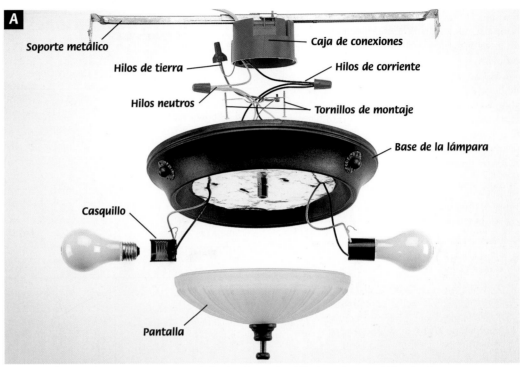

La configuración correcta de un típico aparato de iluminación con bombillas incandescentes incluye los elementos que se muestran en la fotografía.

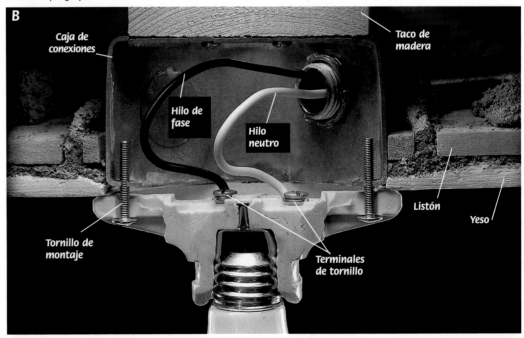

Montaje típico de una lámpara incandescente antes de la década de 1960. Esta instalación debe cambiarse por una caja de conexiones provista de un soporte metálico de fijación de la lámpara.

Diagnóstico de problemas

Cuando una lámpara no se enciende al activar el interruptor, normalmente es porque se ha fundido la bombilla, aunque, si la lámpara está controlada por un interruptor de pared, tal vez sea éste el origen del problema.

Las lámparas también se averían por el desgaste de los casquillos o los interruptores integrados. En algunas los casquillos pueden desmontarse para su reparación, mientras que en otras están permanentemente unidos a la base, de manera que si se estropearan habría que cambiar la lámpara.

Estos problemas suelen producirse cuando se instalan bombillas cuya potencia en vatios es demasiado elevada para la lámpara. Como solución preventiva, utilice sólo bombillas de valores de potencia admisibles por la lámpara.

Consejo útil

Las lámparas fluorescentes compactas consumen menos potencia en vatios para producir la misma iluminación que las incandescentes. Utilice las siguientes comparaciones para elegir lámparas fluorescentes equivalentes.

13 W a 16 W fluorescente = 60 W incandescente.

20 W fluorescente = 75 W incandescente.

23 W a 28 W fluorescente = 100 W incandescente.

Problemas y reparaciones comunes en aparatos de iluminación

Problemas	Reparaciones
La luz de techo o de pared no se enciende o parpadea.	*1. Vea si la bombilla está defectuosa.* *2. Compruebe el interruptor de pared, y cámbielo en caso necesario (páginas 412 a 425).* *3. Compruebe si hay alguna conexión floja en la caja de conexiones.* *4. Verifique el portalámparas (abajo) y cámbielo en caso necesario (página 430).* *5. Cambie la lámpara (páginas 431 a 441).*
El interruptor integrado en la lámpara no funciona.	*1. Vea si la bombilla está defectuosa.* *2. Compruebe si hay alguna conexión floja en la caja de conexiones.* *3. Cambie el interruptor (página 430).* *4. Cambie el aparato (páginas 431 a 441).*
La lámpara de brazos parpadea o no se enciende.	*1. Vea si la bombilla está defectuosa.* *2. Compruebe el interruptor de pared, y cámbielo en caso necesario (páginas 412 a 425).* *3. Compruebe si hay alguna conexión floja en la caja de conexiones.* *4. Verifique los portalámparas (abajo) y cámbielos en caso necesario (página 437).*
Una luz empotrada parpadea o no se enciende.	*1. Vea si la bombilla está defectuosa.* *2. Compruebe el interruptor de pared, y cámbielo en caso necesario (páginas 412 a 425).* *3. Compruebe si hay alguna conexión floja en la caja de conexiones.* *4. Pruebe el aparato, y cámbielo en caso necesario (páginas 432 y 433).*

Cómo quitar una lámpara y examinar el portalámparas

Si una luz sigue fallando después de cambiar la bombilla y se ha determinado que el interruptor no es la causa del problema, lo mejor es desmontar la lámpara y examinar el casquillo portalámparas.

Antes de empezar, desconecte la corriente en el cuadro de distribución, y retire la bombilla y la pantalla o el globo.

Quite los tornillos que sujetan la base de la lámpara a la caja de conexiones o al soporte de montaje (**foto A**). Tire con cuidado de la base de la lámpara para sacarla de la caja.

Pruebe si llega corriente, tocando con una punta de prueba del comprobador el terminal de tierra e introduciendo la otra en cada empalmador (**foto B**). El comprobador no debería encenderse. Si lo hace, vuelva al cuadro de distribución y desconecte el circuito correcto.

Desmonte la base de la lámpara aflojando los terminales (**foto C**). Si en lugar de terminales de tornillo, la lámpara tiene hilos de conexión, quite la base de la lámpara desenroscando los conectores de empalme.

Ajuste la lengüeta metálica de la parte inferior del portalámparas, haciendo palanca con un destornillador pequeño sin forzar demasiado (**foto D**). Con ello mejorará el contacto entre el portalámparas y la bombilla.

Pruebe el casquillo portalámparas sujetando la pinza de un comprobador de continuidad en el terminal (o el hilo) de corriente y tocando con la punta de prueba la lengüeta metálica de la parte inferior del portalámparas (**foto E**). El comprobador debería encenderse. Si no lo hace, el casquillo estará defectuoso y habrá que cambiarlo (página 430).

Sujete la pinza del comprobador en un terminal neutro (o un hilo neutro) y toque con la punta de prueba la parte roscada del casquillo (**foto F**). El comprobador debería iluminarse. Si no lo hace, el casquillo estará estropeado y habrá que cambiarlo.

Quite los tornillos de montaje que sujetan la lámpara.

Compruebe si llega corriente a la caja de conexiones.

Desconecte la base de la lámpara.

Levante ligeramente la lengüeta metálica haciendo palanca con un destornillador.

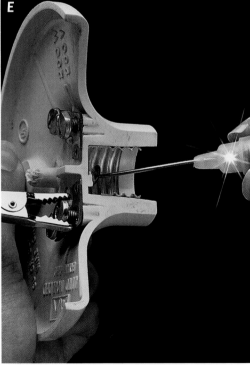

Verifique la continuidad de los terminales o los hilos de corriente.

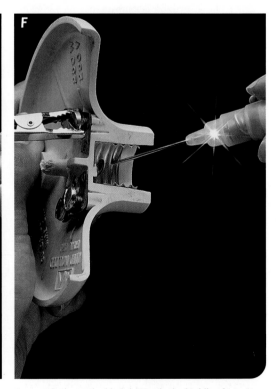

Compruebe la continuidad del terminal o los hilos de neutro.

Cómo cambiar un portalámparas

Antes de empezar, cerciórese de que la corriente del circuito en el que está trabajando se encuentra desconectada (página 395). Haga una prueba con un comprobador antes de tocar ningún cable (página 428).

Desmonte la lámpara (página 428) y quite el portalámparas. Éste puede estar sujeto con un tornillo, un clip o un anillo de retención. Desconecte los cables unidos al casquillo (**foto A**).

Compre un portalámparas nuevo idéntico. Conecte los hilos neutro y de corriente del circuito a los terminales correspondientes del portalámparas (**foto B**).

Fije el casquillo a la base y vuelva a instalar el aparato.

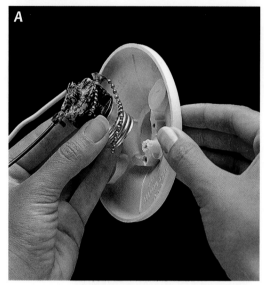

Retire el portalámparas del aparato y desconecte los cables.

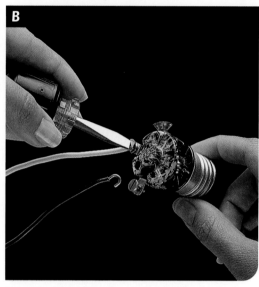

Conecte los hilos del circuito a los terminales.

Comprobar y cambiar un interruptor integrado en la lámpara

Corte la corriente del circuito y pruebe el interruptor (página 395). Desmonte la lámpara (página 428). Desenrosque la anilla que sujeta el interruptor (**foto C**).

Ponga etiquetas en los hilos del circuito conectados a los hilos terminales del interruptor (**foto D**). Desconecte estos últimos y retire el interruptor.

Pruebe la continuidad del interruptor: sujete la pinza de un comprobador de continuidad a uno de los hilos terminales del interruptor, y toque el otro hilo con la punta de prueba (**foto E**).

Accione el mando del interruptor. Si éste se encontrara en buen estado, el comprobador debería lucir en una de las posiciones del mando, pero no en ambas.

Si el interruptor está averiado, cámbielo por uno idéntico (**foto F**).

Vuelva a montar la lámpara y restablezca la corriente en el cuadro de distribución.

Desenrosque la anilla de sujeción.

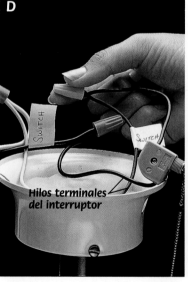

Hilos terminales del interruptor

Etiquete los hilos del circuito conectados a los hilos terminales del interruptor.

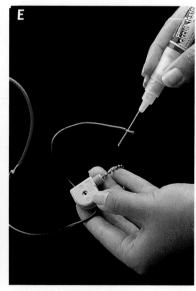

Pruebe la continuidad del interruptor.

En caso necesario, cambie el interruptor.

Cambiar una lámpara de techo

Antes de empezar, cerciórese de que la corriente del circuito que alimenta la lámpara está cortada (página 395). Verifíquelo con un comprobador antes de tocar cualquier hilo (página 428).

Quite el globo, la bombilla y la lámpara antigua **(foto G)** siguiendo las instrucciones para aparatos normales de techo (página 428) o lámparas colgantes de brazos (página 435).

Coloque un soporte de chapa en la caja de conexiones, si no existiera ya **(foto H)**. Este soporte, que se incluye con la nueva lámpara, viene provisto de un tornillo de tierra. Algunas lámparas tienen un tubo de fijación roscado en un taladro de la chapa de montaje.

Conecte los hilos del circuito a la base de la nueva lámpara con empalmadores. Una el hilo terminal neutro del aparato al hilo neutro del circuito, y el de corriente al hilo de fase **(foto I)**.

Conecte el hilo de tierra del circuito al tornillo de tierra de la chapa de montaje. Si existe más de un cable de tierra, o si la lámpara tiene un hilo terminal de tierra, utilice un hilo flexible de conexión para unir todos los hilos de tierra al tornillo de puesta a tierra.

Fije la base de la lámpara a la chapa de montaje con los tornillos **(foto J)** o la tuerca.

Coloque una bombilla de la potencia en vatios adecuada, que habrá de ser igual o inferior a la indicada en la lámpara. Coloque el globo.

Restablezca la corriente en el cuadro de distribución.

Consejo útil

Si la lámpara nueva es notoriamente más pesada que la antigua, compruebe que la caja de conexiones esté bien sujeta a las vigas o soportes del techo antes de colgar el nuevo aparato.

Corte la corriente del circuito, y luego desconecte los hilos y quite la lámpara antigua.

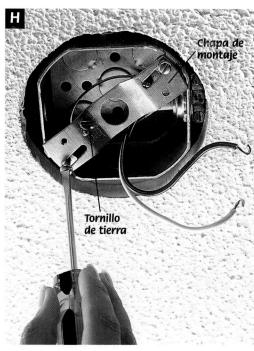

Fije la chapa de montaje de la nueva lámpara a la caja de conexiones.

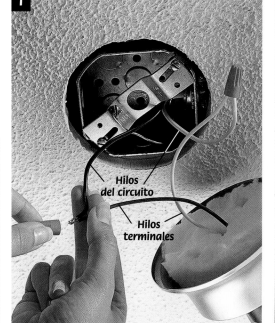

Conecte los hilos del circuito a los hilos terminales de la base de la nueva lámpara.

Fije la base de la lámpara a la tira de montaje, por medio de los tornillos o la tuerca suministrados con la lámpara.

Lámparas empotradas

La mayoría de los problemas que surgen en las lámparas empotradas provienen de la excesiva temperatura que se alcanza dentro de la carcasa metálica y que puede llegar a fundir el aislante de los cables del casquillo portalámparas. En algunos modelos, los casquillos con cables deteriorados pueden sacarse y cambiarse. Sin embargo, la mayoría de las nuevas lámparas vienen con casquillos indesmontables, lo que obliga a cambiar de lámpara cuando se estropean.

Elija una lámpara de recambio análoga a la existente e instálela en el soporte metálico de montaje ya colocado.

Salvo si en la lámpara se indica que viene ya aislada, cerciórese de que los aislantes de los cables quedan al menos a 7 cm de la carcasa metálica.

Herramientas: Destornillador, comprobador de circuitos, comprobador de continuidad.

Materiales: Aparato de iluminación de recambio, conectores de empalme.

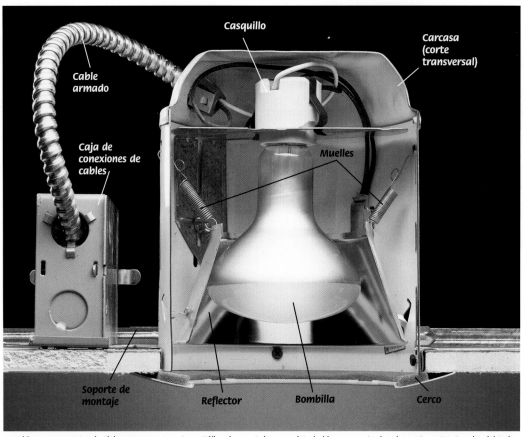

Una lámpara empotrada típica posee un soporte metálico de montaje que sujeta la lámpara entre los elementos estructurales del techo.

Quitar y probar una lámpara empotrada

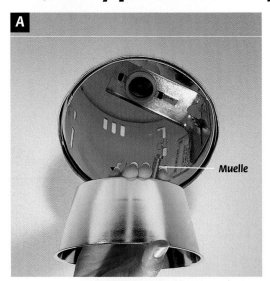

A

Desconecte la corriente de la lámpara (página 395). Quite el cerco, la bombilla y el reflector, que está sujeto con muelles o bridas.

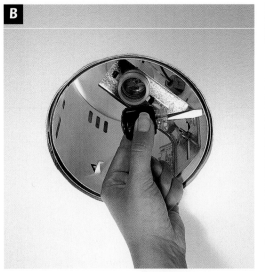

B

Afloje los tornillos o las bridas que sujetan la carcasa al soporte de montaje. Levante la carcasa con cuidado y póngala a un lado dentro del hueco del techo.

C

Quite la tapa y compruebe si llega corriente: toque con una punta de prueba del comprobador la caja de conexiones puesta a tierra e introduzca la otra en cada empalmador.

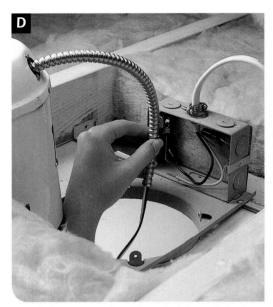

Después de asegurarse de que ha cortado la corriente, desconecte los hilos de corriente y neutro del circuito quitando los empalmadores. Tire del cable armado para sacarlo de la caja de conexiones, y extraiga la carcasa a través del hueco.

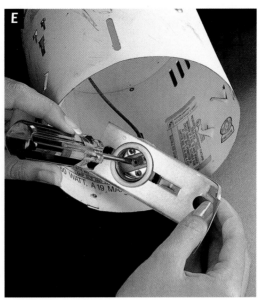

Saque el portalámparas y ajuste la lengüeta metálica del fondo apalancando ligeramente con un destornillador pequeño. Con ello mejorará el contacto con la bombilla.

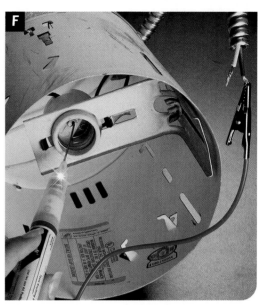

Pruebe el portalámparas con un comprobador de continuidad. Sujete la pinza en el hilo de corriente y toque la lengüeta metálica con la punta de prueba. Sujete la pinza en el hilo neutro y toque el casquillo metálico roscado. El comprobador debería encenderse.

Instalación de una lámpara empotrada

Desmonte la lámpara antigua (arriba). Coloque la nueva carcasa en el hueco del techo y pase los hilos por el agujero de la caja de conexiones. Empuje el cable armado hacia el interior de la caja para que quede bien sujeto.

Conecte el hilo neutro de la lámpara al hilo correspondiente del circuito, y el de corriente de la lámpara al de fase del circuito. Coloque la tapa de la caja de conexiones y disponga el aislante de modo que quede al menos a 7 cm de la carcasa y de la caja.

Coloque la carcasa dentro de la estructura, y fíjela con los tornillos o bridas de montaje. Coloque el reflector y el cerco. Instale una bombilla de potencia no superior a la indicada en la lámpara, y vuelva a dar la corriente.

Lámparas colgantes de varios brazos

Para arreglar lámparas colgantes se necesita un cuidado especial, ya que suelen ser aparatos pesados y voluminosos, además de caros. Por estas razones, lo mejor es pedir ayuda a otra persona para desmontar estas lámparas. Mientras trabaje con ellas, sosténgalas de forma que no sean los cables eléctricos los que sujeten el peso.

Muchas lámparas colgantes antiguas tienen dos hilos que discurren enhebrados en los eslabones de la cadena de soporte hasta la base hueca de la lámpara, donde se conectan a los cables de los casquillos. Observe cuáles de estos cables son neutros y cuáles de corriente, lo que se suele indicar mediante marcas o códigos de color.

Algunas lámparas nuevas tienen hilo de tierra, que también discurre por la cadena de soporte hasta la caja de conexiones. Una este conductor a los hilos de tierra que llegan a dicha caja.

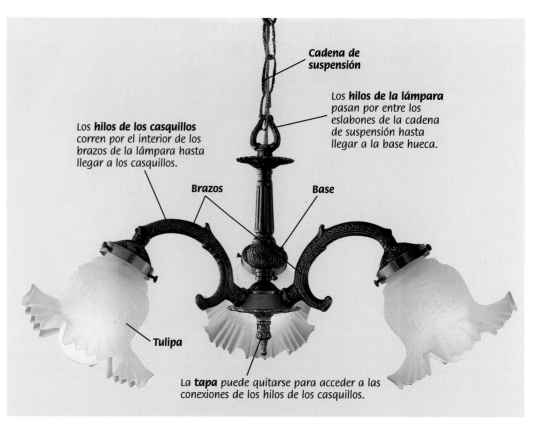

Cadena de suspensión

Los **hilos de la lámpara** pasan por entre los eslabones de la cadena de suspensión hasta llegar a la base hueca.

Los **hilos de los casquillos** corren por el interior de los brazos de la lámpara hasta llegar a los casquillos.

Brazos

Base

Tulipa

La **tapa** puede quitarse para acceder a las conexiones de los hilos de los casquillos.

Reparación de lámparas colgantes

Antes de empezar, etiquete con cinta aislante o de máscara todos los casquillos que no se hallen en buen estado (**foto A**).

Identifique el hilo de corriente y el neutro por las marcas o el código de color. Cada uno de estos hilos estará conectado a los hilos correspondientes de los portalámparas y del circuito.

Corte la corriente en el cuadro eléctrico (página 395).

Quite todas las bombillas y las pantallas o tulipas. Desenrosque la tuerca de retención y baje la tapa embellecedora, dejando al descubierto la caja de conexiones (**foto B**). La mayoría de las lámparas colgantes están sujetas por un tubo roscado que se une a una chapa de montaje. Sin embargo, algunas carecen de este tubo y simplemente se apoyan en la tapa embellecedora, que está sujeta a la chapa de montaje de la caja de conexiones (**foto C**).

Pruebe si llega corriente: toque el tornillo de tierra con una punta de prueba del comprobador de circuitos e introduzca la otra punta en cada uno de los empalmadores (**foto D**). El comprobador no debe-

ría encenderse. Si lo hace, regrese al cuadro de distribución y corte la corriente del circuito correcto.

Desconecte los cables de la lámpara quitando los empalmadores. Desenrosque la tuerca del tubo roscado de suspensión (**foto E**). Baje la lámpara con cuidado y colóquela en una superficie plana. Quite la tapa de la parte inferior para dejar las conexiones al descubierto.

Desconecte los hilos de corriente y neutro de la cadena de los hilos correspondientes que vienen de los casquillos quitando los empalmadores (**foto F**).

Pruebe los casquillos sospechosos uno por uno, sujetando la pinza de un comprobador de continuidad en el hilo de corriente del casquillo y tocando con la punta de prueba del comprobador la lengüeta metálica del fondo del casquillo (**foto G**). Repita esta prueba con la parte roscada del casquillo y el hilo neutro. El comprobador debería encenderse en las dos pruebas. Si no lo hace, cambie el casquillo.

Desmonte los casquillos portalámparas defectuosos aflojando los tornillos o bridas de fijación y tirando del casquillo y de sus cables para sacarlos

del brazo de la lámpara (**foto H**). Compre e instale un nuevo casquillo, y pase los cables por el brazo de la lámpara.

Para probar el estado de estos cables, sujete la pinza de un comprobador de continuidad en un extremo del cable y toque el otro con la punta de prueba (**foto I**). Si el comprobador no se enciende, el cable estará defectuoso y tendrá que cambiarse.

Instale cables nuevos, en caso necesario. Vuelva a montar la lámpara y cuélguela del techo.

Herramientas:
Destornilladores, comprobador de circuitos, comprobador de continuidad.

Materiales:
Cinta aislante, piezas de repuesto.

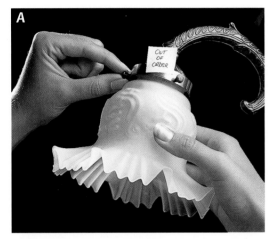

Ponga etiquetas en los casquillos que no se encuentren en buen estado.

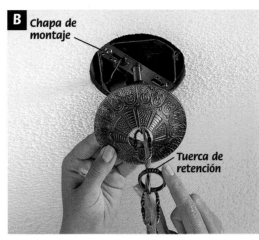

Chapa de montaje

Tuerca de retención

Desenrosque la tuerca de retención y baje la tapa.

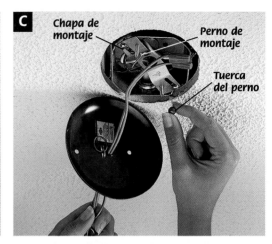

Chapa de montaje

Perno de montaje

Tuerca del perno

Variante de montaje: lámparas colgantes sin tubo roscado.

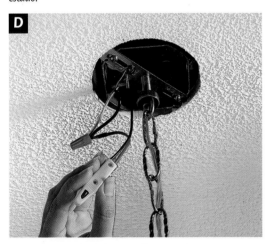

Pruebe si los cables del circuito llevan corriente, con un comprobador.

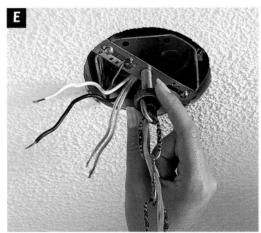

Desconecte los hilos de la lámpara y desmonte ésta.

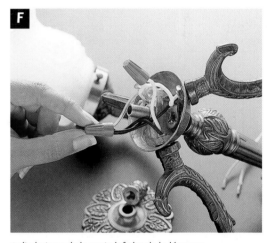

Quite la tapa de la parte inferior de la lámpara.

Pruebe los casquillos sospechosos con un comprobador de continuidad.

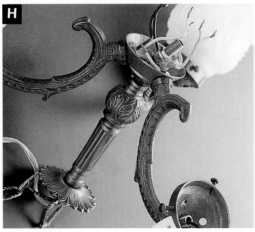

Desmonte los casquillos averiados y sustitúyalos.

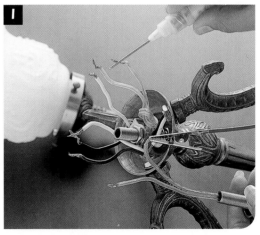

Pruebe la continuidad de todos los cables de la lámpara.

Iluminación en carril

Un sistema de iluminación en carril permite montar varias lámparas modulares en un carril metálico y orientarlas en la dirección que se desee. Esta configuración ofrece una gran flexibilidad para incluir nuevos focos, eliminarlos o cambiarlos de posición.

El sistema parte de un conector montado en una caja de conexiones en el techo. El conector está unido a una canaleta metálica, o carril, en el centro o en uno de los extremos. Por los laterales del carril discurren los cables que llevan la corriente a cada foco, asegurado con una palanca al brazo de contacto del carril.

El eje de la lámpara es giratorio, con lo que la luz puede orientarse en la dirección que se desee. Un manguito aislante protege los cables de cada foco, para que no se calienten en exceso. Para mejorar esta protección térmica, las bombillas están revestidas de un acabado reflectante que dirige el haz luminoso hacia abajo.

Herramientas:
Destornillador, comprobador de continuidad, pelacables.

Materiales:
Papel de lija fino, casquillo de recambio y conectores de bayoneta (en caso necesario).

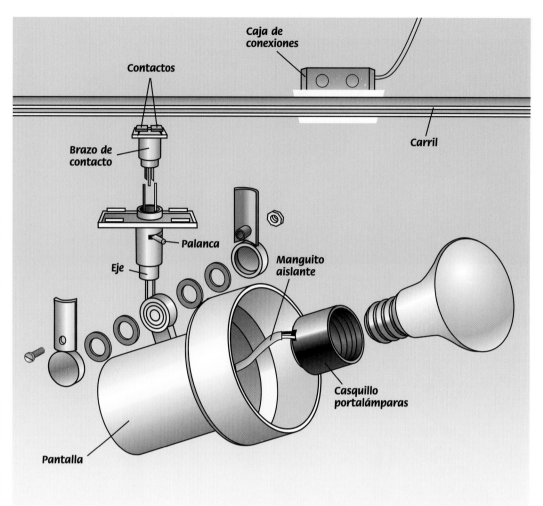

Caja de conexiones

Contactos

Carril

Brazo de contacto

Palanca

Eje

Manguito aislante

Casquillo portalámparas

Pantalla

Limpieza de los contactos de las lámparas sobre carril

Cuando falle un foco, pruebe a apretar o cambiar la bombilla. Si así no se resuelve el problema, limpie los contactos.

Desconecte la corriente del circuito en el cuadro eléctrico (página 395). Deje que se enfríe el foco y accione la palanca para liberarlo del carril (**foto A**). Utilice papel de lija fino para limpiar los contactos con el carril, y luego dóblelos ligeramente con un destornillador (**foto B**).

Quite la bombilla. Raspe todo resto de corrosión que encuentre en la lengüeta de contacto del portalámparas. Apalanque ligeramente para mejorar el contacto con la bombilla. Vuelva a enroscar la bombilla, coloque de nuevo el foco en el carril y restablezca la corriente.

Si la bombilla sigue sin lucir, compruebe el estado del casquillo (página 428) y cámbielo en caso necesario.

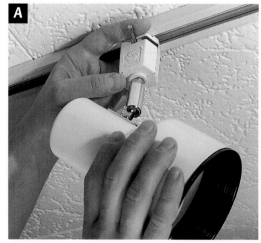

Gire la palanca para soltar el foco del carril.

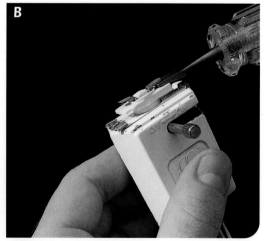

Limpie las lengüetas de contacto con el carril y levántelas haciendo palanca ligeramente.

Comprobación y sustitución de un portalámparas

Para probar un casquillo portalámparas de una lámpara sobre carril, empiece por desconectar la corriente que llega al carril desde el cuadro eléctrico (página 395).

Desmonte la lámpara. Desenrosque la palanca a mano para dejar el casquillo flojo. Afloje los tornillos del eje con un destornillador, y ponga el eje a un lado (foto C).

Quite los tornillos que sujetan la pantalla al casquillo. Tire de éste para sacarlo de su soporte de montaje.

Para probar el casquillo, sujete la pinza de un comprobador de continuidad en la lengüeta de contacto con el carril por donde llega la corriente, y toque con la punta de prueba del comprobador la conexión del cable de corriente en el terminal del casquillo (foto D).

Repita la prueba, sujetando la pinza en el contacto neutro y tocando con la punta de prueba la conexión del cable neutro. En ambas pruebas, el comprobador debería encenderse. Si no lo hace, cambie el casquillo.

Para desmontar el casquillo viejo, empiece por aflojar los tornillos de los terminales y retirar los hilos de las patillas de contacto (foto E).

Tire del casquillo para sacarlo de la pantalla, junto con sus cables (foto F). Si estos cables están alojados en un manguito aislante, retírelo y póngalo a un lado.

Para instalar el nuevo casquillo, coloque el manguito aislante (si existiera) sobre los nuevos cables.

Pase los cables por el orificio de la pantalla y por las dos partes del eje.

Quite 6 mm de aislante del extremo de cada cable; retuerza las almas para que queden bien firmes, introdúzcalas en un conector de bayoneta y engarce este conector con un pelacables. Conecte los hilos de corriente y neutro a las patillas de contacto correspondientes de los terminales, y apriete los tornillos (foto G).

Encaje el casquillo en la pantalla y sujételo apretando los tornillos. Vuelva a colocar la palanca en el eje (foto H). Introduzca el eje en el carril y gire la palanca un cuarto de vuelta (sin tocar los hilos del carril). Vuelva a colocar la bombilla y restablezca la corriente de alimentación del carril.

Afloje los tornillos del eje para desmontarlo.

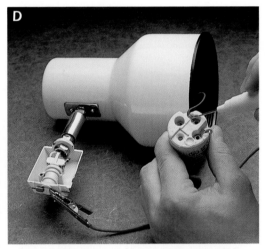

Pruebe el casquillo con un comprobador de continuidad.

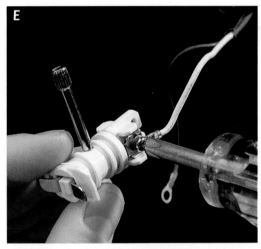

Desconecte los hilos de las patillas de contacto.

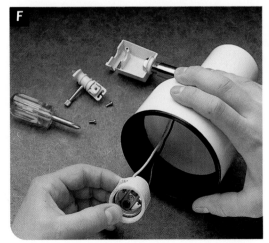

Tire del casquillo y de los cables para sacarlos de la pantalla.

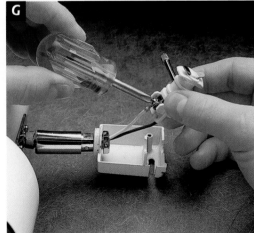

Una los cables del nuevo foco a las patillas de contacto.

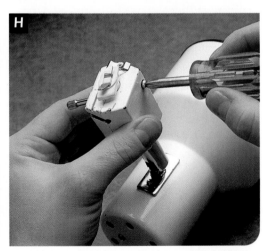

Ensamble y atornille el eje antes de volver a montar la lámpara.

Luces fluorescentes

El funcionamiento de las luces fluorescentes se basa en el paso de corriente eléctrica por un tubo lleno de gas que se ilumina al recibir energía. Un difusor translúcido protege el tubo y suaviza su luz. El transformador, o *bobina de inductancia*, regula la corriente que llega a los casquillos y está protegido por una tapa. A su vez, los casquillos transfieren la energía a las patillas metálicas de contacto, que la comunican al tubo.

Las luminarias fluorescentes casi nunca dan problemas, y los tubos que contienen suelen durar unos tres años. Su deterioro se detecta porque empiezan a parpadear o pierden luminosidad.

Las lámparas fluorescentes antiguas suelen tener un dispositivo cilíndrico llamado *cebador* cerca de uno de los casquillos. Cuando el tubo se estropee, habrá que cambiar tanto éste como el cebador. Desconecte la corriente y quite el cebador girándolo en sentido contrario a las agujas del reloj y tirando de él con suavidad (**inserto de fotografía**).

Como los tubos fluorescentes contienen una pequeña cantidad de mercurio, deben desecharse de forma adecuada, y sin romperse. Para recibir instrucciones al respecto póngase en contacto con las autoridades locales de medio ambiente.

Herramientas:
Destornillador, comprobador de neón, pelacables.

Materiales:
Conectores de empalme, piezas de recambio necesarias (bobinas de inductancia, casquillos, tubos o la luminaria completa).

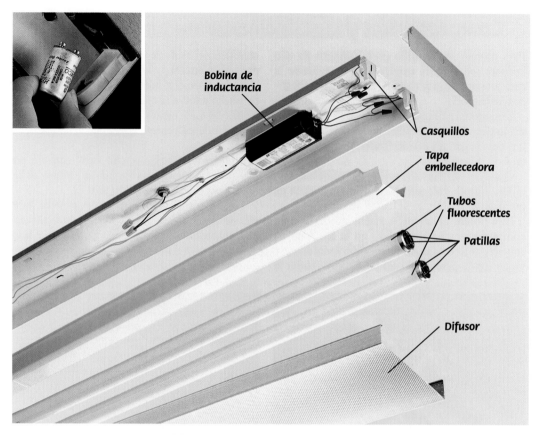

Bobina de inductancia

Casquillos

Tapa embellecedora

Tubos fluorescentes

Patillas

Difusor

Problemas y reparaciones comunes en luces fluorescentes

Problemas	Reparaciones
El tubo parpadea o da poca luz.	1. Gire el tubo para cerciorarse de que está bien encajado en los casquillos. 2. Cambie el tubo (página 439) y el cebador (en su caso) si el tubo está oscurecido o tiene las patillas rotas o dobladas. 3. Cambie la bobina de inductancia (página 439) si el coste de sustitución está justificado. En caso contrario, cambie toda la luminaria (página 441).
El tubo no se enciende.	1. Compruebe el interruptor de pared, y repárelo o sustitúyalo si es necesario (página 415). 2. Gire el tubo para cerciorarse de que está bien encajado en los casquillos. 3. Cambie el tubo (página 439) y el cebador (en su caso) si el tubo está oscurecido o tiene las patillas rotas o dobladas. 4. Cambie los casquillos si están rotos o si el tubo no encaja perfectamente en ellos (página 440).
Alrededor de la bobina de inductancia se ve una sustancia negra.	Cambie la bobina de inductancia (página 439) si el coste de sustitución está justificado. En caso contrario, cambie toda la luminaria (página 441).
La lámpara zumba.	Cambie la bobina de inductancia (página 439) si el coste de sustitución está justificado. En caso contrario, cambie toda la luminaria (página 441).

Cómo cambiar un tubo fluorescente

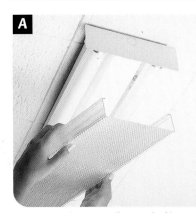

A

Corte la corriente que llega a la lámpara desde el cuadro eléctrico. Retire el difusor para dejar el tubo o tubos fluorescentes al descubierto.

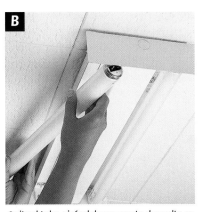

B

Quite el tubo girándolo un cuarto de vuelta en las dos direcciones y deslizándolo sobre los casquillos. Examine las patillas de los extremos. Si están rotas o dobladas, cambie el tubo.

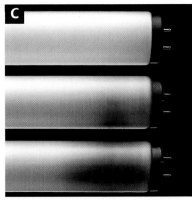

C

Los extremos del tubo nuevo (arriba) no están oscurecidos, los de uno ya en funcionamiento (centro) empiezan a oscurecerse y los de un tubo averiado (abajo) son de un tono gris oscuro.

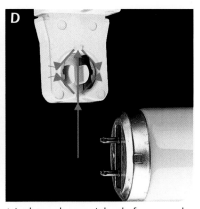

D

Introduzca el nuevo tubo de forma que las patillas entren completamente en los casquillos, y luego gírelo un cuarto de vuelta en cada dirección hasta que quede bien sujeto. Vuelva a colocar el difusor y restablezca la corriente.

Cómo cambiar la bobina de inductancia del fluorescente

Aunque el problema más común en una luz fluorescente es el deterioro del tubo, también pueden fallar otros elementos del aparato. Si la lámpara no se enciende después de cambiar el tubo y los casquillos, tal vez el problema sea una avería de la bobina, que podría exudar una sustancia negra y untuosa y hacer que la luminaria emita un zumbido desagradable.

Estas bobinas pueden cambiarse, pero antes de adquirir una nueva conviene comparar precios.

Tal vez resulte más barato sustituir toda la luminaria que cambiar simplemente la bobina de la actual.

E

Corte la corriente de alimentación de la lámpara. Quite el difusor, el tubo y la tapa embellecedora. Compruebe si llega corriente (página 440). Desmonte los casquillos deslizándolos hacia fuera o quitando los tornillos de fijación y levantándolos.

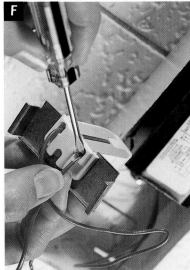

F

Desconecte los hilos unidos a los casquillos de una de las tres formas siguientes: 1) empujando con un destornillador en las aberturas de liberación, 2) aflojando los tornillos de los terminales o 3) cortando los hilos a unos 5 cm de los casquillos.

G

Desmonte la bobina de inductancia antigua con una llave de carraca o un destornillador, teniendo cuidado de que no se caiga al soltarla. Monte una bobina nueva de los mismos valores eléctricos que la antigua.

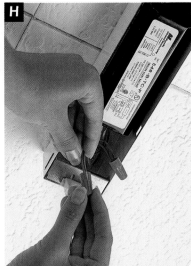

H

Conecte los hilos de la bobina a los cables de los casquillos mediante empalmadores, con los tornillos de los terminales o por inserción a presión, según el caso. Vuelva a colocar la tapa embellecedora, el tubo y el difusor. Restablezca la corriente.

Cambiar el casquillo de un fluorescente

Cuando un casquillo se rompe o un tubo deja de asentar firmemente en él, ha llegado el momento de cambiar el casquillo. Cuando acuda a la ferretería o al centro de bricolaje para adquirir un modelo de sustitución, lleve el antiguo como muestra para obtener uno idéntico.

Antes de empezar, desconecte la corriente del circuito en el cuadro de ditribución (página 395). Quite el difusor, el tubo y la tapa embellecedora (**foto A**).

Antes de quitar el casquillo compruebe si hay corriente: toque con una punta de prueba de un comprobador de circuito el tornillo de tierra, e introduzca la otra punta en cada uno de los empalmadores (**foto B**). El comprobador no debería encenderse. Si lo hace, regrese al cuadro y desconecte el circuito correcto.

Desmonte el casquillo defectuoso de la carcasa de la luminaria (**foto C**). Algunos casquillos se extraen por deslizamiento; otros han de desatornillarse.

Desconecte los hilos conectados al casquillo. Si el modelo es de inserción a presión, introduzca un pequeño destornillador en los orificios de desbloqueo. Algunos casquillos poseen terminales de conexión, mientras que otros tienen hilos permanentes que han de cortarse para poder quitar el casquillo (**foto D**).

Instale el casquillo nuevo. Si éste tiene hilos terminales permanentes, conecte éstos a los hilos de la bobina de inductancia por medio de empalmadores (**foto E**).

Coloque la tapa embellecedora, con cuidado de no aplastar los cables. Vuelva a colocar el tubo fluorescente, cerciorándose de que queda bien encajado en los casquillos. Coloque de nuevo el difusor y conecte la corriente en el cuadro de distribución.

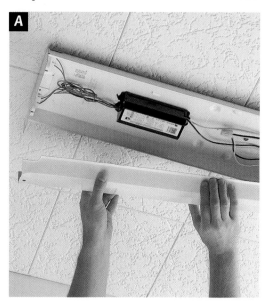

A

Quite el difusor, el tubo y la tapa embellecedora.

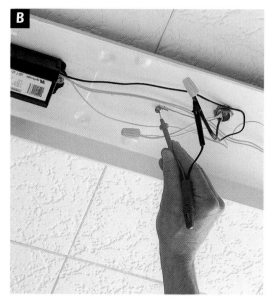

B

Utilice un comprobador de circuitos para ver si llega corriente a los hilos.

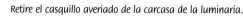

C

Retire el casquillo averiado de la carcasa de la luminaria.

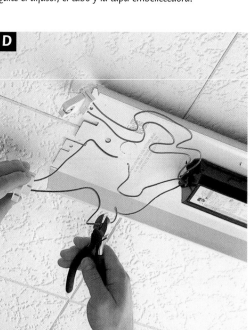

D

Desconecte los hilos unidos al casquillo.

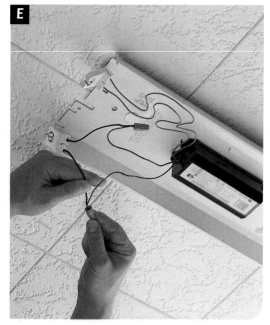

E

Monte un casquillo nuevo, uniendo los hilos con empalmadores.

Cambiar un fluorescente

F

Corte la corriente de la lámpara en el cuadro de distribución. Quite el difusor, el tubo y la tapa embellecedora. Compruebe si llega corriente con un comprobador de circuitos (página 440).

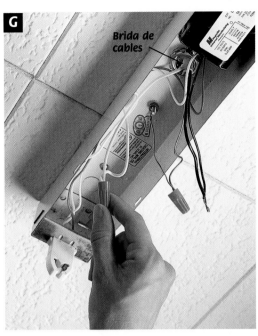

G

Brida de cables

Desconecte los hilos aislados del circuito y el hilo desnudo de tierra de la luminaria. Afloje la brida que sujeta los hilos del circuito.

H

Desatornille la luminaria del techo o la pared y retírela con cuidado de que no se caiga al desprenderla.

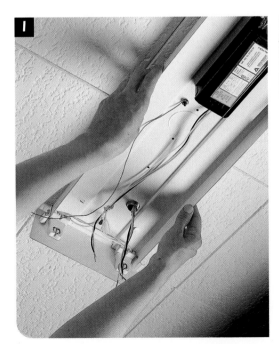

I

Coloque la nueva luminaria, introduciendo los hilos del circuito por las aberturas de su parte posterior. Fíjela sólidamente al techo o a la pared.

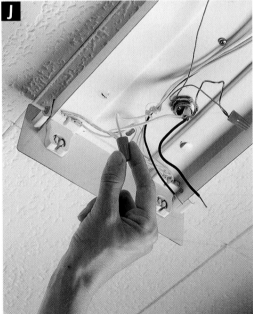

J

Conecte los hilos del circuito a los de la luminaria, mediante empalmadores. Siga el esquema de cableado que viene con la nueva luminaria. Apriete la brida que sujeta los hilos del circuito.

K

Coloque la tapa embellecedora de la luminaria, después el tubo o los tubos fluorescentes y por último el difusor. Restablezca la corriente en el cuadro de distribución.

Timbres

Los timbres están alimentados por transformadores que reducen la corriente de la red a un nivel de baja tensión, del orden de 20 voltios o menos. La corriente circula desde el transformador a uno o más pulsadores. Estos pulsadores activan una bobina magnética situada dentro de la campana o el carillón, que induce el movimiento de un núcleo para que golpee una barra que emite una nota musical.

En su mayoría, los problemas que aparecen en los timbres se deben a conexiones flojas o a pulsadores averiados. Otras causas posibles son un transformador quemado o una campana sucia o deteriorada, o la rotura de los cables de baja tensión.

Herramientas:
Destornillador, comprobador de continuidad, alicates de puntas, multímetro, comprobador de circuitos, rotulador.

Materiales:
Cinta aislante, algodón, alcohol de friegas, piezas de recambio (en caso necesario).

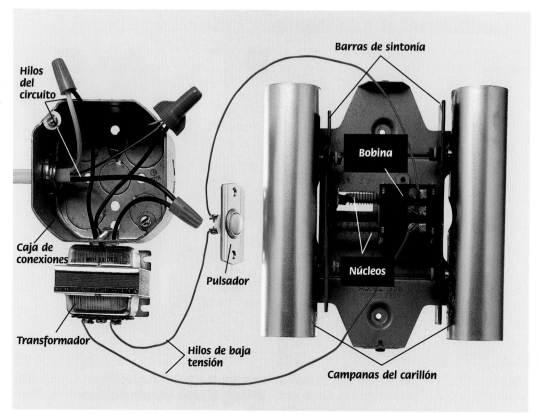

Prueba y sustitución de un pulsador de timbre

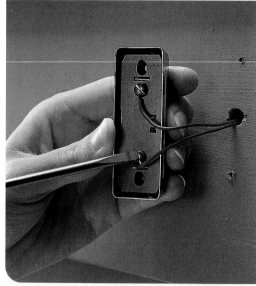

Quite los tornillos que sujetan el pulsador a la pared, y desmonte éste con cuidado. Compruebe las conexiones de los hilos de baja tensión. Vuelva a unir los hilos sueltos a los terminales y apriete los tornillos con un destornillador.

Oprima el pulsador. Si el timbre sigue sin funcionar, tendrá que verificar la continuidad del circuito. Empiece por desconectar los hilos del pulsador, y péguelos con cinta aislante a la pared para que no se deslicen al interior del orificio.

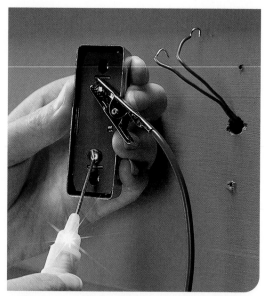

Sujete la pinza de un comprobador de continuidad a uno de los terminales y toque el otro con la punta de prueba del comprobador. Oprima el pulsador. Si el comprobador no se enciende, instale un pulsador nuevo: conecte los hilos a cada terminal y atornille el pulsador a la pared.

Prueba de un transformador de baja tensión

Después de descartar el pulsador como fuente del problema en el timbre, el siguiente paso es probar el transformador, que suele estar situado cerca del cuadro de distribución (foto A).

El transformador del timbre estará dimensionado para una tensión de 20 voltios o menos (foto B), inferior a la de los transformadores de las calderas de calefacción y otros dispositivos eléctricos de mayor voltaje.

Desconecte la corriente que llega al transformador desde el cuadro eléctrico (página 395). Quite la tapa de la caja de conexiones, y retire con cuidado el conector de empalme que mantiene unidos el hilo de corriente del circuito y el hilo terminal del transformador. No toque ningún hilo sin aislar.

Toque con una de las puntas de prueba del comprobador la caja metálica puesta a tierra, y con la otra cada uno de los extremos de los hilos de corriente (foto C). Repita la prueba con los hilos neutros. Si el comprobador se enciende en algún caso, el dispositivo estará recibiendo corriente. Acuda al cuadro eléctrico y desconecte el circuito correcto.

Vuelva a conectar los cables sueltos. Si alguna de las conexiones está hecha con cinta aislante, cámbiela por un conector de empalme (foto D). Vuelva a colocar la tapa.

Examine las conexiones de los cables de baja tensión. Conecte los hilos sueltos y apriete las conexiones de los terminales con unos alicates de puntas (foto E). Vuelva a conectar la corriente al transformador.

Pruebe la corriente con un multímetro ajustado a la escala de 50 voltios c.a. (corriente alterna). Toque los terminales del transformador con las puntas de prueba del multímetro (foto F).

El multímetro debería detectar una corriente igual al valor nominal del transformador con una diferencia de 2 voltios como máximo. En caso contrario, habría que cambiar el transformador por otro de igual valor de tensión (página 444).

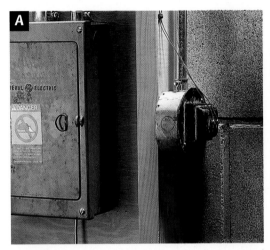

El transformador del timbre puede estar sujeto directamente al lateral del cuadro de servicio o a una caja de conexiones.

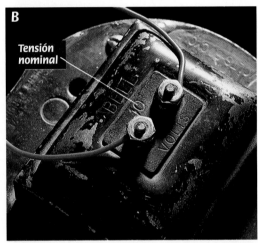

Identifique el tipo de transformador según su valor de tensión, que puede ser de 20 voltios o menos.

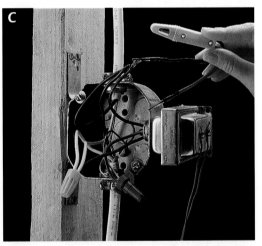

Use un comprobador de circuitos para verificar si llega corriente. Pruebe primero los hilos de corriente y después los neutros.

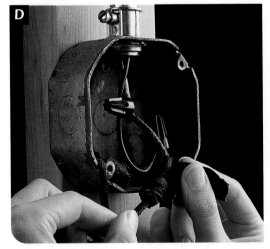

Compruebe las conexiones de los cables y si alguna de ellas está hecha con cinta aislante cambie la cinta por un conector de empalme.

Verifique las conexiones de los cables de baja tensión en la parte delantera del transformador. Vuelva a conectar los hilos sueltos con unos alicates de puntas.

Toque los terminales de baja tensión del transformador con las puntas de prueba de un multímetro.

Sustitución de un transformador de baja tensión

Antes de empezar, corte la corriente del transformador en el cuadro de distribución (página 395). Quite la tapa de la caja de conexiones.

Retire con cuidado el conector de empalme que une el hilo de corriente del circuito al hilo terminal del transformador (**foto A**), sin tocar ningún cable que no esté aislado.

Toque con una de las puntas de prueba de un comprobador de circuitos la caja metálica puesta a tierra, y con la otra los extremos de los hilos de corriente. Repita prueba con los hilos neutros. Si en cualquiera de los casos el comprobador se enciende, seguirá llegando corriente a la caja. Acuda al cuadro de distribución y desconecte el circuito correcto.

Desconecte también los hilos de tierra del interior de la caja, y después los hilos de baja tensión de los terminales del transformador (**foto B**).

Desatornille el soporte que sujeta el transformador dentro de la caja y desmonte éste.

Coloque el nuevo transformador en la caja de conexiones, uniendo los hilos de corriente y retorno del circuito a los hilos terminales del transformador y los de tierra del circuito al hilo de tierra del transformador (**foto C**). Conecte los hilos de baja tensión a los terminales del transformador, vuelva a colocar la tapa y conecte la corriente.

Retire el conector que agrupa los hilos de fase negros.

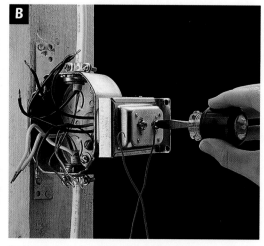

Desconecte todas las tomas del transformador.

Toma de tierra

Hilos de tierra del circuito

Conecte los hilos del circuito y los de tierra.

Prueba y sustitución de un carillón

Si los pulsadores y el transformador se hallan en buen estado, pero el timbre sigue sin funcionar, el problema debería estar en el carillón o en los hilos de bajo voltaje conectados al mismo.

Quite la tapa embellecedora del carillón, examine las conexiones de los cables de baja tensión y vuelva a conectar toda unión suelta (**foto D**).

Pruebe la corriente con un multímetro ajustado a la escala de 50 voltios c.a. Toque el terminal TRANS del transformador con una punta de prueba del comprobador y, con la otra, el terminal delantero del transformador (**foto E**).

El multímetro debería dar una lectura de corriente igual al valor nominal del transformador con una diferencia de 2 voltios como máximo. Si registra una tensión menor, es que hay alguna interrupción en el cableado de baja tensión. Repita esta prueba con el interruptor posterior del timbre, cambiando la punta de prueba del multímetro al terminal trasero del transformador.

Utilice los resultados de la prueba para determinar si existe una interrupción entre los interruptores y el carillón, o entre éste y el transformador. Sustituya cualquier cable que esté interrumpido.

Si llega corriente al carillón pero el timbre no suena, tal vez se hayan atascado los núcleos móviles con pelusa y suciedad. Límpielos con un bastoncillo de algodón mojado en alcohol de friegas (**foto F**). No lubrique estos núcleos con aceite.

Pruebe el carillón accionando uno de los pulsadores. Si sigue sin funcionar, cambie el aparato por otro nuevo del mismo valor de tensión.

Para cambiar el carillón corte la corriente que llega al timbre en el cuadro de distribución (página 395).

Etiquete con cinta aislante o de máscara cada uno de los cables de baja tensión para señalar el terminal del timbre al que estaba conectado (**foto G**). Desconecte los cables.

Afloje los tornillos de montaje y quite el carillón antiguo (**foto H**).

Sujete temporalmente los hilos de baja tensión a la pared con cinta aislante para evitar que se deslicen hacia el interior del tabique (**foto I**).

Introduzca los hilos de baja tensión por los orificios de la base del nuevo carillón (**foto J**).

Fije el nuevo carillón a la pared con los tornillos de montaje y los tacos incluidos en el juego de instalación (**foto K**).

Conecte cada cable a su terminal correspondiente con ayuda de un destornillador (**foto L**).

Vuelva a colocar el embellecedor en el nuevo carillón. Restablezca la corriente en el cuadro de distribución y compruebe si el timbre funciona.

Verifique las conexiones de los cables y vuelva a conectar los hilos a los terminales.

Compruebe si llega corriente sosteniendo las puntas de prueba del comprobador en contacto con los terminales.

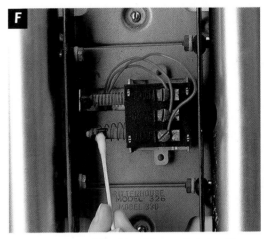

Limpie los núcleos móviles del carillón con alcohol de friegas.

Etiquete los hilos de baja tensión antes de desconectarlos.

Afloje los tornillos de montaje y retire el carillón antiguo.

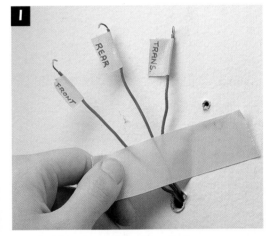

Sujete los hilos a la pared con cinta adhesiva para que no se introduzcan en el hueco.

Introduzca los hilos por el orificio de la base del nuevo aparato.

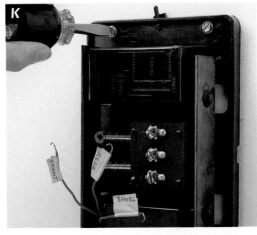

Fije la base a la pared con tornillos de montaje.

Conecte los hilos de baja tensión a sus terminales correspondientes.

Teléfonos

Aunque la compañía telefónica es la propietaria de los cables que llevan el servicio de teléfono a su casa, el usuario está autorizado a reparar o prolongar su cableado telefónico a partir del llamado *cajetín de enganche*, situado normalmente en un sótano o una zona de servicios, aunque también puede montarse en las zonas de estar de la vivienda (**foto A**).

Como la tensión que llega a los cables telefónicos es muy baja, apenas existe riesgo de descarga eléctrica al trabajar con ellos. Aun así, lo mejor es evitar la humedad en estas tareas. Además, las personas con marcapasos no deben manipular el cableado telefónico, ya que las débiles corrientes eléctricas de las líneas podrían perturbar el funcionamiento de este dispositivo.

Los arreglos comunes realizados en un teléfono, como cambiar un conector modular roto o suelto, instalar una toma modular en lugar de una antigua o añadir una caja de conexiones que permita aumentar el número de aparatos supletorios en cualquier lugar de la casa, están al alcance de cualquiera.

Para saber si una avería está en la línea o en el cableado interior de la casa puede conectarse el aparato directamente al cajetín de enganche. Si al enchufarlo en este cajetín no se recibe señal, el problema es externo y ha de ser reparado por la compañía telefónica. En caso contrario, el problema estará en el cableado interior de la casa.

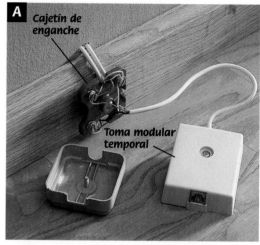

A Cajetín de enganche

Toma modular temporal

La conexión de una toma modular al cajetín de enganche le permitirá diagnosticar el origen de un problema en la línea.

Sistema telefónico de una vivienda

Este diagrama muestra la configuración típica del sistema telefónico de una casa. La compañía de teléfonos es propietaria de los cables que entran en la casa hasta el cajetín de enganche, y responsable, por tanto, de su mantenimiento. El cableado y las tomas de teléfono instalados a partir de este punto en los diversos lugares de la casa son responsabilidad del usuario.

Si su sistema telefónico es relativamente nuevo, tal vez contará con un concentrador de distribución, o caja de conexiones, que lleva las líneas individuales a cada una de las tomas de teléfono de la casa. Este método es el más adecuado para el cableado telefónico, ya que la avería de alguna de las líneas interiores no conllevaría el fallo de las restantes. En un sistema con caja de conexiones es fácil añadir una toma nueva, para lo que basta con tender nuevos cables desde la caja hasta el lugar de destino.

En los sistemas telefónicos más habituales se utiliza, sin embargo, el método del *bucle continuo*, en el que las diversas tomas de teléfono de la casa están instaladas formando un único circuito de cables que discurre por toda la vivienda. Aunque es sencillo de instalar, este sistema hace que cualquier problema en una de las tomas afecte a todas las restantes, que quedarán inutilizadas.

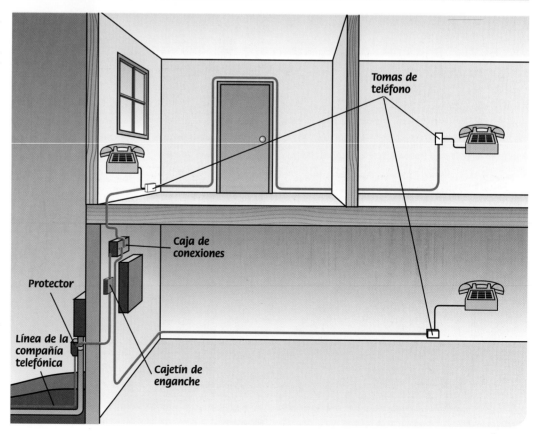

Tomas de teléfono

Caja de conexiones

Protector

Línea de la compañía telefónica

Cajetín de enganche

Solución a los problemas del teléfono

Problemas	Causas posibles	Soluciones
Ausencia de tono en la línea.	Hilos cruzados.	Compruebe que los hilos de cobre del interior de las tomas no se tocan.
Electricidad estática en la línea.	Los hilos pueden estar húmedos.	Compruebe la posible presencia de humedad en las tomas telefónicas.
	Posibles conexiones flojas.	Revise todas las conexiones.
Zumbidos en la línea.	Los hilos pueden estar en contacto con metal.	Compruebe todos los hilos y las conexiones.
	Puede haber hilos conectados a terminales erróneos.	Verifique el código de color de las conexiones.

Cambio de un conector modular

Con el paso del tiempo, los conectores modulares que unen el teléfono a la toma de pared pueden aflojarse y deteriorarse. Para cambiar estos conectores se necesitan unos alicates de montaje especiales y un juego de conectores bastante económicos.

Quite el cable del teléfono de la toma de pared y del teléfono. Utilice un cortacables para seccionar el cable justo debajo del conector que va a cambiar (**foto B**), procurando hacer el corte en ángulo recto.

Introduzca el cable en el hueco que corresponda de los alicates de montaje para pelar el extremo, apretando el mango de la herramienta. Tire del cable para quitar el aislante (**foto C**), cerciorándose de que no corta el aislante interior individual de ninguno de los hilos.

Coloque los cables dentro del conector de plástico, hasta que queden bien alineados y toquen los contactos metálicos. Es importante insertar los hilos de forma que la secuencia sea opuesta a la del conector del otro extremo del cable.

Introduzca el conector modular y el cable en la abertura adecuada de los alicates de montaje para engarzar ambos rígidamente, y mantenga apreta-do el mango de la herramienta durante unos segundos para estar seguro de que la unión es firme (**foto D**).

Herramientas:
Alicates de montaje, cortacables.

Materiales:
Conectores telefónicos modulares

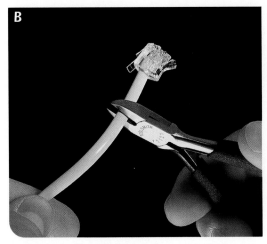

Desconecte el cable telefónico de la línea y corte el extremo con un cortacables.

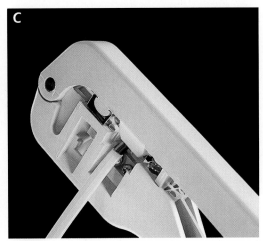

Introduzca el extremo del cable en los alicates de montaje para pelarlo.

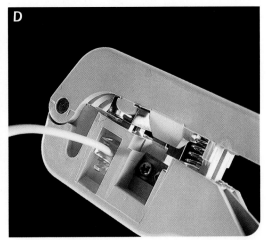

Introduzca el extremo pelado del cable en un conector y coloque éste en la ranura adecuada de los alicates de montaje. Apriete el mango de la herramienta para engarzar el conector.

Instalación de una toma modular

En los modernos sistemas telefónicos se emplean tomas modulares para facilitar la instalación de teléfonos, contestadores automáticos y equipos de módem. Pero estas tomas pueden sufrir desgaste para, con el tiempo, tener que ser sustituidas. Además, si el cableado del teléfono es antiguo, tal vez las tomas no acepten los cables modulares actuales, por lo que no sería mala idea pensar en cambiarlas por modelos modulares.

Para instalar una toma modular, empiece por desconectar el teléfono de la toma. Desmonte la toma de la pared o el rodapié con ayuda de un destornillador, y tire de ella suavemente (**foto A**).

Desconecte los cables individuales de los terminales de la toma. Corte las puntas peladas de los hilos con un cortacables (**foto B**).

Quite la tapa de la caja de terminales de la nueva toma modular e introduzca los cables por la parte posterior de la base. Los hilos de cada color deben insertarse en las posiciones de la caja que tienen su mismo color (**foto C**). En cada orificio deben entrar aproximadamente 13 mm de cable.

La mayoría de los cables de teléfono tienen cuatro hilos: rojo, verde, amarillo y negro, aunque son posibles otros códigos de color. Utilice las normas siguientes como guía para la conexión de cables:

El terminal rojo aceptará:
  • un hilo rojo
  • un hilo azul
  • un hilo azul con banda blanca
El terminal verde aceptará:
  • un hilo verde
  • un hilo blanco con banda azul
El terminal amarillo aceptará:
  • un hilo amarillo
  • un hilo naranja
  • un hilo naranja con banda blanca
El terminal negro aceptará:
  • un hilo negro
  • un hilo blanco con banda naranja

Herramientas:
Alicates de montaje, cortacables.

Materiales:
Toma modular.

Si en el cable existen más hilos (normalmente, blancos y verdes), pueden dejarse sin conectar a la toma. La compañía telefónica los usa en general para añadir más líneas de teléfono en caso necesario.

Atornille la caja de terminales a la pared, usando los tornillos que vienen con la toma, y coloque la tapa a presión (**foto D**). Conecte un teléfono a la nueva toma para asegurarse de que funciona.

Consejo útil

Éste es un buen momento para añadir nuevas tomas y ampliar la línea del teléfono. Instale estas nuevas tomas donde mejor le convenga, y luego tienda el cable entre ellas y conecte los hilos de igual forma que hizo para la primera.

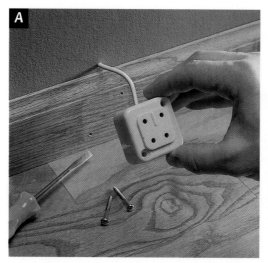
Quite la tapa de la toma telefónica antigua y desatornille ésta de la pared.

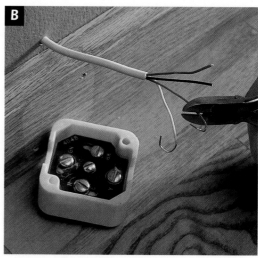
Desconecte los hilos de la toma. Corte las puntas peladas de los hilos con unos alicates de montaje o un cortacables.

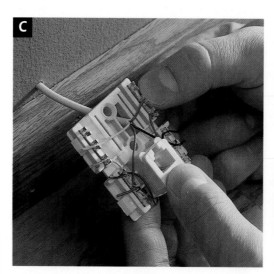
Introduzca los cables por la parte posterior, acoplando el hilo de cada color a la ranura que corresponda de la regleta.

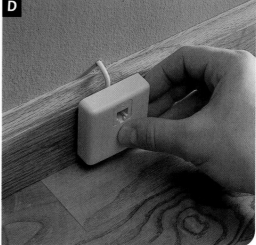
Vuelva a atornillar la caja de terminales a la pared, y coloque la tapa en la nueva toma. Compruebe que ésta funciona.

Instalación de una caja de conexiones telefónicas

Si su sistema telefónico carece de caja de conexiones, le puede resultar conveniente añadirla para facilitar nuevos cableados o añadir extensiones telefónicas en el futuro.

El mejor lugar al que conectar una de estas cajas es directamente al cajetín de enganche, situado normalmente cerca del lugar por donde entran en la casa los cables del teléfono. A veces, este cajetín está dispuesto en el muro exterior de la casa, aunque es más normal que se coloque en el sótano o en una zona de servicios.

Para empezar, elija el lugar más cercano posible al cajetín para colocar su caja de conexiones. Quite la tapa de la caja, y fije esta última a la pared, un rodapié o un elemento estructural, utilizando los tornillos de montaje que vienen incluidos **(foto E)**.

Tienda el cable telefónico hasta el cajetín de enganche, sujetándolo a la pared o a los elementos estructurales con grapas cada 60 cm. NOTA: Algunas cajas de conexiones tienen un cable con un conector modular que puede enchufarse directamente al cajetín de enganche.

Corte todo el cable excepto unos 12 cm en el extremo del cajetín y quite unos 7,5 cm de aislante exterior con unos alicates de montaje. Retire también 2,5 cm del aislante interno de cada uno de los hilos individuales con un cúter. Retuerza los hilos de cobre en el sentido de las agujas del reloj alrededor de los terminales del cajetín de enganche, siguiendo el código de color indicado. Apriete los tornillos de los terminales.

En el extremo del cable de la caja de conexiones, descubra 7,5 cm de aislante con los alicates de montaje. Tenga cuidado de no levantar o dañar los aislantes de los hilos individuales.

Afloje un tornillo terminal de cada una de las secciones con código de color de la caja de conexiones. Introduzca cada uno de los hilos en una ranura de la sección que corresponda. En la ranura deberían entrar unos 13 mm de hilo **(foto F)**.

En la caja de conexiones introduzca un cable por cada línea telefónica supletoria **(foto G)**, siguiendo el mismo procedimiento utilizado para tender cables hasta el cajetín de enganche. Coloque los cables con los extremos doblados hacia arriba para que no se toquen unos con otros. Vuelva a colocar la tapa de la caja de conexiones.

Herramientas:
Alicates de montaje, cúter, destornillador.

Materiales:
Caja de conexiones con tornillos de montaje, cable telefónico, grapas

Fije la caja de conexiones a una pared o a un elemento estructural en un lugar fácilmente accesible desde el cajetín de enganche.

Pele el extremo de los hilos de la caja y conéctelos a los terminales del cajetín de enganche.

Conecte los cables de las distintas extensiones telefónicas a los terminales de la caja de conexiones.

Calefacción, ventilación y aire acondicionado

El sistema de calefacción, ventilación y aire acondicionado es uno de los básicos de una vivienda, que la hacen realmente habitable. Cuando algunas de las habitaciones de una casa son demasiado cálidas o frías, o tienen problemas de humedad, es normal que sus ocupantes prefieran otras más confortables y apenas pasen tiempo en las primeras. Así, un sistema de calefacción, ventilación y aire acondicionado bien mantenido conserva niveles cómodos de temperatura y humedad en toda la casa, con independencia de las condiciones meteorológicas del exterior.

En la mayoría de las viviendas, la fuente principal de calefacción es una caldera, donde se genera calor mediante la quema de un combustible y desde la cual se hace circular agua o aire calientes a otras partes de la casa. Este fluido circulante recorre una serie de conductos o tuberías hasta llegar a registros, radiadores o convectores que permiten caldear cada una de las habitaciones.

La ventilación sirve para que entre aire fresco en la casa, lo que también ayuda a regular los niveles de humedad y temperatura. Sin una ventilación adecuada, la atmósfera de la vivienda puede viciarse, y la concentración de gases nocivos como el radón y el monóxido de carbono tal vez alcance niveles peligrosos.

Los sistemas centrales de aire acondicionado reducen la temperatura capturando el calor en un medio refrigerante y transfiriéndolo al exterior de la casa, al tiempo que distribuyen el aire enfriado por una serie de conductos hasta las distintas habitaciones. Los acondicionadores de aire instalados en las ventanas funcionan según este mismo principio, aunque sólo en habitaciones individuales o áreas limitadas. El funcionamiento de las bombas de calor se basa en principios idénticos a los de los equipos de aire acondicionado, con la ventaja de que pueden servir para calefacción y refrigeración, ya sea extrayendo calor del aire frío externo durante las épocas invernales o extrayendo el calor del aire interior en tiempo caluroso. En las siguientes páginas se ofrecen instrucciones básicas para el mantenimiento y las reparaciones esenciales de los sistemas de calefacción, ventilación y aire acondicionado.

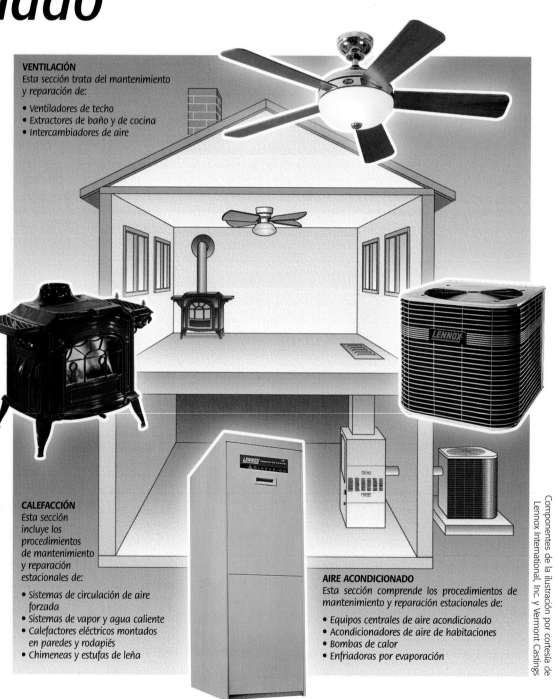

VENTILACIÓN
Esta sección trata del mantenimiento y reparación de:

- Ventiladores de techo
- Extractores de baño y de cocina
- Intercambiadores de aire

CALEFACCIÓN
Esta sección incluye los procedimientos de mantenimiento y reparación estacionales de:

- Sistemas de circulación de aire forzada
- Sistemas de vapor y agua caliente
- Calefactores eléctricos montados en paredes y rodapiés
- Chimeneas y estufas de leña

AIRE ACONDICIONADO
Esta sección comprende los procedimientos de mantenimiento y reparación estacionales de:

- Equipos centrales de aire acondicionado
- Acondicionadores de aire de habitaciones
- Bombas de calor
- Enfriadoras por evaporación

Componentes de la ilustración por cortesía de Lennox International, Inc. y Vermont Castings

Salud y seguridad en los sistemas de calefacción, ventilación y aire acondicionado

Los estudios de salud pública han demostrado que algunas de las peores condiciones de contaminación del aire que se conocen tienen lugar en el interior de las casas. Como probablemente pasará más tiempo dentro de casa que fuera, debe tener especial cuidado con los riesgos que los sistemas de calefacción y refrigeración pueden entrañar para su salud.

Un riesgo común asociado a los sistemas de calefacción es el amianto, material que fue muy utilizado durante años como aislante de tuberías y de conductos de calefacción (**foto A**). También se empleaba para planchas de pared, masillas para juntas, ripias, baldosas, cañones de chimeneas y otras muchas superficies refractarias. En estado estable, el amianto no supone ningún riesgo para la salud. Pero cuando se vuelve inestable, desprende fibras microscópicas que pueden provocar irritación cutánea o problemas respiratorios, incluido cáncer de pulmón. Si le preocupa la posible presencia de amianto en su casa, puede solicitar los servicios de un especialista en eliminación de este material.

Durante algunos años, algunos materiales de construcción, desde tableros de madera prensada y aislantes hasta moquetas, paneles y muebles, contenían formaldehído.

El gas radón, incoloro e inodoro, aparece de modo natural en algunas zonas y puede traspasar los suelos y muros de los sótanos para adentrarse en las casas, de manera que su presencia tan sólo puede reducirse, pero no eliminarse. Existen equipos especiales para comprobar los niveles de radón (**foto B**). La forma más común de reducir el contenido de este gas consiste en sellar herméticamente los suelos y los muros de los sótanos y en mantener bien ventiladas las cámaras situadas bajo el piso de la planta baja.

Puede que el polen, los virus, las bacterias y otros agentes irritantes de la piel y las vías respiratorias parezcan no tener relación con los sistemas de calefacción y refrigeración. Sin embargo, algunos microorganismos proliferan en zonas mal aisladas o ventiladas. Muchos de estos riesgos orgánicos pueden mitigarse mediante el uso de un filtro electrostático o un intercambiador de aire (**foto C**).

El monóxido de carbono (CO), un subproducto de la combustión, supone un peligro para la salud. La intoxicación por CO es letal. A menudo, los primeros síntomas de esta intoxicación son mareo, dolor de cabeza, náuseas y somnolencia. Las fuentes potenciales de CO son fugas en tubos de humos, cañones de chimeneas, cocinas de gas y estufas y chimeneas de leña (**foto D**). Para reducir al mínimo las posibilidades de quedar expuesto a niveles peligrosos de este gas, conviene inspeccionar las calderas cada dos años, y utilizar detectores de monóxido de carbono homologados (**foto E**).

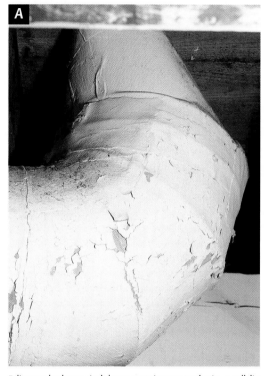

Evite manipular materiales que contengan amianto, y solicite los servicios de un especialista en su eliminación cuando estos materiales muestren signos de deterioro.

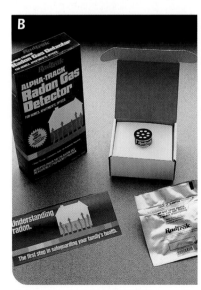

El gas radón puede detectarse con un equipo de detección adquirible en centros de bricolaje. Un especialista en la eliminación de este gas puede indicarle formas de reducir la presencia de radón a niveles tolerables.

Un sistema de ventilación con recuperación de calor proporciona aire fresco con una pérdida térmica mínima, permitiendo eliminar muchos de los agentes irritantes y contaminantes presentes en el aire de las viviendas superaisladas.

Un tubo de chimenea deteriorado puede ser una fuente de monóxido de carbono dentro de una casa. Sustituya la sección dañada y aíslela bien.

Utilice un detector de CO homologado e inspeccione su sistema de calefacción cada dos años para medir los niveles de este gas.

Calefacción

La calefacción de una vivienda sería extremadamente costosa e ineficaz si el sistema tuviera que calentar en todo momento aire frío del exterior. Para evitarlo, los modernos sistemas de calefacción reciclan el agua o el aire que utilizan para caldear la casa. Así, el aire o el agua previamente calentados pueden volverse a calentar para compensar el progresivo enfriamiento que sufren en su tránsito por la vivienda. La ilustración de la derecha muestra el ciclo básico de un sistema de calefacción común. Una caldera quema el combustible que le llega de un depósito de almacenamiento o de una línea de servicio para calentar agua o aire. Los gases de escape del proceso de combustión se emiten al exterior por una chimenea o un tubo de ventilación. Por su parte, un sistema compuesto de conductos y tuberías lleva el agua o el aire caliente o el vapor a la mayoría de las habitaciones de la casa. En éstas, registros, radiadores o convectores hacen circular el aire o el agua por las piezas de la vivienda. El sistema incluye además un mecanismo para devolver el aire o el agua enfriados a la caldera, donde vuelven a calentarse y a reciclarse.

Aunque algunos sistemas de calefacción modernos utilizan materiales de alta tecnología y métodos de suministro muy elaborados (por ejemplo, el calor radiante se basa en un laberinto de tubos termoplásticos o cables de calefacción eléctrica instalados en el suelo o el techo), en general su reparación rara vez está al alcance del propio usuario. Lo más frecuente en las viviendas individuales es el uso de calderas que queman gas natural, propano líquido o gasóleo, y que transmiten el calor por conductos o tuberías.

Para mantener el sistema de calefacción en buen estado de funcionamiento y evitar costosas e incómodas averías, conviene aplicar un mantenimiento preventivo con periodicidad estacional. Un termopar y un tubo del quemador limpios mejoran enormemente la eficacia de la caldera de gas. Igualmente, un quemador de gasóleo limpio y bien lubricado rendirá largos años de servicio sin problemas.

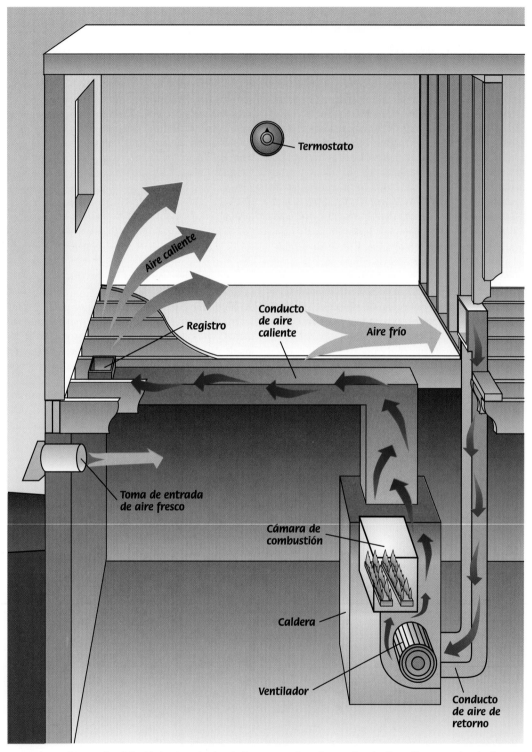

Los modernos sistemas de calefacción hacen recircular el aire o agua calentados. Muchos de ellos utilizan entradas de aire para garantizar un suministro adecuado de aire fresco a la vivienda.

Herramientas y materiales

Entre las herramientas para reparar sistemas de calefacción se incluyen las siguientes: cemento refractario para sellar fugas en la caldera (1); comprobador de circuitos (2); embudo para verter antioxidantes y otros líquidos (3); multímetro, para comprobar la continuidad de los circuitos de los aparatos eléctricos (4); llave grifa para apretar uniones grandes (5); aceite de maquinaria ligera, para lubricar piezas móviles (6); cubo para drenar la caldera y purgar radiadores y convectores (7); manguera de jardín, para vaciar el sistema de calefacción (8); llaves para tuercas, de carraca y fijas, además de destornilladores para apretar tuercas, tornillos y pernos en calderas, tubos de humos, compuertas reguladoras y pequeños electrodomésticos (9); termómetro de bolsillo, para verificar la temperatura de los conductos (10); herramienta para enderezar las aletas de la bomba de calor o el acondicionador de aire (11); cincel, para eliminar depósitos del humidificador (12); alicates de boca ancha, para enderezar aletas de convector (13), y limpiador de puntas de termopares (14).

Sistemas comunes de calefacción

El método más común de calefacción doméstica se basa en el uso de aire calentado por una caldera e impulsado a través de conducciones que lo llevan a las distintas habitaciones. Este método de calor por aire forzado (páginas 454 a 463) es uno de los tres sistemas de calefacción (aire forzado, vapor y agua caliente y calefacción eléctrica) que se tratan en este libro. El aire forzado es el medio más habitual de calefacción en las viviendas, ya que utiliza combustibles que, como el gas natural o el propano líquido, resultan más asequibles que otras fuentes de calor.

La calefacción por vapor y agua caliente, aunque hoy rara vez se instala, sigue siendo relativamente corriente en las viviendas antiguas (páginas 464 a 469). Esta forma de calefacción se basa en una caldera que normalmente quema gasóleo o gas natural y transfiere agua caliente o vapor a los radiadores y convectores de las habitaciones.

También se utiliza electricidad como método de calefacción, sobre todo en zonas de clima templado. En climas fríos, la energía eléctrica se usa en general como fuente calorífica complementaria

(páginas 470 a 475). Para caldear habitaciones anexas o pequeñas zonas de la casa a las que no llega una cantidad suficiente de calor de la caldera se suelen usar calefactores montados en el rodapié o la pared.

La leña es un combustible de calefacción muy económico y extendido (páginas 476 y 477). Con un mantenimiento adecuado, las estufas y chimeneas de leña hoy disponibles queman la madera de forma mucho más limpia y eficaz que los modelos antiguos.

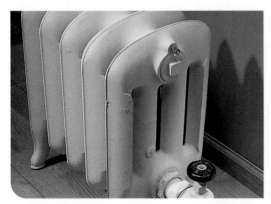

Los radiadores de agua caliente y vapor apenas requieren otro mantenimiento que la purga ocasional para liberar el aire atrapado.

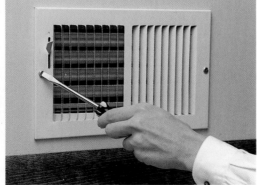

Los registros de las habitaciones que permiten la circulación de aire caliente procedente de la caldera funcionan mejor si se desmontan y se limpian con el cambio de estación.

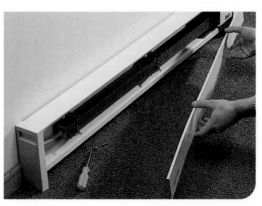

Los calefactores eléctricos adosados al rodapié deben limpiarse al inicio de la estación fría para eliminar el polvo de la resistencia.

Sistemas de aire forzado por gas

Los sistemas de aire forzado por gas se utilizan ampliamente en zonas frías de todo el mundo. Las calderas de estos sistemas, que utilizan gas natural o propano líquido, aspiran el aire circundante, lo canalizan por un conjunto de placas calientes que conforman el llamado *intercambiador de calor* y emplean un ventilador impelente para hacerlo circular por toda la casa (**ilustración**). La cámara de la parte superior de la caldera, llamada *plenum*, conduce el aire caliente desde la caldera a una red de conductos (**foto A**), que llevan el aire caliente a registros o respiraderos montados en las paredes o los techos. Para mantener el ciclo se usan *conductos de retorno* para trasladar el aire que se enfría en cada habitación de nuevo a la caldera, donde se recalienta y recicla. Los sistemas más antiguos aprovechan la gravedad para transportar el aire caliente por toda la casa y devolver el aire frío a la caldera.

Los avances en el diseño de las viviendas han obligado a incluir algunos cambios en los sistemas actuales de aire forzado. El sistema tradicional funciona reciclando el aire del interior de la vivienda. En casas antiguas con corrientes de aire, este sistema funciona bien, dado que se capta aire fresco del exterior, pero en las nuevas viviendas superaisladas surge la complicación de que se está haciendo recircular constantemente agentes contaminantes que provocan dolencias respiratorias y otros problemas de salud. Muchas ordenanzas de construcción exigen que las nuevas viviendas incluyan tomas de entrada de aire fresco para reducir estos riesgos. En algunas casas se utiliza un ventilador de recuperación térmica que mejora la calidad del aire sin una pérdida importante de calor, al dirigir aire exterior precalentado hacia el sistema.

Los constructores han empezado también a instalar sistemas de aire forzado de alta velocidad, que amplían el espacio habitable al utilizar tubos de pequeño diámetro que ocupan un volumen notoriamente inferior en los techos y paredes que los conductos de chapas metálicas.

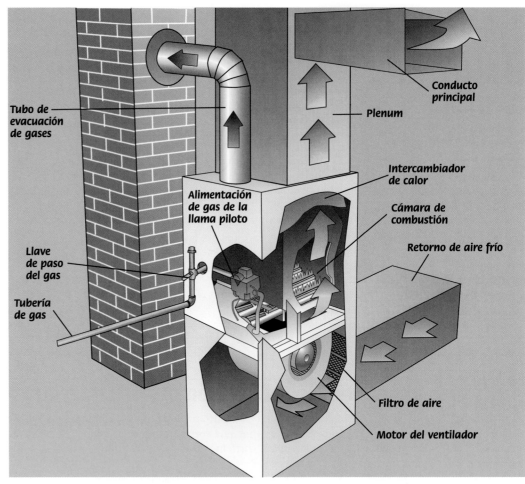

Tubo de evacuación de gases

Alimentación de gas de la llama piloto

Llave de paso del gas

Tubería de gas

Conducto principal

Plenum

Intercambiador de calor

Cámara de combustión

Retorno de aire frío

Filtro de aire

Motor del ventilador

Localizar la ubicación del plenum y el retorno de aire frío, así como del conducto principal que desemboca en las distintas habitaciones de la casa, es una buena práctica que permite familiarizarse con el sistema de aire forzado.

A

En la mayoría de las casas nuevas se utiliza un sistema de calefacción por aire forzado que incluye conductos (arriba) o tubos de alta velocidad de pequeñas dimensiones. Muchos sistemas contienen también un humidificador y un acondicionador de aire incorporados que utilizan la misma red de conductos.

Equilibrado de un sistema de aire forzado

La mayoría de los sistemas de aire forzado cuentan con reguladores, o compuertas, dentro de los conductos, para controlar la cantidad de aire que llega a las diversas zonas de la casa. Estas compuertas son independientes de los registros empleados para administrar el flujo de aire dentro de cada habitación. El ajuste ocasional de las compuertas asegura que las habitaciones más alejadas de la caldera reciban suficiente aire caliente, y que las más próximas no alcancen una temperatura demasiado elevada. Tal operación recibe el nombre de *equilibrado* del sistema.

El equilibrado del sistema es relativamente sencillo, pero lograr un ajuste preciso lleva su tiempo (a menudo, varios días). Para empezar, localice la posición de las compuertas (**ilustración**). Cuando la palomilla o el mando de la compuerta son paralelos al conducto, están abiertos y permiten un flujo de aire máximo. En posición perpendicular al conducto, estarán cerrados (**foto B**), restringiendo así el paso de aire en la máxima medida posible. Si el sistema carece de compuertas, o necesita algunas adicionales, el propio usuario podrá instalarlas o recabar la ayuda de un profesional.

Para equilibrar el sistema, empiece por ajustar el termostato a la posición que usaría cuando estuviera en casa. Cierre las compuertas que llevan a la habitación donde está el termostato. Espere unas horas y diríjase a las habitaciones más alejadas de la caldera. Si estas habitaciones están demasiado calientes, déjelas para más tarde, cuando haya abierto más compuertas; si están excesivamente frías, pida a un profesional que eleve la velocidad del motor del ventilador del interior de la caldera. Compruebe si la temperatura de las restantes habitaciones es confortable. Después del ajuste de cada compuerta, espere unas horas hasta que se estabilice la temperatura del aire.

Cuando se sienta satisfecho con la cantidad de aire y calor que recibe cada habitación, utilice un rotulador para indicar en cada conducto el ajuste correcto de la compuerta (**foto C**). Repita el proceso en verano para ajustar el sistema de aire acondicionado, incluyendo un segundo grupo de anotaciones que señale los ajustes correctos de la compuerta en refrigeración.

Abra o cierre la compuerta introduciendo un destornillador normal en el mando o girando la palomilla de control.

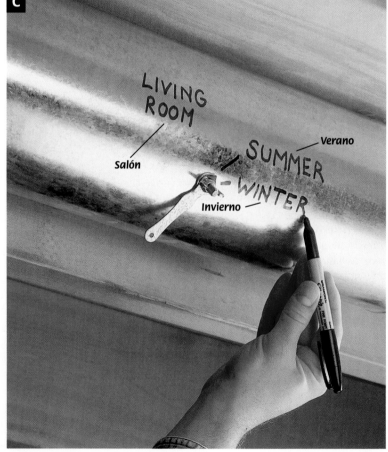

Marque las posiciones de ajuste de la compuerta en cada lado del conducto, e indique la habitación a la que corresponden los ajustes.

Mantenimiento de un sistema de aire forzado

La mayoría de las operaciones rutinarias de mantenimiento de las calderas están al alcance del propio usuario. En general, cuanto más modernas son las calderas más sencillas resultan estas operaciones, ya que no existe un número elevado de componentes que exijan un mantenimiento frecuente.

Las calderas instaladas desde la década de 1980 carecen, en su mayoría, de piloto controlado por termopar. De hecho, la llama piloto de las calderas antiguas ha sido eliminada por completo. En la mayoría de los casos, se ha sustituido por un piloto intermitente que sólo se enciende cuando el termostato demanda calor, o por un elemento incandescente, llamado *encendedor de superficie caliente*. Cuando se avería, un piloto intermitente ha de ser reparado por un técnico profesional. En cambio, un encendedor de superficie caliente puede cambiarlo el propio usuario.

Aproveche esta sección para conocer y aplicar los procedimientos de mantenimiento que se emplean en las calderas domésticas.

Antes de emprender ninguna tarea de mantenimiento, cierre el suministro de gas tanto del cuerpo de la caldera como del piloto, si estuvieran separados. Después, apague el interruptor eléctrico de la caldera y acuda al cuadro de distribución para cerrar el circuito que abastece de corriente a la caldera. Repase las posibles advertencias en el manual del fabricante, o cualquier instrucción especial relativa a la caldera. A continuación, limpie la zona para trabajar en un espacio seguro.

Empiece por el procedimiento más sencillo e importante de mantenimiento de calderas: el del filtro de aire. Existen muchos tipos de filtros. En la sección que figura seguidamente se indica el modo de limpiarlos y la frecuencia con que han de sustituirse.

Herramientas:
Destornillador plano, llave de carraca, llave para tuercas, juego de llaves fijas, regla, alicates regulables, limpiador de termopares, cepillo para piezas.

Materiales:
Detergente líquido suave, aceite para maquinaria ligera.

Cambiar el filtro de aire

El filtro de la caldera de aire forzado está diseñado de forma que capture el polvo, el polen y otras partículas del aire que, de otro modo, entrarían en circulación en cuanto se encendiera el ventilador. El filtro debe limpiarse con regularidad, según las especificaciones del fabricante, y revisarse una vez al mes. Busque el compartimiento del filtro y quite la tapa de acceso **(foto A)**. La posición del compartimiento depende del tipo de caldera y de filtro. Muchos filtros van alojados en una ranura situada entre el conducto de aire de retorno y el ventilador. Otros se montan dentro del compartimiento de la caldera principal. Los filtros electrostáticos se instalan en una unidad independiente de la caldera.

Tire del filtro para sacarlo de su compartimiento, con cuidado de que no quede atascado en los laterales de la caja del ventilador. Vuélvalo hacia arriba para verlo bien **(foto B)**. Si es muy opaco a la luz, sustitúyalo por otro. Los filtros electrostáticos pueden reutilizarse después de limpiarlos. Lea siempre las instrucciones del fabricante sobre las características del filtro.

Muchos filtros están situados entre el conducto del aire de retorno y el ventilador, apoyados en una ranura o un soporte.

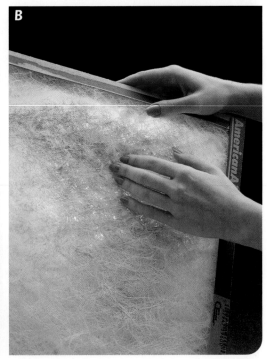

Sostenga el filtro delante de una luz intensa y examínelo al trasluz.

Mantenimiento del motor del ventilador

Revise el motor del ventilador antes del principio de cada nueva estación cálida, y también antes de que se inicie la estación fría si el sistema de aire acondicionado utiliza el mismo ventilador.

Apague la corriente eléctrica de la caldera. Retire el panel de acceso de la carcasa del ventilador e inspeccione el motor (foto C). Algunos motores poseen orificios de lubricación y una correa de transmisión ajustable y sustituible. Otros se autolubrican y tienen un mecanismo de accionamiento directo. Limpie el motor con un paño húmedo y busque los orificios de llenado de aceite. Puede que en el panel de acceso haya un diagrama que indique su posición. Quite las tapas de estos orificios (si existen) y añada unas gotas de aceite para maquinaria ligera (foto D). Vuelva a colocar las tapas.

Con la electricidad cortada, inspeccione la correa. Si está agrietada, desgastada, vidriosa o quebradiza, sustitúyala. Verifique la tensión de la correa tirando suavemente de su parte central, entre la polea del motor y la del ventilador (foto E). La correa debería ceder unos 2 cm. Para apretarla o aflojarla, busque la tuerca de ajuste de tensión de la polea en el motor del ventilador (foto F). Afloje la tuerca de seguridad y gire ligeramente la tuerca de ajuste. Compruebe la tensión de la correa, y ajústela hasta que sea adecuada.

Si la correa no está bien alineada o los cojinetes están desgastados, el ajuste de la tensión no resolverá el problema. Con la electricidad cortada, coloque una regla de forma que quede alineada con el borde de las dos poleas (foto G). Para alinear la correa, localice los tornillos de montaje del motor en el soporte deslizante de éste (foto H). Afloje los tornillos y mueva el motor con cuidado hasta que las poleas queden alineadas. Apriete los tornillos y compruebe de nuevo la tensión de la correa y su alineación. Repita la operación hasta que la polea quede alineada y la tensión correctamente ajustada. Vuelva a colocar los paneles de acceso de la caldera que había quitado. Restablezca la corriente en el cuadro de distribución y encienda la caldera.

Retire el panel de acceso a la carcasa del ventilador e inspeccione el motor.

Quite las tapas de los orificios de lubricación y ponga unas gotas en cada uno de ellos.

Verifique la tensión tirando de la correa por su parte media.

Afloje la tuerca de ajuste de tensión de la polea para tensar la correa.

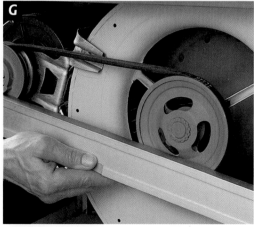
Compruebe la alineación de la correa con una regla.

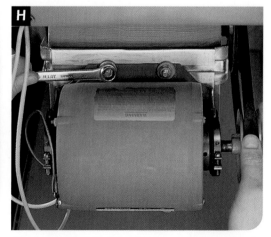
Afloje los tornillos que sujetan el motor a su soporte deslizante, y mueva el motor con cuidado hasta que las poleas queden alineadas.

Revisión del piloto y el termopar

Todas las piezas de un sistema de calefacción dependen de un correcto ajuste del piloto, en realidad una llama que se usa para encender el gas que pasa por los quemadores, de forma que desempeña un papel esencial en la eficacia del sistema. La limpieza del piloto no sólo ahorra dinero, sino que mejora la calidad del aire del interior y prolonga la vida de la caldera.

Si ésta posee un piloto permanente, compruebe siempre la llama antes del principio de cada estación fría, para asegurarse de que la combustión es limpia y la mezcla de aire y combustible es la correcta. Empiece por quitar el panel de acceso principal de la caldera. Si no puede ver con claridad la llama del piloto, apague el gas (foto A), incluyendo el interruptor del piloto (si existiera y fuera independiente). Espere 10 minutos a que se enfríe el piloto y quite la tapa que lo cubre. Vuelva a encender el piloto siguiendo las instrucciones que figuran en la caja de control o en la tapa de acceso. Si el piloto no se mantiene encendido, cierre el gas otra vez y examine el termopar.

Una vez que el piloto tenga llama, examínela (foto B). Si es demasiado débil (imagen izquierda), aparecerá azul y apenas rozará el termopar. En cambio, si es demasiado intensa (imagen central), también será azul, pero hará bastante ruido y se saldrá del piloto. Una llama bien ajustada (imagen derecha) será azul con la punta amarilla y cubrirá unos 13 mm del extremo del termopar. Gire el tornillo de ajuste del piloto (foto C) en la caja de control o la llave del gas para reducir la presión de éste. Si es demasiado débil, gire el tornillo en sentido contrario para elevar la presión. Si la llama aparece débil y amarilla incluso después del ajuste, quite el inyector del piloto y limpie el orificio (página 459).

El termopar genera una carga eléctrica debida al calor de la llama del piloto. Si ésta se apaga rápidamente y está seguro de que el suministro de gas es suficiente, tal vez tenga que cambiar el termopar. Cierre el paso del gas. Con una llave fija, afloje el racor del tubo del termopar que viene de la caja de control o la llave del gas. Desenrosque el termopar de la carcasa del piloto y monte uno nuevo (foto D). Apriételo con una llave hasta que quede bien ajustado.

Cierre el suministro de gas, tanto del sistema principal como del piloto (si están separados en su caldera).

Ajuste la llama hasta que sea estable, tenga la punta amarilla y cubra el extremo del termopar (derecha).

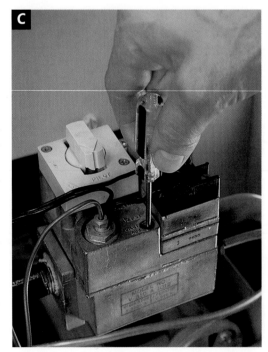

Gire el tornillo para ajustar la altura de la llama de forma que cubra la parte superior del termopar.

Desmonte el termopar de la caja de control e instale uno nuevo.

Limpieza y ajuste del piloto

Si el termopar y los quemadores de la caldera parecen funcionar correctamente, pero la llama del piloto es inestable o débil, desmonte el inyector del piloto y límpielo o cámbielo. Corte la corriente y cierre la llave de paso del gas, incluida la del piloto si fuera independiente. Espere 30 minutos como mínimo para que las piezas se enfríen. Con una llave fija, quite el termopar de la carcasa del piloto (**foto E**).

Utilice dos llaves para sujetar con una la tubería del gas mientras con la otra afloja la tuerca del racor de conexión a la caja de control.

A continuación desatornille y retire esta carcasa, y luego quite con cuidado el inyector del piloto de la misma (**foto F**).

Limpie el exterior del piloto con un cepillo, y limpie también cuidadosamente el interior con la herramienta especial de la foto F. Tenga cuidado para no rayar la superficie interna del inyector, lo que influiría negativamente en su rendimiento. Si el inyector del piloto está muy corroído o resulta difícil de limpiar, cámbielo.

Enrosque de nuevo el inyector en la carcasa del piloto y vuelva a montar ésta en su sitio. Conecte la tubería del gas girando la tuerca del racor mientras sujeta firmemente la tubería. Monte el termopar, abra la llave del gas y restablezca la corriente; después, encienda el piloto.

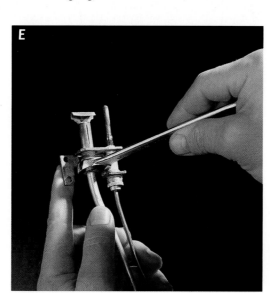

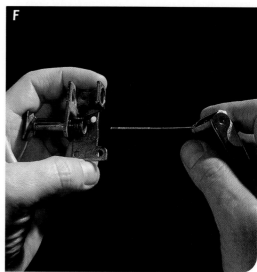

Afloje la tuerca del racor de conexión de la tubería de gas con una llave fija.

Retire el inyector del piloto de la carcasa, y límpielo con la herramienta de la imagen.

Comprobación de la llama del quemador

Una vez ajustada la llama del piloto, compruebe la del quemador. Su color le indicará si éste está recibiendo las cantidades correctas de gas y aire. La llama del quemador debe ser azul, con un dardo verde azulado en el centro y franjas ocasionales de amarillo (**foto G**). Si aparece demasiado azul o demasiado amarilla, ajuste el obturador de aire del extremo del tubo del quemador (**foto H**).

Empiece por ajustar el termostato a un valor alto para que la caldera siga quemando combustible. Provisto de guantes de protección, afloje el tornillo de bloqueo del obturador de aire. Abra el obturador al máximo, y ciérrelo luego hasta que la llama adquiera el color correcto. Vuelva a apretar el tornillo de bloqueo. Repita el procedimiento para cada uno de los quemadores. Reajuste el termostato.

Compare la llama de su quemador con las dos de arriba. La suya debería ser azul verdosa, con franjas amarillas (arriba).

Si los obturadores son ajustables, regúlelos usted mismo. En caso contrario, avise a un profesional.

Limpieza de los quemadores

Los quemadores funcionan con una mezcla de aire y gas que se enciende por la acción de una llama piloto o de un elemento incandescente. El gas llega a través de un *colector* y entra en cada tubo del quemador por un pequeño orificio llamado *mechero*. Los quemadores y los mecheros pueden obturarse por la acumulación de hollín y otros productos del proceso de combustión, por lo que deben limpiarse de vez en cuando para mantenerlos en buen estado de funcionamiento.

Para limpiar los quemadores, cierre la entrada principal de la caldera y corte la corriente en el cuadro de distribución. Corte también el suministro de gas, incluido el del piloto si llega por separado. Espere al menos 30 minutos a que se enfríen las piezas. Desmonte los tubos del quemador desatornillándolos de sus soportes (**foto A**), tirando de la bandeja metálica que los sostiene o aflojando los tornillos que unen el colector de gas a la caldera. En algunos modelos es preciso desmontar la carcasa del piloto para llegar a los quemadores.

Gire con cuidado cada quemador para sacarlo de su mechero (**foto B**). Llene un cubo con agua y sumerja en él los quemadores. Limpie minuciosamente el exterior de los tubos de los quemadores y los orificios, con ayuda de un cepillo de cerdas blandas. Cambie los tubos agrietados, doblados o corroídos.

Examine los mecheros: la limpieza de los quemadores no servirá de mucho si los mecheros están sucios o deteriorados. Utilice una llave de carraca para aflojar y desmontar cada mechero (**foto C**). Limpie la parte exterior con un cepillo de cerdas blandas. Después, utilice una herramienta de limpiar inyectores para despojar de suciedad el interior de cada uno de los mecheros (**foto D**). Tal herramienta está diseñada de forma que permite acceder a orificios pequeños, aunque es preciso tener cuidado para no rayar ni ensanchar dichos orificios. Vuelva a montar los mecheros en el colector. Apriételos sólo lo necesario para que ajusten bien. Una vez secos los tubos de los quemadores, móntelos en los mecheros y fíjelos a sus soportes o a la bandeja del quemador. Monte la carcasa del piloto, si existiera. Conecte la corriente eléctrica y abra la llave del gas. En calderas con piloto permanente, vuelva a encender la llama piloto.

Quite los tornillos que sujetan los quemadores a sus soportes o a una bandeja deslizante.

Si el quemador es difícil de desmontar, gírelo con cuidado hacia los lados al tiempo que lo levanta y tira de él.

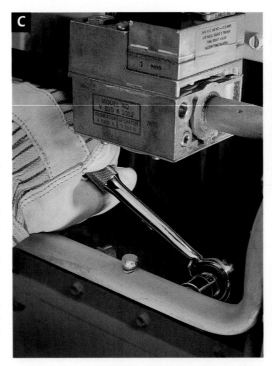

Para no dañar o doblar las roscas del mechero del tubo, sujete el colector con una mano mientras desmonta cada mechero.

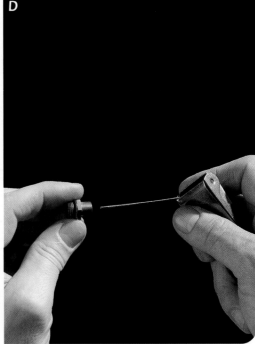

Limpie los orificios de los mecheros de los tubos con la herramienta de la imagen, teniendo cuidado de no rayar ni ensanchar el orificio.

Mantenimiento de calderas con encendido electrónico

Las calderas nuevas incluyen, además de un piloto intermitente o un encendedor de superficie caliente, una unidad de control electrónica que vigila la seguridad de la caldera y cuenta con luces indicadoras que avisan cuando hay problemas.

Por sus características, estas calderas precisan también un mantenimiento especial. En algunos modelos, la diferencia de temperatura entre los conductos de suministro y de retorno debe mantenerse dentro de un estrecho margen para que no se averíe el *intercambiador de calor*. Para averiguar si su caldera es de este tipo, lea la placa informativa del compartimiento del quemador, donde puede que figure indicado el intervalo admisible.

En cada estación de año, compruebe la diferencia introduciendo la sonda de un termómetro de bolsillo en la ranura de una junta de dilatación del conducto de suministro de aire **(foto E)**. Anote la lectura y compare este valor con el de la temperatura del conducto de aire de retorno. Avise a un técnico profesional si la diferencia entre estas dos lecturas es superior al intervalo recomendado.

En la caldera puede existir un *piloto intermitente*, que se enciende por chispa cuando lo ordena el termostato. Estos pilotos sólo consumen gas cuando es necesario, reduciendo así el coste de combustible. Si el encendido electrónico falla y no produce la chispa, llame a un técnico profesional para que lo repare.

Algunos modelos de calderas encienden el gas con un elemento especial denominado *encendedor de superficie caliente*. Si falla este dispositivo, cámbielo. Retire el panel principal de la caldera y busque el citado encendedor, situado justo detrás del extremo de encendido de los tubos del quemador. Desconecte la clavija del encendedor y quite la tuerca del soporte de montaje con una llave para tuercas o de carraca **(foto F)**. Cambie el encendedor.

Si el dispositivo sigue sin funcionar correctamente, póngase en contacto con el fabricante: tal vez haya que cambiar la unidad de control. En tal caso, desconecte todos los cables de la unidad de control antigua, de uno en uno, y conéctelos a la nueva unidad **(foto G)**. Luego, desmonte la unidad de control antigua con un destornillador, y monte la nueva **(foto H)**.

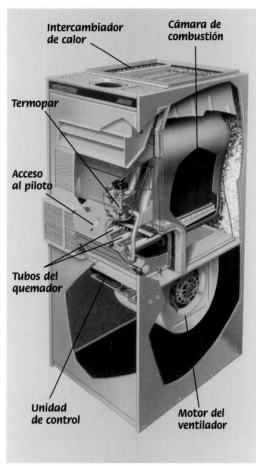

Intercambiador de calor · Cámara de combustión · Termopar · Acceso al piloto · Tubos del quemador · Unidad de control · Motor del ventilador

Las calderas nuevas tienen un piloto electrónico «intermitente» (arriba) o un encendedor de superficie caliente. La unidad de control supervisa el funcionamiento de la caldera.

Compruebe la temperatura interior del conducto de suministro y compárela con la del conducto de retorno.

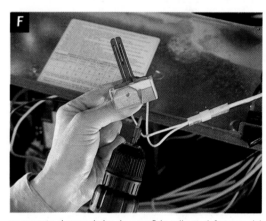

Desconecte el encendedor de superficie caliente defectuoso del soporte de montaje.

Desconecte los cables de la unidad de control uno por uno y cámbielos a la nueva unidad de control.

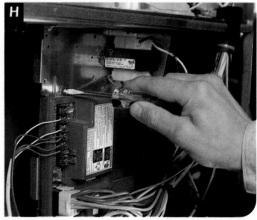

Quite los tornillos de fijación de la unidad de control y monte la nueva unidad.

Mantenimiento de un humidificador de caldera

Los humidificadores de las calderas constituyen un medio eficaz para elevar el contenido de humedad de una casa. Existen dos clases de humidificadores: los de tambor y los de goteo. Ambos se conectan al conducto de aire caliente o de retorno de la caldera.

Los humidificadores de tambor (**foto A**) recogen agua de una bandeja o depósito mediante un tambor giratorio cubierto por una almohadilla absorbente. El aire fluye por la almohadilla y provoca la evaporación del agua, con lo que se incrementa el grado de humedad. En un humidificador de goteo, el agua gotea sobre una almohadilla fija del evaporador a través de la cual pasa el aire.

Estos últimos humidificadores consumen, en general, mayor cantidad de agua, ya que el exceso de líquido cae al fondo de la bandeja y se drena por el desagüe. Sin embargo, se mantienen limpios y apenas requieren mantenimiento, ya que el flujo continuo de agua reduce enormemente la formación de espuma. Los humidificadores de tambor deben limpiarse con más frecuencia para evitar que se forme moho en el agua retenida.

Herramientas: *Cinta métrica, juego de llaves fijas, cincel, espátula.*

Materiales: *Vinagre, almohadilla de evaporador de recambio (en caso necesario).*

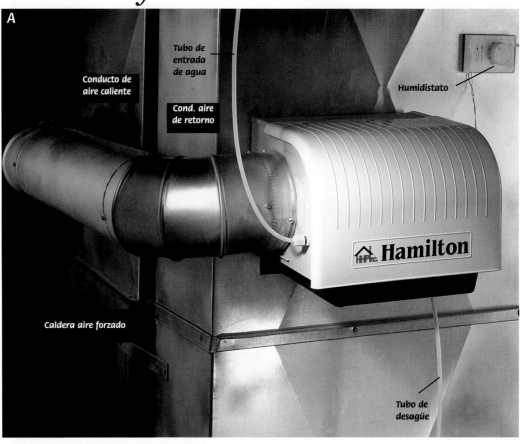

A · Conducto de aire caliente · Tubo de entrada de agua · Humidistato · Cond. aire de retorno · Hamilton · Caldera aire forzado · Tubo de desagüe

Mantenimiento de un humidificador de tambor

Las almohadillas de un evaporador de tambor deben limpiarse todos los meses y cambiarse al final de cada estación fría. Para ello, corte la corriente eléctrica del sistema de calefacción y refrigeración, y cierre la llave de paso del agua. Luego, afloje las tuercas o abra las presillas de sujeción de la tapa del humidificador, y quite la tapa.

Levante el evaporador sosteniéndolo por ambos extremos (**foto B**). Si la almohadilla está dura, límpiela o cámbiela.

Separe la almohadilla del eje del tambor quitando la presilla del eje central y tirando de las dos piezas en direcciones opuestas (**foto C**).

Sumerja la almohadilla en una mezcla 1:3 de agua y vinagre, y exprímala para escurrirla. Si sigue dura o presenta daños, sustitúyala.

Con la almohadilla en su sitio, utilice una cinta métrica para comprobar la profundidad del agua de

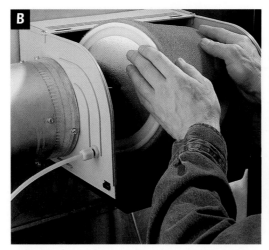

B

Desmonte el evaporador levantándolo para extraerlo de sus ranuras.

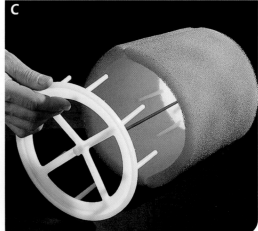

C

Separe las dos partes del eje del tambor quitando la presilla y tirando de ambas piezas en sentidos opuestos.

la bandeja **(foto D)**. En el manual de uso se indicará cuál es la profundidad correcta. Si no encuentra esta información, observe si la almohadilla se sumerge en el agua en cada giro y sale mojada, o bien mire la marca dejada por los minerales en el lateral de la pared de la bandeja, que reflejará el nivel de agua original.

Para ajustar este nivel, ya sea incrementándolo o reduciéndolo, afloje la tuerca de retención del tubo de suministro de agua **(foto E)**. Para elevar el nivel del agua, suba el flotador y vuelva a apretar la tuerca **(foto F)**. Para reducirlo, baje el flotador y apriete la tuerca. Espere 30 minutos antes de volver a comprobar el nivel del agua y la almohadilla del evaporador.

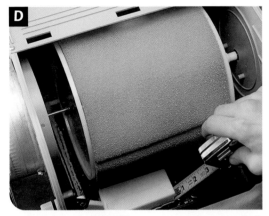

Cerciórese de que la almohadilla se sumerge en el agua. Los depósitos minerales de las paredes indican el nivel de agua original.

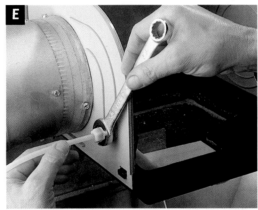

Afloje la tuerca de retención del tubo de agua con una llave fija.

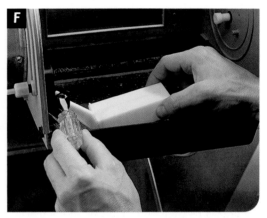

Ajuste la altura del flotador y vuelva a apretar la tuerca.

Mantenimiento de un humidificador de goteo

Los humidificadores de goteo deben inspeccionarse una vez al mes, y la almohadilla del evaporador ha de cambiarse al final de cada estación fría.

Para su mantenimiento, corte la corriente eléctrica en el cuadro de distribución y cierre la llave del agua. Introduzca un dedo por debajo de la salida de plástico del agua y levante esta salida, que está encajada a presión. Incline hacia adelante la estructura del evaporador y levántela para extraerla del humidificador. Saque la bandeja de distribución de la estructura, empujando hacia abajo la bandeja al tiempo que empuja hacia fuera la estructura de plástico **(foto G)**. Utilice un cincel para raspar los restos de depósitos minerales de las ranuras en V de la bandeja **(foto H)**.

Saque la almohadilla del evaporador y la estructura, y luego separe estos dos elementos **(foto I)**. Retuerza y flexione la almohadilla del evaporador para desprender los depósitos, y elimínelos raspando con una espátula en caso necesario. Si la almohadilla se disgrega, cámbiela.

Desconecte el tubo de desagüe. Dóblelo y lávelo con agua fría **(foto J)**. Vuelva a montar el humidificador y conecte el tubo de desagüe. Restablezca la corriente eléctrica y abra la llave de paso del agua.

Desmonte la bandeja de distribución del humidificador.

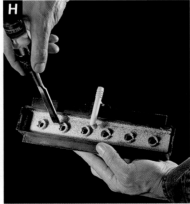

Utilice un cincel para raspar los depósitos minerales de las ranuras en V.

Separe la almohadilla del evaporador de la estructura.

Desconecte el tubo de desagüe y lávelo interiormente con agua fría.

Sistemas de vapor y agua caliente

Los sistemas de vapor y agua caliente, también llamados *hidrónicos*, tienen una caldera que calienta agua y la hace circular por una red cerrada de tuberías hasta un conjunto de radiadores o convectores. Como el agua se expande y se contrae al calentarse y enfriarse, respectivamente, estos sistemas poseen depósitos de expansión que garantizan que por las tuberías circule un volumen de agua constante.

Los sistemas de vapor y agua caliente caldean el aire ambiente a través de un proceso denominado *convección*. Los radiadores de agua caliente **(foto A)** están conectados al sistema mediante tuberías que entran por su parte inferior. Al enfriarse el agua dentro del radiador, se envía de nuevo a la caldera para recalentarla. Los radiadores de los sistemas de vapor **(foto B)** tienen tuberías conectadas cerca de su parte superior. Estos radiadores pueden estar muy calientes al tacto. Los convectores **(foto C)** son más pequeños y ligeros, y pueden usarse como

sustitutos de los radiadores de agua caliente, o para ampliar un sistema existente de estas características.

Aunque el suministro de agua caliente o vapor a las habitaciones de la casa se considera un sistema cerrado, lo cierto es que en el sistema se infiltra cierta cantidad de aire. Los radiadores de vapor poseen una válvula de seguridad automática que desprende periódicamente aire caliente y húmedo. Los de agua caliente tienen, en cambio, una llave de purga que debe abrirse cada cierto tiempo para dejar salir el aire atrapado en las tuberías. Los sistemas de convectores se purgan normalmente con una válvula situada cerca de la caldera.

La mayoría de los sistemas de vapor y agua caliente actuales funcionan con gas natural, mientras que algunos antiguos utilizan gasóleo. Estos últimos requieren un mantenimiento más frecuente del filtro (página 465) y del ventilador (página 466).

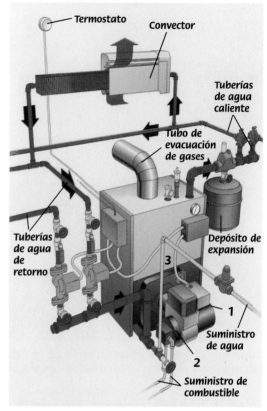

Un ventilador aspira aire por la boca de admisión (1), mientras la bomba (2) mantiene un suministro constante de combustible. La mezcla se enciende por medio de una chispa de alta tensión cuando entra en la cámara de combustión (3) y calienta el agua.

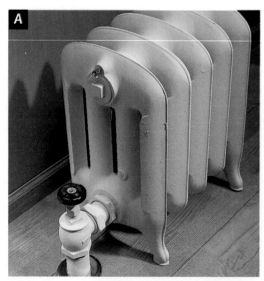

En los radiadores circula agua caliente por unas tuberías. Cuando este agua se enfría, se devuelve a la caldera para que vuelva a calentarse.

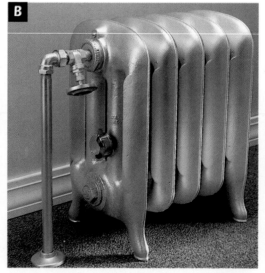

Los radiadores de vapor funcionan a mayor temperatura. El vapor se enfría en los radiadores, se licúa y se envía de nuevo a la caldera.

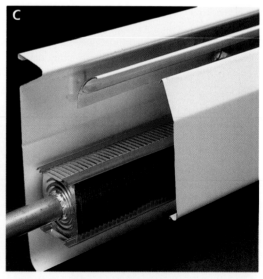

Los convectores de agua caliente ahorran espacio y funcionan por el mismo principio que los radiadores, si bien utilizan aletas finas de chapa metálica para transferir calor al aire.

Mantenimiento de sistemas de vapor y agua caliente

Mantenimiento del filtro de combustible y el tamiz

La tarea de mantenimiento ordinario más provechosa que puede realizarse en un sistema de calefacción de vapor o agua caliente es cambiar el filtro de combustible. Este filtro atrapa las impurezas que, en caso contrario, podrían dañar la caldera.

Rodee la base de la caldera con un trapo y periódicos. Corte la corriente de la caldera en el cuadro de distribución y abra el interruptor de la caldera. Cierre después la llave de paso de combustible y espere 30 minutos a que se enfríen todas las piezas.

Provisto de guantes desechables, desenrosque la parte superior del cartucho del filtro (foto D). Retire el cartucho con un movimiento de giro, y voltéelo para vaciar el filtro usado en una bolsa de plástico (foto E). Quite la junta del cartucho y limpie el interior del cuerpo del filtro, primero con un paño mojado en disolvente y luego con un trapo seco. Monte un filtro y una junta nuevos (foto F). Coloque el cartucho debajo de la tapa y enrósquelo en su posición.

Utilice una llave fija para quitar los tornillos de la tapa de la bomba (foto G). Deje conectada la tubería de combustible, y quite la junta y el tamiz de la tapa (foto H). Limpie el tamiz con disolvente y un cepillo. Si está dañado o desgastado, cámbielo por otro. Limpie la tapa con un paño limpio. Monte en la tapa el tamiz limpio, o el nuevo tamiz en su caso, y coloque una junta nueva. Apriete los tornillos y vuelva a encender la caldera.

Herramientas:
Juego de llaves fijas, cepillo para piezas.

Materiales:
Guantes, trapo para el suelo, disolvente, filtro de combustible o junta de cartucho de repuesto, junta del tamiz, paño.

Tenga a mano una bolsa de plástico desechable y desenrosque la parte superior del cartucho de filtro.

Gire el cartucho para desmontarlo de la tubería de suministro de combustible. Pida instrucciones para desecharlo en la empresa de gestión de residuos de su localidad.

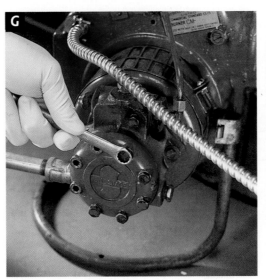

Limpie el borde del cartucho, primero con un trapo mojado en disolvente y luego con un paño seco.

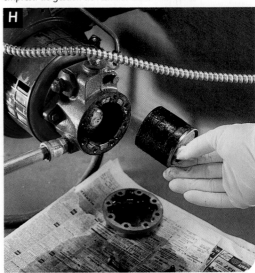

Deje conectada la tapa de la bomba a la tubería de combustible cuando la quite.

Quite el tamiz con cuidado. Después de una buena limpieza, por muy sucio que parezca, tal vez se pueda aprovechar de nuevo.

Limpieza y lubricación del ventilador

La limpieza del combustible y el aire suministrados es vital para el buen funcionamiento de la caldera. Limpie la entrada de aire de su caldera todos los meses, y lubrique el motor cada dos meses durante la estación fría. Corte la corriente de la caldera. Elimine la suciedad y los restos de la entrada de aire con un cepillo estrecho de cerdas semirrígidas (**foto A**). Utilice una llave fija o un destornillador, según se requiera, para aflojar el transformador. Con el transformador aún montado, apártelo a un lado para llegar al ventilador (**foto B**). Utilice el cepillo y un trapo húmedo para eliminar los restos y la suciedad de las aletas del ventilador (**foto C**).

La mayoría de los ventiladores de calderas tienen un orificio en la parte superior o una cazoleta en cada extremo para añadir aceite lubricante. Consulte el manual de uso o póngase en contacto con el fabricante para saber cuáles son los mejores aceites para la lubricación de su caldera. Antes de quitar los tapones o de abrir las cazoletas, limpie el exterior del motor con un paño húmedo (**foto D**), con el fin de evitar que entre suciedad al interior del motor. Quite el tapón del orificio o la tapa de cada cazoleta con una llave o un destornillador, según se precise. Añada unas gotas de lubricante (**foto E**).

Si el motor carece de orificios o cazoletas, probablemente será del tipo autolubricado (**foto F**). Para confirmarlo, consulte el manual de uso.

Herramientas:
Juego de llaves fijas, destornilladores (plano y de estrella), cepillo de cerdas semirrígidas.

Materiales:
Trapo para el suelo, aceite lubricante de calderas, paño.

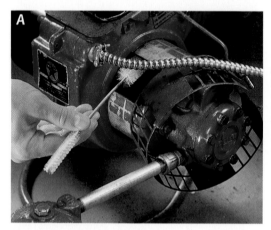

Para limpiar la entrada de aire, utilice un cepillo diseñado para limpieza de baterías de condensación de frigoríficos.

Si el transformador está unido a la carcasa del ventilador con una bisagra, apártelo sin llegar a desmontarlo. Si se desprende, tenga cuidado de no forzar las conexiones de los cables.

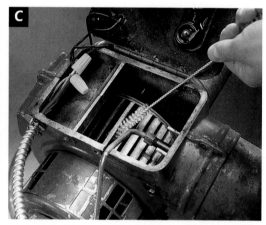

Añada aceite lubricante por los orificios o cazoletas al efecto. En la carcasa del motor puede haber indicaciones sobre el tipo de aceite adecuado.

Las aletas de la mayoría de los ventiladores son delgadas y de difícil acceso, por lo que conviene usar un cepillo suave de mango largo: una aleta de ventilador doblada produce mucho más ruido que una sucia.

Para evitar que penetre polvo o suciedad en el motor al añadir aceite, limpie la superficie con un trapo húmedo antes de abrir los orificios o cazoletas.

Si el motor carece de orificios o cazoletas por donde añadir aceite lubricante, probablemente estará cerrado herméticamente y no necesitará lubricación suplementaria.

Vaciado y llenado de un sistema

Los sedimentos se acumulan gradualmente en cualquier sistema que contenga agua, reduciendo su eficacia y dañando sus piezas internas. Vaciando la caldera cada estación se reduce esta acumulación de residuos. Sea consciente de que se puede tardar bastante tiempo en drenar un sistema de estas características, y que el agua tal vez tenga mal olor, lo que podría ser indicio de un problema. Drene el sistema en un día cálido, y abra las ventanas y deje un ventilador funcionando para mitigar los olores.

Para empezar, apague la caldera y deje enfriar el sistema durante una o dos horas. Conecte una manguera de jardín al desagüe de la parte inferior de la caldera (foto G), e introduzca el otro extremo en un sumidero o un desagüe de servicio. Abra la llave de purga del radiador más alto de la casa (página 468).

Cuando deje de salir agua, abra la llave de purga del radiador más cercano a la caldera. Si se interrumpe el flujo, localice la válvula o el manómetro de la parte superior de la caldera, y quítelo con una llave (foto H). En muchas calderas tendrá que usar una segunda llave para sujetar otra tuerca mientras afloja la primera.

Cerciórese de que el sistema está frío antes de añadir agua. Cierre la llave de drenaje de la caldera. Introduzca un embudo en la conexión del manómetro y añada un antioxidante, que podrá adquirir en cualquier comercio de artículos de calefacción (foto I). Lea las indicaciones del envase, por si existieran instrucciones especiales. Monte el manómetro o la válvula en la parte superior de la caldera, cierre todas las llaves de purga de los radiadores y vuelva a abrir lentamente el suministro de agua a la caldera.

Cuando la lectura de presión del manómetro alcance unos 0,35 kg/cm², purgue el aire de los radiadores de la primera planta, y luego haga lo mismo en los pisos superiores. Espere a que la caldera llegue a 1,4 kg/cm² antes de restablecer la corriente eléctrica (foto J). Deje que el agua circule libremente por el sistema durante 12 horas y, después, vuelva a purgar los radiadores.

Herramientas:
Juego de llaves fijas, llaves grifas, manguera de jardín, embudo, cubo de plástico.

Materiales:
Trapo para el sueño, antioxidante para calderas.

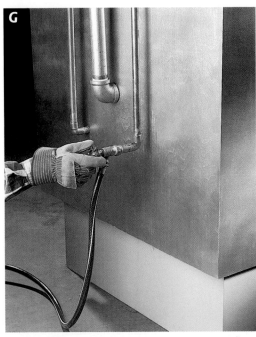

Utilice una manguera de jardín para drenar el agua de la caldera. Mantenga el extremo de la manguera por debajo del grifo de desagüe de la caldera.

Si la válvula o el manómetro de la parte superior de la caldera están conectados a un racor independiente, sujete bien este racor con una llave mientras quita la válvula o el manómetro con otra.

Utilice un embudo para añadir un antioxidante recomendado a la caldera a través de la conexión de la válvula o el manómetro.

La caldera deberá alcanzar una presión aproximada de 1,4 kg/cm² antes de volver a encenderla.

Purga de los radiadores

Los sistemas de agua caliente rara vez necesitan reparación, pero funcionarán de forma más eficaz y silenciosa si se purgan al menos una vez al año. La purga reduce los ruidos, ya que elimina todo el aire que pueda estar circulando por el sistema. Purgue siempre los radiadores antes del inicio de la estación fría. Durante estos meses, tal vez tenga que purgar algún radiador individual, si se permanece frío mientras está funcionando la caldera.

Para purgar un sistema de agua caliente empiece por el radiador más alto de la casa y más alejado de la caldera. Coloque un trapo absorbente debajo de la llave de purga y abra ésta lentamente (**foto A**). Algunos purgadores tienen un botón que se abren con una media vuelta; otros deben abrirse con una llave especial, que puede conseguirse en ferreterías, o con un destornillador. Si el radiador tiene una llave de purga automática, compruebe si hay aire atrapado quitando la tapa y apretando el eje de la llave hasta que salga agua. Si el radiador no se calienta, limpie el orificio de la llave con un alambre fino o una aguja (**foto B**).

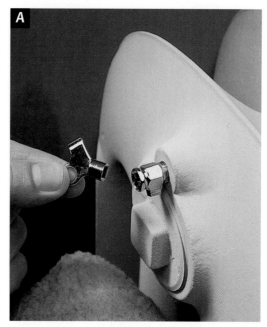

Si no encuentra una llave para sus radiadores, tal vez pueda conseguir una en una ferretería o un centro de bricolaje.

Si el radiador no calienta, limpie el orificio con un alambre fino o una aguja.

Purga de los convectores

Los sistemas antiguos de convectores de agua caliente pueden tener llaves de purga en los propios convectores o en sus cercanías. Estos convectores pueden purgarse de igual forma que los radiadores. La mayoría de los sistemas actuales de convectores no tienen llaves de purga, pero puede purgarse todo el sistema conectando una manguera a la caldera.

Para purgar el sistema, busque el grifo de rosca donde la tubería de agua de retorno llega a la caldera. Cierre la válvula de compuerta entre este grifo y la caldera. Conecte una manguera corta al grifo y sumerja el otro extremo en un cubo semilleno de agua. Abra el grifo de la manguera al tiempo que añade agua a la caldera abriendo la llave de paso. Esta llave está situada en la tubería de suministro, normalmente la más pequeña del sistema. Continúe haciendo correr el agua por el sistema hasta que dejen de salir burbujas de aire por el extremo de la manguera sumergido en el cubo (**foto C**). Abra la válvula de compuerta para purgar el aire restante. Cierre el grifo antes de volver a encender la caldera.

Los sistemas de calefacción de convectores suelen purgarse en la caldera, sosteniendo una manguera por debajo del nivel del agua y vaciando el sistema hasta que dejen de salir burbujas de aire por la manguera.

Localización y reparación de fugas de gases de caldera

Las fugas en el tubo de evacuación de gases, alrededor de la brida de montaje del quemador, en la tapa de la cámara de combustión o en la boca de carga, son fuentes potenciales de emisión de monóxido de carbono. Cualquiera de estas fugas dentro de una vivienda debe repararse de inmediato.

Los orificios y las partes oxidadas son signos visibles de deterioro en los tubos de evacuación de gases. Las fugas pequeñas pueden detectarse encendiendo el quemador y sosteniendo una vela encendida delante de las juntas del tubo, la brida de montaje del quemador, la tapa de la cámara de combustión y la boca de carga (**foto D**). Cuando hay una fuga, la llama se inclina hacia la junta.

Herramientas: Cepillo metálico, espátula, vela larga, taladradora/destornillador eléctrico.

Materiales: Tramos de tubo de repuesto, cemento refractario.

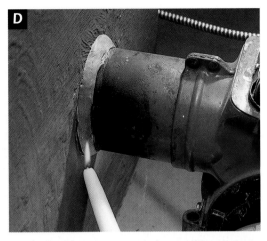

Para localizar fugas, sostenga una vela encendida en las juntas del tubo de evacuación de gases y selle la zona del quemador.

Reparación de un tubo de evacuación de gases

Si existe una fuga en una junta del tubo de gases, selle bien la junta siguiendo las instrucciones que se ofrecen más adelante. Los tramos dañados de este tubo deben cambiarse. Antes de ello, apague el quemador y compruebe que la zona que rodea a la caldera está bien ventilada.

Quite los tornillos de retención del tramo dañado, y levante el tubo (**foto E**). Instale un tramo de tubo de repuesto que puede adquirir en su centro de bricolaje o comercio de artículos de calefacción (**foto F**). Apriete los tornillos y selle las uniones con cemento refractario.

Retire el tramo dañado del tubo de evacuación de gases.

Atornille el tramo de tubo de recambio. Después, selle bien las juntas con cemento refractario.

Sellado de fugas de gases

Para sellar una fuga en una junta, apague el quemador y deje enfriar la caldera. Luego, use un cepillo metálico para eliminar los restos de óxido o suciedad que se hayan acumulado alrededor de la fuga (**foto G**).

Selle la fuga con un cemento refractario aplicado con espátula (**foto H**). Para eliminar una fuga en la brida de montaje del quemador, afloje los tornillos de fijación de los bordes. Raspe bien la junta deteriorada y aplique cemento refractario en los bordes. Luego apriete los tornillos.

Para comprobar si la reparación ha sido correcta, encienda la caldera y mantenga una vela encendida delante de la zona del arreglo. La llama de la vela no debería oscilar.

Utilice un cepillo metálico para limpiar los depósitos de óxido o suciedad que se hayan acumulado en la superficie.

Con una espátula, aplique cemento refractario para sellar bien la fuga.

Sistemas de calefacción suplementarios

Estos sistemas, entre los que se incluyen los calefactores montados en paredes y rodapiés, y las estufas y chimeneas de leña, no suelen utilizarse como fuentes primarias de calor, ya que resultan demasiado costosos (aparatos eléctricos) o incómodos (sistemas de combustión de leña). Sin embargo, no es infrecuente instalar uno de estos sistemas como refuerzo en una habitación anexa, o en porches o garajes reconvertidos en espacios habitables. Al ser su instalación relativamente económica, a menudo estos sistemas se utilizan en espacios a los que no resulta fácil llegar con el sistema de calefacción existente. Las chimeneas y las estufas de leña pueden también dar mayor calidez a una vivienda e incrementar su valor de venta.

Aunque los sistemas suplementarios no son tan complicados como los de agua caliente o aire forzado por gas, requieren mantenimiento periódico y, ocasionalmente, también alguna que otra reparación.

Como frecuentemente estos sistemas los instala el propio usuario, y no un profesional, es importante respetar escrupulosamente las prácticas de seguridad e higiene. Una estufa de leña o una chimenea mal instaladas o con defectos de mantenimiento pueden provocar un incendio o emitir el letal monóxido de carbono hacia el interior de la casa. Los calefactores eléctricos podrían producir cortocircuitos, y nunca deben tocarse con las manos mojadas. Estos aparatos deben instalarse siempre fuera del alcance de los niños y en lugares donde resulte improbable que nadie roce sus superficies calientes al pasar cerca de ellos.

Calefactores eléctricos de rodapié

Los calefactores de rodapié se instalan cerca del suelo y contienen una resistencia eléctrica por la que circula la corriente de la instalación de la vivienda. La resistencia se calienta al paso de la corriente y caldea el aire. Normalmente, los calefactores de rodapié llevan incorporado un termostato que funciona a la tensión eléctrica normal de la casa.

En climas con una estación fría de corta duración, estos calefactores pueden llegar a ser la fuente primaria de calor del hogar. En general, son más caros que otras alternativas, ya que usan electricidad, más costosa que los combustibles de calefacción. En climas fríos, los aparatos del rodapié se usan como fuente energética suplementaria en habitaciones que no reciben suficiente calor de la caldera.

Si el calefactor de rodapié de su vivienda no se enciende o se apaga al cambiar la temperatura de la habitación o al activar el mando de control, tal vez necesite reparación. El olor a quemado es un indicio de la presencia de polvo y suciedad en las aletas del calefactor.

Herramientas: Destornilladores (plano y de estrella), comprobador de circuitos, alicates de puntas, multímetro, cepillo de cerdas blandas, aspiradora.

Materiales: Paño.

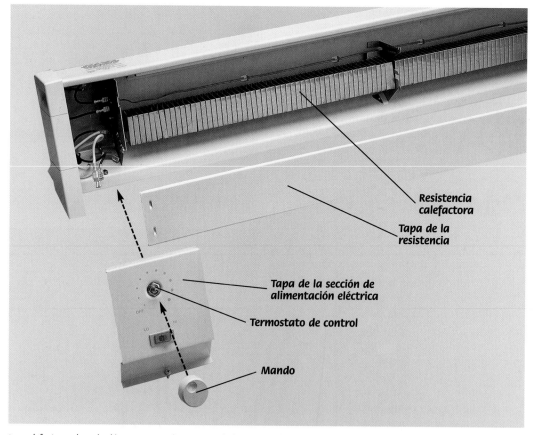

Resistencia calefactora

Tapa de la resistencia

Tapa de la sección de alimentación eléctrica

Termostato de control

Mando

Los calefactores de rodapié apenas necesitan mantenimiento y son fáciles de reparar, tomando algunas precauciones básicas.

Utilización de un multímetro

Para comprobar la continuidad de un circuito y detectar la presencia de componentes defectuosos en un calefactor eléctrico de rodapié o de pared lo mejor es utilizar un multímetro. Antes de empezar, pruebe el instrumento, ajustándolo como comprobador de continuidad (RX1 o RXK1) y tocando entre sí las dos pinzas o puntas de prueba. La aguja del multímetro debería responder señalando el valor cero de la escala, lo que indica circuito completo. Los aparatos digitales indican el valor 00,0, y algunos emiten también un tono para indicar que existe continuidad.

Comprobación del paso de corriente

Los calefactores de rodapié pueden estar conectados directamente a la instalación eléctrica de la casa o a un enchufe de pared. En este segundo caso es posible revisar y reparar con seguridad el aparato sin más que desenchufarlo de la red y esperar a que se enfríe. Si no hay ningún cable visible, es probable que el calefactor esté conectado directamente a la red eléctrica. En tal caso, realice las siguientes comprobaciones antes de desmontar el aparato.

Corte la corriente del calefactor, en el cuadro de distribución. Desatornille y retire la tapa de la sección de alimentación eléctrica del aparato. Desenrosque el conector de empalme que une un hilo de fase (que lleva la corriente de la vivienda) a uno de los hilos de la resistencia de calefacción del apa-

rato. Toque con una de las puntas de prueba del comprobador de circuitos los extremos del par de hilos y con la otra un tornillo de tierra de la carcasa del calefactor (**foto A**). Después, desenrosque el otro conector de empalme, y toque con una de las puntas del comprobador el par de hilos descubiertos y con la otra el tornillo de tierra. Finalmente, toque con una punta del comprobador cada uno de los pares de hilos descubiertos. Si el medidor se ilumina en cualquiera de estas pruebas, es que sigue llegando corriente. Busque el interruptor automático correcto en el cuadro de distribución y desconéctelo. Repita las pruebas hasta que el medidor no se encienda. No intente ninguna reparación antes de estar seguro de que ha desconectado la corriente.

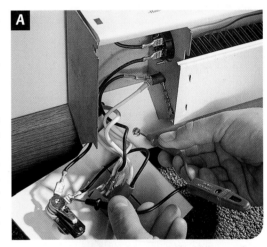

Use un comprobador de circuitos para verificar si llega corriente.

Mantenimiento de las aletas

Las aletas de los calefactores de rodapié se obturan a menudo con polvo y suciedad, sobre todo si hace tiempo que no se ha usado el aparato. Para limpiar estas aletas, corte la corriente del calefactor en el cuadro eléctrico, y luego utilice un medidor de circuitos para confirmar que no llega corriente al aparato (arriba). Quite los tornillos de fijación de la tapa de la resistencia y retire la tapa (**foto B**). Quite el polvo y la suciedad del elemento calefactor con un trapo seco y un cepillo seco de cerdas blandas (**foto C**). Utilice una aspiradora para eliminar los restos sueltos de suciedad. Enderece las aletas que pudieran haberse doblado en exceso, con unos alicates de puntas. No se preocupe por las aletas ligeramente dobladas, ya que no influyen en el funcionamiento del aparato.

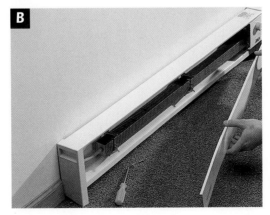

Retire el panel después de haber comprobado que se ha cortado la corriente eléctrica.

Limpie el polvo y la suciedad, con cuidado de no doblar las aletas.

Comprobación y sustitución del limitador

El limitador contiene un interruptor diseñado de forma que corta la corriente que llega al calefactor en caso de sobrecalentamiento. Este exceso de calor se produce cuando la resistencia está sucia. Si ha examinado las aletas pero sigue percibiendo olor a quemado y el calefactor no se desconecta por sí solo, deberá comprobar el estado del limitador con un multímetro para determinar si está averiado (página 471).

Corte la corriente del calefactor en el cuadro de distribución. Quite los tornillos de fijación y el mando del panel de la caja de control, y desmonte dicho panel. Utilice alicates de puntas para desconectar uno de los hilos del limitador de su terminal (**foto A**). Toque con una de las puntas de prueba del multímetro cada uno de los terminales del limitador (**foto B**). El multímetro debería indicar continuidad.

Si no ocurre así, desconecte el otro hilo del limitador y retire el panel que cubre la resistencia cale-

factora para quitar los tornillos de montaje del limitador del otro lado. Afloje las lengüetas que sujetan el limitador y su conductor térmico. Saque el limitador y el conductor térmico del calentador y monte otros idénticos. Después de instalar el nuevo limitador, vuelva a montar el calefactor.

Desconecte uno de los hilos del limitador de su terminal.

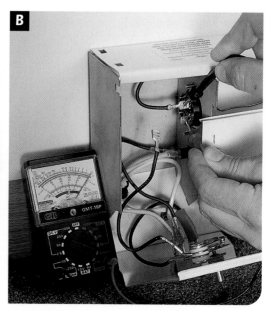

Ajuste el multímetro a RXK1 para comprobar un posible fallo en el limitador.

Comprobación y sustitución del termostato

Si el calefactor de rodapié no responde cuando se ajusta el mando, puede que el termostato esté averiado. Abra el circuito en el cuadro de distribución y compruebe si llega corriente al aparato (página 471). Quite los tornillos de fijación del panel de la caja de control y retire el panel. Desenrosque el mando para retirar el termostato de la caja de control (**foto C**). Desconecte uno de los hilos del termostato de su terminal (**foto D**). Gire el mando del termostato, partiendo de la posición de desactivado (OFF), y espere a oír un clic. Si éste no suena, pruebe la continuidad del termostato con un multímetro (página 471). Con el instrumento ajustado para pruebas de continuidad, toque cada uno de los terminales con una punta de prueba. Si el multímetro no indica continuidad, desconecte los hilos de los terminales y sustituya el termostato.

Desmonte el mando para liberar el termostato.

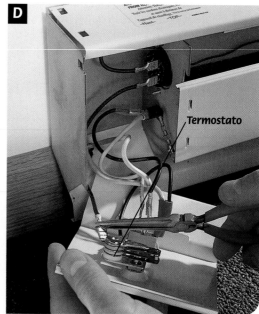

Desconecte uno de los hilos del termostato de su terminal haciendo palanca con cuidado.

Comprobación de la resistencia

Si el calefactor no genera calor a pesar de que el termostato parece funcionar bien, el problema estará en la resistencia. Corte la corriente del calefactor en el cuadro eléctrico y confírmelo en el aparato (página 471).

Quite los tornillos de fijación del panel de la caja de control y retire el panel. Desconecte del termostato el cable de la resistencia de calefacción, con unos alicates de puntas **(foto E)**. Toque con una de las puntas de prueba del multímetro el hilo de la resistencia, y con la otra uno de los hilos del limitador conectado al otro terminal de la resistencia **(foto F)**. Si el instrumento indica continuidad, la resistencia estará en buen estado, y el problema tal vez resida en el circuito.

Si el multímetro no indica continuidad, la resistencia de calefacción estará averiada y habrá que cambiar todo el aparato.

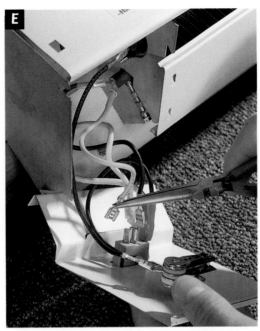

Desconecte del termostato uno de los hilos de la resistencia.

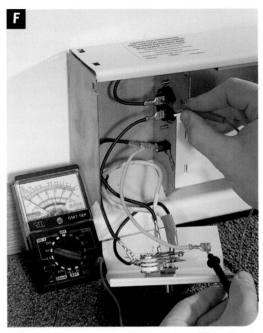

Utilice el multímetro para comprobar si hay un fallo en la resistencia.

Sustitución de un calefactor de rodapié

Corte la corriente del calefactor en el cuadro eléctrico y confírmelo (página 471). Para desconectar el calefactor, primero localice y desconecte los cables que llegan al calefactor desde la pared. Desenrosque los conectores de empalme o corte los cables que unen el calefactor a la red eléctrica de la casa. Desconecte también el hilo de tierra del chasis del calefactor. Afloje los tornillos principales de montaje **(foto G)**.

Retire con cuidado el calefactor de la pared **(foto H)**. Si el panel posterior del calefactor está pegado a la pared y tira de él con fuerza podría dañar la superficie de aquélla. Afloje el tornillo que sujeta los hilos de la instalación eléctrica al calefactor y desconecte de él estos hilos. Compre e instale un nuevo calefactor del mismo tamaño y potencia nominal que el antiguo. Introduzca los cables del circuito en la caja de conexiones del calefactor y únalos a los hilos terminales de éste mediante conectores de empalme.

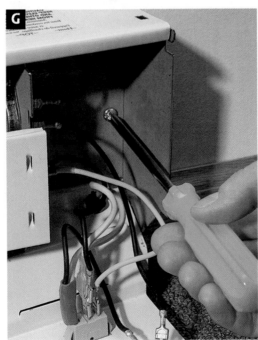

Desconecte los cables principales de alimentación, y luego quite los tornillos de montaje.

Retire con cuidado el calefactor de la pared.

Calefactores eléctricos de pared

Los calefactores de pared se montan entre los rastreles de los tabiques. Normalmente, se instalan en zonas pequeñas, como pasillos o baños, en las que no se dispone de otras fuentes de calor. Estos calefactores funcionan por el mismo principio que los de rodapié (páginas 470 a 473), y generan calor a partir de la corriente eléctrica que circula por su resistencia calefactora. Al igual que algunos calefactores de rodapié, estos aparatos suelen llevar incorporado un termostato que se ajusta por medio de un mando. Como en general emiten menos calor que un calefactor de rodapié, los modelos de pared contienen para compensarlo un ventilador que ayuda a distribuir el calor por toda la pieza. Si un calefactor de pared de su casa no se enciende o se apaga rápidamente al cambiar la temperatura de la habitación o al girar el mando del termostato, el problema podrá resolverse generalmente con una sencilla reparación.

Herramientas: Destornilladores (plano y de estrella), comprobador de circuitos, alicates de puntas, multímetro, cepillo de cerdas blandas.

Materiales: Paño.

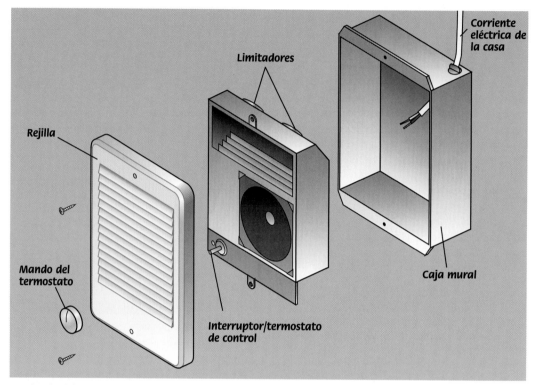

Examine el calefactor de pared antes de cada nueva estación fría. Alrededor de la resistencia pueden acumularse polvo y suciedad, lo que produce un desagradable olor a quemado cuando se pone en funcionamiento el aparato. Para un uso seguro y fiable del mismo es importante limpiarlo minuciosamente con un cepillo de cerdas flexibles.

Desmontar el calefactor y comprobar la corriente

Los calefactores de pared se instalan en una caja metálica de protección que se fija permanentemente entre los rastreles del tabique. Para desmontar y probar uno de estos modelos, corte la corriente en el cuadro eléctrico, desmonte el mando del termostato y afloje los tornillos de fijación de la rejilla, sacando a continuación el calefactor de la caja mural **(foto A)**. Levante primero la parte superior, desenganchando las lengüetas de la base. Introduzca una de las puntas de prueba de un comprobador de circuitos en el conector de empalme de los hilos de corriente, y toque con la otra punta el tornillo de tierra **(foto B)**. Después introduzca una punta del comprobador en el conector de empalme de los hilos neutros y toque con la otra el tornillo de tierra. Finalmente, introduzca las puntas de prueba del comprobador en los dos conectores de empalme,

una en cada conector. El buscapolos no debería iluminarse en ninguna de estas pruebas. Si lo hiciera, busque el interruptor automático del circuito correcto en el cuadro de distribución y desconéctelo. Repita las pruebas hasta que el comprobador no se encienda.

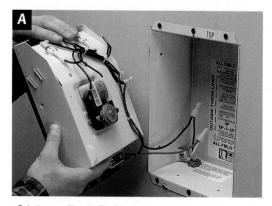

Afloje los tornillos de fijación de la rejilla del calefactor, y desmonte éste de la pared.

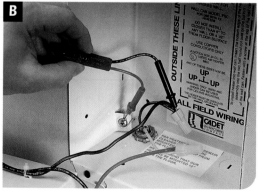

Compruebe si llega corriente a los cables con un comprobador de circuitos.

Comprobación y sustitución de un limitador

Un calefactor puede tener uno o dos limitadores cerca de la resistencia de calefacción. Estos controles están diseñados de manera que interrumpan el funcionamiento del aparato en caso de sobrecalentamiento. Si percibe un olor a quemado y el calefactor no se apaga, tal vez uno o ambos limitadores estén averiados. Corte la corriente del calefactor en el cuadro eléctrico y asegúrese de que ha quedado interrumpida (página 474). Utilice unos alicates de puntas para desconectar uno de los hilos del limitador de su terminal en la parte posterior del aparato, y compruebe su continuidad con un multímetro (página 471). Toque con una punta de prueba del multímetro uno de los terminales del limitador y con la otra el otro terminal (foto C). Repita la prueba en el otro limitador. Si el aparato no indica continuidad, desmonte el limitador y el conductor térmico del calefactor (foto D). Cuando compre un limitador de repuesto, lleve el antiguo como muestra. Monte el nuevo limitador y vuelva a instalar el calefactor.

Consejo útil

Los delicados cables de la resistencia de calefacción pueden cubrirse de polvo, suciedad y telarañas, especialmente durante la estación cálida cuando el calefactor no se utiliza en períodos de tiempo prolongados. En tal caso, quite la rejilla y limpie la resistencia sosteniendo el tubo de una aspiradora frente a los cables. Para eliminar la suciedad rebelde, frote suavemente los cables con un paño o un cepillo de cerdas blandas.

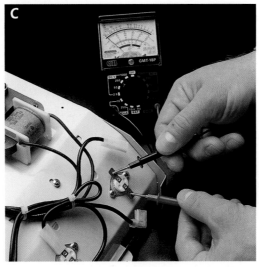

Ajuste el multímetro para comprobación de continuidad (página 471).

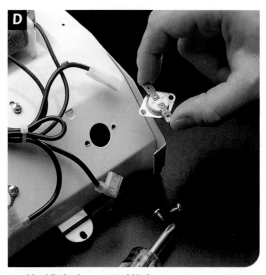

Cambie el limitador por otro idéntico.

Comprobación y sustitución de un termostato

Si el calefactor de pared no responde cuando se ajusta el mando, tal vez esté averiado el termostato. Corte la corriente del calefactor en el cuadro eléctrico y asegúrese de que ha quedado interrumpida (página 474). Gire el mando del termostato a la posición de desconexión (OFF), y espere a oír un clic. Si no suena, compruebe la continuidad del termostato con un multímetro (página 471). Desconecte uno de los hilos terminales de la parte posterior del conjunto interruptor/termostato, tirando de él con unos alicates de puntas o desatornillándolo. Ajuste el multímetro para comprobación de continuidad y toque uno de los terminales con cada punta de prueba (foto E). Si el instrumento no indica continuidad, desconecte el otro hilo y desatornille el conjunto interruptor/termostato de la base del calefactor (foto F). Instale un conjunto de recambio idéntico al desmontado.

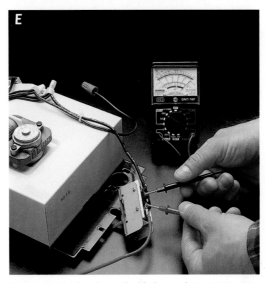

Haga una prueba de continuidad con el termostato para determinar si está averiado.

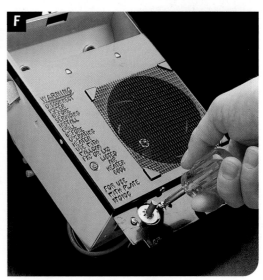

Si el termostato no funciona bien, quite los tornillos de montaje y cambie el conjunto interruptor/termostato.

Estufas y chimeneas de leña

Aunque la leña actúa como fuente primaria de calor sólo en un 2% de los hogares, muchos de ellos incluyen estufas o chimeneas de leña como aporte calorífico suplementario. Estos aparatos se eligen tanto por su capacidad como fuente de calor como por fines decorativos. En general, cuanto más antigua sea una estufa o una chimenea, con más probabilidad deberá ser reparada.

Si depende de la leña como fuente de calor, cerciórese de que su estufa o chimenea es de combustión limpia. Los aparatos nuevos se amortizan con rapidez y requieren menos mantenimiento.

Herramientas:
Recogedor de ceniza, escoba de retama, cepillo de cerdas rígidas, bote de aerosol, linterna, espejo, cincel de albañil, llana de albañil, herramienta de rejuntar.

Materiales:
Paño húmedo, ácido muriático.

Fotografía por cortesía de Vermont Castings

Fotografía por cortesía de Walter Moberg, Firespaces, Inc. (Portland, OR)

Una estufa de leña nueva de alta eficiencia energética puede amortizarse en una sola estación, al suministrar más calor con la misma cantidad de combustible y producir menos gases de escape peligrosos.

Las chimeneas de leña constituyen una económica fuente calorífica adicional cuando toman el aire para la combustión del exterior y cuentan con un regulador de tiro y puertas con cierre de seguridad. También contribuyen a crear un ambiente vital mucho más agradable.

Limpieza del cajón de cenizas

Para disfrutar de una chimenea eficaz y segura, invierta unas horas en prepararla antes del inicio de cada estación.

Aunque pueda ser una labor un tanto engorrosa, merecerá la pena limpiar el cajón de cenizas una vez cada dos años, o con mayor frecuencia si se usa la chimenea con cierta regularidad. Busque la puerta de este cajón, que suele hallarse en el sótano o en un muro exterior.

Lleve puesta ropa que no le importe que se ensucie, y extienda trapos y periódicos alrededor de la zona de trabajo. Abra la puerta del cajón y vacíe las cenizas en un recipiente no poroso (**foto A**). No sería mala idea rociar el cajón de ceniza con un bote de aerosol para evitar que se forme demasiado polvo. Barra la ceniza difícil de sacar con una escoba de retama o un cepillo metálico, y selle bien el recipiente. NOTA: Puede añadir algo de ceniza a su montón de compost. Si va a deshacerse de grandes cantidades de ceniza, consulte con los servicios de limpieza de su comunidad para asesorarse sobre el mejor modo de proceder.

Vacíe las cenizas en un recipiente no poroso.

Inspección del conducto y el regulador de tiro

Depósitos de hollín y creosota, nidos de pájaros, ladrillos caídos y otras obstrucciones pueden provocar problemas graves cuando se enciende una chimenea por primera vez al principio de la estación fría. Para examinar el interior de la chimenea, abra el tiro y eche una ojeada al conducto. Debería verse claridad procedente de la parte superior. Si el hogar es demasiado pequeño para efectuar la observación directamente, utilice una linterna potente y un espejo para ayudarse en la inspección (foto B). Si el tiro está obstruido, pida ayuda a un profesional para que lo despeje. Tal vez se ahorraría dinero si lo hiciera usted mismo, pero trabajar en una chimenea es una labor un tanto compleja y requiere el uso de herramientas de limpieza que no todos los usuarios poseen.

Una vez limpio el conducto, cerciórese de que el regulador cierra perfectamente (foto C). Al usar la chimenea, este regulador permite controlar el tiro, es decir, la velocidad con que el aire asciende por la chimenea y determina, por tanto, la velocidad de combustión de la leña. Si se deja abierto mientras no se usa la chimenea, puede escapar por esta abertura del 10 al 15% del calor de la casa. Pruebe la palanca o la cadena que controla la posición del regulador; en todo momento debería saber si el regulador está abierto o cerrado. Si el mecanismo no se abre o se cierra totalmente, ábralo todo lo posible y limpie los bordes con un cepillo de cerdas rígidas. Elimine la suciedad caída desde la chimenea e intente de nuevo cerrar el regulador.

Utilice un espejo y una lámpara portátil para examinar la chimenea fácilmente desde abajo.

Compruebe que el regulador de tiro cierra bien, se mueve sin trabas y está limpio y libre de desperdicios.

Inspección y reparación del hogar

Con una linterna potente, examine detenidamente los ladrillos y el mortero del hogar (foto D). Si hay demasiado hollín para ver con claridad, limpie el hogar con una solución de 9 partes de agua y 1 de ácido muriático. NOTA: Añada siempre el ácido al agua, nunca al revés. Protéjase las manos, la piel y los ojos siempre que trabaje con un ácido.

Retire con un cincel todos los ladrillos estropeados y el mortero deteriorado (foto E). Use un cepillo de cerdas rígidas para limpiar los bordes de los ladrillos que deje en su sitio, de modo que los nuevos encajen bien en sus huecos. Aplique agua a los ladrillos que no ha quitado para que el mortero añadido no se seque con demasiada rapidez. Apli-

que mortero con una llana a los nuevos ladrillos y a las superficies en que se apoyarán (foto F). Coloque los ladrillos nuevos en su sitio con suavidad, hasta que queden bien alineados con los anteriores. Raspe el exceso de mortero y deje secar la zona unos minutos. Después, alise el mortero con una herramienta de rejuntar.

Compruebe si existe mortero suelto en el hogar.

Raspe el mortero suelto con el cincel y quite los ladrillos estropeados.

Extienda mortero en los nuevos ladrillos antes de colocarlos en su posición.

Ventilación

Una buena ventilación es esencial para mantener la casa cómoda y saludable. Evita que el aire del interior de la vivienda se vicie, se llene de polvo o sea demasiado seco o excesivamente húmedo. Un aporte constante de aire fresco reduce la susceptibilidad (sobre todo entre los niños) a los virus, las dolencias respiratorias crónicas y los efectos del monóxido de carbono.

Por otra parte, una ventilación deficiente reduce la eficacia de los sistemas de calefacción y refrigeración. El problema se agudiza en las viviendas superaisladas. Algunas ordenanzas de construcción han abordado esta cuestión exigiendo que cerca de la caldera de la casa exista una entrada de aire fresco. Esta entrada permite la admisión de aire del exterior y garantiza un abastecimiento adecuado de oxígeno para la calefacción. Una alternativa relativamente corriente a esta entrada es el llamado intercambiador de aire (página 479), un dispositivo de alta eficacia como proveedor de aire fresco, que no encarece especialmente los costes de calefacción.

Además de introducir aire fresco en la casa, una buena ventilación debe propiciar la circulación de aire por toda la vivienda e incluir respiraderos para ciertos electrodomésticos, como los extractores de cocina (página 480) y las salidas de evacuación de las estufas y las chimeneas de leña (página 476 y 477). Un mantenimiento eficaz de los sistemas de ventilación puede mejorar la salud de las personas, reducir los costes de calefacción y refrigeración y hacer la vivienda más acogedora.

Herramientas:
Martillo, destornilladores (plano y de estrella), comprobador de circuitos, cinta métrica.

Materiales:
Tornillos de pared de 40 mm, kit de equilibrado de ventilador de techo y banda silenciadora (en caso necesario).

No subestime la importancia de un respiradero de cocina limpio y fiable. En un año, el extractor puede emitir al exterior hasta 100 kg de humedad. Limpie el filtro regularmente y sustitúyalo cuando no pueda limpiarlo.

Problemas comunes

En la ventilación de una casa intervienen múltiples aspectos, desde las corrientes a través de ventanas y puertas abiertas a los ventiladores eléctricos o el aire fresco aportado por un intercambiador de aire. Un buen mantenimiento de estos elementos contribuye a la comodidad y a la higiene de la vivienda. Un ventilador de techo que se balancee **(foto A)** pierde parte de su capacidad para hacer circular el aire. Tanto si se utiliza para distribuir uniformemente el calor en invierno como para enfriar el aire en verano, su funcionamiento será más eficaz si se suprime el balanceo (página 481).

Reparar o sustituir un extractor de baño defectuoso es una tarea fácil y barata (página 480). Si no se arregla, se acumulará humedad en las paredes y el techo del cuarto de baño, e incluso en zonas contiguas de la casa. Cuando persiste el problema, esta situación puede conducir a una extensión del moho **(foto B)** o, lo que es peor, de la podredumbre de la madera.

Las viviendas nuevas superaisladas a menudo adolecen de una ventilación inadecuada. Revise las condiciones de ventilación de su casa si alguno de los ocupantes sufre de asma o alergias, o si advierte que el aire se vicia o se produce condensación en las ventanas cerradas cuando está encendida la calefacción **(foto C)**. La instalación de extractores es una de las posibles soluciones. Con todo, es preferible instalar un intercambiador de aire (ver apartado siguiente), una solución tal vez más costosa pero también mucho más eficaz. En lugar de propiciar la circulación del aire viciado del interior de la casa, el intercambiador favorece la entrada constante de aire fresco del exterior, que se calienta al contacto con el aire viciado que está siendo expulsado de la vivienda.

A

Las paletas flojas pueden hacer que el ventilador se balancee, lo que reduce la eficacia del aparato.

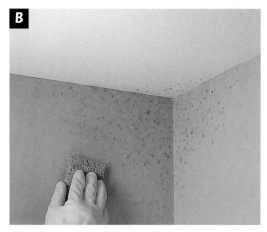

Los espacios mal ventilados se distinguen por la aparición de condensación en invierno y de moho en tiempo cálido.

La condensación de humedad en las ventanas es indicio de defectos de ventilación en la vivienda.

Mantenimiento de un intercambiador de aire

Los intercambiadores de aire, también conocidos como ventiladores de recuperación de calor, reemplazan el aire viciado por aire fresco del exterior a un coste reducido **(ilustración)**. En el proceso, el aire viciado pasa a través de un intercambiador de calor, donde caldea el aire fresco y reduce así los costes adicionales de calefacción.

Los intercambiadores de aire filtran también el aire fresco cuando entra al sistema. El filtro debe examinarse y limpiarse todos los meses durante la temporada de calefacción. Empiece por cortar la corriente de alimentación del calefactor en el cuadro eléctrico, y quite la tapa del filtro y el filtro en sí. Si estuviera dañado, sustitúyalo. En caso contrario, sumérjalo en una mezcla al 3:1 de vinagre y agua, y déjelo secar antes de montarlo y de conectar de nuevo la corriente.

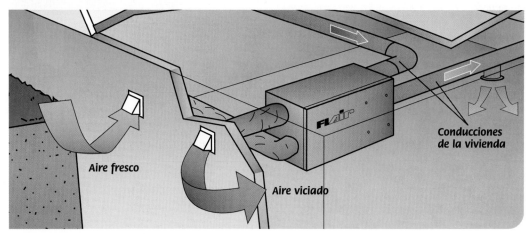

Aire fresco

Aire viciado

Conducciones de la vivienda

Los intercambiadores de aire introducen aire fresco en la casa y eliminan el aire viciado. El filtro extrae del aire las partículas contaminantes antes de que entren en el sistema de calefacción. Limpie el filtro mensualmente durante toda la temporada de calefacción.

Cómo cambiar un extractor

Un extractor de cuarto de baño debe evacuar tantos metros cúbicos de aire por minuto como metros cuadrados de superficie tenga el cuarto. Si su acción de ventilación no es suficientemente rápida para controlar la acumulación de humedad, sustitúyalo por un aparato más potente.

Corte la corriente del circuito en el cuadro de distribución, desmonte la rejilla del extractor y compruebe si el aparato recibe corriente con un comprobador de circuitos. Tenga cuidado de no tocar los hilos desnudos, e introduzca una punta de prueba del instrumento en uno de los conectores de empalme, de forma que haga contacto con los hilos expuestos. Toque con la otra punta de prueba el tornillo de tierra de la carcasa metálica del ventilador. Repita la comprobación en todos los empalmadores del conjunto. Si el instrumento se ilumina en cualquiera de las pruebas, regrese al cuadro eléctrico y desconecte el circuito correcto. Repita las pruebas hasta que el comprobador no se encienda.

Quite los tornillos de montaje del extractor, de forma que pueda sacarlo de la cavidad de la pared o el techo tirando de él y acceder al tubo de ventila-ción y a los cables eléctricos situados detrás. Afloje la abrazadera colocada sobre el tubo de ventilación, y retire este tubo de la abertura de escape. Localice el cableado de la instalación, desconéctelo de los hilos terminales del extractor y retire el aparato.

Mida el tamaño del hueco del techo o la pared. Determine también la superficie del cuarto en metros cuadrados. Después, lleve consigo el extractor antiguo a su centro de bricolaje para comprar un modelo con un tubo de evacuación de gases de las mismas dimensiones y adaptado a las necesidades de su cuarto de baño.

Desde el otro lado de la pared o el techo, sujete los bordes de la caja del extractor nuevo a la viga o vigueta que corresponda **(foto A)**. Evite en lo posible utilizar los orificios anteriores. Pruebe si llega corriente por los cables del circuito. Después, realice las conexiones eléctricas según las instrucciones del fabricante. Conecte la abertura de salida del extractor al tubo de ventilación. Monte la tapa y restablezca la corriente en el cuadro eléctrico.

Atornille o clave la caja del extractor a una viga adyacente, con la placa frontal del extractor al ras de la pared o el techo.

Mantenimiento de un extractor de cocina

Los extractores de cocina duran más cuando se conserva limpio el filtro. Retire la rejilla y el filtro **(foto B)** y limpie éste con agua caliente y detergente líquido.

Si el motor se avería, instale otro del mismo fabricante e idénticas características. Corte la corriente del extractor en el cuadro eléctrico. Retire la rejilla y el filtro. Afloje los tornillos de fijación y separe el soporte de la caja del extractor y el motor **(foto C)**. En la mayoría de los modelos, el motor tiene una clavija insertada en una base de enchufe dentro del aparato. Desenchufe esta clavija y saque el motor de la carcasa. Si está conectado directamente a los cables de la instalación eléctrica de la vivienda, compruebe que no llega corriente y desconecte estos cables.

Atornille el motor de recambio al soporte. Vuelva a conectar el motor al cableado de la instalación o a la base de enchufe incorporada y atornille el soporte a la carcasa del extractor. Coloque el filtro y la rejilla, y conecte la alimentación eléctrica en el cuadro de distribución.

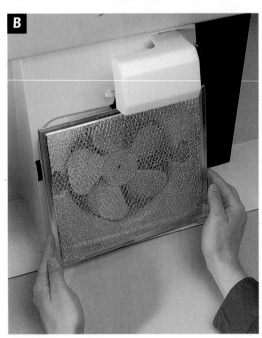

Retire la rejilla y el filtro para acceder al motor del ventilador.

Desatornille el soporte de montaje para extraer el ventilador y el motor de la carcasa.

Mantenimiento de un ventilador de techo

Las paletas mal equilibradas de un ventilador reducen su eficacia y acortan la vida útil del aparato. Volver a equilibrar estas paletas es una tarea relativamente sencilla que apenas lleva unos minutos.

Para equilibrar las paletas, apague el aparato y apriete los tornillos que las sujetan a sus soportes. Compare los ángulos de las paletas sosteniendo verticalmente una cinta métrica y midiendo la distancia del extremo de una paleta al techo (foto D). Después, sin mover la cinta métrica, gire el ventilador y mida la distancia entre el techo y la siguiente paleta. Para realizar las correcciones oportunas, doble con suavidad los soportes de las paletas, según se requiera, hasta que los extremos de todas las paletas estén a igual distancia del techo.

Si con ello no consigue evitar el balanceo, coloque contrapesos en las paletas. Compre un kit de equilibrado en una ferretería o un centro de bricolaje. Coloque la pinza en la mitad del borde posterior de una de las paletas, ponga en marcha el ventilador y observe si ha aumentado o disminuido el balanceo. Quite la pinza y repita la operación en las restantes paletas, observando los posibles cambios en el balanceo. Coloque la pinza en la paleta peor equilibrada. Ajuste la posición del soporte hasta que desaparezca el balanceo. Fije un peso en el eje longitudinal de la cara superior de la paleta, en línea con la pinza (foto E), y quite esta última.

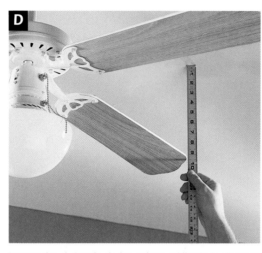

Compruebe el ángulo de las paletas midiendo la distancia desde cada una al techo.

Utilice una pinza para encontrar la paleta que necesita mayor peso de equilibrado. Quite la pinza después de fijar el peso.

Cómo reducir el ruido de un ventilador de techo

La popularidad de los ventiladores de techo no se explica sólo por su atractivo estético, sino también por la comodidad que proporcionan. Al hacer circular el aire por toda la habitación, estos ventiladores reducen los costes de calefacción y refrigeración y logran temperaturas más uniformes en las habitaciones.

La mayoría de los ventiladores requieren ajustes ocasionales. Si un ventilador produce ruidos es que no está funcionando con su máxima eficacia. A menudo es posible corregir este defecto con sólo apretar los tornillos, que pueden haberse aflojado a consecuencia de las vibraciones normales.

Para eliminar el ruido, empiece por parar el ventilador. Compruebe que el remate no toca el techo, y ajústelo si lo hiciera. Apriete todos los tornillos de la carcasa del motor (foto F). Después, compruebe los tornillos que sujetan el soporte de cada paleta al buje del motor. En modelos con lámpara incluida, apriete los tornillos que sujetan el globo y el aparato.

Si no logra silenciar el ruido con estas medidas, el problema tal vez esté en que los globos de vidrio entrechocan con sus tornillos de retención. Compre una banda silenciadora (en esencia, una banda de goma) en una ferretería o un centro de bricolaje. Para colocarla, deslícela por el cuello del globo de vidrio. Después, apriete los tornillos de retención de la lámpara.

Consejo útil

Puede reducir el uso de la calefacción y el aire acondicionado sin sacrificar por ello el nivel de confort si emplea adecuadamente su ventilador de techo. En verano, ajuste el ventilador de forma que aspire hacia arriba el aire caliente. En invierno, regúlelo para que lo impulse hacia abajo. Con estas medidas ahorrará de un 4 a un 8% de costes de refrigeración por cada grado que eleve el ajuste del termostato en tiempo cálido, y entre el 1 y el 2% de gastos de calefacción por cada grado que reduzca el ajuste en tiempo frío.

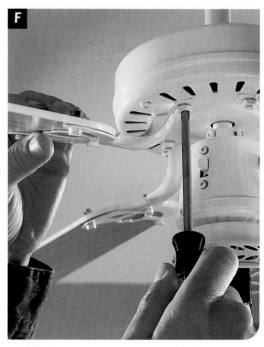

Apriete los tornillos para reducir el ruido de vibración.

Aire acondicionado

El aire acondicionado, un término estrechamente unido a los sistemas de refrigeración, se utiliza en este libro como referencia tanto al empleo de bombas de calor como de equipos convencionales de acondicionamiento de aire. Este enfoque se justifica porque ambos tipos de dispositivos funcionan de modo muy similar. En términos sencillos, los dos hacen circular un fluido refrigerante por un sistema de conductos interiores llamado *batería del evaporador* para absorber calor del aire. El refrigerante fluye al exterior hacia la *batería del condensador*, donde cede calor. Después, el refrigerante vuelve a la fase líquida, y se repite el ciclo.

Las bombas de calor presentan una ventaja importante sobre los equipos de aire acondicionado: pueden funcionar en sentido inverso durante el invierno, extrayendo calor del moderadamente frío aire exterior y usándolo para caldear la casa.

Como los equipos de aire acondicionado y las bombas de calor funcionan según los mismos principios básicos, la mayoría de las tareas de mantenimiento y reparación son análogas. Cuando se ensucian las piezas, se doblan o se rompen las paletas del ventilador o se obstruyen los filtros, el rendimiento disminuye. Para evitarlo, lo mejor es efectuar una limpieza y revisión periódicas, que a la larga reducirán los costes de mantenimiento y reparación.

Los procedimientos ordinarios de mantenimiento pueden ser realizados por el propio usuario. En cambio, las reparaciones que impliquen descargar un condensador, comprobar los niveles de refrigerante y añadir refrigerante, deberán encargarse a un técnico profesional.

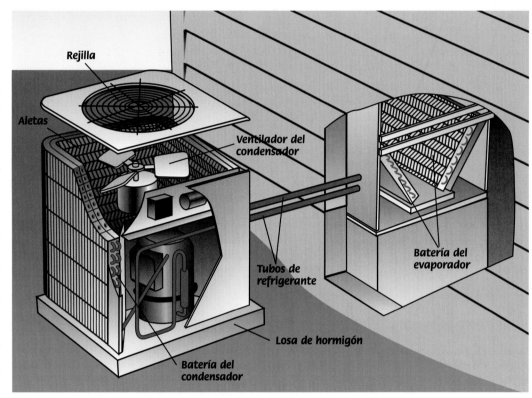

El refrigerante se somete a presión y se bombea a través de una batería de condensación, donde cede calor. Después, circula hacia la batería del evaporador. El aire del ventilador de la caldera se enfría al atravesar el evaporador. Seguidamente, el refrigerante se bombea nuevamente hacia el exterior, donde vuelve a enfriarse. En verano, las bombas de calor funcionan igual que los equipos de aire acondicionado. En invierno, un solenoide invierte el funcionamiento de manera que el refrigerante extraiga calor del aire externo y lo transfiera al interior de la vivienda. Como sistema de calefacción, las bombas de calor son eficaces hasta unos 0 °C.

Problemas comunes

Los equipos de aire acondicionado y las bombas de calor pueden funcionar durante largos años con un número de incidencias relativamente bajo siempre que se mantengan y reparen con regularidad.

Por ejemplo, la mayoría de los sistemas seguirán funcionando aunque tengan una pala del ventilador ligeramente doblada (foto A), pero a la larga podrían resultar dañados y terminar por romperse al tener que soportar el sistema un mayor esfuerzo. Como consecuencia, habrá que efectuar una reparación de mucha mayor envergadura y coste que requerirá los servicios de un profesional experto.

A menudo, las paletas de los ventiladores terminan por doblarse cuando se aflojan hasta el extremo de balancearse y tropezar con uno de los paneles exteriores del aparato. Estas paletas están diseñadas para mover el aire de manera eficaz. Si se doblan, pierden parte de su eficacia, y el esfuerzo adicional que ha de realizar el motor puede llegar a averiarlo.

Si observa que se ha doblado una paleta, no intente arreglarla. Las paletas enderezadas quedan debilitadas y terminan por romperse, provocando un problema aún mayor. En lugar de ello cambie el juego de paletas completo. Para evitar que se reproduzca el problema en el futuro, cerciórese de que todas las paletas quedan bien sujetas y de que el ventilador gira con suavidad, tanto movido a mano durante las pruebas como en funcionamiento real.

Las paletas de ventilador dobladas no suponen el único problema posible. Un examen más detenido del aparato probablemente revelará la presencia de suciedad acumulada dentro de la batería del condensador **(foto B)**. A menudo, el ventilador absorbe hacia el aparato ramitas, hojas y suciedad. Una limpieza regular de estos restos evita que se acumulen y reduzcan el flujo de aire en el interior de la batería.

tería. A un ventilador obstruido le cuesta más absorber suficiente aire. Ello eleva el coste de funcionamiento del aparato e impone al conjunto una solicitación excesiva que acorta la vida del motor.

La losa sobre la que se apoya un equipo central exterior de aire acondicionado o una bomba de calor debe tener una ligera inclinación en dirección opuesta a la casa, para facilitar un drenaje adecua-

do de la condensación **(foto C)**. Una losa mal nivelada hará que el agua de drenaje se dirija a los cimientos de la vivienda. Solicite los servicios de un profesional para que corrija la inclinación de la losa antes de que el drenaje provoque filtraciones en el sótano. Asegúrese de que el desnivel del terreno aleja el agua de la casa, y evitará humedades y otros problemas.

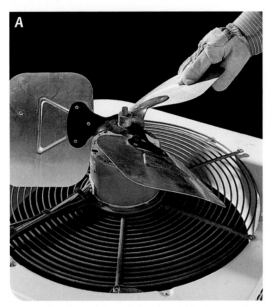

Cambie el conjunto del ventilador si se dobla alguna paleta. No intente enderezarla.

Elimine la suciedad y los desperdicios con un cepillo y una manguera de jardín, para reducir la obstaculización del flujo de aire que atraviesa la batería.

Un compresor exterior no drenará de forma correcta si no está bien nivelado. Contrate a un albañil profesional para que eleve la losa de hormigón y lograr un ángulo de inclinación adecuado.

Mantenimiento de equipos centrales de aire acondicionado y bombas de calor

La parte de estos equipos que está instalada a la intemperie debe soportar las inclemencias del tiempo durante todo el año, no sólo cuando se usa. La lluvia, el frío, el viento y el sol pueden terminar por socavar el rendimiento del sistema. Para mantenerlo en óptimas condiciones de funcionamiento, limpie las aletas y las baterías del condensador antes del inicio de cada estación cálida, y siempre que se acumule suciedad u otros residuos en ellas (página 484). Si utiliza el equipo de aire acondicionado sólo durante unas semanas al año, puede solucionar el problema limpiando el equipo y realizando las tareas de mantenimiento cada primavera. Pero si lo emplea varios meses al año, o utiliza una bomba de ca-

lor para calentar y refrigerar la casa, habrá de examinar el filtro todos los meses para despojarlo de la suciedad y los desperdicios acumulados y evitar que el sistema soporte una solicitación innecesaria. También debe revisar el condensador una vez al mes, para comprobar que no se encuentra obstruido por hojas u otros restos. Examine siempre la unidad del condensador después de una lluvia torrencial o una tormenta con vientos fuertes.

En las tareas de mantenimiento anual se incluyen la lubricación del motor del ventilador (página 484), la eliminación de suciedad y residuos de la unidad y la comprobación minuciosa de la alineación del ventilador.

Herramientas:
Destornilladores (plano y de estrella), juego de llaves fijas, nivel, enderezador de aletas de radiador, cepillo de cerdas rígidas, manguera de jardín, aspiradora.

Materiales:
Paño, aceite para maquinaria ligera, guantes resistentes.

Limpieza de las baterías y las aletas

Corte la corriente con el interruptor de desconexión del aparato (**foto A**), y también en el cuadro eléctrico general. Quite los tornillos del panel superior de acceso y levante éste (**foto B**). Quite los tornillos del panel lateral que rodea las baterías del condensador, y tire con cuidado de dicho panel para separarlo del condensador. Elimine todo resto de suciedad de la batería, el ventilador y el motor.

Quite el polvo de las aletas y las baterías con un cepillo blando. Contrate a un profesional para eliminar la suciedad y los restos difíciles.

Enderece con cuidado las aletas dobladas con una herramienta especial (**foto C**). La mayoría de las herramientas usadas para esta tarea tienen tres o más lados con distintas anchuras y distancias de separación entre sus dientes. Antes de pasar la herramienta por las aletas, elija los dientes adecuados sujetando el lado de la herramienta que corresponda frente al aparato.

Corte la corriente en el interruptor de desconexión del aparato.

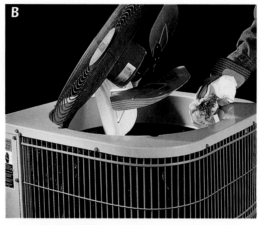
Levante el panel superior y elimine todo resto de suciedad del interior de la batería del condensador.

Utilice un peine especial para enderezar las aletas dobladas.

Lubricación del motor del ventilador

Apague el equipo de aire acondicionado o la bomba de calor y corte la corriente del sistema en el cuadro general. Quite los tornillos de fijación del panel superior de acceso y levante el panel.

Busque los orificios de lubricación. Si el ventilador está fijado al panel superior, estos orificios estarán situados por encima de las paletas del ventilador. En cambio, si se encuentra separado del panel, afloje primero el tornillo de ajuste del conjunto de paletas (**foto D**). Provisto de guantes resistentes, desmonte este conjunto. Quite los tapones de goma y añada tres gotas de aceite para maquinaria ligera en cada orificio (**foto E**).

Vuelva a montar las paletas, fijándolas de manera que el conjunto descanse unos 2 o 3 cm por encima del motor.

Después, cerciórese de que las paletas pueden girar libremente. Actúe sobre el tornillo de ajuste que sujeta el ventilador al eje del motor hasta que las aspas giren con suavidad.

Seguidamente examine las paletas. Si observa alguna doblada, cambie el conjunto de paletas completo.

Para montar un conjunto nuevo, alinee el tornillo de ajuste con el lado plano del eje del motor.

Deslice el conjunto sobre el eje hasta que asiente a unos 2 o 3 cm del motor. Apriete el tornillo de ajuste.

Asegure el panel superior con los tornillos de fijación. Restablezca la alimentación eléctrica del sistema tanto en el interruptor del equipo como en el cuadro general. Ajuste el termostato de manera que funcione el condensador y examine el conjunto de paletas del ventilador. Vuelva a inspeccionar el condensador. Si observa un balanceo o un ruido inhabitual en el conjunto de paletas, corte otra vez la corriente y compruebe si existen roces o suciedad, o si el conjunto está mal sujeto.

Afloje el tornillo de ajuste y desmonte el conjunto de paletas del ventilador.

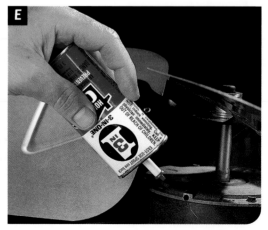
Ponga tres gotas de aceite en cada orificio del motor del ventilador.

Nivelación del condensador

La unidad de condensación debe estar ligeramente inclinada en dirección opuesta a la casa, para que la condensación no escurra hacia sus cimientos. Aunque la unidad esté apoyada en una losa de hormigón, debe comprobarse una vez al año. Los inviernos crudos producen heladas fuertes que podrían desplazarla. Coloque un nivel sobre la parte superior de la unidad, primero en sentido longitudinal (**foto F**) y luego en el transversal. Si observa que la unidad se ha desplazado, tendrá que alzar la esquina más baja de la losa hasta que se nivele, y luego sustentar la losa sobre gravilla o cemento. Según el tamaño del condensador, esta tarea puede requerir la intervención de un albañil o de un especialista.

Para garantizar un flujo de aire correcto, corte toda la vegetación que crezca a menos de medio metro de las baterías del condensador.

Por su resistencia y estabilidad, el hormigón constituye una superficie óptima para colocar un condensador. Si apoyáramos el condensador en el suelo, sin más, o en un soporte menos resistente que el hormigón, el aparato podría desequilibrarse. Cada primavera compruebe que continúa bien nivelado.

Revisión de la válvula de inversión de una bomba de calor

La bomba de calor utiliza un solenoide conectado a una batería para invertir su funcionamiento de calefacción a refrigeración o viceversa. Si la bomba genera aire caliente en verano y frío en invierno, revise el solenoide, ya que podría estar averiado.

Abra el interruptor de desconexión de la bomba (página 483) y corte la corriente del sistema en el cuadro eléctrico general. Quite los tornillos de fijación del panel de acceso posterior y retire el panel. Desenchufe el conector de la bobina del solenoide (**ilustración G**). Ajuste un multímetro para pruebas de continuidad (página 471). Toque un contacto del solenoide con cada una de las puntas de prueba del instrumento (**ilustración H**). Un valor distinto de cero indicaría que el solenoide está averiado. Para cambiar el solenoide quite la tuerca de seguridad con una llave fija. Quite la tapa y el solenoide (**ilustración I**) y monte un solenoide de recambio del mismo fabricante. Vuelva a colocar el panel de acceso y conecte la corriente de alimentación de la bomba de calor.

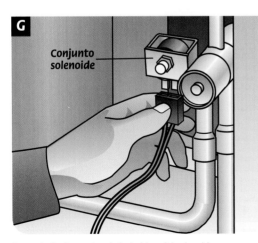

Desenchufe el conector de la bobina del solenoide.

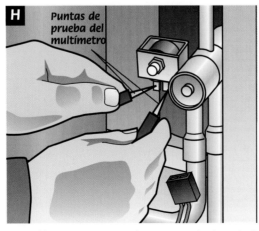

Ponga el instrumento en RXK1 y haga una prueba de continuidad.

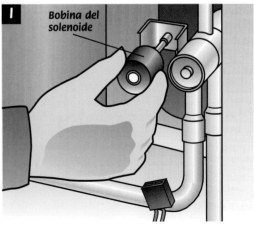

Afloje la tuerca de seguridad y desmonte el soporte y el solenoide.

Mantenimiento de un acondicionador de aire de habitación

Los aparatos de aire acondicionado de habitación apenas requieren mantenimiento periódico. Con todo, es importante limpiar el filtro de aire con frecuencia para reducir el esfuerzo a que se ve sometido el motor por la acumulación de suciedad. Cada nueva estación deben revisarse también las aletas y limpiarse los desagües del aparato.

Limpie el filtro una vez al mes durante la temporada de refrigeración. Corte la corriente y desenchufe el aparato. Abra las presillas o quite los tornillos de fijación y desmonte la tapa frontal de acceso **(foto A)**. Quite el filtro y examínelo. Si está deteriorado, monte uno de recambio. Casi todos los filtros pueden volverse a utilizar después de lavarlos con un detergente suave; lea las instrucciones al respecto en la etiqueta del filtro. Coloque éste sobre una toalla y pásele un paño seco **(foto B)**. Déjelo secar completamente antes de volver a instalarlo.

Desmonte la tapa delantera y quite el filtro de aire liberando las lengüetas o las presillas de sujeción y deslizándolo hacia fuera.

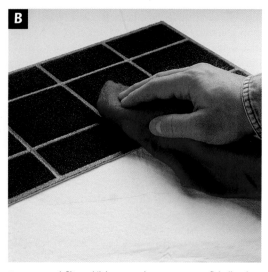

Para secar el filtro, déjelo apoyado en una superficie limpia y blanda y aplíquele un paño limpio.

Enderezar las aletas y limpiar los drenajes

Con el acondicionador desmontado de la ventana o de la pared, afloje los tornillos de fijación del panel posterior y desmonte el panel. Para ello, tal vez tenga que quitar primero la cubierta exterior del aparato. Limpie con cuidado las aletas del condensador con un cepillo blando acoplado a una aspiradora. Enderece las aletas dobladas con un peine especial **(foto C)**.

Los acondicionadores de aire necesitan drenar la humedad que se condensa alrededor de las baterías. El orificio de drenaje de un aparato de habitación está situado en el exterior, con una bandeja de drenaje colocada normalmente justo debajo de las baterías del condensador. Si la bandeja contiene agua, absórbala con un trapo o una esponja. Examine el orificio de desagüe para asegurarse de que no está obstruido y elimine cualquier obstáculo limpiando la zona con un paño **(foto D)**. Las áreas difíciles de alcanzar pueden limpiarse hurgando cuidadosamente con la punta de un destornillador cubierta con un trapo. Si es posible, retire la bandeja de drenaje y lávela. En caso contrario, límpiela al chorro con una solución al 1:1 de agua y lejía para evitar la proliferación de algas.

Seleccione el peine adecuado para ese acondicionador antes de pasar la herramienta por las aletas.

Elimine la suciedad, la grasa y los residuos del orificio de desagüe, para lograr un drenaje adecuado.

Enfriadoras de evaporación

Además de los aparatos de ventilación y de refrigeración con refrigerante, son también populares en las regiones secas y calurosas las enfriadoras de evaporación (**ilustración E**). Estas unidades enfrían y humedecen el aire por medio de la evaporación. Cuando entra aire seco del exterior a través de la almohadilla de papel húmedo o de celulosa de una de estas unidades, este aire se enfría. El efecto es el mismo que se siente cuando la piel húmeda recibe un soplo de brisa o el aire de un ventilador. Las enfriadoras de evaporación reducen la temperatura del aire exterior hasta en 22 °C antes de introducirlo en la vivienda.

El aire frío suministrado por una de estas enfriadoras puede entrar en la casa a través de un conducto central o conjuntamente con los conductos de otros sistemas de refrigeración y calefacción.

Estas enfriadoras tienen un coste de funcionamiento algo superior al de un sistema de ventiladores en toda la casa, pero notablemente menor que el de los equipos de aire acondicionado diseñados para refrigerar un espacio equivalente. A su favor tienen el hecho de que suministran un flujo constante de aire fresco, en vez de aislar herméticamente la casa del mundo exterior. Las enfriadoras son además más económicas de instalar y mantener que los acondicionadores de aire, y no necesitan usar refrigerantes perjudiciales para el medio ambiente. Como se basan en la evaporación e incrementan el nivel de humedad del aire interior, resultan especialmente indicadas para climas secos.

Una enfriadora de dos etapas (**ilustración F**), que utiliza un intercambiador de calor para enfriar y secar el aire de entrada cuando pasa por la almohadilla, puede reducir la temperatura del aire ambiente interior en un margen adicional comprendido entre 3 y 8 °C.

Tradicionalmente, las enfriadoras de evaporación se montaban en los tejados y enviaban el aire directamente a la casa desde arriba. Sin embargo, por su volumen y aspecto poco atractivo, esta solución es válida sobre todo para cubiertas planas, donde no es tan importante la estética. Aunque su instalación en los tejados sigue siendo habitual, los modelos actuales pueden colocarse también en un desván o en el suelo, junto a la casa. Las unidades de suelo, por su mejor acceso, son las más fáciles de reparar y mantener.

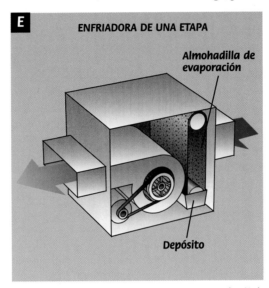

ENFRIADORA DE UNA ETAPA

Almohadilla de evaporación

Depósito

Las enfriadoras de evaporación consumen en torno al 25% de la energía de los equipos de aire acondicionado con una potencia frigorífica comparable.

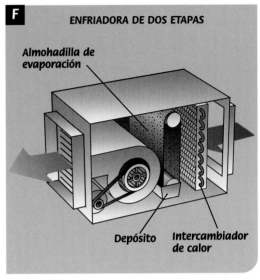

ENFRIADORA DE DOS ETAPAS

Almohadilla de evaporación

Depósito

Intercambiador de calor

En las enfriadoras de dos etapas, un intercambiador de calor montado antes de la enfriadora refrigera y seca el aire de entrada.

Mantenimiento de una enfriadora de evaporación

Las enfriadoras son bastante sencillas desde un punto de vista mecánico y rara vez necesitan reparación. Sin embargo, precisan de un mantenimiento cuidadoso. Durante la temporada de refrigeración, revise los filtros, las almohadillas, el depósito y la bomba dos veces al mes. Cambie las almohadillas una vez al año (o dos, si vive en una zona de aguas duras).

Para iniciar el mantenimiento deberá vaciar el depósito. Corte la corriente en el cuadro eléctrico general y cierre el suministro de agua a la enfriadora. Conecte una manguera de jardín al punto de drenaje de la parte inferior o del fondo de la enfriadora (**ilustración G**). Desenrosque el tubo de rebose del depósito y deje que salga toda el agua. Una vez vacío el depósito, vuelva a colocar el tubo de rebose y desconecte la manguera.

Examine las paletas y las rejillas del ventilador para ver si están sucias o grasientas y límpielas con un detergente suave, en caso necesario. Compruebe que los orificios de suministro de agua situados encima de la almohadilla están limpios, para que el líquido fluya con normalidad. Examine la entrada de la bomba de agua y elimine los depósitos u obstrucciones. Al abrir de nuevo el suministro de agua, observe la válvula del flotador y compruebe que no existen fugas. Vuelva a conectar la corriente a la enfriadora.

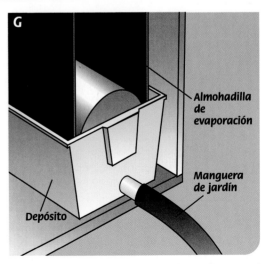

Almohadilla de evaporación

Manguera de jardín

Depósito

Conecte una manguera de jardín y vacíe completamente el depósito.

Termostatos

La mayoría de los termostatos tienen pocas piezas, que rara vez se averían. No obstante, es posible que se suelte algún cable, se corroan los contactos o se acumule polvo que perturbe el funcionamiento del dispositivo.

Un termostato averiado puede crear un ambiente incómodo en el hogar y elevar los costes de calefacción y refrigeración, por lo que conviene revisarlo al menos una vez al año para asegurarse de que funciona correctamente.

La mayoría de los termostatos son de baja tensión, de tensión de red o electrónicos. Los de baja tensión reciben la corriente de un transformador que reduce el potencial de la red a 24 voltios. Los de tensión de red utilizan la misma fuente de alimentación que los calefactores eléctricos que controlan. Por su parte, los termostatos electrónicos funcionan en su mayoría en un circuito de baja tensión, son cómodos de usar y pueden sustituir fácilmente a otros antiguos de baja tensión.

Un termostato sencillo de baja tensión (**foto A**) enciende y apaga el sistema de calefacción o refrigeración. Otros modelos cuentan con controles independientes para un ventilador de aire forzado y un sistema de refrigeración. El termostato contiene una espiral bimetálica que se dilata y contrae cuando cambia la temperatura. En el extremo de la espiral hay una ampolla de vidrio con una bola de mercurio y dos contactos eléctricos en su interior. Cuando la espiral gira lo suficiente para inclinar la ampolla, la bola de mercurio rueda y cubre los dos contactos, cerrando así el circuito y activando el sistema. Los controles determinan la temperatura a la que se cerrará el circuito.

Los termostatos de tensión de red (**foto B**) se conectan a un calefactor eléctrico y utilizan la misma corriente que éste. La corriente puede ser de 110/120 o 220/240 voltios, suficiente para producir una fuerte descarga eléctrica. Estos termostatos pueden conectarse directamente a un calefactor de rodapié o de pared o instalarse en una pared próxima. Los termostatos montados en la pared pueden probarse por los procedimientos descritos para los incorporados en el propio aparato (página 472). Si piensa desmontar y revisar o reparar un termostato de tensión de red, primero abra el interruptor del cuadro eléctrico general y compruebe que no llega corriente.

Los termostatos electrónicos (**foto C**) utilizan las mismas conexiones que los de baja tensión para controlar un sistema de calefacción u otro componente, como un humidificador o un sistema de calefacción. Estos termostatos se instalan con facilidad en lugar de los de baja tensión, sin necesidad de modificar la instalación eléctrica de la casa. Los termostatos electrónicos pueden programarse de forma que la temperatura se ajuste automáticamente. Al mantener las temperaturas bajas mientras se está ausente o durmiendo, estos aparatos ahorran energía. Gracias a esta reducción de los costes de calefacción o refrigeración, un termostato nuevo se amortiza con rapidez.

Herramientas:
Cepillo de cerdas finas, alicates de puntas, comprobador de circuitos, destornilladores (plano y de estrella).

Materiales:
Cinta aislante o de máscara.

Los termostatos de baja tensión rara vez fallan, aunque son más fiables si se revisan una vez por temporada para asegurarse de que no tienen suciedad ni cables sueltos.

Los termostatos de tensión de red funcionan con corriente de 110/120 o 220/240 voltios. Antes de intentar ninguna reparación compruebe que se ha cortado la corriente en el cuadro eléctrico general.

Los termostatos electrónicos de los sistemas de calefacción central funcionan con una línea de baja tensión y apenas necesitan mantenimiento.

Revisión y sustitución de un termostato de baja tensión

Si se acumula demasiada mugre o suciedad en la espiral bimetálica de un termostato, éste dejará de funcionar como debe. Para limpiar la espiral, corte la corriente que llega al termostato, quite la tapa y ajuste el dispositivo al valor mínimo. Limpie la espiral con un cepillo blando (**foto D**), ajuste el termostato a su valor máximo, vuelva a limpiar la espiral y reajuste el dispositivo.

Si el termostato de baja tensión está averiado, asegúrese primero de que los cables internos están bien sujetos. Enrosque los tornillos de todos los terminales sueltos sin llegar a apretarlos. Recoloque los hilos sueltos en sus terminales con unos alicates de puntas (**foto E**) y termine de apretar los tornillos.

Busque el transformador de baja tensión que alimenta el termostato. Probablemente, lo encontrará cerca del sistema de calefacción/aire acondicionado, o dentro del panel de acceso a la caldera. Si hay conexiones flojas en el transformador, apriételas.

Ajuste el selector de un multímetro a la escala de 50 voltios (c.a.). Conecte la corriente al termostato y toque con las puntas de prueba del instrumento cada uno de los terminales del transformador (**foto F**). Si el instrumento no detecta corriente, el transformador estará defectuoso y habrá de cambiarse, siguiendo el procedimiento explicado para los transformadores de los timbres (página 444).

Seguidamente, ajuste el termostato en posición AUTO y CALOR. Pele unos 13 mm de cada extremo de un trozo corto de hilo aislado. Toque con un extremo del hilo el terminal del termostato marcado con una W, y con el otro el marcado con una R (**foto G**). Si el sistema de calefacción se pone en marcha, el termostato estará averiado y será preciso cambiarlo.

Un termostato de baja tensión estropeado es fácil de sustituir por otro de tipo electrónico. Con la corriente desactivada, desconecte el termostato antiguo y etiquete los hilos para recordar a qué terminales se conecta cada uno. Desmonte el termostato, con cuidado para que los cables no se introduzcan dentro de la pared. Pase estos cables por la base del termostato nuevo y monte el aparato en la pared (**foto H**). Conecte los cables a sus terminales en la base del nuevo termostato, utilizando como guía el esquema de conexiones del fabricante (**foto I**).

Quite la tapa y examine la espiral, los contactos y las conexiones de los cables.

Retuerza los hilos sueltos alrededor de los terminales con unos alicates de puntas y apriete bien los tornillos.

Utilice un multímetro para comprobar que el termostato de baja tensión funciona correctamente.

Use un trozo corto de hilo aislado para crear una conexión entre los terminales R y W.

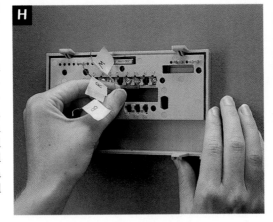

Introduzca los hilos de baja tensión en la base, monte el termostato en la pared y conecte los hilos.

Atornille los hilos de baja tensión a sus terminales respectivos, y vuelva a colocar la tapa.

PLAN DE MANTENIMIENTO

La mejor manera de conservar la casa en un estado óptimo consiste en llevar a cabo inspecciones rutinarias de mantenimiento durante todo el año. Los puntos señalados en la lista que se adjunta pretenden servir de ayuda y recordatorio de los elementos de una vivienda que han de inspeccionarse con regularidad. Por razones de comodidad, en la lista se incluyen inspecciones mensuales y estacionales (primavera, verano, otoño e invierno), con un apartado independiente dedicado a los elementos adicionales de mantenimiento específicos de su casa. Escriba en la columna NOTAS las fechas y los pormenores de las inspecciones y reparaciones que lleve a efecto, como fuente fiable de consulta de las tareas necesarias cara al futuro. Este material es muy valioso como registro de mantenimiento de la vivienda, en especial si desea ponerla en venta.

Entre los elementos que han de inspeccionarse todos los meses se encuentran los filtros de aire y las baterías de los detectores de humo y de monóxido de carbono. Tal vez no sea necesario limpiar o sustituir estos elementos en cada inspección, aunque las revisiones frecuentes permiten detectar los problemas antes de que se agraven.

Las inspecciones y reparaciones estacionales se dirigen a resolver las incidencias habituales derivadas del deterioro diario, así como los daños debidos a ciclos de heladas, olas de calor u otras situaciones climáticas extremas.

Emprenda las inspecciones tan pronto se lo permita la climatología. Se alegrará de haberlas realizado, y evitará trabajar al aire libre o en desvanes u otras zonas semiexpuestas de su hogar en condiciones meteorológicas difíciles.

MENSUAL

ELEMENTO	TAREA	NOTAS
Detectores de humos/ monóxido de carbono	Comprobar la alimentación eléctrica de los aparatos pulsando el botón de prueba y esperando a que suene la alarma.	
Extintores de incendios	Comprobar la presión de la botella. Si es baja, cambiar el extintor o recargarlo.	
Secadora de ropa	Limpiar el tubo flexible de ventilación de la parte posterior de la secadora para eliminar las hilachas acumuladas.	
Baño	Revisar las juntas de lechada y de masilla, por si existieran grietas, desmoronamientos o moho (páginas 40, 42).	
Desagües de la vivienda	Inspeccionar las instalaciones de fontanería y los desagües de los electrodomésticos en busca de posibles conexiones con fugas (página 272).	
Tuberías de suministro de agua	Inspeccionar los tubos, tuberías y latiguillos que llevan agua a los electrodomésticos y los aparatos de fontanería.	
Bañera de hidromasaje	Lavar interiormente el sistema de la bomba de agua para eliminar depósitos minerales, grasas y bacterias (página 342).	
Bases de enchufe de seguridad	Probar el mecanismo de disparo pulsando el botón de prueba (página 408).	
Filtro de la caldera	Revisar el filtro por si existiera acumulación de partículas. Limpiar o cambiar los filtros sucios, según las instrucciones del fabricante (página 456).	
Caldera	Eliminar el polvo y la suciedad del ventilador de entrada de aire. Lubricar el motor del ventilador cada dos meses (página 466).	
Intercambiador de aire	Revisar y limpiar o cambiar el filtro (página 479).	
Aire acondicionado/ bomba de calor	Comprobar la nivelación del condensador, y eliminar hojas, ramas y otras obstrucciones del ventilador y las baterías (página 483).	

Primavera

ELEMENTO	TAREA	NOTAS
Sótano	Comprobar si hay humedad en los muros de los cimientos (páginas 24 y 25). Inspeccionar las vigas, los postes, las viguetas del suelo y las soleras, en busca de signos de deterioro por agua o tensiones (páginas 76, 82).	
Protección contra la intemperie	Inspeccionar los burletes colocados alrededor de las puertas y las ventanas. Buscar posibles corrientes de aire (páginas 132 y 137).	
Aislamiento	Añadir aislante en las zonas en las que la protección existente demuestre ser insuficiente en los meses de invierno (página 158).	
Desván	Buscar signos de humedad en los cabios y revestimientos del tejado. Revisar los respiraderos para comprobar el flujo de aire (página 188).	
Tejado/cubierta	Inspeccionar el tejado en busca de ripias dañadas o desaparecidas. Buscar posibles grietas y deterioro en los bateaguas y la masilla de las juntas (página 188).	
Canalones	Limpiar los canalones y las bajantes. Comprobar si hay conexiones sueltas y juntas con fugas. Asegurarse de que los tramos largos están rectos y tienen una pendiente adecuada (página 214).	
Chimenea	Inspeccionar la albañilería y los bateaguas. Limpiar el cañón de la chimenea para eliminar la creosota acumulada (página 220).	
Compuertas reguladoras	Abrir o cerrar las compuertas para equilibrar el flujo de aire forzado según la estación del año (página 455).	
Caldera (sólo de gasóleo)	Cambiar el filtro de combustible (página 465).	
Filtro de la caldera	Examinar el filtro para ver el nivel de acumulación de partículas y limpiarlo o sustituirlo, según las instrucciones del fabricante (página 456).	
Aire acondicionado/ bomba de calor	Pedir a un profesional que compruebe el nivel de refrigerante. Limpiar las aletas y las baterías del condensador. Examinar las paletas del ventilador y lubricar el motor (página 484).	
Termostato	Inspeccionar los cables y eliminar el polvo y la suciedad de la espiral bimetálica. Comprobar la horizontalidad del aparato (página 489).	
Extractores de baño y de cocina	Limpiar los filtros, las rejillas o las paletas para elevar al máximo el flujo de aire (página 480).	

Verano

ELEMENTO	TAREA	NOTAS
Cimientos	Comprobar posibles deterioros en los muros exteriores. Sellar y volver a pintar en caso necesario, corregir la pendiente del suelo para que el agua de drenaje escurra en la dirección adecuada (página 24).	
Ventanas	Comprobar posibles fugas, madera podrida y condensación de humedad.	
Paredes y estructuras de albañilería	Verificar posibles grietas, deterioro y descascarillado. Reparar juntas de mortero y cambiar ladrillos dañados. Enmasillar o parchear paredes de estuco (página 224).	
Tejado/muros exteriores	Lavar a presión las superficies para eliminar la suciedad y los desperdicios.	
Revestimiento exterior	Reparar zonas dañadas y retocar pintura desprendida o descascarillada (página 228).	
Caminos, calzadas y superficies de hormigón	Comprobar si hay grietas, desmoronamientos, desperfectos por heladas intensas y otros problemas comunes (página 248).	

Verano (cont.)

ELEMENTO	TAREA	NOTAS
Fosa séptica	Contratar los servicios de un profesional que inspeccione el depósito y lo bombee en caso necesario (página 380).	
Compuertas reguladoras	Abrir o cerrar las compuertas para equilibrar el flujo de aire forzado según la estación del año (página 455).	
Caldera	Drenar el sistema para vaciar el sedimento acumulado (página 467).	
Acondicionador de aire de habitación	Limpiar el filtro y despejar los drenajes todos los meses (página 486).	
Enfriadora de evaporación	Cambiar las almohadillas. Drenar el depósito y revisar los filtros, las almohadillas y la bomba dos veces al mes (página 487).	

Otoño

ELEMENTO	TAREA	NOTAS
Burletes	Inspeccionar los burletes colocados alrededor de las puertas y las ventanas. Buscar posibles corrientes de aire (páginas 132 y 137).	
Contraventanas	Reparar las contraventanas deterioradas. Apretar y lubricar los herrajes de sujeción (página 148).	
Canalones	Limpiar los canalones y las bajantes. Comprobar si hay conexiones sueltas y juntas con fugas. Asegurarse de que los tramos largos están rectos y tienen una pendiente adecuada (página 214).	
Calentador de agua	Vaciar el depósito para eliminar el sedimento acumulado. Comprobar la válvula de seguridad (página 365).	
Registros de calor	Limpiar el registro para elevar al máximo el flujo de aire (página 453).	
Compuertas reguladoras	Ajustar el flujo de aire forzado en función de las necesidades específicas de las distintas habitaciones según la estación del año (página 455).	
Caldera	Limpiar y lubricar el motor del ventilador (página 457). Revisar la correa de accionamiento, el piloto y la llama del quemador (página 458).	
Humidificador de caldera	Limpiar la almohadilla del evaporador y la bandeja de distribución. Comprobar el nivel de agua (página 462).	
Calefactor de rodapié	Limpiar el elemento para incrementar la eficacia calorífica y evitar el olor a quemado (página 471).	
Radiadores/ convectores	Purgar el aire del sistema (página 468).	
Chimenea/ estufa de leña	Inspeccionar el conducto de humos, el regulador de tiro y el hogar. Limpiar el cajón de cenizas cada dos años (página 476).	
Extractores de baño y de cocina	Limpiar los filtros, las rejillas o las paletas para elevar al máximo el flujo de aire (página 478).	
Bomba de calor	Limpiar las aletas y las baterías del condensador. Revisar el ventilador y lubricar el motor (página 484).	
Grifos para mangueras	Retirar las mangueras del jardín, cerrar las llaves de paso interiores y abrir el grifo para dejar salir el agua atrapada (página 301).	

INVIERNO

ELEMENTO	TAREA	NOTAS
Detectores de humo/ monóxido de carbono	Cambiar las pilas de los aparatos que funcionen con pilas y de las unidades de reserva.	
Suministros de emergencia	Comprobar el estado del equipo para emergencias, como radio, pilas y baterías, linternas, agua y alimentos, velas y cerillas. Reponer el botiquín de primeros auxilios (página 6).	
Calidad del aire de la vivienda	Comprobar la posible acumulación de humedad en las ventanas y de moho en los techos del cuarto de baño.	
Ventanas/puertas	Averiguar si existen corrientes de aire en tiempo frío o ventoso.	
Tejado/cubierta	Verificar la posible formación de barreras de hielo, y anotar su posición (página 188).	
Descalcificador	Comprobar cada dos años la posible acumulación de sedimentos en la tubería de solución salina y el filtro del inyector (página 377).	
Compuertas reguladoras	Ajustar el flujo de aire forzado en función de las necesidades específicas de las distintas habitaciones según la estación del año (página 455).	

ELEMENTOS DE MANTENIMIENTO ADICIONAL

ELEMENTO	TAREA	NOTAS

GLOSARIO

A plomo. Término usado en carpintería para referirse a una vertical perfecta. Se comprueba con un nivel de burbuja o una plomada.

ABS. Acrilonitrilo, butadieno y estireno, según sus siglas inglesas; tuberías de plástico rígido utilizadas para desagüe y ventilación en la construcción de viviendas.

Aislante de fibra. Material fibroso, normalmente de fibra de vidrio, que se vende en rollos y se utiliza a menudo como material de aislamiento de viviendas.

Aislante revestido. Aislante de fibra con una capa exterior, a menudo de chapa o papel kraft, que actúa como barrera de vapor.

Aleros. Parte del borde inferior de un tejado que sobresale de los muros exteriores.

Aleta. Cada una de las chapas de un convector o un calefactor eléctrico que dispersan el calor al aire circundante.

Alquídica. Un tipo de resina sintética utilizada en pinturas al aceite. Existen diversos nombres comerciales.

Amperaje. Medida de la «presión» con que circula la electricidad en un circuito. Amperios = vatios / tensión.

Baja tensión. Tensión producida por un transformador que reduce la corriente normal de una casa a unos 24 voltios para alimentar timbres, teléfonos y muchos termostatos.

Bajante. Tubo vertical de un sistema de canalones, que conecta el canalón con el suelo.

Base de nivelación. Capa de contrachapado u otro material que se extiende sobre la solera para crear una superficie lisa que permita un buen acabado del revestimiento del suelo.

Bateaguas. Plancha de aluminio o acero galvanizado cortada y doblada en diversas formas y tamaños. Se usa para evitar que entre agua por las juntas entre elementos del tejado y para dirigir este agua lejos de los elementos estructurales.

Bloque. Pieza de madera sólida que cubre un hueco entre elementos estructurales para reforzar el conjunto o retardar la propagación de un incendio.

Bobina de inductancia. Dispositivo semejante a un transformador que regula el flujo de electricidad que llega a los cátodos productores de luz de una lámpara fluorescente.

Bomba de calor. Sistema reversible de aire acondicionado que extrae calor del aire para utilizarlo en calefacción o refrigeración.

Caballete o cumbrera. Línea horizontal que sigue el punto más alto de un tejado a dos aguas. Está formado por una viga que une los extremos superiores de los cabios.

Cable NM. Véase Cable no metálico.

Cable no metálico. Cable normalizado que se emplea actualmente en el interior de las casas, provisto de dos o tres hilos metálicos aislados individualmente (más uno desnudo de conexión a tierra).

Cajón de cenizas. Zona donde se recoge la ceniza que cae del hogar de una chimenea a través de la rejilla.

Cemento. También llamado cemento Portland; componente que endurece las mezclas de mampostería al combinarse con agua; mezcla de cal, sílice, alúmina, hierro y yeso.

Cerco. Estructura en la que encajan los cristales de una ventana.

Chapa de cierre o cerradero. Placa metálica con un borde curvado por delante que se fija a la jamba de la puerta para recibir el pestillo de un mecanismo de cerradura.

Chapado. Cualquier material utilizado para cubrir una superficie de inferior calidad y mejorar su aspecto.

Chilla. Ripia de cedro partida a mano.

Circuito de alta tensión. Circuito de 220/240 voltios (ver Tensión).

Columna. Línea vertical principal de un sistema de fontanería, cuyo fin es conducir los residuos desde los ramales de desagüe a la línea de alcantarillado.

Comba. Convexidad del canto de un tablero de madera que se ha combado durante el proceso de secado. Apoyado en uno de sus cantos, el tablero presenta una forma arqueada.

Compuerta reguladora. Dispositivo instalado en la mayoría de los sistemas de agua caliente y aire forzado como medio de control del flujo de agua o aire a las diversas partes del sistema.

Condensador. Componente de un sistema de aire acondicionado o de bomba de calor que condensa un refrigerante enfriándolo para ceder calor al aire.

Continuidad. Flujo ininterrumpido de electrones desde un punto a otro en un circuito eléctrico o un electrodoméstico.

CPVC. Policloruro de vinilo clorado, según sus siglas en inglés; material de plástico rígido utilizado en tuberías de agua de alta calidad.

Cuadro de distribución eléctrica. Cuadro de fusibles o interruptores automáticos del que parte la corriente eléctrica que llega a los diversos circuitos de la casa.

Cuerda de contrapeso. Cuerda unida al cerco de una ventana con un peso en el interior de la estructura de dicha ventana. Esta cuerda recorre la superficie de una polea que gira al cerrar o abrir la ventana.

Descascarillado. Descamado de una superficie de bloque o ladrillo, provocado por cambios meteorológicos, heladas u otras fuerzas.

Elemento estructural. Término común con el que se designan los componentes de la estructura de una construcción, como postes, vigas, viguetas, cabios o cerchas.

Enfriadora de evaporación. Tipo de refrigerador de aire, muy común en regiones cálidas y secas, que utiliza la evaporación del agua para refrescar y humedecer el ambiente.

Ensamble de caja y espiga. Junta habitual en trabajos de carpintería, en la que un saliente recortado en el extremo de una tabla encaja en el hueco correspondiente de otra.

Entre centros. Término usado en construcción para referirse a una medida o distancia entre los centros respectivos de dos elementos.

Escudete. Embellecedor que se utiliza para disimular el punto de entrada de una tubería en la pared o en la superficie del suelo.

Estuco. Yeso con base de cemento que se utiliza para cubrir muros exteriores. Se aplica en tres capas sobre listones de madera o malla metálica.

Evaporador. Componente de un equipo de aire acondicionado o de una bomba de calor que enfría el aire impulsándolo a través de una batería de tubos por los que circula un refrigerante a baja temperatura.

Fase. Hilo de un circuito que lleva la corriente. El aislante exterior de los cables de fase, o cables de corriente, suele ser de color negro, gris o marrón.

Fisuración. Agrietamiento fino del acabado de una pintura o de una superficie de hormigón, originado por una contracción desigual durante el proceso de secado.

GFCI. Siglas en inglés con que se designan los interruptores de seguridad.

Goterón. Tira metálica que protege los bordes de las ripias inferiores del tejado y ayuda a desviar el agua lejos de la casa.

Hembra. Parte de una conexión eléctrica en la que se introduce la patilla de la clavija para cerrar un circuito.

Hogar. Zona de una chimenea donde está confinado el fuego.

Hormigón. Mezcla de cemento Portland, gravilla y arena. Las estructuras de hormigón pueden reforzarse internamente con mallas metálicas o barras de hierro.

Huella. Plataforma horizontal de cada escalón en una escalera. Las huellas están apoyadas por debajo o sobre zancas en sus extremos.

Inglete. Corte en ángulo, que permite unir o empalmar dos piezas. Por ejemplo, las molduras de las puertas están unidas con ingletes a 45°.

Intercambiador de aire. También llamado ventilador de recuperación de calor; dispositivo que aspira aire fresco y lo introduce en un sistema de calefacción/refrigeración de aire forzado, caldeando el aire que entra en el sistema al hacerlo pasar a través de tubos metálicos que contienen aire caliente.

Intercambiador de calor. Zona de una caldera donde los gases calentados se utilizan para caldear el aire que circulará por toda la casa.

Interruptor de cuatro vías. Interruptor instalado entre una pareja de interruptores de tres vías. El de cuatro vías carece de marcas de encendido-apagado del circuito, y permite controlar una lámpara o un juego de lámparas desde tres o más lugares distintos.

Interruptor de seguridad. Dispositivo de seguridad diseñado para detectar incluso los menores cambios en la intensidad de corriente (por ejemplo, en un cortocircuito) e interrumpir el flujo de electrones cortando la corriente antes de que el cortocircuito pueda producir lesiones. Las ordenanzas recomiendan instalar bases de enchufe de seguridad en ciertos lugares de la casa.

Interruptor de tres vías. Interruptor utilizado en instalaciones en las que un mismo aparato o conjunto de luces se controla desde dos puntos distintos. Estos interruptores se instalan siempre por parejas y no tienen marcas de encendido y apagado.

Interruptor unipolar. Interruptor destinado a controlar una sola lámpara o electrodoméstico. Suele tener marcas de apagado y encendido.

Junquillo. Cordón flexible de goma que se usa para sujetar una pantalla de tela en un marco. También, pieza estrecha de madera o metal utilizada para reforzar juntas.

Lechada. Cemento fluido que se usa para rellenar juntas entre azulejos o baldosas y otras hendeduras.

Levantamiento por heladas. Movimiento ascendente de las zapatas estructurales originado por la dilatación del suelo al congelarse.

Limahoya. Confluencia cóncava de dos estructuras en pendiente de un tejado.

Limitador. Elemento que desactiva un calefactor eléctrico cuando éste alcanza una temperatura demasiado elevada.

Línea de helada. Profundidad a la que penetra el hielo en el suelo durante el invierno. Depende del clima de la región.

Listón de apoyo. Tira estrecha de madera u otro material que se fija a una superficie sólida para crear una base plana o nivelada para un revestimiento de acabado superficial.

Llave de purga. Llave de un radiador o un convector individual que permite liberar el aire atrapado en un sistema de calefacción por agua caliente.

Masilla. Mástique, normalmente compuesto de silicona, que se usa para sellar juntas. Las masillas son impermeables y flexibles al secar, y se adhieren a la mayoría de las superficies secas.

Mechero. Orificio de salida de combustible en el extremo de una conducción de suministro de una caldera de aire forzado.

Moldura. Elemento que se usa con fines decorativos o para disimular juntas de construcción.

Moldura. Listón de madera u otro material que se usa para cubrir juntas de construcción o decorar elementos funcionales de un edificio.

Moldura de base. Tira de madera con dos lados planos y uno curvo, que se coloca normalmente en el suelo, en la parte delantera de un rodapié.

Monóxido de carbono. Gas inodoro e insípido producido durante la quema de un combustible, que puede provocar mareo, dolor de cabeza e incluso la muerte.

Mortero. Mezcla de cemento Portland, cal y arena que se usa como adhesivo entre ladrillos o bloques en un muro de albañilería.

Neutro. Hilo o terminal de un circuito eléctrico destinado a devolver la corriente a su punto de origen. El hilo neutro, o de retorno, suele estar recubierto con aislante de color azul.

Ordenanzas. Conjunto de reglamentos formales que se utilizan para emitir las normas de construcción dentro de una comunidad.

Pavimento de vinilo. Material de solado hecho de vinilo y otros plásticos en forma de láminas de una anchura de 2 o 4 metros y un grosor aproximado de 3 mm.

Pilarejo o pilarote. Poste vertical que sostiene el pasamanos de una escalera. Se suele colocar en el inicio y el rellano de la escalera.

Piloto. Llama de un horno, caldera u otro dispositivo de calefacción que se utiliza para encender el combustible cuando existe demanda de calor.

Plancha de pared o placa de techo. Tablero plano de 89 × 184 mm compuesto de yeso cubierto por varias capas de papel. Se usa en la mayoría de las superficies interiores de techos y tabiques.

Plenum. Conducto central que sale de una caldera y llega a los ramales que se dirigen a las diversas partes de una vivienda.

Potencia en vatios. Medida del consumo de electricidad. Potencia en vatios = tensión × amperaje.

Puente. Hilo conductor utilizado para puentear el contador de agua y garantizar una vía ininterrumpida de conexión a tierra.

PVC. Policloruro de vinilo, según sus siglas en inglés; material de plástico rígido muy resistente al calor y a los agentes químicos. Se usa en tuberías de desagüe y ventilación.

Radón. Gas inodoro e insípido que se produce de forma natural y es origen de enfermedades.

Rastrel. Elemento estructural vertical de un muro o tabique. En construcciones de madera, suele estar hecho de tablas de 38 × 89 mm colocadas cada 40 cm aproximadamente.

Recortar perfiles. Cortar el perfil de una moldura sobre el extremo de otra, de forma que puedan unirse en ángulo recto. Se efectúa con una segueta.

Rejuntado. Proceso de reparación de una superficie de bloque o ladrillo consistente en limpiar las juntas de mortero deterioradas y en rellenarlas con mortero fresco.

Resistencia. Bobina metálica de alambre fino que se utiliza en calderas y calefactores eléctricos para generar calor oponiendo una resistencia al flujo de electrones.

Revestimiento. Capa de contrachapado u otra madera laminada que cubre el muro o la estructura de la cubierta de una casa. También, capa exterior de protección de un cable eléctrico no metálico, hecha de plástico o fibras trenzadas.

Rodapié. Moldura ancha, normalmente de madera, fijada a lo largo de la parte inferior de las paredes interiores de la casa.

Rotor. Mecanismo consistente en dos dientes metálicos fijos a un disco metálico giratorio accionado por un motor que destruye los restos de comida en un triturador de fregadero.

Sifón. Sección curva de una tubería utilizada en la mayoría de los desagües de las casas. El sifón contiene agua estancada que evita que los gases del alcantarillado entren en la vivienda.

Sofito. Cubierta que, unida a la tabla de alero y al muro exterior, envuelve la parte inferior del alero del tejado.

Solenoide. Interruptor que utiliza la electricidad que pasa por unos alambres devanados para crear un campo magnético que desplaza un cilindro metálico a la posición adecuada para cerrar un circuito.

Solera. Plataforma de madera de 25 mm o de contrachapado clavada en la parte superior de las viguetas como base del suelo.

Solera. Tablero de 38 × 89 mm o 38 × 140 mm clavado al suelo como soporte de los extremos inferiores de los postes de los muros.

Tabla de alero. Tablero ancho clavado en los extremos de los cabios del tejado. El chaperón sostiene el borde exterior del sofito.

Tensión. Medida de la «presión» con que circulan los electrones por un hilo o cable eléctrico. En las viviendas, es de 220 V o 110 V, según los casos. Tensión = vatios / amperios.

Tensión de red. Tensión que llega directamente de un circuito interior de una casa sin ser reducida por un transformador.

Termopar. Dispositivo de seguridad presente en los aparatos de gas que cierra automáticamente la entrada de combustible cuando se apaga la llama piloto.

Tierra. Vía de conducción de electricidad entre la tierra y un circuito o dispositivo eléctrico. En un interruptor, base de enchufe o caja de conexiones, punto al que se conecta el hilo de tierra (de color verde y amarillo).

Toma de corriente polarizada. Tipo de toma provista de un orificio corto y otro largo, diseñada para dirigir siempre la corriente a los cables adecuados para mayor seguridad.

Transformador. Dispositivo que recibe la tensión de red de un circuito y la reduce a un valor específico de baja tensión.

Trazado. Técnica de delineación del contorno de una superficie sobre otra, para hacer un corte a medida. Se suele realizar con un compás.

Tubo de ventilación. Conducción abierta en su extremo que ventila una tubería de desagüe de fontanería, permitiendo que el agua residual circule por el sistema de desagüe sin quedar retenida por el aire atrapado.

Válvula de cisterna. Junta de goma de un inodoro que controla el flujo de agua desde la cisterna a la taza.

Válvula de desvío. Válvula que interrumpe el suministro de agua a un aparato y lo reconduce a otra parte. Suele utilizarse en fregaderos con rociador incorporado, o en bañeras con ducha.

Válvula de flotador. Válvula que regula el suministro de agua que entra en la cisterna de un inodoro.

Válvula de silleta. Elemento de fontanería fijado a una tubería de cobre, con una espiga hueca que cierra la tubería para desviar el agua hacia otra conducción.

Varilla de tierra. Varilla metálica enterrada y conectada al cableado eléctrico de una vivienda como salida de seguridad para la electricidad en caso de cortocircuito.

Vigueta. Elemento estructural horizontal asegurado entre vigas o muros de carga como soporte de suelos y techos. Las viguetas del techo son más pequeñas que las del suelo.

Zancas. Elementos estructurales de una escalera que se extienden en diagonal desde un piso al siguiente y que sirven de apoyo de las huellas y las contrahuellas.

ÍNDICE ALFABÉTICO